Die akademische Psychologie: Hintergründe und Entstehungsgeschichte

Monika Pritzel

Die akademische Psychologie: Hintergründe und Entstehungsgeschichte

Monika Pritzel
FB Psychologie, Campus Landau
Universität Koblenz-Landau
Landau
Deutschland

ISBN 978-3-662-48188-2   ISBN 978-3-662-48189-9 (eBook)
DOI 10.1007/978-3-662-48189-9

Die Deutsche Nationalbibliothek verzeichnet diese Publikation in der Deutschen Nationalbibliografie; detaillierte bibliografische Daten sind im Internet über ▶ http://dnb.d-nb.de abrufbar.

Springer
© Springer-Verlag Berlin Heidelberg 2016
Das Werk einschließlich aller seiner Teile ist urheberrechtlich geschützt. Jede Verwertung, die nicht ausdrücklich vom Urheberrechtsgesetz zugelassen ist, bedarf der vorherigen Zustimmung des Verlags. Das gilt insbesondere für Vervielfältigungen, Bearbeitungen, Übersetzungen, Mikroverfilmungen und die Einspeicherung und Verarbeitung in elektronischen Systemen.
Die Wiedergabe von Gebrauchsnamen, Handelsnamen, Warenbezeichnungen usw. in diesem Werk berechtigt auch ohne besondere Kennzeichnung nicht zu der Annahme, dass solche Namen im Sinne der Warenzeichen- und Markenschutz-Gesetzgebung als frei zu betrachten wären und daher von jedermann benutzt werden dürften.
Der Verlag, die Autoren und die Herausgeber gehen davon aus, dass die Angaben und Informationen in diesem Werk zum Zeitpunkt der Veröffentlichung vollständig und korrekt sind. Weder der Verlag noch die Autoren oder die Herausgeber übernehmen, ausdrücklich oder implizit, Gewähr für den Inhalt des Werkes, etwaige Fehler oder Äußerungen.

Planung: Marion Krämer
Satz: Crest Premedia Solutions (P) Ltd., Pune, India

Gedruckt auf säurefreiem und chlorfrei gebleichtem Papier

Springer-Verlag ist Teil der Fachverlagsgruppe Springer Science+Business Media
(www.springer.com)

Vorwort

Ein Buch über Psychologiegeschichte zu verfassen, vermag für eine ehemals im natur- bzw. neurowissenschaftlichen Denken beheimatete physiologische Psychologin zunächst befremdlich erscheinen. Tatsächlich aber hat mir das Schreiben daran zahlreiche neue gedankliche Horizonte eröffnet. Denn nachdem zu Anfang dieses Jahrtausends einem Teil meines Fachgebietes, der kognitiven Neurowissenschaft, an meiner Universität keine Zukunft mehr beschieden zu sein schien, eröffnete sich für mich die Möglichkeit, die historischen Wurzeln psychologisch orientierten Denkens näher zu erkunden, indem ich ein Studium der Geschichtswissenschaft aufnahm. Dabei machte ich schon bald die Erfahrung, wie ungemein bereichernd es sein kann, eine historische Sicht auf das eigene Fach einzunehmen.

Mit diesem Buch möchte ich den daraus resultierenden Zugewinn an psychologisch relevanter Erkenntnis an jene weitergeben, die sich – sei es, weil Grundlagen der »Geschichte der Psychologie« Teil des Ausbildungsgangs sind, sei es, weil sie sich schon immer gern mit der »Genese von etwas« befassen – für eine geschichtswissenschaftliche Perspektive auf das Fach interessieren.

Monika Pritzel
Landau, August 2015

Danksagung

Dieses Buch wäre ohne die kompetente, tatkräftige und ebenso überdauernd geduldige wie freundliche Unterstützung zunächst von Frau Nina Winter und später durch Frau Irmela Kauertz nicht zustande gekommen. Für diese Hilfe bedanke ich mich auf diesem Wege ganz herzlich.

Inhaltsverzeichnis

I	**Versuche einer wissenschaftlichen Einordnung**	
1	**Zwischen Philosophie und Naturwissenschaften:** **Der erkenntnistheoretische Spielraum der Psychologie**	3
1.1	Mögliche Gestaltungsräume zwischen Philosophie und Naturwissenschaft	4
1.2	Auf der Suche nach Antworten auf psychologische Fragestellungen jenseits der Grenzen naturwissenschaftlich orientierter Psychologie	10
1.3	Implizite Einbindung psychologischer Standpunkte in bestehende philosophische und naturwissenschaftliche Grundpositionen	13
1.4	Psychologie zwischen Gegenwart und Geschichtlichkeit	19
1.5	Fazit	20
	Literatur	21
2	**Wie eine Wissenschaft ihre Geschichte konstruiert: Ein Streifzug durch einige Problembereiche der Psychologiegeschichte**	23
2.1	Geschichte ist wie ein anderes Land, von wo aus man die Gegenwart neu entdeckt	26
2.2	Psychologiegeschichte aus der Perspektive der Geschichtswissenschaft: Grenzen »historisierender« Deutungsmuster	28
2.3	Geschichte als Instrument der Deutungshoheit über die Vergangenheit	33
2.4	Psychologiegeschichte zwischen fachlicher Abgrenzung und Einbindung	36
2.5	Verknüpfung von Psychologie- und Zeitgeschichte	37
2.6	Umgang mit tradierten Geschichtsfestschreibungen in der Psychologie	39
2.7	Wissenschaftstheoretische Grundüberzeugungen im Wandel	42
2.8	Möglichkeiten für ein alternatives Geschichtsverständnis	44
2.9	Zusammenfassende Schlussfolgerungen	46
	Literatur	47
3	**Wissenschaftsgeschichtliche Verortung**	49
3.1	Die Bedeutung übergeordneter Theorien	53
3.2	Psychologie zwischen Erkenntnis des »Wahren« und »Wirklichen«	56
3.3	Die Bestimmung dessen, wer etwas erkennt und was erkannt werden kann	58
3.4	Die Bestimmung dessen, was als gültig, als »wahr« angesehen wird	60
3.5	Alte und neue Denkmuster der »Wahrheitsfindung« wirken zusammen	61
3.6	Fazit	65
	Literatur	65
II	**Meilensteine und Wendepunkte**	
4	**Beispiele der Entwicklung und Transformation psychologischen Denkens**	69
4.1	Versuche einer wissenschaftlichen Überwindung des Erfahrungshorizonts im Hier und Jetzt	71

4.1.1	Die langfristige Tragfähigkeit theoretischer Vorstellungen misst sich an deren Transformationsmöglichkeiten	72
4.1.2	Das Bewegende und das Bewegte	74
4.1.3	Das Verständnis vom Bewusstsein	77
4.1.4	Verhalten und Erleben	80
4.1.5	Fazit	82
4.2	**Eröffnung von Wissensräumen**	82
4.2.1	Die Abkehr von mystischem Denken war ein langer Prozess	82
4.2.2	Entwicklung von Rahmenbedingungen für die Entstehung von Wissensräumen	84
4.2.3	Konstruktive Kritik und die Anfänge einer naturalistischen Welterklärung	86
4.2.4	Die Psychologie der »Zurückführung auf den letzten Grund« und der Anfang der Psychophysik	86
4.2.5	Beständigkeit durch Wandel	88
4.2.6	Das Denkmodell der Komplementarität	88
4.2.7	Rückgriff auf die »exakte Wissenschaft« und auf die Sonderstellung des Menschen	89
4.2.8	Zerlegung des Ganzen in Einzelaspekte	90
4.2.9	Fazit	92
	Literatur	92
5	**Erste Anstöße zu psychologischem Denken**	95
5.1	**Rückgriffe auf antikes Denken**	96
5.1.1	Auf dem Weg zu einer nicht (primär) theologisch begründeten Seelenkunde	97
5.1.2	Physis und Psyche sind untrennbar verbunden	101
5.1.3	Denkanstöße durch die Lehren Platons und Aristoteles'	106
5.2	**Die Bedeutung spätantiker und frühmittelalterlicher Gelehrter für die Entwicklung psychologischen Denkens**	107
5.2.1	Die Bedeutung spätantiker Denkweise für die heutige Psychologie	107
5.2.2	Die menschliche Psyche verstanden als ein Wert an sich	110
5.3	**»Jede Analyse des psychisch so Erscheinenden bedarf einer Beachtung des körperlich Existierenden«**	114
	Literatur	117
6	**Seele, Seelenorgan, Seelenstörung: Erste Entwicklung psychologischen Denkens**	119
6.1	**Angewandte Psychologie zwischen Theorie, Praxis und Zeitgeist**	120
6.2	**Auswirkungen zeittypischer Grundüberzeugungen**	122
6.2.1	Die Seele, verstanden als Natursache, macht seelische Erkrankung zu einem medizinischen Problem	122
6.2.2	»Humoralpathologie des Geistes«	123
6.2.3	Der Geist in den Ventrikeln und die Stabilisierung des Stellenwertes der Psychologie	125
6.3	**Klinisch-psychologisch relevante Auswirkungen von Glaube und Weltanschauung**	127
6.3.1	Psychische Heilslehren als einträgliches »Geschäft«	130
6.3.2	Der rechtliche Umgang mit psychisch kranken Menschen	131
6.4	**Die »Wissenschaft von der Seele« zwischen klösterlicher Gelehrsamkeit und akademischem Bildungswesen**	133

6.4.1	Traditionelle Glaubenslehren und eine »erste Globalisierung des Wissens«	133
6.4.2	Erste Integrationsversuche divergierender psychologischer Ansätze	135
6.4.3	Fazit: »Richtige« Erkenntnisse trotz »falscher« Theorien?	137
	Literatur	138

III Beispiele aus der Werkstatt der Wissenschaft

7	**Kunst und Notwendigkeit des Erinnerns**	141
7.1	Der Einfluss klassischer Gedächtnismetaphern	143
7.1.1	Memoria als Inbegriff einer variablen Spurenbildung	144
7.1.2	Fazit	147
7.2	**Das Wiedererkennen von bereits im Gedächtnis »abgelegten« Inhalten**	147
7.3	**Die gedächtnisfordernde Kraft emotionaler Kodierung von Inhalten**	150
7.4	**Das Gedächtnis zwischen Mündlichkeit und Schriftlichkeit**	151
7.5	**Das schriftlich Fixierte – Träger des kulturellen Gedächtnisses?**	154
7.6	Fazit	156
	Literatur	157

8	**Gefühle und Gefühlsausdruck im Kontext von Empirismus und Rationalismus**	159
8.1	(K)ein Raum für Gefühle?	161
8.1.1	Der Begriff der Emotion in der modernen Psychologie bildet nur ein kleines Spektrum möglicher Gefühle ab	161
8.1.2	Die Erforschung der Gefühle war lange stark von außerwissenschaftlichen Vorgaben geprägt	163
8.2	**Bedeutung von Gefühlen im rationalen Denken der Neuzeit**	166
8.2.1	Emotionen in einer »vernünftig« strukturierten Welt	167
8.3	**Vom Erkenntniswert der Beobachtung *per se* zur Beobachtung von Gefühlen und Gefühlsausdruck**	170
8.3.1	Gefühl, Physiognomie und Charakter	172
8.4	**Neue Maßstäbe für psychologisches Handeln**	172
8.4.1	Neue Maßstäbe in der Erfassung von Gefühlen und Gefühlsausdruck	174
8.4.2	Fazit	175
	Literatur	176

9	**Zeit und Vergessen**	179
9.1	Erinnern und Vergessen	180
9.1.1	Das Vergessen, ein »stiller Mitgestalter« jeden individuellen Erinnerungsprodukts	181
9.1.2	Vergessen: ein unsichtbares »Produkt« kultureller Verhandlungsgeschichte	182
9.1.3	Elemente des Stabilen und des Fließenden in der Metaphorik des Vergessens	183
9.1.4	Aktives und passives Vergessen	184
9.1.5	Strategien des Vergessens	185
9.1.6	Unterscheidung von individuellem und kollektivem Vergessen	185
9.2	**Grenzen traditioneller Erklärungsversuche alltäglichen Vergessens**	186
9.3	**Zeitbindung des Vergessens**	188

9.3.1	Beispiel: Vergessen unter dem Aspekt einer modifizierten Zeitbindung von Ereignissen	189
9.4	Schlussbetrachtung	194
	Literatur	195

IV Umbrüche, Krisen und neuer Aufbruch

10	**Zwischen »neuzeitlicher Seelenkunde« und Psychologie der Moderne**	203
10.1	Psychologisches Denken zwischen »Mechanisierung« der Physik und »Aufklärung« des Geistes	205
10.1.1	Psychologie in einer »mechanisierten Welt«	205
10.1.2	Psychologisches Geschehen, verstanden als eine vorhersagbare »Abfolge von Ereignissen«	206
10.1.3	Grenzbedingungen induktiven Vorgehens	208
10.1.4	Psychologie als Erfahrungsseelenkunde	210
10.2	Vielfalt psychologischen Denkens in einer Welt »sittlicher Vernunft«	213
10.2.1	Die Bedeutung der »Weltenordnung« für die Entwicklung der Psychologie	215
10.2.2	Fortschritte der akademischen Psychologie im »Sog der Aufklärung«	217
10.3	Einleitung eines Konzeptionswechsels	219
10.4	Weiterentwicklung einer praktisch orientierten Psychologie	222
10.5	Fazit	224
	Literatur	225

11	**Der Umgang mit einem vielfältigen Erbe**	227
11.1	Psychologie, Philosophie und Naturwissenschaft	228
11.2	Naturphilosophie und Psychophysik	232
11.3	Psychologie und Medizin	233
11.4	Psychologie und angewandte Mathematik	235
11.5	Psychologie und »gesunder Menschenverstand«	236
11.6	Fazit	237
	Literatur	238

12	**Entwicklungen der Psychologie in der ersten Hälfte des 20. Jahrhunderts**	239
12.1	Experimentelle Psychologie und philosophisch orientierte Psychologie	240
12.2	Auf der Suche nach einer theoretischen Klammer verschiedener psychologischer Richtungen	243
12.3	Der Einfluss innerer und äußerer Krisen auf die Entwicklung psychologischen Denkens	246
12.4	Die »Krise der Psychologie« während des Nationalsozialismus	250
12.5	Die Psychologie als eine Wissenschaft vom Verhalten	252
12.6	Fazit	260
	Literatur	260

V Begriffe und Biografien

13 **Erklärung ausgewählter Fachbegriffe** 265
   Literatur. 303

14 **Ausgewählte Biografien**. 305
   Literatur. 345

Serviceteil

Index über ausgewählte Fachbegriffe und zu ausgewählten Personen....... 350

Versuche einer wissenschaftlichen Einordnung

Kapitel 1 Zwischen Philosophie und Naturwissenschaften: Der erkenntnistheoretische Spielraum der Psychologie – 3

Kapitel 2 Wie eine Wissenschaft ihre Geschichte konstruiert: Ein Streifzug durch einige Problembereiche der Psychologiegeschichte – 23

Kapitel 3 Wissenschaftsgeschichtliche Verortung – 49

Der erste Teil dieses Buches folgt dem Grundgedanken, dass das heutige Fachgebiet der Psychologie zusammen mit seiner Entstehungsgeschichte letztlich ein Ganzes bildet, das es mitzureflektieren gilt, ehe man sich auf die Eigendynamik gegenwärtiger fachspezifischer Probleme einlässt. Wie aber sollte man, gewissermaßen mit beiden Beinen auf dem Boden psychologischer »Tatsachen« stehend, zugleich auch darüberschweben, um sein eigenes Tun aus einer metatheoretischen Distanz kritisch zu beobachten? Diese Herausforderung wird in den ersten drei Kapiteln anhand ausgewählter Fragestellungen aufgegriffen – einmal hinsichtlich der Frage nach dem möglichen Erkenntnisspielraum des Fachgebietes (▶ Kap. 1: »Zwischen Philosophie und Naturwissenschaften: Der erkenntnistheoretische Spielraum der Psychologie«), einmal hinsichtlich einer wissenschaftsgeschichtlich motivierten Selbstreflexion des Faches (▶ Kap. 2 »Wie eine Wissenschaft ihre Geschichte konsturiert: Ein Streifzug durch einige Problembereiche der Psychologiegeschichte«) und schließlich die erkenntnistheoretischen Vorannahmen betreffend, die der Suche nach gültigen Aussagen innerhalb des Faches zugrunde liegen (▶ Kap. 3 »Wissenschaftliche Verortung«). Ziel des ersten Teiles ist es, die damit verbundenen wissenschaftlichen Fragen bzw. kontroversen Ansätze sosachlich wie möglich zu formulieren, damit die Ausführungen in den nachfolgenden Teilen II und III – und diese betreffen eine Gemengelage vonpsychologisch relevanter Geschichte, ▶ Philosophie und Naturwissenschaft – gedanklich geordnet werden können. Angesichts der Vielschichtigkeit von Sichtweisen und Lösungsmöglichkeiten wird man allerdings den *einen* roten Faden, der zu *den* psychologisch relevanten Erkenntnissen führt, nicht erwarten können;einen solchen kann man nur selbst entwickeln, indem man die vorgelegten Erkenntnisse und Fakten entsprechend der eigenen Perspektive auf das Ganze gewichtet und so zusammenfügt, dass man sich selbst darin verorten *und* Neues integrieren kann.

In diesem Sinne verstanden, soll der nun folgende Teil dieses Buches dazu beitragen, das Bild, das man implizit oder explizit vom heutigen Gegenstand der Psychologie hat, zu verdeutlichen, indem man die wissenschafts- und psychologiegeschichtlichen Rahmenbedingungen als solche erkennt.

Zwischen Philosophie und Naturwissenschaften: Der erkenntnistheoretische Spielraum der Psychologie

1.1 Mögliche Gestaltungsräume zwischen Philosophie und Naturwissenschaft – 4

1.2 Auf der Suche nach Antworten auf psychologische Fragestellungen jenseits der Grenzen naturwissenschaftlich orientierter Psychologie – 10

1.3 Implizite Einbindung psychologischer Standpunkte in bestehende philosophische und naturwissenschaftliche Grundpositionen – 13

1.4 Psychologie zwischen Gegenwart und Geschichtlichkeit – 19

1.5 Fazit – 20

Literatur – 21

Zu den Zielen der gegenwärtigen Psychologie[1] gehört es, Konstituenten menschlichen Erlebens und Verhaltens zu erforschen und zu erfassen, wie bestimmte psychologische Kennwerte der individuellen Gegenwart mit Erfahrungen der eigenen Vergangenheit, mit kulturellem und genetischem Erbe in den jeweils gegebenen Umweltbedingungen zusammenspielen. Angesichts der Komplexität, die aus der Interaktion dieser Einflussgrößen entsteht, wird deutlich, dass jede Frage nach einem bestimmten »(Entwicklungs-)Prozess«, einem »variablen Kennwert« oder einer überdauernden »Grundkonstante« menschlichen Agierens in einen fachübergreifenden Problemkomplex eingebunden ist, das den Menschen als psychobiologisch bestimmtes Wesen in der Dynamik seiner ge- und erlebten soziokulturellen Welt umfasst. Es gilt also, das Fach gerade so auszugestalten, dass es sich nicht zwischen Selbstverständlichkeiten des Psychologisch-Alltäglichen, hehren Grundsätzen des menschlich Denk- und Erkennbaren und »Gesetzmäßigkeiten« der menschlichen Natur *an sich* verliert, sondern sowohl in der öffentlichen Wahrnehmung als auch unter geistes-, sozial- und naturwissenschaftlichen Gesichtspunkten betrachtet an Bedeutung gewinnt.

Dieses fraglos schwierige Anliegen treibt Wissenschaftler nicht nur in der Gegenwart um, sondern beschäftigt die Fachvertreter, seit es ausgewiesene Gelehrte bzw. Wissenschaftler oder Anhänger von ▶ Schulen und Strömungen gibt, die sich der Psychologie verschrieben. Und auch wenn sich die jeweilige Generation nicht explizit als Sachwalterin der Ideen vorausgegangener Jahrgänge versteht, kann sie sich dem Erbe von deren Stärken und Schwächen doch nicht entziehen. Die Vergangenheit setzt sich, wie Nipperdey (2013) dies einmal sinngemäß ausdrückte, so wie jede menschliche Welt der Gegenwart auch aus einer unendlichen Anzahl einzelner Momente zusammen und beeinflusst auf diese Weise jedes momentane Geschehen, ohne dass dies durch bewusste Reflexion begrenz- oder erschöpfbar wäre. Heute etwa versucht die überwiegende Mehrzahl der Fachvertreter/innen den Fragen nach Geltungsbereich, Mehrwert und Dauerhaftigkeit gewonnenen psychologischen Wissens dadurch gerecht zu werden, dass sie sich als geistige Nachfahren derjenigen versteht, die sich im Verlauf der letzten beiden Jahrhunderte den sogenannten Erfahrungswissenschaften angeschlossen haben.

1.1 Mögliche Gestaltungsräume zwischen Philosophie und Naturwissenschaft

Die Psychologie zählt somit zu jenen Disziplinen, die sich empirisch gewonnenen Erkenntnissen widmen (▶ Empirismus). Im Vordergrund stehen *mittelbare Erfahrungen*, vermittelt z. B. durch die Sinne, und *unmittelbare Erfahrungen, z. B.* ▶ Gefühle, die in beständigen, sich wechselseitig beeinflussenden Vorgängen die (empirisch erfassbare) Gesamtheit dessen bilden, was ein sich seiner selbst bewusster Mensch im Laufe seines Lebens erfährt bzw. erlebt. Der oben angesprochene Geltungsbereich und die Dauerhaftigkeit gewonnenen Wissens messen sich folglich an Grenz- und Randbedingungen des empirisch auf diese Weise Ermittelbaren. Da dort, wo abgegrenzt wird, etwaige Unterschiede deutlicher hervortreten, gewinnt das Fach entsprechend immer auch dann an Wertschätzung bei seinen (human-)biologisch ausgerichteten Nachbardisziplinen, wenn es gelingt, deren Ergebnisse mit den eigenen erkenntnisgewinnend zu verbinden. Eine der fachspezifischen Herausforderungen besteht hierbei darin, dass sich in

---

1 Das Wort »Psychologie« ist seit jeher wohl als ▶ Begriff für »Seelenkunde« gebräuchlich, nicht aber als Ausdruck, der einen bestimmten wissenschaftlichen Gegenstand umschreibt. Für gebildete Laien wurde er erst im gängigen Nachschlagewerk der Schweizer Ausgabe der französischen Encyclopédie (1770–1776) von Diderot und d'Alembert zu einem Themenbereich eigener Sache gemacht.

1.1 · Mögliche Gestaltungsräume zwischen Philosophie und Naturwissenschaft

der Psychologie geistige und körperliche Vorgänge nicht – wie in den Naturwissenschaften – *an sich* gegenüberstehen, sondern nur *die* körperlichen Vorgänge und *das* geistige Geschehen, die bzw. das durch Expertenurteile beobachtbar oder durch die Mitteilung von Bewusstseinsvorgängen erkennbar werden. Man betrachtet also bestenfalls einen Ausschnitt des Geschehens – hier die eigenständige Prozesshaftigkeit und Dynamik – aus der Gesamtheit des körperlich-geistigen Gefüges.

Auf den ersten Blick mag die enge Anbindung an naturwissenschaftlich orientierte Disziplinen, ihre Methoden und ihre wissenschaftstheoretischen Grundpositionen erstaunen. Warum sollte der Weg eines distanzierten, quasi unbeteiligten naturwissenschaftlichen Beobachtens isolierter menschlicher Äußerungen angemessen sein, um schließlich den »Menschen als ganzen« besser zu verstehen? Anders gefragt, was macht den naturwissenschaftlich ausgerichteten Fortschritt, in den psychologische Ergebnisse integriert werden sollen, so attraktiv, dass andere – hier phänomenologische Ansätze (griech. *phainomenon* ʾdas Erscheinendeʾ, *logos* ʾLehreʾ) – heute eher im Hintergrund verbleiben? Mit Letzteren versucht man u. a. zu verdeutlichen, dass geistige Gegenstände verschiedener Art mit ganz bestimmten Bewusstseinsakten, d. h. momentan gegebenen Voraussetzungen und historischen Vorgaben, so unauflöslich verknüpft sind, dass somit experimentell erkannte psychische Gesetzlichkeiten (z. B. bestimmte Annäherungs- oder Vermeidungsstrategien) zumindest nicht von alleiniger ausschlaggebender Bedeutung sein können. Da psychische Phänomene im Unterschied zu physischen grundsätzlich immer auf etwas gerichtet und deshalb immer im Bewusstsein von etwas inbegriffen seien, habe man sich vielmehr laufender Urteile über das »Sein oder Nichtsein von Gegenständen« (▶ Positivismus) ohnehin zu enthalten. Und täte man dies, dann könnte man nur betrachten, nicht aber experimentell induzieren, was als Phänomen dem Bewusstsein erfahrend, vorstellend und wertend gegeben ist. Damit aber würde – anders als bei der psychologisch verstandenen Empirie – immer auch die gesamte Lebenswelt in den Wissenschaftsprozess miteinbezogen, und es wäre entsprechend die implizite Erfahrungswelt kritisch zu hinterfragen. Empirisch gewonnene Schlussfolgerungen sind dieser Auffassung nach bestenfalls begrenzt hilfreich, da sie möglicherweise an der Lebenswirklichkeit vorbeifolgern. Indem diese vernachlässigt bzw. unter experimentellen Bedingungen »objektiv« rekonstruiert werde, entstünden Fehler; die vorwissenschaftliche Realität außer Acht zu lassen, sei der gravierendste davon. Nach Ansicht von phänomenologisch ausgerichteten Psychologen wäre folglich das ▶ Handeln eines Menschen nicht nur empirisch, sondern darüber hinaus hermeneutisch zu begründen (zur Hermeneutik siehe Abschn. 3.6), da es als unrealistisch angesehen wird, (irgend-)einen Teil der persönlichen Eindrücke von der wissenschaftlichen Betrachtung ausnehmen zu können. Gerade daraus erklären sich wiederum Vorbehalte einer empirisch-analytischen Auffassung gegenüber solchen »nicht standardisierten« und deshalb unnachprüfbaren Vorbedingungen. Dem gemeinsamen Problem, hier das Gleichwertige der verschiedenartigen Vorgehensweisen herauszuarbeiten, wird bislang allerdings weder die phänomenologische noch die experimentell orientierte, quantitativ arbeitende Psychologie gerecht.

Bei der Suche nach möglichen Antworten auf Fragen nach Erhalt und Gewinn an eigenständigen Erkenntnissen der Psychologie im Rahmen der empirischen Wissenschaften mag deshalb ein Blick auf die Lösungsvorschläge der Fachgebiete helfen, die sich fachübergreifenden Problemstellungen widmen. Gemeint sind hier zum einen die philosophischen Teildisziplinen ▶ Erkenntnis- bzw. ▶ Wissenschaftstheorie, welche die entsprechenden Grundsätze empirischen Vorgehens formuliert bzw. in theoretische Vorgaben transformiert haben. Zum anderen geht es um die sich an der Biologie orientierende ▶ evolutionäre Erkenntnistheorie, welche der Naturwissenschaft heute als Maßstab gilt. Letztere befasst sich mit der Stammesgeschichte kenntnisreicher Strukturen und Prozesse und damit auch mit den Vorbedingungen,

Grenzen und Mängeln menschlicher ▶ Vernunft. Für das theoretische Denken psychologisch-biologisch ausgerichteter Wissenschaftler stellt die evolutionäre Erkenntnistheorie heute eine wichtige Orientierungshilfe dar, auch wenn Philosophen beklagen, hierbei werde übersehen, dass die Fähigkeit des menschlichen Denkens zwar von der biologischen Existenz des menschlichen Individuums abhänge, dass die Inhalte aber unabhängig davon zu betrachten seien.

Alles in allem erhöht eine Beachtung grundsätzlicher Erwägungen von Erkenntnistheorie, Wissenschaftstheorie und evolutionärer Erkenntnistheorie zwar die Komplexität auf der Suche nach psychologisch relevanten Antworten. Die durch sie vermittelte Vielgestaltigkeit möglicher Lösungsansätze verheißt indes immer auch eine erhöhte Dynamik fachspezifischer Entwicklung aufgrund konkurrierender Erklärungsmuster, denn dadurch eröffnen sich neue theoretische Gestaltungsspielräume, ergeben sich ungewohnte Fragen und vielversprechende Antworten. Dies alles trägt dazu bei, einer eher naturwissenschaftlich denn geisteswissenschaftlich orientierten Psychologie nicht nur in der Gegenwart, sondern auch in Zukunft einen eigenständigen Platz in der Wissenschaftslandschaft zu erhalten (vgl. Jäncke und Petermann 2010).

Was Erkenntnistheorie, eines der vornehmsten und ältesten Fachgebiete der ▶ Philosophie, angeht, so war es über viele Jahrhunderte hinweg, anders als heute, für psychologisch interessierte Philosophen, Mediziner oder Theologen selbstverständlich, sich auch mit Fragen auseinanderzusetzen, welche die Grenzen möglicher Erkenntnis ausloten sollten. Sie machten sich etwa Gedanken darüber, wie Individuen überhaupt Wissen über die äußere objektive Welt erwerben könn(t)en, d. h., wie der Mensch erkennt, was er erkennt, und schließlich, ob er ggf. überhaupt etwas erkennen kann. Es überrascht somit nicht, dass Fragen der sogenannten Erkenntnisrelation, also danach, was wir von den Dingen der äußeren Welt erkennen können, seit der psychologisch besonders interessierten bevorzugt rationalistisch (▶ Rationalismus) bzw. empirisch (▶ Empirismus) ausgerichteten ▶ Philosophie des 19. Jahrhunderts im Zentrum des Interesses stehen.

Diese Beziehung zwischen einer subjektiven inneren und einer objektiven äußeren Welt zu begreifen, d. h. auch gemäß bestimmter methodischer Regeln mögliche Transformationen zu erfassen, ist als Gemeinsamkeit beider geblieben und entsprechend Gegenstand sowohl philosophischer als auch psychologischer Theorien. Allerdings haben philosophische Ansätze im Laufe des 19. und insbesondere des 20. Jahrhunderts an Bedeutung eingebüßt (vgl. Figal 2013). Vormals »genui« philosophische Fragen nach der Erkenntnis von Natur, Wesen oder ▶ Seele eines Menschen wurden von neuen Wissenschaften, unter ihnen Psychologie und Humanbiologie, nicht nur übernommen, sondern vor allem entsprechend ihrer naturwissenschaftlich ausgerichteten Grundüberzeugungen weiterentwickelt. Kompetente Ansprechpartner in Sachen »Körper und Geist« sucht man unter der modifizierten Überschrift »Gehirn und Verhalten« heute folglich eher unter Hirn- und/oder ▶ Kognitionswissenschaftlern als unter ▶ analytischen Philosophen. Das bedeutet natürlich nicht, dass Letztere auch zur modernen Version des »Leib-Seele-Klassikers« keine wohlbegründete Ansicht hätten. Sie fällt ggf. nur anders aus, als Naturwissenschaftler dies gerne sähen. Weiterhin unentbehrlich sind philosophische Grundüberzeugungen allerdings dann, wenn wissenschaftliche Begründungen der jeweiligen Einzelwissenschaften einer kritischen Prüfung unterzogen werden sollen. Hier nämlich gilt nach wie vor: »Die eigentlichen Grundlagen seiner Forschung fallen dem Menschen gar nicht auf. Es sei denn, daß ihm *dies* einmal aufgefallen ist« (Wittgenstein PU 129 1960, S. 346).

In der gegenwärtigen naturwissenschaftlichen Psychologie orientiert man sich ohnehin auch, ob dies nun »auffällt oder nicht«, an der Argumentationsweise der evolutionären Erkenntnistheorie. In dieser wird im Wesentlichen die naturalistisch (▶ Naturalismus) gefärbte These vertreten, dass sich das menschliche Erkenntnisvermögen im Zuge der allgemeinen biologischen Evolution so wie alle anderen morphologischen und mentalen Fähigkeiten auch

1.1 · Mögliche Gestaltungsräume zwischen Philosophie und Naturwissenschaft

im Rahmen eines Anpassungsprozesses entwickelt haben. Die oben angesprochene Erkenntnisrelation, so die Annahme, sei folglich gerade so bemessen, dass die – und nur die – Aspekte eines »Dinges der Außenwelt« erkannt würden, die dem Überleben des Individuums bzw. der Spezies dienlich seien. Für die gegenwärtige ▶ Philosophie wiederum scheint ein solcher ▶ Naturalismus kaum haltbar zu sein, zumindest nicht so aufzulösen, dass er sich einer wissenschaftlichen Zugangsweise öffnen würde. Er scheitert, wie Vittorio Hösle (2012, S. 71) es ausdrückte, sowohl »an der Irreduzibilität der normativen Frage[2] auf die Beschreibung der natürlichen Wirklichkeit als auch an der Irreduzibilität des Mentalen auf das Physische«.

Dem natur- oder geisteswissenschaftlich nicht vorgebildeten Betrachter scheint es deshalb so, als seien es immer die jeweils anderen, bei denen durch vorgegebene Denkschemata und ein Netz ebenfalls vorgegebener Begriffe mögliche Lösungsansätze vereitelt würden. Während z. B. die einen annehmen, das »Ganze« sei unauflöslich vorgegeben – die Wahrnehmung bilde mit dem Wahrgenommenen eine Einheit –, zerlegen es die anderen in unabhängig voneinander bestehende Teile einer »äußeren« physikalischen und einer »inneren« psychophysiologischen Welt. Und während die einen das Grundlegende darin sehen, dass es sich frei von allen terminologischen Festlegungen und Vorabsprachen zu erkennen gibt, ist den anderen nur der kleinste Teil des empirisch Erfassbaren das tatsächlich Grundlegende.

Eine Möglichkeit des Erkenntnisgewinns wird in der einigenden Kraft gemeinsamer Grundsätze wissenschaftlichen Arbeitens gesehen, wobei die Psychologie – die sich sowohl an wissenschaftstheoretische Grundsätze philosophisch verstandenen Erkenntnisvermögens hält als sich auch am »Naturgegebenen«, einen evolutionsbiologischen Selektionsvorteil Versprechenden, orientiert – inmitten der Problematik steckt, wie sie sich durch themenspezifische Fragen und Antworten in das fragile Gefüge konkurrierender fachübergreifender Erkenntnissuche gewinnbringend einbinden könnte. Dass dies notwendig ist, steht außer Frage, denn nur in dem Maße, in dem sie dies schafft, gewinnt sie auch an fachübergreifender Bedeutung und Gestaltungskraft im Hinblick auf die wissenschaftliche Betrachtung menschlicher Psyche.

Eine Möglichkeit, die dies zu gelingen verspricht, wird in überzeugenden Antworten auf wissenschaftstheoretische, methodische Fragen gesucht. Die Wissenschaftstheorie gehört implizit zwar seit jeher zum Gegenstandsbereich Erkenntnistheorie. Seit Mitte des 20. Jahrhunderts aber, seit der ▶ Begriff dafür explizit eingeführt wurde,[3] entwickelte sich die Befassung mit dieser erkenntnistheoretischen Teildisziplin zunehmend auch für Nichtphilosophen und damit für Psychologen, Biologen und Mediziner zu einem Synonym für wissenschaftlich angemessenes Vorgehen. Entsprechend gelten heute die Bedeutung rationaler, intersubjektiv nachprüfbarer Aussagen, die Möglichkeit zur Rekonstruktion und Wiederholung des Messvorganges sowie eine exakte sprachliche Formulierung als A und O wissenschaftlich korrekten Vorgehens. Dieses Bedingungsgefüge für fundierte wissenschaftliche Aussagen wird oft so nachdrücklich in den Vordergrund gerückt, dass der Eindruck entsteht, die moderne Wissenschaftstheorie neige insgesamt dazu, den sozial- bzw. naturwissenschaftlichen Vorgehensweisen als Vorbild zu dienen, um Entstehung, Rechtfertigung und Anwendung von Wissenschaft zu begründen (vgl. hierzu auch ▶ Kap. 3).[4] Für die Psychologie bieten sich dadurch in der Tat

---

2   In der ▶ Philosophie gebraucht man den ▶ Begriff des Normativen im Gegensatz zu teleologischen, sich an tatsächlichen Zielen orientierenden Fragestellungen. Normatives ist entsprechend nur hypothetisch gegeben, was Bedingungen notwendig macht, um entsprechend eine Norm als solche zu akzeptieren. Normative Fragen handeln somit von Normen und ihren Zusammenhängen.
3   Der Protagonist ist W. Stegmüller, Professor für ▶ Philosophie in München und Mitautor einer Schrift über induktive Logik und Wahrscheinlichkeit.
4   Darüber hinaus widmet sich die ▶ Wissenschaftstheorie unter anderem auch Fragen der Semantik, der Modelltheorie und der logischen Sprachanalyse.

die Vorteile einer fachübergreifend anerkannten methodischen Plattform, denn sie gewinnt auf diese Weise Anhaltspunkte zur vergleichenden Beurteilung von Forschungsprodukten, also z. B. dazu, wann eine Theorie angemessen ist und wie deren Richtigkeit nachgewiesen werden könnte.

Auch angewandt auf die Vielzahl fachinterner Lehrmeinungen zu ein und demselben Problem erlaubt diese Einhaltung von Grundsätzen wissenschaftlichen Arbeitens eine Betrachtung unter einheitlichen Gesichtspunkten. Denn indem Standards wissenschaftlichen Arbeitens, die für alle wissenschaftlich arbeitenden Psychologen gelten, Priorität genießen, können inhaltliche Streitfragen bezüglich konkreter psychologischer Probleme nachrangig behandelt werden, entsteht eine überschaubare Ordnung in der Heterogenität wissenschaftlicher Auffassungen (vgl. Schneewind 1977; Schülein und Reitze 2002). Ausgedrückt durch Bestimmung von Kriterien zur Lösung ganz verschiedener Themenstellungen, zentriert sich die wissenschaftliche Einheit des Faches letztlich zu einem Gutteil auf die Übereinkunft, bestimmte wissenschaftstheoretische Bedingungen zu akzeptieren, auf denen jegliches psychologische Wissen schlechthin basiert.

Immer dann aber, wenn angesichts der Vielfalt psychologischer Wissensbestände durch Kriterien der Ordnung und Integration eine Einigung auf einen verbindlichen Aussagekanon erfolgt, der Auskunft über die Bestimmung von Zuständen, Veränderungen und Normen in der Psychologie als Wissenschaft zu geben verspricht, stellt sich als Nächstes die Frage, inwieweit dem jeweils aufgestellten Kanon zu vertrauen ist. Man muss nicht in die tiefsten Tiefen einer forschungsimmanenten Reflexion der Bedingungen für Wissenschaftserzeugung dringen, um festzustellen, dass Kriterien grundsätzlich nicht besser sein können, als es der Leistungsfähigkeit des sie entwickelnden Faches entspricht. Folglich ist immer danach zu fragen, ob der methodische Anforderungskatalog, dem sich die Psychologie dadurch verpflichtet sieht, angemessen ist. Anders gesagt, es muss überprüft werden, inwieweit man angesichts des unterschiedlichen Hintergrundes der beiden Fachgebiete, Wissenschaftstheorie einerseits und Psychologie andererseits, erwarten kann, dass die Entwicklung von Kriterien zur Wissenschaftlichkeit in Standards münden, die auf eine andere Disziplin als die ▶ Wissenschaftstheorie selbst sinnvoll anwendbar sind.

Generell wird das damit angesprochene Regelwerk heute in der Psychologie insofern akzeptiert, als es auf ein System von wissenschaftlich definierten Aussagen hinausläuft, die miteinander logisch verknüpft, d. h. widerspruchsfrei sind und deren Gegenstandsbezug intersubjektiv überprüfbar ist. Dazu gehört auch die Überzeugung, dass der Wert einer Aussage nicht nur mit jedem Bestätigungs-, sondern auch mit jedem gescheiterten Widerlegungsversuch steigt und als umso robuster gilt, je reichhaltiger das jeweilige Aussagesystem ist. Mittels dieser gleichermaßen umfassenden wie unverbindlichen Richtschnur wissenschaftlichen ▶ Handelns lassen sich die ebenfalls allgemein gehaltenen Aufgaben der wissenschaftlichen Psychologie vereinbaren, da jede Beschreibung menschlicher Verhaltens- und Erlebensweisen, jedes Erklären von beobachtbarem Verhalten sowie jede Vorhersage für das Eintreten von Verhaltensänderungen ohne übergeordnete einheitliche Standards wissenschaftlich kaum je zusammengeführt werden könnten.

Allerdings gibt es nicht *das* allgemein akzeptierte Aussagesystem, sprich die eine Wissenschaftstheorie, auf die man sich seitens der Psychologie dauerhaft stützen kann, was sich u. a. aus den unterschiedlichen Perspektiven erklärt, mit denen dieses Fach von seinen Vertretern betrachtet wird (vgl. Kuhn 1967). Das bedeutet, je nachdem, ob z. B. Forschungslogik, Wissenschaftsgeschichte oder Methodologie im Vordergrund des jeweiligen Interesses steht, führen entsprechende Denkmuster in der Aufgabenstellung zu unterschiedlichen wissenschaftstheoretischen Begründungs- und Verwertungszusammenhängen (vgl. ▶ Kap. 3).

1.1 · Mögliche Gestaltungsräume zwischen Philosophie und Naturwissenschaft

Sich mit diesen auseinanderzusetzen, wird nicht nur dann unumgänglich, wenn eine andere als die jeweils gerade dominierende psychologische Ausrichtung bevorzugt wird, z. B. wenn der Schwerpunkt nicht auf einer experimentell arbeitenden, sondern auf einer phänomenologischer Orientierung der Psychologie liegt (vgl. Graumann und Métraux 1977). Auch oder gerade im Routinebetrieb naturwissenschaftlich-psychologisch orientierter Forschung muss man sich darüber klar werden, dass jede Übernahme eines bestimmten Methodenkanons mit ganz bestimmten »unhintergehbaren« Vorgaben verknüpft ist. So wird z. B. bei jeder Auseinandersetzung mit einem psychologischen Gegenstand vorab bereits festgelegt, welche Daten zur Erreichung eines überprüfbaren Resultats zugelassen sind, d. h., welchen Regeln einer wissenschaftstheoretisch definierten Wirklichkeit die zu erwartenden psychologischen Ergebnisse unterliegen (vgl. hierzu auch ▶ Kap. 3).

So gesehen sind es möglicherweise weniger bestimmte problemorientierte Vorgehensweisen, die zur Entwicklung der sich methodisch an den Naturwissenschaften orientierenden Psychologie geführt haben, vermutlich hat auch die Anwendung von naturwissenschaftlichen, ursprünglich einmal »außerpsychologischen« Methoden den Zugang zu gerade diesem oder jenem fachlichen Gegenstandsbereich eröffnet. Man muss deshalb immer darauf achten, dass das »methodisch Veranstaltete mit der Sache selbst« nicht verwechselt wird (Adorno 1971, S. 211), und sich darüber im Klaren sein, dass die empirisch erfahrbare Wirklichkeit das Potenzielle, weil nicht messbar Gemachte, ausspart. So gesehen kann auch die »psychologische Wirklichkeit« nicht »wirklicher« sein, als die fachspezifischen Untersuchungsverfahren es zulassen.

Beispiel: Die Psychologie und der »ganze Mensch« Man könnte, um die Problematik des oben Ausgeführten an einem Beispiel zu verdeutlichen, etwa versucht sein, alles fachspezifische Wissen »ganz einfach« zu bündeln und daraus eine psychologisch eigenständige »Theorie des ganzen Menschen« zu bilden. Damit aber versäumte man die Chance, unter Einbeziehung von erkenntnistheoretischem Vorwissen angemessenere Wege zu beschreiten, denn eine »Theorie des ganzen Menschen« zu entwickeln und diesen damit im gewissen Sinne theoretisch auch neu zu erfinden, würde heute etwa als ebenso wenig erfolgversprechend angesehen wie der mittelalterliche Versuch, eine »Theorie des natürlichen Weltganzen« (Gabriel 2013) zu entwerfen. Beide, eine Theorie vom »ganzen Menschen« und eine der »ganzen Welt«, klingen auf den ersten Blick zwar vielversprechend, weil sie umfassende und damit alles und jeden zufriedenstellende Erklärungen versprechen. Die »Welt als Ganzes« kann man z. B. aber nicht verstehen; begreifen kann man höchstens den Teil davon, den man untersucht und damit in ▶ Begriffe kleidet, die man eigens dafür bildet. Dies aber erfordert in gewissem Sinne *willkürliche Abgrenzungen*, wodurch wiederum Fragen nach dem Wesen dieser Abgrenzungen entstehen, die man ebenfalls nicht wird beantworten können.

Um beispielsweise herauszufinden, wie oder was der Mensch als Ganzes »wirklich ist«, müsste man nicht nur auf irgendeine Weise das Menschengemachte an diesem Erkenntnisprozess »des Menschen über den Menschen« in Rechnung stellen können. Dazu müsste man auch zu erfassen in der Lage sein, was das »Ganze« des Menschen eigentlich alles beinhaltet (vgl. Gabriel 2013). In jedem Falle aber könnte man dem »ganzen Menschen« keine erkennbare innere Struktur zuordnen, die seinem Wesen gemäß wäre, sondern nur *die* innere Struktur, die den eigenen wissenschaftlichen Interessen entspricht. Man müsste sich also fragen, was dann vom »ganzen Menschen« *an sich*, gäbe es ihn denn, noch übrig bliebe.

Vermittels der Auffassung, dass alle Tatsachen, dass die Wirklichkeit, über uns Menschen nicht »an sich« oder »für sich« bestehen, sondern seitens der Wissenschaft/des Wissenschaftlers überhaupt erst konstruiert würden (▶ Konstruktivismus), vermag man das Problem also nicht zu lösen. Denn wenn man nur das vom »Menschen als ganzem« erkennen könnte, was man zuvor mittels bestimmter Methoden und ▶ Begriffe eigens dafür entwickelt hat, so bewegte man sich mit jeder neuen Definition in immer enger werdenden Kreisen. Grundstürzend Neues, mehr als die Erkenntnis, angesichts selbst gesteckter Grenzen nur einen Aspekt aus der Potenzialität, die im Ganzen steckt, zu erfassen, könnte auf diese Weise kaum gewonnen werden.

Die zu ermittelnde Wirklichkeit über den Menschen, so könnte man in Anlehnung an Gabriel (2013) formulieren, existiert somit weder per se, gewissermaßen als psychische Welt *an sich*, noch ist sie eine von der Wissenschaft »konstruierte Wirklichkeit«. Man kann sich aus dem Prozess der Betrachtung des Menschen durch den Menschen vielmehr weder als Individuum noch als Kollektiv herausnehmen, da nie in Erfahrung zu bringen sein wird, von welchem imaginären, nicht menschengemachten Ganzen aus gesehen man dann ausgehen sollte.

Was übrig bleibt, eine »Welt mit Zuschauern« (vgl. Gabriel 2013), könnte, so vertrackt und unauflöslich es auch klingen mag, für die Psychologie den Erkenntnisspielraum dennoch erweitern: Man kann diese Unauflöslichkeit von Beobachter und Beobachtetem auch als Aufforderung verstehen, sich noch intensiver, als es vielleicht bisher geschehen ist, mit Lösungsvorschlägen anderer Disziplinen auseinanderzusetzen und damit neben fachspezifischen Werturteilen auch Wertbeziehungen verschiedener Ansätze genauer zu hinterfragen. Keine einmal eingeschlagene wissenschaftstheoretische Ausrichtung enthebt ja von der Frage nach der »Wirklichkeit« jenseits der angewandten wissenschaftlichen Modelle. Will heißen, entscheidend für eine Erkenntnisgewinnung ist nicht allein, z. B., einen wissenschaftstheoretisch bedeutsamen »neuen Algorithmus« gefunden zu haben, sondern darüber hinaus, zu akzeptieren, damit nur eine von verschiedenen möglichen »Wirklichkeiten«[5] abgebildet zu haben, und dazu bedarf es über den Gültigkeitsbereich einer bestimmten Theorie hinaus bereits der Vorstellung von einer weiteren Wirklichkeit, um vorausschauend zu erkennen, was jenseits davon eintreten kann bzw. wird.

Es ist somit – wie geschickt und durchdacht man auch vorgehen mag – immer davon auszugehen, dass mehr fachrelevante Erkenntnisse über einen Forschungsgegenstand möglich sind als jene, die mittels bestimmter, hier an den Naturwissenschaften orientierter Vorgehensweisen zu erfassen sind.

Übertragen auf die Psychologie bedeutet dies, dass eine Offenheit für die »Sicht auf das Ganze« jenseits der eigenen, von Genetik und Hirnforschung flankierten Fachkenntnis unerlässlich ist. Dies geschieht etwa, indem man sich mit philosophischen Ansichten auseinandersetzt (vgl. z. B. ▶ John Roger Searle).

1.2 Auf der Suche nach Antworten auf psychologische Fragestellungen jenseits der Grenzen naturwissenschaftlich orientierter Psychologie

In der physiologisch bzw. neurowissenschaftlich ausgerichteten Psychologie bilden z. B. neurophysiologische und/oder neuroanatomische Untersuchungsmethoden von allen denkbaren möglichen körperlichen Korrelaten des »ganzen Erlebens« einen neurowissenschaftlich erfassbaren Teil ab. Sie verdinglichen ihn gewissermaßen, indem Strukturen, Substrate oder elek-

---

5   Wirklichkeit: Aus Sicht einer *konstruktivistischen Wissenschaftstheorie* gibt es eine Realität, aber viele Wirklichkeiten, denn jedes Erkenntnissubjekt lebt prinzipiell in seiner eigenen Wirklichkeit, die es konstruiert.

trische Aktivitäten bestimmt werden, die mit dem psychischen Geschehen zusammenhängen. Dem Forscher ermöglicht dies einen ganz speziellen, experimentell erzeugten Einblick in die Welt neuronaler Verknüpfungen des jeweils anderen. Die Welt, die sich ihm dabei eröffnet, kommt, wie oben erwähnt, indes allein durch den Messprozess zustande, sie existiert nicht *per se*. Indem er z. B. gemäß einer bestimmten Theorie der Abbildung von psychischen auf physische Kennwerte vorgeht, unterliegt er bestimmten Grenzbedingungen, die durch naturwissenschaftliche Erklärungsmuster vorgegeben sind.

Offen zu sein für fachübergreifende Sichtweisen würde hier etwa bedeuten, in Rechnung zu stellen, dass bei der angesprochenen Problemstellung einer Abbildung der Welt im Gehirn entweder zuerst die Existenz nichtmaterieller Vorstellungsinhalte anzuerkennen ist, um sie dann mittels physiologischer, d. h. materieller Tatsachen zu identifizieren. Oder dass umgekehrt der physiologische Aspekt menschlichen Denkens und ▶ Handelns als gegeben anzunehmen ist, um dann von Grundgegebenheiten der Gehirnforschung her mentale Ereignisse zu erfassen. Ineinander überführen lassen sich die beiden Betrachtungsebenen bislang am ehesten unter der Annahme, die Erhebung von geistigen und körperlichen Messdaten fügten sich letztlich zu einem »Ganzen«, indem sie jeweils eine der beiden Seiten ein und derselben Medaille repräsentierten. Nun gibt es aber niemanden, der eine solche Komplementaritätsannahme bestätigen, geschweige denn beweisen könnte, dass ein Medaillenvergleich angemessen ist. Zumindest können mentale Ereignisse ebenso wenig in (sub-)zelluläre »neuronale Tatsachen« zerlegt werden, wie umgekehrt in und zwischen Neuronen »Gedanken« zu suchen sein könnten. Ein möglicher Gewinn im Umgang mit dieser Fragestellung könnte sich somit durch eine erkenntnisgewinnende Aufarbeitung von Perspektiven ergeben, die andere Disziplinen dazu entwickelt haben, allen voran die moderne »Philosophie des Geistes« (Metzinger 2009; siehe hierzu ▶ Kap. 4). Ein reflektierender Bezug zwischen dieser und dem jeweiligen psychologischen Fachwissen wäre unter Umständen geeignet, die Synergieeffekte freizusetzen, welche der Psychologie o. g. neue Spielräume eröffnen. Für sich genommen, auf sich allein gestellt, gelingt das kaum.

Offen zu sein für fachübergreifende Betrachtungsweisen bedeutet auch, sich zu vergegenwärtigen, wie nachhaltig der Einfluss seitens der Naturwissenschaft das Denken in der Psychologie prägt und ihre Antworten vorbestimmt. Dies zeigt sich z. B. an der Antwort auf die Frage, wie viel (Un-)Bestimmtheit in der Beziehung von Mensch und Umwelt erkenntnisgewinnend in physiologisch-psychologisch orientierte Theoriegebäude integriert werden sollte. Hierauf würden Vertreter/-innen einer neurowissenschaftlich orientierten Psychologie vermutlich erwidern, dass innerhalb des Gehirns, verstanden als ein komplexes nichtlineares autopoetisch agierendes System, bestimmte neuronale Netzwerke wirklichkeitsgenerierend seien. Dies beträfe sowohl jegliches Agieren – ob nun dem momentanen Bewusstsein zugänglich oder nicht – als auch die Illusion über dessen Urheberschaft. Das so entstanden gedachte ▶ »Gefühl«, gegenüber seiner Umwelt, seinen Mitmenschen, deren Vorgaben und Meinungen selbstbestimmt, frei, zu handeln, hat indes mit dem ▶ Begriff der Selbstbestimmtheit in einem philosophisch verstandenen Sinne – also der Möglichkeit, sich für oder gegen die Ausführung einer bestimmten Handlung zu entscheiden – nichts gemein. Wie sollte man auch – den Menschen unter einem physiologischen Blickwinkel betrachtend – ernsthaft annehmen können, dass ein gehirnvermitteltes Bewusstsein all jene neuronalen, ggf. unbewusst bleibenden Prozesse nachvollziehbar zu machen erlaube, die gerade dieses Empfinden, selbstbestimmt zu handeln, überhaupt erst ermöglichen? Indem sich die naturwissenschaftlich orientierte Psychologie ganz auf eine naturalistische Sicht der Beziehung von mentalen und physischen (Re-)Aktionen zentriert, verändern sich somit nicht nur ihre möglichen Antworten auf Fragen nach dem Zustandekommen einer Ich-Identität. Da zudem alle registrierbaren äußeren Ereignisse durch spezifische Rezeptionseigenschaften der jeweiligen Sinnesorgane auf der Körperoberfläche und in den Viscera (Eingeweiden) bestimmt werden, reduziert sich auch jede Interaktion von Mensch und Umwelt generell auf eine Spiegelung in deren Binnenverhältnis. Und da jeder psychisch relevante, also bewusste Impuls, auf die Umwelt einzuwirken, zu agieren oder aber auf entsprechende Einflüsse zu reagieren, einer umfangreichen Vorarbeit durch das Gehirn bedarf, werden mentale (Re-)Aktionen letztlich auf neuroanatomische, neurophysiologische und neurochemische Messwerte reduziert. So gesehen spiegelt sich jede Interaktion eines Menschen mit seiner Umwelt in Kennwerten, mit denen ganz bestimmte neuroanatomische oder neurophysiologische Subsysteme und definierte Verhaltensweisen in eine raumzeitliche Beziehung gesetzt werden können. Eine mögliche Antwort darauf, ob es prinzipiell je andere als determinierte Entscheidungen für oder gegen irgendetwas geben könnte, verliert sich dabei im Geflecht abertausender bereits vor jeder bewussten Entscheidung abgelaufener oder sich parallel dazu aufbauender neuronaler Reaktionsketten. Diese sind es nämlich, die – heutigem naturwissenschaftlichem Verständnis nach – eine bestimmte Antwort des Individuums hervorrufen. Ob die entstehenden Netzwerke nun erregenden oder hemmenden Systemen entstammen, durch rückbezügliche oder antizipierende Interaktionsschleifen vernetzt sind – jede Interaktion eines Menschen mit seiner Umwelt, ob »zufällig« entstanden oder bewusst herbeigeführt, wird so gesehen immer in Termini eines kausal geschlossenen Systems ausgedrückt. Jede geistige Aktivität jedes einzelnen Augenblicks ist stets durch den Systemzustand des Gehirns ausdrückbar. Verschiedene Zustände des Gehirns sind zwar in bestimmten neuroanatomisch-neurophysiologischen Grenzen plastisch zu nennen, aber kaum je als ungebunden, als zufällig zu betrachten. Einmal in die Wege geleitet, finden sie vielmehr immer zu irgendeinem Zeitpunkt an irgendeinem Ort mit einer gewissen Wahrscheinlichkeit statt. Das heißt, durch das Erreichen von Schwellenwerten einer elektrischen Erregung, Konfigurationszuständen von Enzymen etc. wird mit deren Überschreitung bzw. deren Änderung ein Zustandswechsel des oder der damit interagierenden Subsysteme wahrscheinlich und ist damit mögliche Ursache weiterer Modifikationen in anderen neuronalen Subsystemen.

Solchermaßen kausal verbundene innere Bedingungen werden mit der äußeren Welt des Zuschauers durch die Bestimmung zeitlich-räumlicher ▶ Relationen von geistigen und physischen Ereignissen zu verknüpfen gesucht. Allerdings kann dabei bislang ein noch so spezifisch ausgerichteter hocheffizienter neurowissenschaftlicher »Maschinenpark« keinesfalls die empirische Verankerung einer deutungsoffenen »Wirklichkeit« gewährleisten. So beruht z. B. die Überzeugungskraft von »Hirnbildern« – gemeint sind farbcodierte Darstellungen von Hirnschnitten – auf bestimmten Strategien verfahrenstechnologischer Überformung und Standardisierung von Rohdaten, die daraus ein den Laien überzeugendes, weil anschauliches »Produkt« machen (Huber 2009). Auf diese Weise entsteht eine neue, biomedizinisch oder nuklearmedizinisch begründete »Realität«, die nicht nur in ganz persönliche alltagsweltliche Bezüge integriert wird, sondern auch in Wechselwirkung mit öffentlich zugänglichen Darstellungen einer zunehmend neurozentrisch ausgerichteten Gesellschaft tritt. Es werden sogenannte *brain facts* gebildet (Choudhury et al. 2009, S. 61-77), alltagssprachlich aufbereitete begriffliche Gebilde, die es erschweren, neurowissenschaftliche Befunde über das Gehirn von ihrer politisch-kulturellen Deutung zu trennen.[6] Solche *brain facts* sind es in der Regel auch, die Eingang in die Psychologie finden und hier als »Import aus der Nachbardisziplin« den

---

6 Während man z. B. kaum vermuten würde, man könne, beobachtete man mittels moderner Technologien seine gastrointestinalen Organe »bei der Arbeit«, etwas über die Dispositionen seines Essverhaltens erfahren, so erwartet man durchaus Entsprechendes bei der Betrachtung von Hirnscans. Man erhofft sich hier z. B. aus Kennwerten der Aktivität in ausgewählten Hirnregionen Hinweise auf eine neuronale Disposition für bestimmte Handlungsweisen.

Kanon neurowissenschaftlichen Grundwissens komplettieren. Es scheint dann so, als gäbe es nun kaum noch Zweifel daran, was in der linken oder der rechten Gehirnhälfte normalerweise geschieht, wo gelernt, wo erinnert wird und wie sich Männer und Frauen, Gesunde und Kranke ggf. darin unterscheiden et cetera. Dessen ungeachtet sagt natürlich die Möglichkeit der Visualisierung nichts darüber aus, ob die spezielle morphologisch-funktionale Segregation, die mit einem bestimmten Verfahren verbunden ist, auch eine psychologisch sinnvolle Differenzierung ermöglicht.

So ist z. B. in der Psychologie geläufig, dass Veränderungen des Verhaltens und der Gehirnaktivität niemals nur das Individuum *per se* betreffen, sondern stets in oben erwähnter Interaktion mit der Umwelt, in der etwas geschieht, zu beurteilen sind. Um das Erleben eines Menschen nicht auf eine Momentaufnahme zu verkürzen, sondern in den realen Verhaltensstrom einzubinden, bedarf es einer genauen Kenntnis der Lebensumstände, der Lebensräume, Lebensbedingungen et cetera. Anders gesagt, individuelle Unterschiede ohne Kenntnis dieser Variablen aus der Lebenswelt eines Menschen verstehen zu wollen, würde als recht aussichtsloses Unterfangen angesehen werden.

Erst indem man sich in der Psychologie auf naturwissenschaftliche Denkmodelle einlässt, bei welchen der Einfluss der Umwelt bzw. der Kultur in den Hintergrund tritt, wird es möglich, Verhalten auf naturwissenschaftlich beschreibbare und damit intraindividuelle Prozesse zu reduzieren. Unter Zugrundelegung des gängigen Erklärungsmusters einer »dualen Wirklichkeit«, in der jedes psychische Geschehen mit neuronalem verknüpft ist, kommt ferner etwas Indeterminiertes, hier eine physiologisch »unverursachte« Verhaltensänderung, nicht vor.

Betrachtet man die oben skizzierten Argumentationsstränge im Zusammenhang, so ergeben sich mehrere, sowohl theoretisch-methodische als auch allgemein lebensweltlich begründete Konfliktlinien. Allerdings profitiert die Neurowissenschaft dabei zum einen vom raschen Fortschritt ihrer Neurotechnologie, verbunden mit einer ausgeprägten Methodengläubigkeit seitens der Psychologie. Zum anderen profitiert sie davon, dass nicht nur in der Neurowissenschaft, sondern auch in der Psychologie Grundfragen des Geistes und der Beziehung von mentalen und physischen ▶ Entitäten überwiegend gemäß einem alltagsweltlichen Denken entschieden werden. Man fragt sich deshalb, ob die Psychologie an Argumentationsspielraum gewinnen würde, wenn sie statt dieser alltagsweltlichen die als klassisch zu bezeichnenden philosophischen Rahmenbedingungen geltend machen und sie ggf. mit naturwissenschaftlichen Grundpositionen verbinden würde.

1.3 Implizite Einbindung psychologischer Standpunkte in bestehende philosophische und naturwissenschaftliche Grundpositionen

Wie oben deutlich wurde, versteht sich die gegenwärtige akademische Psychologie als eine aus dem Fundus philosophischer Fragestellungen heraus entwickelte Disziplin, die sich dem Erleben und Verhalten des Menschen widmet und sich dabei an die Vorgehensweise der Naturwissenschaft anlehnt. Sie versucht ferner, theoretische Anschauungen mit empirischen Analysen so zu verbinden, dass Gesetzmäßigkeiten und Wissensbestände nicht ausschließlich um des reinen Erkenntnisgewinns willen erforscht bzw. gesammelt werden, sondern auch in konkrete neuropsychologische, klinisch-therapeutische, soziale, kulturelle und wirtschaftliche Anwendungskontexte eingebunden werden können.

Anders als die ▶ Philosophie, die sich seit vielen Jahrhunderten mit Fragen menschlichen Tuns befasst und zu deren Selbstverständnis es schon immer gehört hat, das umfassende »Sein des

Menschen«, die Grenzen seines Wissens, seines Denkens und ▶ Handelns *an sich* zu erkunden (vgl. Nagel 1990), hinterfragt die Psychologie aber nicht bestehende Vorstellungen von Glück und Sittlichkeit, Ethik und Freiheit, Zeit und Zahl, Recht und Unrecht et cetera. Sie integriert diese vielmehr in ihren Wissensbestand, insofern sie ihr zu Allgemeinwissen geronnen zu sein scheinen. Dadurch macht sie sich natürlich in gewissem Sinne vom Erkenntnisstand ihrer Nachbardisziplin abhängig, denn die ▶ Philosophie wird kaum je mit ihren Fragen zu einem Ende kommen bzw. von sich aus festlegen, dass ein Fragenkomplex schlussendlich »abgehakt« und als »Allgemeinwissen«, u. a. auch an die Psychologie, weitergereicht werden sollte. Einmal gewonnene Erkenntnisse dienen hier vielmehr in erster Linie als Anregung zu neuen Fragen, deren Antworten wiederum auf bereits bestehendes Wissen zurückwirken et cetera. Immer wieder werden so von neuen Blickwinkeln aus Sinn und Grenzen formaler Beweisverfahren hinterfragt, auf welche sich die Psychologie maßgeblich stützt, immer wieder ▶ Kategorien, in die psychologisch relevantes ▶ Handeln eingebettet ist, neu ausgelotet (siehe hierzu auch ▶ Kap. 3). Während sich Psychologen etwa dafür interessieren, ob ein bestimmtes »subjektives« Maß die ▶ Kategorie der Zeit, z. B. im Hinblick auf den jeweils infrage stehenden Zeitraum, adäquat zu erfassen vermag, fragen Philosophen u. a. danach, was ein Zeitraum ist, ob sich z. B. ein »Zeitraum des persönlich Erlebten«, der nicht anders als durch die Erinnerung daran gedacht werden kann, als subjektives Maß für das Erinnerungsvermögen überhaupt eignet. Sie fragen danach, ob es nicht vielmehr die Erinnerung selbst ist, welche die persönliche Zeit erst formt (siehe hierzu auch ▶ Kap. 3). Auch dem vermeintlich Objektiven psychologischer Messverfahren begegnen sie mit Skepsis. Anders als durch intersubjektive Übereinstimmung gekennzeichnet, so heißt es hier, lasse sich das vermeintlich Objektive nicht begreifen. Vielmehr sei die Unmittelbarkeit der psychologisch erfassbaren Gegenstandswelt nur durch die Subjektivität des Erlebens zu gewinnen, da sowohl der Wahrnehmungsprozess als auch jede mögliche »Repräsentation« der Außenwelt im Gehirn eines Menschen jeweils subjektiv geprägt sei (siehe hierzu auch ▶ Kap. 10).

Indem also die Psychologie ausgesuchtes, von ihr als »Grundlage« angesehenes erkenntnistheoretisches Wissen zum Ausgangspunkt nimmt, macht sie letztlich den gesunden Menschenverstand, die Evidenz[7] des Augenscheins, zur Basis ihrer Forschungen über den Menschen. Für die ▶ Philosophie hingegen ist, wie oben angemerkt, ein solches Allgemein- oder Weltwissen nicht als feststehende Größe, sondern nur als möglicher Ausgangspunkt für andere, weiterführende theoretische Fragen von Bedeutung. Im Vordergrund steht hier die Frage, was sich über wissenschaftliche Gegenstände inklusive den Menschen aussagen lässt bzw. was jenseits des Erkennbaren liegt. So betrachtet sieht sich der Mensch, der als »erkennendes Subjekt« dem Erkenntnisgegenstand, dem Objekt, gegenübersteht, immer mehreren miteinander verknüpften Problemstellungen gegenüber: Zu ermitteln, was aufgrund einer bestimmten überdauernden Theorie grundsätzlich erkennbar sein könnte, bildet nur einen Aspekt von mehreren; daran knüpfen sich Fragen nach deren Grenzen und der Sphäre des prinzipiell Unerkennbaren. Zu deren Beantwortung stützt man sich in der ▶ Philosophie nicht nur, aber auch auf rational begründete Argumente (▶ Rationalismus). Man grenzt den möglichen Erkenntnisgewinn also nicht, wie die Psychologie, von vornherein auf Erfahrungswissen ein, weshalb die so erarbeitete Erkenntnis ein breites Spektrum philosophischer Richtungen umfasst, die auf verschiedene Arten ▶ Vernunft, Denken und ▶ Handeln sowie die logische Ordnung der Dinge und Sachverhalte in den Mittelpunkt stellen. Dass dazu u. a. auch die durch Sinnesempfindung und

---

7 Psychologische Evidenz beruht auf dem ▶ Gefühl des Überzeugtseins und folgt dem Grundsatz, das zu akzeptieren, *was der Erkenntnis unmittelbar »einleuchtet«.*

1.3 · Implizite Einbindung psychologischer Standpunkte in bestehende …

Wahrnehmung vermittelten ▸ Empfindungen und Erfahrungen gehören, bleibt unbestritten (vgl. hierzu auch ▸ Kap. 3).

Ungeachtet unterschiedlicher erkenntnistheoretischer Standpunkte ist die Frage, wie Subjekte Wissen über die objektive Welt erwerben könn(t)en, natürlich nicht nur philosophisch, sondern, wie oben angemerkt, immer auch psychologisch relevant. Denn wie der Mensch erkennt, was er erkennt bzw. ob er ggf. überhaupt etwas erkennen kann, berührt stets Grundprobleme menschlichen Erlebens und Verhaltens. Anders als in der ▸ Philosophie werden diese in der Psychologie heute, wie oben dargestellt, nicht grundsätzlich, sondern nur unter Rückgriff auf ausgewählte wissenschaftstheoretische Grundpositionen erörtert. Zum Beispiel wird der menschliche »Geist« als Summe aller operationalisierbaren (▸ Operationalisierung) kognitiven Fähigkeiten (▸ Kognition) definiert und psychophysiologisch als materielles Pendant einer Art (Zerr-)Spiegel des natürlicherweise Erfassbaren dargestellt. Daraus schließt man dann u. a., dass auch jede zu Weltwissen geronnene Erfahrung im Gehirn gespeichert sein müsse, und sucht Methoden zu entwickeln, die geeignet sein könnten, bestimmte Erfahrungsinhalte strukturell zu erfassen, z. B. das Wissen über die eigene Person.

Von diesem Standpunkt aus greift die naturwissenschaftlich orientierte Psychologie, was die Komplexität möglicher erkenntnistheoretischer Fragestellungen betrifft, über einen bestimmten Rahmen auch nicht hinaus, weshalb sie fast zwangsläufig in eine Reihe überdauernder Probleme gerät. So verkompliziert z. B. jeder als Kennwert verwendete Prozess, etwa eine Aktivierung bestimmter Stoffwechselvorgänge in bestimmten Hirnbereichen, eine Erklärung psychologischer Phänomene, da nun erklärt werden muss, warum bestimmte Phänomene gerade mit diesen Vorgängen korrelieren und nicht mit anderen. Ganz abgesehen davon stellt sich die Frage, ob für eine Verschiebung der Erklärungsebene psychologischer Phänomene auf neuronale Prozesse der gegenwärtige Materiebegriff noch angemessen ist, denn dieser ist heute, anders als noch zu Anfang des 20. Jahrhunderts, nicht mehr klar umgrenzt, weshalb auch der Versuch einer physikalischen Fundierung mentaler Konzepte nicht ohne Weiteres gelingen kann. Denn wer, wie Mausfeld (2003, 2010) dies sinngemäß ausdrückte, kein eindeutiges Konzept vom Materiellen mehr hat, der kann auch kaum eine klare Konzeption vom Nichtphysikalischen entwickeln. Nicht zuletzt wird ganz grundlegend darüber nachzudenken sein, wie wir je zu Vorstellungen über die äußere Welt kommen sollten, wenn diese nur durch Erfahrung möglich wären. Anders gefragt: Wie sollte sich ein empirisch denkender Wissenschaftler je »aus seiner Erfahrung herausbegeben« können, um zu erkennen, ob es tatsächlich jene Welt gibt, die er in seinem Geiste abzubilden vorgibt, und zwar ohne sich mittels ▸ analytisch-deduktiven Denkens (▸ Deduktion) auf die konstitutiven Bestandteile seiner Erkenntnis zu berufen? Zumindest wäre ohne dieses implizit akzeptierte Fundament kein wissenschaftliches Experimentieren, kein Beobachten denkbar, wären keine objektiven Aussagen möglich (▸ Objektivierung). Nur auf den ersten Blick scheinen Erkenntnisse, die von Empirikern gewonnen wurden, also auch ausschließlich empirische zu sein. Bereits beim zweiten Hinsehen erkennt man, dass sie immer auch auf anderen, nicht empirisch gewonnenen Elementen aufbauen.

Da, wie oben deutlich wurde, die Psychologie erkenntnistheoretische Vorgaben eher als gegeben an- und übernimmt, denn sie kritisch zu hinterfragen, entfallen für sie meist auch die Gründe, sich explizit für die eine, z. B. die ▸ »analytische ▸ Philosophie des Geistes«[8], oder die andere, hier die ▸ evolutionäre Erkenntnistheorie der modernen Naturwissenschaft, zu entscheiden. Meist wird eher stillschweigend der naturwissenschaftlichen Grundposition

---

8 Die analytische ▸ Philosophie verkörpert eine Richtung philosophischen, der Psychologie nahestehenden Denkens, in der sprachliche, logische sowie sprachlogische Probleme im Vordergrund stehen.

der Vorzug gegeben. Zwar versuchen beide, sowohl die analytische Philosophie als auch die ▶ evolutionäre Erkenntnistheorie, das seit Jahrhunderten währende, psychologisch kaum auflösbar scheinende Problem der Beziehung von mentalen und physischen Vorgängen zu lösen. Aber im Rahmen der ▶ evolutionären Erkenntnistheorie geschieht dies auf eine Weise, die psychologischem Denken weit mehr entgegenkommt, als es die ▶ Erkenntnistheorie vermag; etwa indem der bereits erwähnte »Erkenntnis- oder ▶ Weltbildapparat« angenommen wird, der es erlaubt, alles mentale Geschehen als Funktion dieses Apparats zu verstehen. Dadurch wird alles, auch das menschliche Verhalten im Hinblick auf die »Funktion« verstanden (▶ Funktionalismus), d. h. auf den Anpassungswert an die Umgebung, werden Leistungen im Denken und Wahrnehmen etc. als im Dienste der Arterhaltung stehend erklärt, und jede Erfassung eines Untersuchungsgegenstands, die nicht an bestimmte überprüfbare Operationen geknüpft ist, gilt für wissenschaftliche Zwecke als unbrauchbar. Auch die oben erwähnte Annahme, aufgrund einer Transformation, d. h. einer Abb. (▶ Abbildtheorie) naturwissenschaftlicher auf mentale Kenngrößen, könne man eine sogenannte Struktur-Funktions-Beziehung zwischen Gehirn und Geist herstellen, folgt diesen Prinzipien.

Da unser Wissen über die mentalen Vorgänge, ausgedrückt durch die zugrunde liegenden, auf das »Wesen des Menschen« bezogenen Termini, überwiegend dem Fundus der ▶ Philosophie entstammt, wurden allerdings Abgrenzungen bzw. Neubestimmungen unerlässlich, so etwa bei ▶ Begriffen wie »Gefühl«, ▶ »Vernunft«, »Wille« oder »Bewusstsein« (vgl. hierzu ▶ Kap. 3). Indem deren wissenschaftliche Bearbeitung, hier ihre ▶ Operationalisierung, gemäß psychologisch-naturwissenschaftlichen Vorgaben vorgenommen wird, gerät jedoch das methodische Werkzeug umso spärlicher, je umfassender die Konstituenten des Mentalen sind, die man zu ergründen sucht. Will man z. B. mittels des eigenen Bewusstseins etwas über das Bewusstsein an sich aussagen, so stößt man rasch und unweigerlich an Grenzbereiche des Erkennens, des rational nicht Denk- bzw. des sprachlich nicht Vermittelbaren.

Beispiel: Vom Zugang zur äußeren Welt zum Zugang zur Psyche des anderen Woher wissen wir Psychologen z. B., ob bestimmte Inhalte Bewusstseins uns darüber unterrichten können, was außerhalb dieses Bewusstseins, »draußen in der realen Welt«, geschieht? Und woher wissen wir, dass das, was wir sehen oder hören, tatsächlich in einer bestimmten, verlässlich messbaren ▶ Relation dazu steht? Eine Begründung im Sinne von »weil sich dies eben so und nicht anders verhält« wäre hier nicht ausreichend, da jegliches Beweismaterial für diesen behaupteten Unterschied zwischen »innen« und »außen«, zwischen Person und Umwelt, nur mittels Bewusstsein zustande kommen würde. Das heißt, jedes äußere Ereignis müsste, um beurteilt werden zu können, immer durch diverse Filter des Bewusstseins »hindurch«, sei es in Gestalt der Wahrnehmung, sei es unserer Aufmerksamkeit oder des Gedächtnisses. Jedoch existierte außer diesen mittels unseres Bewusstseins konstruierten Inhalten über das vermeintlich Innere und das vermeintlich Äußere nichts unabhängig Gültiges, worauf wir uns im Vergleich beider berufen könnten. Versuchte man also, die Verlässlichkeit der Eindrücke der äußeren Welt mit Rückgriff auf deren Vorhandensein in unserem »Inneren«, in unserem Bewusstsein, zu erklären, dann argumentierte man zirkulär: Mehr als die Tatsache, dass das Bewusstsein das Einzige ist, was uns Auskunft über das Bestehen einer äußeren Welt zu geben vermag, wäre nicht zu beweisen.

Allerdings könnte man aus der Tatsache, dass man nur seine eigene, ganz persönliche Welt kennt (▶ Solipsismus), nicht folgern, dass es außerhalb davon prinzipiell keine erkennbare Welt gäbe. Jeder Widerstand, den wir in der äußeren Welt erfahren, weist schließlich auf deren Existenz hin, und diese Erfahrung wiederum teilen wir mit anderen Menschen! Man muss also zumindest zugestehen, dass es durchaus eine überdauernde äußere Welt geben muss, auch wenn sie ganz anders sein könnte, als sie sich uns durch den Spiegel unseres Bewusstseins präsentiert. Nun kann man aber die Wirklichkeit immer nur insoweit erschließen, als man selbst beteiligt ist. Es wäre somit von der jeweiligen Gegenwart unseres Bewusstseins aus gesehen kaum möglich zu erfahren, was an der äußeren Welt »überdauernd« ist bzw. was sich nur in der Vergangenheit zugetragen hat. Argumentativ würde man sich erneut im Kreis bewegen, indem man zunächst eine Wirklichkeit in der Vergangenheit unterstellte, um diese dann mittels Gedächtnis zu beweisen, welches seinerseits jede vergangene Wirklichkeit in der Gegenwart erst (re-)konstruierte.

Wie also könnte man vorgehen, um genuin psychologische Fragestellungen, die ihrerseits an eine innere und eine äußere Welt gebunden sind, zuzulassen? Eine Möglichkeit dazu besteht in der Annahme, dass es allein deshalb eine überdauernde Außenwelt geben müsse, weil es nicht glaubhaft wäre, dass viele Menschen die erlebte überdauernde Folge von Ereignissen in einer äußeren Welt hätten, ohne dass sich dieser Umstand auch durch äußere Ursachen erklären ließe. Gewiss würden Skeptiker unter den Philosophen nun zu bedenken geben, dass man selbst dann, wenn es denn wirklich »äußere Ursachen« gäbe, aufgrund der Erfahrungsinhalte nicht entscheiden könne, von welcher Art diese denn seien; keine davon habe und würde man jemals ohne die Filtereigenschaften des eigenen Bewusstseins erfahren können.

Kurzum, wollte man ermitteln, ob man etwas von der Welt außerhalb des Bewusstseins wissen könnte, dann ließe sich das jedenfalls nicht aufgrund des Inneren unseres Geistes beweisen. Dieses Problem wäre auch durch Rückgriff auf theoretische Modelle der Naturwissenschaften nicht aufzulösen. Hier versucht man, wie oben kurz angesprochen, mittels bestimmter Theorien die gegenwärtige und vergangene Erscheinung der äußeren Welt in kleine und kleinste Teile aufzulösen, z. B. in Neuronen, Moleküle, Atome etc., um sie herausgelöst aus einem imaginären Ganzen einzeln in ihrer räumlichen Ausdehnung beurteilen zu können. Und man versucht aus den hypothetischen Bestandteilen Letzterer, ihren Protonen, Neutronen und Elektronen, in Form ihrer Halbwertszeit auch eine bestimmte Überlebensdauer abzuleiten, das heißt raumzeitliche Bezüge zwischen ihnen herzustellen. Jedoch ist durch Aufschlüsselung von komplexen Molekülen bzw. Gegenständen in subatomare Elemente und deren ▶ Korrelation mit psychischen Variablen ein Erkenntnisgewinn nicht von sich aus gegeben. Woher wollte man denn auch wissen, dass die Wirklichkeit der »psychologisch relevanten« Welt mit unseren naturwissenschaftlichen Vorstellungen von einer guten theoretischen Erklärung korrespondiert, dass multipel zusammengesetzte raumzeitliche Wirklichkeiten sub- bzw. supramolekularer Ereignisse in ihrer Summe schließlich den Gegenwert eines psychologisch gedachten »Ganzen« bilden? Wie oben erwähnt, lässt sich durch empirisches Vorgehen die Wirklichkeit *von etwas* ohnehin nicht abbilden, sondern nur der Teil davon erfassen, der Gegenstand des Messvorgangs ist. Naturwissenschaftliche Theorien gelten entsprechend als empirisch unterbestimmt, denn das, was man sieht oder experimentell erfasst, kann oft nicht nur durch eine, sondern durch verschiedene Theorien erklärt werden, sprich: Man liest nicht aus dem einen Buch der Natur, sondern man verfasst es auf immer neue Weise.

Ähnliches gilt auch für die Psychologie. Auch hier gibt es keinerlei »vorgegebene Realitäten der Außenwelt«, sondern immer nur die Realitäten, die zuvor theoretisch geschaffen wurden. Diese sind weder »natürlich« noch »unveränderbar«, was aber nicht ausschließt, dass auch hier zeitweilig Einigkeit über einen bestimmten inhaltlichen Gegenstand besteht. Man versucht in diesem Fall für das so Geschaffene einen ▶ Begriff festzulegen, der diesen nun wissenschaftlich »erzeugten Gegenstand« beschreibt und dem Ziel der Wahrheitsfindung unterordnet (vgl. auch ▶ Kap. 3). Allerdings kann es kaum genügen, sich einer »erfolgreichen«, z. B. naturwissenschaftliche Realitäten versprechenden Theorie und damit auch Begrifflichkeiten anzuschließen, in der Hoffnung, dass sie auch für das eigene Fachgebiet geeignet wäre.

Wohl wissend, dass man ohne Sinnesempfindungen nichts über die äußere Welt zu erfahren vermag, mit ihnen aber getäuscht wird, kann man für die Psychologie geltend lediglich festhalten, dass die Vorstellung von einer Außenwelt, die es zwar geben muss, die aber methodisch keiner je »wirklich« zu erfassen vermag, nicht befriedigend ist. Aller Probleme mit der Verlässlichkeit von Sinnesempfindungen zum Trotz definiert man deshalb diese äußere Wirklichkeit als etwas, das als solches existieren muss, *weil* man es beobachten kann. Und weil das so Beobachtete damit zum Wirklichen wird, ist es praktisch unmöglich anzunehmen, dass die Dinge, die wir in der Welt um uns herum beobachten können, tatsächlich nicht existierten, sondern nur Produkte unseres Vorstellungsvermögens wären. Entsprechend handeln wir in der Psychologie z. B. fortgesetzt so, als ob Verhaltenseigenschaften anderer Menschen existierten, *weil* wir sie unter bestimmten theoretischen Vorgaben »beobachten«, das heißt uns ihnen empirisch nähern können.

Der Erkenntnisspielraum für die Psychologie basiert somit im Prinzip darauf, aus Gründen der Plausibilität anzunehmen, dass außerhalb des Bewusstseins eines Individuums etwas existiert, *weil* man es beobachten, es empirisch erfassen kann.[9] Allerdings führt von der Erkenntnis, dass außerhalb von uns eine physikalische Welt deshalb existieren muss, weil wir sie mittels unseres Bewusstseins wissenschaftlich ausdifferenziert erfassen können, zur Erkenntnis der Existenz von mentalen Gegebenheiten, von Bewusstsein und von Erleben außer unserem eigenen, nur ein indirekter Weg. Es gibt ja, wie oben angemerkt, keine Möglichkeit des unmittelbaren Zugangs zur »Welt des anderen«, zu dessen Erlebnissen, Gedanken und ▶ Gefühlen – die einzigen Erlebnisse, die wir wirklich haben können, sind und bleiben unsere eigenen. Wenn wir also eine Vorstellung von der Psyche anderer entwickeln wollen, so bleibt naturwissenschaftlich gedacht nichts anderes übrig, als uns auf Beobachtungen ihrer physischen Verfassung – sind sie alt und krank oder jung und gesund – und ihres Verhaltens – lachen oder weinen sie, laufen sie weg oder bleiben sie stehen, reden oder schweigen sie – zu stützen und daraus auf die ▶ Empfindungen zu schließen, welche die meisten Menschen hätten, wären sie denn in einer vergleichbaren Situation (▶ »Theory of Mind«).

Woher aber wissen wir, dass ein anderer so empfindet wie wir, woher wissen wir, dass sich z. B. unser Erleben bestimmter Sinnesreize, etwa der Farbgebung eines Objekts, gleicht? Auch hier bleibt – naturwissenschaftlich gedacht – nur die Möglichkeit, sich auf die Annahme zu berufen, dass Sinnesempfindungen immer in einer konstanten Zuordnung zu bestimmten physikalischen Reizungen der Sinnesorgane stehen, ganz gleich, wer sie erlebt. Es wird also eine Beziehung der inneren Vorgänge und bestimmten beobachtbaren Reaktionen unterstellt und auf andere Personen übertragen. Und das bedeutet, dass selbst dann, wenn andere Menschen keinerlei psychische ▶ Empfindungen hätten, sondern lediglich ein bestimmtes biologisches Äußeres zeigten und ein bestimmtes beobachtbares Verhalten an den Tag legten, sie uns so erschienen, als hätten sie ein inneres Erleben. Im Umkehrschluss bedeutet das, dass wir immer dann, wenn uns keine interpretierbaren Verhaltensäußerungen vorliegen, wie dies z. B. bei manchen psychischen Erkrankungen der Fall ist oder bei Menschen, die im Wachkoma liegen, zunächst einmal auf ein Nichtvorhandensein von Erlebnissen schließen.

Dessen ungeachtet sind viele Fragen der Beziehungen zwischen biologischen Vorgängen, die eine Verhaltensänderung beobachtbar machen, und Bewusstseinsvorgängen, wie oben ausgeführt, derzeit noch offen. Im Großen und Ganzen geht man aber von einer starken Ab-

---

9   Der Grenzbereich wird entsprechend erreicht, wenn sich eine der beiden Grundvoraussetzungen, die Möglichkeit der Beobachtung oder die bewusste Einordnung des Erlebten, verändern, wenn z. B. mehrere alternative Realitäten der äußeren Welt, etwa in Form von Halluzinationen, zur Geltung gebracht werden oder mehrere Formen der bewussten Beziehung dazu vorliegen, etwa in Form multipler Persönlichkeiten.

hängigkeit des Mentalen vom Körperlichen aus. Daraus resultiert, weil die Asymmetrie in der Beziehung so sehr zugunsten des Materiellen, hier des Gehirns, ausfällt, nicht selten auch eine missbräuchlich darauf bezogene Zuschreibung psychologischer Attribute. Man spricht z. B. vom Gehirn als einem Organ, das »Informationen verarbeitet« und Risiken abwägt, auch wenn es selbst natürlich ebenso wenig denkt wie taktiert. Ein solcher, »mereologisch«[10] genannter, Trugschluss entsteht erst dann, wenn man Attribute, die auf den »Menschen als ganzen« zutreffen, z. B. dass er ein nachdenklicher Mensch oder ein auf seinen Vorteil bedachtes Geschöpf ist, irrigerweise auch auf sein Gehirn überträgt.

Es bleibt somit der Psychologie nichts übrig, als sich zwischen einer psychologische Fragestellungen aufgreifenden »Philosophie des Geistes« und einer »kognitiv« orientierten Neurowissenschaft immer neu zu »verorten« und zu finden.

1.4 Psychologie zwischen Gegenwart und Geschichtlichkeit

Wie aber sollte es gelingen – und dieser Frage wird hier nur kursorisch, weil ausführlicher im nachfolgenden Kapitel, nachgegangen –, aus den vielen möglichen Fragestellungen, den fachbezogenen, den fachfremden, den übergeordneten, die »zeitlos richtigen« herauszufinden? Hilft es dabei, zu überprüfen, was sich in der Vergangenheit bereits als überdauernd zielführend erwiesen hat? Und wenn, wie sollte man vorgehen? Mittels einer ereignisbezogenen Darlegung der »fachbezogenen Geschichte naturwissenschaftlichen psychologischen Denkens« beispielsweise (vgl. z. B. Sheehy und Forsythe 2003; Smith 2013; Kimble und Wertheimer 2003) würde man darlegen, wann und wie ein ganz bestimmtes, z. B. ein naturwissenschaftliches, Verständnis von Wissenschaftlichkeit die Psychologie jeweils beeinflusst hat. Man erführe dadurch vermutlich etwas über die Entstehungsgeschichte der Auswahl bestimmter Verhaltensweisen und Methoden, ggf. betrachtet als Korrelat evolutionsbiologischer oder neurobiologischer Wissensbestände. Alles Subjektive in einer individuellen Welt des Psychischen bliebe in diesem Falle ausgeklammert. Unbeantwortet bliebe auch, wie man mit den Grenzen zwischen Alltagsmeinung und objektivem Fachwissen umgehen sollte, wie mit Fragen praktischer Anwendung.

Die Aus- und Nachwirkungen überdauernden wissenschaftlichen Arbeitens auf die konkreten Herausforderungen des von psychologischen Problemen durchdrungenen Alltags und die Synergieeffekte einer ständig im Fluss befindlichen Rückbezüglichkeit theoriegeleiteten und praxisnahen Wissens aufzuzeigen, ist in der Tat eine komplexe Aufgabe. Hierbei scheint es zumindest auf den ersten Blick so, als bildeten die Wissensbestände der Disziplinen, die sich mit der Geschichtlichkeit des Menschen befassen, z. B. ▶ Anthropologie oder Mentalitätsgeschichte, das psychologische Fachwissen und ein »allgemeines« historisches Verständnis in der Beurteilung psychologisch relevanter Fragen eine kaum aufzulösende Einheit. Denn anders als z. B. auf den Gebieten der Physik, Medizin oder Biologie glaubt in diesem Falle auch der geschichtswissenschaftlich nicht vorgebildete Psychologe beurteilen zu können, was Wissenschaftler in der Vergangenheit Relevantes über die Psyche zusammengetragen haben. Das bedeutet, die Geschichte psychologischen Denkens wird nicht nur erforscht, sondern darüber wird auch immer wieder gesprochen und schließlich das Weitererzählte so oft »nacherzählt«, bis eine ganz neue Geschichte entsteht, eine Geschichte dessen, was Psychologen für ihre eigene Fachgeschichte halten. Dafür, dass dies nicht die einzige Form der Berichterstat-

---

10 Die Mereologie, ein Bereich der Logik, befasst sich mit den formalen Beziehungen zwischen Ganzen und Teilen.

tung bleibt, sorgen wiederum all jene, die sich einer wissenschaftshistorischen Aufarbeitung verpflichtet sehen. Sie drängen ihrerseits darauf, sich Klarheit darüber zu verschaffen, welche Absichten man langfristig verfolgen sollte, d. h., welche bereits erbrachten fachspezifischen und fachübergreifenden Erkenntnisse sinnvollerweise in Problembearbeitungen der Gegenwart eingebunden werden könnten, um das Ziel zu erreichen, über eine Neuauflage des vielfach akademisch Aufbereiteten und alltagsweltlich bereits Geläufigen hinaus auch wirklich eine substanzielle Bereicherung des Wissens zu ermöglichen. Dies macht deutlich, dass es neben den Protagonisten einer Epoche – das sind heute jene, die experimentell arbeitend neue psychologische Theorieentwürfe konzipieren – immer auch jene braucht, die eine wertende Reflexion und Einordnung des Geschehens vornehmen. Eine solcherart differenzierende Stellungnahme ist angesichts der Tatsache, dass auf der einen Seite die Vergangenheit in vielen Facetten in die Gegenwart hineinspielt, sie verändert und gestaltet, und auf der anderen Seite die Zukunft im Prinzip beliebig viel Zeit lässt, sich mit gewachsenen und mitwachsenden Problemen aus der Vergangenheit auf immer neue Weise auseinanderzusetzen, in besonderem Maße geboten. Kritisch sichten und Schwerpunkte setzen heißt hier, diese ständige Auseinandersetzung so zu strukturieren, dass dadurch in der gelebten Gegenwart Entfaltungsmöglichkeiten für Neues entstehen.

1.5 Fazit

In diesem Kapitel wurde deutlich zu machen versucht, dass ein Mehr an fachübergreifendem Hintergrundwissen auch mehr Deutungsmuster für die fachbezogene Zukunft eröffnet. Würde man z. B. seitens der Psychologie etwa »den Philosophen schlechthin« lediglich ankreiden, sie wälzten zunächst selbst kreierte »wirklichkeitsferne Probleme«, die außer ihnen keiner je habe, *und* könnten diese dann nicht zufriedenstellend lösen, so würde man außer Acht lassen, dass man sich bei entsprechenden »Grenzfragen in der Psychologie«, etwa o. g. Strukturen zur bewussten Steuerung unseres Verhaltens, solch »wirklichkeitsfernen Problemen« ebenfalls rasch nähert. Diese allein der »analytischen ▶ Philosophie des Geistes« zu überlassen, führte indes zu einer wissenschaftlich unbefriedigenden, weil der Selbständigkeit psychologischen Denkens entgegenstehenden unproduktiven Abhängigkeit (vgl. auch ▶ Kap. 3).

Das Problem seitens der Naturwissenschaft inklusive ihrer Begrifflichkeit und ihres methodischen Vorgehens besteht für die Psychologie u. a. darin, dass naturwissenschaftliche Realitäten geschaffen werden, die man dann mit plausiblen psychologischen Erklärungen verbindet. Dabei gerät in den Hintergrund, dass lebensweltliche Erklärungen der Naturwissenschaft nur selten Anhaltspunkte für tiefergehende psychologische Fragestellungen liefern. Die Mechanismen eines auf ▶ Induktion basierenden Erkenntniszuwachses führen ja nicht ganz »automatisch« zu Wissen, sie lösen nicht das Problem, wie aus einer Überfülle von Einzelbefunden zu lokalen Fragestellungen eine ernsthafte theoretische Integration gelingen kann (vgl. auch ▶ Kap. 3).

Beide Sichtweisen im Zusammenhang betrachtend, kann man sagen, dass die Gegenstände, mit denen man es in der Psychologie unter geistesgeschichtlichen Gesichtspunkten zu tun hat, zwar – ähnlich wie naturwissenschaftliche Ansätze auch – verschiedene Interpretationen zulassen. Aber es bedarf, anders als z. B. bei der Erfassung physiologischer Gesetzmäßigkeiten, auch einer Einbindung in philosophische Grundüberzeugungen über geistige ▶ Vermögen.

Um das Fach im Gefüge der naturwissenschaftlichen Gemeinschaft langfristig und zukunftssichernd zu verankern, d. h. Wissen über die Psyche des Menschen in ein nach Prinzipien geordnetes Ganzes einzufügen und sachlich begründete Zusammenhänge von Urteilen und wahrscheinlichen Annahmen herzustellen, braucht es folglich ein kritisches Verständnis damit verbundener Fragestellungen der ▶ Erkenntnis- bzw. ▶ Wissenschaftstheorie. Deren Denkweise ist zumindest insoweit zu reflektieren, dass man herausfinden kann, ob und inwieweit fachspezifische Erkenntnisse sinnvollerweise in allgemeine zu überführen sind und umgekehrt. Würde man in der Psychologie auf eine kritisch hinterfragte Integration des selbst generierten Wissens in Theorien der erkenntnis- bzw. wissenschaftstheoretischen Metaebene verzichten, geriete man in die Gefahr, aus Unkenntnis die Irrtümer anderer zu wiederholen oder sich an deren überkommenen Positionen zu orientieren.

Eine Befassung mit deren erkenntnistheoretischen Vorgaben ist angesichts der Aufgabe, der sich die Psychologie verschrieben hat – hier, psychologisch relevante Themenbereiche aus Geistes- und Naturwissenschaft im Hinblick auf die Prozesshaftigkeit des Psychischen als eigenständigen Gegenstand zu begreifen und mit eigenständigen wissenschaftlichen Methoden zu untersuchen –, von kaum zu überschätzender Bedeutung.

Literatur

Adorno, Th. W. (1971). *Einleitung in die Musiksoziologie*. Hamburg: Rowohlt.
Choudhury, S., Nagel, S. K., & Slaby, J. (2009). Critical neuroscience. Linking neuroscience and society through critical practice. *BioSocieties, 4*(1), 61–77.
Figal, G. (2013). Gibt es noch Philosophie? *Zeitschrift für Ideengeschichte, VII*(4), 79–90.
Gabriel, M. (2013). *Warum es die Welt nicht gibt*. Berlin: Ullstein.
Graumann, C. F., & Métraux, A. (1977). Die phänomenologische Orientierung in der Psychologie. In K. Schneewind (Hrsg.), *Wissenschaftstheoretische Grundlagen der Psychologie* (S. 27–53). München: Reinhardt.
Hösle, V. (2012). Zur Lage der Philosophie. *Zeitschrift für Ideengeschichte, VI*(2), 71.
Huber, L. (2009). Operationalisierung – Standardisierung – Normierung. Die Produktion und Visualisierung von Taten in der kognitiven Neurowissenschaft. In D. Dumbadze, J. Geffers, J. Haut, A. Klöpper, V. Lux, & I. Pimminger (Hrsg.), *Erkenntnis und Kritik: Zeitgenössische Positionen* (S. 167–191). Bielefeld: transcript.
Jäncke, L., & Petermann, F. (Hrsg.). (2010). Wie viel Biologie braucht die Psychologie? [Themenheft]. *Psychologische Rundschau, 61*(4), 173–174.
Kimble, G. A., & Wertheimer, M. (2003). *Portraits of pioneers in psychology*. New York: Psychology Press.
Kuhn, T. S. (1967). *Die Struktur wissenschaftlicher Revolutionen* (Originaltitel: The structure of scientific revolutions). Frankfurt a. M.: Suhrkamp.
Mausfeld, R. (2003). No Psychology In – No Psychology Out. Anmerkungen zu den ‚Visionen' eines Faches. *Psychologische Rundschau, 54*, 185–191.
Mausfeld, R. (2010). Psychologie, Biologie, kognitive Neurowissenschaften. Zur gegenwärtigen Dominanz neuroreduktionistischer Positionen und zu ihren stillschweigenden Grundannahmen. In J. Jäncke & F. Petermann (Hrsg.), Wie viel Biologie braucht die Psychologie? [Themenheft]. *Psychologische Rundschau, 61*(4), 180–190.
Metzinger, T. (Hrsg.). (2009). *Grundkurs Philosophie des Geistes. Band 2: Das Leib-Seele-Problem*. Paderborn: Mentis.
Nagel, T. (1990). *Was bedeutet das alles? Eine ganz kurze Einführung in die Philosophie* (Originaltitel: What Does It All Mean? A Very Short Introduction to Philosophy, 1987). Stuttgart: Reclam. (Reclams Universal-Bibliothek. 19000.).
Nipperdey, T. (2013). *Kann Geschichte objektiv sein? Historische Essays*. München: Beck.
Schneewind, K. A. (Hrsg.). (1977). *Wissenschaftstheoretische Grundlagen der Psychologie*. München: Reinhardt.
Schülein, J. A., & Reitze, S. (2002). *Wissenschaftstheorie für Einsteiger*. Wien: WUV Facultas.
Sheehy, N., & Forsythe, A. (2003). *Fifty key thinkers in psychology*. New York: Psychology Press.
Smith, R. (2013). *Between mind and nature. A history of psychology*. London: Reaktion Books.
Wittgenstein, L. (1960). *Schriften I, Philosophische Untersuchungen* (129). Frankfurt a. M.: Suhrkamp.

Wie eine Wissenschaft ihre Geschichte konstruiert: Ein Streifzug durch einige Problembereiche der Psychologiegeschichte

2.1 Geschichte ist wie ein anderes Land, von wo aus man die Gegenwart neu entdeckt – 26

2.2 Psychologiegeschichte aus der Perspektive der Geschichtswissenschaft: Grenzen »historisierender« Deutungsmuster – 28

2.3 Geschichte als Instrument der Deutungshoheit über die Vergangenheit – 33

2.4 Psychologiegeschichte zwischen fachlicher Abgrenzung und Einbindung – 36

2.5 Verknüpfung von Psychologie- und Zeitgeschichte – 37

2.6 Umgang mit tradierten Geschichtsfestschreibungen in der Psychologie – 39

2.7 Wissenschaftstheoretische Grundüberzeugungen im Wandel – 42

2.8 Möglichkeiten für ein alternatives Geschichtsverständnis – 44

2.9 Zusammenfassende Schlussfolgerungen – 46

Literatur – 47

Die Vergangenheit stellt sich nicht nur, aber auch in der Psychologie meist als ziemlich widersprüchliches Gefüge dar: Auf der einen Seite lassen sich Psychologie und Medizin in Teilgebieten der Psychiatrie kaum mehr voneinander trennen, auf der anderen Seite wird diese Gemeinsamkeit inklusive ihrer gemeinsamen Vergangenheit in der zeitgenössischen Wahrnehmung in viele kleine Themen und Fragestellungen aufgesplittert (vgl. Osterhammel 2014). Dies geschieht u. a. auch deshalb, weil die sogenannte fachspezifische Geschichte, eine Vermischung von Ideen, Problemen und Personen, zu einer Art Identitätsressource geworden ist[1]. Inwieweit jedoch eine Darstellung verschiedener fachlich begründeter ▶ Strömungen, die unter Zugrundelegung bestimmter favorisierter Zeitfenster mit dem Ziel abgehandelt werden, aufzuzeigen, welche Problemstellungen und ggf. welche Persönlichkeiten unter welchen soziokulturellen Bedingungen zur Weiterentwicklung des Faches beigetragen haben, darüber herrscht weit weniger Einigkeit.

Mitverantwortlich für das Zeitkonzept des historisch Bedeutsamen ist in der Psychologie – und das ist gerade für relativ junge Fächer durchaus nichts Ungewöhnliches – eine fachspezifische Gewichtung dessen, was man als historisch relevante Zeit bezeichnet. Das bedeutet in diesem Falle, auf einen relativ kurz abzuhandelnden, weil ereignisarmen Abschnitt zweitausendjähriger *vorpsychologischer Wissenschaftsgeschichte* folgt, beginnend im 19. Jahrhundert, eine bis in die Gegenwart hinüberreichende Epoche dicht gedrängter fachspezifisch relevanter Ereignisse. Im Rückblick scheint es dann so, als sei in einem etwa einhundertfünfzig- bis zweihundertjährigen Zeitabschnitt die eigentlich bedeutsame, weil angemessen einzuschätzende Psychologiegeschichte geschrieben worden. Allerdings spielt bei dieser Einschätzung – ähnlich wie bei anderen Entwicklungsprozessen auch – die unterschiedliche Bewertung der historischen Zeit eine Rolle: Zunächst erstreckt sich vor dem Auge des Betrachters eine überlang erscheinende Phase sich hinziehenden Wartens auf die wahrlich wesentlichen Ereignisse, hier die heute relevanten Grundlagenexperimente und daraus resultierenden Theorien, die dem Fach zur Geltung verhalfen. Damit aber kommt lediglich eine Art *Inkubationszeit* zum Ausdruck, also die »Durststrecke«, derer es bedurfte, damit Begebenheiten, die heutiger Auffassung nach dem Fach zum wissenschaftlichen Durchbruch verholfen haben, überhaupt zu *Schlüsselereignissen* werden konnten. Erst deren Häufung aber wird zum Inbegriff jener empfundenen zeitlichen Verdichtung relevanter Ergebnisse, aus denen wir heute die Ursprünge des Fachgebietes der Psychologie ableiten.

Der wichtigste Kennwert, den man dabei rückblickend als Maß benutzen kann, um zu trennen, was im Laufe der Zeit bedeutend oder vernachlässigbar gewesen war, ist somit das scheinbare Tempo der *Veränderung psychologisch relevanter Konzepte* in einer gegebenen Zeitspanne, ihre Beschleunigung (Rosa 2005). Dabei nehmen wir allerdings sowohl die Zeit als eine selbstevidente Größe an als auch deren vermeintliche Beschleunigung in der Moderne, auch wenn sich beide Maße nur in einem physikalisch-technischen Sinne erfassen lassen. Wir wissen also durchaus, dass die empfundene Beschleunigung im Wandel kulturell erhobener Kennwerte keineswegs entsprechend einer naturwissenschaftlich erfassbaren Taktung verläuft. Indem wir aber akzeptieren, dass wir uns in Ermangelung geeigneter Zeittheorien, welche die dynamischen und prozessualen Zustände der sozialen Welt wiedergeben, vom Phänomen des objektiven naturwissenschaftlichen ▶ Begriffs der Beschleunigung (ver-)leiten lassen, um dann subjektive, psychologisch relevante Zeitbezüge herzustellen, kann die eigentlich wesentliche Frage nicht beantwortet werden. Denn wie viel Vergangenheit nötig bzw. angemessen ist, um das ▶ Handeln in der Gegenwart adäquat einordnen und die Zukunft gestalten zu können,

---

1 Vgl. z. B. Pongratz 1984; Lück 2013; Galliker et al. 2007; Volkmann-Raue und Lück 2011.

lässt sich daraus nicht ableiten. Dabei z. B. in einem entwicklungsgeschichtlichen Sinn auf die Ursprünge der Menschheit *an sich* zurückgehen zu wollen, wäre heutigem Kenntnisstand nach vermutlich mehr von anthropologischen Widersprüchen und unlösbaren Fragen beherrscht als von möglichem Erkenntnisgewinn geprägt. Vermutlich wäre nicht allein die Anfälligkeit für alles Fantastische und Mythische umso größer, je tiefer der Zeithorizont in die Ursphären des Menschlichen reichte. Auch die einzelnen psychologisch relevanten Stränge der so entstehenden interdisziplinär verwobenen Kontinuitätserzählungen wären im Nachhinein kaum mehr aufzulösen.

Der demgegenüber nicht anders als relativ kurz zu bezeichnende *Eigenzeithorizont* des Fachgebietes der Psychologie würde wiederum all das zur »Vorgeschichte« machen, was als Teil des Erbes der Nachbardisziplinen anzusehen ist. Aus den dann verbleibenden wissenschaftlichen Ideen diese und nur diese gelten lassen zu wollen, die nicht vor, sondern während der »psychologischen Zeitrechnung« der Moderne erbracht wurden, wäre ebenfalls nicht anders als problematisch zu nennen. Zumindest bliebe die Entwicklung des Nährbodens psychologischen Denkens, die bereits erwähnte Inkubationszeit, unberücksichtigt. Ohne diese aber gäbe es kaum eine Psychologie der Gegenwart. Aber nicht nur das – es geht in der psychologischen Geschichtsschreibung nicht allein um kritische Zeiten, Zeitenwenden und Epochen, es geht auch um die Frage, inwieweit sich die Gegenstände von Geschichte und Psychologie so weit tangieren, dass ein »Zusammenspiel von Natur und Kultur« durch historisch begründetes Vorgehen auch abgebildet wird (Nipperdey 2013). In der Geschichtswissenschaft wird zwar generell die Vergangenheit menschlichen Zusammenlebens und der geschaffenen Werte *an sich* thematisiert. Dies aber nur, insofern das Gewesene mehr darstellt als ein bloßes biologisches Faktum. Im zweiten Fall, der Psychologiegeschichtsschreibung, geht es u. a. um eine Wissenschaft, die nach Grundstrukturen und ▶ Kategorien des menschlichen Daseins fragt, die menschliche Verhaltens-, Handlungs-, Denk- und Antriebsformen im Blickpunkt hat und die sich für das wechselseitige Geflecht des Entstehungszusammenhanges von Kultur und Person interessiert. Die Erfassung des jeweils chronologisch fixierten Orts des Geschehens, so wie dies in der Geschichtswissenschaft der Fall ist, gehört hier wiederum – von der groben Zeiteinteilung einmal abgesehen – nicht zu den Merkmalen, denen besonderes Gewicht beigemessen wird. In gewisser Weise sind somit beide Fachgebiete in ein jeweils sehr unterschiedliches Wissenschaftsverständnis eingebunden. Während sich psychologische Ansätze heute meist einem naturwissenschaftlichen Erkenntnisanspruch verpflichtet sehen, galt die zeitentsprechende Erfassung und Bewertung von Ereignissen und Traditionen in ihren bestimmten Epochen noch lange als das beherrschende Paradigma der Geschichtswissenschaft. Eine Konvergenz zwischen beiden zeichnete sich erst ab, als in einer interdisziplinär besetzten Fort- und Weiterführung von Mentalitäts- und ▶ Alltagsgeschichte Fragen aufgegriffen wurden, die sowohl Vielfalt als auch Veränderlichkeit kulturell geprägter Lebens- und Erfahrungsweisen aus einer historischen Perspektive heraus betrachteten. Zu diesen sich verändernden, auch geschichtswissenschaftlich interessanten Momenten gehören u. a. auch Phänomene des Erinnerns und der ▶ Gefühle (vgl. Le Goff 1992; Plamper 2012). Mit den Themen Gedächtnis und ▶ Emotion, zwei heute als genuin psychologisch verstandenen Gegenstandsbereichen, die historisch betrachtet in ihren praktischen Wirkungen und Umsetzungen in verschiedenen Handlungsräumen besprochen werden, ist z. B. eine dieser thematischen Verbindungen geschaffen (vgl. auch ▶ Kap. 7 und 8). Das bedeutet, indem die Geschichtswissenschaft versucht, historiografische, kulturanthropologische bzw. ethnologische Methoden, Sichtweisen und Fragestellungen miteinander zu verknüpfen bzw. in einen erkenntnisgewinnenden Dialog zu bringen, ist auch ein fachspezifischer Zugang für die Geschichte der Psychologie entstanden.

Denn diese befragt den Menschen ja nicht als ein unveränderliches »Wesen«, sondern sucht nach variablen Formen des Ausdrucks, die dem kulturellen Wandel im Laufe der Geschichte geschuldet sind. Dessen ungeachtet decken sich im Großen und Ganzen gesehen weder historische und psychologisch motivierte Ereignisreihen, noch wird seitens des einen oder anderen Fachgebietes eigens darauf abgehoben oder danach gefragt. Und wenn, dann wird im Rahmen der hier zu verhandelnden Psychologiegeschichte meist nur ein bestimmter Aspekt betrachtet, einer, der den menschenvermittelten Anteil von Einzelereignissen der Vergangenheit in ein Geflecht von Prinzipien, Ideen und Tendenzen des Auslegungshorizontes der Gegenwart einzubinden ermöglicht.

2.1 Geschichte ist wie ein anderes Land, von wo aus man die Gegenwart neu entdeckt

Ungeachtet der angesprochenen Möglichkeiten, sich als Psychologe mit der Geschichte des Fachgebietes zu befassen, liegt ein möglicher Erkenntnisgewinn historischer Aufarbeitung psychologischen Denkens und ▶ Handelns in der Bereicherung von Handlungsalternativen der Gegenwart, wobei hier die »Gegenwart« von der individuellen Präsenz des Geschehens bis zum Verständnis einer eher zeitlos gedachten Übereinkunft der wissenschaftlichen Gemeinschaft aller Handelnden reicht. Je nachdem, worauf man sich bezieht, kann somit ein Zeitraum, in dem sich kollektive Gegenwart bzw. Vergangenheit und individuelle Vergangenheit bzw. Gegenwart auf vielfache Art und Weise kreuzen, durchaus Jahre, wenn nicht Jahrzehnte umfassen. Dadurch erweitert sich auch der »argumentative« Spielraum aller Beteiligten. Eine weitere Möglichkeit der Bereicherung liegt im geschichtswissenschaftlichen Vorgehen selbst, denn man nähert sich auf diese Weise dem eigenen Fachgebiet auf eine neue Art, gewissermaßen als Betrachter/-in von außen. Damit verändert sich auch die Perspektive auf ein Problem. Dies geschieht etwa, indem akut erscheinende innerfachliche Fragestellungen von außen, hier aus der Sicht einer vergangenheitsorientierten Nachbardisziplin betrachtet, eine andere Gewichtung erhalten, z. B. als vorübergehende systemgebundene Irritation begriffen werden. Aus der Distanz heraus und den Blick vom Hier und Jetzt in die Vergangenheit richtend, gelangt man ferner fast unweigerlich auch zu der Erkenntnis, dass anfänglich »alles mit allem« verknüpft gewesen zu sein schien, und zwar auf eine Art und Weise, die man allein aus der Vielfalt erlebter Varianten der Gegenwart heraus nicht mehr nachzuvollziehen vermag. Und selbst wenn nicht wortwörtlich »alles mit allem«, sondern nur »vieles mit vielem« verbunden war, dann bedeutet dies doch, dass kaum etwas je als abgeschlossen zu betrachten ist. Man hat es vielmehr mit einer vielschichtigen, einer »unvorhersagbaren Vergangenheit« zu tun, die angesichts einer variablen Gegenwart und unwägbarer Weiten der Zukunft immer neue Fragen aufwirft, um sie für eine Generation von Wissenschaftlern oder auch nur für den Moment des akademischen Arbeitens erkenntnisgewinnend zu erschließen.

Der mit jeder Antwort verbundene Zugewinn an Wissen über die Vielgestaltigkeit in der wissenschaftlichen Bearbeitung von Problemstellungen unterstützt seinerseits das heutige Bemühen um eine interdisziplinäre Vernetzung all der Fachgebiete, die neben der Psychologie ebenfalls dem Zusammenspiel von Natur und Kultur des Menschen gewidmet sind. Anders gesagt, ein Blick in die Geschichte zeigt, dass Interdisziplinarität im psychologisch begründeten Denken den Ausgangspunkt psychologisch relevanten Wissens schlechthin darstellt.

» Die Art und Weise, wie man die Gegenwart lebt,
bestimmt das Bild von Vergangenheit und Zukunft

2.1 · Geschichte ist wie ein anderes Land, von wo aus man die Gegenwart neu entdeckt

Auch wer als angehender Psychologe oder als angehende Psychologin der Forderung nach zeitübergreifend nachvollziehbarer Interdisziplinarität keine hohe Priorität einräumt, kann nicht umhin zu erkennen, dass man der Geschichtlichkeit *von etwas* ohnehin nicht entkommen kann; ihre Bedeutung für das eigene Fach ist immer gegenwärtig, ob man dies zur Kenntnis nimmt oder nicht. Selbst dann also, wenn fachintern der Eindruck vermittelt würde, man könne sich unbelastet von diversen historischen Vorbedingungen – sozusagen im »Schatten keiner Vergangenheit« agierend – ausschließlich auf die Gegenwart konzentrieren, selbst dann lässt sich die Bedeutung des Gewesenen höchstens vergessen oder ausblenden, nicht aber ungeschehen machen. Das bedeutet sowohl unzeitgemäßes als auch zeitgemäßes Denken, sowohl »Unpersonen« als auch Persönlichkeiten spielen in das gewachsene Ganze eines Problembereichs im Hier und Jetzt mit hinein. Wer z. B. als Privatperson behauptete, keine (nennenswerte) Vergangenheit zu haben, und deshalb frei wäre, unbeschwert Neues zu entdecken, liefe nicht nur Gefahr, jedes Rad einzeln erfinden und jede Schwierigkeit von Grund auf neu bewältigen zu müssen. Man nähme von Menschen, die so handelten, auch eher an, sie litten an Gedächtnisschwund, als dass man ihnen glaubte, dass vor dem Jetzt des Augenblicks tatsächlich nichts Nennenswertes geschehen wäre. Würde also ein Fach als Kollektiv in vergleichbarer Weise handeln, wäre zu kritisieren, dass die Wahl ja nicht darin besteht, etwas zu wissen oder nicht, sondern darin, von etwas Kenntnis zu haben oder darüber schon einmal reden gehört zu haben. Man hat also nur die Wahl, einem Sachverhalt aktiv nachzugehen oder diesen aktiv weiterhin zu ignorieren.

Auf wissenschaftliches Arbeiten im Fach Psychologie übertragen bedeutet das: Wann immer und wie immer man damit beginnt, sich bestimmten Themen zu widmen, stets ist man bereits mittendrin in einem Geflecht zwischen altvertrauten Fragen und unkonventionellen Antworten, neuartigen Problemen und in die Jahre gekommenen Lösungsmodellen – von den nur insgeheim gestellten Fragen und nicht gelösten Problemen einmal ganz angesehen. Es ist somit naheliegend, dass das vielfältige Wurzelgeflecht des Fachgebietes nicht nach einer alltagsweltlich begründeten Auffassung über *den* Sinn und *die* Aufgabe *der* Geschichte *an sich* frei- bzw. festgelegt werden kann. Denn weder Fakten allein noch der schiere Wunsch nach der letztlichen Klärung eines Sachverhalts ergeben ein wissenschaftlich akzeptables Geschichtsbild. Heißt das aber nun im Gegenzug, jedes psychologisch relevante Thema müsse so lange und so detailgenau zurückverfolgt und heutigem Verständnis nach aufbereitet werden, wie es im Rahmen europäischer Geistes-, Kultur- und Wissenschaftsgeschichte behandelt wurde? – Immerhin widmete man sich, wenn nicht ohnehin seit jeher, so doch zumindest aber seit mehreren tausend Jahren, nachweislich Grundfragen psychischer Befindlichkeit. Und immerhin ist unbestritten, dass verschiedene Antworten auf die allgegenwärtige Frage danach, *was den Mensch zum Menschen macht,* von anno dazumal bis in die Gegenwart hineinreichen.

Geleitet vom Grundgedanken, dass eine historisch befriedigende Klärung eines Sachverhaltes erst dann erreicht wird, wenn damit ein Erkenntnisgewinn in der Gegenwart verbunden ist, bleibt angesichts der Fülle an Themen, der Möglichkeiten ihrer Bearbeitung und der Grenzen des eigenen Wissens indes nichts anderes übrig, als von vornherein Problemschwerpunkte zu bilden. Damit verbunden wird meist – so auch im Folgenden – die Hoffnung, man könne zumindest einzelne Aspekte dieser Entwicklung gedanklich nachvollziehbar in heutiges
▶ Handeln einbinden. Was den damit angesprochenen möglichen Nutzen einer solch selektiv aufbereiteten »Ideengeschichte«[2] für die heutige Psychologie angeht, so soll bestehendes

---

2 Im Unterschied zu einer historisch neutralisierenden, sich eines Urteils enthaltenden Geschichtsbetrachtung versucht man mittels der sogenannten Ideengeschichte, die Entstehung und Wandlung von Ideen, u. a. auch wissenschaftlicher, interessengeleitet zu problematisieren. Historische und begriffliche Diskontinuitäten werden dabei in Kauf genommen.

Wissen zusammen mit *stillschweigenden Übereinkünften* und *impliziten Vorstellungen* über die Psyche des Menschen, die in unser heutiges Denken einfließen, auf eine Weise offenkundig und nachvollziehbar gemacht werden, dass sie dadurch auch eine kritische Auseinandersetzung innerhalb des Fach nachhaltig, d. h. zukunftstauglich, beeinflussen. Diese Erwartung speist sich aus o. g. Auffassung, dass jeder neue Blick auf die Verknüpfung von Altbekanntem mit Neuentdecktem Synergiekräfte freisetzt, die es ermöglichen, bestehende Denk- und Vorgehensweisen zu hinterfragen, sprich, die Auswahl der angebotenen Lösungsmöglichkeiten für bestimmte, die Psyche eines Menschen betreffende Fragestellungen besser zu beurteilen und ggf. auch zu modifizieren. So gibt beispielsweise jede zeitentsprechende Modellvorstellung von Psychologie als Wissenschaft nicht allein den jeweiligen Problemtyp vor, mit dem man sich befasst – in der einer Epoche etwa die ▶ »Seele eines Menschen« und sein »Wesen«, in einer anderen seine »Intentionalität« oder sein »Verhalten«; damit wird zugleich auch der mögliche Rahmen des zu erwartenden Erkenntnisgewinns vor- und oft genug auch an die nachfolgende Generation weitergegeben. Die Befassung mit der Geschichtlichkeit von psychologisch relevanten Ideen und Problemen bildet folglich einen unverzichtbaren Teil des *beständigen, rational begründeten Kommentierens und Beurteilens von Entscheidungen*.

Der damit zum Ausdruck kommende Anspruch, die *Geschichte psychologisch motivierten Denkens und* ▶ *Handelns* wissenschaftlich angemessen in die Gegenwart einbinden zu können, ist indes kein »praxisfernes Unterfangen«, verstanden als ein Bemühen um akademische Vollständigkeit des Wissens um ihrer selbst willen. Auch dann, wenn eine kritisch-historische Distanz zum eigenen akademisch begründeten Tun nicht im Fokus des Interesses steht, lehrt doch bereits oben angesprochenes Alltagswissen: Vor jeder Entscheidung darüber, welcher (Lebens-)Weg auf welche Art und Weise weiterverfolgt werden soll, muss zunächst Klarheit darüber gewonnen werden, *warum* man eigentlich gerade da steht, wo man sich gegenwärtig befindet, *woher* man also kommt und *wie* man zum jetzigen *Standort* gelangt ist. Erst dann kann man auch über ein vernunftbegründetes *Wie* und *Wohin* der künftigen Ausrichtung entscheiden. In Analogie dazu lässt sich auch ohne Informationen über die Genese des wissenschaftlichen Standorts die weitere (Aus-)Richtung innerhalb eines Faches nicht beurteilen, kann man sich darin nicht »verorten«. Nicht zuletzt ist die Entwicklung eines eigenen historisch begründeten Standpunktes auch wichtig, um verstehen zu lernen, warum bestimmte Ideen, die *an sich* richtig sind, sich erst zu einem bestimmten Zeitpunkt in einer bestimmten Konstellation von Wirkkräften durchsetzen.

Fazit Auch wenn man als Psychologe gewöhnlich nicht ständig darüber nachdenkt, wie sich das, was man gerade tut und plant, erkenntnisgewinnend in ein überzeitlich gedachtes, also langfristig wirksames Gesamtkonzept einbinden lässt, so kann auf eine *zeitübergreifende Reflexion wissenschaftlichen* ▶ *Handelns* doch nicht verzichtet werden. Ansonsten wären wegweisende Entscheidungen eher die Ausnahme, eher zufallsbedingter Glücksgriff denn erwartbare Konsequenz. Dabei muss man sich vergegenwärtigen, dass Vergangenheit und Geschichte nicht identisch sind, nicht identisch sein können, denn jenseits historischer Erkenntnisse gibt es zwar keine Geschichte, wohl aber noch eine Vergangenheit.

2.2 Psychologiegeschichte aus der Perspektive der Geschichtswissenschaft: Grenzen »historisierender« Deutungsmuster

Der unter Psychologen häufig vertretenen Ansicht, Historiker würden versuchen, mehr oder weniger unparteiisch, gewissermaßen objektiv, einen Zugang zur Geschichtlichkeit des Menschen zu finden (so z. B. Nipperdey 2013), ist insofern zuzustimmen, als Historiker nach Aussagen

2.2 · Psychologiegeschichte aus der Perspektive der Geschichtswissenschaft

streben, die nicht einfach nur subjektiv sind, nicht einfach nur Überzeugung eines Fachvertreters abbilden, sondern nachvollziehbar, verifizier- und vermittelbar sind. Das Ziel, »objektiv« über die Vergangenheit berichten zu wollen, bedeutet hier, dass aus der Befassung mit einem historischen Gegenstand eine bestimmte intersubjektiv akzeptierte Erkenntnis entspringt, die es anderen Wissenschaftlern ermöglicht, auch eingedenk der jeweiligen Standortgebundenheit eine bestimmte Aussage als solche zu akzeptieren. Gleichwohl sind historische Aussagen unabdingbar verbunden mit der wissenschaftlichen Ausrichtung des Historikers, dem Ort und der Zeit des Geschehens, worüber jeweils historische Aussagen gemacht werden, so dass sich die bekannte Konsequenz, der gemäß jede Generation ihre Geschichte »neu« schreibt, wie von selbst ergibt. Jede noch so klug und durchdacht erscheinende historische Analyse kann und will somit keine Widerspiegelung einer früheren Realität, keine Reproduktion des Gewesenen sein. Auf die Psychologiegeschichte bezogen gilt es zu akzeptieren, dass alle Überreste psychologischen Schaffens, d. h. alle persönlichen und öffentlichen Aufzeichnungen, alle Bücher, Listen und Statistiken, als Quellen – wie der Ausdruck des Übriggebliebenen bereits andeutet – unvollständig sind. Hinzu kommt, dass weite Bereiche des psychologisch ebenfalls bedeutsamen Vergangenen sprachlich nicht gefasst oder nicht zu fassen gewesen sind, weshalb man höchstens Mutmaßungen darüber anstellen kann. Die Vergangenheit in ihrer Ganzheit ist somit prinzipiell nicht erfassbar. Würde man also sagen, historische ▶ Objektivität bedürfe der erschöpfenden, ausgewogenen Bewertung aller Fakten, dann könnte es keine objektive Historie geben. Allerdings kann man dem Fach auch nicht vorwerfen, die Bezugnahme auf die Vergangenheit sei lediglich konstruiert. Ein solcher Vorwurf, so Nipperdey (2013), entzöge auch anderen Wissenschaftsgebieten den Boden unter den Füßen, denn ebenso wie sich etwa die Psychologie nun einmal auf mentale ▶ Entitäten des Menschen bezieht, befasst sich die Geschichtswissenschaft mit der Vergangenheit. In beiden Fällen werden jeweils bestimmte Themen ausgewählt, die für erklärungsbedürftig gehalten werden, und damit wird die Auswahl in beiden Fällen unvermeidbar subjektiv. Der Anteil an Subjektivität ist damit aber noch nicht erschöpft, denn alles, was man verwendet, um seinen Standpunkt darzustellen, alle ▶ Begriffe, ▶ Kategorien und Definitionen, bewegen sich in einem vorgegebenen Bezugsrahmen. Was o. g. Standort des sich mit Psychologiegeschichte befassenden Wissenschaftlers betrifft, so bestimmt dieser z. B. mit, ob die akademische Psychologie zwischen 1933 und 1945 als eine bezeichnet wird, die während einer Phase von Diktatur, während der NS-Zeit oder während des Faschismus entstanden ist, wodurch manche Ursache bereits festgelegt wird, noch ehe man sich mit möglichen konkreten Fragen der Vergangenheit der Psychologie in diesem Zeitabschnitt befasst hat. Da es außerdem sowohl in der Psychologie als auch in der Geschichtswissenschaft um Wertebeziehungen geht, lässt sich deren Interpretation weder unabhängig vom eigenen Wertesystem beurteilen noch die Interpretation von deren kausalen Verkettungen anders als »vom Ende der Geschichte« her deuten. Es wird also in beiden Fällen im Vorhinein mitausgewählt, was für das Ende relevant sein könnte.

Einem besseren Verständnis von Psychologiegeschichte zuliebe sollte man deshalb die Vorstellung aufgeben, nach Lektüre dieses oder jenes Buches darüber etwas in sich geschlossenes Ganzes zu erfahren. Geschrieben wird jeweils nur über *einen Strang der Realität aus der standortgebundenen Retrospektive* des Historikers, und dieser wird im Nachhinein immer selbst ein Teil der Geschichte, mit der er sich beschäftigt.

Um der dadurch deutlich werdenden Gefahr eines egalisierenden historischen Relativismus zu entgehen, um mehr zu erfahren, als dass man aus der eigenen Perspektive die anderer Gesellschaften oder Zeiten nicht erklären kann, bemüht man u. a. auch für die Psychologiegeschichte die Unterscheidung zwischen dem *Kontext der Entdeckung* und dem *Kontext der Geltung,* denn man kann ja aus ganz unterschiedlichen Motiven zu demselben Urteil kommen, etwa aus dogmatischen Gründen, kritischer Polemik oder rein gelehrten Absichten. Das gilt auch für Motive oder Werthaltungen; sie können höchst unterschiedlich sein, aber das Ergebnis ist das gleiche. Ein Beispiel dafür ist ▶ G. T. Fechner, auf dessen Wirken in ▶ Abschn. 4.3 näher eingegangen wird. Anders gesagt, um etwa eine Ansicht von ▶ S. Freud zu akzeptieren, muss man ebenso wenig ein Psychoanalytiker sein, wie man ein Kernwaffenbefürworter sein muss, um die Atomtheorie richtig zu finden.

Für die Psychologiegeschichte generell bedeutet dies, dass diejenigen, die sich damit befassen, eine bestimmte Idealvorstellung davon haben. Wäre das nicht der Fall, bräuchte man darüber nicht zu debattieren, könnte unterschiedliche Perspektiven gleichberechtigt nebeneinander stehenlassen oder, noch besser, sich auf eine davon als *die* Geschichte einigen. Ein anderer Blickwinkel als der eigene besteht aber nicht nur neben diesem her. Es geht immer um Korrektur, Erweiterung, Revision etc., wodurch neue Interpretationen möglich werden – Interpretationen, die sich nicht allein aus der Gegenwart, sondern auch aus der immanenten Entwicklung der Disziplin ergeben. So etwa auch angesichts unterschiedlicher Perspektiven, z. B. der experimentellen Psychologie und der Individualpsychologie der Gegenwart.

So gesehen ist jeder Aspekt von Geschichte, den man sich zum Thema macht, zwar auch eine Vorgeschichte der Gegenwart, aber die Gegenwart ist nicht nur das Resultat dieser einen Vorgeschichte, sondern eines Netzwerkes von vielen Vorgeschichten und Kontinuitäten. Hierbei gibt es auch nicht ein Ende, sondern so viele, wie bearbeitet werden.

Was ein Psychologe von der Geschichte erwarten kann, ist also weniger der pragmatische Nutzen, in der Gegenwart das Richtige zu tun, auf dem richtigen Weg zu sein; es sind vielmehr Informationen darüber, warum sich die Gegenwart so zeigt, wie sie es tut. Hierbei gibt es eine Fülle von sich überschneidenden, überlappenden Vorgeschichten. Und diese werden nicht an irgendeinem Punkt oder aus irgendeiner Perspektive heraus vereinheitlicht, sondern bestehen in den Perspektiven der vielen Vorgeschichten weiter.

Wie also könnte man vorgehen, um Vergangenes explizit und vor allem wegweisend, also *zukunftsträchtig,* in die Gegenwart einzubinden? Sicher scheint zunächst einmal nur, dass jeder Versuch einer Ausklammerung oder einer stillschweigenden Verkürzung historischer Bezüge auf bestimmte Aspekte der Vergangenheit ebenso stillschweigende Übereinkünfte über nicht zu thematisierende psychologische Gegenstände in der Gegenwart erforderte. Dies wiederum wäre aber vom wissenschaftlichen Standpunkt aus nicht vertretbar, da die dadurch bedingte Konzentration auf ganz bestimmte wissenschaftlich relevante Personen oder Fakten die Gefahr des *Atheoretischen*[3] oder *Ahistorischen*[4] in sich trüge. Auf der einen Seite birgt, wie oben deutlich wurde, jeder Versuch der Aufarbeitung der Fachgeschichte seitens der – ebenfalls weltanschaulich gebundenen – Historikerzunft Probleme in sich, da man mit dem Blick durch die »Brille der anderen« auch immer deren Weltsicht teilt und so auch an deren Problemen partizipiert. Auf der anderen Seite kann man auch nicht »quer« zur Geschichtswissenschaft nach Gutdünken die fachspezifische Vergangenheit »befragen«. Somit ist der Pfad entlang

---

3 Wer z. B. behauptete, bereits ▶ I. Pawlow, einer der Gründerväter der physiologischen und experimentellen Psychologie, habe eine weiterführende Aussage über die neuronale Kodierung bedingter Reflexe gemacht, und dabei verschwiege, dass ▶ I. Pawlow eine ganz andere Vorstellung von Erregung und Hemmung verfocht, als wir sie heute haben, argumentierte atheoretisch. Seine Befunde haben vielmehr Bestand, obwohl seine Theorie bereits vor Jahrzehnten verworfen wurde.

4 Wer z. B. behauptete, sowohl der berühmte französische Psychiater ▶ J. M. Charcot als auch der bedeutende Psychoanalytiker ▶ S. Freud hätten sich bereits mit sexuell motivierten Ängsten von Frauen in einer männlich dominierten bürgerlichen Gesellschaft im Sinne einer »Frauenfrage« auseinandergesetzt, argumentierte ahistorisch, denn die »Frauenfrage«, so wie wir sie heute diskutieren, war damals nicht Gegenstand öffentlicher Auseinandersetzungen.

2.2 · Psychologiegeschichte aus der Perspektive der Geschichtswissenschaft

einem parahistorischen psychologisch-narrativen »Sonderweg«, verstanden als eine Vermischung von Überliefertem aus dem unerschöpflichen Fundus ▶ kollektiven, kulturellen und kommunikativen Gedächtnisses (siehe ▶ Kap. 7) und dem allgemeinen Weltwissen über historisch wesentliche Daten, mit gutem Grund ausgeschlossen. Man könnte nur Fehler machen.

Eine historische Aufarbeitung der Fachgeschichte durch Psychologen müsste zum einen mehr als nur deren Alltagsauffassung von Geschichte abbilden, zum anderen aber darf sie sich nicht nur an den Vorstellungen orientieren, welche die klassische Ausprägung der Geschichtswissenschaft hiervon vermittelt. Dass deren »Brille« für Zwecke der psychologischen Geschichtsschreibung nur bedingt tauglich ist, erkennt man z. B. an einer *konservativ-historischen Betrachtung* der Einordnung »abendländischer Psychologiegeschichte«. Wie selbstverständlich geschieht dies mittels der klassischen Epocheneinteilung in Antike, Mittelalter, Renaissance, Neuzeit etc., werden Lebensleistungen herausragender Persönlichkeiten in Beziehung zu den jeweiligen weltanschaulichen oder wissenschaftlichen Entwicklungen und Fakten gesetzt und bewertet, wird das Besondere einzelner Epochen in den Vordergrund gestellt. Das bedeutet umgekehrt aber auch, dass man, um die Eigenart von etwas zu verstehen, eines Werkes oder eines Menschen, *seine* Geschichte in *seiner* Zeit verstehen muss. Dass eine solch individualisierende Betrachtung seitens der Geschichtswissenschaft der Psychologie so lange in die Hände spielte, als diese ihrerseits das Subjektive betonte, ist naheliegend. Es kann somit kaum erstaunen, dass man sich auch heute noch in einer Psychologie der Antike, des Mittelalters, der Renaissance, der frühen Neuzeit etc. wiederfindet, wo jeweils aufgrund fachspezifischer methodischer Verfahren, z. B. der durch Quellenverweise belegten Handlungen von Protagonisten und wissenschaftlichen ▶ Strömungen, die Vorstellung nahegelegt wird, eine solche Einteilung sei auch unter psychologischen Gesichtspunkten bedeutsam.

Tatsächlich aber sind es die getroffenen *Vorfestlegungen der Nachbardisziplin,* die den Eindruck vermitteln, die Gelehrten bzw. Wissenschaftler hätten sich diesen oder jenen psychologischen Fragen gewidmet, *weil* sie in einer bestimmten, historisch definierten Epoche lebten, *weil* diese Epoche eine Phase des Auf- oder Zusammenbruchs bestimmter sozialer Systeme kennzeichnete et cetera. Dabei wird leicht übersehen, dass sich historisch und psychologisch relevante Kategorisierungen nur bedingt entsprechen. Dass etwa der Ausklang des Mittelalters u. a. mit dem Beginn des Buchdrucks in Beziehung gesetzt wird, mag für eine historische Epocheneinteilung, eine, die auf möglichst umfassende Archivierung angelegt ist, wichtig sein. Für die Beschreibung von bestimmten »geistigen ▶ Vermögen« des einzelnen Menschen ist dies jedoch weniger von Belang, denn solcherart kognitive Fähigkeiten, wie es das Lesen erforderte, erwarben die meisten Menschen noch über Jahrhunderte hinweg nicht deshalb, weil man Bücher zu drucken vermochte (vgl. Manguel 2000).

Seitens der Geschichtswissenschaft wird des Weiteren, wie oben dargelegt, mit der Charakterisierung bestimmter Zeiträume und deren Protagonisten zugleich auch die jeweilige Weltanschauung vermittelt, aufgrund derer eine Hervorhebung bestimmter Fakten und Personen erfolgt; anders ließe sich das jeweils Bedeutende ja nicht hervorheben. Diese Einbindung in den gesellschaftlichen *Wertekanon* machte es für die Psychologiegeschichtsschreibung lange Zeit besonders schwierig, sich dem damit verbundenen historisierenden Deutungsmuster zu entziehen und sich eigenständig zu positionieren. Dazu waren Geschichtsauffassung und psychologisches ▶ Menschenbild einander in vielem zu ähnlich. So prägte z. B. die geschichtsvermittelte Vorstellung von der ▶ »Aufklärung« oder der »Industrialisierung«, verbunden mit einer Idee ungebrochener Fortschrittsgläubigkeit und einer Biologisierung des ▶ Menschenbildes, nicht nur das Denken der Historiker; Psychologen, die zu jener Zeit zu bestimmten Themen ihres Faches forschten, waren davon ebenso beeinflusst wie diejenigen, die damals über Psychologiegeschichte schrieben. Kulturzeitalter und psychische Beschaffenheit der Völker, so dachte z. B. noch ▶ Wilhelm Wundt, schlügen sich in der *Volksseele* nieder, die es im Rahmen der ▶ Völkerpsychologie zu ergründen galt. Es kann somit nicht verwundern, dass es eine »ältere« und eine »neuere« bzw. »neue« Psychologie schon so oft gegeben hat,[5] wie es eine zeitgemäße Einbindung des Fachwissens in das momentane Weltbild erforderlich machte. Im Mittelalter war die antike Psychologie die ältere, in der Neuzeit die der Renaissance, heute ist es die sogenannte ▶ Vermögenspsychologie des 18. und 19. Jahrhunderts. Bei der Festlegung des Beginns der neueren, der akademischen Psychologie zur Zeit des Aufblühens von deren experimentell ausgerichtetem Teilbereich konzentriert man sich, wie oben angedeutet, auf einen Strang der Geschichte, hier auf eine oder mehrere *herausragende Persönlichkeiten* in einer durch Naturwissenschaft und damit Fortschrittsgläubigkeit charakterisierten Ära im deutschsprachigen Raum. Da für jeden Anfang nicht nur das Woran-man-sich-erinnert von Bedeutung ist, sondern auch das Wie-das-geschah, schien für diesen »Aufbruch« in die heutige Psychologie das letzte Drittel des 19. Jahrhunderts wie geschaffen: Bedeutende deutsche Wissenschaftler hatten damals einer sich u. a. an den Naturwissenschaften orientierenden Psychologie durch wegweisende Impulse und Schüler in aller Welt internationales Ansehen verschafft und maßgeblich zur akademischen Eigenständigkeit beigetragen. Es scheint somit nur folgerichtig, dass man sich in der heutigen experimentell ausgerichteten Psychologie in der Weiterentwicklung eines Weges wähnt, der sich durch eine vielversprechend erscheinende rückwärtigen Betrachtung bestätigt. Allerdings sind, wie immer in solchen Fällen, die Erwartungen bezüglich des Erkenntnisgewinns einer solcherart betriebenen »Fachgeschichte« entsprechend gering. Denn wenn die retrospektive Auswahl fachrelevanter Ereignisse auf eine Bestätigung der Position in der Gegenwart hin *angelegt* ist, kann kaum eine darüber hinausgehende Bereicherung für das ▶ Handeln im Hier und Jetzt erwartet werden. Es dabei bewenden zu lassen, hieße eher ein selbst konstruiertes Andenken zu pflegen als an alternativen Entwürfen der Zukunft orientiert zu sein.

Zu denken gibt bei einer solchen Lesart der Geschichte außerdem, dass es den einen »Aufbruch in die Psychologie der Gegenwart« so vermutlich nicht gegeben hat, denn die Loslösung von der einen, der geisteswissenschaftlich ausgerichteten, und Bindung an die andere, die naturwissenschaftlich gebundene Auffassung stellte keinen erkennbaren Bruch dar; vielmehr blieben alternative Sichtweisen auf die Psyche des Menschen durchaus weiterhin bestehen. Ein anderes Bild von der Geschichte des Faches ergibt sich z. B., indem man, wie oben angesprochen, den Blickwinkel *inhaltlich und räumlich erweitert* – etwa indem man neben der o. g. *naturwissenschaftlichen Psychologie,* vertreten u. a. durch ▶ H. Ebbinghaus, ▶ G. T. Fechner, ▶ H. von Helmholtz und ▶ W. Wundt, die *geisteswissenschaftliche Psychologie,* so wie sie u. a. durch ▶ F. Brentano, ▶ J. F. Herbart und ▶ W. Dilthey vermittelt wurde, in ihrer weiteren Entwicklung mitberücksichtigt. Oder indem man Einflüsse von ausländischen Forschern in die Anfänge modernen psychologischen Denkens miteinbezieht, so z. B. die der sogenannten *russischen Reflexologen,* hier insbesondere ▶ I. M. Setschenow, ▶ W. M. Bechterew und ▶ I. Pawlow. Oder indem man auf den sogenannten *amerikanischen Pragmatismus* unter der Federführung von ▶ C. S. Peirce, ▶ W. James und ▶ J. Dewey abhebt. Aus Inhalt und Entwicklung der Nachbardisziplinen und Denkweisen o. g. Personen, die sich zuallererst als Mediziner oder Philosophen und erst dann als Psychologen verstanden, kann man ebenfalls viel über die Wurzeln der Entstehung unseres Faches lernen.

---

5 Empfehlenswerte Literatur zu diesem Themenkomplex: Carus (1990/1808); Dessoir (1902); Hartmann (1901); Klemm (1911); Schönpflug (2004); Siebeck (1880–1884); Smith (2013); Wundt (1907).

Die Bereicherung der Gegenwart, die man auf diese Weise erfährt, fällt ferner umso deutlicher aus, je eher man auch bereit ist, im historischen Sinne offen zu sein, d. h. fachbezogene Erkenntnisse von Vertretern anderer als der traditionell ereignisbezogenen geschichtswissenschaftlicher Ausrichtungen aufzugreifen und historische Fragen ansprechende Teildisziplinen anderer Fachgebiete – z. B. die oben erwähnte ▶ historische Anthropologie oder die Medizingeschichte – auf ihre Beiträge zur eigenen Fachgeschichte hin zu überprüfen.

In Anbetracht der vielfältigen Beiträge zur inhaltlichen Ausgestaltung des Faches wäre es ohnehin nicht sinnvoll, die »Ränder« zu vernachlässigen, wo sich doch, wie es H. Poincaré (1904) einmal formulierte, das Wachstum einer Wissenschaft am nachhaltigsten gerade in ihren Grenzgebieten vollzieht. Nicht von ungefähr sind bis heute einige Gegenstandsbereiche von ▶ Philosophie, Medizin, ▶ Anthropologie und Kulturwissenschaft mit denen der Psychologie viel enger verwandt, als es zunächst scheinen mag. Sie weisen gemeinsame, heute noch thematisierte Wurzeln auf, wie dies z. B. durch einen Verweis auf eine sprachrelevante Broca-Region im Gehirn (▶ Paul Broca) deutlich wird oder eine Bezugnahme auf sogenannte Brodmann'sche Areale (▶ Korbinian Brodmann), um bestimmte Struktur-Funktions-Beziehungen aufzudecken. Sie alle fragen u. a. danach, wie und warum der Mensch *an sich* so handelt, wie er es tut. Sie fragen danach, warum der psychisch kranke Mensch gerade so und nicht anders agiert oder wie und warum Menschen in anderen Gesellschaften, anderen Lebensumständen und verschiedenen Zeiten, sei es im politischen, sei es im ökonomischen oder sozialen Bereich, gerade so handelten bzw. handeln, wie es sich zeitgemäßer Auffassung nach darstellt. Die Psychologie widmet sich hierbei im Wesentlichen einem Problemausschnitt davon, indem sie fragt, was *gegenwärtig* und auf *mögliche Konstituenten des Erlebens bzw. Verhaltens* des *Menschen an sich* bezogen akademisch gesehen *der Fall ist*. Dass sich im Ganzen gesehen im Hinblick auf die Betrachtung vorherrschender bzw. von Brüchen gekennzeichneter Lebensumstände von Individuen oder Gruppen die wissenschaftlichen Theorie- und Lehrgebäude der einzelnen Disziplinen auf vielfache Weise überschneiden, kann kaum verwundern. Es zeigt lediglich, dass es die eine »Psychologie der Gegenwart« ebenso wenig gibt wie die eine »Geschichte der Psychologie«. Ein Beispiel dafür, dass es immer mehr als nur eine Geschichte von etwas gibt, dass es mehr als einen historischen Entwurf braucht, um die Geschichte von etwas zu verstehen, zeigt sich an der Einbindung von klinischen Psychologen (▶ Klinische Psychologie) in Teilgebiete der Medizin und ihrer Geschichte.

2.3 Geschichte als Instrument der Deutungshoheit über die Vergangenheit

Wer heute als Psychologe oder Psychologin z. B. im klinischen Bereich tätig ist, kommt – ob er oder sie sich dessen bewusst wird oder nicht – auf Schritt und Tritt mit Spuren fachgeschichtlicher Vergangenheit in Berührung. Auf den ersten Blick mag dies befremdlich anmuten, geht es ja ausschließlich um Gegenwartsfragen, wenn die jeweilige Fachkraft zusammen mit Kollegen aus der Medizin und Bereichen der Sozialwissenschaft im Schnittbereich von Prävention, Diagnostik und Beratung, Psychotherapie und Rehabilitation tätig ist. Allerdings wirken entsprechend ausgebildete Psychologen nicht nur als niedergelassene psychologische Psychotherapeuten, sie sind auch in Fachkrankenhäusern, z. B. in *psychiatrischen Einrichtungen,* unverzichtbar.

In diesen Institutionen wiederum spielt der Aufgabenbereich des klinisch tätigen Psychologen, anders als in einer psychotherapeutischen Privatpraxis, zwar nicht die gleiche tragende

Rolle, aber gerade hier setzt jede auf Quellenmaterial[6] basierende historische Betrachtung klinisch-psychologischer Fragestellungen an. Als öffentliche Einrichtungen mit einer relativ umfassenden, *aktengestützten Geschichte* sind psychiatrische Einrichtungen *die* Fundgrube schlechthin, um mittels der dort heute noch auffindbaren Aufzeichnungen von Ärzten über die Behandlung psychisch kranker Menschen Aufschluss zu geben. Dass sich von dieser am Institutionsalltag orientierten Warte die Geschichte klinisch-psychologisch relevanten Denkens und ▸ Handelns vermutlich anders liest als in der Sichtweise eines an der Universität tätigen psychiatriehistorisch arbeitenden Wissenschaftlers,[7] ist naheliegend. Wie das folgende an der Praxis psychologierelevanten medizinischen ▸ Handelns orientierte Beispiel zeigt, ist psychologisches Denken und ▸ Handeln tief in einer weltanschaulich gebundenen Psychiatriegeschichte verankert.

Aus Kranken- und Personalakten, aus Wirtschafts- und Rechnungsbüchern der hier beispielhaft gewählten Einrichtung geht u. a. hervor, dass in dieser damals »Heil- und Pflegeanstalt« genannten Einrichtung noch bis in die 60er-Jahre des 20. Jahrhunderts hinein kein einziger Psychologe, keine Psychologin tätig war, obwohl die Berufsgruppe an sich damals bereits über zwei Jahrzehnte universitäre Eigenständigkeit genoss, d. h. zu einer anerkannten Disziplin mit eigenen akademischen Rechten gehörte (vgl. Steinberg und Pritzel 2011). Aus heutiger Sicht wirkt dies auf den ersten Blick zunächst erstaunlich, da man derzeit in Deutschland kaum eine auf Erlangung oder Stabilisierung eines Mindestmaßes an psychischer Gesundheit ausgerichtete Einrichtung ausfindig machen kann, in welcher Psychologen *nicht* mitarbeiten. Auf den zweiten Blick wird aber deutlich, dass dieser bis heute wachsende Einfluss von psychologisch ausgebildetem Fachpersonal eine das Berufsbild prägende Vorgeschichte psychologisch motivierten Denkens in verschiedenen anderen akademischen Disziplinen hat. Das damit verbundene Aufgabenfeld war nicht nur über Jahrzehnte, sondern über Jahrhunderte hinweg theologisch und/oder medizinisch vorgebildetem Personal vorbehalten gewesen. Die maßgeblichen Eckpfeiler und Grundsteine, auf denen die spätere Psychologie aufbaute, sind folglich auch dort zu suchen. Wie weit aber sollte man zurückblicken, um zu verstehen, was sich in den 1960er-Jahren als Wandel anbahnte?

Blickt man bei der Suche nach Anfängen klinisch-psychologischen Denkens lediglich auf die letzten zwei Jahrhunderte zurück, so findet man sich anfangs in einer »Epoche aufgeklärter Seelenheilkunde« wieder, die dann allmählich in eine anatomisch-physiologisch begründet betriebene Seelenkunde übergeht, in der psychische Erkrankungen als Hirnkrankheiten verstanden wurden. Entsprechend lag auch das heute als originär psychologisch betrachtete Aufgabenspektrum hauptsächlich in den Händen von psychiatrisch interessierten Anatomen und Physiologen bzw. anatomisch-physiologisch orientierten Psychiatern (vgl. Blasius 1994; Herzog 1984; Shorter 1999).

Allerdings können auch die vielen Jahrhunderte, die vergingen, ehe es diesen Einrichtungstyp gab, hier eine etwa 2000 Jahre umfassende *vorpsychologische Zeitrechnung*,[8] nicht ohne

---

6 Quellen sind hierbei alle Texte, Gegenstände oder Tatsachen, aus denen Kenntnis über die Vergangenheit gewonnen werden kann. Diese können mit Überlieferungsabsicht gebildet oder verfasst worden sein, z. B. Denkmäler oder Autobiografien. Sie können aber auch unbeabsichtigt entstanden sein, z. B. Wirtschaftsbücher einer Armenküche. Quellen brauchen, um als solche zu gelten, eine *intersubjektive Überprüfbarkeit*; sie müssen einer äußeren Quellenkritik (Entstehungszeit und -ort, Verfasser, Empfänger) und einer inneren Quellenkritik (sprachlicher und sachlicher Aufschlüsselung) standhalten, um interpretiert werden zu können.

7 Z. B. Shorter 1999; Huppmann und Fischbeck 2006.

8 Gemeint ist hier die Zeit vor Einführung psychologisch ausgerichteter Professuren oder Arbeitsgruppen an deutschen Universitäten.

2.3 · Geschichte als Instrument der Deutungshoheit über die Vergangenheit

Weiteres ignoriert werden. In diesem Zeitraum waren zwar im Wesentlichen auf das »Sein des Menschen« ausgerichtete philosophische und später auch (kultur-)anthropologische und naturphilosophische ▶ Strömungen dominant. Aber auch unter diesen gab es immer auch psychologisch-therapeutisch ausgerichtete Denkweisen (vgl. Schmidbauer 2000), die in späteren Zeiten wieder aufgegriffen wurden. Man kann lediglich konstatieren, dass die Geschichte psychischer Erkrankungen erst dann für eine breitere Öffentlichkeit gedanklich nachvollziehbar wurde, als sie schriftlich niedergelegt und gemäß bestimmten Regeln dokumentiert wurde, kurzum, aufgrund definierter wissenschaftlich-systematischer ▶ Kategorien als historische Quelle verwendet werden konnte. Unser heutiges historisches Verständnis von der *Psyche und ihren Störungsbildern* basiert größtenteils auf solchen Routine-Aufzeichnungen, die im deutschen Sprachraum manchmal vor, zumindest aber ab der zweiten Hälfte des 19. Jahrhunderts üblicher Standard wurden. Erst dadurch wurde, belegt durch Hunderte von Patientendaten, nachvollziehbar, wie sich das ▶ Handeln im psychologischen Sinne agierender Ärzte, der sogenannten ▶ Psychiker, z. B. Johann Heinroths, auf die Patienten auswirkte und was man damit erreichen wollte.

Entscheidende fachliche Weichenstellungen vollzogen sich somit lange vor und teilweise außerhalb dessen, was wir heute in der Psychologie als klinisch relevantes Denken ansehen. Bereits im Laufe des 19. Jahrhunderts hatte sich z. B. an medizinischen Fakultäten ein neues Teilgebiet entwickelt, das sich auch mit psychologischen Fragen befasste, die *Psychiatrie*. In dieses *Lehrfach* flossen somit neben Erkenntnissen aus anderen medizinischen Teildisziplinen, z. B. der Neuroanatomie, Neuropathologie, Neurologie und Hygiene, auch solche der in der Rechtswissenschaft angesiedelten ▶ Kriminalpsychologie und der in der ▶ Philosophie beheimateten Psychologie ein. Hinzu kamen Erkenntnisse der ▶ Psychagogik sowie der um Eigenständigkeit bemühten Pädagogik (vgl. Knoop und Schwab 1999). Anders aber als die Letztgenannte wurde Psychologie als Lehrfach und eigenständige akademische Disziplin erst während des Zweiten Weltkrieges als *Umwidmung bzw. Erweiterung* einer bereits etablierten ▶ Wehrmachtspsychologie aus der Taufe gehoben. Und bei dieser stand naturgemäß nicht die Erforschung der ▶ Seele psychisch kranker Menschen, der das Hauptaugenmerk der ▶ Psychiker gegolten hatte, im Vordergrund, sondern Fragen der Eignung für kriegsrelevante Berufsbilder. Andere Fragestellungen, z. B. solche, die der »Seele des Kindes«[9] gewidmet waren und bereits seit Ende des 19. Jahrhunderts eine kontinuierliche Periode einer heute als ältere entwicklungspsychologische Forschung bezeichnete Epoche einleiteten, verblieben samt ihren Protagonisten[10] eher im Hintergrund. Rückblickend gesehen verblieb somit zumindest die Deutungshoheit über die Fortschritte psychologischen Denkens im klinischen Bereich die längste Zeit der *abendländischen Psychologiegeschichte* über in den Händen heutiger Nachbardisziplinen. Praxisrelevante Informationen über diese Fachgeschichte finden sich somit am ehesten in Archiven psychiatrischer Einrichtungen; die wissenschaftliche Seite wird durch Fachbeiträge in medizinischen Journalen nachvollziehbar gemacht. Das allein wäre nicht besonders bemerkenswert, würde sich daraus nicht ein gewisser medizinhistorischer Anspruch auf die Entwicklung klinisch-psychologischen Denkens ableiten. Dieser Tatbestand ist nicht nur, aber auch darauf zurückzuführen, dass diese medizinische Teildisziplin, anders als die verschiedenen Untergebiete der Psychologie, eher als ein gewachsenes Ganzes verstanden wird und entsprechend eine »in sich schlüssige Geschichte« aufweisen kann. So ist z. B. die Psychiatrie, die aus einem Fundus an Wissen der Neuroanatomie, Neuropathologie, innerer Medizin, ▶ Diätik etc. erwuchs, immer

---

9   Dies war der Titel eines einflussreichen Buches von Preyer aus dem Jahr 1882.
10 So z. B. geachtete Fachvertreter und -vertreterinnen wie Charlotte und ▶ Karl Bühler und William Stern, aber auch später sehr umstrittene Psychologinnen wie etwa Hildegard Hetzer.

als *Teil eines traditionellen medizinischen Gesamtkanons* begriffen worden. Hingegen erwuchs das Lehrangebot in der sich im 20. Jahrhundert herauskristallisierenden Psychologie in den Augen des Betrachters eher aus *wechselnden Anteilen*[11] bzw. *Umwidmungen*[12] und *Erweiterungen*[13] von Fragestellungen innerhalb einer ohnehin bestehenden *Gemengelage* aus philosophisch, naturwissenschaftlich und medizinisch orientierten Teilbereichen des Faches. Veränderungen des fachlichen Profils in der Medizin wurden folglich, anders als in der Psychologie, eher als »natürliche und gewachsene Weiterentwicklung« angesehen. Sich relativ homogen gebende Fächer mit einer als lang definierten Vorgeschichte wie die Medizin sind folglich gegenüber jungen und heterogen zusammengesetzten Fächern mit einer kurzen fachspezifischen Vergangenheit, so wie der Psychologie, im Vorteil, wenn es darum geht, die Deutungshoheit über die Geschichte zu gewinnen.

Eine möglichst *kohärente Rekonstruktion der Vergangenheit* ist somit für die fachliche Identifikation der Psychologie kein Rand-, sondern ein Kernanliegen. Und zwar nicht deshalb, weil man herausfinden möchte, was, im Detail betrachtet, wirklich einmal geschehen ist, sondern weil man durch eine in sich geschlossene Vision des vergangenen Ganzen auch die Gegenwart mitbestimmt, etwa durch die *Auswahl und Interpretation bestimmter Überlieferungen*.

2.4 Psychologiegeschichte zwischen fachlicher Abgrenzung und Einbindung

Für die akademische Psychologie lag es mangels einer als eigenständig anerkannten Tradition deshalb von Anfang an nahe, sich zumindest von einer bestimmten Gegenwart an möglichst unangreifbar zu machen, einen Anfangspunkt zu setzen. Das geschah, wie oben erwähnt, vom ausgehenden 19. Jahrhundert an u. a. dadurch, dass man sich die aufstrebenden empirisch arbeitenden Naturwissenschaften zum Vorbild nahm, sich zunehmend als experimentelle Wissenschaft von der Psyche des Menschen verstand bzw. versteht. Der damit verbundene ständig steigende *Abgrenzungsdruck* gegenüber alternativen Ausrichtungen des Faches, insbesondere solchen unter der Ägide der Geisteswissenschaften, lässt sich teilweise auch am Lehrangebot ablesen. War dieses zu Anfang des 20. Jahrhunderts noch als Teildisziplin der ▶ Philosophie recht breit angelegt – es umfasste mit ▶ Psychoanalyse, ▶ Völkerpsychologie und ▶ Anthropologie ein vielseitiges und, auch von geistes- und kulturwissenschaftlichen Ansätzen her betrachtet, breit gefächertes Spektrum –, so reduzierte bzw. konzentrierte sich dieses nach dem Zweiten Weltkrieg zunehmend auf das *objektiv Erfassbare, sprich empirisch Nachweisbare*. Gewiss ging es dabei vordergründig nicht um Fragen einer historisch zu begründenden Identitätsfindung als eigenständiges akademisches Fach, sondern um den jeweils als angemessen betrachteten Weg der Gewinnung neuer Erkenntnisse. Aber aus Ansätzen und Schwerpunktsetzungen wie diesen lässt sich diese bereits angesprochene stillschweigende Anbindung an das Methodenarsenal und die Weltanschauung der führenden Leitwissenschaft ablesen.

Für ein verstärktes Bemühen um Eigenständigkeit im wissenschaftlichen Gesamtgefüge spricht auch eine gewisse *Abwehr von Konkurrenz* im Hinblick auf gesellschaftspolitische

---

11 Z. B. die mathematische Psychologie, Ausdruckspsychologie, ▶ Völkerpsychologie, Willenspsychologie, Werbepsychologie.
12 Z. B. ▶ Wehrmachtspsychologie, Luftwaffenpsychologie.
13 Z. B. Gesundheitspsychologie.

Einflusssphären. Nach außen hin, also z. B. von (Sozial-)Pädagogen, Medizinern und anderen (para-)medizinischen Heilberufen wie Ergotherapeuten, Logopäden, Heilpädagogen und ▶ Kinesiologen, versuchte sich das Fach durch eine nachdrücklich betriebene methodische Ausbildung abzugrenzen. Bis heute wird diese so konsequent weitergeführt, dass die Methodenkompetenz geradezu als ein Alleinstellungsmerkmal erscheint, durch welches sich die Psychologie von ihren Nachbarfächern abhebt.

Auch im Binnenbereich erfolgt(e) eine Abgrenzung, hier verstanden als eine *Überhöhung der Randbedingungen* in der Definition der Zugehörigkeit zur akademischen Psychologie. Gegenstand einer solchen Ausgliederung unerwünschter Teilgebiete sind oder waren entsprechend jene, deren Lösungsansatz sich methodisch nicht der Naturwissenschaft zuordnen ließ bzw. lässt (z. B. die ▶ Psychoanalyse), jene, deren Fragestellungen generell naturwissenschaftlichen Grundüberzeugungen widersprechen (▶ Parapsychologie), oder solche, die gesellschaftspolitisch als problematisch gelten, z. B. die ▶ kulturhistorische Schule und die ▶ Kritische Psychologie (vgl. S. Rubinstein, K. Holzkamp).

Ohne neue Impulse von außen – gesichert allein durch striktes naturwissenschaftliches Arbeiten, verbunden mit der Abwehr aller nicht empirischen Ansätze sowohl nach außen wie nach innen – wäre die akademische Psychologie langfristig aber eher eingeengt denn bereichert worden. Dies auch, da es altbekannte Erklärungslücken zu (er)tragen galt bzw. gilt, die mit den verfügbaren methodischen Mitteln nicht zu schließen sind: Weder vermag man z. B. die Grenzen erfahrungsgeleiteten Arbeitens angemessen zu begründen noch zufriedenstellend psychische Gegebenheiten in physische zu überführen. Offen für Neues zu sein, ist somit nicht nur eine mögliche Option für randständige Themengebiete, sondern eine Notwendigkeit, um nicht in selbst gesteckten Grenzen zu verharren und um bislang ungelöste Probleme anzugehen.

2.5 Verknüpfung von Psychologie- und Zeitgeschichte

Eine solche Möglichkeit der Öffnung, hier zur Bildung eines thematisch nahestehenden, fachlich aber medizinisch beanspruchten Teilbereichs, ergab sich u. a. durch oben gewähltes Beispiel klinisch-psychologischen Arbeitens (▶ klinische Psychologie). Die Mitarbeit von Psychologen in der psychiatrischen Einrichtung erklärt sich im Wesentlichen als Reaktion auf ein aus der Not geborenes Werben seitens der personell ausgedünnten und der ▶ Euthanasie wegen in keinem besonders guten Ruf stehenden Psychiatrie nach dem Zweiten Weltkrieg. So gesehen verdankten die anfangs dort tätigen Psychologen ihre Position nicht primär herausragenden Alleinstellungsmerkmalen ihrer klinisch-diagnostischen Ausbildung. Es kamen vielmehr zwei Wirkkräfte zusammen: zum einen der Umstand, dass die Arbeit mit psychisch kranken Menschen vom medizinischen Fachpersonal und deren externen Hilfseinrichtungen, den Fürsorgeeinrichtungen und Fürsorgern, ohne eine nichtärztliche, aber dennoch *fachkundige Unterstützung in Diagnostik und Therapie vor Ort* nicht mehr zu bewältigen war, und zum anderen, dass die damaligen Fachvertreter diese Herausforderung annahmen, dafür offen waren. Sie ließen sich auch nicht nur temporär darauf ein, sondern konnten im Laufe der Zeit ihre Stellung in der Psychiatrie und Neurologie behaupten bzw. weiterentwickeln. Dank der Fachkunde von klinisch ausgebildeten Psychologen sind schließlich in den letzten Jahrzehnten so große Fortschritte erzielt worden, dass sich heute kaum jemand an diesen Aspekt der Geschichte, diese *Ausgangssituation,* erinnert, welche ohne den erwähnten Mangel an Psychiatern, verbunden mit einer gleichzeitigen Überfüllung der entsprechenden Institutionen, kaum gegeben gewesen wäre.

Dessen ungeachtet – und das wurde weiter oben bereits deutlich – sind die »ideengeschichtlichen« Grundpfeiler der heutigen Psychologie im klinischen Alltag genau dort zu suchen, wo medizinisch aus- oder vorgebildetes Personal mit psychischen Problemen oder der psychologischen Beurteilung von Patienten konfrontiert worden war und die anstehenden Fragen zu lösen versuchte. Welchen Erkenntnisgewinn aber sollte oder könnte eine naturwissenschaftlich argumentierende Psychologie derzeit noch aus dem Wissen über eine solche zwar nicht fachspezifisch bestimmte, aber doch psychologisch hoch »angereicherte« Vergangenheit ziehen?

Das Eindrücklichste, was man daran deutlich machen kann, ist vermutlich das Wissen darüber, dass Psychologiegeschichte, die Geschichte anderer Fachdisziplinen und Zeitgeschichte auch dann sehr eng zusammenhängen, wenn man dies in der jeweiligen Gegenwart glaubt marginalisieren zu können. Ein eindrückliches Beispiel für eine solch prägende Phase ist der Zeitraum der 20er- und 30er-Jahre des 20. Jahrhunderts, welcher der Einführung des Diplomstudienganges mittel- oder unmittelbar vorausging. Denn wäre das Fachgebiet damals wissenschaftlich nachrangig und gesellschaftlich bedeutungslos gewesen, so hätte man es an deutschen Universitäten wohl kaum als eigenständige Disziplin etabliert. So gesehen muss psychologisches Denken in den Jahren vor und während der nationalsozialistischen Herrschaft eine beachtliche wissenschaftliche Entwicklung erfahren haben, und zwar eine, die durch die Art und Weise der Wissensverwertung während des Dritten Reiches nicht nachhaltig geschmälert wurde. So wurde beispielsweise die während des nationalsozialistischen Regimes gewonnene Expertise im Rahmen der Wehrmachts- bzw. Luftwaffenpsychologie, der Industriepsychologie, der Personalauswahl von Fremd- bzw. Zwangsarbeitern und der Intelligenzerfassung von nichtdeutschen Kindern zum Zwecke ihrer »Germanisierung« (Geuter 1988) zum Erhalt eines menschenverachtenden Regimes verwertet.

Es wäre also sicher unangemessen, wollte man heute behaupten, es wäre möglich, sich im Hinblick auf die akademische Etablierung des psychologischen Berufsstandes allein auf die fachliche Entwicklungsgeschichte zu konzentrieren. Das hieße, so zu tun, als könnte man sich aus einer zeitgeschichtlichen Verantwortung herausnehmen und diese »den Historikern« überlassen. Damit beraubte man sich nicht nur jeglichen Rückgriffs auf wesentliche Begründungszusammenhänge in der Genese des Faches. Man überließe die Deutung des Geschehens ein weiteres Mal anderen Fachdisziplinen und stünde erneut vor der Frage: Wann beginnt die eigentliche Geschichte der Psychologie, auf die das Fach heute aufbaut?

Den Zeitläuften Rechnung tragend lassen die Umstände, die zur Einführung des Ausbildungsganges im Jahre 1941 führten, eine historische Betrachtung vom Typ einer »selbstwertstabilisierender Erfolgsstory« jedenfalls nicht zu. Waren es doch als Psychologen tätige Wissenschaftler des Dritten Reiches, die sich mittels der Anwendung ihres – oder besser gesagt, dem Vorläufer unseres heutigen – methodischen Werkzeugkastens tief in die von Verwerfungen und Brüchen gekennzeichnete Politik- und Gesellschaftsgeschichte des Nationalismus verstrickt haben. Das aber enthebt keinesfalls von der berufsständischen Verantwortung dafür. Dies nicht zuletzt deshalb, weil die damalige humanitäre Katastrophe viele tausend Menschen das Leben kostete, die heute zur Klientel therapeutisch arbeitender Psychologen gehören, z. B. depressive Menschen, Alkoholiker oder sozial auffällige Personen. Über welchen Aspekt dieser »prä-fachpsychologischen« Vergangenheit man sich auch immer Rechenschaft ablegen möchte, es kann lediglich darum gehen, abzuklären, was man von diesem oder jenem (geschichts-) theoretisch begründbaren Vorgehen sinnvollerweise erwarten kann, nicht aber darum, sie möglichst zu verschweigen.

2.6 Umgang mit tradierten Geschichtsfestschreibungen in der Psychologie

Um die Position der Psychologie im Verhältnis zur Geschichtswissenschaft besser einschätzen zu können, mag es helfen, sich zu vergegenwärtigen, dass Psychologie und Geschichtswissenschaft – so unterschiedlich sie in Zielsetzung und Methodik heute auch sein mögen – durch eine jahrhundertelange von christlichen Heilsgedanken geprägte Vorgeschichte vielfach verknüpft sind, denn Ursprung und Zweck menschlichen ▶ Handelns wurden sowohl die Vergangenheit betreffend als auch auf die Gegenwart bezogen über viele Jahrhunderte hinweg als durch göttliche Vorsehung bestimmt angesehen. Diese *prospektiv ausgelegte Heilsgeschichte* diente in beiden Fällen u. a. dazu, Herrschaftsstrukturen durchzusetzen, moralische Beispiele zu geben und Vorbilder angemessenen Verhaltens im ▶ kollektiven Gedächtnis zu erhalten. Mit dadurch wurde angesichts der rauen Wirklichkeit im Leben der meisten Menschen eine Vorstellung von den erlösenden Mächten im Jenseits vermittelt. Für jene Gelehrte, die sich für Geschichte interessierten, bedeutete dies, sich vorrangig auf historische Themen zu konzentrieren, die im Einklang mit den jeweiligen göttlichen bzw. weltlichen Herrschaftsstrukturen standen. Diejenigen, die sich psychologischen Fragestellungen widmeten, setzten sich primär mit einem über Jahrhunderte tradierten Bündel von Fragestellungen nach diversen Seelenkräften auseinander und fragten damit nach ▶ Vermögen, die allen Menschen in unterschiedlicher Zusammensetzung gottgegeben innezuwohnen schienen.

Erst der oft bemühte »Geist der ▶ Aufklärung« führte zu Änderungen, und zwar zunächst einmal solchen, die den Umgang mit der Historie betrafen. Während hier die einen dafür plädierten, einen allgemeinen Zusammenhang der Dinge in der Welt dadurch zu ermöglichen, dass das Partikulare in seiner geschichtlichen Bedeutung hervorgehoben und das Vergangene entlang eines einheitlichen Zeitflusses räumlich klassifiziert wurde, ging es anderen weniger um das synchron korrekte Erfassen von Ereignissen als vielmehr um deren narrativen Nachvollzug, d. h. die erzählerische Nachbildung. Vorrang hatte langfristig aber ersterer als ▶ Historismus firmierender epocheübergreifende Versuch, zeitgenaue Rahmenstrukturen für ein Geschehen gerade so zu konstruieren, dass die bewegenden Kräfte und die Wesenhaftigkeit des Menschen aus ihrer Verankerung in einer bestimmten Vergangenheit heraus gedeutet werden konnten. Gewiss hatte es auch vor einer systematisch betriebenen Geschichtswissenschaft, hier insbesondere im 19. Jahrhundert, eine vielfältig ausgestaltete Tradition der Geschichtsschreibung gegeben, aber erst mit dem Institutionalisierungsprozess als akademisches Fach wurden wissenschaftlich-systematische ▶ Kategorien entwickelt, wurde die quellenkritische Methode eingeführt. Andere als auf Ereignisse und Personen konzentrierte Betrachtungen, etwa kultur- und sozialgeschichtliche Prozesse, rangierten indes erst an zweiter Stelle.

Auch im aufgeklärten psychologischen Denken wurde ein Wandel spürbar, der im Umgang mit psychisch auffälligen Personen besonders deutlich zum Ausdruck kam: Veränderungen der Psyche wurden nicht mehr allein als »sündiges oder selbst verschuldetes Verderbnis« angesehen, sondern im Rahmen einer sich weiterentwickelnden Naturwissenschaft und Medizin behandelt. Dass es, wie weiter oben angesprochen, noch bis ins 20. Jahrhundert dauerte, ehe eine eigenständig agierende Psychologie sich dieses Klientels ebenfalls annahm, bedeutet somit keineswegs, dass die *Dringlichkeit, spezifisch psychologische Fragestellungen zu lösen,* zuvor nicht gegeben gewesen oder nicht gesehen worden wäre. Offene, dringlich zu beantwortende Fragen gab es stets genug, aber sie wurden, wie weiter oben erwähnt, anders bewertet heute und von anderen Fachgebieten, etwa von Medizin, Rechtswesen oder Theologie, auf deren Art und Weise, d. h. mit ihrem Erkenntnisanspruch und ihren Methoden, bearbeitet.

Noch weit über die Jahrhundertwende zum 20. Jahrhundert hinaus folgte die Geschichtswissenschaft mehrheitlich einem Bewertungsschema, innerhalb dessen die Geschichtlichkeit des Menschen, seine Verankerung in einer bestimmten Tradition und sein Bewusstsein durch die Vergangenheit geprägt galt. Und dieses Denkmuster übernahmen wiederum nicht nur damals tätige Psychologen[14] bei der wissenschaftlichen Aufarbeitung ihrer Fachgeschichte, es wurde auch dann noch beibehalten, als die Kritik an dieser Auffassung von Geschichtswissenschaft bereits überdeutlich geworden war.

Einige der Schwierigkeiten der Psychologiegeschichtsschreibung haben ihren Ursprung somit u. a. in der impliziten Akzeptanz eines traditionellen geschichtswissenschaftlichen Ansatzes. Was immer also zwischen der Mitte des 19. und des 20. Jahrhunderts im deutschen Sprachraum zum Thema »Psychologiegeschichte« geschrieben und von späteren Autoren ggf. als Sekundärquelle verwendet wurde, ist zunächst einmal unter dem Aspekt zu betrachten, dieser für die Psychologie auf den ersten Blick so attraktiv erscheinenden Geschichtsauffassung gefolgt zu sein.

Attraktiv war sie zum einen, da hierbei ein für alle Mal auf jede Form metaphysischer Überbauten verzichtet werden und nur auf das *tatsächlich Gegebene* Bezug genommen werden sollte. Zum anderen versuchte man, gerade durch die Bewertung des Vergangenen auch ein besseres Verständnis für die Individualität einzelner Geschehnisse zu entwickeln. Dazu gehörte etwa die Vorstellung, man könne *aus der Geschichte* Aufschluss über die Probleme und Antworten der Gegenwart erhalten, so etwa auf die Frage, »was der Mensch sei«. Antwort darauf gäbe ihm »seine Geschichte«, da Gegenwart und Zukunft stets im Lichte der Vergangenheit erschienen.

Diese aus der Vergangenheit abzuleitende Idee zur Lösung von Gegenwartsproblemen schien vermutlich nicht zuletzt deshalb so verlockend, weil sie grundsätzlich bis heute psychologischem Denken sehr nahe steht. Auch gegenwärtig werden z. B. nicht nur im Bereich der ▶ Alltagspsychologie Schwierigkeiten im Leben eines heranwachsenden oder erwachsenen Menschen bevorzugt unter dem Aspekt einer misslungenen (früh-)kindlichen Sozialisierung und daraus resultierenden Problemen, verbunden mit Drogen, Missbrauch etc., betrachtet. Die Gegenwart eines Menschen wird somit ganz im Sinne dieser klassischen Geschichtsauffassung – primär aus seiner Vergangenheit heraus – beurteilt.

Die Probleme, die damit verbunden sind, werden offenkundig, wenn man die Wurzeln dieses auf den Beginn des 19. Jahrhunderts zurückgehenden Geschichtsverständnisses zu erkunden sucht. Damals hatte in Deutschland eine weiter oben kurz angesprochene Geisteshaltung weiträumig Fuß gefasst, die durch Anknüpfung an das bzw. Abgrenzung vom aufklärerischen Erbe und den nachfolgenden Erfahrungen der Französischen Revolution geprägt war. Sie beeinflusste auch die Geschichtsauffassung, die sich u. a. durch Kritik an romantischem ▶ »Naturrechtsdenken« sowie den Rückbezug auf (politische) *Traditionen* und (politische) *Ordnung* auszeichnete. Eine in diesem Sinne traditionsverhaftete Sichtweise formte noch bis weit ins 20. Jahrhundert hinein die Mehrzahl psychologiegeschichtlicher Betrachtungen; es überwogen *der politischen Tradition und Ordnung entsprechende Sichtweisen,* so z. B. in Darstellungen von »Vätern der Psychologie«, von ▶ Schulen oder »den wichtigsten Schlüsselexperimenten«.[15] Geschichtswissenschaftlich gesehen können dafür mehrere Gründe angegeben werden:

Eine für die Psychologie erkennbar positive Seite historisch motivierten Denkens lag vermutlich lange Zeit darin, dass sich die klassische Geschichtswissenschaft mit ihrer Schwerpunktsetzung auf überliefertem, »geregeltem« Wissen bevorzugt der Orientierungs- und Identitätsprobleme einer Zeit beschleunigten gesellschaftlichen Wandels annahm. Da als Leitmodell zu deren Lösung die jeweiligen Konturen vergangenen menschlichen ▶ Handelns

---

14 Empfehlenswerte Literatur zu diesem Themenkomplex: Dessoir (1902); Hartmann (1901); Siebeck (1880–1884).
15 Literatur zu diesem Themenkomplex: Butler-Bowdon (2007); Kimble und Wertheimer (2003); Wehner (1990).

2.6 · Umgang mit tradierten Geschichtsfestschreibungen in der Psychologie

und Denkens angeboten wurden, eröffnete sich immer eine akzeptable, weil nachvollziehbare Auslegungsmöglichkeit eines bestimmten Entwicklungsgangs bis hin zu den jeweils gegenwärtigen Verhältnissen. Die *Deutungsfähigkeit* in den Vordergrund zu stellen, hieß des Weiteren auch, darauf zu beharren, dass das Gewesene, ebenso wie das Gegenwärtige, ein *sinnhaft konstituiertes Produkt menschlichen Geistes* und ▶ Handelns darstellte. Aussagen über die Vergangenheit mittels überprüfbarer Quellen schienen somit zu einem andauernden Erkenntniszuwachs zu reifen, der von einer »wirklichen Vergangenheit« ausging und im Rahmen eines (vor)gegebenen Ordnungsgefüges in die »reale Gegenwart« mündete. Alles zusammen, der Rückbezug auf die Vergangenheit, die Idee einer gewissen Dynamik in der Änderung der Verhältnisse sowie die Sinnhaftigkeit gegenwärtigen und vergangenen ▶ Handelns, kamen psychologischem Denken somit durchaus entgegen.

Erst in der zweiten Hälfte des 20. Jahrhunderts setzte sich in der Psychologie die Auffassung durch, dass man weder für das Individuum noch für die Gesellschaft geltend je herausfinden kann, was in der Vergangenheit wirklich der Fall gewesen war. Vielmehr wurde deutlich, dass die Vorstellung, es gäbe etwas real Greifbares in der Vergangenheit, nur täuschen konnte. In der Psychologie kann man z. B. heute mit eigens konstruierten das episodisch-autobiografische und semantische Gedächtnis erfassenden Messverfahren zwar einen bestimmten Ausschnitt der Vergangenheit in Erfahrung bringen, von dem man meint, dass er für die Gegenwart bedeutend sei. Man wird aber ähnlich wie ein Historiker, der auf das verfügbare Quellenmaterial angewiesen ist, nie herausfinden können, was wirklich einmal war, denn der Blickwinkel des sachkundigen Betrachters kann nicht beliebig auf Episoden der Vergangenheit hin eingestellt oder geändert werden, und das bedeutet, sowohl eine historisch verbriefte Quellenlage als auch eine methodisch sachgerechte objektive Erfassung der Erinnerung psychologisch relevanter Fakten seitens des/der Befragten mögen über die tatsächlichen Begebenheiten täuschen.

Eine weitere aus deem Anspruch auf Deutungsfähigkeit abgeleitete Auffassung orientierte sich daran, dass Menschen ihre Lebenspraxis generell an einer Erwartung einordneten, die Vergangenheit und Gegenwart bis in die Zukunft hinein in einen übergreifenden Zeitzusammenhang stellt. Eine solche Vorstellung zeitumfassender Einheit spiegelt sich bis heute z. B. in der Beurteilung von Lebensläufen. Hier wird ein Wechsel, etwa von einem Studium zu einem Ausbildungsberuf, eher als »Bruch« gesehen, also an einer imaginären Zukunftserwartung unter den zuvor gültigen Maßstäben gewertet, denn als »Aufbruch« in eine neue Zukunft. In einen größeren historischen Zusammenhang gestellt, bedeutet dies, dass mit dem Gedanken einer imaginären »Einheit von Vergangenheit und Gegenwart« genau diejenigen erfassbaren Gegenstände aus der Vergangenheit herausgegriffen werden, welche das psychologische Denken der jeweiligen Gegenwart zu bestätigen scheinen. Somit wird eine Form der Daseinsorientierung in der Gegenwart konstruiert und gleichzeitig eine historisch begründete, wissenschaftstheoretisch abgesicherte Identitätsbildung ermöglicht.

Damit verbunden ist ein weiterer der »Tradition« und »Ordnung« geschuldeter Aspekt historisierender Geschichtsschreibung, der auf die Psychologie in erheblichem Maße zurückgewirkt hat: die Vorgabe des »Normalen« im Sinne des gesellschaftlich Konformen. Traditionell bekannt sind in der Psychologie durchaus verschiedene Deutungen vom ▶ Begriff des Normalen (Eysenck 1971). Am vertrautesten ist hier der ▶ Begriff im Bereich der Statistik; als »normal« bezeichnet man ein Verhalten, das für die Mehrzahl der Menschen charakteristisch ist, und meint damit, dass ein bestimmtes erhobenes Maß in etwa dem Durchschnitt entspricht. Hinzu kommt im klinisch-psychologischen Bereich eine weitere Bedeutung von »normal«, denn Gesundheit wird nicht nur unter dem Aspekt einer statistischen Norm, sondern auch unter dem einer idealen Norm betrachtet. Idealerweise ist ein Mensch z. B. geistig gesund, aber normalerweise ist mit einer bestimmten Wahrscheinlichkeit damit zu rechnen, dass er erkrankt. Es ist somit »normal«, wenn auch nicht ideal, mindestens einmal im Leben an bestimmten psychischen Problemen zu leiden; alles andere wäre, zumindest statistisch gesehen, »unnormal«.[16]

Neben der Psychologie entwickelte auch die Geschichtswissenschaft entsprechend ihrer weltanschaulich-wissenschaftlichen Haltung einen ▶ Begriff vom »Normalen in der Gesellschaft«, der implizit von der Psychologie übernommen wurde. Im Blickpunkt stehen hier bestimmte Erwartungen, Handlungsformen, gesellschaftliche Tabus und Verhaltensvorschriften, die das Verständnis von einer sich normal gebenden Person prägen. Das bedeutet u. a., dass nur der- oder diejenige sich abnormal verhalten kann, der oder die auch normal handeln könnte. Hierzu gehören zwar »Geisteskranke«, nicht aber geistig Behinderte, denn deren »Normalform des Geistes« ist eine andere und wird in der Psychologie nicht thematisiert.

Dass sich ferner sowohl die Geschichtswissenschaft als auch die Deutsche Gesellschaft für Psychologie[17] über fast ein Jahrhundert hinweg an einer *fiktiven bürgerlichen Mittelschicht* und deren sozialen Interessen orientierte, ist angesichts der damit verbundenen sozialen Normvorstellungen nicht erstaunlich. Bis heute sind z. B. psychisch kranke Menschen dann, wenn sie an o. g. geistiger Behinderung leiden, mit dem immer gleichen Argument oft von der psychologischen Betreuung ausgeschlossen. Die Psychologie als Wissenschaft, so heißt es, nehme sich zwar Abweichungen von einer hypothetischen »Normalform des Geistes« an, nicht aber Probleme, die mit einer grundsätzlichen Andersartigkeit verbunden sind. Darstellung, Interpretation und allgemeine Denkweise sind vielmehr weiterhin von einem Normalitätsbegriff geprägt, der diese Menschen als »Randgruppe« mehrheitlich ausschließt.

2.7 Wissenschaftstheoretische Grundüberzeugungen im Wandel

Die methodische Herangehensweise beider Fachgebiete, der Geschichtswissenschaft und der Psychologie – hie Quellenkritik, da Experiment –, und der damit verbundene Anspruch, Erkenntniszuwachs durch die *sinnbildende Einheit aus Vergangenheit, Gegenwart und Zukunft* zu erreichen, wurde entscheidend durch diverse Spielarten des ▶ Positivismus geprägt. In der Geschichtswissenschaft erhob man bereits im 19. Jahrhundert die mit positivistischem Gedankengut verbundene Fortschrittserwartung zum Ideal wissenschaftlichen Denkens und menschlicher Erkenntnis. Und zwar nicht nur, aber auch, weil sich das Fach damals, wie später auch die Psychologie, dem Anspruch gegenübersah, sich als Wissenschaft am ehesten behaupten zu können, wenn dabei dem vorherrschenden wissenschaftlichen ▶ Paradigma entsprochen wurde.

Für die Psychologie waren mit der Übernahme positivistischen Gedankengutes Vor- und Nachteile verknüpft. Generell erwartet man einen Fortschritt im Erkenntnisgewinn, wenn

---

16 Eine ebenfalls geläufige Bedeutung von »normal« ist die des Natürlichen. In diesem Sinne verstanden, ist es z. B. für viele Menschen normal, eine heterosexuelle Beziehung zu führen, da sie mit den als natürlich apostrophierten Zielen der Natur übereinstimmen. Allerdings braucht diese Neigung, Vertrautes als biologisch verankert und deshalb als normal zu betrachten, aus naturwissenschaftlichen Vorgaben keineswegs ableitbar zu sein.

17 Die DGPs, die sich als wissenschaftliche Fachgesellschaft versteht, bildet zusammen mit dem Berufsverband Deutscher Psychologinnen und Psychologen e. V. (BDP) die Föderation Deutscher Psychologenvereinigungen als Vertretung für alle Fragen, die Wissenschaft und berufliche Praxis gleichermaßen betreffen. Das offizielle Organ der DGPs ist die *Psychologische Rundschau*. Diese Fachzeitschrift erscheint seit 1949 vierteljährlich im Hogrefe-Verlag (Göttingen). Quelle: ▶ http://de.wikipedia.org/wiki/Deutsche_Gesellschaft_f%C3%BCr_Psychologie, abgerufen am 29. Juli 2015.

2.7 · Wissenschaftstheoretische Grundüberzeugungen im Wandel

der Anspruch erhoben wird, *durch Denken in ein positives, d. h. wissenschaftliches Stadium zu gelangen und »Tatsachen durch Tatsachen zu belegen«*, denn dabei sollen in »kritischer Haltung« diejenigen Fakten nach wissenschaftlichen Kriterien geordnet werden, die objektiv zu fixieren und isolieren sind. Auch wenn der ▶ Positivismus seit seiner Einführung durch die Schule von H. de Saint-Simon (1716–1825) und dessen begeisterten Befürworter ▶ A. Comte (1822/1970) mehrere Modifikationen erfahren hat (z. B. in Form des ▶ Neopositivismus bzw. des ▶ logischen Positivismus), so umschreibt er doch ziemlich genau eine in der Psychologie oft aufgestellte Forderung, *vom tatsächlich Gegebenen*, Sicheren, Zweifellosen auszugehen und Forschung und Darstellung der Daten auf das zu beschränken, was offenkundig darauf hinzielt. Dass er für eine kompromisslose Ablehnung metaphysischer Erörterungen (▶ Metaphysik) steht, müsste dabei nicht gesondert betont werden, würde die Psychologie nicht aufgrund ihrer oft geargwöhnten Nähe zum Geheimnisvollen darauf besonderen Wert legen. So aber wird alles Metaphysische als theoretisch unmöglich und praktisch sinnlos angesehen; dazu gehören u. a. Fragen, auf die es nur *eine Antwort* gibt und die durch *Erfahrung allein nicht kontrollierbar* zu sein scheint.

Die unter den Nachteilen dieses Vorgehens größten Probleme verbinden sich für das Fach mit einem positivistischen ▶ Begriff von Wissenschaftlichkeit heutiger Sichtweise nach mit dessen Anspruch, als *content-free* zu gelten, d. h. unbelastet von historischen oder gesellschaftlichen Variablen agieren zu können. Es sollte also alles Bestand haben, was einmal als wahr erkannt worden ist, jede positiv ermittelbare Tatsache sollte unabhängig von den politischen, sozialen und sonstigen Umständen sein, unter denen die entsprechenden Daten gewonnen wurden. Allerdings wird gerade der allem Erkennbaren zugrunde liegende ▶ Begriff der Tatsache – was ist denn »tatsächlich gegeben«? – in ▶ Philosophie und »Realwissenschaften«, wie die Psychologie eine ist, verschieden gedeutet.[18] Einigkeit besteht lediglich darin, dass sich das Weltbild der Positivisten eng an das Weltbild und die Methoden der Naturwissenschaft anlehnen müsse. Nicht selten erschöpfte sich in der Vergangenheit deshalb positivistisches Denken in einer Gleichsetzung mit bzw. Zuwendung zu ▶ Mechanismus, ▶ Materialismus und ▶ Physikalismus und einer Abwendung von verschiedenen am ▶ Rationalismus ausgerichteten philosophischen ▶ Strömungen. Noch über weite Teile des 19. und teilweise bis in die erste Hälfte des 20. Jahrhunderts hinein sah man darin keine Gefahr für die Psychologie. Erst als im Verlauf der ersten Hälfte des 20. Jahrhunderts ein *zeitgenössisches gesellschaftliches Verständnis der Vererbungslehre* ▶ C. Darwins überwog, etwa im Sinne ▶ E. Haeckels, ▶ H. Spencers oder ▶ F. Galtons, war damit auch vorgegeben, auf welcher Grundlage sich die Psychologie der Erforschung menschlicher Verhaltensweisen widmen konnte: Es kam nur die damals gesellschaftlich umgedeutete Synthese (vgl. ▶ F. L. A. Weismann) Mendel'scher (▶ G. J. Mendel) und Darwin'scher Vorstellungen infrage, hier in Form des ebenfalls positivistisch ausgerichteten ▶ Sozialdarwinismus.

Entsprechend ist die zwiespältige Haltung, die in der Psychologie heute positivistischem Denken entgegengebracht wird, durch diese Verkürzung und Gleichsetzung mit biologistischem materialistischem Gedankengut begründet. Das bedeutet, auch wenn ▶ Positivismus für die Aufforderung steht, sich an natürlichen Gegebenheiten zu orientieren, ist sein einziges Kriterium für Wahrheit, die Übereinstimmung mit Tatsachen, doch auch gleichzeitig das größte Problem für das Fach. Denn die zugrunde liegende Annahme der Unveränderlichkeit von Naturgesetzen, durch die sich zwischen den Erfahrungsgebieten einzelner Wissenschaften ein

---

18 Aus Sicht der ▶ Philosophie sind Tatsachen z. B. nicht, wie in den empirischen Wissenschaften, etwas Gültiges, sondern bezeichnen lediglich Phänomene, die nicht dadurch geklärt werden können, dass man sie als etwas bestimmtes Gegebenes im Kontext spezieller Eigenschaften als empirisch erfasst bezeichnet.

kontinuierlicher Zusammenhang herstellen lassen könnte, würde alles Psychische letztlich auf das Physische reduzieren.

Der dadurch mitangestoßene Wandel des psychologischen Selbstverständnisses erhält weitere Unterstützung durch einen Wandel im Geschichtsverständnis. Heute wird, anders als noch vor wenigen Jahrzehnten, die gesellschaftliche und geschichtliche Entwicklung, die zur Lebensform der Gegenwart geführt hat, nicht als »fast kontinuierlicher Fortschritt, unterbrochen durch einen vorübergehenden Rückfall in die Barbarei« bezeichnet. Aufgrund diverser Brüche im 20. Jahrhundert ist eher von einem *vielfach verschlungenen Irrweg* die Rede.[19] Diese Veränderung in der Deutung der Vergangenheit ermöglicht es der Psychologie, ihre von der traditionellen Geschichtswissenschaft des frühen 20. Jahrhunderts übernommenen Mittel eines vom Fortschritt geprägten Denkens, insbesondere die Idee eines handlungsleitenden Zusammenhanges von Vergangenheit und Gegenwart, zugunsten eines Denkens in Begrifflichkeiten des Wandels von Entstehungszusammenhängen zurückzustellen. Denn auch wenn man forschungsstrategische Abgrenzungen innerhalb der Geschichtswissenschaft beiseite zu lassen versucht, scheint eine alleinig naturwissenschaftlich-psychologische Perspektive auf die Geschichte des Menschlichen ebenso wenig erfolgversprechend wie der Versuch, geschichtlich Gewordenes als nicht weiter zu hinterfragende Norm zu verstehen. Es gilt vielmehr, die jeweiligen Entstehungszusammenhänge und ihre sie determinierenden Strukturen zu erfassen, um deren Veränderungen zu verstehen und erfahrungsnahe Konzepte entwickeln zu können. Im Vordergrund der Psychologiegeschichte stehen somit historisch sich verändernde Wissensformen des Menschen über den Menschen, denn ein solches Wissen beeinflusst auch das heutige Selbstverständnis und ermöglicht es, sich als Psychologe in der Psychologie immer wieder neu zu »erfinden«.

2.8 Möglichkeiten für ein alternatives Geschichtsverständnis

Mit dem Problem einer »angemessenen Psychologiegeschichtsschreibung« haben sich in den letzten Jahren und Jahrzehnten zahlreiche Wissenschaftler auseinandergesetzt. So kann man z. B. versuchen, durch eine *Doxografie,* also eine Beschreibung des psychologisch relevanten Lebenswerks »großer Männer« bzw. von deren Theorieentwürfen, Einblicke in die Fachgeschichte zu ermöglichen (vgl. Pongratz 1984). Allerdings besteht hier die Gefahr, durch eine Würdigung des Einflusses bedeutender Fachvertreter, z. B. ▶ H. Ebbinghaus, ▶ G. T. Fechner oder ▶ W. Wundt, einer historiografischen Durchdringung weder vom psychologischen noch vom geschichtswissenschaftlichen Standpunkt aus betrachtet gerecht zu werden. Denn das, was über die Personen und ihr Wirken weitergegeben wird, bildet meist nur jenen Teil ihrer Arbeit ab, der sich mit unserem heutigen Psychologieverständnis verträgt; andere Bereiche ihres Wirkens werden hingegen als randständig betrachtet. Das gilt z. B. für ▶ W. Wundt, der sich nicht nur der Erforschung der »Tier- und Menschenseele« widmete und damit den Beginn der experimentellen Psychologie verkörperte. Er schrieb auch das oben angesprochene vielbändige Werk über ▶ Völkerpsychologie, das einer heute als unsäglich betrachteten »Kolonialpsychologie« Vorschub leistete (vgl. Schultz-Ewerth 1922).

Diverse Versuche, die »wichtigsten Untersuchungen der letzten 100 Jahre« oder die »50 bedeutendsten Experimente des Jahrhunderts« zusammenzustellen, schaffen für sich genommen ebenfalls keine zukunftsweisende Klarheit: Allein die anhaltende Diskussion um das Für und

---

19 Es wird dabei als unmöglich angesehen, den dreifachen Systemwechsel in Deutschland innerhalb der letzten 100 Jahre als eine halbwegs kontinuierliche »Erfolgsgeschichte« zu deuten.

2.8 · Möglichkeiten für ein alternatives Geschichtsverständnis

Wider in der *Einschätzung* bestimmter *methodischer Ansätze* in einer bestimmten Zeit lässt eine Betrachtung aus diesem Blickwinkel heraus bestenfalls als einseitig erscheinen. Ebenso wird eine primär philosophiehistorische (vgl. Schönpflug 2000) oder eine hauptsächlich politik- bzw. zeitgeschichtlich orientierte Psychologiegeschichtsschreibung (vgl. Geuter 1988) nicht als *die* notwendige Bereicherung empfunden. Vielmehr übt weder ein Verweis auf philosophische Vorformen des Faches noch auf dessen Entwicklung während politisch-ökonomischer Turbulenzen auf Psychologen in ihrer täglichen Arbeit eine große Attraktivität aus. Historisch motivierte zeit- oder politikgeschichtliche Querverweise der Fachgeschichte erscheinen den meisten Fachvertretern zwar geeignet, im ▶ kollektiven Gedächtnis bestimmte Ereignisse wach zu halten. Für das tagtägliche ▶ Handeln des Einzelnen wird damit allerdings kaum ein hilfreicher Bezug zur gelebten und damit veränder-, also »belehrbaren« Realität geschaffen. Auf diese Bedeutung für die Gegenwart kommt es aber an, will Psychologiegeschichte zu zentralen Fachfragen Stellung nehmen können.

Gleichwohl machen die genannten Ansätze und Beiträge zur Fachgeschichte eines deutlich: Ein wie immer auch geartetes *Alltagsverständnis von Geschichte* reicht keinesfalls aus, um die Genese psychologisch relevanter Fragestellungen wissenschaftlich ausgewogen zu hinterfragen. Anhand des weiter oben erwähnten inner- und außerfachlichen Abgrenzungsdrucks lassen sich auf diese Weise zwar bestimmte Zusammenhänge auch für den Laien erkennen, aber dies geschieht meist implizit in dem Sinne, dass manches *nicht thematisiert* und anderes als *Selbstverständlichkeit* angesehen wird, beides aber unkommentiert bleibt. Allerdings kann weder das »Nichtstattfindende« noch das »Nichterwähnte« oder »Nichthinterfragte« Gegenstand historischer Fragestellungen sein, da die Lösungsmenge des Nichtthematisierten immer um unbekannte, nicht erschließbare Dimensionen größer sein kann als die des tatsächlich Artikulierten. Die Frage nach der Geschichte im Sinne von »Was wäre gewesen, wenn …?« ist deshalb aus gutem Grund nicht zulässig.

Aufschlussreich könnte indes sein, zu erfahren, welches Gewicht bestimmte psychologische Ansichten für das Denken in unseren Nachbardisziplinen gehabt haben und wie dieses auf unser Fachverständnis bis heute zurückwirkt. So waren z. B. in der Medizin – auch wenn es, wie oben angesprochen, das gesamte 19. und erste Drittel des 20. Jahrhunderts keine ausgebildeten eigenständig arbeitenden Psychologen gab – viele der psychischen Störungsbilder, die wir heute kennen, sehr wohl bekannt. Diese wurden zwar *unter anderem,* aber immer auch *mit psychischen und psychopharmakologischen Mitteln* zu behandeln versucht, die man weiterentwickelte. Eine differenzierende Antwort auf diese Frage, welche Erkenntnisse davon in unser heutiges Verständnis vom psychisch gesunden Menschen Eingang fanden, erlaubt der jetzigen Generation von Psychologen z. B. eine kritische Einordnung der gegenstandsgebundenen und wissenschaftshistorischen Grundlage ihres Fachgebietes; so etwa auf dem Gebiet der Gesundheitspsychologie, der ▶ klinischen Psychologie, der Neuropsychologie und der ▶ Psychopharmakologie (vgl. Teil IV).

Da die oben beschriebene, die Psychologiegeschichtsschreibung über ein Jahrhundert lang dominierende, dem ▶ Historismus verpflichtete Geschichtsschreibung heute nicht mehr trägt, gibt es bezüglich einer angemessenen Einordnung psychologiegeschichtlicher Befunde ein hohes Maß an Freiheit seitens der Nachbardisziplin: Die gegenwärtige Historiografie will keineswegs nur mehr gewachsene Fort- und Weiterentwicklungen *von etwas* aufzeigen, besondere Autoritäten *für etwas* würdigen und/oder die Nachwelt *über etwas* belehren. Es ist vielmehr heute durchaus möglich, sich Themen zu widmen, die weder durch besondere Ereignisse noch durch herausragende Persönlichkeiten die Nachwelt zu beeindrucken vermögen.

Unwissenschaftlich wird der Umgang mit historischem Material nur dann, wenn man *undifferenziert aus Sekundärquellen* schöpft, in denen »irgendjemand über irgendetwas« berichtet.

Durch ein solches Vorgehen würde (Geschichts-)Forschung – »Was hat sich denn der Meinung der Zeitgenossen nach zugetragen?« – und Geschichtsschreibung (Historiografie) – »Wie bewertet man nun das Geschehene?« – mit zufällig Gelesenem und vom Hörensagen Bekanntem auf unzulässige Weise miteinander vermengt. Es wäre somit kein Erkenntnisgewinn zu erwarten. Ansonsten aber gibt es der Auffassung heutiger Geschichtswissenschaftler nach genauso wenig einen »andauernden Fortschritt« wie eine »zyklische Wiederholung« oder einen »abgeschlossenen Prozess« von etwas. Gefestigt hat sich vielmehr die auch von der Psychologie geteilte Einsicht einer jeden (wissenschaftlichen) Vorgang begleitenden *gegenwartsbezogenen, handlungsleitenden Neubewertung der Vergangenheit.* Dabei werden alle gegenwärtigen Kulturerscheinungen nur als vorläufige Endglieder zeitlich aufeinander folgender Prozesse betrachtet, die parallel zur Arbeit im wissenschaftlichen Alltag fortwährend auf mögliche relevante Aspekte aus der Vergangenheit für Entscheidungen der Zukunft neu zu bewerten sind. Dass die Erfassung vergangener Ereignisse nicht anders als vom Ende her gesehen und aus *der Gegenwart heraus konstruiert* werden kann, dass je nach Zugrundelegung verschiedener Variablen stets die Gefahr eines ausufernden *Relativismus und Eklektizismus* besteht, bleibt davon allerdings unberührt.

Die Beziehungen zur eigenen Geschichte zu bestimmen und wissenschaftlich begründete »Grenzen« auszuloten, bedeutet nicht zuletzt, *fachspezifische Sondierungen* kritisch zu hinterfragen, sich abzugrenzen – hier insbesondere von den beiden großen Nachbardisziplinen. Sich von etwas abzugrenzen heißt, wie oben angesprochen, aber immer auch, sich von etwas auszugrenzen, wodurch neue Probleme entstehen können. Denn bekanntermaßen besteht ein teilweise über Jahrhunderte gewachsenes Themengeflecht rückbezüglicher Vernetzungen bzw. Kausalitätszuschreibungen, welches so vielschichtig ist, dass keine wissenschaftliche ▶ »Schule«, keine weltanschaulich gebundene ▶ Strömung und keiner der sogenannten Protagonisten in der Geschichte unseres Faches für sich allein dafür stehen und bestehen kann. Wer sich, wie beispielhaft ausgeführt, etwa mit der Geschichte der »psychischen Behandlung von psychiatrischen Störungsbildern«, einer Teildisziplin von Medizin und Psychologie, befasst, für den verbinden sich Medizingeschichte, Zeitgeschichte und Psychologiegeschichte zunächst einmal zu einem nur schwer entwirrbar erscheinenden Knäuel. Dies nicht zuletzt deshalb, weil man ja kaum je etwas darüber erfahren kann, wie irgendetwas sich irgendwann *wirklich* zugetragen hat. Vielmehr erleb(t)en die Betroffenen jedes Ereignis anders als die, welche darüber für den Historiker Quellen hinterließen, sahen es die interessierten Zeitgenossen mit anderen Augen als die heutigen Nachfahren und schrieben bzw. schreiben historisch interessierte Psychologen darüber heute und früher ganz unterschiedlich. Um zu einer ausgewogenen Beurteilung der Psychologiegeschichte zu gelangen, bedarf es folglich eines überdauernden *Diskurses* auf einer gemeinsamen Plattform wissenschaftlichen ▶ Handelns mit unseren geistigen »Nachbarn« aus Geistes- und Naturwissenschaft.

2.9 Zusammenfassende Schlussfolgerungen

Betrachtet man Geschichte unter den ▶ Kategorien einer historisierenden Psychologie, hat man es mit traditionellen, alten philosophischen Vorstellungen zu tun, mit dem Vorrang der ▶ Kategorie vor der Substanz oder der ▶ Relation. Das wechselseitige Verhältnis von Natur, Person und Gesellschaft konnte, so glaubt man heute, unter diesen Voraussetzungen nicht wirklich begriffen werden, weshalb die die Psychologie betreffende Historie des 19. und frühen 20. Jahrhunderts über Ansätze zur Erkenntnis bestimmter psychologischer Strukturen nicht hinausgekommen ist. Dem stand u. a. der Vorrang von Staatsraison vor individualisierender

Anschauung und Deskription im Weg. Darüber hinaus erlaubte das zugrunde liegende relativ stabile anthropologische Modell kaum, auf Änderungen im Laufe der Geschichte abzuheben, denn es war im Wesentlichen von ▶ Kategorien rationalen ▶ Handelns und einem idealistischen, bewusstseinsorientierten Kulturbegriff bestimmt.

Wie die Reflexion von Voraussetzungen und Verfahrensweisen der traditionellen Geschichtswissenschaft inzwischen ergab, haben sich mittlerweile sowohl Voraussetzungen als auch Verfahren geändert. Die Geschichtswissenschaft wird nicht mehr im Wesentlichen von Anschauung und Deskription beherrscht, sondern von ▶ Begriff und Analyse. Der Schwerpunkt hat sich damit zum einen von Ereignissen auf Strukturen verlagert, also von der politischen Geistesgeschichte auf die Geschichte von Kollektiven. Nicht dem ersten Auftreten einer Idee und ihrer Fortentwicklung gilt das Hauptaugenmerk, sondern der Frage, warum und wie sie sich durchsetzte. Zum anderen ist neben diese Makrogeschichte auch die Mikrogeschichte getreten, z. B. in Form der ▶ Alltagsgeschichte.

Heute spielt die Geschichte jedes Faches, verstanden als die Fähigkeit, das gewachsene Ganze zu akzeptieren und gegensätzliche Ansichten nebeneinander bestehen zu lassen, solange sie in sich schlüssig sind, eine bedeutende Rolle. Sie kommt einer Einladung zur Auseinandersetzung mit künftigen Problemen gleich, die *das gegenwärtige und vergangene Ganze* miteinbeziehen. In der Psychologie, verstanden als einer Lebenswissenschaft, verbindet sich ständig Vergangenes mit Gegenwärtigem und Zukünftigem, denn um zum Kern psychologisch relevanter Probleme durchzudringen, muss man auch ihren Anfang kennen. Und dieser ist bei vielen Problemen des täglichen Lebens nicht nur inhaltlich begründet, sondern liegt auch zeitlich vor dem Augenblick, in dem nach einer Lösung gesucht wird. Insofern entscheidet sich die Zukunft u. a. auch in der gegenwärtigen Auseinandersetzung mit dem jeweils erinnerten Aspekt der Vergangenheit. Man kann sich folglich nicht auf die selbst gesteckte Enge eines bestimmten zeitgeschichtlich abgesteckten Terrains begrenzen, ohne auf wesentliche Erkenntnismöglichkeiten zu verzichten. Dessen ungeachtet gibt es für manche Probleme – und das gilt auch für die Psychologie – *nur ihre Geschichte,* also nur die Möglichkeit, sie im Gedächtnis zu halten, damit ihre Inhalte auch dann noch in die Zukunft hineinwirken können, wenn sich möglicherweise neue Lösungswege ergeben.

Nicht zuletzt ist eine Befassung mit Fragen der Geschichte wichtig für ein sicheres »Standing« im eigenen Fachgebiet, dies insbesondere angesichts der immer drängender gestellten *Forderung nach Interdisziplinarität* im wissenschaftlichen Arbeiten und der Globalisierung der Arbeitswelt. Dabei stellt sich für die Psychologie, wie für andere Fächer auch, nicht nur die Frage, wie sich das eigene Wissenschaftsgebiet in Abgrenzung zu Nachbardisziplinen im Laufe der Zeit bestimmt hat, sondern insbesondere, wie diese Abgrenzung heute zu bewerten ist. Dazu gehören auch Fragen nach *möglichen Grenzen historisch-wissenschaftlichen Arbeitens* im Rahmen des eigenen Faches. Diese Grenzen sind z. B. nicht nur bei der Betrachtung der ▶ Wissenschaftstheorie von Bedeutung, sondern auch bei der Einordnung des psychologienahen Bereichs der Geschichte der Naturwissenschaft und des psychologierelevanten Teils der ▶ Philosophiegeschichte wichtig.

Literatur

Blasius, D. (1994). *»Einfache Seelenstörung«. Geschichte der deutschen Psychiatrie 1800–1945*. Frankfurt a. M.: Fischer Taschenbuch.
Butler-Bowdon, T. (2007). *50 Klassiker der Psychologie*. Heidelberg: mvg-Verlag.
Carus, F. A. (1990/1808). *Geschichte der Psychologie*. (Reprint d. Ausgabe Leipzig 1808.) Berlin: Springer.

Comte, A. (1822/1970). *Plan de travaux scientifique pour réorganiser la societé*. Paris: Aubier.
Dessoir, M. (1902). *Geschichte der neuen deutschen Psychologie* (2., völlig umgearbeitete Aufl.). Berlin: Carl Duncker.
Eysenck, H. J. (1971). *Wege und Abwege der Psychologie*. Hamburg: Rowohlt.
Galliker, M., Klein, M., & Rykart, S. (2007). *Meilensteine der Psychologie*. Stuttgart: Kröner.
Geuter, U. (1988). *Die Professionalisierung der deutschen Psychologie im Nationalsozialismus*. Frankfurt a. M.: Suhrkamp.
Hartmann, E. v. (1901). *Die Moderne Psychologie: Eine Kritische Geschichte Der Deutschen Psychologie in Der Zweiten Hälfte Des Neunzehnten Jahrhunderts*. Leipzig: Haacke.
Herzog, G. (1984). *Logik und Geschichte in der Psychiatrie*. Rehburg-Loccum: Psychiatrie-Verlag.
Huppmann, G., & Fischbeck, S. (Hrsg.). (2006). *Zur Geschichte der medizinischen Psychologie*. Würzburg: Königshausen & Neumann. (Beiträge zur medizinischen Psychologie und medizinischen Soziologie, Bd. 13.)
Kimble, G. A., & Wertheimer, M. (2003). *Portraits of pioneers in psychology*. New York: Psychology Press.
Klemm, O. (1911). *Geschichte der Psychologie*. Leipzig: B. G. Teubner.
Knoop, K. & Schwab, M. (1999). *Einführung in die Geschichte der Pädagogik*. Wiebelsheim: Quelle & Meyer. (UTB für Wissenschaft.)
Le Goff, J. (1992). *Geschichte und Gedächtnis*. Frankfurt a. M.: Campus.
Lück, H. E. (2013). *Geschichte der Psychologie*. Stuttgart: Kohlhammer.
Manguel, A. (2000). *Eine Geschichte des Lesens*. Hamburg: Rowohlt.
Nipperdey, T. (2013). *Kann Geschichte objektiv sein? Historische Essays*. München: Beck.
Osterhammel, J. (19. Juli 2014). Ein Plädoyer für mehr historische Weltneugier. *Frankfurter Allgemeine Zeitung* (FAZ).
Plamper, J. (2012). *Geschichte und Gefühl. Grundlagen der Emotionsgeschichte*. München: Siedler.
Poincaré, H. (1904). *Wissenschaft und Hypothese*. Autorisierte deutsche Ausgabe mit erläuternden Anmerkungen von F. und L. Lindemann. Leipzig: Teubner. ▶ https://archive.org/details/wissenschaftund00lindgoog. Zugegriffen: 12. Aug. 2015
Pongratz, L. (1984). *Problemgeschichte der Psychologie*. München: Francke.
Rosa, H. (2005). *Beschleunigung. Die Veränderung der Zeitstrukturen in der Moderne*. Frankfurt a. M.: Suhrkamp.
Schmidbauer, W. (2000). *Vom Umgang mit der Seele. Entstehung und Geschichte der Psychotherapie*. Frankfurt a. M.: Fischer Taschenbuch.
Schönpflug, W. (2000). *Geschichte und Systematik der Psychologie*. Weinheim: Beltz.
Schönpflug, W (2004). *Geschichte und Systematik der Psychologie*. Ein Lehrbuch für das Grundstudium (2., überarbeitete Aufl.). Weinheim: Beltz.
Schultz-Ewerth, E. (1922). Kolonialpsychologie. *Die Grenzboten*, 81. Jahrgang, Nr. 16, 29.04. 1922, 49–53. ▶ http://brema.suub.uni-bremen.de/grenzboten/periodical/titleinfo/178774. Zugegriffen: 29. Juli 2015.
Shorter, E. (1999). *Geschichte der Psychiatrie*. Berlin: Alexander Fest.
Siebeck, H. (1880–1884). *Geschichte der Psychologie* (2 Bände). Gotha: Perthes.
Smith, R. (2013). *Between mind and nature. A history of psychology*. London: Reaktion Books.
Steinberg, R., & Pritzel, M. (Hrsg.). (2011). *150 Jahre Pfalzklinikum. Psychiatrie, Psychotherapie und Nervenheilkunde in Klingenmünster*. Stuttgart: Franz Steiner.
Volkmann-Raue, S., & Lück, H. (Hrsg.). (2011). *Bedeutende Psychologinnen des 20. Jahrhunderts* (2., überarb. Aufl.). Wiesbaden: VS Verlag für Sozialwissenschaften/Springer Fachmedien.
Wehner, E. G (1990). Geschichte der Allgemeinen Psychologie. In A. Schorr & E. G. Wehner (Hrsg.), *Psychologiegeschichte heute* (▶ Kap. 1, S. 1–51). Göttingen: Hogrefe.
Wundt, W. (1907). Psychologie. In W. Windelband (Hrsg.), *Die Philosophie im Beginn des zwanzigsten Jahrhunderts* (S. 1–57). Festschrift für Kuno Fischer. Zweite verbesserte und um das Kapitel Naturphilosophie erweiterte Auflage. Heidelberg: Carl Winter's Universitätsbuchhandlung.

Wissenschaftsgeschichtliche Verortung

3.1 Die Bedeutung übergeordneter Theorien – 53

3.2 Psychologie zwischen Erkenntnis des »Wahren« und »Wirklichen« – 56

3.3 Die Bestimmung dessen, wer etwas erkennt und was erkannt werden kann – 58

3.4 Die Bestimmung dessen, was als gültig, als »wahr« angesehen wird – 60

3.5 Alte und neue Denkmuster der »Wahrheitsfindung« wirken zusammen – 61

3.6 Fazit – 65

Literatur – 65

Wie im ersten Kapitel angesprochen, geben traditionell ▶ Philosophie und Naturwissenschaft maßgebliche Grundsätze des *Erkenntnisgewinns* vor und bestimmen u. a. auch, was Wissenschaft, was deren Suche nach »Wahrheit« für die Psychologie und ihre Geschichte bedeutet. Im Folgenden sollen die damit angesprochenen Fragestellungen im Hinblick auf wissenschaftsgeschichtliche Zusammenhänge vertiefend dargestellt werden.

Was impliziert es z. B., als Leitwissenschaft zu gelten, verbindliche Grundsätze wissenschaftlichen Arbeitens vorzugeben? Heutigem Verständnis nach trägt eine als Leitwissenschaft bezeichnete Disziplin wesentlich zum Erhalt bzw. zur Veränderung eines ▶ Menschenbildes bei. Dadurch wird ihr i. d. R auch die *Deutungshoheit über Phänomene, Ereignisse und Erkenntnisse einer Gesellschaft* zugesprochen. Galt noch im 19. Jahrhundert die ▶ Philosophie als *die* Leitwissenschaft, welche durch das von ihr hervorgebrachte ▶ Menschenbild andere Wissenschaftszweige maßgeblich beeinflusste, so büßte sie spätestens bis zur Jahrhundertwende diese unangefochtene Vorrangstellung ein. Mitverantwortlich dafür waren die endgültig von der (Natur-) ▶ Philosophie abgespaltenen Naturwissenschaften, deren Bedeutung rasch zunahm. Derzeit ist es die Gehirnforschung, die als *neue Leitwissenschaft* neben der ▶ Philosophie auf das Weltbild westlich orientierter Gesellschaften einwirkt. Dies geschieht zum einen dadurch, dass sie als Neurowissenschaft eine *allgemeine welterklärende Bedeutung* hat, und zum anderen auch dadurch, dass sie *praktische Bezüge* aufweist und dem Einzelnen Erkenntnisse vermittelt, die in dessen Lebensbereich anwendbar sind (vgl. ▶ Kap. 1).

Dadurch aber verändert sich auch die Vorstellung des Menschen bezüglich seiner Stellung in Natur und Kultur, denn nicht nur viele Wissenschaftler, auch manche Laien »glauben« heute z. B., dass nur die Wissenschaft einen exklusiven Zugang zur Wirklichkeit gewähre. Indem dadurch andere, nichtakademische Zugänge in den Hintergrund gedrängt werden, verändert sich unweigerlich das Verständnis menschlicher Verhaltensweisen: Jede vormals bestandene Einheit von persönlich Wahrgenommenem und dessen Beschreibung zerfällt gewissermaßen in *zwei disparate Prozesse,* in eine persönliche, *subjektive Wahrnehmung* und eine *wissenschaftliche Beschreibung davon.* Letztere vermittelt aufgrund der aufgestellten Regeln und Gesetze einen abstrakten, das Individuum negierenden Allgemeinbegriff dessen, was es wahrgenommen hat. So wird z. B. mit der Festlegung auf ein sogenanntes Burnout-Syndrom aus der persönlichen Wahrnehmung eines an Überarbeitung leidenden Menschen ein Klassifikations-*Fall* für das Gesundheitssystem und die Ermittlung von Folgekosten in der Volkswirtschaft. Aufgrund der Akzeptanz des vorherrschenden Weltbildes wird auch von Laien diese Unterscheidung zwischen »Mensch« und »Fall« wie selbstverständlich akzeptiert. Daran wird deutlich, dass Wissenschaft nicht allein mit einem Anspruch der Wirklichkeitserfassung (vgl. Tetens 2013) gleichzusetzen ist. Sie ist offensichtlich mehr als nur ein sogenannter *kollektiver, kultureller, kumulativer historischer Prozess,* durch welchen in Anwendung wissenschaftlicher Methoden die menschliche Erfahrung zu systematisieren und vor Fehlern zu bewahren versucht wird (vgl. Walach 2005). Durch Wissenschaft soll auch die Welt *verbessert,* soll das Leben, in obigem Beispiel etwa durch Anwendung bestimmter Diagnosekriterien, beherrschbarer gemacht werden. Wissenschaftliches Arbeiten hat somit nicht nur zum Ziel, bestimmte Phänomene und Prozesse zu verstehen und vorherzusagen, um zu einer angemessenen, verlässlichen Welterkenntnis zu gelangen, sondern auch, diese im Sinne einer Weltverbesserung (vgl. Tetens 2013) zu nutzen und in der jeweiligen Gesellschaft umzusetzen.

Wissenschaft ist folglich nicht anders als in eine bestimmte Weltanschauung eingebunden zu denken. Sie führt nur unter anderem zu »reinen« theoretischen Modellen, die durch Ableitungen und Vorhersagen einer unvoreingenommenen Prüfung zugänglich gemacht werden, z. B. in der Mathematik. In anderen wissenschaftlichen Bereichen, wie etwa in der Psychologie, zeitigen unterschiedliche politische, juristische, soziale, weltanschauliche und ökonomische

Sachzwänge ganz unterschiedliche Modelle und haben somit unterschiedliche Auffassungen von Wissenschaft zur Folge. Für die Psychologie bedeutet eine Einbindung in das oft bemühte Bild der *Ungleichzeitigkeit des Gleichzeitigen* bestehender Gesellschaftsformen z. B., anzuerkennen, dass in verschiedenen Ländern ganz unterschiedliche »Psychologien« entstanden sind. So wurde etwa im heutigen Deutschland das Verständnis von Psychologie in Lehre und Forschung nach dem Zweiten Weltkrieg bis zur Wiedervereinigung maßgeblich entweder von angloamerikanischen (Bundesrepublik Deutschland)[1] oder von sowjetischen (DDR)[2] Einflüssen geprägt. Von einem »rein« wissenschaftlichen und deshalb »neutralen« Fachverständnis in beiden Teilstaaten konnte deshalb nicht die Rede sein.

Zudem unterwirft die Bindung der Psychologie an implizite Vorgaben der traditionellen Leitwissenschaft ▶ Philosophie *und* an explizite Grundsätze der modernen Gehirnwissenschaft (vgl. ▶ Kap. 1) diese gleich zweifach den Denkweisen anderer Disziplinen. Wie sich das äußert, kommt von allen zeittypischen, fachspezifischen ▶ Strömungen derzeit besonders in der ▶ Kognitionswissenschaft zum Ausdruck. Um z. B. bei der Untersuchung mentaler Prozesse in Form interner, subjektiver Phänomene dem geisteswissenschaftlichen *Problem eines Introspektionismus* (▶ Introspektion) zu entgehen, werden kognitive Hypothesen über »unsichtbares«, geistiges Geschehen so formuliert, sprich operationalisiert, dass sie experimentell anhand beobachtbarer Leistungen im Verhalten und ▶ Handeln intersubjektiv überprüfbar sind (▶ Operationalisierung) und mittels moderner bildgebender Verfahren auch im Gehirn lokalisiert werden können. Das wiederum grenzt die Vielfalt möglicher Fragestellungen auf die operationalisierbaren *und* sichtbaren deutlich ein. Problematisch ist dabei auch, dass jede ▶ Kognition an Bewusstsein gebunden ist, weshalb physiologische Prozesse und neuronale Strukturen angenommen werden müssen, die speziell in ein *bewusstes Erkennen* eingebunden sind. Was aber meint »bewusstes Erkennen der Wirklichkeit«? Will man damit zum Ausdruck bringen, dass etwas sich tatsächlich so verhält, wie es der objektive Betrachter aufgrund der Datenlage zu beurteilen können glaubt?

Über Problemstellungen wie diese machen sich allerdings wiederum weniger die an ▶ Kognitionswissenschaft orientierten Psychologen als vielmehr die an ▶ Erkenntnistheorie interessierten Philosophen Gedanken. Letztere, weil damit das oberste Ideal der Wissenschaft zur Sprache kommt, die Suche nach der Wahrheit über eine Sache. Wir Menschen, so formulierte es unlängst Tetens sinngemäß (2013, S. 17), seien mit einer Welt konfrontiert, die kognitiv gesehen eben nicht unser ▶ Konstrukt sei, nichts, was wir uns nach Belieben zurechtlegen könnten. Es könne also nur das wahr sein, wovon wir selbst überzeugt seien. Allerdings vertreten Philosophen bezüglich der Frage, was als überzeugend, als »wahr« angesehen werden kann, seit jeher ganz unterschiedliche Ansichten. Die Psychologie, die aus deren Wissensfundus jeweils das zeittypisch am ehesten geeignet Erscheinende übernimmt, steckt deshalb fast unausweichlich inmitten erkenntnistheoretischer Problemstellungen: Denn weil sie, das Leitbild der Naturwissenschaft aufgreifend, die *Wirklichkeit als einen Möglichkeitsraum für wissenschaftlich basierte Interventionen* ansieht, muss sie auch festlegen, welchen Wahrheitsbegriff sie mit der von ihr postulierten Wirklichkeit in Beziehung gesetzt haben will, was sie damit abzubilden gedenkt.

Zur Klärung dieses Problems tragen u. a. die Richtlinien zum methodischen Überbau der Psychologie, vermittelt durch eine empirisch ausgerichtete ▶ Wissenschaftstheorie, bei. Denn deren wichtigstes Anliegen ist die Rekonstruktion jener Prozesse, die zu wissenschaftlicher Erkenntnis führen, hier insbesondere *empirische Erfahrungslogik, Begriffs- und Theorienbildung*.

---

1 Vgl. z. B. Wertheimer 1971; Boring 1929.
2 Vgl. z. B. Eckardt 1979; Sprung und Sprung 1980.

Die ▶ Wissenschaftstheorie macht auch deutlich, dass Fragen nach dem Wahrheitsgehalt von Befunden nicht durch *Erklärung von Tatsachen in einer Einzelwissenschaft* beantwortet werden können. Dazu genügen deren sogenannte *Theorien mit Kriterien erster Ordnung* nicht aus. Beispielsweise stellt sich, den erfahrungsgebundenen Aspekt psychologischen ▶ Handelns aufgreifend, jede Gegenwart anders dar, je nachdem, auf welches vergangene Ereignis abgehoben und welche Theorie zugrunde gelegt wird. Keine sagt jedoch darüber etwas aus, warum die eine der Erkenntnissuche dienlicher sein sollte als die andere. Um hier zu einer Antwort zu gelangen, bedarf es *Theorien mit Kriterien zweiter Ordnung*. Das sind jene, die der Herleitung von Theorien dienen. Ohne ein solches wissenschaftstheoretisches Metagerüst wären die Grundlagen jedes Fachwissens über kurz oder lang von der jeweils dominanten fachspezifischen Theorie beherrscht, d. h., sie wären irgendwann nur noch mit sich selbst vereinbar (▶ Dogma) und deshalb kein Wissen mehr. Das bedeutet, welchen Aspekt der Psyche des Menschen man auch betrachtet, um einen persönlichen in einen wissenschaftlichen *Sachverhalt* umzumünzen und damit entsprechend unserer gegenwärtigen Vorstellung *angemessen* umzugehen, man kommt nicht umhin, bestehende *Denkmuster des Erkenntnisgewinns* hinsichtlich ihrer Bedeutung für die Psychologie zu hinterfragen (vgl. Abschn. 3.5).

Ähnlich wie die ▶ Philosophie als ganze ist allerdings auch die oben angesprochene ▶ Wissenschaftstheorie nicht als eine Art monolithischer Block aufzufassen, sondern beinhaltet ganz unterschiedliche Teilbereiche (vgl. Loose 1977). Man kann ▶ Wissenschaftstheorie z. B. als eine Disziplin begreifen, die sich primär mit Kriterien zweiter Ordnung befasst, also mit o. g. Analyse unterschiedlicher methodischer Vorgehensweisen. Hierbei wird insbesondere die *Logik* bestimmter Methoden hinterfragt und die Vollständigkeit von Erklärungen. Dass dabei der Gegenstand einer Methodenanalyse in den Naturwissenschaften generell ein anderer ist als in den Geisteswissenschaften, ergibt sich aus deren unterschiedlichen Ansätzen, ändert aber nichts daran, dass die ▶ Wissenschaftstheorie in beiden Fällen gleichermaßen dazu dient, *Voraussetzungen für bestimmte Ergebnisse* aufzudecken und inhärente, inbegriffene *Vorurteile* deutlich zu machen. Man kann des Weiteren ▶ Wissenschaftstheorie auch als den Versuch betrachten, die jeweilige Weltanschauung zu hinterfragen, die mit den dafür *wichtigsten wissenschaftlichen Theorien* in wechselseitiger Übereinstimmung steht (▶ [Sozial-]Darwinismus, ▶ Empirismus und ▶ Rationalismus).

Nicht zuletzt – und hier wird auf die in diesem Buch zur Diskussion stehende historische Auseinandersetzung abgehoben – ist es auch *Aufgabe der* ▶ *Wissenschaftstheorie,* diejenigen ▶ Begriffe zu analysieren, welche die Basis jeden theoretischen Beitrages bilden. Dabei wird im Folgenden danach gefragt, welche Vorstellungen von Gegenstand und Geltungsbereich einer angestrebten Wahrheit jeweils in die Erkenntnissuche einfließen (vgl. ▶ Unterkap. 3.4). Erst diesem Leitbegriff nachgeordnet soll dann im folgenden Kapitel ermittelt werden, was man unter den psychologisch relevanten ▶ Konstrukten versteht, die in verschiedene Theoriegebäude Eingang fanden bzw. finden, so z. B. das des Geistes, der ▶ Seele, des Erlebens oder Verhaltens. Zunächst also seien die wissenschaftlichen Ansätze kurz umrissen, die im Zusammenhang mit *psychologiehistorisch relevanten* »wahren« *Aussagen* stehen, wobei naturgemäß die Grenzen zwischen ▶ Erkenntnis- und ▶ Wissenschaftstheorie im Schnittbereich von Grundsatzfragen und Umsetzungsmöglichkeiten fließend sind, denn eine Differenzierung von *Wissenschaft um der Erkenntnis willen* und *Wissenschaft um angemessener Interventionsmöglichkeiten willen* ist, wie oben deutlich wurde, nicht immer eindeutig.

Während die ▶ Erkenntnistheorie in ihrer klassischen Form eher einer Art *Top-down-Ansatz* folgt und auch den Grenzbereich zwischen Wissen und Nichtwissen zu erkunden sucht, ist die ▶ Wissenschaftstheorie eher Sinnbild eines *Bottom-up-Ansatzes,* der von bereits vorliegenden systematisierten Formen der Wahrheitssuche ausgeht und dann deren Grenzen kritisch auslotet.

Bei Letzterem stehen somit aber oft nicht ausschließlich Fragen des wissenschaftlich zulässigen Instrumentariums im Vordergrund; bei Ersterem geht es primär, aber ebenfalls nicht ausschließlich, um die Wahrheitssuche als solche. Für die Psychologie gilt hier, wie für andere Einzelwissenschaften auch: Wer Grundfragen der ▶ Wissenschaftstheorie bzw. ▶ Erkenntnistheorie für sich nicht schlüssig zu beantworten vermag, steht, ähnlich wie im Alltag auch, immer wieder vor dem leidigen Problem, dass man – wie es heißt – von Eiern zumindest so viel verstehen muss, um gute von schlechten zu unterscheiden, denn wenn man das Problem bereits »riecht«, ist es möglicherweise zu spät. Übertragen auf den Wissenschaftsbereich bedeutet das, dass man ein Grundwissen über die Inhalte der Nachbardisziplinen erlangen muss, um für sich eine Grenze zwischen dem für das eigene Fach notwendigen und vernachlässigbaren Wissen zu ziehen.

Hierbei ist es naheliegend, dass die Psychologie als ein Fach, das bereits als »Allgemeingut« (vgl. ▶ Kap. 1) betrachtete Erkenntnisse der ▶ Philosophie aufgreift, einem Bottom-up-Ansatz immer näher steht als einem Top-down-Vorgehen. Dementsprechend werden Fragestellungen, welche die *Grenzen bereits systematisierten Wissens* auszuloten suchen, immer eher aufgegriffen als solche, die das Grundsätzliche thematisieren. Dieses Grundsätzliche – hier: Problemstellungen, die um die Psyche des Menschen *an sich* kreisen – ganz beiseite zu lassen, hieße allerdings, die Deutungshoheit darüber aus der Hand zu geben und allein der ▶ Philosophie anzuvertrauen. Dabei geht es nicht darum, sich mit gemeinsamen Fragestellungen zu befassen, die man »auf sich allein gestellt« gar nicht hätte, sondern Fragestellungen aufzugreifen, die man »auf sich allein gestellt« als solche nicht als bedeutsam erkannt hätte.

3.1 Die Bedeutung übergeordneter Theorien

Bekanntermaßen wird immer dann, wenn eine Erklärung für einen psychologisch relevanten Sachverhalt gerechtfertigt sein soll, der Ruf nach einer übergreifenden Theorie der Erkenntnisgewinnung laut. Denn um wissenschaftlichen Anforderungen zu genügen, muss jede theoretische Erklärung den Gegenstand, den sie zum Inhalt hat, nicht nur möglichst vollständig erfassen, sondern sie muss auch Auskunft darüber geben können, *warum* sie das vermag. Dies geschieht, wie oben angesprochen, in Form einer metatheoretischen Absicherung, also einer *Theorie der Theorie,* welche je nach der Verortung eines Wissenschaftlers im Wissenschaftsbetrieb als *Erkenntnis-* oder ▶ *Wissenschaftstheorie* bezeichnet wird.

Die Notwendigkeit einer übergeordneten, dem Erkenntnisgewinn geschuldeten Theorie lässt sich in Analogie zu den Schwierigkeiten des Alltagslebens etwa so verdeutlichen: Als *handlungsfähige Akteure* können wir Alltagsprobleme nur dann gut lösen, wenn wir über hinreichende Entscheidungsfähigkeiten und damit über ein hinreichendes Wissen über Ursachen und Folgen der anstehenden Entscheidung verfügen. Diese Kenntnisse werden jedoch nicht durch unseren *Alltag* selbst vermittelt, denn dort geht es lediglich um eine auf Egozentrik ausgerichtete Aufrechterhaltung der Handlungsfähigkeit. Wir sehen gewöhnlich die Welt aus einer ganz persönlichen Perspektive heraus und lösen die anstehenden Fragen gerade so, dass angesichts beschränkter Aufmerksamkeitsressourcen zu einem bestimmten Zeitpunkt und in Bezug zu einem bestimmten Problem jeweils nur ausgewählte Themen im Vordergrund stehen. Gleichwohl wissen wir, dass der immer komplexer werdenden Gemengelage der eigenen »Lebens- und der Umweltgeschichte« nicht allein mit einer Anhäufung von Alltagsantworten Genüge getan werden kann. Angesichts der Grenzen des gewohnten individuellen Blickwinkels tritt früher oder später der Augenblick ein, da das gewählte »Routineschema« nicht mehr trägt und es einer *übergeordneten Reflexion* bedarf. Ein solches Nachdenken über den gerade laufenden Prozess verträgt sich indes nicht mit dem Handlungszwang, der sich aus der Dynamik des jeweiligen Alltagsvorgangs ergibt. Es ist deshalb sinnvoll – und genau das tut man in der Regel –, das jeweilige ▶ Handeln in »gesonderten Situationen«, d. h. befreit vom Alltagsstress, zu überdenken, um dann mit einem erweiterten Wissenshorizont an die tägliche Arbeit zurückzukehren. In dazu ähnlicher Weise könnte man Erkenntnis- bzw. ▶ Wissenschaftstheorie als eine – in diesem Falle – institutionalisierte Reflexion beschreiben, die auf den Gebrauch von (alltäglichen) Theorien zurückwirkt, indem sie außerhalb jeglichen Handlungszwanges, also außerhalb der fachbezogenen Fragen agierend, systematisch deren Erkenntnisanspruch untersucht.

Wie oben deutlich wurde, richtet sich jede Theorie des Erkennens nicht, wie eine Theorie in den Einzelwissenschaften, auf ein bestimmtes Objekt, sondern reflektiert den Vorgang des Erkennens selbst. Untersucht bzw. hinterfragt wird vielmehr, wie man Erkenntnisse grundsätzlich gewinnen kann (Erkenntnistheorie) bzw. im Rahmen einer bestimmten Theorie gerade gewinnt oder gewonnen hat (▶ Wissenschaftstheorie). Das geschieht, indem (Grund)Bedingungen, Regeln und Gesetzmäßigkeiten, die dem Erkenntnisbemühen verschiedener Einzelwissenschaften, ihrer Verschiedenheit zum Trotz, gemeinsam sind, zu gewinnen gesucht werden. Fachspezifische Fragestellungen in Psychologie und ▶ Wissenschafts-/▶ Erkenntnistheorie sind somit grundsätzlich andere.

Wie man sich die daraus resultierende Beziehung von Einzelwissenschaft und Erkenntnis- oder ▶ Wissenschaftstheorie vorstellen kann, lässt sich ebenfalls anhand eines Alltagsbeispiels illustrieren: Indem man z. B. das Fach Psychologie mit einem bestimmten Zugtyp gleichsetzt und die ▶ Erkenntnistheorie mit dem Fahrplan, gültig für alle Streckennetze, wird unmittelbar einsichtig, dass ein solcher Plan nichts über die Leistungsfähigkeit einzelner Züge aussagt. Ist man z. B. lediglich an der Zugkraft einer bestimmten Lok interessiert, kann man insofern ohne den Fahrplan *an sich* auskommen, als die Fahrtüchtigkeit eines bestimmten Zuges nichts mit diesem zu tun hat – sie ist aufgrund anderer Kennwerte gewährleistet. Sollen aber – wie dies im Alltag geschieht – viele Züge mit unterschiedlicher Zielvorgabe und Leistungsfähigkeit gleichzeitig auf den Schienen verkehren, würde ohne einen übergeordneten Plan rasch Chaos im Netz entstehen, und die Tatsache der Fahrtüchtigkeit einer bestimmten Lok würde bedeutungslos.

So ähnlich kann man sich die Situation in der Psychologie und ihre Beziehung zu wissenschafts- bzw. erkenntnistheoretischen Fragen vorstellen. Das Fach kann zwar innerhalb vorgegebener Grenzen durchaus um seiner selbst willen betrachtet werden. Zu einem qualitativen Schub an Erkenntnisgewinn kommt es aber nur durch die Zusammenarbeit mit den Nachbarfächern aus Medizin, (z. B. Neurologie, Psychiatrie, Anatomie und Physiologie) und Biologie (z. B. Entwicklungsbiologie, Verhaltensforschung, Genetik) sowie einer Einbindung in Grundüberzeugungen anderer, psychologische Fragestellungen aufgreifender Disziplinen (z. B. Pädagogik, Soziologie, Kommunikationswissenschaft, Rechtswissenschaft).

Um nicht jede der genannten Einzelwissenschaften und Teildisziplinen sowie ihr Theoriegebäude im Einzelfall gegeneinander abzuwägen und auf die Psychologie beziehen zu müssen, bedient man sich einer allen Ansätzen übergeordneten Erkenntnis- bzw. ▶ Wissenschaftstheorie.

Was aber bedeutet es, eine Erkenntnis von etwas zu gewinnen? Da seitens der ▶ Erkenntnistheorie lediglich das Vorhandensein einer sogenannten vorläufigen Erkenntnis vorausgesetzt wird – gemeint ist eine Art elementares Grundbedürfnis eines jeden vernunftbegabten Menschen *nach Wissen* –, könnte man unter »wissenschaftlichem Erkennen« etwa den Vorgang verstehen, durch den ein mit »Sinn und Verstand« ausgestattetes Subjekt einen Gegenstand oder Sachverhalt als bestehend ansieht. Würde man es jedoch bei dieser Definition bewenden lassen, geriete man bald in erhebliche Argumentationsschwierigkeiten: »Sinnlich wahrnehmen« kann man ja nur das, was den Sinnen unmittelbar gegeben ist, z. B. das Fahrrad, mit dem man zur Universität fährt. Würde man nun aber vom Fahrrad sprechen, das zu Hause im Nachbarort steht, könnte man obiger Definition nach keine »wahre Aussage« darüber machen, da es ja »sinnlich nicht gegeben« ist. Aber auch bei »sinnlich gegebenen« Eindrücken könnte es dann Probleme des Erkennens geben, wenn man keinen ▶ Begriff von dem besitzt, was man gerade sieht, z. B. ein unbekanntes Fortbewegungsmittel. Man wäre in diesem Fall zwar mit »Sinn«, aber nicht mit dem nötigen »Verstand« ausgerüstet. Noch schwieriger würde eine Antwort aber bei der für die Psychologie essenziellen Frage, ob generell »wahre Aussagen« über (irgend)etwas möglich sind, das nicht durch die Sinne erfasst werden kann, zum Beispiel darüber, dass Liebe, Neid und Verzeihen Bestandteile menschlichen Erlebens sind.

Es ist also keineswegs sicher, dass das Alltagswissen eines mit »Sinn und Verstand« ausgerüsteten Subjekts genügt, um über die persönliche Glaubwürdigkeit hinaus zu wissenschaftlicher Erkenntnis zu gelangen. Und dies nicht nur, weil auch unmittelbar präsentes sinnlich Wahrnehmbares mit einer gewissem Risiko, der sogenannten Zeugenproblematik, behaftet ist: Wenn etwa zwei Personen dasselbe sehen oder hören, sind sie sich über das Wahrgenommene noch lange nicht einig! Sinnlich Wahrnehmbares, das nicht unmittelbar gegenwärtig ist, ruft unweigerlich ein weiteres Problem, die sogenannte Erinnerungsproblematik, auf den Plan: Menschen wissen oft nicht mehr, ob sie etwas tatsächlich gesehen oder nur davon gehört haben. Eine bestimmte Episode mag ferner für den einen/die eine so unwichtig sein, dass er oder sie sich nicht mehr daran erinnert, für den anderen/die andere hingegen gibt es kaum etwas Bedeutenderes als gerade dieses Ereignis. Dass sich angesichts einer solch unsicheren Beweislage bei prinzipiell sinnlich wahrnehmbaren Ereignissen, bei solchen, die sinnlich nicht erfahrbar sind, z. B. geistigen Inhalten, erst recht Zweifel an deren Wahrhaftigkeit aufdrängen, ist deshalb durchaus naheliegend.

Daraus begründet sich die Notwendigkeit, nach Möglichkeiten zu suchen, den Gegenstand der Erkenntnissuche aus dem Bereich der sinnlichen Erfahrung und den Grenzen des Alltagsverstandes herauszuführen und durch die Überzeugungskraft einer theoriegeleiteten Argumentation zu »wahren Aussagen« auch über nichtreale Gegenstände der Außenwelt zu gelangen.

Um dabei die Ungewissheit als solche zu einem konstruktiven Element wissenschaftlichen Arbeitens zu machen, kann es allerdings nicht genügen, etwas Unglaubwürdiges kategorisch abzulehnen. Jedenfalls wäre jeder absolute Zweifel, der die Möglichkeit einer Wahrheit oder Erkenntnis über nicht sichtbare Dinge in Abrede stellte, nicht zielführend.[3] Im Gegensatz dazu kann aber ein sogenannter relativer Zweifel durchaus als Gewinn für die Wissenschaft angesehen werden. Dieser ist ja nicht, wie der absolute Zweifel, »Teil eines unlösbaren Problems«, indem er jede Aussage außer der, dass keine solche erreichbar wäre, unmöglich macht. Nun wird lediglich behauptet, dieser oder jener Mensch könne aufgrund seiner Vorannahmen oder mittels dieses oder jenes wissenschaftstheoretischen Ansatzes nichts erkennen. Es wird nichts darüber ausgesagt, dass »de facto« diese oder jene Erkenntnis unmöglich sei, denn aus der Aussage, dass auf diese oder jene Weise nichts erkannt werden könne, ist ja nicht ableitbar, dass grundsätzlich nichts erkennbar sein könne. Diese Form der Skepsis macht somit weder die Er-

---

3   Wenn es denn diese eine Wahrheit, nämlich dass es keine Wahrheit gibt, tatsächlich gäbe, wäre die These »Es gibt keine Wahrheit« falsch. Ein ähnliches Argument gilt auch für den sog. Erkenntnisskeptizismus, wenn also bezweifelt wird, dass man, falls es denn eine bestimmte Wahrheit tatsächlich gäbe, diese als solche erkennen könnte. In diesem Fall verlagert sich der Zweifel lediglich von der Leugnung einer Wahrheit auf die der menschlichen Erkenntnisfähigkeit. Und das bedeutet in analoger Weise zum Wahrheitsskeptizismus: Wenn es nur diese eine Erkenntnis gäbe, dass man die Wahrheit, selbst wenn es sie gäbe, nicht erkennen könnte, so bestünde doch zumindest diese eine Erkenntnis. Wird aber prinzipiell jegliche Erkenntnis über die Wahrheit in Abrede gestellt, dann kann es auch diese eine nicht geben.

kenntnis noch eine Theorie darüber unmöglich, sondern dient – gewissermaßen als »Teil der Lösung« – dazu, die Grenzen des prinzipiell zu Erkennenden (▶ Erkenntnistheorie) bzw. einer Theorie (▶ Wissenschaftstheorie) dazu aufzuzeigen.

3.2 Psychologie zwischen Erkenntnis des »Wahren« und »Wirklichen«

So wie jede Theorie der Erkenntnis dem Fachwissen, das man in einzelnen Disziplinen zusammenträgt, unabdingbar vorausgeht, so ist jede Fachkenntnis, die sich darin wiederfinden soll, ihrerseits natürlich ebenfalls an *Wissen* gebunden. In beiden Fällen hat dieses eine andere Qualität als z. B. »über etwas eine Meinung zu haben« oder »ein Empfinden für irgendeine Wahrheit zu verspüren«. Es ist vielmehr *per definitionem* unmöglich, etwas Gemeintes, Empfundenes als Inhalt von Wissen anzugeben. Denn während etwa eine Meinung als solche bestehen bleibt, unabhängig davon, ob sein Inhalt verifizierbar ist oder nicht, kann Wissen nur vorliegen, wenn sein Inhalt gegen Zweifel abgesichert worden ist.

Eines der Hauptkriterien, das jedes Wissen auszeichnet, ist eine bestimmte *Gültigkeitsdauer der Aussage*. Im Gegensatz zu Meinungen, die sich ohne Weiteres von Tag zu Tag ändern können, braucht Wissen, um als solches zu gelten, eine gewisse fachspezifisch definierte Beständigkeit. Während z. B. mathematisches Wissen über Jahrhunderte konstant bleibt, verändert sich anderes, etwa naturwissenschaftliches Wissen, aufgrund immer neuer Daten. Etwas langfristig Gültiges, *konstant Überdauerndes* in Systemen, die im Wandel begriffen sind, herauszuarbeiten, ist folglich etwas ganz anderes, als sich prinzipiell *mit überdauernd Konstantem* zu befassen. Gerade aber diese Suche nach überdauernd Konstantem war z. B. über viele Jahrhunderte hinweg eines der Hauptanliegen der ▶ Erkenntnistheorie. Und da sich in der Natur ständig alles ändert und auch die Sinneseindrücke der erfahrenen Dinge nur transienten, kurzlebigen Charakter haben, schien es lange Zeit kaum möglich, Wissen über Gesetzmäßigkeiten von *Veränderungen* zu erlangen. Diese letztlich auf ▶ Platon zurückgehende Sichtweise machten sich auch psychologisch denkende Gelehrte bis in die Neuzeit hinein zu eigen. »Wahres Wissen«, so glaubte man, könne nur über den Rückzug aus der sinnlichen Wahrnehmung einer Welt, die stetig im Wandel ist, in die geistige Welt, die Ideenwelt, gelingen. Noch bis vor etwa 200 Jahren wandte man sich in der als ▶ *psychologia rationalis* firmierenden Psychologie deshalb explizit der *reinen und damit abstrakten Begrifflichkeit* seelischen ▶ Vermögens zu. Den Wandel zu untersuchen, um mögliche Konstanten aufzuspüren, also z. B. das zeitlich Flüchtige sinnlichen oder emotionalen Erlebens zum Inhalt möglicher Erkenntnis über den Menschen zu machen, eine *psychologia empirica* zu betreiben, galt den meisten Zeitgenossen bestenfalls als nachgeordnet. Man verstand darunter etwa das, was – wie ▶ C. Wolff es ausdrückte – jeder an sich selbst erkennen könne. Während für das anvisierte »reine Wissen« im Laufe der letzten Jahrhunderte immer detailliertere rational begründete Konstruktionsvorschriften zur Darlegung von Gründen und Beweisen ausgearbeitet wurden, diente somit der ▶ Begriff der empirischen Psychologie diente im deutschen Sprachraum hingegen lange Zeit zur Bestätigung dessen, was über die menschliche ▶ Seele ohnehin von Natur aus festzuliegen schien. Und da jedes Wissen, das aus der Sinneswahrnehmung resultiert, in der Tat durchaus von jetzt auf gleich unzutreffend sein kann – was heute noch als Raupe identifiziert wird, kann sich morgen als Schmetterling erweisen –, wurde ein Bezug auf die *Sinneswahrnehmungen* oft eher als Hindernis denn als Gewinn für den Erwerb von Erkenntnis gedeutet. Somit blieb zumindest im deutschen Sprachraum alles, was über die Sinne vermittelt wurde, eher der unakademischen Erfahrung vorbehalten. Diese konnte und durfte irrtümlich sein, während Wissen als Produkt *geistiger Erkenntnis* angesehen wurde.

Anders verhielt es sich z. B. im Einflussbereich der britischen ▶ Philosophie. Im sogenannten britischen ▶ Empirismus galt, im Gegensatz zu obigen Grundsätzen rationalen Denkens, gerade die Erfahrung als wertvolle Grundlage der Erkenntnis. Als »wirklich« wurden nur jene Gegenstände und Phänomene bezeichnet, die empirisch erfasst und aus denen induktive Schlüsse gezogen werden können. Anfänglich war man sogar der Überzeugung, dass *nur die Sinneserfahrung* – im Gegensatz zur »inneren Erfahrung«, der Intuition – subjektiv unbeeinflussbare und somit intersubjektiv gültige Beobachtungstatsachen liefern würde. Wissen über die »Wirklichkeit« und »empirisches« Wissen schienen identisch zu sein. Ungeachtet dieser ▶ Reduktion des »Wahren« auf das »Wirkliche« gingen aus diesem Ansatz viele für die heutige Psychologie wertvolle Beobachtungs- und Auswertungsmethoden hervor, wurden empirische Vorgehensweisen zu einer geschätzten Erkenntnismöglichkeit. In der deutschsprachigen Psychologie hielt sich dessen ungeachtet eine Differenzierung zwischen »Sinneserfahrung« und »Wissen« in Form eines wertenden *Unterschieds zwischen Sinnlichkeit und Geistigkeit* bis ins 20. Jahrhundert. Eine Gleichsetzung von »Sinnlichkeit« mit »niedrigstehend« und »Geistigkeit« mit »hochstehend« machte es z. B. einer psychologischen Theorienbildung über ▶ Gefühle und ▶ Empfindungen nicht leicht, sich in der Welt der *Ratio* durchzusetzen. Heute indes betrachtet man zur Gewinnung von Erkenntnis im Rahmen der Psychologie die Zusammenführung der genannten Kennwerte als unerlässlich: Man benötigt die (unzuverlässige) Wahrnehmung durch die Sinne, baut aber auf deren »geistige Bearbeitung« durch die kognitiven Fähigkeiten des Menschen und versucht dabei durch die Anwendung statistischer Methoden den *Zweifel* an den jeweils gewonnenen Aussagen zu *minimieren*.

Wie die oben skizzierten unterschiedlichen Antworten auf die Frage nach Form und Gültigkeitsbereich menschlicher Erkenntnis zeigen – hier rational begründetes ▶ Handeln, da variables Erfahrungswissen –, hat man sich bereits seit Langem um eine Einbindung psychologischer Ansätze in eine übergreifende ▶ Erkenntnistheorie bemüht. Dass hierbei beständig Forschungsbedarf besteht, kann man sich vergegenwärtigen, indem man z. B. die Behandlung von grundlegenden Fragen in der Psychologie und ihrem Nachbarfach, der Neurowissenschaft, vergleicht und kritisch hinterfragt.

Psychologen berufen sich z. B. häufig auf Ergebnisse der Neurowissenschaft, etwa wenn es um den »Nachweis« geht, wo eine geistige Eigenschaft, wie z. B. die Gedächtnisfähigkeit, im Gehirn lokalisiert und wie sie vernetzt sein könnte. Dabei wird deutlich, dass der rasch anwachsende Erkenntnisfortschritt der Neurowissenschaften in ein sich ebenso rasch *wandelndes naturalistisches* ▶ *Menschenbild* mündet, das es zu hinterfragen gilt. Neurowissenschaftliche Forschungs- und Interventionsmöglichkeiten werfen z. B. dadurch neue ethische Fragen auf, dass sie unmittelbar auf das Selbstverständnis eines Menschen und damit auch auf sein Verhältnis zur Welt *als solcher* einwirken können. Entsprechend müssen auch traditionelle philosophische Grundkonzepte der Willensfreiheit oder des Bewusstseins (vgl. ▶ Kap. 4) in eine sich neu formierende ▶ (Neuro)Ethik integriert werden. Gerade was den angesprochenen Wandel des ▶ Menschenbildes angeht, so wurde weiter oben bereits deutlich gemacht, dass Weltanschauung und wissenschaftliche Ergebnisse eng verknüpft sind. Beispielsweise hat eine Grundhaltung, die besagt, der Mensch sei hauptsächlich als ein »von Gott«, von »der Biologie« oder von »der Gesellschaft« geprägtes Individuum, immer auch bedeutsame Rückwirkungen auf die wissenschaftliche Denkweise. Wer sich etwa der Ewigkeit des Glaubens verpflichtet fühlt, dem fällt es meist schwer, sich der Dynamik der Naturwissenschaft zu verschreiben. Wer hingegen als Neurowissenschaftler arbeitet und damit in einem Wissenschaftsbereich, dessen Wissensbestände sich ebenso schnell ändern wie anschwellen, sieht in Beständigkeit eher einen Rückschritt denn eine überdauernde Akzeptanz des »Wahren«. Während also einmal das »Wesen« eines Menschen im Mittelpunkt steht, ist es ein anderes Mal sein »Verhalten« (vgl. ▶ Kap. 4). bzw. sein

▶ »Handeln«, wobei sich mit jeder Neuverortung auch der Bezugsrahmen für die jeweils verwendeten wissenschaftlichen ▶ Paradigmata ändert. So kann man zwar mit Fug und Recht behaupten wollen, dass die »großen Themen«, die die Psyche des Menschen betreffen – die Determinanten des Soseins (▶ Ontologie) –, seit Jahrtausenden die gleichen geblieben sind. Geändert haben sich aber, je nach favorisiertem ▶ Menschenbild, die daraus abgeleiteten Fragestellungen; und es sind bekanntlich immer die Fragen, welche die möglichen Antworten bestimmen.

In der *Psychologie* befasst man sich des Weiteren – wie eingangs angemerkt – nur selten damit, was mit »Erkenntnisgewinn« an sich gemeint ist. Man setzt vielmehr voraus, dass ein solcher möglich ist. In Anlehnung an die Neurowissenschaft wird etwa der Mensch als identisch mit den »Befähigungsmöglichkeiten« seines Gehirns betrachtet (vgl. ▶ Kap. 1). Es wird folglich davon ausgegangen, dass dort mittels moderner bildgebender Verfahren, z. B. funktioneller Kernspintomografie, auch bestimmte Verhaltensweisen »sichtbar« gemacht werden können. Die *Neurowissenschaft*, die ihrerseits die genannten Methoden entwickelt, um *beobachtbare Vorgänge* im Gehirn zu messen, etwa jene, die während eines Gedächtnisvorganges ablaufen, hinterfragt wiederum den zu messenden *Vorgang des Erinnerns als solchen* nicht. Sie übernimmt die Denkmodelle dafür aus der Psychologie, wodurch ein Argumentationszirkel möglicher »Beziehungen von Gehirn und Verhalten« entstehen kann.

Anders die ▶ Erkenntnistheorie: Sie hinterfragt zwar nicht den einzelnen Gedächtnisbegriff und auch nicht die Besonderheiten eines neurowissenschaftlichen Verfahrens. Sie fragt aber danach, was es bedeutet, wenn aus der Erinnerung an ein zufälliges Zusammentreffen von Ereignissen bzw. Erlebnissen des Individuums in dessen Gehirn jeweils ein kausal wirksames Geschehen resultiert (▶ Kap. 1). Sie hinterfragt, inwieweit es gerechtfertigt ist, psychologische Denkmodelle und neurowissenschaftliche Beobachtungsmessungen als komplementär anzusehen etc., indem sie *Möglichkeiten, Struktur und Wesen von Erkenntnis* erkundet, bildet sie in Abgrenzung von empirischen Wissenschaften, wie hier z. B. der Hirnforschung oder der Psychologie, eine eigenständige aber unerlässliche Sicht der Dinge.

3.3 Die Bestimmung dessen, wer etwas erkennt und was erkannt werden kann

Wie also könnte man sich als Psychologe erkenntnistheoretischen Problemstellungen nähern? Zunächst einmal ist ein philosophisch verstandenes Erkennen ein *formaler Vorgang,* der unabhängig von der jeweiligen Fragestellung dadurch bestimmt wird, dass ein Mensch, ein sogenanntes *Subjekt der Erkenntnis,* einen Erkenntnisgegenstand, das sogenannte *Objekt der Erkenntnis,* korrekt erfasst. Wer aber ist das »Subjekt der Erkenntnis«? Ist es der einzelne Forscher oder eine Gruppe Gleichgesinnter, eine ▶ »Schule« oder eine heterogen zusammengesetzte Forschergruppe? Der oder die sind es nämlich, die das »Objekt der Erkenntnis« definieren, also festlegen, ob Erkenntnisgegenstände reale Gegenstände *und* Sachverhalte sein können, ob also auch – wie z. B. in der Psychologie häufig – *Urteile über Sachverhalte* Gegenstand der Erkenntnis sein können.

In der Psychologie verwendet man – ausgedrückt z. B. durch den ▶ Begriff der ▶ »Schule« – das »Subjekt der Erkenntnis« sowohl als einen Normbegriff[4] als auch als Sammelbegriff für

---

4 Man spricht dann von einem normativen Erkenntnissubjekt. Damit ist gemeint, dass Erkenntnissubjekte eine bestimmte Norm, z. B. ein wegweisender Philosoph zu sein, erfüllen müssen, um so genannt zu werden. Die von ihnen aufgestellten Grundsätze gelten dann auch ohne Beziehung zur konkreten Person. ▶ Pythagoras z. B. wäre ein solches normatives Erkenntnissubjekt.

die »Gemeinschaft der Erkennenden«, die sogenannte *Scientific Community*. In letzterem Fall ist es dann diese wissenschaftliche Gemeinschaft, die in einem beständigen argumentativen Diskurs das zustande bringt, was man jeweils als Erkenntnis ansieht. Was aber erkennt nun die »wissenschaftliche Gemeinschaft« der Psychologen? Im Hinblick auf die Frage, was erkannt wird, kann man zumindest zwei erkenntnistheoretische Positionen unterscheiden. Einmal gibt es die Grundhaltung, nach der Erkenntnis grundsätzlich als etwas *Rezeptives, also vom Objekt Ausgehendes* betrachtet wird. Das bedeutet, ein »Subjekt der Erkenntnis« sieht sich mit einem Gegenstand oder Sachverhalt konfrontiert und versucht diesen adäquat wiederzugeben. Eine weitere Grundhaltung zeichnet sich dadurch aus, dass Erkennen nicht allein als »schlichtes Abbilden« der Gegenstände »so wie sie sind« begriffen wird, sondern als ein *aktives, vom Subjekt ausgehendes Erzeugen und Entwerfen von Erkenntnisgegenständen*.

Man muss also folglich unter Umständen nicht nur danach fragen, wie denn das »Objekt ausgestattet sein muss«, damit Erkenntnis zustande kommen kann, sondern auch danach, wie das »Subjekt beschaffen sein muss«, damit etwas erkannt wird. In beiden Fällen aber, ob nun ein Erkennen in erster Linie vom »Objekt« oder vom »Subjekt« ausgeht, ist die Erkenntnisfähigkeit auch an etwas Nichtwissenschaftliches gebunden. Manchmal wird dieses Etwas als »kollektive Grundhaltung«, als »Idee« oder ▶ »Seele« bezeichnet – jedenfalls besitzt es bestimmte Eigenschaften, die auf seine Erkenntnisfähigkeit zurückwirken könnten. Um der Wissenschaftlichkeit willen möchte man zwar jedes Einfließen von individuellen oder kollektiven Gepflogenheiten, Gewohnheiten, ▶ Empfindungen u. Ä. in den Erkenntnisvorgang nach Kräften unterbinden. Jedoch gilt der Versuch, sich von nicht rationalen Vorstellungen über eine Sache vollkommen zu befreien, um dann als »werthaltungsfreies Subjekt der Erkenntnis« entsprechend »unvoreingenommen« ein Objekt zum Gegenstand seines Erkenntnisinteresses zu machen, heute als nicht mehr denkbar. Es gibt schlichtweg keine Möglichkeit der »unvoreingenommenen ▶ Introspektion«, aufgrund derer man ein objektives Urteil für sich reklamieren könnte.

Der oben bereits angesprochene Versuch, die Gewinnung von *intersubjektiven Erkenntnissen* im Rahmen einer Scientific Community voranzutreiben, rückt ein weiteres Problem in den Vordergrund: Es stellt sich die Frage, wie man Menschen außerhalb der akademischen Gemeinschaft die so erzeugten wissenschaftlichen Gegenstände nahebringen kann, gilt es doch, immer zwischen den *Dingen an sich,* so wie sie sind, und dem *Erkenntnisgegenstand* – und dieser ist damit nicht identisch – zu unterscheiden. Die Dinge – seien sie nun real oder sei es ein Sachverhalt – bleiben natürlich, was sie sind, unabhängig davon, ob wir etwas davon erkannt haben oder nicht. Immer dann aber, wenn wir sie zum Gegenstand unseres Erkennens gemacht haben, stellen wir eine ganz bestimmte Beziehung zu ihnen her, so dass der Teil davon, den wir als Erkenntnisgegenstand ausgemacht haben, auch unser weiteres wissenschaftliches ▶ Handeln bestimmt. So versteht man z. B. als Laie unter dem ▶ Begriff »Krokodil« ein Reptil, das als gefährlich definiert ist. Dass Krokodile ihre Kinder hingebungsvoll aufziehen und ihren jeweiligen Partnern über Jahre treu bleiben, zählt gewöhnlich nicht zu den Inhalten dieser Beziehung zwischen dem Krokodil und dem »Gegenstand des Erkennens«, den ein Laie davon hat. Der Aspekt der überdauernden Partnerschaft kann aber durchaus den »Krokodilbegriff« eines an Bindungsverhalten interessierten Verhaltensforschers bestimmen. Beide, der fachunkundige Betrachter und der Wissenschaftler, sehen somit das gleiche Tier mit ganz anderen Augen, was verdeutlicht, dass es immer eine Differenz gibt zwischen der Sache an sich und der darüber möglichen Aussage, hier dem Krokodil als gefährlichem Reptil bzw. als Tier mit engen familiären Bindungen.

Wissenschaftliche Aussagen kann man folglich nur über den Teil eines Dinges machen, der dem vom Subjekt der Erkenntnis (z. B. einer ▶ Schule oder wissenschaftlichen Gemeinschaft) »erzeugten Gegenstand« entspricht. Das Ding *an sich* kann dessen ungeachtet ganz anderen

Gesetzmäßigkeiten unterliegen, als es die Regeln vorgeben, sobald man es zum Gegenstand eines auf die Gewinnung von Wahrheit angelegten Erkennens gemacht hat.

3.4 Die Bestimmung dessen, was als gültig, als »wahr« angesehen wird

Der Ausdruck »wahr« bezeichnet, wie oben deutlich wurde, stets die *Qualität eines Urteils;* er bezieht sich nicht auf die Eigenschaft von Dingen. Allerdings gibt es nicht *den* einen übergeordneten Wahrheitsbegriff, in den sich alle Erkenntnisse einbinden lassen. Man hat es vielmehr immer mit verschiedenen »Wahrheitstheorien« zu tun. Man kann sich z. B. fragen, wie sich das, was wir behaupten, zu dem verhält, »was ist«, wie es sogenannte Korrespondenztheorien tun. Denn das, »was ist«, seien es Dinge, seien es Sachverhalte oder Urteile über Sachverhalte, können wir nicht behaupten, sondern lediglich *darüber* Behauptungen aufstellen. Man kann sich auch fragen, ob Wahrheit dann erreicht sein wird, wenn ein bestimmtes Urteil mit anderen Urteilen einen in sich schlüssigen, kohärenten Zusammenhang bildet (sog. Kohärenztheorie). Hinzu kommen sogenannte pragmatische Wahrheitstheorien, zu denen die *Konsenstheorie* gehört. Diese betrachtet einen Sachverhalt dann als wahr, wenn ein Urteil darüber die Zustimmung der in der beurteilten Sache kompetenten Diskussionspartner findet.

Wie die Korrespondenztheorie allerdings weisen auch die beiden anderen, Kohärenz- und Konsenstheorie, bestimmte Schwächen auf, die Anlass sind, den so entstandenen Wahrheiten mit Skepsis zu begegnen. Jede *Kohärenztheorie* operiert z. B. *in einem System zusammenhängender logischer Urteile,* so wie dies etwa in der Mathematik mit einem in sich geschlossenen axiomatischen System geschieht. Dabei beschränkt sich die Theorie von vornherein darauf, Wahrheit als etwas innerhalb des Denkens Befindliches zu erklären. Sie erschließt diese somit nur im Rahmen eines geschlossenen, z. B. mathematischen (Denk)Systems. Immer dann aber, wenn mehrere solcher einander zwar widersprechender, aber in sich jeweils geschlossener (Denk-)Systeme vorliegen, ist u. U nicht zu entscheiden, welchem in Hinblick auf die Wahrheit im Sinne von logisch zusammenhängenden Urteilen der Vorzug zu geben ist. Eine Kohärenztheorie kann also höchstens erklären, wann Wahrheit in einem bestimmten System, z. B. ausgedrückt als Wahrscheinlichkeit im statistisch-mathematischen Bereich, gegeben ist. Jenseits ihres eigenen Regelwerks kann sie keine Aussage treffen.

Jede *Konsenstheorie* schließlich beruft sich auf Übereinstimmungen im Expertenurteil. Wahrheit stellt hier einen Geltungsanspruch eines Urteils dar, der argumentativ einzulösen ist, d. h. durch rationale Argumente, die dazu führen, dass ein begründeter Konsens entsteht. Die Logik des Diskurses sichert hierbei die formalen Eigenschaften von Argumentationszusammenhängen, sie macht, wie es heißt, »wahr, was sich bewahrheitet«. Da der Prozess der Bewahrheitung jedoch – zumindest solange es erkenntnisuchende Subjekte gibt – zu keinem Zeitpunkt als begründet abgeschlossen angesehen werden kann, besteht der Weg dahin in der Bewährung des bisherigen Konsenses. Soll also Wahrheit durch einen Konsens erreicht werden, bedarf es ständiger argumentativer Begründungen, die ihrerseits im rationalen Diskurs zustande kommen müssen. Um dieses labile, durch zeitweise Übereinkunft erreichte Gleichgewicht zu bewahren, muss die so gefundene Wahrheit jederzeit, wie auch in der Psychologie üblich, *öffentlich kommunizier- und überprüfbar* sein. Diese Forderung ist somit für jedes Theoriegebäude, in welche die Konsenstheorie als Fundament eingeht, von tragender Bedeutung. Da jedoch auch eine ständige öffentliche Überprüfung des Geltungsanspruchs einer wahren Aussage die Möglichkeit eines begründeten Zweifels nicht ausschließt, muss der Wahrheitsbegriff von vornherein so gefasst werden, dass er weder als relativierbar gilt noch als unerreichbar hingestellt werden kann. Wahrheit muss, wie es heißt, *approximativ erreichbar* bleiben.

Man kann sich nun fragen, ob ein solches Denkmuster approximativer, z. B. statistisch abgesicherter Wahrheitsfindung den möglichen Erkenntnisgewinn in der Psychologie angemessen umschreibt. Denn wie so oft in der Wissenschaftsgeschichte wirken auch hier bei der Suche nach tragfähigen wissenschaftlichen Aussagesystemen verschiedene Denkmuster zusammen, in denen sich Altbewährtes symbiotisch mit Neuentdecktem verbindet. So gesehen spielen sehr wahrscheinlich auch erkenntnistheoretische Positionen, von denen man es zunächst kaum glauben mag, in unser heutiges akademisches ▶ Handeln hinein. Der nachfolgende kurze Einblick in verschiedene Denkmuster der Wahrheitsfindung soll dazu beitragen, den heute eingenommenen erkenntnistheoretischen Standort der Psychologie besser einzuschätzen.

3.5 Alte und neue Denkmuster der »Wahrheitsfindung« wirken zusammen

Das Denken über Wahrheit und Wahrheitsfindung, von dem man als Psychologe oder Psychologin nur einen kleinen Ausschnitt kennen lernt, erlebte einen der markantesten Wendepunkte, als sich das mittelalterliche Weltbild von einem sogenannten geschlossenen (ptolemäischen) zu einem sogenannten dynamischen entwickelte. Für diesen Umschwung steht der ▶ Begriff der kopernikanische Wende. Der damit verbundene Wandel im Denken ist von heute aus gesehen *der* wichtigste Schritt gewesen, um von einem Blickwinkel, der nur Gott als eine Instanz ewiger Wahrheit kannte, zu einer Sichtweise zu gelangen, welche erstmals *verschiedene Entwürfe der Wahrheit* ermöglichte. Eine Folge davon ist z. B. die Überzeugung, dass die »Wahrheit der Wissenschaft« der *Umsetzung wissenschaftlicher Erkenntnisse* zum Wohl des Menschen, zur Beherrschung der Natur und zur Strukturierung des Gemeinwesens etc. dienen solle (▶ T. Hobbes, 1588-1679). Die davon überzeugten Gelehrten setzten somit von nun an vermehrt ihr Vertrauen in ihre eigenen *Erfahrungen*, ihr eigenes *Vernunftvermögen* (▶ Vernunft). Die Wahrheiten, die sie zu ergründen trachteten, sollten zwar allgemeingültig aber nicht von außen auferlegt, sondern selbständig entdeckt werden. Sie sollten nicht zuletzt die Überzeugung spiegeln, dass nichts Existierendes ohne Substanz denkbar sei, sprich Metaphysisches keinen Platz im wissenschaftlichen Denken habe.

In dem Maße, wie seit des oben angesprochenen Umschwungs auch das eigene ▶ analytische Denkvermögen an Bedeutung gewann, nahm entsprechend die Bedeutung des oben bereits angesprochenen *Zweifelns* zu, hier ausgedrückt durch die Erkenntnis, dass man sich nur durch hinterfragendes Denken seiner Existenz versichern könne. Der damit in einem Atemzug zu nennende große Vordenker, ▶ R. Descartes (1596-1650), wird gemeinhin als der »Vater der modernen ▶ Philosophie« betrachtet. Er suchte mit mathematischer, weil am wenigsten bezweifelbarer Exaktheit den »Weg der ▶ Objektivität« zu beschreiben und meinte, mit seiner »radikalen Methode des Zweifelns« alle Ansichten so lange hinterfragen zu können, bis sie sich als erwiesen, als »wahr« herausstellten. Sein Credo hierbei: Man solle mit allen Zweifeln bis an den Punkt der Absurdität gehen, wovon sie abprallen und zu unbezweifelbarer Wahrheit führen. In der Folge müssten sich alle Prinzipien auf eine Reihe von Prämissen zurückführen lassen, die so offensichtlich wahr seien, dass man sie als selbstverständlich bezeichnen könne. Diese Selbstverständlichkeit ist bei ▶ Descartes erst bei der Akzeptanz seiner eigenen Existenz erreicht; nur darüber kann er sich nicht täuschen, und so ist auch sein Ausspruch *je pense, donc je suis* zu verstehen: »Weil ich noch denken kann, muss es mich geben, wenn ich nicht da wäre, könnte ich auch nicht denken.«

Im Gegensatz zu ▶ Descartes' prägendem Einfluss auf die Wissenschaft und deren Selbstverständnis, jedem Zweifel nachzugehen, ihn geradezu zu provozieren, ist seine Zwei-Welten-Theorie, seine Unterscheidung zwischen Geist und Körper, ein für die Psychologie bis heute konfliktreiches Produkt kartesischer Überzeugung geblieben. Denn folgt man dem ▶ Dualismus ▶ Descartes, sind Geist (*res cogitans*) und Körper (*res extensa*) voneinander unabhängige Substanzen. Dadurch eröffneten sich damals zwar neue Möglichkeiten, die »natürliche Welt« der Dinge, d. h. die physische Realität, ungehindert von Religion und moralischen Bedenken zu untersuchen (▶ Realismus). Wie aber ließ sich Geistiges losgelöst vom Materiellen betrachten? Wie der Mensch als »Ganzes«, der beides verkörpert, Leib und ▶ Seele? Durch den von ▶ Descartes mitausgelösten ▶ Paradigmenwechsel in der ▶ Naturphilosophie war nicht mehr länger das aristotelische Gegensatzpaar *Natur versus Technik* bestimmend für weiteren Erkenntnisgewinn, wobei die Natur des Menschen Geist *und* Körper umfasste.

Von nun an war das Denken vom Gegensatz »zwischen Leib und ▶ Seele« beherrscht. Eines der damit verbundenen Probleme ist bis heute die *Frage nach der Interaktion beider*. Diese Frage nach dem Wechselspiel beider beschäftigt die Psychologie insofern, als uns als *denkenden Wesen* einerseits die *Natur als etwas anderes* gegenübersteht, wir aber andererseits durch unseren Körper Teil der Natur sind. Indem man in ▶ Descartes' Sinne argumentierend etwa wissen möchte, welchen Platz der Mensch in der Welt einnimmt, wie Geist und Materie interagieren, stellt man jedoch genau die Fragen, die bisher unbeantwortbar bleiben. Zumindest gelingt es weder, das Wissen über die Materie in eines über mentale ▶ Entitäten zu übertragen, noch umgekehrt aus mentalen Fähigkeiten auf materielle Beschaffenheit zu schließen. Auch wenn, anders als ▶ Descartes, beispielsweise ▶ J. Locke (1632-1704) und später ▶ D. Hume (1711-1776) das Schwergewicht ihrer Argumentation weniger in ein *Vertrauen in die* ▶ *Vernunft* denn in ein *Vertrauen in die Sinneserfahrung* legten, war das Grundproblem nicht gelöst. Wie konnte die Psyche eines Menschen, verstanden als eine, die in diesem Fall auf »Anregung von außen« angewiesen war, bewerten, was auf sie einströmte? Woher nahm sie die Bewertungskriterien dazu?

Selbst J. Locke, dem der Ausspruch zugeschrieben wird, der menschliche Geist sei ohne Sinneserfahrungen als eine *Tabula rasa* zu verstehen, konnte nicht umhin, präsensorische Prozesse anzunehmen und ein bestimmtes Reflexionsvermögen vorauszusetzen. Gewiss waren ihm und anderen Empiristen die abstrakten Ideen der Rationalisten und ihre komplexen Gedankengebäude fremd, und gewiss war auch Letzteren geläufig, dass man mit ▶ Vernunft allein – ganz ohne Sinneserfahrung – kaum zu einer wahren Aussage gelangen kann. Damit war aber erst der Anfang einer lange währenden Auseinandersetzung zwischen beiden Denkweisen in der Psychologie gemacht.

So galt vornehmlich bei Gelehrten der deutschen ▶ Philosophie, die sich psychologischen Fragestellungen widmeten, jegliche Erkenntnis, die aus der sinnlichen Erfahrung stammte, für sich genommen ja nie mehr als nur ungenaues Denken. Würde man, so etwa ▶ I. Kant, alle Erkenntnis nur aus der Erfahrung ableiten, dann würde die spontane Fähigkeit des Verstandes verkannt. Erfahrung könne somit nicht Grundlage für eine rationale Wissenschaft von der Natur der ▶ Seele sein. Eine Psychologie, die sich darauf berufe, würde die Seele nur in den Grenzen verstehen, welche die Erfahrung böte. Erfahrungsgesetze aber seien nun einmal A-posteriori-Gesetze, wodurch die Voraussetzung für ▶ *a priori gültige Gesetze der* ▶ *Vernunft* nicht zu erfüllen sei. Nicht zuletzt könne auch die Psychologie die von ihr beobachteten Phänomene nicht kontrollieren, denn jeder Akt des Beobachtens verändere das beobachtete Individuum.

Trotz solcher im Nachhinein wenig zielführend erscheinenden Auseinandersetzungen um den Vorrang von ▶ Vernunft oder Erfahrung wurde eines als unstrittig anerkannt: Wissenschaft galt nicht länger *als das Medium der Offenbarung der Wahrheit,* um die Wunder Gottes

3.5 · Alte und neue Denkmuster der »Wahrheitsfindung« wirken zusammen

und damit eine höhere Wirklichkeit anzuerkennen (▶ Metaphysik). Und auch wenn den mit dem Aufstieg der Naturwissenschaft neu eingeführten wissenschaftlichen Methoden zur Erforschung der Psyche anfangs viel Skepsis entgegenschlug, so begann sich doch allmählich eine »neue naturwissenschaftliche Wahrheit« durchzusetzen, eine, die durch *das kontrollierte, methodische Experiment* gewonnen wurde. Mit zunehmender intellektueller Autonomie und Vielgestaltigkeit der Ansätze wurde das Streben nach Wahrheit somit immer mehr mit der Frage nach einem angemessenen wissenschaftlichen Werkzeug verbunden, ein teleologisches Erklärungsmodell (▶ Teleologie) durch eines ersetzt, das nach Kausalzusammenhängen fragte. Denn das, was im Lebensraum des Menschen und in der Natur vor sich gehe, trete nämlich nicht ein, weil Objekten und Ereignissen ein bestimmtes Ziel (griech. *telos*) innewohne, sondern weil sie bestimmten Gesetzmäßigkeiten folgen. Bei Gelehrten, die dem zeitgenössischen ▶ Empirismus nahestanden, galt es folglich, Erkenntnisse über einen gesetzmäßigen Zusammenhang von experimentell induzierter Ursache und Wirkung zu gewinnen. Damit gewann ein Kausalitätsbegriff an Bedeutung, der aus der Ansicht gespeist war, dass immer irgendetwas die »Wirkung von irgendetwas« sei (vgl. ▶ Kap. 1), und dabei lag der klassische Irrtum nahe, dass ein zeitliches »Danach« stets auch mit einem ursächlichen »Dadurch« gleichzusetzen sei (Ursprungslogik).

Erst im 19. Jahrhundert setzte sich die Auffassung durch, dass aus der Erfahrung heraus ein dieser Ursprungslogik folgendes Kausalgesetz nie sicher begründet werden kann. Wirklich beschreiben konnte man nur »assoziative Gewohnheiten«, nicht aber eine »logische Stringenz«, durch die begründet werden könnte, dass aus einem zeitlich zuvor liegenden Ereignis tatsächlich eine bestimmte Wirkung resultiere. Deshalb wurde der zeitliche gefasste ▶ Begriff von Kausalität durch den einer *funktionellen Abhängigkeit,* also durch die Vorgabe von »Bedingungen«, beschrieben, welche die »Ursprungslogik« durch eine *Prozess- oder Verfahrenslogik* ersetzt. Aber auch dann ließ der Erkenntnisgewinn durch die Aufstellung von Kausalitätsregeln noch Fragen offen, denn angesichts der Tatsache, dass unsere Sinne nur einen Ausschnitt der Wirklichkeit wiedergeben und somit jedes Wahrnehmungskonstrukt andere Interpretationsregeln erforderlich macht, war es mehr als fraglich, auf diese Weise zu wahren Aussagen zu gelangen.

Verfechter einer geisteswissenschaftlich orientierten Psychologie sahen deshalb weiterhin in der *Anwendung hermeneutischer Regeln* die beste Möglichkeit, sich ihren komplexen Sachverhalten zu nähern. Mit Hermeneutik (griech. *hermeneuo* 'erklären, auseinandersetzen, darlegen, übersetzen') umschreibt man das Bemühen, Gegenstände, die bereits »als Ganzes« vorliegen, zu erkennen, bzw. den Versuch, neben den Bestandteilen eines Gegenstandes und der Beziehung dieser Bestandteile untereinander auch *das bestehende Ganze in seiner Ganzheit zu erfassen*. Ähnlich jedoch wie bei einem empirischen Wissenschaftsverständnis, welches in großen Teilen der heutigen Psychologie gängig ist und wonach nicht alles, was der Mensch in seiner Existenz vorfindet, auch Objekt wissenschaftlicher Forschung sein kann – man vermag mit dem methodischen Werkzeug ja nur bestimmte Gegenstände zu erfassen –, sind auch hermeneutischen Vorgehensweisen Grenzen gesetzt. Man wendet z. B. ein, dass eine solche »Kunst der Textauslegung« abhängig ist vom Vorwissen des Lesers/der Leserin und deshalb notgedrungen unterschiedliche Resultate zeitigen wird. Anders als beim empirischen Vorgehen soll hier sogar ganz explizit der *gesamte Fundus an vorwissenschaftlichen Erkenntnissen* in die wissenschaftliche Betrachtung eines Gegenstandes eingebunden werden. Das bedeutet z. B., dass jede/r Forscher/in über sich, seinen/ihren Forschungsgegenstand und über sein/ihr Verhältnis zu diesem Gegenstand schon etwas »verstanden« und dieses reflektiert haben muss, ehe er/sie überhaupt wissenschaftliche ▶ Kategorien seiner Darstellung auswählen kann. Dadurch aber ergibt sich unausweichlich eine gewisse Zirkularität im Denken – man spricht hier vom sogenannten hermeneutischen Zirkel –, denn bevor man etwas systematisch erfassen möchte, muss man bereits etwas darüber wissen. Was bestenfalls entstehen kann, ist ein ständiger rückbezüglicher, sich selbst verstärkender Fluss von »Tatsachenerhebung« und Interpretation. Das »Vorverständnis« von etwas »trägt« und »verfälscht« das Ergebnis also gleichermaßen. Allerdings kämen ohne ein ▶»Verstehen« im hermeneutischen Sinne, d. h. ohne den Gewinn eines Maximums an Erkenntnissen *über* den Erkenntnisgegenstand und *über* die eigene Sichtweise, auch keine sinnvollen psychologisch motivierten Hypothesen zustande. Denn die Fähigkeit, sich bewusst ein subjektives, aber dennoch reflektiertes und gut recherchiertes Bild von einer Angelegenheit zu machen, ehe man sich einem Sachverhalt empirisch widmet, gehört wie selbstverständlich zur Arbeitsweise eines Psychologen/einer Psychologin.

Bis heute spielt bei der Suche nach psychologischer Erkenntnis auch utilitaristisches Denken hinein. Denn mitbedingt durch die »industrielle Revolution im 19. Jahrhundert« erstarkte eine Lehre, die das persönliche Glück als letzten Sinn und Zweck des Lebens, als letzte psychologisch relevante Wahrheit sah (▶ J. S. Mill, 1806-1873). In der klassischen Form dieses Utilitarismus (lat. *utilitas* 'der Nutzen') wurde jede Handlung danach bewertet, ob sie im Vergleich mit einer anderen Handlung die größere Anzahl moralischer (z. B. Einsicht, Wissensgewinn, Selbstentwicklung) und nicht moralischer, als Glück zu bezeichnender Werte hervorbringt (z. B. Reichtum). Diese »Wahrheit des realen Lebens« wurde, im Hinblick auf die Deckungsgleichheit von Realität und Wahrheit, besonders in der »Neuen Welt«, den USA, mit großem Interesse aufgenommen. Der dort dominierende Sinn für Sachlichkeit und Praxisbezug des Wahrheitsbegriffes drückte sich deshalb nicht nur durch die Akzeptanz eines englischen Utilitarismus Mill'scher Prägung aus, die Menschen aus Übersee wandten sich auch stärker als die Europäer dem ▶ Pragmatismus zu. Diese Verbindung von Zweckdienlichkeit (Utilitarismus), Durchführbarkeit (Pragmatismus) und ▶ Empirismus brachte nicht nur den Staats- und Wirtschaftswissenschaften, sondern auch den Naturwissenschaften und den sich daran orientierenden Psychologie große Erfolge. So war z. B. die Biologie bis dato von religiösen Ansichten durchsetzt gewesen, deren letzte Antwort auf die »Wahrheit der Natur« immer lautete, »weil Gott sie so erschaffen hat«. Nun stand plötzlich die fachliche Bewährung im Evolutionsgeschehen im Vordergrund.

In den USA, wo die praktische Bewährung einer Theorie bereits als wesentliches Kriterium der Wahrheitssuche angesehen wurde, verband sich mit der von ▶ C. S. Peirce (1839-1914) geprägten Richtung des ▶ Pragmatismus bald eine weitere einflussreiche Variante, der ▶ Instrumentalismus. In Europa stand man dieser wissenschaftlichen Richtung zunächst skeptisch gegenüber. Nützlichkeit und Zweckmäßigkeit der Vorhersage im Hinblick auf Bewährung, Einfachheit und Kohärenz der bestehenden Lehrauffassung über die Suche nach akademisch begründeter Wahrheit zu stellen, schien die ▶ Philosophie lediglich zu popularisieren. Überzeugungen zu überprüfen und zu verwerfen, wenn sie der Realität nicht standhielten, machte dieses Gedankengut zwar einer breiteren Öffentlichkeit zugänglich, aber die Vorstellung, wissenschaftlich wertvolle Gedanken hätten nur dann einen Sinn, wenn sie zu etwas gut seien, schien damaligem Denken kaum über das Alltagsweltliche hinauszureichen. Entsprechend kritisch wurden auch die Verfechter dieser ▶ Strömung gesehen. ▶ J. Dewey (1859-1952) etwa, dem vermutlich bedeutendsten Vertreter des modernen ▶ Pragmatismus amerikanischer Prägung, war z. B. eine Wahrheitsfindung unter dem Aspekt »Wie funktioniert das?« oder »Wie passt das?« immer wichtiger als eine abstrakte Analyse unter dem Konzept einer irgendwie gearteten »dynamischen Einheit« von »Geist und Körper«, von »Ursache und Wirkung« oder von »Säkularem und Transzendentalem«.

Das Europa des beginnenden 20. Jahrhunderts blieb von dem zunehmenden Pluralismus der Vorstellungen nicht unberührt. Hier kamen ebenfalls alte Ideen zu neuen Glanz, so z. B.

der o. g. ▶Comte'sche ▶Positivismus in Form des ▶*Neopositivismus* oder des ▶*logischen Positivismus*. Unterstützt wurde die Besinnung auf das Logische *und* real Nachvollziehbare auch durch eine ▶Strömung in der ▶Philosophie, die sich insbesondere auf die Logik der Sprache konzentrierte. Jede Logik der Aussage, so diese Argumentationslinie, müsse auf eine Logik der Sprache zurückführbar sein (sog. linguistische Wende in der ▶Philosophie). Einer der Hauptvertreter dieser Ansicht, ▶L. Wittgenstein (1889–1951), meinte sogar, dass die ▶Philosophie immer dann ihr Ziel verfehle, wenn sie Fragen nachging, auf die es keine sprachlogisch sinnvolle Antwort geben könne, denn was der Verstand nicht leisten könne, dürfe auch nicht Gegenstand der Forschung sein.

3.6 Fazit

Man kann den Gegenstandsbereich der Psychologie mit vielen Theorien erklären, ohne dass aufgrund konkurrierender Wahrheiten die eine oder die andere richtig sein muss. Naturgemäß kommt es bei den aufgeführten Wahrheitsbegriffen zu zahlreichen Überschneidungen, und es stellt sich die Frage, ob letztlich nicht eine strukturlose Mannigfaltigkeit unverbundener oder durch unübersehbare Kausalitäten verknüpfter Einzelereignisse vorliegt, über deren möglichen »wahren« Sinnzusammenhang überhaupt keine Einigkeit zu erzielen ist. Denn um zu beschreiben, was in einer Wissenschaft geschieht, um zu wahren Erkenntnissen zu gelangen, werden jeweils gerade die Ereigniszusammenhänge herauszufiltern versucht, die man unter den gegebenen Umständen für »bedenkenswert« hält. Jedem Gegenstand in der Wissenschaft wird somit gerade der Sinn zugesprochen, den man zu verleihen bereit ist. Dies führt zu mannigfaltigen Versuchen, eingebunden in ein bestimmtes Weltbild, zu ganz bestimmten wahren Aussagen zu gelangen: Diese können aus z. B. Hypothesen generiert werden und gelten entsprechend primär in den Verstand (▶Rationalismus) oder in sinnliche Erfahrungen (▶Empirismus) eingebunden. Sie können an der Wirklichkeit (▶Positivismus) gemessen und hinsichtlich ihrer Nützlichkeit bewertet werden (Utilitarismus). Man kann auch der Auffassung sein, wahre Aussagen müssten sich in der Realität bewähren können (▶Pragmatismus) oder durch die Logik der Sprache ausdrückbar sein.

Diejenigen »Wahrheiten«, die in psychologische Theorien Eingang gefunden haben, müssen folglich sowohl »Tatsachen« als auch »Ideen« enthalten, also empirische und rationale Elemente, sie müssen sich in der Realität des Alltags der tätigen Psychologen und Psychologinnen bewähren und sind entsprechend der naturwissenschaftlichen Ausrichtung des Fachgebietes auch stets an die Funktionsweise des Gehirns zu binden.

Literatur

Boring, E. G. (1929). *A history of experimental psychology*. New York: Appleton-Century-Crofts.
Eckardt, G. (Hrsg.). (1979). *Zur Geschichte der Psychologie*. Berlin: VEB Deutscher Verlag der Wissenschaften.
Loose, J. (1977). *Wissenschaftstheorie. Eine historische Einführung*. München: Beck.
Sprung, L., & Sprung, H. (1980). Zur Geschichte der Psychologie – Aspekte des progressiven Erbes für die Entwicklung der Psychologie in der DDR. In F. Klix, A. Kossakowski, & W. Möder (Hrsg.). *Psychologie in der DDR* (2. erweiterte Aufl.). Berlin: Deutscher Verlag der Wissenschaften.
Tetens, H. (2013). *Wissenschaftstheorie. Eine Einführung*. München: Beck.
Walach, H. (2005). *Psychologie. Wissenschaftstheorie, philosophische Grundlagen und Geschichte*. Stuttgart: Kohlhammer.
Wertheimer, M. (1971). *Kurze Geschichte der Psychologie*. München: Piper.

Meilensteine und Wendepunkte

Kapitel 4 Beispiele der Entwicklung und Transformation psychologischen Denkens – 69

Kapitel 5 Erste Anstöße zu psychologischem Denken – 95

Kapitel 6 Seele, Seelenorgan, Seelenstörung: Erste Entwicklung psychologischen Denkens – 119

Im zweiten Teil des Buches stehen Fragen im Vordergrund, die auf den Wandel im Denken des Menschen über sich selbst, seine Fähigkeiten, Wünsche und Kenntnisse abzielen, die sich darauf richten, welche Kriterien für befriedigende Erklärungen dergestalt abstrakter Werte angelegt werden können, ohne dabei gänzlich auf das Mythisch-Mystische und religiös Vorgegebene zu verzichten.

Die gedankliche Grundlage dazu liefern philosophische Ideen, die als solche wohl kaum als jemals restlos überholt zu bezeichnen sind. So fragte z. B. die ▶ Metaphysik und mit ihr die daran orientierte Psychologie, wie wir die uns umgebende Welt wahrnehmen, welche Beziehung zwischen Geist und Körper besteht und was mit unserer ▶ Seele geschieht, wenn wir sterben. Mit den Fragen nach dem Sein des Menschen, der ▶ Ontologie, waren auch methodische Fragen verbunden, also danach, wie wir zu einem bestimmten Wissen über die Psyche des Menschen gelangt sind oder gelangen. Kann z. B. schieres Nachdenken zu relevantem Wissen führen, oder braucht es dazu die Beobachtung der jeweils herrschenden Verhältnisse? Zur Diskussion stand damals wie heute auch, wie man vernünftiges Denken von Aberglauben trennen kann, wie man sich des Wahrheitsgehalts von Urteilen versichern könnte.

Die damit zum Ausdruck kommende antike Idee von Wissenschaft, die rationale Prüfung von Sachverhalten, d. h. eine Untersuchung unabhängig von bestimmten Lehren der Religion, war im Mittelalter nicht in der Weise durchsetzbar, auch wenn man bereits zu frühchristlicher Zeit versuchte, antikes wissenschaftliches Denken in den Umgang mit dem offenbarten Wissen aus der Bibel zu integrieren. Zunächst galt in Europa am ehesten der Neuplatonismus als mit dem Christentum vereinbar, wohingegen in islamisch geprägten Ländern, die zum Reich Alexanders des Großen gehört hatten, das griechische Erbe von ▶ Aristoteles vorherrschte. Erst als – insbesondere auf dem Gebiet der Medizin, der Astronomie und der Physik – die Gedanken und Erfindungen der islamischen Welt bekannt wurden, kam es auch im mittelalterlichen Europa zu einer Wiederentdeckung der Erfahrungswelt von ▶ Aristoteles.

Beispiele der Entwicklung und Transformation psychologischen Denkens

4.1 Versuche einer wissenschaftlichen Überwindung des Erfahrungshorizonts im Hier und Jetzt – 71

4.1.1 Die langfristige Tragfähigkeit theoretischer Vorstellungen misst sich an deren Transformationsmöglichkeiten – 72

4.1.2 Das Bewegende und das Bewegte – 74

4.1.3 Das Verständnis vom Bewusstsein – 77

4.1.4 Verhalten und Erleben – 80

4.1.5 Fazit – 82

4.2 Eröffnung von Wissensräumen – 82

4.2.1 Die Abkehr von mystischem Denken war ein langer Prozess – 82

4.2.2 Entwicklung von Rahmenbedingungen für die Entstehung von Wissensräumen – 84

4.2.3 Konstruktive Kritik und die Anfänge einer naturalistischen Welterklärung – 86

4.2.4 Die Psychologie der »Zurückführung auf den letzten Grund« und der Anfang der Psychophysik – 86

4.2.5 Beständigkeit durch Wandel – 88

4.2.6 Das Denkmodell der Komplementarität – 88

4.2.7 Rückgriff auf die »exakte Wissenschaft« und auf die Sonderstellung des Menschen – 89

4.2.8 Zerlegung des Ganzen in Einzelaspekte – 90

4.2.9 Fazit – 92

Literatur – 92

Wie im ersten Teil dieses Buches verdeutlicht wurde, stellt das Wissen um die Ursprünge im Denken über die Psyche des Menschen, d. h. auch um seine Geschichte, nicht nur einen akademischen Wert *an sich* dar, sondern zeigt darüber hinaus, dass solche Kenntnisse auch in der alltäglichen Gegenwart eine Bühne sein können, um sich zeitübergreifend zu erklären und aus der historischen Vernetzung mit Nachbardisziplinen einen Mehrwert für psychologisches ▶ Handeln zu schaffen. Angesichts der weiter oben ebenfalls zum Ausdruck gebrachten Erkenntnis, dass anfangs ohnehin »alles mit allem« verbunden sei, erübrigt sich auch die Frage, ab welcher Epoche der abendländischen Kultur- und Wissenschaftsgeschichte denn am besten mit der Recherche zu beginnen sei, denn es kann darauf nur eine Antwort geben: Je früher, je besser! Entsprechend orientiert sich dieses Kapitel an den *ersten* Marksteinen und Wendepunkten, auf die man sich in unserem Kulturraum heute noch bezieht, d. h., es steht für den Versuch, einige der klassischen, seit der Antike thematisierten Grundfragen anzusprechen, welche für die Psychologie bis in die Gegenwart hinein prägend sind. Eine Ausgewogenheit in der Darstellung wird man angesichts der Datenfülle, die sich innerhalb eines mehr als zwei Jahrtausende umfassenden Zeitraumes in Form von Beschreibungen, Kritiken und Interpretationen angesammelt hat, allerdings kaum erwarten können. Eine solche bleibt der vergleichenden Lektüre verschiedener psychologiegeschichtlicher Darstellungen vorbehalten.[1]

Was also könnte bestenfalls erreicht werden, wo doch offensichtlich jede Generation von Psychologen ihre Geschichte ohnehin *neu* schreibt, um sich in der wandelnden Wissenschaftslandschaft *neu* zu verorten (vgl. ▶ Kap. 2)? Durch die angesprochenen Problemstellungen soll im Folgenden ein Grundgedanke besonders hervorgehoben werden: Das Kapitel soll dazu beitragen, die über zwei Jahrtausende hin gewachsenen Bedingt- und Besonderheiten des eigenen Faches besser zu verstehen und damit auch (ein-)schätzen zu lernen. Zunächst einmal wird verdeutlicht, dass historische Distanz nicht bedeuten muss, sich mit etwas Überkommenem, Althergebrachtem zu befassen. Denn gerade indem man längst zurückliegende Pfade einschließlich der Irr- und Abwege aus heutiger Sicht erneut durchdenkt, wird offenkundig, dass in ähnlicher Weise vermutlich auch jede Diskussion gegenwartsbezogener Themen ohne eine Reflexion der ihr innewohnenden weltanschaulichen Überzeugungen unbefriedigend bleibt und dass die Grenzen der Erkenntnismöglichkeit in einer bestimmten Epoche bereits den Anfang für alternative Vorgehensweisen in sich tragen. Darüber hinaus soll erkennbar werden, dass sich mit zeitlichem Abstand zu einem Geschehen auch die rückblickende Beurteilung wandelt. Auf die Antike schauen wir z. B. im Hinblick darauf, was gegenwartsrelevanten Bestand hat, anders als auf Themenbereiche der Zeitgeschichte; wir sind dabei weitgehend frei von bestimmten Vorlieben, Ab- oder Zuneigungen. Denn *überdauert* haben i. d. R. nicht die Antworten, über deren Antiquiertheit man hätte streiten können, und nicht die quälenden, unangenehmen, sondern nur die »zeitlos« angemessenen Fragen – solche, die uns heute noch berühren. Nicht zuletzt kommt durch eine Rückschau über viele Jahrhunderte hinweg auch zum Ausdruck, wie das komplexe Zusammenleben von Menschen zu verschiedenen Zeiten das Gesamtbild der als psychologisch relevant angesehenen Aspekte beeinflusst, d. h., wovon im öffentlichen Raum zu reden, wonach zu fragen überhaupt möglich war bzw. ist. Es wird z. B. deutlich, dass sich Fragen, die dem besseren »Verständnis des Psychischen« dienen sollten oder sollen, zwar unterschiedliche Schwerpunkte setzen. Das heißt, zu einer Zeit widmete man sich etwa besonders Fragen nach der (Un-)Teilbarkeit psychischer, sprich seelischer Vorgänge, in einer anderen befasste man sich bevorzugt mit möglichen Inhalten und Transformationen gedachter Konstituenten dieses Ganzen, z. B. Gedächtnis- oder Wahrnehmungsvorgängen, in

---

[1] Empfehlenswerte Literatur zu diesem Themenkomplex: Jüttemann (1995); Leahey (2004); Peters (1962); Schönpflug (2004); Walach (2005).

einer weiteren dem hypothetischen Zusammenspiel von *Natur und Technik*. Wenn aber dann, wie dies heute etwa der Fall ist, die Erforschung kognitiver Fähigkeiten sowie das Wechselspiel in der Kommunikation von *Mensch und Maschine* ganz oben auf der Liste psychologisch relevanter Themen stehen, wird augenfällig, dass man sich mit neuen Antworten auf alte Fragen letztlich in den immer gleichen Problemkomplex einzubringen sucht: Fragen nach dem Wie und Warum des Menschen als denkendem, fühlendem und handelndem Subjekt in der Welt, in der er jeweils lebt. Dabei ist nicht zu erwarten, dass Leitfragestellungen einer Ära zulasten nachfolgender ganz und gar aufgegeben, »ad acta« gelegt werden. Wahrscheinlicher ist, dass man sie explizit oder implizit in neue Erkundigungen integriert. Aber auch wenn Themenbereiche aktiv ausgeschieden oder ausgeblendet werden, den daraus resultierenden Blickwinkel auf eine bestimmte Problemstellung (vgl. ▶ Kap. 2) beeinflussen sie in jedem Fall.

In den Kultur- und Geisteswissenschaften gehört es deshalb heute zum Allgemeingut, festzuhalten, dass verschiedene Gesellschaften seit jeher über ganz bestimmte Vorstellungen davon verfügen, was das einzelne Individuum im Innersten über den Augenblick hinaus zusammenhält, ihm ermöglicht, das Vergangene zu reflektieren und das Künftige vorwegzunehmen. Dass dabei die weltanschauliche Bedingtheit in der Beurteilung psychologisch relevanter Sachverhalte ebenso mitzureflektieren ist wie die jeweils bevorzugten Standpunkte in erkenntnis- oder wissenschaftstheoretischen Fragen, wurde bereits angesprochen (vgl. Teil I).

Das entstehende Bild davon, was *den Mensch zum Menschen* macht, war und ist»so oder so entsprechend vielfältig: Ob nun die besonderen Charakteristika des Menschseins eher »mythischen Kräften« oder »zweckfreien Gesetzen« geschuldet sind, ob dafür eine Ansammlung von Einzelbeobachtungen oder aber abstrakte Allgemeinbegriffe zugrunde gelegt werden – jede Weltsicht schuf und schafft sich ihren eigenen Zugang zur Wirklichkeit des Menschen. Der heutige wissenschaftliche Weg, so zeigt der Blick auf die »alte Psychologie« von vor über 2000 Jahren, ist davon lediglich einer von vielen.

4.1 Versuche einer wissenschaftlichen Überwindung des Erfahrungshorizonts im Hier und Jetzt

Gegenwärtigem wissenschaftlichem Selbstverständnis folgend und damit dem Erbe europäischer Kulturgeschichte Rechnung tragend, gilt die griechisch-römische Antike als Ursprung, Dreh- und Angelpunkt aller geistesgeschichtlichen Gelehrsamkeit, auf die unser Fachverständnis letztlich zurückgeht. Auch wenn heutigen Psychologen[2] – anders als ihren geistigen Vorfahren der letzten Jahrhunderte[3] – Grundfragen und erste Antworten bezüglich der menschlichen Psyche nicht nur in expliziter Anknüpfung an, sondern auch in entschiedener Abgrenzung von der hellenistischen Geisteswelt vermittelt werden, so bleibt diese immer wichtige direkte bzw. indirekte Bezugsgröße für themenbezogene Problemstellungen. Nicht nur, dass, wie oben angesprochen, bereits antike Denker psychologische Themen erörtert und dabei Fragen aufgeworfen haben, die uns noch heute beschäftigen, weder damals noch heute wurde auch nur ein Thema, nur eine Frage so umfassend geklärt, dass es nicht immer neuer Deutungsversuche oder ergänzender Erläuterungen.

---

2   Empfehlenswerte Literatur zu diesem Themenkomplex: Schönpflug (2004); Walach (2005); Jüttemann et al. (1991).
3   Empfehlenswerte Literatur zu diesem Themenkomplex: Wolff (1738/1968); Wolff (1740/1994); Crusius (1745); Carus (1990/1808); Carus (1831); Siebeck (1880–1884); Dessoir (1902); Hartmann (1901); Wundt (1907); Volkmann (1894–1895); Klemm (1911).

4.1.1 Die langfristige Tragfähigkeit theoretischer Vorstellungen misst sich an deren Transformationsmöglichkeiten

Der reiche Fundus psychologischen Wissens von Ideen sogenannter großer griechischer Denker bildet in der Psychologiegeschichte den maßgeblichen Hintergrund, an dem sich Umgestaltung und Einbindung antiker Denkansätze in sogenannte Seelenlehren des christlichen Abendlandes messen. Prägend für psychologische Ansätze – hier zunächst während des Mittelalters – war das im Vergleich zur Antike neue Verständnis vom irdischen Leben als einer Art »Durchgangsstation« auf dem Weg zu einer von Gott bestimmten Seinsform im Jenseits, weshalb Zukunfts- bzw. Gegenwartsorientierung und damit psychologisches Denken eine ganz eigene Gewichtung erhielten. Ereignisse, die man heute etwa mit einer zufallsbedingten Auftretenswahrscheinlichkeit charakterisieren würde, z. B. ein Verkehrsunfall, waren darin nicht vorgesehen. Vielmehr lagen sowohl retrospektive als auch prospektive Verantwortung für Lebensführung und Lebensumstände, für psychische Gesundheit und Krankheit in der Hand des Einzelnen und in seiner Beziehung zu Gott. Alle Handlungen, alles, was getan worden war oder werden sollte bzw. unterlassen wurde oder werden sollte, galt es entsprechend auf die Vereinbarkeit mit dessen Geboten zu reflektieren. Dazu aber – und hier kommt die Psychologie ins Spiel – bedurfte es auch aus damaliger Sicht bestimmter geistiger Kompetenzen. Man denke nur an Erinnerungsvermögen und Motivation, die es brauchte, um regelkonform zu agieren bzw. sich auch im Nachhinein über sein Tun Rechenschaft abzulegen. Man wird also das Mittelalter nicht lediglich als eine Phase der »Transformations«, sprich »Übersetzungsleistungen« antiker psychologischer Lehren ansehen können. Einige Beispiele, die eine Weiterentwicklung verdeutlichen (vgl. Starr 2013), werden weiter unten aufgegriffen (vgl. ▶ Kap. 5).

Im Folgenden aber geht es zunächst um übergreifende Erkenntnisse. Hierbei verdeutlicht das wiederholte Aufgreifen und insbesondere das Aus- und Umgestalten antiker, oft verschollen geglaubter Schriften durch die »orientalistische ▶ Scholastik«[4], gefolgt von einer neuerlichen »Entdeckung« und Angleichung der Texte an mittelalterliches christliches Gedankengut, ein Charakteristikum psychologischen Denkens: Die große Kapazität zur Anpassung der Lehre von der Psyche des Menschen – hier zwischen griechisch-römischer Antike, Mittelalter und dem Beginn der Neuzeit – an gesellschaftlich vorgegebene Bedingungen. Diese Anpassungsfähigkeit prägt das Selbstverständnis des Fachgebietes somit auch zu einer Zeit, die weitgehend von Heilslehren dominiert wurde, welche – fernab jeder Psychologie – im Wesentlichen auf das Jenseits gerichtet waren. Das bedeutet, selbst wenn es uns heute gelegentlich so scheint, als wäre die »psychologische Zeitrechnung« damals über Jahrhunderte hinweg kaum vorangeschritten, als hätte eine in metaphysischem Gedankengut (▶ Metaphysik) verharrende Ideenbildung keine nennenswerten Erkenntnisse gezeitigt: Ohne die damals erbrachten, weiter unten noch auszuführenden Vorleistungen »alter«, um nicht zu sagen »mittelalterlicher« Psychologie, ohne die epochenüberschreitende Fähigkeit zur Anpassung der Lehre an unterschiedliche Weltbilder wäre das Fachgebiet, so wie wir es gegenwärtig verstehen, nicht denkbar.

Umgekehrt bedeutet dies: Wenn psychologische Erkenntnisse, die viele Jahrhunderte zurückliegen, noch als Basis unseres heutigen Denkens taugen sollen, dann müssen sie grundlegend genug gewesen sein, um diverse fachinterne ▶ Paradigmenwechsel zu überstehen und außerfachlichen Einwirkungen durch vorherrschende Denkströmungen in anderen Disziplinen zu widerstehen. Sie müssen geo- und soziopolitischen Umwälzungen ebenso getrotzt haben wie einem diffusen »kollektiven Vergessen«, das jedes noch so grundlegende Problem irgendwann und aus irgendwelchen Gründen zu einem randständigen degradieren kann. Man

---

4   Als solche bezeichnet sie Blick (1952).

4.1 · Versuche einer wissenschaftlichen Überwindung des Erfahrungshorizonts ...

könnte also sagen, weil psychologisches Denken wirklich zeitübergreifend von Bedeutung war bzw. ist, überdauert(e) es auch die Zeitläufte. Dies geschah im Wesentlichen dadurch, dass »alte« Problemstellungen unter neuen Blickwinkeln, sprich unter geänderten wissenschaftlichen und weltanschaulichen Gesichtspunkten, mit den jeweils aktuellen Methoden immer wieder aufgegriffen und erkenntnisgewinnend weiterbearbeitet werden konnten bzw. können.

Ein Beispiel für die beständige Aufarbeitung und Neubetrachtung mit dem jeweiligen Ziel der Wahrung zeitentsprechender Einigkeit liefern die nachstehend skizzierten Wandlungen in der Bedeutung psychologischer Kernbegriffe. Deren bevorzugte bzw. unterschiedliche Verwendung im Laufe der Zeit spiegelt die oben angesprochene Anpassungsfähigkeit im akademischen Verständnis der Psyche eines Menschen; macht es doch z. B. einen beträchtlichen Unterschied in der Ausgestaltung des fachlichen Gegenstandes, ob man sich etwa primär der ▶ *Seele* und/oder dem *Geist* eines sich seiner *selbst bewusst* seienden Menschen widmet oder ob man dessen *Verhalten* oder *Erleben* in den Mittelpunkt stellt. Deutlich wird dies nicht zuletzt durch die Bezeichnung des Fachgebietes: Man versteht heute unter »Psychologie« zwar kaum mehr das, was der ▶ Begriff »eigentlich« einmal zum Ausdruck bringen sollte: die wissenschaftliche Erfassung (griech. *logos*) der ▶ Seele (griech. *psyche*), ist sich dennoch aber sicher, auf einem fachlich stabilen Fundament aufzubauen.

Seit nunmehr über zweitausend Jahren wurde in immer neuen Varianten der wissenschaftliche Gegenstand der Psyche durch ▶ Begriffe auszufüllen bzw. auszudrücken gesucht, die man über viele Jahrhunderte hinweg mit »Seele« (vgl. Jüttemann et al. 1991) und/oder »Geist« in Verbindung brachte und durch verschiedene ▶ »Vermögen« zu beschreiben suchte. Gegen Ende des 19. bzw. Anfang des 20. Jahrhunderts waren davon allerdings nur einige Aspekte übrig geblieben. Auch der ▶ Begriff des Bewusstseins – ein Ausdruck, der seit dem 18. Jahrhundert in der Fachsprache geläufig ist – wurde auf einige wenige Zusammensetzungen reduziert, ehe er in die akademische Psychologie der Gegenwart übernommen wurde. Heute bildet er aber keinen herausgehobenen inhaltlichen Schwerpunkt. Das fachliche Selbstverständnis kreist vielmehr seit fast einem Jahrhundert um o. g. »Verhalten« bzw. »Erleben« als Inbegriff des in der Psychologie Erforschbaren.

Was also ist geschehen? Sollte man wirklich annehmen, dass sich bestimmte Wesensmerkmale verändert haben, dass die ▶ »Alltagsgeschichte des Psychischen« anders verstanden, neu geschrieben werden muss? Nehmen z. B. Menschen heute im Gegensatz zu früher an, sie hätten keine ▶ Seele mehr, sie brächten nur bestimmte Verhaltensweisen zum Ausdruck? Oder hat sich im Wesentlichen nur das jeweilige Fachverständnis, also die »akademische Psychologie«, gewandelt, was seinerseits wiederum durch bestimmte Entwicklungen bzw. Umbrüche in der ▶ Begriffswelt zum Ausdruck kommt? Wirkt schließlich – wie immer man den Betrachtungswinkel auch ändern mag – nicht das eine auf das andere zurück?

Dass die akademische Psychologie stets wertvolle Hinweise aus der Lebenswirklichkeit der Menschen erhalten hat und noch erhält, steht z. B. außer Frage. Gleichwohl liegt im Folgenden der Betrachtungsschwerpunkt auf dem Begriffs- und Bedeutungswandel theoretischer Vorstellungen, denn nur diese lassen sich durchgängig mit historisch gesicherten Quellenverweisen belegen. Und mehr noch: Das besondere Augenmerk richtet sich dabei – wie eingangs erwähnt – auf die Entwicklung der modernen, einer sich an der Naturwissenschaft orientierenden Psychologie. Alles mündlich Überlieferte, in Erzählungen Angesprochene, in Aphorismen und Merksätzen oder Versen zum Ausdruck Gebrachte (vgl. Brant 1964) tritt demgegenüber ebenso in den Hintergrund wie Querverweise und Rückbezüge zwischen akademischer Psychologie und ▶ Alltagspsychologie.

4.1.2 Das Bewegende und das Bewegte

Die heutige naturwissenschaftliche Ausrichtung der Psychologie in den Vordergrund stellend, wird zunächst auf den seit der Antike geläufigen ▶ Begriff der »Seelenkraft« abgehoben. Durch diesen – es ist eine von vielen möglichen Übersetzungen des in der antiken ▶ Philosophie und Bibel geläufigen ▶ Begriffs des *pneuma* (griech. 'Hauch, Atem') bzw. des *spiritus* (lat. 'bewegte Luft, Lebensatem') – wird deutlich, dass ähnlich wie heute auch »Bewegendes« und »Bewegtes« seit jeher nicht getrennt gedacht wird. Damals kam durch den ▶ Begriff des Pneumas die Vorstellung einer selbständigen Substanz zum Ausdruck, die zwar den ganzen Körper durchdringt, aber mit diesem nicht vereinigt zu denken ist, sondern ähnlich zum Ausdruck kommt wie das Licht *mit* der Luft.

Anfangs glaubte man, das Pneuma, verstanden als ein ätherischer Stoff, bewirke im Menschen Atmung *und* Pulsschlag und befördere somit als lebenserhaltendes Prinzip die »Seelenkraft«, sei gewissermaßen gleichbedeutend mit mentaler Energie. Diese Quasi-Gleichsetzung war deshalb wichtig, weil in Anlehnung an ▶ Platons Vorstellung, dass »Gleiches nur durch Gleiches« erkannt werden könne, der Gedanke vorherrschend war, dass dasjenige, das etwas Unkörperliches erkennt, selbst Unkörperliches darstellen müsse.

Die daraus abgeleitete Ähnlichkeit in der Bedeutung von »Seelenkraft«, ▶ »Seele« und dem damit verwandten ▶ Begriff des »Geistes« sowie deren Integration in diverse Pneuma-Lehren bestimmten naturphilosophische Vorstellungen über die Psyche eines Menschen bis weit über das Mittelalter hinaus. Metaphysische Seelenlehren und die damit verbundene Pneumalehre, verstanden nun als »göttlicher Hauch«, ließen den Menschen gewissermaßen als Geschöpf Gottes am Weltganzen teilhaben. Letztlich versuchte man auf diese Weise, *psychobiologische Lebenserscheinungen*, sprich mentale und körperliche Kennzeichen, gedanklich zu verknüpfen, ohne dabei das Problem eines wie immer auch gearteten Verhältnisses von »*feinstofflichen Seelensubstanzen*« zu anderen *grobstofflichen Körpersubstanzen* zu thematisieren oder gar kirchliche Dogmen zu verletzen.

Die noch über das Mittelalter hinaus währende Strahlkraft dieser gedachten psychophysischen Verbindung war auch von klinisch-psychologischer Bedeutung. Nicht nur, dass die sogenannten Pneumatiker unter den Medizinern bis hinein in die frühe Neuzeit versuchten, psychopathologische Erscheinungen aus eben diesem Pneuma, dieser feinen, den ganzen Körper durchdringenden Substanz, heraus zu deuten. Diese auch theologisch akzeptierte Geisteslehre der Pneumatologie hielt als Teilbereich der speziellen ▶ Metaphysik auch in die sogenannte metaphysische Psychologie Einzug. Denn indem das notwendige Wissen über das Geistige mit dessen »Substanz«, also einer gedachter Feinstofflichkeit, in wechselnde Beziehung gesetzt wurde, eröffneten sich unterschiedliche Möglichkeiten zur Gewichtung des Psychischen und Physischen. Nur anfänglich wurde z. B. der ▶ Begriff des *pneuma* bzw. *spiritus* mit der »Anregungsenergie«, der Seelenkraft, entstanden durch ein- oder ausgehauchte Luft, in Verbindung gebracht. Im Laufe der Jahrhunderte geriet der Ausdruck zum Inbegriff eines gedachten physiologischen Bindeglieds, der dazu eines speziellen »Hauches« kaum mehr bedurfte. Ähnlich wenig gebunden war auch das mentale Äquivalent, hier das Seelische (vgl. ▶ Kap. 6).

Im Gegensatz zum Begriff der Seele ist etwa der verwandte ▶ Begriff des »Geistes« auf das Diesseits beschränkt und bleibt aufgrund diverser Randbedingungen, so unscharf sie auch sein mögen, vorrangig auf das »innere Rationale« konzentriert und weniger auf das »innere Gefühlsmäßige«. Durch diese Abgrenzung kommt ein psychologisch relevanter Bereich im Verständnis des Seelischen zum Ausdruck. Denn zur ▶ Seele (griech. *psyche*, lat. *anima*) gehörte neben einem die Welt durch (Nach-)Denken erfassenden Anteil (*anima rationalis*)

4.1 · Versuche einer wissenschaftlichen Überwindung des Erfahrungshorizonts ...

immer auch das Passiv-Empfindsame (*anima sensitiva*) und Aktiv-Triebhafte (*anima vegetativa*) dazu. Ohne Weiteres gleichsetzen lässt sich jedoch der rational gedachte Seelenanteil mit dem ▶ Begriff des Geistes nicht, da bei Ersterem neben einem bewussten rationalen Agieren immer auch Unbewusstes hineinspielt. Erst vom 18. Jahrhundert an löste sich die Psychologie, verstanden als »Seelenforschung«, zunehmend aus religiös unterfütterten Vorstellungen eines immateriellen Seelenprinzips. Insbesondere ▶ I. Kant zog diese Auffassung als wissenschaftlich unangemessen in Zweifel. Für ihn wiederum war alles Seelische Gegenstand des sogenannten »inneren Sinnes«, eines ▶ Vermögens, das sich nicht darin erschöpfte, dem Menschen ein Bewusstsein darüber zu vermitteln, was er denkt und wie er handelt, sondern auch das empfindende ▶ Gemüt umfasst. Darüber hinaus konnte es nur mit dem Körper verbunden gedacht werden (vgl. Kant 1796/2003 S. 79 f.). Allerdings schien, was »außen« und was »innen« geschah, also was auf den Körper einwirkte und durch geistige ▶ Vermögen bearbeitet wurde, nicht ineinander überführbar zu sein. Wie sollte man, so argumentierte er, durch ein Beobachten der ▶ Kategorie des Äußeren auf das Nichtbeobachtbare des Inneren schließen können?

Solange eine kategoriale Differenzierung des Innen und Außen Vorrang vor relationalen Modellvorstellungen hatte, wurden z. B. auch Denken, Fühlen und Wollen als selbständige Seelenvermögen und damit als Gegenstand des inneren Sinnes betrachtet. Entsprechend differenzierte man in dieser, der sogenannten *älteren Psychologie,* zwar unterschiedliche ▶ Vermögen, u. a. ein Erkenntnis- und Begehrungsvermögen, ein ▶ Vermögen von Lust und Unlust.[5] Von einer Beziehung zu den jeweils äußeren Sinnen aber, die heutiger Auffassung nach damit im Zusammenhang gesehen werden, war nicht die Rede.

Dessen ungeachtet wirkt das Dreigespann von ▶ Vermögen des Denkens, Fühlens und Wollens, heute etwa als ▶ Kognition, ▶ Emotion oder Motivation zu bezeichnen, bis in die Psychologie unserer Zeit hinein (vgl. Wehner 1990). Allerdings wurde der dazugehörige Leitbegriff des ▶ Vermögens aufgegeben, denn mit ▶ »Vermögen« waren *selbständige Handlungs- und Leistungsdispositionen* umschrieben, also solche, die nicht aufeinander ein- oder zurückwirken konnten und deren Unterteilung, etwa in Seelenvermögen (lat. *facultas* 'das Vermögen') des *Denkens, Wollens und Fühlens* (vgl. Aquin 1985, S. 245–280), man im Laufe der Zeiten immer weiter spezifizierte und differenzierte, um sie dem sich ändernden Weltbild anzupassen. In der gegenwärtigen Psychologie haben z. B. Ausdrücke wie »Wollen« oder »Fühlen«, sofern sie überhaupt wissenschaftlich verwendet werden, mit ihrer ehemaligen Bedeutung im Rahmen einer ▶ *Vermögenspsychologie* kaum mehr etwas gemein. Es geht heute nicht mehr darum, rational unangreifbare Grundbestandteile einzelner ▶ Vermögen zu schaffen und Lehrsätze daraus abzuleiten, wie dies noch bis ins 19. Jahrhundert hinein der Fall war. Damals dachte man hingegen – anders als heute –, dass das Wachstum einer Wissenschaft generell von der angemessenen Anwendung entsprechender Leitsätze abhinge (vgl. Wolff 1996, S. 128–131, 229), z. B. einer, die eine adäquate *Schichtung* bzw. *Abstufung* in eher »niedrige« bzw. eher »höhere« Seelenkräfte erlaubt. Vorstellungen wie diese sind – zusammen mit anderen überdauernden Grundwahrheiten – in der naturwissenschaftlichen Psychologie heute in den Hintergrund gerückt, sieht man einmal von der immer noch bestehenden Annahme einer Schichtung von Bewusstseinszuständen ab. Die damals ebenfalls gängige Vorstellung einer alle ▶ Vermögen umfassenden seelischen »Grundkraft« wurde indes ersatzlos gestrichen. Hätte man sie weiter benutzt, so wäre man sowohl in einer empirisch als auch in einer phänomenologisch ausgerichteten Psychologie dem starren, weil inhaltlich nicht weiter aufzuschlüsselnden Gerüst des damit verbundenen begrifflichen Denkens nicht entkommen.

---

5 Eine allgemeine Einteilung der »Seelenvermögen« nimmt z. B. auch Carus (1990/1808) vor, hier: »Specialgeschichte Christian Wolf«, S. 544 ff.

Bereits am Anfang des 20. Jahrhunderts wurde in der experimentellen Psychologie die Idee einer solchen übergeordneten »Kraft« als wissenschaftlicher Gegenstand deshalb nicht mehr akzeptiert, weil sie als *nicht quantifizierbar* galt. Zuvor hatte man einzelne psychologisch bedeutsame Kräfte, wie etwa ▶ »Vernunft« oder »Wille«, in ähnlich beschreibender Weise gebraucht, wie »Licht« als Ausdruck für eine physikalische Erfahrung benutzt wurde. Anders aber als Phänomene der modernen Naturwissenschaft vermochte man mentale Kennwerte nicht so umzuwandeln, d. h. in messbare Komponenten zu zerlegen und mathematisch zu erfassen, dass ihr Erklärungswert durch eine experimentelle wissenschaftliche Analyse gestützt würde. Vielmehr nahm man an, die Beschreibung einer Eigenschaft, z. B. willensstark zu sein, genüge, um wissenschaftlich damit arbeiten zu können. Hätte man, um beim Vergleich mit der Physik zu bleiben, in dieser weiterhin von einem »Leuchtvermögen« gesprochen, dann wäre wohl kaum zu erwarten gewesen, damit die Funktionsweise von optischen Geräten erklären oder auf diesem Wege gar zu Erkenntnissen auf dem Gebiet der Lasertechnik gelangen zu können. In der Psychologie hingegen war man – zumindest bis zum Einzug der Mathematik und physiologischer bzw. anatomischer Kenntnisse aus der Medizin in das Fachgebiet – der Auffassung, man könne, indem man Denken durch ein Denkvermögen, Abstraktion durch ein Abstraktionsvermögen etc. zu erklären suchte, neben den Naturwissenschaften bestehen. Indem sich die Auffassung von einem ▶ Vermögen als »Inbegriff einer Kraft, die in allen Dingen steckt«, im Wunsch, im Willen, in den Handlungen und letztlich auch in der ▶ Seele selbst, ihres geringen Erkenntnisgewinns wegen überlebt hatte, blieb auch die dahinterstehende Frage nach der *gemeinsamen Grundkraft,* dem ▶ Antrieb, wie man heute sagen würde, aus dem heraus sich alle »Tätigkeiten der Seele« entwickeln sollten, entsprechend unbeantwortet.

Abgelöst wurde diese Art des in unbestimmten Kräften verhafteten Denkens im Rahmen der ▶ Vermögenspsychologie durch die sogenannte *jüngere Psychologie,* die Ende des 19. Jahrhunderts in Deutschland Fuß fasste. Es schien nun gemäß der zunehmend naturwissenschaftlichen Ausrichtung nicht mehr sinnvoll, weiterhin die Existenz einer ▶ Seele, einschließlich ihrer unbestimmten Grundkraft, an den Anfang allen Forschens zu stellen, da deren Vorhandensein erst noch nachzuweisen wäre. Man könne, so z. B. die Argumentation ▶ W. Wundts, die ▶ Seele zwar an den Schluss aller Untersuchungen setzen, nicht aber als Ausgangspunkt wählen. Zu beginnen sei vielmehr, in Anlehnung an die Physik, mit der Erfassung einzelner *psychischer Elemente* der ▶ Seele. Auf diese folge, ebenfalls in Analogie zum Vorgehen im Nachbarfach, der Nachweis von deren *Verbindungen,* hier verstanden als Vorgänge oder Ereignisse. Die Erforschung der dafür gültigen Gesetze, so die Hoffnung, würde ggf. in der Feststellung eines Seelenlebens münden. Dies geschehe z. B., indem die dafür nötige psychische Kausalität aufgezeigt werde, die eine Bestimmung des Seelenbegriffs rechtfertige.

Indem man versuchte, anstelle der *Wirklichkeit des Seins* einzelne *Tätigkeiten des Geistes* an den Anfang zu setzen, wurde eine immaterielle Seelensubstanz und deren Grundkraft aber nicht notwendigerweise in Abrede gestellt. In den sogenannten *Aktualiätstheorien,* die von nun an das Fachverständnis zumindest teilweise abbildeten, dominierte lediglich die Vorstellung, es sei möglich, jeden psychischen Inhalt mit einem Geschehen (lat. *actus* 'Vorgang') gleichzusetzen. Geistige Vorgänge entstünden demgemäß nicht durch eine Verbindung von (unveränderbaren) ▶ Vermögen, also Kennwerten, die von sich aus gegeben waren. Man nahm nun an, dass sie sich als sogenannte *psychische Funktionen* manifestierten, d. h. sich als Akte und Erlebnisse durch ein überdauernd veränderbares Geschehen in der Zeit entwickelten. Solcherart »Funktionen« wollte man aber nicht im Sinne einer durch einen bestimmten Vorgang erzielten Folge verstehen, so wie man etwa die Blutzirkulation als »Funktion« der Herzbewegung bezeichnet, sondern im Sinne des Vorganges selbst, ähnlich etwa, wie man die Herzkontraktion als solche als eine organische Funktion bezeichnen könnte.

Dass die so skizzierte Aktualitätstheorie, die u. a. von ▶ W. Wundt vertreten wurde, durchaus verträglich ist mit der Anschauung, die ▶ Seele sei letztlich als ein Ganzes, bestehend aus Funktionen und Dispositionen, zu verstehen, zeigt sich auch im klinisch-psychologischen Denken über das Verhältnis dieser beiden funktionalen Komplexe – Psyche und Körper – zueinander. Auch hier blieb der Seelenbegriff noch bis ins 20. Jahrhundert hinein präsent, wie etwa medizinisch-phänomenologisch orientierte Theorien über den im 19. Jahrhundert von ▶ K. L. Kahlbaum geprägten ▶ Begriff der »Seelenstörungen« nahelegen (vgl. ▶ Kap. 6).

Heute steht die *Flüchtigkeit des Gegenstandes der* ▶ *Seele* sinnbildlich dafür, dass man seelische Erscheinungen von ihrer Beschreibung nicht zu trennen vermag und dass deshalb die ▶ Seele im Rahmen einer Seelenlehre im psychologischen Sinn aufgrund der Subjektivität methodisch kaum erfassbar ist (vgl. Dammer 1996; Hinterhuber 2001; Jüttemann et al. 1991). Obwohl somit der ▶ *Begriff des Seelischen nicht in der heutigen psychologischen Modellbildung aufgeht,* bleibt er in anderen Disziplinen, z. B. in der Theologie im Rahmen der Religionspsychologie oder Pastoralpsychologie, durchaus präsent. Auch im Alltagswissen wird die Erfassung des Seelischen als *das* Grundanliegen der Psychologie angesehen. Ebenfalls präsent bleibt die ▶ »Seele« als Teil eines bis heute kaum auflösbar erscheinenden Nebeneinanders verschiedener Auffassungen über eine mögliche Beziehung zwischen psychischen und physischen Kennwerten, ausgedrückt durch das sogenannte ▶ Leib-Seele-Problem. Von den einen als antiquiert und überholt bezeichnet, von den anderen als irreführende Fragestellung abgetan und von den Dritten als *das* Grundproblem schlechthin betrachtet, ist es in der akademischen Psychologie bis heute ungelöst, auch wenn man hier statt von »Leib und Seele« eher von »Gehirn und Verhalten« (Pritzel et al. 2011) oder *mind and brain* spricht (vgl. Uttal 2005). Anders in der ▶ Alltagspsychologie: Hier bleibt die ▶ »Seele« nicht nur, wie oben erwähnt, Inbegriff aller psychischer Regungen eines Menschen, sie wird auch als Gegenpol zur Materie, dem »Leib«, aufgefasst. Dass man mittels »geistiger Kräfte«, mittels des Bewusstseins auf »sein Gehirn« einwirken kann, erscheint in einem solch alltagspsychologischen Denken dann nur folgerichtig. Die »Wahrheit« einer Theorie (vgl. ▶ Kap. 3) und die Wirklichkeit der Erfahrung sind in dieser Frage indes weder im akademischen noch im alltagstauglichen Sinne verstanden deckungsgleich.

4.1.3 Das Verständnis vom Bewusstsein

Was die bereits kurz angesprochenen Fähigkeiten des »Geistes« angeht, so sind heutiger Auffassung nach in der naturwissenschaftlich orientierten Psychologie damit all jene kognitiven Möglichkeiten gemeint, welche es uns gestatten, zu überlegen, zu wählen und zu entscheiden, aufmerksam und konzentriert zu sein und überdauernd bestimmte Pläne und Absichten zu verfolgen, auch wenn der ▶ Begriff selbst nicht mehr verwendet und stattdessen von »Bewusstsein« gesprochen wird. Da, wie oben angesprochen, das Verständnis des Geistigen mehr als nur das Rationale umfasst, seine Randbedingungen hin zu spirituellen Fragen nicht scharf abgegrenzt sind, kann man auch nur dann, wenn das Transpersonale und Symbolische und damit Fragen nach der metaphysischen »Natur des Geistes« außen bleiben, annähernd eine Gleichbedeutung von geistigen und bewussten Inhalten im Hinblick auf »inneres menschliches Geschehen« konstruieren. Allerdings ist der nur qualitativ erfassbare und nicht weniger komplexe, aber dennoch nicht spirituell besetzte ▶ Begriff des Bewusstseins in seinen Randbedingungen ebenfalls unscharf geblieben; zumindest werden entsprechende Fragen nach den Grenzen des Vor-, Unter- und Unbewussten unterschiedlich beantwortet. Dessen ungeachtet steht er heute für ein »rationales Selbst«, für o. g. Summe aller geistigen Prozesse, die zur Vergegenwärtigung von Umweltbedingungen und inneren Erlebnissen nötig sind. Indem man auf die vernunftbegründete Verhaltenssteuerung abhebt, die eine gedanklich begründete Anpassung des Individuums an die konkrete Lebenswelt ermöglicht, nimmt man allerdings in Kauf, dass Unbewusstes, Nicht- oder Vorbewusstes in der naturwissenschaftlich ausgerichteten Psychologie weitgehend unberücksichtigt bleiben.

Dessen ungeachtet ist dieses Verständnis vom Bewusstsein als einer wesentlichen Eigenschaft von diversen vernunftbegründeten Zuständen des Geistes mit erheblichen begrifflich-methodischen Schwierigkeiten verbunden. Zum einen findet sich bei einer näheren Bestimmung von Bewusstsein z. B. nichts Ähnliches, kein differenzierender Artbegriff, der als Vergleich herangezogen werden kann. Zum anderen steht auch kein eindeutig definierter übergeordneter Gattungsbegriff zur Verfügung. Dadurch wird eine zirkuläre Definition im Sinne von »Bewusstsein ist, was man mittels des Bewusstseins als solches umschreibt« kaum vermeidbar. Nicht gelöst, aber zu umgehen versucht wird dieses Problem, indem der ▶ Begriff in der Psychologie heute mit Konstituenten der ▶ Kognition umschrieben wird. Durch eine Fokussierung auf mögliche Inhalte – etwa Konzentration und Achtsamkeit, Aufmerksamkeit, Gedächtnis und Sprache – haben Bewusstseinszustände dadurch stets intentionalen Charakter (▶ Intentionalität), sie sind auf etwas gerichtet, z. B. auf die Befindlichkeit der eigenen Person oder auf bestimmte externe Sachverhalte. Als phänomenales Geschehen sind sie damit prinzipiell lediglich aus der Perspektive der ersten Person zugänglich.

Erst unter Zugrundelegung der naturwissenschaftlich begründeten Annahme (vgl. ▶ Kap. 1), Bewusstseinsprozesse stellten, wie alle anderen Vorgänge, gleichzeitig immer auch neuronale Prozesse dar, wird es möglich, diese unter der Perspektive der dritten Person zu erkunden, z. B. im Sinne von »bei Bewusstsein sein«, also wach zu sein, nicht zu schlafen oder im Koma zu liegen. Erfasst und gemessen wird in diesem Falle z. B. stellvertretend für das »ganze Bewusstsein« die Vigilanz einer Person, verstanden als Fähigkeit der Daueraufmerksamkeit und Reaktionsbereitschaft gegenüber bestimmten unregelmäßig auftretenden Reizen im Gegensatz zu Narkose oder Tiefschlaf. Dass eine solche Definition von Bewusstsein bevorzugt z. B. in der physiologischen Psychologie verwendet wird, ist naheliegend, da hier in Gestalt des EEGs physiologische Vergleichswerte zur Verfügung stehen, die Wach- und Schlafzustände unterscheiden helfen. Allerdings können elektroenzephalografische Befunde das neurowissenschaftliche Grundproblem, hier die Verortung des rationalen Selbst im Gehirn, nur schwer lösen. Denn dazu müssten bestimmte Orte im Gehirn definiert werden, an denen sich beim Menschen das so definierte Bewusstsein abbilden ließe, und es müssten im Sinne der Vergleichbarkeit verwandter Spezies bei verschiedenen Tierarten Vorstufen davon, also bestimmte Prototypen des Bewusstseins, erkennbar sein (vgl. Damasio 2011). Ferner wäre zu begründen, warum Bewusstsein dann und nur dann entsteht, wenn zu grundlegenden geistigen Vorgängen ein bestimmter Selbst-Prozess hinzukommt, so wie dies der Fall ist, wenn ein Individuum über seinen Bewusstseinsstatus zu reflektieren vermag. Jedes gedachte »Dahinströmen geistiger Inhalte«, das diese Gegenwart des »Ichs« begründet, kann allerdings von der Warte des Beobachters nur aus bestimmten Verhaltensmerkmalen erschlossen werden.

Spätestens also, wenn es um die Bewahrung der persönlichen Entität über die Zeit hinweg geht, gerät eine physiologisch orientierte Sichtweise an ihre Grenzen. Einigkeit besteht hier nur insoweit, als das Bewusstsein über das eigene Ich, auch wenn es verschiedene Erscheinungsformen annehmen kann, dennoch immer mit sich selbst identisch bleiben muss. Dies gewährleistet, diejenige Person zu sein, welche die jeweiligen Bezüge zum eigenen Ich herstellt, auch wenn diese noch so unterschiedlich ausfallen mögen (vgl. Roth 2001; Metzinger 2000). Dessen ungeachtet kommt man um eine Einbeziehung von hocheffizient arbeitenden vorbewussten Vorgängen nicht herum, da nicht alle Handlungen zuvor rational durchdacht werden, aber dennoch zielführend sind. Man nimmt deshalb an, dass ggf. »Entscheidungen« für bestimmte Handlungen auf einer vorbewussten Ebene bereits gefällt werden, ehe man sich klar darüber wird, dass man genau das tut, was zuvor vom Gehirn schon vorbereitet wurde. In dem Augenblick, da man sich über eine Handlung im Klaren ist, hat man ggf. lediglich den *kommentierenden Endpunkt* einer äußerst komplex, aber unbewusst ablaufenden Verarbeitung von Informationen erreicht.

Zu lösen versucht werden die dabei auftretenden Fragen einer dem Bewusstsein »vorauseilenden« Aktivität des neuronalen Systems und eines rückbezüglichen Zusammenfügens von geistigen und physischen Vorgängen u. a. durch Annahme eines psychophysischen ▶ Parallelismus, eines gedanklich damit eng verwandten ▶ Epiphänomenalismus oder eines ▶ interaktionistischen Dualismus, also von Wechselwirkungen zwischen Geist und Gehirn.[6] Da von einem physiologischen Standpunkt aus gesehen allein materielle Vorgänge einen privilegierten Zugang zu kognitiven Prozessen gewähren (▶ eliminativer Materialismus, ▶ logischer Empirismus), also Vorgänge ermöglichen, die ihrerseits intelligentes Verhalten und Bewusstsein zur Folge haben, versucht man in der biologischen Psychologie mögliche »Determinanten des Menschlichen« gerade so zu fassen, dass alles, was einen Menschen ausmacht, auch den Gesetzen der Naturwissenschaft folgend beschreibbar wird.

Wie aber sollte man mittels des Gehirns etwas anderes erfahren als genau das, was diese Maschinerie vorgibt, wie etwas erkennen, das darüber hinausgeht und Auskunft darüber geben könnte, warum wir so denken, wie wir denken? Da im Rahmen eines naturwissenschaftlichen Ansatzes im Wesentlichen materialistische und reduktionistische Vorgehensweisen zur Diskussion stehen, sind alle Unwägbarkeiten jenseits davon nicht zu erfassen. Ein eventuell vorhandener nicht neuronaler Anteil des Problems kann folglich auch nicht in Abrede gestellt werden. Das Gehirn, das für die Erschaffung eines einheitlichen und gleichzeitig dynamischen inneren Portraits der Wirklichkeit verantwortlich gemacht wird, kann, wie oben angedeutet, weder bei psychisch gesunden noch bei psychisch kranken Menschen herausfinden, was es jenseits des so geschaffenen Modells noch an »äußerer Wirklichkeit« gibt (vgl. ▶ Kap. 1). Weder kann es sein Modell infrage stellen noch ein alternatives bilden. Mittels des Gehirns vermögen wir also nicht zu erkennen, dass die dadurch geschaffene Wirklichkeit nur ein Abbild von etwas ist, das mittels der eigenen begrenzenden, verzerrenden Möglichkeiten zustande kam. Deshalb gehen wir davon aus, dass die Welt so ist, wie sie sich uns darbietet. Anders gesagt, wir sind konstitutionell gesehen unfähig, durch unser bewusstes Erleben zu erkennen, dass wir ebendieses nur aufgrund einer besonderen Gehirnorganisation haben. Denn sich selbst zu hinterfragen, gewissermaßen die eigenen Konstruktionspläne offenzulegen, ermöglicht dieses Medium nicht.

Das dadurch zum Ausdruck kommende Gegensatzpaar von neuronaler Dynamik einerseits und Stabilität des Ich-Bewusstseins andererseits bleibt als solches bestehen. Auch ein gedachter »Strom des Bewusstseins« und eine »stabile Innerlichkeit« wird nicht als widersprüchlich erfahren. Letzteres erkennen wir daran, dass die Essenz des Phänomens Bewusstsein, nicht davon abhängig ist, ob wir besonders oder kaum aufmerksam waren, ob wir viel oder wenig vergessen haben et cetera. Wir sind auch dann überzeugt, die äußere reale Wirklichkeit zu erfahren, wenn wir uns nicht konzentrieren können, ein schlechtes Gedächtnis haben und nur wenig von dieser Welt begreifen. Das bewusste Erleben, genauer gesagt, die stabile Innerlichkeit im Fluss bewussten Erlebens, ist somit eher als eine innere Angelegenheit zu begreifen.

---

6   Zu den wenigen Autoren, die dies vertreten, gehören u. a. ▶ Popper und ▶ Eccles. Sie beschreiben ihren Ansatz in dem Buch The Self and Its Brain (1977).

Dieses so gedachte »bewusste Erleben« wird durch kognitive Vorgänge laufend neu geformt bzw. umgeformt, und mit der Zeit verschmilzt Erlebtes und Erdachtes zu einem neuen Ganzen.

Physiologisch gesehen steht dieser »Fluss bewussten Erlebens« zwar außer Frage, ist aber bislang nur bedingt nachzuvollziehen. Offen bleibt u. a. das Problem der ▶ Bindung zwischen verschiedenen Konstituenten, z. B. Wahrnehmung, Aufmerksamkeit, Erinnern und Vergessen, zu einem sich ständig wandelnden Ganzen. Denn ein übergeordneter neurowissenschaftlicher »Masterplan«, der das Problem einer Zusammenführung nach übergeordneten Gesichtspunkten lösen könnte, hat im heutigen naturwissenschaftlichen Denken keinen Platz, weshalb nur die Vorstellung bleibt, dass das Ich-Bewusstsein eines Menschen eine Angelegenheit neuronaler Selbstorganisation ist. Auch wenn dies auf den ersten Blick nicht besonders attraktiv erscheint, so bleibt physiologisch betrachtet doch nichts anderes übrig, als anzunehmen, dass sich in jeder einzelnen Konstellation dieses Erregungsflusses die Konstituenten immer wieder auf sich selbst abbilden und so zu ihrem eigenen, sich gewissermaßen »selbst organisierenden« Kontext werden.

War man also in den Anfängen der experimentell orientierten Psychologie vor etwas mehr als einem Jahrhundert noch damit befasst, wie aus dem Zusammenhang und der Wechselwirkung psychischer »Elemente« Bewusstsein gebildet werden könnte, und hoffte man, dass die Erforschung der dafür gültigen Gesetze schließlich in der Feststellung des Seelenlebens münden würde, so geht man heute davon aus, dass der »Fluss bewussten Erlebens« ein Korrelat physiologischer Datensätze darstellt, das den Gesetzmäßigkeiten rückbezüglicher, selbstverstärkender elektrophysiologischer Koppelungssysteme folgt. Ob dieser Ansatz zukunftstauglicher ist, muss sich indes erst noch erweisen.

4.1.4 Verhalten und Erleben

Bereits um die Wende zum 20. Jahrhundert gewann der evolutionsbiologisch begründete Leitgedanke, man könne über verschiedene Spezies hinweg Homologien und Analogien nicht nur im Körperbau und der Funktion ihrer Sinnesorgane erfassen, sondern auch im Verhalten untersuchen, zunehmend an Unterstützung. Dem Vorbild bedeutender Physiologen teilweise folgend, etwa ▶ H. von Helmholtz, ▶ J. Müller oder ▶ E. Du Bois-Reymond, versuchte u. a. ▶ W. Wundt hingegen sogenannte Grundkonstanten psychischen Geschehens zu erkunden. Diese nämlich stellten für ihn insofern einen Wert *an sich* dar, als seiner Auffassung nach selbst die einfachsten Wahrnehmungsvorgänge aus der anatomischen Struktur und der physiologischen Funktion der Sinnesapparate allein nicht verstanden werden könnten. Die *Physiologie* gebe nur eine Seite des Problems vor, nur die *Anfangsglieder des Wahrnehmungsprozesses* und die »Bedingungen« für dessen Zustandekommen. Die gängigen subjektiven psychologischen Verfahren der *reinen Selbstbeobachtung* könnten wiederum nur die *Endglieder* des Wahrnehmungsvorganges erfassen – Endglieder, die nur deswegen als festbleibend erscheinen, weil die Erfassung durch Selbstbeobachtung nur den einen Moment, in dem das Wahrgenommene bewusst werde, festhalten könne. Dazwischen aber fänden Prozesse statt, die durch ▶ Introspektion nicht zu erfassen seien, ganz abgesehen davon, dass man bei jeder »inneren Beobachtung« auf Erinnerungen, Verfälschungen und Täuschungen zurückgeworfen sei (vgl. ▶ Kap. 3). Da es aber keinen »inneren Sinn« gebe, der uns in Kenntnis von den Abläufen des Innenlebens setze und dieses somit erschließe, sei folglich auch eine Trennung zwischen »inneren« und »äußeren« Sinnen nicht sinnvoll. Jede Wahrnehmung sei eine Mischung aus äußerer Einwirkung und innerer Verarbeitung. Der Unterschied in der Betrachtungsweise von Naturwissenschaft und Psychologie bestehe nur darin, dass Letztere die *unmittelbaren Erfahrungen* zum Gegenstand habe, während Erstere auf dem Gebiet der *mittelbaren Erfahrungen* tätig sei. Es sei deshalb sinnvoll, das experimentelle Vorgehen der Naturwissenschaften zu übernehmen, denn es biete den Vorteil, die stetig fließenden seelischen Vorgänge mit objektiven Verfahren aufzuzeigen. Außerdem könne man denselben Vorgang im Experiment beliebig oft wiederholen bzw. nachprüfen. Nicht zuletzt könne man die zu beobachtenden Vorgänge auch willkürlich herbeiführen und dann die Bedingungen dafür studieren und vergleichen.

Damit war ein möglicher Weg vorgegeben, um hypothetische Verhaltensoptionen eines Organismus, die sogenannte *Blackbox* seines Repertoires, in ein faktenbegründetes Raster von relevanten, sprich experimentell belegten Konstituenten zu transformieren und diese erkenntnisgewinnend weiterzuerforschen. Zu Anfang des 20. Jahrhunderts war man allerdings davon überzeugt, dass sogenannte »höhere Seelenerscheinungen« auf diese Weise nicht untersucht werden könnten. Heute vermeidet man den ▶ Begriff der höheren Seelenerscheinungen. Man konzentriert sich stattdessen auf beobachtbare Konstituenten seelischer Vorgänge, hier das von außen erkennbare Verhalten eines Menschen und sein Erleben, verstanden als die Summe schriftlich bzw. mündlich dokumentierter Aussagen. Beides versucht man mittels der Zerlegung in empirisch erfassbare Teilaspekte zu untersuchen. Auch wenn man durchaus geteilter Meinung darüber sein kann, dass gerade ein solcher Zugang, der die Potenzialität der menschlichen Psyche auf das naturwissenschaftlich Begründ- und Dokumentierbare zurückschneidet, tragfähig sein sollte, erlaubt dieser Ansatz, anders als eine auf das Subjekt bezogene Psychologie, konkrete und überprüfbare Aussagen, von denen man persönlich nicht überzeugt sein muss, um sie akzeptieren zu können. Damit unterscheidet er sich auch von der zuvor üblichen Vorstellung vorgegebener *seelischer Grundkräfte* und deren Aufteilung in invariante einzelne ▶Vermögen.

Was das Verhältnis vom ▶ Begriff des Verhaltens angeht, so ist dieses trotz der genannten Spezifizierungen offen für unterschiedliche Deutungen. Je nachdem, ob man z. B. eher der Verhaltensbiologie, der Humanethologie oder der biologischen ▶ Anthropologie nahesteht, kann sich »Verhalten« auf die Aktivität eines Organismus per se beziehen, es kann das Wahrnehmbare der Aktivität in den Vordergrund stellen, die messbare Aktivität meinen und die Reaktion ganzer Spezies einbeziehen. Verhalten kann auch eine konkrete Reaktion eines bestimmten Organismus zum Inhalt haben, eine Teilreaktion oder ein generelles Reaktionsmuster. Letztlich kann die gesamte objektive, teils beobachtbare, teils nicht beobachtbare, aber logisch erschließbare Aktivität eines Individuums oder einer Gruppe von Individuen mit dem ▶ Begriff des Verhaltens umschrieben werden, so wie etwa in der Psychologie. Hier hängt die Definition von »Verhalten« davon ab, welcher Auffassung von akademischer Psychologie man sich verpflichtet fühlt, ob man z. B. eher sozialwissenschaftlichen Handlungstheorien zugeneigt ist oder sich eher biologischen Grundsätzen verschrieben hat.

Fragen des *Erlebens* eines Menschen wurden im Verständnis der Psychologie, solange sie sich als eine »objektive Wissenschaft«, als ▶ objektive Psychologie, verstand, meist ausgegrenzt. Und auch heute ist, wie oben dargestellt, unzweifelhaft, dass dieser sich auf die Gesamtheit der inneren, im Bewusstsein repräsentierten Vorgänge beziehende ▶ Begriff zahlreiche Unwägbarkeiten in sich birgt. Da jedoch in den Erlebensbegriff sowohl alle psychischen Phänomene *ohne eine explizit genannte organische Basis* einfließen – also z. B. Empfinden, Denken, Vorstellen – als auch alle *psychischen Vorgänge mit einer bekannten organischen Basis* – hier z. B. Schmerz, Angst oder Stress –, besteht die Chance, das Erlebte immer auch in einem neurowissenschaftlichen Sinne methodisch erfassen zu können. Selbst wenn also das jeweilige Geschehen in seiner persönlichen Besonderheit nur dem Betroffenen unmittelbar, d. h. durch ▶ Introspektion, zugänglich ist, so kann es doch mittels diverser Befragungstechniken umrissen und je nach

Intensität der damit verbundenen ▸ Gefühle unter Umständen auch physiologisch abgebildet werden.

4.1.5 Fazit

Das Verständnis vom Bedeutungsgehalt psychologischer Grundbegriffe unterliegt einem beständigen Wandel, weshalb faktische Resultate im Sinne von »Die empirische Psychologie hat festgestellt, …« allein nicht genügen, um zuvor als gegeben Angenommenes zu unterstützen oder zu verwerfen. Dazu braucht es immer auch ein fundiertes Verständnis von dem Bedeutungshorizont, vor dem bereits bestehendes (Vor-)Wissen jeweils zu betrachten ist. Erst dann lässt sich die Entwicklung psychologischen Denkens, das in scheinbaren Endlosschleifen um das immer gleiche Thema kreist, als ein allmähliches Erschließen neuer Verknüpfungen und damit einer neuen »Wirklichkeit« über die Psyche des Menschen begreifen. Ohne beständige Neugewichtung ihrer Grundbegriffe wäre die gegenwärtige Psychologie als eine empirische Wissenschaft nicht denkbar, ohne die weitere Arbeit an diesem Prozess eine erkenntnisgewinnende Fortentwicklung nicht zu erwarten. Nach wie vor besteht folglich eine wesentliche Aufgabe darin, den Gegenstand begrifflich so ein- und abzugrenzen, dass dadurch einem Beitrag zur Verständigung über die jeweils aktuellen Inhalte und Ziele des Faches Vorschub geleistet wird.

4.2 Eröffnung von Wissensräumen

Ungeachtet der heute bevorzugten Ausrichtung auf eine eher natur- denn geisteswissenschaftlich orientierte Psychologie wird die eingangs erwähnte Antike stets als jene Epoche gewürdigt, in der es gelang, diejenigen *Wissensräume zu eröffnen,* innerhalb derer psychologisch motiviertes Denken greifen konnte. Möglich wurde dies, weil innerhalb der damaligen Auffassung welterklärender Bedeutung von Wissenschaft grundlegende Rahmenbedingungen dafür geschaffen wurden, das Psychische aus dem Einflussbereich des Geheimnisvollen in den des Denkbaren zu überführen. Vernünftiges Denken aber verlangte, wie im dritten Kapitel angesprochen, sich der Wahrheit von Urteilen zu versichern, etwa durch Anwendung mathematischer Logik.

4.2.1 Die Abkehr von mystischem Denken war ein langer Prozess

Die als »Bruchstelle zwischen Mythos und Wahrheit« zu bezeichnende Zeitspanne der sogenannten ▸ Vorsokratiker, also jener universal gebildeter Denker und Dichter, Mathematiker und Universalgelehrter vor ▸ Sokrates, erstreckte sich etwa vom 6. bis ins 5. Jahrhundert vor Christus. Das bedeutete natürlich nicht, dass die Psychologie seither keinen Zugang zur Mystik[7] mehr suchte oder metaphysische Fragestellungen nach dem Sein und der möglichen Unsterblichkeit der ▸ Seele in Abrede gestellt wurden. Im Gegenteil, die Abkehr etwa von mystischem Denken war ein Prozess, der bis in die neuere Geschichte[8] hineinreicht. Psychi-

---

7   Mystik – griech. myo 'verschweigen', z. B. mystikos 'geheimnisvoll'.
8   Mit dem ▸ Begriff der neueren Geschichte umschreibt man in etwa die Epoche, welche beginnend mit dem Ersten Weltkriegs das politische, soziale und ökonomische Geschehen in der »alten Welt« der Europäer und Nordamerikaner zu erfassen sucht.

sches Geschehen, das mit einer Vermittlung von Glaubensgeheimnissen gleichgesetzt wurde bzw. mit Seligkeit, Ich-Entgrenzung etc. verbunden war, wurde also mit wissenschaftlichem Anspruch bis ins 20. Jahrhundert hinein ernst genommen. Und zwar sowohl von anerkannten Philosophen bzw. Psychologen, z. B. ▶ M. Dessoir (1867–1974), als auch von einflussreichen akademischen Außenseitern, z. B. O. Goldberg (1885–1952). M. Dessoir wird insbesondere durch sein Buch *Vom Jenseits der Seele* (1917) mit ▶ Parapsychologie und ▶ Okkultismus in Verbindung gebracht. Letzterer steht für eine Mischung aus Veränderungswillen, Geheimhaltung und pseudoreligiöser Bestimmtheit, die Anfang des 20. Jahrhunderts auch der akademisch ausgerichteten Psychologie nicht fremd war. Insbesondere aber waren es parauniversitäre esoterische Zirkel, in denen über Charakter, ▶ Gefühl und Wille sinniert wurde und die ihre Gedankengebäude dann in Gestalt von Ratgeber-Publikation über »die Psychologie schlechthin« einer breiten Öffentlichkeit zugänglich machten. Glücklicherweise blieb zumindest im akademischen Bereich alles, was dem »verschütteten Kern« mystischer Überlieferung in der Psychologie des Menschen nachzuspüren trachtete, im Hintergrund, denn ein »Abgleiten in den Irrationalismus« hätte angesichts des »vielseitigen wissenschaftlichen Aufschwungs«, welchen die Psychologie im Spannungsfeld von ▶ Philosophie, ▶ Anthropologie und Naturwissenschaften erfuhr, vermutlich nur geschadet. Gleichwohl geriet die Idee der Ich-Entgrenzung, der Vielheit von Raum und Zeit, der un-, über- und vorbewussten Erlebnisfähigkeit und Emotionalität zwischen Todesnähe und Teilnahmslosigkeit nicht ganz aus dem Blickfeld. Zumindest teilweise wurden und werden entsprechende Erscheinungen auch heute als sachlich begründbare Phänomene angesehen, so z. B. die Erfahrungen, die mit einer vermeintlichen Todesnähe verbunden sind.

Der bislang letzte »große Fall« des 20. Jahrhunderts, einer, in den neben Theologen und Medizinern auch Psychologen mit allen Pros und Kontras involviert waren, behandelte die Erfahrungen einer Heilerin und Seherin, der *Therese von Konnersreuth*. Ihren Lebens- und Leidensweg bezeichneten die einen Akademiker als von »Geheimnissen« gekennzeichnet, die anderen hingegen als »ungeheuerlichen Bluff«, als eine Herausforderung mit allen »Denkungeheuerlichkeiten« der Gegenwart schlechthin, denen es zu widerstehen galt. Nicht ohne Grund wird deshalb in der akademischen Psychologie heute alles, was geheimnisvoll klingt, d. h. mit den zur Verfügung stehenden Methoden nicht erfasst werden kann, als »eindeutig zweideutig« betrachtet, und meist wird es als etwas Irrationales, nicht Diskursfähiges radikal ausgegrenzt. Nur selten wird das Unerklärlich-Geheimnisvolle als etwas betrachtet, das mittels der ▶ Vernunft zu hinterfragen ist und das es verdient, nach geeigneten Untersuchungsverfahren dafür zu suchen. So z. B. im Rahmen der ▶ Parapsychologie (vgl. ▶ Kap. 1), die im universitären Bereich heute allerdings ein Nischendasein fristet.

Noch Anfang des 20. Jahrhunderts war die Beschäftigung mit parapsychologischen Phänomenen hingegen nichts Ungewöhnliches. Sich mit einer Klasse von Erscheinungen zu befassen, die ihrer Existenz nach noch nicht allgemein anerkannt, sprich supranormal waren und die, ihre Realität vorausgesetzt, weder in den Bereich der normalen noch der pathologischen Phänomene gehörten, galt damals nicht als randständig. In England z. B. wurde bereits im Jahre 1882 eine Society for Psychical Research (SPR) gegründet, die sich mit unerklärlichen Erscheinungen durchaus ernsthaft auseinandersetzte, und in Amerika wurden entsprechende Bestrebungen durch den heute noch allseits geachteten Psychologen und Philosophen ▶ W. James gefördert. Im deutschen Sprachraum konzentrierte man sich angesichts der Neuartigkeit, Seltenheit und *schweren Feststellbarkeit* der Phänomene, wie oben angemerkt, hauptsächlich auf Arbeiten derjenigen Wissenschaftler, die auf anderen Gebieten der Psychologie bereits überzeugende Beiträge erbracht hatten, so z. B. ▶ Franz Brentano. Ob letztlich aber ein Für oder ein Wider, z. B. gegenüber telepathischen Phänomenen, am ehesten angebracht ist, konnte bisher nicht eindeutig geklärt werden. Während die einen z. B. für »bewiesen« halten, dass dann, wenn eine Person überzufällig häufig über physikalisch nicht zu überbrückende Entfernungen eine Handlung umzusetzen vermag, die sich eine andere Person gedanklich vorstellt, Telepathie im Spiel sein muss, wittern die anderen dahinter lediglich einen raffinierten Trick. Schwerer noch als der Nachweis telepathischer Prozesse scheint seit jeher der Nachweis *kryptoskopischer* Vorgänge (»Hellsehen«) zu sein. So z. B. eine richtige Antwort auf die Frage nach Dingen, die noch kein Mensch gesehen hat, etwa nach Anzahl und Gestalt von Steinen, die in einem nachweislich unberührten Bodenstück zu finden sind. Ähnliche Zurückhaltung wird auch gegenüber autoskopischen Vorgängen an den Tag gelegt. Gerade Letztere aber liegen bei Nahtoderlebnissen offenbar vor. Die Ausgangsfrage lautet hier, wie in den anderen Fällen auch: Sind die beobachteten Phänomene als Extremwerte des vorhandenen Tatsachenbestandes bzw. dessen maximale Steigerung zu verstehen, oder gibt es hierzu kein bekanntes medizinisch-physikalisches Gegenstück? Gerade der scheinbar über den physiologischen Körper hinausgehende Ganzheitscharakter des so ermittelten psychischen Geschehens macht bis heute Probleme, denn er ist wie gesagt mittels der gängigen naturwissenschaftlichen Messmethoden kaum erfassbar. Deshalb dominiert weiterhin die Auffassung, dass Erfahrungen, die während des Träumens, während seelischer Extremzustände oder im bewussten Zustand mit physikalisch nicht nachvollziehbaren Phänomenen gemacht werden, nicht als Erkenntnisgewinn im gegenwärtigen »Wissensraum« der akademischen Welt zu betrachten sind. Was aber ist ein »Wissensraum«? Wie entsteht er, was begrenzt ihn?

4.2.2 Entwicklung von Rahmenbedingungen für die Entstehung von Wissensräumen

Einer der in der Antike geschaffenen »Wissensräume«, dessen Bedeutung bis heute nachwirkt, ist die Erkenntnis, dass die Betrachtung von etwas Ganzheitlichem, Umfassendem Vorrang hat vor jeder Einzelerfassung. Es war u. a. ▶ Parmenides von Elea (geb. um 515 v. Chr.), der die Vorstellung des Logos, also des grundsätzlich Erklärbaren von etwas, bis auf das größtmöglich denkbare Umfassende ausdehnte. Entsprechend müsse alles Reale der Gegenwart eine bis auf den Anfang von allem zurückreichende unsichtbare Einheit erkennen lassen. Eine Leere war nicht zu denken, weil nicht zu begründen. ▶ Parmenides legte dabei im Unterschied zu anderen, weiter unten noch zur Sprache kommenden Denkern, z. B. ▶ Heraklit, Wert auf die Unwandelbarkeit dieses gedachten Ganzen. Von nun an, ausgedrückt durch die darin zum Ausdruck kommende Auffassung, dass Denken und Sein identisch seien, schien es möglich, das Weltganze und damit auch das (denkende) Sein des Menschen in seinen Grundstrukturen durch deduktives Denken zu erfassen. Das Wahrnehmbare, Erfahrbare, wurde allerdings lediglich für einen mit Irrtümern behafteten Teil des Ganzen gehalten, denn es ließ einen Wandel erleben, der aus Vernunftsgründen – letztlich war doch alles ein unwandelbares Etwas – unmöglich schien.

Da psychologische Gegenstände immer solche der mentalen Welt sind, hatte eine Gleichsetzung von physischer und mentaler – sprich psychisch relevanter – Welt aber durchaus bedeutende Auswirkungen auf die Entwicklung psychologischen Denkens. Gleichwohl wird man natürlich nicht erwarten können, dass auf diese Weise das heutige psychologisch motivierte Handeln begründet werden könnte. Und in der Tat, indem durch ▶ Parmenides das Erscheinende, das »Sinnfällige in dieser Welt« als Schatten- oder Trugbild eines »tiefer liegenden Seins« bezeichnet wurde, schlug man eine für die Psychologie über viele Jahrhunderte prägende Richtung ein. Denn wenn die »sinnfällige Welt« – wir würden heute die »wahrnehmbare« sagen – nur eine Scheinwelt ist, dann wird man auch nicht viel Erkenntnisse gewinnen können, wenn man sich dieser beobachtend nähert (vgl. ▶ Kap. 3). Nachdem auch ▶ Platon wenige Jahrhunderte später auf diesen Gedankengang zurückgegriffen hatte – er stellte die »Idee von etwas« stets über die »Beobachtung von etwas« –, glaubte man noch bis ins ausgehende 19. Jahrhundert hinein, die Grundstruktur der Welt auch »ohne die Untersuchung der realen Erfahrung darin erfassen« zu können, und begründete so eine von vielen Philosophen geteilte kritische Haltung gegenüber der modernen Naturwissenschaft.

Aber selbst wenn die heutige Psychologie die damals erörterte »Grundfrage aller Grundfragen« nach dem Urgrund des Seins, des Anfangs allen Wissens über das Wesen des Menschen, nach dem Sein hinter der Erscheinung etc. (▶ Ontologie) nicht zu ihren Gegenständen zählt, so sind doch alle Antworten, die sie derzeit zu geben vermag, letztlich darin enthalten. So unterschied man z. B. im Rahmen der ▶ Ontologie, also der Lehre von der Gesamtheit aller Gegenstände, die zusammen die Wirklichkeit ausmachen, zwischen der Art und Weise, wie uns Sachverhalte im Denken und in der Wahrnehmung erscheinen, und der, wie sie in »Wirklichkeit« sind (vgl. ▶ Kap. 3). Die Bedeutung von derart grundsätzlichen Problemstellungen ist jedoch nicht allein auf die Epoche begrenzt, in der sie jeweils behandelt wurden, sondern reicht als Ausgangspunkt allen psychologischen Denkens bis weit in die Neuzeit hinein.[9] Heutigen Fachvertretern scheinen ontologische Fragen zwar zu sehr in der Nähe des Unbestimmten und Ungefähren und damit des experimentell wenig Greifbaren angesiedelt zu sein. Nichtsdestoweniger haben sie unsere Auffassung von Psychologie um wichtige Erkenntnisse bereichert. Denn zweifellos muss man – vor jeder wissenschaftlich spezifischen Befassung mit einer Fragestellung – zuerst die Grundproblematik erkennen, die im »Ganzen« steckt, muss zumindest eine Idee davon haben, ehe man etwas in »relevante Teile« bzw. in »Tatsachen« aufteilen kann (vgl. ▶ Kap. 3). Woher wollte man sonst wissen, was relevant ist und was nicht?

Hinzu kommt, dass die heute in der Psychologie geläufige Zusammenfassung von »realer Existenz« und »Tatsache« (vgl. Chalmers 2001) unter der Rubrik des »alles, was der Fall ist« ohne die Tradition der ▶ Ontologie kaum gelungen wäre. Dank ihrer konnte die Welt als »Gesamtheit aller Tatsachen« und nicht nur als »Gesamtheit der real existierenden Dinge« betrachtet werden, und mit dadurch wurde auch der notwendige Gestaltungsraum für die Untersuchung *psychischer Tatsachen* geschaffen. Mehr noch, die Gesamtheit *relevanter psychischer Tatsachen* war nicht mehr nur allein aus Grundmerkmalen des Gegebenen (▶ Kategorien) abzuleiten. Es wurde möglich, die entsprechenden ▶ Kategorien – z. B. moralische Urteile: Was ist gut, was schlecht? – und Akte des Wünschens und Wollens – z. B. die Motivation, zu helfen, Gutes zu tun – zu einer neuen Tatsache, z. B. einem *altruistischen Verhalten,* zu verschmelzen. Letzteres konnte auch als »neu entstandene Tatsache« behandelt und theoretisch verortet werden. So etwa indem die Verhaltensbiologie miteingeschlossen wurde, denn ein Eichelhäher etwa kann durchaus ein im biologischen Sinne verstandenes altruistisches Verhalten zeigen, wenn er durch seinen Ruf andere Tiere vor möglicher Gefahr warnt; als eine Art Nächstenliebe wäre dies aber nicht zu bezeichnen. Last but not least konnte man in Anlehnung an ein ontologisch begründetes Weltbild bereits in der Psychologie des 19. Jahrhunderts als gegeben annehmen, dass zwischen psychischen Tatsachen und Körperempfindungen selbst dann eine *Gleichwertigkeit* besteht, wenn nur Erstere physikalisch erfasst und Letztere lediglich durch Befragung erschlossen werden können.

---

9   Empfehlenswerte Literatur zu diesem Themenkomplex: Wolff (1738/1968); Wolff (1740/1994); Crusius (1745); Carus (1990/1808); Carus (1831); Siebeck (1880–1884); Dessoir (1902); Hartmann (1901); Wundt (1907); Volkmann (1894–1895); Klemm (1911).

4.2.3 Konstruktive Kritik und die Anfänge einer naturalistischen Welterklärung

Aus dem Fundus an bestehendem Vorwissen, den Gelehrte verschiedener Disziplinen in der oben skizzierten Zeitspanne der ▶ Vorsokratiker zusammengetragen haben, ist die Ermutigung zu *konstruktiver Kritik* eine weitere wichtige Vorbedingung für die Entwicklung psychologischen Denkens. Dies insbesondere deshalb, weil bereits damals konstruktive Kritik nicht nur zugelassen, sondern *als unverzichtbarer Teil des Erkenntniszuwachses* angesehen wurde. Einer, der dazu ermutigte und von dem noch in der ▶ Wissenschaftstheorie des 20. Jahrhunderts, u. a. von ▶ K. Popper, bewundernd gesprochen wurde, war ▶ Thales von Milet (6. Jahrhundert v. Chr.). Dieser sah in dem Begehen von Irrtümern und der Möglichkeit ihrer Korrektur einen ganz wesentlichen Erkenntnisfortschritt. Für ▶ Thales, den Begründer der vorsokratischer griechischer ▶ Philosophie und einen der bedeutendsten Denker seiner Zeit schlechthin, stand dabei die Suche nach dem Urstoff von allem, der »Grundwirklichkeit aller Grundsubstanz«, im Vordergrund und ließ ihn nach etwas suchen, das *sowohl wandlungsfähig als auch bewegungsfähig* ist und in der Lebenswelt verschiedene Gestalten annehmen kann. Dass er damit letztlich auf *Wasser* kam, erstaunt nicht, ist doch die Frage danach bis heute eine der ersten geblieben, seit Menschen fremde Planeten ansteuern. Für ▶ Thales implizierte sie die Suche nach der Vielfalt von Erscheinungen schlechthin. Diese Mannigfaltigkeit sollte letztlich auf ein gedanklich nachvollziehbares Grundprinzip zurückzuführen sein und nichts dem Übernatürlichen vorbehalten bleiben. Verbunden damit war seine Vorstellung, dass in der »Tiefe der Welt«, also jenseits von Tieren, Pflanzen und Menschen, *letztlich alles aus einem Urstoff bestehe, alles eins sei*. So entstand ein Weltbild, das einem ▶ monistischen Materialismus Auftrieb gab, denn durch diesen von Kritikfähigkeit und (ur)stofflich begründeter ganzheitlicher Welterklärung bestimmten *Schritt* zu einem in sich geschlossenen Ganzen der Welt war auch der *Anfang für eine naturalistische Welterklärung* gemacht. Dies gilt unbeschadet der Einschränkung, dass diese Art des Denkens einer Zurückführung auf einen »letztlichen Grund« in der Psychologie des 18. und 19. Jahrhunderts auch zu einer Suche nach der »letztlichen ▶ Seele von allem, was lebte« führte. Aber selbst darin, im sogenannten ▶ Panpsychismus, steckte, wie nachfolgend deutlich wird, ein neuer Anfang.

4.2.4 Die Psychologie der »Zurückführung auf den letzten Grund« und der Anfang der Psychophysik

In dieser ebenfalls aus der Antike weitertradierten Denkrichtung des ▶ Panpsychismus wurden nicht nur der belebten, sondern auch der unbelebten, anorganischen Natur seelische Vorgänge zugeschrieben. In der Psychologie hatte die Auffassung bis ins 19. Jahrhundert hinein zahlreiche Anhänger, wobei am häufigsten der Name des Psychophysikers ▶ G. T. Fechner (1801–1887) genannt wird, also eines der Vor- und Urväter des Faches, den man mit der Denkweise des ▶ Panpsychismus vermutlich nicht auf Anhieb in Verbindung bringen würde.

Die ▶ Psychophysik, so ▶ G. T. Fechner, sollte statt der ▶ Metaphysik die ▶ Relationen zwischen Leib und ▶ Seele aufdecken und messbare Beziehungen zwischen Körper- und Geisteswelt herstellen. Auf diese Weise gedachte er eine wissenschaftliche Untermauerung seines *panpsychischen Systems* zu liefern.[10] Diese Beziehung zwischen psychischen und physischen

---

10 Diesen Ansatz einer mathematisch formulierbaren Repräsentation des Zusammenhanges zwischen »Reizveränderungen« auf der einen Seite und »Empfindungsveränderungen« auf der anderen publizierte er

Phänomenen, zwischen Leib und ▶ Seele, beschäftigte ihn so nachhaltig, dass er den Gedanken formulierte, es könne sich bei »körperlichen Entsprechungen« des »Seelischen« nicht um ein statisches Korrelat, sondern um Prozesse handeln, seien es nun »Strömungen oder Schwingungen, und [die] Änderungen derselben und höhere Änderungen dieser Änderungen« (Fechner 1851, S. 316). Die Vorstellung der »Änderungen von Änderungen« veranlasste ihn schließlich, einen logarithmischen Zusammenhang zwischen physischen und psychischen Prozessen anzunehmen und mathematisch auszuformulieren. Zwischen den beiden Welten, der des Seelischen und der des Physischen, war für ihn allerdings keinerlei Wechselwirkung denkbar, sondern lediglich ein ▶ Parallelismus, wobei seiner Ansicht nach das Physische als Korrelat des Psychischen zu gelten habe und umgekehrt. Beide jedoch fänden wiederum ihren letzten Grund in etwas Drittem. Der Kern der gesamten Leib-Seele-Diskussion bestand für ihn folglich darin, dass mit beiden Grundbegriffen lediglich zwei Erscheinungsweisen ein und desselben Prozesses gemeint seien. Zwischen beiden galt es nun Brücken zu bauen. In Rückgriff auf die Ideen seines Lehrers ▶ E. H. Weber (1795–1878) und mit dem Ziel, dieses psychische »Weltganze« zu ergründen, formulierte ▶ G. T. Fechner schließlich die heute mit seinem Namen verbundenen Gesetzmäßigkeiten, die eine dieser »Brücken zwischen Geistig-Seelischem und Physischem« schlagen sollten: das Weber-Fechner'sche-Gesetz, welches die Stärke von Sinneseindrücken und die des Reizes in einen logarithmischen Zusammenhang setzt.

▶ G. T. Fechners Zugang zur Wissenschaft blieb, auch als er 1860 sein zweibändiges Werk *Elemente der Psychophysik* verfasste, stets der eines »Naturbetrachters«. Das, was in einem philosophischen Sinne tatsächlich »gegeben sei«, interessierte ihn wenig. Für ihn kam es allein darauf an, wie ihm ein Erkenntnisobjekt »erschien«. Sein panpsychisches Verständnis der Seelenfrage erläutert er anhand des Gleichnisses von Dschuang Dse (etwa 370–280 v. Chr.):

» Sieh, wie lustig die Fische im Wasser springen«, sprach Dschuang Dse, »das ist die Freude der Fische.« – Hue Dse sprach: »Du bist kein Fisch. Wie kannst Du der Fische Freuden kennen?« Dschung Dse antwortete: »Ich kenne der Fische Freuden aus meiner Freude, ihnen von der Brücke aus zuzusehen. (Lennig 1994, S. 107.)

In diesem Kontext ist die Bestimmtheit der ▶ Kategorien des Körperlichen und Geistigen, des Materiellen, Ideellen, Physischen und Psychischen aufgehoben, so dass zum Geistigen im weitesten Wortsinne auch der Geist in seinem Verhältnis zur materiellen Erscheinungswelt gehört. Alle Erscheinungen sind folglich Teil beider ▶ Kategorien, die des Körpers der Fische und die des Geistes des Betrachters. Sie sind lediglich in der Erscheinungsweise verschieden. Deshalb, so ▶ Fechner, kann alles auch panpsychisch betrachtet werden. Da logisch betrachtet die ▶ Seele eines Lebewesens durch ein anderes Lebewesen nicht erkennbar sei, gebe es auch keinen Grund, diese etwa Pflanzen abzusprechen.

Mit dieser Auffassung erscheint er weit entfernt von unserem heutigen Verständnis von Psychologie, und doch ist seine ▶ »Psychophysik« Grundlage heutigen Denkens. Denn aus dem von ▶ Fechner entwickelten o. g. »Grundgesetz«, nach welchem die erlebte Intensität proportional zum Logarithmus des physikalischen Reizes wächst, entwickelten seine Zeitgenossen der Psychologie der ersten Stunde, so z. B. der bereits genannte Mediziner und Psychologe ▶ W. Wundt (1832–1920), eine experimentell begründete Psychologie, an deren Weiterentwicklung wir heute arbeiten. ▶ Fechners Arbeiten wirkten sich, u. a. auch über den Psychiater ▶ E. Kraepelin (1856–1926), nachhaltig auf das psychologische Denken in der damaligen Psychiatrie aus. Angeregt von Krankheit und Heilung ▶ Fechners ließ sich nicht zuletzt

---

erstmals 1851 in seinem philosophischen Werk Zend-Avesta.

der Psychoanalytiker ▶ S. Freud (1856–1939) von dessen Gedanken inspirieren und übernahm von ihm Gedanken und Konzepte der »seelischen Energie«, einer psychischen Topografie, des Lust- und Unlust-Prinzips sowie des Konstanz- und Wiederholungsprinzips.

4.2.5 Beständigkeit durch Wandel

Ähnlich wie o. g. ▶ Thales suchten auch Anaximander (610–546 v. Chr.) und ▶ Heraklit (geb. ca. 500 v. Chr.) nach dem *Urgrund* aller Dinge in einem *Urstoff*, aus welchem gemäß »ewigen Gesetzen« ein *Kreislauf ewigen Entstehens und Vergehens* resultierte. Gemeinsam legten sie damit einen wichtigen Grundstein für das *darwinistische Evolutionskonzept,* denn auch in diesem sollte die Entwicklung des Menschen letztlich bis auf eine Ursubstanz zurückverfolgt werden können. Ebenfalls in einen Kreislauf des Werdens und Vergehens ordnete schließlich auch die Psychologie bis ins 20. Jahrhundert hinein z. B. Phänomene des Erinnerns und Vergessens (vgl. ▶ Kap. 7), ehe die Idee von Wachstum und Verfall geistiger Fähigkeit von der Idee konkurrierender neuronaler Netzwerke abgelöst wurde.

Von den oben Genannten beeinflusste besonders ▶ Heraklit mit seiner Idee von der Bedeutung des Wandels philosophische Denker über viele Jahrhunderte – unter ihnen G. W. F. Hegel, F. Nietzsche und ▶ M. Heidegger. Die menschlichen Grundbedingungen des Seins, so ▶ Heraklit, ließen sich am ehesten begreifen, indem dieses »Sein« als eine Art Fluss aufgefasst würde – ein Fluss, dessen Charakteristikum *nicht das einzelne Wasserteilchen,* sondern das Fließen sei, also der *beständige Wandel des Ganzen.* Dann nämlich setze sich auch bei scheinbarer Stabilität des Flusses *an sich* jedes invariant erscheinende Etwas aus gegensätzlichen Eigenschaften zusammen: dem Stabilen des Fließens. Heraklits Ansicht nach war es *die Harmonie im gleich bleibenden Fluss der Veränderung,* welche die dadurch erzeugte Spannung letztlich im Gleichgewicht hielt. Es ist diese »verborgene« – weil in beständigem Fluss begriffene – Natur unvereinbarer Gegensatzpaare, und es sind deren Wesenszüge in Veränderung *und* Einheit, in welchen ▶ Heraklit nach einer logischen (griech. *logos* 'Sinn, ▶ Vernunft') Erklärung sucht, also einer, die der ▶ Vernunft zugänglich ist.

4.2.6 Das Denkmodell der Komplementarität

Die Vorstellung, dass sich Gegensätzliches, im Fluss Befindliches zu einem einheitlichen Ganzen zusammenfügt, hat u. a. auch Anaximander deutlich zum Ausdruck gebracht. Für ihn war es das Gegensatzpaar des Begrenzten (griech. *peiron*) und des Unbegrenzten (griech. *apeiron*), das zusammen in und durch ihren *Gegensatz* bzw. ihre Gegensätze eine Einheit bildete. Dies galt z. B. für die Einheit aus Bewegtem und Unbewegtem, aus Belebtem und Unbelebtem etc., wobei alles psychische Geschehen dem Belebten, sich Bewegenden zugeordnet wurde. Dies wiederum ließ die Frage aufkommen, wodurch sich dieses *Belebte und Bewegte des Mentalen* auszeichnet und auf welche Weise es mit dem Unbelebten im Weltganzen eine Einheit bilden könnte.

Eine dieser mit dem Denken in Gegensätzen verbundene Vorstellung ist uns bis heute geläufig: die der Komplementarität. In der ▶ Philosophie z. B. bezeichnet man mit »komplementär« Gegensätze, die einander nicht ausschließen, sondern ergänzen, d. h. jeweils zwei wesentliche Aspekte eines Gegenstandes ausdrücken. So behauptet die sogenannte *Doppelaspekttheorie,* dass das Seelische und das Körperliche zwei komplementäre Seiten verschiedener Betrachtungsweisen des Menschen seien und damit einander vollständig ergänzten. Auch in der Physik hat der ▶ Begriff zentrale Bedeutung. Bei N. Bohr (1985) etwa fungiert »Komplementarität« als Grundbegriff menschlichen Erkennens Er werde Bohrs Ansicht nach durch die Ergebnisse der *Quantentheorie* geradezu erzwungen, da der Beobachtungsakt so in das zu Erkennende eingreife, dass die Erkennung einer anderen Messgröße gleichzeitig ausgeschlossen werde. So lasse sich z. B. beim Licht immer nur die korpuskulare oder die Wellennatur erkennen.[11] In der heutigen Psychologie ist der Komplementaritätsgedanke ebenfalls geläufig. Der weiter oben bereits erwähnte ▶ G. T. Fechner z. B. schrieb darüber:

> Da es für das Erkenntnissubjekt prinzipiell unmöglich ist, unmittelbar und zugleich zwei komplementäre Standpunkte in Bezug auf das Erkenntnisobjekt einzunehmen, ist es auch nicht in der Lage, der sich aus beiden Standpunkten ergebenden komplementären Aspekte des Erkenntnisobjektes zugleich gewahr zu werden (Lennig 1994, S. 113).

Gegenwärtig gilt z. B. bei der Beschreibung der Zusammenhänge zwischen physiologischen Parametern und psychologischen Faktoren der Rückgriff auf eine bestehende »Komplementarität« als selbstverständlich. Hierbei dienen zwei Größen – physiologische und psychologische – der Beschreibung ein und derselben Sache, sind aber nicht gleichzeitig mit der gleichen Präzision feststellbar. Es werden vielmehr zwei maximal inkompatible Sachverhalte betrachtet, die nicht auf der Beschreibungsebene des einen oder anderen Parameters ineinander überführbar sind. Eine »metatheoretische Betrachtung« des Ganzen würde zwar beide Sichtweisen beinhalten, einnehmen kann man aber entweder nur die eine oder die andere. Als Alltagsbeispiel hierfür werden meist bistabile Bilder genannt. Ein bekanntes Bild zeigt z. B. zwei Gesichter im Profil, die so gegeneinander ausgerichtet sind, dass der entstehende Zwischenraum zwischen ihnen auch als geschwungener Umriss einer Vase gesehen werden kann. Solche Vexierbilder gelten auch in der Psychologie oft als Inbegriff der Komplementaritat. Das heißt, man erkennt zu einem Zeitpunkt aber immer nur eines, entweder die Vase oder die beiden Profile, obgleich nur beide zusammen die unterschiedlichen Sichtweisen überhaupt erst ermöglichen.

4.2.7 Rückgriff auf die »exakte Wissenschaft« und auf die Sonderstellung des Menschen

Unter den »psychologierelevanten« ▶ Vorsokratikern gilt ▶ Pythagoras (6. Jahrhundert v. Chr.) als einer, der nicht nur einen großen Einfluss auf ▶ Platon ausübte (vgl. ▶ Kap. 5), sondern auch das Mystische mit dem Mathematischen verband und von der Vorstellung einer harmonischen Anordnung der Bestandteile im Ganzen gefangen war. Als Mathematiker hat ▶ Pythagoras, unbeschadet seiner heutigem Verständnis von Psyche gemäß nicht zielführenden Vorstellungen,[12] die *Einbettung des psychologischen Denkens in die Welt der Zahlen,* d. h. deren »Stimmigkeit in bestimmten Grenzen«, als Denkfigur möglich gemacht. Dass etwas auf der einen Seite so »wenig rational« sein kann wie die Wurzel aus einer geraden Zahl und auf der anderen Seite so »harmonisch«, so geordnet und berechenbar wie ein rechtwinkliges Dreieck, ließ ihn auch *Grenzbedingungen wissenschaftlichen Denkens* erkennen, die er dann auf andere Bereiche zu übertragen suchte. Denn wenn wir die Zahlen verstehen, so ▶ Pythagoras, dann verstehen wir die *Regeln und Verhältnisse,* nach denen der Kosmos aufgebaut ist, und

---

11 Damit wird auf den sogenannten Welle-Teilchen-▶ Dualismus der modernen Quantenphysik Bezug genommen.

12 Für ▶ Pythagoras ist die ▶ Philosophie Teil eines religiösen Ganzen des Menschen und dient dem menschlichen Heil, d. h., er fasst die Welt (griech. kosmos) als ein lebendiges, göttliches Ganzes auf und schreibt deshalb auch dem darin wohnenden Menschen etwas Unsterbliches zu: seine ▶ Seele.

wir verstehen die Einbindung des Menschen darin als Ausdruck einer in sich geschlossenen Ordnung. ▶ Pythagoras' Vorstellung einer harmonischen Anordnung von Bestandteilen im Ganzen war entsprechend eine rein mathematische. Nicht von ungefähr gilt er als »Entdecker« des Deduktionsprinzips in der Mathematik, womit allerdings auch deutlich wird, dass durch ▶ Deduktion allein kaum eine neue Erkenntnis zu gewinnen ist. Belegt wird lediglich die Logik einer Aussage. Insofern hat ▶ Deduktion, wie es heißt, lediglich einen *wahrheitserhaltenden, nicht aber einen erkenntniserweiternden Charakter.*

Heute sind die mathematisch formulierten Ideen von ▶ Pythagoras über Grenzbedingungen des Erkennbaren längst zu Denkmodellen nichtperiodischen zeitlichen »Verhaltens« von *dynamischen Systemen* gereift. Oder, um es mit ▶ Heraklit auszudrücken, als ein wesentliches Charakteristikum wissenschaftlicher Gegenstände wird ihr Wandel angesehen, weshalb dieser als *einzige Konstante in einer sich beständig im Fluss befindlichen Welt* aufgefasst werden kann (vgl. ▶ Kap. 3). Ohne diese Vorstellung der Beständigkeit des Wandels, hier des Wissens um überdauernde Plastizität neuronaler und mentaler Systeme, könnten wir heute z. B. kaum die Selbstverständlichkeit nachvollziehen, mit der o. g. Wandel des Bewusstseins eines Menschen im Laufe seines Lebens diesem gleichwohl das ▶ Gefühl eines stabilen Ichs verleiht.

Weder die Anwendung der exakten Wissenschaft Mathematik noch die Erkenntnisse großer philosophischer Denker, geschweige denn die heute ständig anschwellende Flut naturwissenschaftlicher Befunde, vermochten indes logisch zu begründen, warum der Mensch im Weltganzen der Lebewesen bis heute eine Sonderstellung für sich fordert. Dieser Anspruch reicht vermutlich weit jenseits der hier als Anfang gesetzten griechischen Antike zurück, er wird aber u. a. auch dort zur Sprache gebracht. So etwa von ▶ Heraklit, der dem Menschen einen hervorragenden Rang einräumte, den wir ihm in der Psychologie heute – entgegen unserer sonstigen Akzeptanz der Grundgesetze biologischer Abstammungslehre – ebenfalls zubilligen. In der Antike wurde die besondere Stellung des Menschen noch dadurch begründet, dass der Mensch als Teil der ewigen Veränderung grundlegender Gegebenheit des »Seins« aufgefasst wird und deshalb auch »einen Funken« davon in sich trägt. Wir glauben heute zwar nicht mehr an »Funken« dieser Art, wohl aber an ein »Alleinstellungsmerkmal menschlichen Verhaltens«, bedingt durch *Emergenz* besonderer kognitiver Fähigkeiten. Hierbei bietet die Vorstellung eines »Flusses des Ganzen« einen ersten Ansatzpunkt, wie dies in Form einer »neuen Harmonie im ewigen Wandel der Gegensätze« gelingen könnte. Mit dem dafür gewählten ▶ Begriff der Emergenz (lat. *ex* 'aus, heraus', *mergere* 'versenken, eintauchen') wird der Umstand charakterisiert, dass in einer Ganzheit, hier in der Spezies Mensch, durchaus Eigenschaften zum Vorschein kommen können, die sich aus den Eigenschaften ihrer Einzelteile nicht erklären lassen. So sei z. B. das Bewusstsein eine solche Eigenschaft, die plötzlich und unvorhersagbar auftrete, wenn ein Organismus hinreichend komplex geworden sei. Dabei, so die Annahme, wirken *zeitlich emergente Eigenschaften,* also solche, die sich im Laufe der Evolution erst allmählich herausgebildet haben, und *konstitutiv emergente Eigenschaften* zusammen. Mit Letzteren sind solche gemeint, die es auf der grundlegenden physikalischen Ebene nicht gibt, sondern die erst in komplexen Systemen zum Ausdruck kommen. Zusammen bildeten zeitliche und konstitutiv emergente Eigenschaften dann etwas einmaliges Neues, z. B. unseren Typ von Bewusstsein.

4.2.8 Zerlegung des Ganzen in Einzelaspekte

Die Suche nach einer Erklärung, einem *logos,* für eine *veränderliche mentale Welt,* die gleichzeitig *Bewegung, Vielheit und Wandlung* berücksichtigen sollte, ging freilich nicht nur vom »Einen und Ganzen« aus. Man beschritt auch den entgegengesetzten Weg, den einer Bottom-up-Erklärung. Gemäß der Auffassung ▶ Demokrits (460–370 v. Chr.), dem »Allwissenden« unter den enzyklopädisch Gelehrten seiner Zeit, konnte z. B. nur *das Wirkliche kleinster, unteilbarer »Seins-Teilchen«* als sinnvolle Grundlage der Erklärung für die »Veränderung in der Vielheit« dienen. Dabei schienen ihm sogenannte Urkörperchen, zu verstehen als Inbegriff seiner »Atomtheorie«[13], das allein Wirkliche kleinster, unteilbarer »Seins-Teilchen« im leeren Raum, als sinnvollste Erklärung dafür. Jede Materie wäre somit letztlich – als Summe unendlich kleiner Teilchen gedacht – in etwas endlos Reduzierbares aufzulösen. Und was für die Dinglichkeit der Welt gelte, so ▶ Demokrit, treffe ebenfalls auf die ▶ Seele eines Menschen zu, auch sie bestehe aus unteilbaren beweglichen Urkörperchen, weshalb sich durch neue Anordnungen ein und derselben Urkörperchen immer neue seelische Zustände ergeben können. Folglich verändere sich auch die Wahrnehmungswelt eines Menschen ständig. Außerdem sei, da letztlich alles und jedes aus kleinsten Teilchen bestehe, der Mensch als solcher den gleichen Gesetzen unterworfen wie die Welt als ganze.

Diese Vorstellung, dass alles aus kleinsten Bauteilen zusammengesetzt ist, die in der Summe ein »Ganzes« ergeben, steht auch hinter dem heutigen reduktionistischen Denken der Naturwissenschaft, etwa indem man davon ausgeht, man könne durch die Bildung von »Elementarteilchen« – hier gedacht als Moleküle, subzelluläre Mechanismen, einzelne Zellen oder Zellverbände etc. – ein gedachtes Ganzes, etwa das Gehirn, ohne Erklärungsverlust zerlegen bzw. zusammenfügen. Eine ähnliche Idee letztlicher Reduzierbarkeit auf kleinste Teilchen liegt z. B. auch der Hypothese psychopharmakologischer Wirkungen von bestimmten Substanzen an bestimmten Rezeptoren ganz bestimmter Neurone zugrunde, die in ihrer Gesamtwirkung auf den »ganzen Menschen« hochgerechnet werden.

Ob sich allerdings von einer *gedachten Mikroebene,* z. B. von Molekülstrukturen, enzymatischen Aktivitäten, epigenetischen Veränderungen etc. auf eine ebenfalls *gedachte Makroebene,* hier den Menschen als ein soziales Wesen, ohne Weiteres schließen lässt, wird durchaus kontrovers diskutiert. Heute weiß man z. B., dass bei der Transformation von kleinen, überschaubaren Bereichen hin zum großen Ganzen o. g. nichtlineare Phänomene auftreten, welche die Wirkdauer von Ereignissen auf neuartige Weise miteinander verknüpfen können. Das macht wiederum gesonderte Bereichs- und Brückenprinzipien erforderlich, die einem Reduktionsgedanken zuwiderlaufen. Kurzum: Das Verhältnis der beiden Sphären, des Körperlichen und des Psychischen, im Großen wie im Kleinen aufzuklären und im Rahmen einer intertheoretischen ▶ Reduktion in geeignete ▶ Relationen zu setzen, stellt nach wie vor eine große Herausforderung dar.

Wenn es gilt, Theorien zu finden, deren Gegenstandsbereich anerkannt ist und die das Auffinden von Reduktionsbeziehungen möglich machen, liegt deshalb immer auch eine Art Mittelweg nahe, ein *Middleout*-Ansatz, so wie ihn z. B. bereits ▶ Empedokles (geb. 495 v. Chr.) vorgeschlagen hat. Dieser lehnte es einerseits ab, so vorzugehen wie ▶ Thales, also die *unendliche Vielfältigkeit* der Natur auf einen einzigen Urstoff zu reduzieren, andererseits schien ihm aber eine Aufteilung ins *Unendliche des Atomistischen* im Sinne ▶ Demokrits ebenfalls ungeeignet. In seinem Lösungsvorschlag – er lehnte sich dabei an bereits bestehende Modellvorstellungen an – schien ihm am sinnvollsten, sich in allem, auch in dem, was die Psyche des Menschen betrifft – seinem Bewusstsein, seinem Erkenntnisvermögen etc. –, mit einigen wenigen, aber grundlegenden Elementen zu begnügen.[14]

---

13 Atome sind damaliger Auffassung nicht nur klein, sie sind unteilbar, unveränderlich und unsichtbar, befinden sich in steter Bewegung, prallen aufeinander und ändern so laufend Richtung und Geschwindigkeit. Sie können sich aber auch miteinander verbinden und zusammengesetzte Körper bilden.
14 Heute ist diese Modellvorstellung als Vier-Elemente-Lehre – Feuer, Wasser, Luft und Erde – bekannt.

▶ Empedokles' Auffassung prägte nicht nur bis in die Neuzeit hinein die Vorstellung von der Zusammensetzung der unbelebten Natur – hier verstanden als eine Mischung von Wasser, Luft, Feuer und Wasser. Die von ihm favorisierte zahlenmäßige Begrenzung blieb über Jahrhunderte auch maßgeblich für die Auffassung von der Zusammensetzung der belebten Natur, so z. B. der menschlichen Temperamente. Nicht von ungefähr wurden deshalb z. B. in der Neuausgabe der Schrift *De temperamentis* des römischen Arztes ▶ C. Galen (129–210 n. Chr.) noch im Jahre 1523 durch die diesem Text zugrunde liegende Säftelehre des griechischen Arztes ▶ Hippokrates (460–370 v. Chr.) vier Substanzen bestimmt, hier schwarze und gelbe Galle, Blut und Schleim, die wiederum vier Temperamenten, hier des Cholerikers, des Melancholikers, des Sanguinikers und des Phlegmatikers, zugeordnet werden konnten. Im Laufe der Zeit wurde diese »Humoralpathologie« genannte Lehre schließlich so fest im Allgemeinwissen verankert, dass der ▶ Begriff »Temperament« (lat. für 'rechtes Maß, rechte Mischung') in der Vulgärpsychologie bis heute die endothyme, also gefühlsinnere Veranlagung und Willensartung umschreibt, die sich auf äußere Tätigkeiten auswirkt.

4.2.9 Fazit

Einige der *großen Themen* der Wissenschaftsgeschichte, die auch für die heutige Psychologie relevant sind, haben bereits die sogenannten ▶ Vorsokratiker thematisiert: Es gilt, das »allumfassende Wesen des Seins«, die ▶ Ontologie, mittels der Möglichkeiten des Verstandes so zu beschreiben und ggf. zu zerlegen, dass eine Theoriebildung möglich wird, ohne in einen psychologiefeindlichen ▶ Determinismus zu geraten oder »das Sein des Menschen« der Beliebigkeit des Zufalls, wissenschaftsferner Ansichten (▶ Okkultismus) bzw. verschiedener Vorurteile von Laien (▶ Alltagspsychologie) zu überlassen.

Literatur

Aquin, T. v. (1985). *Summe der Theologie. Band 1: Gott und Schöpfung*. Zusammengefasst, eingeleitet und erläutert von J. Bernhart. 3., durchgesehene und verbesserte Auflage. Stuttgart: Kröner.
Blick, E. (1952). *Avicenna und die aristotelische Linke*. Berlin: Rütten & Loening.
Bohr, N. (1985). *Atomphysik und menschliche Erkenntnis*. Aufsätze und Vorträge aus den Jahren 1930 bis 1961. Braunschweig: Vieweg.
Brant, S. (1964). *Das Narrenschiff*. Stuttgart: Reclam.
Carus, C. G. (1831). *Vorlesungen über Psychologie gehalten im Winter 1829/30 zu Dresden*. Leipzig: Gerhard Fleischer. ▶ https://archive.org/details/vorlesungenberp00carugoog. Zugegriffen: 29. Juli 2015.
Carus, F. A. (1990/1808). *Geschichte der Psychologie*. Reprint der Ausgabe Leipzig 1808. Berlin: Springer.
Chalmers, A. F. (2001). *Wege der Wissenschaft. Einführung in die Wissenschaftstheorie* (Herausgegeben und übersetzt von N. Bergemann und C. Altstötter-Gleich). Berlin: Springer.
Crusius, C. A. (1745). *Entwurf der nothwendigen Vernunft-Wahrheiten, wiefern sie den zufälligen entgegen gesetzt werden*. Leipzig: Gleditsch.
Damasio, A. (2011). *Selbst ist der Mensch. Körper, Geist und die Entstehung des menschlichen Bewusstseins*. München: Siedler.
Dammer, I. (1996). Die Angst der Psychologen vor einer Seele ohne Psychologie. Eine strategische Skizze zur Historischen Psychologie. *Psychologie und Geschichte, 7*(3), 259–276.
Dessoir, M. (1902). *Geschichte der neuen deutschen Psychologie*. 2., völlig umgearbeitete Aufl. Berlin: Carl Duncker.
Dessoir, M. (1917). *Vom Jenseits der Seele. Die Geheimwissenschaften in kritischer Betrachtung*. Stuttgart: Enke. Online verfügbar in der vierten und fünften Ausgabe (1920) unter. ▶ https://archive.org/details/vomjenseitsderse00dess. Zugegriffen: 12. Aug. 2015
Düweke, P. (2001). *Kleine Geschichte der Hirnforschung: von Descartes bis Eccles*. München: Beck.

Literatur

Fechner, G. T. (1840). *Elemente der Psychophysik*. Leipzig: Breitkopf & Härtel.

Fechner, G. T. (1851). *Zend Avesta oder Über die Dinge des Himmels und des Jenseits. Vom Standpunkt der Naturbetrachtung*. Zweiter Theil. Über die Dinge des Himmels. Leipzig: Leopold Voß. ▶ http://de.scribd.com/doc/102319212/ZEND-AVESTA-BAND-2-G-Th-FECHNER. Zugegriffen: 29. Juli 2015.

Hartmann, E. v. (1901). *Die Moderne Psychologie: Eine Kritische Geschichte Der Deutschen Psychologie in Der Zweiten Hälfte Des Neunzehnten Jahrhunderts*. Leipzig: Haacke.

Hinterhuber, H. (2001). *Die Seele. Natur- und Kulturgeschichte von Psyche, Geist und Bewusstsein*. Wien: Springer.

Jüttemann, G. (Hrsg.). (1995). *Wegbereiter der Psychologie. Der geisteswissenschaftliche Zugang. Von Leibniz bis Foucault*. 2. Aufl. (Die erste Auflage trug den Titel: Wegbereiter der Historischen Psychologie.) Weinheim: Beltz.

Jüttemann, G., Sonntag, M., & Wulf, Chr. (Hrsg.). (1991). *Die Seele. Ihre Geschichte im Abendland*. Weinheim: Beltz.

Kant, I. (1796/2003). *Anthropologie in pragmatischer Hinsicht*. Stuttgart: Reclam.

Klemm, O. (1911). *Geschichte der Psychologie*. Leipzig: B. G. Teubner.

Leahey, T. H. (2004). *A history of psychology. Main currents in psychological thought*. 6th Aufl. London: Pearson.

Lennig, P. (1994). *Von der Metaphysik zur Psychophysik: Gustav Fechner (1801–1887). Eine ergobiographische Studie*. Frankfurt a. M.: Peter Lang. (Beiträge zur Geschichte der Psychologie. Band 8. Herausgeber: H. E. Lück & A. Stock.)

Metzinger, T. (Hrsg.). (2000). *Neural correlates of consciousness*. Cambridge: MIT Press.

Peters, R. S. (Hrsg.). (1962). *Brett's history of psychology*. London: Allen & Unwin.

Popper, K. R., & Eccles J. C. (1977). *The self and its brain*. Berlin: Springer.

Pritzel, M., Brand, M., & Markowitsch, H. J. (2011). *Gehirn und Verhalten. Ein Grundkurs der physiologischen Psychologie*. Heidelberg: Spektrum Akademischer Verlag.

Roth, G. (2001). *Fühlen, Denken, Handeln. Wie das Gehirn unser Verhalten steuert*. Frankfurt a. M.: Suhrkamp.

Schönpflug, W. (2004). *Geschichte und Systematik der Psychologie. Ein Lehrbuch für das Grundstudium*. 2., überarbeitete Aufl. Weinheim: Beltz.

Siebeck, H. (1880–1884). *Geschichte der Psychologie*. 2 Bände. Gotha: Perthes.

Starr, S. F. (2013). *Lost enlightenment. Central Asia's golden age from the Arab conquest to Tamerlane*. Princeton: Princeton University Press.

Stumpf, C. (1906). *Erscheinungen und psychische Funktionen*. Abhandlungen der königlich-preussischen Akademie der Wissenschaften (S. 1–40). Berlin: Verlag der königlichen Akademie der Wissenschaften.

Uttal, W. (2005). *Neural theories of mind. Why the mind-brain-problem may never be solved*. New York: Psychology Press.

Volkmann, W. F. (1894–95). *Lehrbuch der Psychologie vom Standpunkte des Realismus und nach genetischer Methode*. 4., sehr vermehrte Aufl. Cöthen: Schulze.

Walach, H. (2005) *Psychologie. Wissenschaftstheorie, philosophische Grundlagen und Geschichte*. Stuttgart: Kohlhammer.

Walach, H. (2009) *Psychologie. Wissenschaftstheorie, philosophische Grundlagen und Geschichte*. Stuttgart: Kohlhammer.

Wehner, E. G. (Hrsg.). (1990). *Geschichte der Psychologie*. Darmstadt: Wissenschaftliche Buchgemeinschaft.

Wolff, C. (1738/1968). *Psychologia empirica*. Gesammelte Werke, III. Abt., Bd. 5. Hildesheim: Olms.

Wolff, C. (1740/1994). *Psychologia rationalis*. Gesammelte Werke, II. Abt., Bd. 6. Hildesheim: Olms.

Wolff, C. (1996). *Discursus praeliminaris de philosophia in genere. Einleitende Abhandlung über Philosophie im Allgemeinen* (Historisch-kritische Ausgabe, übersetzt, eingeleitet und herausgegeben von G. Gawlick und L. Kreimendahl). Stuttgart: Frommann-Holzboog.

Wundt, W. (1907). Psychologie. In W. Windelband (Hrsg.), *Die Philosophie im Beginn des zwanzigsten (20.) Jahrhunderts. Festschrift für Kuno Fischer* (S. 1–57). Zweite verbesserte und um das Kapitel Naturphilosophie erweiterte Auflage. Heidelberg: Carl Winter's Universitätsbuchhandlung.

Erste Anstöße zu psychologischem Denken

5.1	Rückgriffe auf antikes Denken – 96
5.1.1	Auf dem Weg zu einer nicht (primär) theologisch begründeten Seelenkunde – 97
5.1.2	Physis und Psyche sind untrennbar verbunden – 101
5.1.3	Denkanstöße durch die Lehren Platons und Aristoteles' – 106
5.2	Die Bedeutung spätantiker und frühmittelalterlicher Gelehrter für die Entwicklung psychologischen Denkens – 107
5.2.1	Die Bedeutung spätantiker Denkweise für die heutige Psychologie – 107
5.2.2	Die menschliche Psyche verstanden als ein Wert an sich – 110
5.3	»Jede Analyse des psychisch so Erscheinenden bedarf einer Beachtung des körperlich Existierenden« – 114
	Literatur – 117

M. Pritzel, *Die akademische Psychologie: Hintergründe und Entstehungsgeschichte*,
DOI 10.1007/978-3-662-48189-9_5, © Springer-Verlag Berlin Heidelberg 2016

5.1 Rückgriffe auf antikes Denken

Als Inbegriff der Glanzzeit und gleichzeitig des Ursprungs allen psychologischen Denkens in der antiken ▶ Philosophie, deren Auswirkungen bis in die Psychologie der Gegenwart hineinreichen, stehen zwei der bekanntesten und einflussreichsten Gelehrten der europäischen Geistesgeschichte: ▶ Platon (428–348 v. Chr.) und ▶ Aristoteles (384–324 v. Chr.). Eigentlich müsste man sagen, es handelte sich um drei Geistesgrößen, denn ohne ▶ Platons Lehrer ▶ Sokrates (ca. 470–399 v. Chr.), den »Meister aller Meister«, sind die Beiträge der beiden erstgenannten Persönlichkeiten wiederum nicht zu denken. ▶ Sokrates setzte insofern den Anfang, als für ihn die geistige Geschlossenheit einer akademischen Auseinandersetzung (griech. *theoreia* 'Kontemplation') – heute würde man sagen, die Entwicklung von Theorien – das allein gültige Maß für die rationale Begründung diverser Tugenden, sprich ethisch begründbarer Handlungsweisen, darstellte. Er gab somit auch die Standards allen wissenschaftlich begründeten psychologischen Denkens vor. ▶ Sokrates hat zwar, wie seine im vorigen Kapitel genannten Vorgänger, die ▶ Vorsokratiker, auch, »nichts geschrieben«, gilt aber dennoch als der Begründer der abendländischen ▶ Philosophie. Hauptgrund dafür war seine methodische Art zu fragen. Damit hat er eine neue Form des Denkens entwickelt, eine, die sich aus dem Dialog entwickelte und so Schritt um Schritt den Weg offenlegte, zu erforschen, was wir denken und wie wir das tun. Unter den Anhängern seiner dialektischen Methode war ▶ Platon derjenige, der seine Ideen am nachhaltigsten verinnerlichte und verschriftlichte bzw. nachzeichnete. So etwa, indem er dessen Ansicht verdeutlichte, alle gesellschaftlichen und moralischen Normen seien jeweils ebenso vorbehalt- wie rücksichtslos zu prüfen, denn nur das selbst erkannte Wissen sei letztlich wesentlich. Wie aber Menschen zu ihren persönlichen Erkenntnissen gelangten, welche Ideen und Annahmen hinter den jeweils zu prüfenden Auffassungen steckten, erfuhr man ▶ Sokrates' Meinung nach am ehesten im Gespräch, einer Art der Gesprächsführung, die er als ▶ Mäeutik bezeichnete.

Über seinen Schüler ▶ Platon, der seinerseits wiederum mit ▶ Aristoteles in Verbindung stand, blieb der prägende Einfluss dieser drei großen Denker der griechischen Antike bis über das Mittelalter hinaus lebendig. Und zwar nicht nur dergestalt, dass er in der Renaissance im wahrsten Sinne des Wortes eine »Wiedergeburt« erfuhr, auch heute gibt es kaum einen im naturwissenschaftlich-psychologischen Sinn relevanten Gedanken, der damals im Kern nicht bereits angelegt wurde. Dies ist nicht zuletzt deshalb der Fall, weil ▶ Aristoteles die Psychologie in fast allen Bereichen der damals bekannten Wissenschaft verankerte, d. h., sie spielte in den Bereich der Logik und ▶ Erkenntnistheorie ebenso hinein wie in die ▶ Naturphilosophie, die ▶ Metaphysik, Ethik, Rhetorik und Mathematik. Damit sind auch die großen bis heute unauflösbaren Gegensätze in der Erklärung psychologischen Geschehens in den Grundzügen bereits festgelegt: Seither geht es in Variationen nicht nur immer auch um die Klärung der Frage, inwieweit die Psychologie in die »Deutung und Erklärung der Natur im Ganzen« einzubinden ist, ob sie also in Begrifflichkeiten von Substanz, Kraft, Raum und Zeit zu verorten und in den Gesetzmäßigkeiten des Naturgeschehens verankert werden kann. Oder ob sie vielmehr (auch) als »überempirisch«, also über alle mögliche Erfahrung hinausgehend, angesehen werden soll. Denn letztlich ist es vermutlich ebenso schwierig, etwas Psychisches mit physiologischen ▶ Begriffen beschreiben zu wollen, das sich dieser Beschreibungsebene zu entziehen scheint, wie es problematisch bleibt, das Physische beiseite zu lassen und die Psyche dennoch im körperlichen Sein des Menschen zu verorten.

Dank des großen Einflusses aristotelischen Denkens auf seine und nachfolgende Epochen war es jedoch über viele Jahrhunderte hinweg gang und gäbe, dass Gelehrte ganz unterschiedlicher Disziplinen ihr psychologisches Gedankengut in die Wissenschaft einbringen konnten,

5.1 · Rückgriffe auf antikes Denken

denn ▶ Aristoteles' Credo, dass die sogenannte *Einheit der Wissenschaft* stets Vorrang vor Detailkenntnissen habe und dass es immer die ▶ Philosophie sein sollte, die das Wissen aus allen Teildisziplinen in sich vereinte, wirkte prägend auch auf das Selbstverständnis all derer zurück, die sich psychologischen Fragestellungen verschrieben hatten. Dieser Anspruch, als Leitwissenschaft zu gelten, hatte ganz natürlicherweise zur Folge, dass Themen der *geistigen Verfasstheit eines Menschen,* also solche, die heute das Fach Psychologie ausmachen, wie selbstverständlich bis in die Neuzeit hinein – wenn auch über mehrere Teilgebiete verstreut – immer seitens der ▶ Philosophie bearbeitet wurden. So wurden z. B. Probleme, die man heute dem *Denken* und der *Wahrnehmung* zuschreibt, der Logik und ▶ Erkenntnistheorie zugeordnet, solche der *Biopsychologie* und *Persönlichkeitspsychologie* der Physik und ▶ Metaphysik, Themen aus der *Gedächtnis-, Lern-* und *Emotionspsychologie* der Poetik bzw. der Rhetorik und *sozialpsychologische* Fragestellungen der Ethik. Es erscheint somit naheliegend, dass die Psychologie – sei es aus Traditionsbewusstsein, sei es der Inhalte wegen – fast zwei Jahrtausend lang in verschiedenen Teilbereichen der ▶ Philosophie beheimatet war. Man könnte auch sagen, ohne eine enge Bindung an ein Fach, dass das Sein des Menschen mit seiner ▶ Vernunft gleichsetzte, hätte ein Fachgebiet, das allein mittels der ▶ Vernunft die Konstituenten der menschlichen ▶ Seele zu ergründen suchte, kaum bestehen können.

5.1.1 Auf dem Weg zu einer nicht (primär) theologisch begründeten Seelenkunde

Unter der Schirmherrschaft dieses bis ins 19. Jahrhundert hinein als *akademische Königsdisziplin* anerkannten Faches wurden denn auch fast alle heute als »originär psychologisch« betrachteten Fragen nicht nur zum ersten Mal, sondern mehrfach gestellt bzw. zu lösen versucht. So z. B. jene, welche die Erinnerungsfähigkeit des Menschen betreffen (vgl. ▶ Kap. 7). Die damit verbundenen »Detailprobleme« menschlicher Psyche – wann erinnert man sich, wann und warum vergisst man – standen in der griechischen Antike allerdings kaum je im Mittelpunkt. Vielmehr gab es, wie eingangs bereits erwähnt, sowohl bei ▶ Platon als auch bei ▶ Aristoteles im Wesentlichen *ein* ganz großes Thema: die Beziehung der Welt zur ▶ Seele (griech. *psyche*) eines Menschen.

Für ▶ Platon ergab sich der Zugang zur Psyche ohnehin nur über die philosophisch begründete Wahrheitssuche, denn »von der Wahrheit zu reden« war für ihn gleichbedeutend mit »von der ▶ Vernunft zu reden«, und Letztere »zu schauen« vermochte allein die ▶ Seele. Allerdings umfasste diese seiner Ansicht nach wiederum mehr als nur ein »vernunftbegründetes Schauen«. Er betrachtete vielmehr den *Mikrokosmos der* ▶ Seele als dreigeteilt, wobei zwei einander widerstreitende Teile, ein begehrender und ein zielstrebiger, von einem verstandesgeleiteten Teil, der »körperlosen ▶ Vernunft«, zu führen seien. Entsprechend findet sich seither die Idee, dass zwei (oder mehr) »Seelenteile« von einem dritten, und zwar immer der ▶ Vernunft, »gelenkt« werden, in vielen Variationen in der psychologischen Literatur.

▶ Platon griff bei diesem gedanklichen Entwurf einer körperlosen, aber dennoch an das lebende Dasein gebundenen ▶ Vernunft seinerseits auf das bereits im Ansatz bestehende *dualistische Weltbild* der Orphiker zurück. Damit wird eine Art *Mysterienreligion* bezeichnet, die auf den griechischen Sänger, Musiker und Dichter *Orpheus* zurückgeht.[1] *Psychologisch relevant* sind hierbei zum einen die »Unbestimmtheit der Zeit« dessen, was vor dem Leben eines Men-

---

1 Als Mythologie mit einer eigenen Schöpfungsgeschichte hielt sich der Orphismus etwa vom frühen 6. Jahrhundert v. Chr. bis zum Ende der Antike.

schen war, d. h. die ewige Gültigkeit von überlieferten Wahrheiten, heute als *nicht hintergehbare Axiome* bezeichnet, zum anderen die Zwiegestaltigkeit menschlichen Verhaltens in Gestalt einer »doppelten menschlichen Natur«. Deren Ausprägung konnte sowohl in eine »schlechte« – das Böse der Titanen – als auch in eine »gute« – das Göttliche des Dionysos[2] – Richtung weisen; heute würden wir das als *Ausprägung bistabiler Anlagen* bezeichnen. Hinzu kam die Vorstellung des Gefangenseins des »Geistigen im Körperlichen«, eine Idee, die derzeit unter dem Motto *How the body shapes the way we think*[3] ebenfalls wieder aktuell ist.

▶ Platons Bezug auf o. g. Orphiker wird u. a. auch in seinem viel zitierten Höhlengleichnis deutlich, in dem die Körperwelt dem dunklen Innenraum einer Höhle entspricht, was einen Mangel an Erkenntnis symbolisiert. Die *ewig bestehenden Ideen, die eigentlichen Dinge, sind jedoch außerhalb dieser Höhle der Unwissenheit* in der für Philosophen erstrebenswerten Welt des Lichts abgebildet. ▶ Platon bildete durch diese *Seelensubstanzlehre* die Basis für eine Auffassung, die jahrhundertelang nachwirkte. Indem er – u. a. auch in Anlehnung an die Vorstellung von ▶ Parmenides[4] – bestimmte unwandelbare, unvergängliche *Grundformen des Seins* als gegeben ansah, legte er dem Denken über die Psyche ein geistiges, ein intelligibles Idealbild zugrunde, das dem real existierenden Sein – heute würde man sagen, dem tatsächlich beobachtbaren Verhalten – das Gepräge verleihen sollte. Weil somit aber das Erscheinende, das »Sinnfällige in dieser Welt«, nur als Schatten- oder Trugbild eines »Idealbilds des Seins« angesehen wurde, dominierte in der durch ▶ Platon inspirierten Psychologie über viele Jahrhunderte eine ganz bestimmte Richtung: Denn wenn die »sinnfällige« – wir würden heute sagen, »wahrnehmbare« – Welt nur eine Scheinwelt ist, dann wird man auch nicht viele psychologische Erkenntnisse gewinnen können, wenn man sich dieser beobachtend, also mittels der Sinneserfahrung, nähert. Auf ▶ Platon Bezug zu nehmen hieß fortan, die »Idee von etwas« über die »Beobachtung von etwas« zu stellen.

Im Sinne ▶ Platons musste es folglich von allem, was wir in der Welt um uns wahrnehmen, sei es physischer, sei es psychischer Natur, eine idealisierte allgemeine Form geben, war also das jeweils Erfahrbare nur deshalb zu erkennen, weil darüber eine allgemeine, nicht empirisch gewonnene Idee bereits vorlag. Die Sinne, so nahm man an, meldeten lediglich diese oder jene Variation der im Bewusstsein ruhenden Idee davon. Entsprechend konnte auch wahres Wissen nur durch ▶ Vernunft, nicht aber durch einen Vergleich des Vorgefundenen, Wandelbaren, erworben werden. Mehr noch, folgt man ▶ Platon, so war die Welt der Ideen nicht nur vollkommen von der materiellen Welt zu trennen, sie, die Ideenwelt, war auch als die »eigentliche Welt« anzusehen, wohingegen jene der Erscheinungen (griech. *fainomenon* 'das Erscheinende, das sich Zeigende') nur eine wäre, die nach den Vorgaben der Ideenwelt geformt würde.

Eingebettet in eine *solche ontologische Dualisierung, d. h.* in den idealistischen Ansatz einer Welt der Ideenerkenntnis und einer getrennt davon zu betrachtenden körperlichen Erfahrung, verortete ▶ Platon die drei »Teilseelen« entsprechend einer dem damaligen Weltbild gemäßen Zuordnung von psychischen Funktionen zu einzelnen Körperbereichen. Seine Vorstellungen einer begehrenden und versorgenden ▶ Seele mit Sitz im Unterleib, einer zielstrebigen und entschlossenen ▶ Seele mit Sitz in der Brust und einer denkenden ▶ Seele mit Sitz im Kopf waren über Jahrhunderte geläufig und noch bis ins 19. Jahrhundert hinein z. B. bei psychisch begründeten Krankheitsbildern nicht ungewöhnlich.

---

2 Dionysos ist der Sohn von Zeus und Persephone.
3 So der Titel des Buches von R. Pfeifer & J. Bongard 2006.
4 ▶ Parmenides begründete mit der Auffassung, man könne die Grundstruktur der Welt »ohne die Untersuchung der realen Erfahrung darin ergründen«, eine später von vielen Philosophen geteilte abwertende Haltung gegenüber der späteren Entwicklung der modernen Naturwissenschaft.

5.1 · Rückgriffe auf antikes Denken

Eines der Grundprobleme, das ▶ Platon dabei umtrieb, war die Frage, wie sich der *Anfang von allem* gestaltete, danach, wie dieses *körperlose Etwas (Seiende)* mit den doch recht kruden Mitteln, über die der Mensch verfügt, solange die ▶ *Vernunft an den Körper gebunden* ist, zu erkennen wäre. Seiner Ansicht nach konnte die materielle Existenz, durch welche die ideale geistige Welt nur als schattenhaftes Zerrbild – siehe o. g. Höhlengleichnis – wahrgenommen wird, lediglich mittels einer *kontemplativ-philosophischen Hinwendung zur Welt der Ideen* überwunden werden. Nur dann sei eine Lebenswirklichkeit zu erreichen, die allein durch Denken bestimmt sei. Da ferner gemäß ▶ Platon nur die ersten beiden der drei Teilseelen als dem Körper zugeordnete Seelenbereiche mit diesem vergehen, die denkende ▶ *Seele* sich aber vom Körper befreien und entweder körperlos existieren oder wechselnde Körper als ihren Sitz wählen könne, verfestigte sich ein Gedanke, den christliche Gelehrte weit über 1000 Jahre lang in ihre Theoriegebäude integrierten.

Die Psychologie, verstanden als eine Seelenlehre, die sich primär mit dem *Logistikon,* also der obersten der drei Teilseelen im Kopf des real existierenden Individuums, befasste, um Denken, Wunsch und Wille etc. in einen theoretisch begründbaren Zusammenhang zu bringen, schien so gesehen gegenüber der Theologie und der davon inspirierten ▶ Philosophie eigentlich in einer wenig aussichtsreichen Position. Dennoch war das Fachgebiet in dieser Welt potenzieller »körperloser ▶ Vernunft« bis in die Neuzeit hinein wie selbstverständlich zu Hause: Es wurde von keiner der beiden anderen »Buchwissenschaften« vollkommen vereinnahmt, sondern eroberte sich darin – als z. B. auf o. g. Gedächtnis abhebender Wissenschaftsbereich des zu Lernenden und Lehrenden, des für Illiteraten am eindrücklichsten zu Illustrierenden, des auswendig Vorzutragenden etc. spezialisierte Teildisziplin – eine geachtete Stellung. Die dem ersten Anschein nach gravierenden erkenntnistheoretischen Probleme – wie umgehen mit der Idee einer körperlosen ▶ Vernunft, wie daraus Teilfragen extrahieren, wie mögliche Antworten so formulieren, dass sie sich in die theologisch-philosophischen Vorgaben einfügen? – waren indes nicht mehr und nicht weniger lösbar als jene, mit denen wir uns heute befassen. Es waren lediglich andere Fragen in einer anderen Zeit. Für uns stellt sich z. B. die »typisch platonischen Frage« danach, wie sich etwa die Psyche (▶ Seele) darbieten würde, wäre sie denn vom Körper gelöst, nicht.[5] Für ▶ Platon jedoch galt dies als der Zustand reinen, vom Kerker des Körpers befreiten, vollkommenen Wissens. Heute hingegen sehen wir die Möglichkeit *irgendeiner Art des Verhaltens ohne neuronales Korrelat* meist als jenseits des Gegenstandes naturwissenschaftlich begründeten Erkenntnisinteresses.

Anderen, *schier unlösbar erscheinenden Problemen* wiederum, mit denen wir uns auseinandersetzen, z. B. wie das *Gehirn als Substanz* und das *mentale Ereignis* miteinander in Beziehung stehen könnten, wurde vor etwas mehr als 2000 Jahren kaum Bedeutung beigemessen – die Substanz des Gehirns spielte bei der Frage des Denkens schlichtweg keine maßgebliche Rolle. Das bedeutet, dass manche Fragestellungen – so etwa die nach der körperbezogenen Substanz als Korrelat menschlichen Denkens, von der man meinen könnte, sie sei eigentlich *typisch biologisch* – heute ebenso selbstverständliche Begleiter der Psychologie geworden sind, wie es früher etwa erkenntnistheoretische oder theologische Fragen waren. Indem man von der Warte der Naturwissenschaft argumentierend versucht, einige dieser »unlösbaren Fragestellungen« aus dem Bereich der platonischen ▶ Philosophie als *nicht dem Gegenstandsbereich der Psychologie zugehörig* auszusondern, ergeben sich lediglich andere, ebenso »unlösbare Fragen«, hier die nach der Beziehung von *Gehirn und Psyche*.

---

5   Auch hier gibt es Ausnahmen, etwa »Grenzfälle« wie z. B. *Nahtod-Erlebnisse* oder *Out-of-Body-Experiences.* Meist aber überlässt man Themen wie diese der Theologie oder theogen bzw. kosmogen orientierten Parawissenschaften.

Beispiel: Infantile Amnesie Mit dieser Zuwendung psychologischen Denkens hin zu den Naturwissenschaften ist ein weiteres Problem verbunden, eines, das, wie weiter oben bereits kurz erwähnt, als Erbe platonischer ▶ Philosophie der Psychologie über viele Jahrhunderte hinweg zu schaffen machte: die Unterscheidung zwischen (fehlerhafter) *Sinneserkenntnis* – diese konnte aufgrund dieser Fehlbarkeit nicht Gegenstand von Wissenschaft sein – und *begrifflicher Erkenntnis*. Nur eine solche hatte in der Welt des Wissens, des Denkens und der Mathematik auch wahr zu sein. Die durch die Sinne vermittelte, Erscheinungen wahrnehmbarer Dinge und innere »Bilder« erzeugende Welt konnte hingegen lediglich *Anschauungen* von etwas sowie *Vermutungen* und *Intuitionen* zur Folge haben. *Begriffliche Erkenntnis* indes war, ▶ Platons Ansicht nach, entweder im Bereich des *abstrakten Denkens* angesiedelt oder wurde im Rahmen der ▶ Dialektik gewonnen und stellte dadurch einen *permanenten vernunftbegründeten Dialog mit der »Wahrheit«* dar. In diesem Zusammenhang fragte man sich auch, wie denn die ▶ Seele wohl den »Anfang von allem« überhaupt erkennen könnte. Ein solcher »Anfang« sei nämlich der Erkenntnis prinzipiell nicht zugänglich, denn diese setze ja einen »Anfang von allem« schließlich voraus.

In der Psychologie ist diese *Frage nach den Anfängen menschlicher Erkenntnisfähigkeit* zwar keine, mit der man sich vorrangig befasst, aber dennoch eine, mit der man immer wieder konfrontiert wird. So etwa bei der Frage nach dem Ursprung kindlicher Erfahrungswelt, hier im Rahmen der sogenannten infantilen Amnesie. Das Phänomen der infantilen Amnesie ist, auch wenn heute der Eindruck vorherrscht, die damit verbundenen Probleme seien erst gegenwartsnah behandelt worden, ein sehr altes, eines, das den Zusatz »historisch« auf jeden Fall verdient. Die ersten Erkenntnisse darüber gehen bereits auf ▶ Augustinus zurück und stehen von da an in der phänomenologischen Betrachtung bis zu ▶ S. Freud immer wieder einmal im Mittelpunkt des Interesses. In der gegenwärtigen experimentell ausgerichteten Psychologie beruhen die Erklärungen für dieses Phänomen meist auf den bekannten biologischen – die Entwicklung von »höheren« Gehirnregionen betreffenden – und kognitiven - Akquisitation, Konsolidierung und Abruf berührenden - wissenschaftlichen Ansätzen und deren Interdependenz. Sie sind deshalb entsprechend vielgestaltig.

Mit dem ▶ Begriff der infantilen Amnesie bezeichnet man heute die beobachtete und selbst erfahrene Unfähigkeit, sich autobiografische Inhalte der frühen Kindheit vor dem dritten oder vierten Lebensjahr ins Gedächtnis zu rufen. Warum das so ist, dafür gibt es unterschiedliche Erklärungen. Ein Argumentationstyp geht z. B. dahin, dass die Gehirnsysteme, die für den Erwerb autobiografisch-episodischer Gedächtnisinhalte zuständig sind, vor dem dritten oder vierten Lebensjahr *nicht reif genug* seien. Damit verbunden ist die Vermutung, dass sowohl Akquisitation als auch die spätere Erinnerung auf kognitiven Fähigkeiten basieren, die zum Zeitpunkt des Zugangs zu den infrage stehenden Informationen noch nicht vorlägen. Der kindliche Geist, so die Argumentation, verfüge noch nicht über die Art von begrifflichen Schemata, die einen späteren Abruf sicherstellen. Diese änderten sich zu schnell, weshalb im kindlichen Gedächtnis Episoden auf eine Art und Weise gespeichert würden, die später nicht mehr abrufbar seien. Hinzu komme eine mangelnde sprachliche Kompetenz – ein Mangel an sogenannter *inner language* –, welche Basis jeden autobiografischen Gedächtnisses sei. Schließlich bestünde auch eine *Unausgereiftheit der Idee des Selbst,* der sogenannten *self comprehension,* die es schwierig mache, Informationen aus der Umwelt in Beziehung zur eigenen Person zu setzen. Darüber hinaus nimmt man an, die infantile Amnesie begünstige die Bildung von sogenannten *False Memories* (vgl. ▶ Kap. 7). Damit umschreibt man Scheinerinnerungen an Ereignisse, die nicht stattgefunden haben, typischerweise aber mit dem ▶ Gefühl einer bewussten Erinnerung verbunden sind. Solche relativ zuverlässigen Erinnerungstäuschungen können z. B. aus *illusorischen Konjunktionen* durch wiederholte Imagination und Fantasietätigkeit resultieren, aus Wahrnehmungstäuschungen und Träumen oder aus irreführenden Vermischungen emotionaler und kognitiver Schemata zur Bewertung einer Situation.

(Evolutions-)Biologisch argumentierend kann man die infantile Amnesie und die damit verbundenen Probleme als eine *Grenzbedingung biologischer Systeme* betrachten, in der Bewertungen der Gegenwart und Erfahrungen der Vergangenheit unverträglich seien. Eine korrekte Erinnerung, so wird angenommen, sei nämlich nicht immer nur als Vorteil zu betrachten, denn jede exzessive Genauigkeit gehe letztlich zulasten einer gelungenen, sprich überlebensnotwendigen, Generalisierung und Kategorisierung. Entsprechend stellt man hier heute eine Mischung aus biologischen Begrenzungen des Gehirnwachstums und seiner Vernetzung sowie einen raschen Wechsel von Umwelterfahrungen, verbunden mit einer nicht stetig fortschreitenden kognitiven Entwicklung in den Vordergrund, um damit eine infantile Amnesie zu erklären. Mit aus dieser Gemengelage von Einflussgrößen, so die Vermutung, ergäben sich letztlich zu wenig Chancen für eine robuste, überdauernde Kodierung eventuell vorübergehender das Individuum betreffender Zustände.

Die entwicklungsbiologisch ebenfalls hochinteressante Frage, wie es einem im ständigen Wandel begriffenen, sozusagen »im Fluss befindlichen« System gelingen sollte, ad hoc darüber zu entscheiden, was vorübergehend und was auf Dauer anzulegen, sprich abzuspeichern ist, kann auf diese Weise allerdings nicht beantwortet werden.

Fazit Solange das Fach ausschließlich in der ▶ Philosophie angesiedelt war, dominierte ein ganz bestimmter Zugang zur psychologisch begründeten Suche nach etwas, das als Wahrheit gelten konnte. Insofern stellt die auf ▶ Platon zurückgehende ▶ Philosophie eines der argumentativen Schwergewichte dar, an deren Überwindung sich die Entwicklung des naturwissenschaftlichen Gedankengebäudes der *Psychologie im 19. Jahrhundert* messen lassen musste. Als nämlich physiologische Gesetzmäßigkeiten in der Psychologie in den Vordergrund rückten und damit gerade das *Konkrete, sinnlich Erfahrbare,* bislang als »unwissenschaftlich« Etikettierte, ganz bewusst thematisiert wurde, kam dies einem Traditionsbruch gleich. Es bedeutete letztlich nichts anderes, als sich – vom antiken Erbe ▶ Platons distanzierend – gewissermaßen den »Fragen des mitteilbaren Lebens ganz gewöhnlicher Höhlenbewohner« zu widmen, um damit aus den »Niederungen ihres Alltags« wissenschaftliche Ergebnisse zu extrahieren und dieses Tun erkenntnistheoretisch zu begründen. Eine solch tief greifende Abgrenzung von der ▶ Philosophie und Orientierung hin zur Naturwissenschaft seitens der Psychologie erforderte deshalb neben dem Mut zur Trennung auch das Eingeständnis, sich von nun an an wissenschaftstheoretischen und methodischen Entwicklungen der Naturwissenschaft zu orientieren, sich diesen unterordnen zu müssen.

5.1.2 Physis und Psyche sind untrennbar verbunden

Die Anfänge des so skizzierten Denkens reichen indes ebenfalls in die Antike zurück, setzte doch bereits ▶ Aristoteles der idealisierenden Auffassung ▶ Platons eine insofern monistisch zu nennende Theorie entgegen, als er der festen Überzeugung war, *Leib und* ▶ *Seele nicht trennen* zu können. Für ihn war die ▶ Seele Ausdruck eines gestalterischen Prinzips, wobei die *form*gebende ▶ Seele von der *Materie* des Körpers weder zu separieren sei noch auf diesen »einwirke« – ebenso wenig, wie z. B. die Form eines Tisches auf das Holz, aus dem er gemacht ist, einen Einfluss ausübe. Auch wenn erst die Form aus der Materie einen Tisch mache, könne man »Form« und »Holz« nicht als zwei Größen betrachten, die aufeinander einwirken.

▶ Aristoteles geht es auch nicht darum, zu erfahren, »‚wie sie denn sein würde', wäre die ▶ Seele vom Körper erlöst« (Jüttemann et al. 1991, S. 29), sondern er möchte Erkenntnisse darüber gewinnen, *wie die Seele, die nun einmal im Körper ist, dort tatsächlich wirkt* (vgl. ebd.). Da diese für ihn – anders als für ▶ Platon – als vom Körper zwar untrennbar anzusehen, gleichzeitig aber Inbegriff menschlicher Fähigkeiten und Geisteskräfte geworden war, konnte auch nur sie es sein, die der körperlichen Materie die unverwechselbaren Fähigkeiten verlieh, die Wahrnehmung, Denken, Erfüllung des Seins und des Werdens ermöglichten, die Wandel und Gegensätze zuließen. Kurzum, die ▶ Seele war für ihn Ursache und bleibender Grund des lebenden Körpers. Sie davon getrennt zu betrachten, ergab fortan für alle, die aristotelisch dachten, keinen Sinn mehr. Dessen ungeachtet – und das wiederum war prägend für die aristotelische Psychologie – war *der Endzweck allen Lebens und der Grund aller Entwicklung immer das Seelische,* der Körper fungierte lediglich als Werkzeug des Psychischen. Diesen aristotelischen »Primat des Seelischen« hat die Psychologie durch ihre Hinwendung zur Naturwissenschaft und deren »Primat der Materie« allerdings nur mit Abstrichen bewahren können.

Für ▶ Aristoteles ließ die Vielgestaltigkeit des seelischen Seins und Werdens – sofern bestimmte Gesetze, etwa die der Harmonie der Gegensätze etc., geachtet wurden – ganz verschiedene Ausgestaltungen zu. Dadurch wurde es ihm möglich, Fragen nach einzelnen ▶ Vermögen der ▶ Seele zu stellen; so z. B. danach, ob die *Psyche zunächst als Ganzes zu untersuchen* sei oder ob es auch sinnvoll sein könnte, *sich den verschiedenen Teilen davon zu widmen.* ▶ Aristoteles sah hierbei ebenfalls eine »Dreiteilung der ▶ Seele« vor, bestehend aus einer vegetativen (Ernährung), einer animalischen (Begierde, Sinnesempfinden) und einer denkenden, *rationalen Seele* (Geistseele), wobei er die Geistseele als oberstes, vornehmstes Seelenvermögen über die beiden anderen stellte. Damit redete ▶ Aristoteles bereits einer Art vergleichender Psychologie das Wort, denn da seiner Ansicht nach Wahrnehmungs- und Denkvermögen, Planungsfähigkeit sowie Streben und Begierde Geschöpfe schufen, die im Laufe ihrer Entwicklung immer mehr *Fähigkeiten unterschiedlich zu entfalten imstande waren,* konnte auch deren Entwicklungsgang hinterfragt werden.

Allein die denkende ▶ Seele – heute würden wir hier vermutlich von »Bewusstsein« sprechen (vgl. ▶ Kap. 4) – war seines Erachtens allein dem Menschen vorbehalten.[6] Dieser rationale Seelen*teil* war für ▶ Aristoteles mit den *fünf Sinnen* mittels eines ihnen übergeordneten Gemeinsinns *(sensus communis)* verbunden. Dieses ▶ Vermögen wiederum, das Gemeinsame des mit den äußeren Sinnen Wahrgenommenen zu erkennen, stand seinerseits in doppelläufiger Verbindung zu verschiedenen geistigen ▶ Vermögen, z. B. zum Gedächtnis. Im Unterschied zu äußeren Sinneswahrnehmungen, durch welche die Fähigkeit vermittelt würde, Bewegung, Zahl, Gestalt oder Größe eines Reizes zu erfassen, bilde das letztendliche Hör-, Seh-, Riech- oder Fühlvermögen zwar mit dem jeweils äußeren Organ eine Einheit, es sei jedoch seinem Wesen nach etwas anderes. Entsprechend sei der vermittelnde *sensus communis* den sogenannten *höheren Seelenkräften* zuzuordnen, die das sensorisch Aufgenommene mit Fantasie, Urteils- und Erinnerungsfähigkeit etc. verknüpften. Was z. B. die Gedächtnisbildung angehe (vgl. auch ▶ Kap. 7), so erfolge die Erinnerung an etwas stets in Verbindung mit dem Zeitbewusstsein. Folglich hätten auch nur diejenigen Wesen die Möglichkeit, sich bestimmte Gedächtnisinhalte bewusst oder unbewusst präsent zu machen, sich »wiederzuerinnern« (griech. *anamnesis),* die über eine Zeitempfindung verfügten.

---

6 In seinem Buch *Über die Seele* (griech. *Peri psyches,* lat. *De anima*), in dem er diese und ähnliche Erkenntnisse über die *Bedeutung psychischer Kräfte* beschreibt, nimmt er auch Bezug auf die *rationale,* im Gehirn angesiedelte Seele und damit den Teil, für den heute der ▶ Begriff als Ganzes steht.

Dieser Versuch, »höhere Seelenkräfte« zu bestimmen und diesen das ▶ Konstrukt eines Allgemeinsinns zuzuordnen, ist ein aus Sicht der heutigen naturwissenschaftlich orientierten Psychologie wichtiger erster Schritt zur Differenzierung psychischer Funktionen. Es sei nämlich, so argumentierte bereits ▶ Aristoteles, letztlich nicht die ▶ Seele, die dies oder jenes fühle oder erinnere, sondern immer nur »der Mensch *mit* seiner ▶ Seele«. Mit sinnlichen Ausdrücken ließe sich deren Wesen nicht beschreiben, man könne sie lediglich aufgrund bestimmter Einteilungsprinzipien zu fassen versuchen.

Im Laufe der Jahrhunderte geriet so das Gehirn zu einem »Zentralorgan« für übergeordnete innere ▶ Empfindungen (*sensorium commune*) zwischen Bewegungen der Außen- und der Innenwelt. Es sollte also z. B. sowohl »Eindrücke aus den Augen« erhalten und aus ihnen »innere Bilder« kreieren als auch ohne Sinneseindrücke Vorstellungen, also Einbildungen, produzieren. Von ▶ Aristoteles wurde der damit angesprochene »gemeinschaftliche Sinn« den fünf einzelnen äußeren Sinnen als ein allen Menschen gemeinsamer Sinn nicht nur gegenübergestellt, der *sensus communis* ist für ihn – im Unterschied zur bloßen Fähigkeit, Sinneseindrücke aufzunehmen, dem sogenannten leidenden ▶ Vermögen – auch als eine *aktive Tätigkeit des Geistes* zu begreifen. Die damit verbundenen Fähigkeiten zeichneten sich entsprechend der aristotelischen Psychologie durch bestimmte ▶ Assoziationen aus, die ihrerseits durch *Assoziationsgesetze* beschrieben werden können.

Beispiel: Das Verständnis von Assoziation und Assoziationsgesetzen in der Psychologie Die gesamte moderne Assoziationspsychologie geht somit letztlich auf ▶ Aristoteles zurück. Er war es, der unter ▶ »Assoziation« (lat. 'die Verknüpfung zweier oder mehrerer Erlebnisbestandteile') den Vorgang verstand, mit einem Erlebnis andere, früher im Zusammenhang mit ihm aufgetretene Ereignisse wieder ins Bewusstsein zu rufen. Das Ergebnis dieser Verknüpfung, so ▶ Aristoteles, werde einem *passiv arbeitenden Geist* – heute würden wir sagen, einem jederzeit abrufbaren *Weltwissen* – zugeführt und nach Bedarf durch den *aktiven Geist* – wir würden diesen heute als *(Arbeits-)Gedächtnis bezeichnen* – zum »Wohle des Individuums« aktualisiert. Seine damit zum Ausdruck kommende *philosophische Grundhaltung,* jeglichen Erfahrungszuwachs, also jegliches Lernen, auf eine Verknüpfung einzelner Elemente zurückzuführen und so ein Gesamtbild von etwas »von unten nach oben« zu entwickeln, bildete über viele Jahrhunderte auch den Hauptgegenstand der *Assoziationspsychologie.* Griff diese zunächst den klassischen Ansatz von ▶ Aristoteles auf, der mit den sogenannten Assoziationsgesetzen der Kontingenz, des Kontrasts, der Ähnlichkeit und des Verursachungsprinzips (Kausalität) die maßgeblichen Variablen dafür benannt hatte, so band dieser psychologische Denkansatz im Laufe der Jahrhunderte insbesondere den britischen *Empirismus* mit ein, so wie er u. a. durch ▶ J. Locke (1690), ▶ D. Hume (1739/1740), James Mill und dessen Sohn ▶ John Stuart Mill vertreten wurde.

Allen voran ▶ John Locke war der Auffassung, dass man jegliches mentale Geschehen nur erfassen könne, wenn man die ▶ Empfindungen (*sensations*) verstehe, die aus der Umwelt auf das Individuum einströmen, denn *sensation* ging allem psychologisch Relevanten voraus, der Aufmerksamkeit, dem Lernen, dem Gedächtnis, der Anpassung an bestimmte Verhältnisse et cetera. Psychologie war so gesehen eine Wissenschaft der Art und Weise, wie eine Person mit Reizen der Umwelt, in die sie sprichwörtlich eingebettet sei, umgeht, sie verknüpft. Etwas über den Menschen erfahren bedeutet so gesehen, auch etwas über das Umfeld zu erfahren, denn beides bildete im sogenannten Locke'schen ▶ Sensualismus eine unauflösliche Einheit.

Für einen der Kritiker von ▶ J. Locke, ▶ George Berkeley, blieb es indes immer fraglich, dass die wahrnehmende Person je entscheiden könne, ob ein Gegenstand nur wirklich erscheine oder wirklich sei, denn die wahrgenommene Realität lasse keine Trennung von subjektiver und objektiver ▶ Erfahrung zu. Vielmehr interpretiere die betrachtende Person nur die ▶ Empfindungen der eigenen Sinnesinformationen, z. B. durch das Auge. Und weil jeder Mensch seine Wahrnehmungstätigkeit allein für sich vollziehe, gebe es auch nur jeweils eigene Wahrnehmungsbilder.

Dessen ungeachtet hatte die Assoziationspsychologie viele Fürsprecher. Im deutschen Sprachraum des 19. Jahrhunderts war es zunächst ▶ J. F. Herbart, später G. E. Müller und ▶ T. Ziehen, die eine Psychologie mitprägten, welche alles Denken auf ▶ Assoziation zurückzuführen gedachte (▶ J. F. Herbart) bzw. die Assoziationen zum Hauptforschungsfeld der experimentellen Psychologie machten (G. E. Müller, ▶ Ziehen). In Anlehnung an aristotelische *Assoziationsgesetze* leiteten sie diese primär aus *räumlicher und zeitlicher Berührung, Ähnlichkeit und Kontrast zwischen verschiedenen Inhalten sowie der Eindringlichkeit ihrer Verbindung ab*. Das so gebildete Assoziationsprinzip galt bis ins 20. Jahrhundert hinein als *das Grundgesetz des Denkens, Verhaltens und Lernens* schlechthin. Entsprechend legte z. B. ▶ H. Ebbinghaus, einer der Urväter psychologischer Lern- und Gedächtnistheorien, seinen Lernexperimenten sogenannte *sinnlose Silben* zugrunde. Denn er hoffte, durch die *Schaffung »reiner«, weil nur durch zeitliche Berührung erklärbarer Assoziationsketten* Phänomene des Lernens möglichst unverfälscht beschreiben zu können. In diesem Bemühen unterstützte ihn u. a. auch ▶ W. Wundt, der in der Bildung grundlegender mentaler Elemente und ihrer assoziativen Verknüpfung einen wichtigen Beitrag zu Vorgängen des Lernens und Erinnerns sah. Auf den Grundlagen der ▶ Assoziation basiert schließlich auch das Phänomen der klassischen pawlowschen (▶ I. Pawlow) sowie der instrumentellen Konditionierung im Sinne ▶ E. L. Thorndikes und ▶ B. F. Skinners. Heute dient das Assoziationsprinzip sowohl in der »postbehavioristischen« Lernpsychologie, im Rahmen von Tierexperimenten, als auch in der Verhaltenstherapie als eine wichtige Grundlage.

Natürlich gab und gibt es auch weiterhin Gegner eines solchen psychologisch bestimmten Verkettungsprinzips. Im Verlauf der ersten Hälfte des 20. Jahrhunderts wurden z. B. die von Kritikern als »atomistisch« bezeichneten Grundannahmen einer *hypothetischen Eigengesetzlichkeit der* ▶ *Assoziationund ihrer Ketten höherer Ordnung* durch Untersuchungen seitens der ▶ Denkpsychologie infrage gestellt, z. B. von ▶ N. K. Ach und von der Gestaltpsychologie, z. B. von ▶ K. Lewin. Sie zeigten u. a., dass Denkvorgänge teilweise in Übereinstimmung mit, teilweise unabhängig von und teilweise im Gegensatz zu den postulierten Assoziationsgesetzen ablaufen können. Ein ausschließlicher Verweis auf diese Verknüpfungsmöglichkeit, so wurde argumentiert, könne folglich nicht genügen, um Denkvorgänge zu erklären. Die Argumente der ▶ Denkpsychologie weiterführend, bemängelte z. B. Otto Selz schon in den 1920er-Jahren, dass die Assoziationspsychologie nicht mehr als ein System diffuser Reproduktionen darstelle, das zu zusätzlichen Annahmen nötige, um Verhaltenstendenzen erklären zu können. So werde z. B. angenommen, dass konkurrierende Reproduktionstendenzen einander hemmen, so dass nur die stärksten »zum Siege gelangen«, d. h. über die Schwelle des Bewusstseins gehoben würden. Es werde ferner angenommen, dass es zu einer gesetzmäßigen Verdrängung der schwächeren Reproduktionstendenzen durch die jeweils stärkeren komme, so dass letztlich die stärkste Tendenz der einzige richtungsbestimmende Faktor im psychischen Geschehen sei. Denkvorgänge betreffend sei hier jedoch zu bedenken, dass die geeigneten, die letztlich richtigen Vorstellungen nicht immer die gerade am stärksten assoziierten seien, denn Richtigkeit und Stärke der ▶ Assoziation einer Vorstellung hätten nicht notwendigerweise miteinander zu tun. Eine geordnete, produktive Geistestätigkeit liege vielmehr dann vor, wenn sich die durch sie entstehenden gedanklichen Neubildungen zu einem einheitlichen Ganzen zusammenfügen und so einen kulturellen Wert darstellen, nicht aber, indem gleich- oder entgegengesetzte Richtungsgesetze von ▶ Assoziationen wirken. Gerade indem man ein System diffuser Reproduktion zugrunde lege, sei man genötigt, – gewissermaßen als Ordnungsfaktor in diesem Geschehen – eine gegenseitige Förderung bzw. Hemmung isolierter Reproduktionstendenzen anzunehmen, und gelange so zu falschen Schlussfolgerungen.

Zu jenen, die sich gegen die Vorstellung wandten, eine erkenntnisgewinnende Geistestätigkeit sei allein durch Assoziationsbildung zu erklären, gehört auch der französische Philosoph ▶ Henri Bergson. Als entschiedenem Gegner des Assoziationismus galt es ihm als undenkbar, Komponenten der inneren Erfahrung so zu behandeln, als wären sie diskret kombinierbare Ereignisse. Innere Erfahrungen und die Außenwelt seien vielmehr inkommensurabel.

Anders als ▶ Denkpsychologie und Philosophie entschied sich die Hirnforschung für eine Weiterführung der Assoziationspsychologie. Hier befasste man sich im letzten Drittel des 19. und zu Beginn des 20. Jahrhunderts nicht nur intensiv mit der Histologie, also dem Feinaufbau corticaler Strukturen und corticocorticalen Faserverbindungen, man wollte auch deren funktionale Bedeutung begreifen, u. a. im Hinblick auf Lern- und Gedächtnisvorgänge. Dazu ordnete man die sogenannten stummen Areale – gemeint waren jene Hirngebiete, die mit den damals zur Verfügung stehenden Methoden weder durch sensorische noch durch motorische Reizung erregt werden konnten – den sogenannten Assoziationsarealen zu. Diese Gebiete, glaubte man, könne man charakterisieren als bestehend aus Assoziationsneuronen und den entsprechenden langen Assoziationsfasern (▶ P. Flechsig), welche die Verbindung zwischen den einzelnen »stummen Feldern« darstellten, und als Ganzes dann bestimmten Assoziationsleistungen des Menschen ermöglichen. Der ▶ Begriff der Assoziationsareale, verbunden mit der irrigen Vorstellung, dass dort etwas »assoziiert« würde, hat sich bis in die Gegenwart gehalten.

Anders als in der experimentellen werden in der *analytischen Psychologie* bis heute ▶ *Assoziationen als diagnostisches Mittel zum Erkennen* geistiger Strukturen von teilweise bewussten oder unbewussten Mechanismen benutzt. Unterschieden wird zwischen »freien ▶ Assoziationen« im Sinne ▶ S. Freuds, welche als Bestandteil des Versuchs einer psychoanalytischen Aufdeckung verdrängter Früherlebnisse zu verstehen sind, und »provozierten ▶ Assoziationen« durch die Vorgabe standardisierter Reizwörter, so z. B. bei ▶ C. G. Jung. Hierbei werden Störungen im Ablauf – einer verkürzten oder verlängerten Reaktionszeit, Ausbleiben einer ▶ Assoziation etc. – dann als sogenannte *Komplexindikatoren* gedeutet. Auch sogenannte projektive Tests bauen auf ▶ Assoziationen auf, wobei fehlerhafte, »falsch konditionierte ▶ Assoziationen« als Para-Assoziationen bezeichnet werden, unter denen es auch *krankhafte Formen* gibt, z. B. verstärkte Ablenkbarkeit und Ideenflucht. Allen ▶ analytischen Ansätzen gemeinsam ist die Überzeugung, dass jede ▶ Assoziation einen Sinn hat, auch das »sinnlose« Aneinanderreihen einzelner Elemente, und dass es letztlich nur darum gehen kann, das scheinbar isoliert Assoziierte in einen übergreifenden Zusammenhang zu stellen und es so für den Betroffenen / die Betroffene nachvollziehbar zu machen.

Fazit ▶ Aristoteles war, anders als sein Mentor ▶ Platon, davon überzeugt, die Realität der Dinge bereits in ihrer sich darstellenden Konkretheit erkennen zu können, weshalb es unnötig sei, ein hypothetisches Reich der Ideen zu postulieren. Entsprechend seinen naturwissenschaftlichen Interessen befasste er sich mit einer Welt, die auf Beobachtung gründete, und gewann daraus die Ansicht, der einzige Weg, gemeinsame Eigenschaften von Dingen zu erkennen, führe letztlich über die Sinne. Anders als ▶ Platon suchte ▶ Aristoteles auch nicht nach einem unveränderlichen, »ewigen Grund« in einer von Veränderungen charakterisierten Welt, sah auch nicht in Objekten der materiellen Welt unvollkommene Kopien ihrer Idee. Im Gegenteil, Einsicht in die universelle, unwandelbare Natur gewinnt man seiner Ansicht nach gerade, indem man Einzeldinge untersucht und durch induktive Schlussfolgerungen zu übergreifender Erkenntnis gelangt. Und da ▶ Aristoteles, ähnlich wie ▶ Platon auch, der Ansicht war, dass das, was für die natürliche Welt gilt, auch in der mentalen Welt Bestand haben muss, gelten in letzterer auch die gleichen Regeln wie in der Welt der Naturerforschung. Somit fragte er auch nicht danach, ob es angeborene Ideen über die reale Welt oder angeborene Vorstellungen von Gut und Böse etc. geben kann, er fragte vielmehr danach, wie die Welt, so wie sie sich darstellt, zu erkennen sein könnte und was eine bestimmte Erkenntnis zu einer angemessenen macht.

▶ Aristoteles' Werk hielt über ein Jahrtausend hinweg den Gedanken präsent, dass die Idee, also die *reine Potenzialität im Sinne der Ideenwelt* ▶ Platons, für sich genommen, d. h. *ohne äußere Gestalt und Materie, nicht bestehen könne* und dass zudem *weder die Idee noch die Materie eines Einzeldinges für sich genommen etwas Wirkliches sei*. Nur die *Gattungsstruktur des Gemeinsamen,* so ▶ Aristoteles, könne Gegenstand von Wissenschaft sein. Und dieses Gemeinsame – hier am Beispiel der Assoziationsbildung dargestellt – sei durch Gesetzmäßigkeiten gekennzeichnet, die es einer systematischen Untersuchung zugänglich machten.

5.1.3 Denkanstöße durch die Lehren Platons und Aristoteles'

Die Psychologie hat durch die Seelenlehren ▶ Platons und ▶ Aristoteles' eine ebenso fundierte wie kontrovers diskutierte Ausrichtung auf eine in und durch die ▶ Philosophie bzw. ▶ Naturphilosophie begründete Wissenschaft erfahren. Ohne diese Basis wäre eine Einordnung heutigen Wissens undenkbar. Während aber ▶ Platon meinte, wahres Wissen sei nur durch ▶ Vernunft, nicht aber durch den Vergleich variabler einzelner Größen zu erwerben, kritisierte ▶ Aristoteles, dass die Idee von etwas wiederum eine übergeordnete Idee der Ideenhaftigkeit von etwas benötige etc., weshalb eine dadurch begründete Ideenwelt keineswegs vor einem unendlichen Regress schütze.

Während für die einen die wahre Realität im Ideellen begründet war, fernab jeder verzerrenden Sinnesempfindung, lag für die anderen im Beobachten der natürlichen Welt, in der Verbindung von Naturerfahrung und ▶ Philosophie, der Königsweg zum Erkenntnisgewinn. Nach ▶ Platon, auf den sich u. a. ▶ Plotin und ▶ Augustinus bezogen, und insbesondere durch ▶ Aristoteles war die philosophische Welt somit in zwei Lager unterschiedlicher Auffassung darüber gespalten, wie man letztlich zu wahren psychologisch relevanten Aussagen gelangen könne. Für spätere Empiristen wie o. g. ▶ J. Locke oder ▶ D. Hume erwuchs Wissen aus sinnlicher Erfahrung, die einem ehedem »erkenntnisfreien« Menschen zu Erkenntnis verhelfe; rationalistisch argumentierende Gelehrte wie etwa ▶ R. Descartes, ▶ G. W. Leibniz oder ▶ I. Kant folgten indes ▶ Platon in der Annahme eines »ewigen« bzw. eines A-priori-Wissens.

Auch wenn in beiden Fällen die jeweils konträr begründete Suche nach der Erkenntnis des »psychologisch Wahren« dem Fachgebiet *den Weg zu einer praxisorientierten Sichtweise lange Zeit eher verstellt als geebnet* hat, so haben beide Sichtweisen in gewisser Weise bis heute ihren Vorbildcharakter im Denken bewahrt. So haben sich z. B. zahlreiche Forschungsprogramme der Neuzeit, die psychische Funktionen in ▶ Kategorien wie *Trieb,* ▶ *Vermögen, Wahrnehmung, Vorstellung* und *Denken* aufteilten, antike Seelenlehren zum Vorbild genommen, u. a. auch die ▶ aristotelische Assoziationsgesetze. Selbst die heute üblichen Schichtmodelle, z. B. der Persönlichkeitspsychologie oder der ▶ Psychoanalyse, basieren auf Aufteilungsprinzipien des Seelischen, die bis auf die Antike zurückgehen.

Auf wissenschaftstheoretischem Gebiet verdanken wir beiden Denkern wichtige Grundsätze wissenschaftlichen Arbeitens: Stand bei ▶ Platon eher die dialektische Methode im Vordergrund, so galt für ▶ Aristoteles ein Hauptaugenmerk der Kunst des induktiven und deduktiven

Schließens. Auch wäre es ohne dessen logisch-systematisches Verfahren, das man anwendet, um im Vergleich zu entscheiden, welcher ▶ Kategorie dieser oder jener Gegenstand angehört (▶ Syllogismus), vermutlich noch lange Zeit schwierig gewesen, zu zeigen, dass allein durch die Kraft des Denkens etwas entstehen kann, etwas das nicht auf Sinneserfahrung beruht. Folglich, so ▶ Aristoteles, könne es sich nur um eine angeborene Eigenschaft handeln; d. h. fertige, allgemeine Ideen seien uns zwar nicht gegeben, wohl aber die Fähigkeit, solche Ideen zu entwickeln.

5.2 Die Bedeutung spätantiker und frühmittelalterlicher Gelehrter für die Entwicklung psychologischen Denkens

Aus der Zeit des im psychologischen Sinne bedeutsamen Übergangs von der klassischen Ära hellenistischer ▶ Philosophie zum frühen Mittelalter sind heute nur wenige Schriften ausgewählter Vertreter des Neoplatonismus und der Patristik[7] überliefert. Darunter sind die nachfolgend als Beispiel besprochenen Gedanken des Philosophen ▶ Plotin (205–270 n. Chr.) und des bereits genannten Kirchenvaters und Philosophen ▶ Augustinus (345–430 n. Chr.) bzw. der Texte, die ihnen zugeschrieben wurden. Mit ▶ Plotin steht die Ausgestaltung der platonischen ▶ Philosophie im Vordergrund, mit ▶ Augustinus wird der Einfluss der christlichen Religion auf die römische Spätantike u. U. thematisiert. Im Gefolge dieses Wandels – die platonische, idealisierend-dualistische ▶ Philosophie wird Teil des Unterbaus christlicher Theologie – vollzieht sich eine Entwicklung psychologisch relevanter Ideen, die heute noch von Bedeutung ist.

5.2.1 Die Bedeutung spätantiker Denkweise für die heutige Psychologie

Der oben genannte ▶ Plotin aus Alexandria gilt als der einflussreichste Schüler ▶ Platons und damit als einer der bedeutendsten Vertreter des *Neoplatonismus*. Als Seelenlehre verstanden, hatte diese Auffassung u. a. zum Ziel, Theologie, Kosmologie und Psychologie so miteinander zu verbinden, dass der »Aufbau der Welt« und darin die »Stellung des Menschen« sowie dessen »Lebensziele« erkannt werden könnten. In Übereinstimmung mit seinem großen Vorbild ▶ Platon war ▶ Plotin der Auffassung, dass die begrenzte, endliche Welt, die wir durch die Sinne erfahren, nicht die eigentliche Wirklichkeit repräsentieren könne. Deshalb sei es die »vornehmste Aufgabe« des Menschen, sich vom Sinnlichen ab- und dem argumentativen Denken zuzuwenden, und zwar, indem man sich »anschauender ▶ Vernunft« (griech. *nous*) und kontemplativer Einsicht bediene. Eine sich an solchen Vorgaben orientierende Psychologie konzentrierte sich entsprechend sowohl auf das rational Denkbare im Seelenleben eines Menschen als auch auf die durch Eingebung aufscheinenden Grenzgebiete. Ein Abdriften ins Unwissenschaftliche, d. h. eine unzulässige Ausdehnung des Fachverständnisses, so wie man es heute sehen würde, war für ▶ Plotins Anhänger damit natürlich keineswegs verbunden. Ihnen galt er vielmehr als einer der großen – heute würde man sagen – spätantiken neoplatonischen Denker, der die Seelenlehre aus der Welt der ▶ Ontologie, also der Suche nach dem Wie des Ganzen möglicher Sinnzusammenhänge und dem Sein hinter dem Scheinen, in die Welt der ▶ Metaphysik zu überführen trachtete.

---

7 In der christlichen Theologie und ▶ Philosophie bezeichnet man mit »Patristik« die Zeit der sogenannten Kirchenväter vom ersten bis etwa zum siebten Jahrhundert.

Für die moderne Psychologie, in der das ▶ Begriffspaar ▶ »Metaphysik« *und* »Spätantike« zunächst gleichbedeutend mit »spiritistisch« *und* »experimentell nicht überprüfbar« zu sein scheint, war sein Wirken gleichwohl von nachhaltiger Bedeutung. Es gibt nämlich neben allem, was er heutigem Verständnis nach an »Unfassbarem und Unerklärbarem« in seinen Schriften über die ▶ Seele ausbreitete,[8] auch Problemstellungen, die wir heute noch oder wieder aufgreifen.

Dazu gehört zum einen seine Idee einer »eingefalteten Fülle von etwas«, die besagt, dass sich sowohl physische als auch psychische Gegenstände auf eine Weise »entfalten«, die das entstehende Produkt nicht als Ausformung des dann erkennbaren Äußeren abbildet, sondern etwas *präexistierendes Inneres* miteinbeziehen. Aus »Entfaltung« entsteht somit, bedingt durch die Veränderung der Komplexität in der Anordnung der einzelnen Elemente während des Entfaltungsvorganges, unter Umständen etwas, das sich nicht aus Aufbau oder Funktionsweise des Ursprünglichen heraus prognostizieren lässt. Heute wird dieser Gedanke einer *eingefalteten Fülle von etwas* durch Theorien der Selbstorganisation und damit verbundener Vorstellungen von Emergenz bzw. Supervenienz zum Ausdruck zu bringen gesucht. Mit dem Begriff der Emergenz (lat. *ex* 'aus, heraus', *mergere* 'versenken, eintauchen') wird der Umstand charakterisiert, dass in einer Ganzheit Eigenschaften, d. h. Qualitäten, zum Vorschein kommen können, die sich aus den Eigenschaften ihrer Einzelteile nicht erklären lassen. Wenn man in diesem Sinne verstanden dann z. B. von mentalen Zuständen einer Person sagt, sie seien supervenient in Bezug auf eine gewisse Teilmenge ihrer Gehirnzustände, so ist damit gemeint, dass hier *keine korrelativen Zuordnungen* zwischen einzelnen Elementen der fraglichen Eigenschaftsfamilien von Gehirn und Geist vorliegen, dass *keine bikonditionalen Gesetze* existieren, welche die Kluft zwischen ihnen überbrücken könnten. Um es im Sinne ▶ Plotins auszudrücken: Er war der Auffassung, die Psyche bzw. ▶ Seele sei ihrem Wesen nach zwar *unkörperlich* und *unteilbar*. Indem sie aber »die Materie zu formen suche«, werde sie an diese gebunden, wobei die materielle Leiblichkeit des Menschen die ▶ Seele jedoch nicht in ihrer ungeteilten Ganzheit aufnehmen könne.

Auch ▶ Plotins Verteidigung des platonischen Grundprinzip, dass alles, was es zu erkennen gebe, wenn auch in anderer Zusammensetzung »ohnehin immer schon da gewesen« sei und jeweils nur nach bestimmten Prinzipien neu geordnet werde, ist uns heute ebenfalls geläufig, z. B. in der modernen Molekularbiologie. Da die Grundlage unseres Lebens eine molekulare ist und da Moleküle Quantenobjekte sind, d. h. in Quantenzuständen existieren, manifestiert sich deren Ordnung auch in einer überempirischen, dem Experiment nicht zugänglichen Weise. Die Vorstellung, dass neu auftretende Ordnungsmuster der empirischen Welt im Bereich der Potenzialität bereits existiert haben müssen, ist folglich durchaus naheliegend.

Heute sehen wir allerdings in einer möglichen übergeordneten Ganzheit kein *transzendentales Prinzip* mehr, bilden keine »Einheit mit und im Spirituellen«. Wir billigen einem übergeordneten Ganzen zwar gemäß dem *Prinzip der schöpferischen Resultanten* zu, mehr zu sein als lediglich die Summe der Konstituenten, die wir wissenschaftlich erfassen können. Dass ein übergeordnetes Ganzes aber *an sich* und *für sich* besteht und noch dazu eines, in dem etwaige bestehende Gegensätze aufgehoben sind, ist als Vorstellung in der experimentell bzw. physiologisch orientierten Psychologie nicht geläufig. Insbesondere die damit in Verbindung gebrachte Zuwendung zu Erfahrungen jenseits des Erklärbaren wird als mystisch und okkult und damit als der Wissenschaft abträglich angesehen.

---

8   Die Seele galt Plotin als eine Art Mittelding zwischen Geist und Materie, das beständig nach einer mystischen Aufstiegsbewegung (zu Gott) suche.

5.2 · Die Bedeutung spätantiker und frühmittelalterlicher Gelehrter ...

Für die Entwicklung des Faches als förderlich betrachtet wird indes, dass durch einen das Rationale der individuellen Psyche sprengenden neoplatonischen Ansatz die Erforschung der ▶ Seele um ihrer selbst willen – und nicht primär nur in Bezug auf theogene oder kosmogene Fragestellungen – als Gegenstand gelehrten Denkens in den Mittelpunkt gerückt wurde. Dass ▶ Plotins Werk durch die ihm innewohnende Logik eine ganz bestimmte Wirklichkeit erzeugt, ist nicht nur unschwer zu erkennen. Es hilft, zu akzeptieren, dass jede – nicht nur eine heute leicht zu kritisierende spiritistische – Auffassung von der Psyche eines Menschen eine Eigenlogik hat, welche man – ohne sie zu verzerren – nicht auf andere Zeiten und Grundüberzeugungen übertragen kann.

Auch heute existieren jeweils mehrere Abbildungsversuche von Wirklichkeit, sogenannte *Wirklichkeitskonstrukte*, nebeneinander, weshalb die jeweils gewählte Erklärung für einen Sachverhalt immer auch nur als eine von vielen möglichen gelten kann (vgl. ▶ Kap. 3). Wollte man indes nur *eine Wirklichkeit* haben, dann bräuchte man zu deren Abbildung nicht nur einen gültigen Seinsbegriff, sondern auch *eine Natur*. Gerade bei Letzterer stellt sich damals wie heute die Frage, welche »eine Natur« es denn sein soll. Die Natur *an sich* kann man nicht verstehen und folglich auch nicht abbilden. Verstehen kann man ja immer nur einen bestimmten Teil davon, z. B. die Abhängigkeit des Gedeihens bestimmter Pflanzenarten von der Meereshöhe. In ähnlicher Weise kann man auch den Menschen *an sich* nicht erkennen, sondern nur den Aspekt davon, den man untersucht, z. B. seine Aufmerksamkeitsspanne, die Fragmentierung seines Nachtschlafs oder seine Leistungsmotivation. Geht man nun noch einen Schritt weiter, indem man versucht, den Menschen *an sich* der Natur *als Ganzes* gegenüberzustellen, schafft man eine in zweifacher Hinsicht *willkürliche Abgrenzung* von Gegenstandsbereichen, wodurch wiederum Fragen nach dem Wesen dieser Abgrenzung entstehen, die man nicht wird beantworten können. Man »genießt« z. B. nicht als »ganzer Mensch« – wer ist der ganze Mensch? (vgl. ▶ Kap. 1) – die »ganze Natur«. Man genießt vielleicht in einer bestimmten Gemütsverfassung das Farbenspiel der Laubbäume im Herbst, die Stille im Wald, wenn es schneit, et cetera. Das heißt, man sucht sich aus der Vielfalt das Genießenswerte heraus, denn das Wesen der Natur *an sich* kann man nicht genießen. Man kann es auch nichtempirisch erfassen, ihm keine erkennbare innere Struktur zuordnen, die dem Wesenhaften entspricht; man kann nur dem Teil der Natur die *innere Struktur* zuweisen, der den eigenen wissenschaftlichen Interessen entspricht.

Somit bringt man – und das wird am Beispiel ▶ Plotins ganz deutlich – Annahmen über eine bestimmte Wirklichkeit in die jeweilige Fragestellung bereits mit ein. Mittels unseres heutigen empirischen Vorgehens lässt sich z. B. nur das erfassen, was den Beobachter, die Beobachterin eine Grenze erfahren lässt, also einen gewissen Widerstand bietet und auf diese Weise *positiv* ermittelbar ist. Ein »nichts gefunden« bietet keinen solchen erkennbaren, strukturierten Widerstand und kann deshalb im Sinne der Fragestellung nicht weiter interpretiert werden. Nur das tatsächlich Ermittelte lässt auf eine solche Grenze schließen und ermöglicht es, das Erfahrene mit etwas Bekanntem zu vergleichen, es darauf zurückzuführen, damit in Beziehung zu setzen et cetera. Man erfasst somit nur den Teil der Wirklichkeit, der das Potenzielle, weil nicht messbar Gemachte, ausspart. So gesehen kann auch jede psychologische Wirklichkeit nicht »wirklicher« sein, als die Theorienbildung innerhalb der Psychologie es zulässt, d. h. die Welt der klassischen experimentellen Psychologie kommt nur durch den Messprozess zustande, sie existiert nicht *per se*. Und weil die Messung über den Ausschnitt der Wirklichkeit bestimmt, der erfassbar wird, gehören überempirische ▶ Entitäten im Sinne ▶ Platons für uns heute nicht dazu.

5.2.2 Die menschliche Psyche verstanden als ein Wert an sich

Einer, der die Notwendigkeit einer genauen Betrachtung der menschlichen Psyche um ihrer selbst willen erkannte, war der Mönch ▶ Augustinus, einer der einflussreichsten Philosophen aller Zeiten. Er prägte nicht nur das Denken über die Psyche des Menschen bis weit über das Mittelalter hinaus. Seinem Vorbild folgend galt bis in die Neuzeit hinein den *inneren, den geistigen, Werten des Menschen die ganze Aufmerksamkeit*. Dies ist u. a. darin begründet, dass ▶ Augustinus' Argumente in einem bestimmten Sinne auch ohne Rückgriff auf die Bibel auskamen. Denn was ▶ Vernunft meint, was die Fähigkeit, Entscheidungen durch Denken abzuwägen, etc., galt ihm als eine gottvermittelte *Freiheit des* ▶ *Handelns*. Und in diesem Rahmen konnte sich auch seine Auffassung, die heute »augustinische Psychologie« genannt wird, entfalten. Indem er sich, wie zuvor ▶ Plotin auch, an ▶ Platon orientierte, galten ihm materielle Gegenstände nur wenig. Selbst der Mensch existierte für ihn nur als ein Geschöpf, das in seinem Sein und Werden an Veränderung gebunden ist – und dieser Wandel, das Kennzeichen des Kreatürlichen, konnte nur schwerlich Gegenstand der Wissenschaft sein (vgl. ▶ Kap. 3). Wie weiter oben bereits angesprochen, entstand ein daraus abgeleitetes alltagsweltliches Denken, wonach stets das geistig »Höhere« über das kreatürlich »Niedrigere« herrschen bzw. es beeinflussen könne und nie umgekehrt. Diese Ansicht war nicht nur ganz im Sinne von ▶ Augustinus, sie überdauerte auch Jahrhunderte. Auch dass es nicht die augustinischen durch ▶ Introspektion vermittelten »inneren Erfahrungen« sind, die den größten Gewissheitsgrad versprechen, sondern eher eine distanzierte objektive Betrachtung aus Sicht der dritten Person, setzte sich im psychologischen Denken nur langsam durch.

Und so wie man vor ▶ Augustinus' Zeiten unter Psychologie etwas anderes verstand, es z. B. galt, die Stellung der Psyche im intelligenten Kosmos zu ergründen, so übte die durch ihn eingebrachte »religiöse Färbung« platonischen Gedankengutes der Seelenlehre über viele Jahrhunderte hinweg einen starken Einfluss auf das Denken aus, und zwar bis in unsere Zeit hinein. Um hierbei das aus heutiger Sicht weniger Positive gleich vorwegzunehmen: Es ging gemäß augustinischem Denken *immer auch* um Fragen der Vereinigung mit dem Göttlichen und Vollendung der ▶ Seele durch *Aufstieg zu ihrer eigenen geistigen Substanz*. Daraus lässt sich leicht ableiten, dass das Fachgebiet schnell in den Sog von ▶ Metaphysik und Mystik zu geraten drohte und sich damit in eine Gefahrenzone begab, aus der sich bis heute zwar die akademische Psychologie, nicht aber die ▶ Alltagspsychologie vollkommen befreit hat (vgl. ▶ Kap. 4). Damals aber trug die »philosophisch-theologische« Verbindung des sogenannten *großen Argumentativs* in Form des Neoplatonismus mit dem *großen Narrativ,* also den Schöpfungslegenden und anderen Mythen des Christentums, in gelehrten Kreisen ganz erheblich zur Akzeptanz der neuen Religion bei.

Daraus wiederum ergab aus heutiger Sicht auch etwas Positives, etwas Förderliches für psychologisches Denken. Denn nun bestand über viele Jahrhunderte hinweg ein Bedarf an der Entwicklung verlässlicher Methoden, um die christliche Lehre möglichst wortgetreu und nachhaltig auch einem großen Kreis von Illiteraten – und dazu gehörte die Mehrzahl der damals lebenden Menschen – zu übermitteln. Abgesehen davon dienten als »Beweise« für Gottesfürchtigkeit vornehmlich auswendig zu lernende Bibelzitate und ebenfalls auswendig zu lernende Auszüge aus Schriften der griechischen Antike. Diese Auffassung von Informationsweitergabe und Glaubensvermittlung trug zwar mit dazu bei, dass sich im Laufe des Mittelalters »lehrmeisterhaft geschriebene« scholastische Texte (▶ Scholastik) verbreiteten, die es wortgenau zu wiederholen galt. Letztlich war diese Übermittlungsform aber nur der christlich-kirchlichen Dogmatik abträglich, nicht aber der durch sie mitverbreiteten psychologischen Lehre. Als sich nämlich zu Beginn des Jahrtausends allmählich die Einsicht durchsetzte, dass Glaubensinhalte nicht allein durch den Erwerb von bestimmten Gedächtnisfähigkeiten und Buchwissen zu stützen waren, sondern dass es einer Art »doppelter Wahrheit« bedurfte hier, der Differenzierung von Wahrheit im Wissen und Wahrheit im Glauben, um das eine vom anderen zu trennen, hatte die bis dahin bereits ausgefeilte Mnemotechnik des Speicherns und Abrufens von gelernten Inhalten bereits einen festen Platz in der akademischen Welt erobert. Dies insbesondere, da die so erdachten psychologischen Verfahren zur Gedächtnisbildung und dessen Erhalt von anerkannten Geistesgrößen verwendet und verbreitet wurden, z. B. von Alkuin (735–804), der als Abt eines Klosters auch eine Schule betrieb, und ▶ T. von Aquin (1224–1274), der den durch logisch-abstraktes Denken erfassbaren Teil der Welt zu ergründen gedachte. Alkuin etwa, der u. a. als Lehrer Karls des Großen tätig war, verfasste aus den Seelenlehren des ▶ Augustinus einen ersten *Abriss der Psychologie/De animae rationale ad Eulaliam Virginem*. Darin, so heißt es im Buch über die Geschichte der Psychologie von F. A. Carus (1990/1808), gab er sich überzeugt davon, dass die Erinnerung durch die Tätigkeit des Schreibens, also des wiederholten Durchdenkens und schriftlichen Fixierens, gestärkt würde. ▶ T. von Aquin, dessen Gedächtnis bereits zu seinen Lebzeiten gerühmt wurde, sah wiederum im *affektgestützten Memorieren*, einer aus der Antike stammenden Gedächtniskunst, die *Schlüsselqualifikation zur mnestischen Durchdringung biblischer Texte*.

Beispiel: Determinanten des Psychischen als das »Maß der Zeit« Mit zum größten Verdienst von ▶ Augustinus – hier wiederum nur unter psychologischen Gesichtspunkten betrachtet – gehört somit, dass er bei der Transformation bzw. Integration (neo)platonischen in christliches Denken den unerschöpflichen Reichtum des Seelischen beispielhaft am Gedächtnis festgemacht hat. Auch hat er, als einer der größten Denker des frühen Mittelalters bis heute gepriesen, in mehreren Beiträgen – hier insbesondere *De magistro, De libero arbitrio* und *De musica* – neben sprachphilosophischen Themen, Fragen der Willensfreiheit und einer neuen Rhythmustheorie immer auch psychologisch bedeutsames Gedankengut zum Ausdruck gebracht. Durch seine autobiografisch überformte Schrift *Confessiones* hat er z. B. eine der ersten psychologisch begründeten (Selbst)Betrachtungen vorgelegt.

Seinem trinitarisch geprägten Glauben entsprechend gelang es ihm auch, die dadurch bereits vorgeprägte Denkfigur der Mehrgestaltigkeit so in eine theologisch begründete »Dreifaltigkeit der ▶ Seele« umzuwidmen, dass daraus auch eine psychologische, theoretisch in sich geschlossene Seelengliederung entstand. Man mag hier zwar einwenden, dass für ihn als Mönch die ▶ Seele nicht anders als nur einer (göttlich vorgegebenen) trinitarischen Grundstruktur folgen konnte. Gleichwohl legte er damit die bis heute geltende Grundlage zeitlich gegliederter »psychischer ▶ Vermögen«, indem er den rationalen Anteil (*anima rationalis*) dieser »dreifaltigen Seelengliederung«[9] in drei auf der Zeitachse von Vergangenheit über die Gegenwart zur Zukunft abbildbare psychische Fähigkeiten unterschied. Der Vergangenheit wurde das Gedächtnis (*memoria*) zugeschrieben, d. h. Vergangenheit entstand durch das Gedächtnis, durch die Bewegung der Gedanken. In der Gegenwart verhaftet sah er die Einsicht (*intelligentia*); und der Zukunft zugewandt war seiner Ansicht nach der Wille (*voluntas*).

Damit wurde in einer Epoche, die generell als »psychologiefeindlich«, weil primär dem Jenseits zugewandt, gilt, ein zentraler Themenbereich angesprochen, mit dem sich die Psychologie bis heute auseinandersetzt, wenn auch mit teilweise anderen ▶ Begriffen und jenseits eines christlichen Trinitätsgedankens, so doch mit ähnlichen Überlegungen, wie bereits ▶ Augustinus sie formulierte. Gäbe es z. B. unsere heutige Festlegung physikalischer Zeit nicht, so wäre

---

9 In seiner »Dreifaltigkeit der Seele« stellte ▶ Augustinus den »körpernahen Sinnesempfindungen und Begierden« »vernunftsbezogene Vorgänge« der Seele (*anima rationalis*) bzw. des Geistes gegenüber.

diese – von den für alle Menschen erkennbaren Zyklen der Natur einmal abgesehen – vermutlich allein ein Produkt des Gedächtnisses im Sinne von ▶ Augustinus. Zeit wäre somit *subjektiv und sinnbeladen*. Erst durch ihre Bindung an die Naturwissenschaft wird sie auch *objektiv und in gewisser Weise sinnfrei*, werden Gedächtnis und Zeit getrennt betrachtet. Der Widerspruch, der sich aus der Gegenüberstellung mentaler und physikalischer Zeit ergibt, kann in der Psychologie derzeit durch die üblichen ▶ Konstrukte einer subjektiven und einer objektiven Zeit jedoch nicht ineinander überführt werden.

Als einer der Ersten hatte sich ▶ Augustinus auch Gedanken über das Zeitmaß gemacht, ein Maß, nach dem wir heute bei der *Bestimmung der mentalen Zeit* immer noch suchen. »Kurz«, so schreibt er im 11. Buch seiner *Confessiones*, aus dem die nachfolgenden Zitate entnommen sind, »nennen wir die Zeit, wenn in der Vergangenheit etwa zehn Tage verflossen sind, und kurz in der Zukunft ist uns die Zeit nach 10 Tagen. Aber wie kann denn lang oder kurz sein, was gar nicht ist? […] War eine längst vergangene Zeit erst lang, als sie bereits in der Vergangenheit war oder als sie noch gegenwärtig war? […] wir werden aber nichts an ihr finden, was lang war, da sie ja, seitdem sie vergangen ist, nicht mehr ist. Vielmehr müßten wir sagen: ‚Jene Gegenwart war lang'; denn nur, da sie Gegenwart war, war sie lang« (Augustinus 1914, S. 283).

Damit aber kommt er unweigerlich darauf zu sprechen, was eigentlich Gegenwart ist, »dieses Zeitteilchen«, das wie er schreibt (ebd., S. 284), sich rasch von der Zukunft in die Vergangenheit ausdehnt? Und er fragt sich, wie es uns gelingen kann, das Vergangene und das Zukünftige im Geiste präsent zu halten, obwohl wir es nicht mehr oder noch nicht erfahren können. Folgt man ▶ Augustinus, könnte dies etwa so geschehen:

> »Wenn wir Vergangenes der Wahrheit gemäß erzählen, so werden aus dem Gedächtnis nicht etwa die Gegenstände selber, die vergangen sind, hervorgeholt, sondern die in Worte gefaßten Bilder der Gegenstände, da diese, da sie an den Sinnen vorübergezogen, […] gleichsam Spuren im Geiste zurückließen. […] [Und] ich schaue ihr Bild in der Gegenwart, weil es noch in meinem Gedächtnis ist« (Augustinus 1914, S. 286). Geht es um ein Vorgefühl von etwas – heute würden wir sagen, um ein prospektives Gedächtnis –, so schauen wir nicht wirklich in die Zukunft, »[…] sondern nur ihrer Ursachen und Anzeichen, die bereits sind, diese sind für den Seher nicht zukünftig, sondern gegenwärtig […]«. (ebd., S. 287)

Zeit, sagt ▶ Augustinus, kann schließlich nur da sein, wo Bewegung ist, und kommt damit unserem heutigen naturwissenschaftlichen Denken sehr nahe. »Die Dreierzahl der Zeiten« (vgl. Augustinus 1914, S. 288), also Zukunft, Gegenwart und Vergangenheit, ist seiner Ansicht nach nämlich nur in der ▶ Seele vorhanden, anderswo wäre sie nicht zu erfassen. Gegenwärtig sei in Bezug auf die Vergangenheit das Gedächtnis, und gegenwärtig in Bezug auf die Zukunft sei die Erwartung, und erfassen könne man allein die Gegenwart. Auch dabei sieht er sich großen Problemen gegenüber:

> Mit welchem Zeitmaß messen wir also die vorübergehende Zeit? Etwa in der Zukunft, woher sie vorübergeht? Aber was noch nicht ist können wir nicht messen. Oder in der Gegenwart, über die sie vorüberzieht? Aber was keine Dauer hat, messen wir nicht. Oder in der Vergangenheit, wohin sie vorübergeht? Aber was nicht mehr ist, können wir nicht messen. (Augustinus 1914, S. 289)

Die Grundverfassung der Zeit hat ▶ Augustinus somit in der Gegenwart gesehen, da, wo jeder Zeitpunkt notwendigerweise eine Grenze zwischen Vergangenheit und Zukunft ist. Die reine Gegenwart kann deshalb keine Ausdehnung haben. Das aber bedeutet, es bedarf einer kontinuierlichen Tätigkeit des Gedächtnisses, der Aufmerksamkeit und Konzentration, um Inhalte einer punktuell gedachten Gegenwart von einem zum anderen Zeitpunkt zu sichern.

Damit spricht ▶ Augustinus Themen an, denen sich die Psychologie bis heute intensiv widmet, z. B. in Form von Aufmerksamkeits- und Speichermodellen zur lang- oder kurzfristigen Sicherung von Inhalten. ▶ Augustinus gelangt durch diese Gedankengänge zu der Erkenntnis, dass die Vorstellung, es gebe einen »zeitlichen Anfang der Zeit«, im Widerspruch zu sich selbst steht, denn jeder Zeitpunkt wird immer schon durch die hinter ihm liegende Vergangenheit bestimmt. Das aber bedeutet, und da kommt ▶ Augustinus auf obiges Argument zurück, Zeit kann nur da sein, wo geistige Bewegung ist, wo sie auch »vergehen kann«, denn sie bestimmt sich erst durch die »Bewegung des Geistes«, will heißen: Das Zeitmaß wird durch den Geist erst gemacht. Keine Zeit konnte es für ▶ Augustinus nur geben, ehe diese von Gott erschaffen wurde. Diese Ansicht wird seiner Meinung nach durch die dreifache Tätigkeit des Geistes in der Dreierzahl der Zeit ausgedrückt, denn: Der Geist

» erwartet, nimmt wahr, erinnert sich, so daß das von ihm Erwartete durch die Wahrnehmung hindurch in Erinnerung übergeht. Wer leugnet nun, daß das Zukünftige noch nicht ist? Allein die Erwartung des Zukünftigen ist bereits im Geiste. Wer leugnet, daß das Vergangene nicht mehr ist? Aber die Erinnerung an die Vergangenheit ist noch im Geiste. Wer leugnet, daß die Gegenwart der Dauer entbehrt […]? Allein es dauert doch die Wahrnehmung; durch sie soll das, was vorläufig erst herankommen soll, Dauer in der Vergangenheit erhalten. […] [G]egenwärtig […] ist meine Aufmerksamkeit, durch die das, was zukünftig war, hindurchgeht, um Vergangenheit zu werden. Je mehr nun dieses geschieht, umso mehr nimmt die Erwartung ab und die Erinnerung zu, bis die ganze Erwartung sich erschöpft, weil die Handlung beendet und in Erinnerung übergegangen ist. (Augustinus 1914, S. 297 f.)

Durch Überlegungen wie die hier exemplarisch angeführten werden von ▶ Augustinus alle psychischen Vorgänge in Dimensionen der Zeit angeordnet. Anhand seiner drei ▶ Vermögen kann er, wie oben kurz angesprochen, zeigen, dass sich alle Erlebnisse des Menschen auf Vergangenheit, Gegenwart oder Zukunft richten: Das Gedächtnis wird tätig, wenn sich der menschliche Geist auf die *Vergangenheit* richtet. Der Geist, in Form von *Verständnis und Einsicht*, tritt in Aktion bei der Ausrichtung des intelligiblen Schauvermögens auf die *Gegenwart*. Als Bindeglied zwischen Vergangenheit und Gegenwart, zwischen Gedächtnis und intelligiblem Schauvermögen, greift seiner Ansicht nach die Vorstellung (*imaginatio*). Der Wille schließlich wird wirksam, wenn sich der menschliche Geist auf die *Zukunft* richtet.

Was also sollte Psychologen des 19. und 20. Jahrhunderts davon abgehalten haben bzw. davon abhalten, sich in puncto mentaler Zeitwahrnehmung letztlich auf ▶ Augustinus zu berufen? Weiter unten (▶ Kap. 9) wird auf die Frage der Zeitbetrachtung in der Psychologie noch näher eingegangen; einstweilen sei die heutige Zurückhaltung seiner Auffassung gegenüber der von ihm verwendeten Untersuchungsmethode, der ▶ Introspektion, zugeschrieben. Dadurch nämlich, dass die ▶ Seele nur durch eine solche gottvermittelte Innenschau zu Erkenntnis gelangen kann – ▶ Augustinus treibt ständig die Suche nach dem Göttlichen in der menschlichen Psyche um –, werden Innerlichkeit und Versenkung für eine Dauer von etwa tausend Jahren zum Hauptmerkmal einer auf das Kontemplative ausgerichteten Psychologie, die uns heute wesensfremd erscheint. Außerdem wurden von ▶ Augustinus, wie oben angemerkt, »immer auch« Ideen des Rückzuges aus der irdischen Realität aufgegriffen und weiterentwickelt. Allein das Wissen um solche Texte prägt – ohne dass wir deren Inhalt kennen müssen – unseren heutigen Eindruck vom frühen Mittelalter, und mit dadurch rückt die Psychologie in die oben angesprochene, aus heutiger Sicht »gefährliche Nähe« einer christlich-mystischen bzw. naturphilosophisch-mystischen Tradition. Das begründet u. a. die rückwärtsschauende Ablehnung ihrer psychologischen Schriften, was aber nicht bedeutet, dass die Psychologie während dieser langen Phase einer weltabgewandten »Schau zum Seelengrund« keine praktisch verwertbaren Erkenntnisse gewonnen hätte. Das Gegenteil ist der Fall. Fast der gesamte Kenntnisstand oben genannter Mnemotechnik – und damit ein Wissen, auf das wir im Alltag heute noch bedenkenlos zurückgreifen – wurde im Mittelalter erweitert und verstegigt. Auch das oben angesprochene, bislang ungelöste Problem der *mentalen* Zeit als einer »Signatur der ▶ Seele« – wir würden heute sagen, der Differenzierung von »objektiver und individueller Zeit« – ist bis heute von großer theoretischer Bedeutung. Man denke nur an das Gedächtnis, das immer ein mögliches Zeitmaß geblieben ist (vgl. ▶ Kap. 7 und 9).

5.3 »Jede Analyse des psychisch so Erscheinenden bedarf einer Beachtung des körperlich Existierenden«

War der Patristiker ▶ Augustinus noch ganz in der Welt ▶ Platons gefangen, so stellt sich die Situation einige Jahrhunderte später bereits ganz anders dar. Für ▶ T. von Aquin etwa, dem bereits genannten Gelehrten der ▶ Scholastik, galt neben ▶ Platon auch ▶ Aristoteles als großer Vordenker, da er der Naturbetrachtung Raum gab. Das Denksystem ▶ T. von Aquins sah entsprechend eine »Dualismus des Universums« vor, die dieses in ein irdisches Reich der Natur und ein überirdisches Reich teilte. Diese Zweiteilung entsprach seiner Ansicht nach auch dem Bewusstsein, welches ebenfalls einen Teilbereich logisch-abstrakten Denkens und einen magisch-mythischen Denkens umfasse. Während sich nun die Natur im Rahmen der ▶ Naturphilosophie mit Vernunftgesetzen logisch-abstrakten Denkens erschließen lasse, so ▶ T. von Aquin, gehöre alles Überirdische, einschließlich des damit verbundenen magisch-mystischen Teils des Bewusstseins, in einen Bereich, für den grundsätzlich Theologen zuständig seien.

Ersteres, das *irdische Reich,* subsumiert unter dem ▶ Begriff der »Physis«, umfasste bei ▶ T. von Aquin in Anlehnung an ▶ Aristoteles und anders als heute die gesamte irdische Welt inklusive der menschlichen Kultur. Und selbst wenn ein Teil davon dem Bereich der ▶ Metaphysik zugerechnet wurde, so verblieb seiner Ansicht nach doch ein durch o. g. *logisch-abstraktes Denken erfassbarer Bereich der Welt* und mit ihm ein Wissenschaftsgebiet, das durch Theorien kausalen Denkens erfasst werden konnte. Im Denken des Gelehrten stehen hier insbesondere Entwicklungsstufen – seien es solche für Pflanzen, seien es solche für Tiere, Menschen oder Staatsvölker – im Vordergrund. Denn in der Verwandlung, so ▶ T. von Aquins Annahme, werde auch der Zweckzusammenhang erkenntlich, aus dem sich die Zukunftserwartung speise. Entsprechend stellte er sich auch die Bildung von Gedanken als einen Entwicklungsprozess vor, an dessen Ende für ihn naturgemäß die Frage nach dem höheren Zweck menschlichen Daseins stand. Und da sich jeder teleologische, also auf ein höchstes Ziel der Vollendung zusteuernde Gedankengang seinerseits wieder »rückwärts« abwickeln bzw. betrachten lässt, folgerte ▶ T. von Aquin, dass alles, was vormals als »Sinn und Zweck« eines bestimmten Wandlungsschrittes definiert wurde, nun als »Ursache« (lat. *causa*) für eine Veränderung angesehen werden kann (vgl. ▶ Kap. 3). Mit dadurch fand ein *naturwissenschaftliches Kausaldenken* Eingang in eine ansonsten theologisch begründete Psychologie. Im Laufe der Zeit musste ein solchermaßen ursächlich begründetes Denken auch nicht mehr notwendigerweise, wie noch bei ▶ T. von Aquin, von einem bestimmten Ziel her abgeleitet werden. Es genügte, wie bereits kurz angesprochen, die Annahme einer Ursache, die in der gegebenen physikalischen Welt notwendigerweise immer aufzufinden war (vgl. ▶ Kap. 3).

Für ▶ T. von Aquin stand somit außer Frage, dass es so etwas wie Erfahrungstatsachen gibt, Tatsachen also, die der sinnlichen Wahrnehmung zugänglich sind und deren Ergebnisse an der

Realität auf ihre Richtigkeit, ihre Passung, überprüft werden können. Denn letztlich, so der Gelehrte, müsse jede innerhalb dieses Teils der erfassbaren Welt zustande gekommene Theorie auch durch die Praxis, hier die wahrnehmbare Realität, bestätigt werden, ehe man sie als solche anerkennen könne. Ziel der gewonnenen Erkenntnisse sei, eine möglichst vorurteilslose Bestandsaufnahme der realen Welt zu erreichen. Nichts solle in sie hineingedeutet werden, was man sich zuvor ausgedacht habe oder wozu man sich dogmatisch genötigt sehe, sondern man solle sich »von der Natur belehren lassen«. Und um diesen Erkenntnisprozess zu beschleunigen und die Funktion einzelner Bestandteile dieser Welt besser zu erfassen, sollen »Teile des Gesamtkunstwerks der Natur« am besten isoliert und aufmerksam beobachtet – heute würde man sagen, experimentell untersucht – werden.

Würde man nicht wissen, dass Gedanken wie diese vor mehr als 700 Jahren zu Papier gebracht wurden, man könnte kaum glauben, dass sie dem Mittelalter entstammen. Dass sie erst oder gerade dann geäußert wurden, hängt wiederum damit zusammen, dass die Schriften von ▶ Aristoteles in mediävistisches Gedankengut erst einflossen, nachdem sie einen erkenntnisgewinnenden, bereichernden »Umweg« über Gelehrte des aufgeklärten Islam genommen hatten.

Einer, der uns in diese Weltsicht Einblick zu geben vermag, ist Abu Ali al-Husayn Ibn Abd-Allah ▶ Ibn Sīnā, heute bekannt als ▶ Avicenna.[10] Aufgrund seiner Herkunft und Ausbildung wuchs dieser spätere Arzt und Philosoph innerhalb einer humanistisch ausgerichteten islamischen Glaubenslehre auf, die das Grunddogma des islamischen Glaubens eines allmächtigen Gottes verwarf.[11] In seiner u. a. psychologische Erkenntnisse beinhaltenden Enzyklopädie *Das Buch der Genesung der Seele* wurden entsprechend wissenschaftliche Methoden propagiert, die sich auf Beobachtung, gekoppelt mit Experimentieren und logischer Beweisführung im Sinne von ▶ Aristoteles, gründeten – dessen Werk galt zu dieser Zeit in Europa allerdings als verschollen. Auf aristotelisches Gedankengut aufbauend heißt es in ▶ Ibn Sīnās Kanon der Medizin z. B.:

> Die Kräfte der Medikamente werden auf zwei Weisen erkannt. Der eine ist der Weg der Experimente, der andere der Weg der vernünftigen Schlussfolgerung. ... Wir lernen, daß das Experiment zur Kenntnis der Medikamente nur sicher hinführt, wenn die jeweiligen Bedingungen beobachtet werden. (Zit. nach Babai 1999, S. 9)

▶ Ibn Sīnā gelang es mittels dieses »Ansatzes«, wie man heute sagen würde, und damit sowohl durch das o. g. Werk als auch durch andere Texte über Logik, Physik, Mathematik und ▶ Metaphysik, abendländische ▶ Scholastiker – hier u. a. ▶ T. von Aquin – nachhaltig zu überzeugen. Und das kam nicht von ungefähr, denn ▶ Ibn Sīnās medizinisches Schrifttum, ein von den Lehren *Hippocrates'* und ▶ *Galens* beeinflusstes medizinisches Werk, galt, ins Lateinische übersetzt, bis weit über das Mittelalter hinaus als *die* Pflichtlektüre für angehende Ärzte im gebildeten Europa. Noch heute betrachten Philosophen[12] sein Gesamtwerk als eine Art Bindeglied zwischen aristotelischer ▶ Philosophie und einem modern zu nennenden ▶ dialektischen Materialismus. Die Komplexität von ▶ Ibn Sīnās Denken basiert aber nicht allein auf der ▶ Philosophie des ▶ Aristoteles und hippokratischer Medizin. Zu seinen Quellen gehörten

---

10 Die jüdische Umschrift der Kurzform seines Namens »Ibn Sīnā« zu »Aven Sina« wurde im Lateinischen zu »Avicenna« (Leahey 2004, S. 90).
11 Dadurch jedoch war die *Toleranzgrenze der Orthodoxie* so weit überschritten, dass ▶ Ibn Sīnā noch lange nach seinem Ableben von Traditionalisten als Teufel verdammt wurde. Seine auch psychologische Erkenntnisse beinhaltende Enzyklopädie, *Das Buch der Genesung der Seele*, wurde auf Geheiß des Kalifen verbrannt.
12 So z. B. Ernst Bloch.

ebenso neuplatonische Schriften, hier insbesondere die des oben bereits genannten ▶ Plotin. Daneben spielte eine heute nicht mehr näher zu benennende, aber vermutlich kritische Auseinandersetzung – sprich dialektische Beziehung – mit dem frühen Islam eine Rolle.

Jeder heutige Charakterisierungsversuch der »Psychologie des Mittelalters« als ein Wissen, das aus der Antike »übernommen« und an den christlichen Glauben »adaptiert« wurde, greift somit etwas kurz, denn das Wissen *über den Menschen durch den Menschen* hatte sich in der Zwischenzeit jenseits des Horizonts mittelalterlicher Weltsicht erheblich gewandelt. Der als Beispiel hervorgehobene ▶ Ibn Sīnā etwa erkannte und benannte bereits eines der damaligen und heutigen Grundprobleme, als er schrieb, dass man sich, sobald man vom Wahrnehmbaren zum Denkbaren übergehe, in methodische Verwirrung verstricke. Als Lösung für dieses Problem schlug er vor, zunächst das *Wissen über die* ▶ *Seele zum Maß aller Dinge* zu machen, ehe man beginne, in etwas anderes in der Wissenschaft ergründen zu wollen. Diese Auffassung, dass Kenntnisse der Psychologie als Vorbedingung allen anderen Wissens über die Beziehung des Menschen zu den Dingen dieser Welt zu gelten hätten – sie hielt sich in der ▶ Philosophie bis ins 19. Jahrhundert hinein –, festigte ▶ Ibn Sīnā durch mehrere ergänzende Bedingungen, die bis heute in der Naturwissenschaft und der an ihr ausgerichteten Psychologie geläufig sind. Dazu gehört z. B. ▶ Ibn Sīnās von ▶ Aristoteles übernommene Ansicht, dass neben dem Körperlichen, dem *Was,* in der Definition der ▶ Seele auch dem *Wie* und dem *Wo* Raum zu geben sei. In der gegenwärtigen, sich an der ▶ *evolutionären Erkenntnistheorie orientierenden Psychologie* besteht z. B. kein Zweifel daran, dass jedes Verhalten u. a. durch die Möglichkeiten der Verwirklichung des körperlich Gegebenen begrenzt wird.[13] Auch die davon abgeleitete Idee ▶ Ibn Sīnās, der sich die ▶ Seele als etwas Lebendiges und Bewegtes vorstellte und damit viele, wenn nicht alle Zustände zusammen mit ihrem Träger, dem Körper, erleide, ist uns heute geläufig. Angst und Stress, um nur zwei Beispiele aus dem Alltag eines jeden Psychologen zu nennen, gelten ohne eine Ermittlung und Beschreibung »körperlicher Begleiterscheinungen« als nur unvollkommen erfasst.

Manchmal, so bemerkte ▶ Ibn Sīnā schließlich, würden Menschen auch in einen Zustand des Sichfürchtens versetzt, ohne dass etwas objektiv Furchterregendes vorliege. Dann greife die Vorstellung eine untrennbaren Verbindung von Form, sprich Psyche, und Materie, sprich Körper, in besonderem Maße, weil sich in dem Fall zeige, dass *geistige Zustände immer auch materiegebundene Zustände* seien. Dass man sich nicht aller seiner geistigen Zustände bewusst zu werden vermag und deshalb nicht immer wissen kann, was »Körper und ▶ Seele gemeinsam bewegt«, das hat ein Jahrtausend später u. a. ▶ S. Freud, auf ▶ Ibn Sīnā explizit Bezug nehmend, zum Ausdruck gebracht.

Ein ▶ Vermögen, im psychologischen Sinne zu »agieren«, also etwas zu tun oder zu unterlassen, zu wünschen oder wollen etc., ergibt sich für ▶ Ibn Sīnā somit letztlich nur aus den Möglichkeiten, welche die Verbindung von geistigen und körperlichen Gegebenheiten zulassen. Mit anderen Worten: *Jede Analyse des psychisch so Erscheinenden bedarf einer Beachtung des körperlich Existierenden.* Die damit verbundene, weiter oben bereits angesprochene Idee des Geistes als etwas Aktiven, etwas Bewegten, die in ▶ Ibn Sīnās wie auch in ▶ Aristoteles' Seelenlehre zum Ausdruck kommt, hat ebenfalls überdauert: Jedes, nicht nur das abweichende, menschliche Verhalten, das heute gemessen wird, ist *ohne Bewegung von etwas* undenkbar. Verhalten wird vielmehr dadurch definiert, dass sich – sei es sprachlich, gestisch oder mimisch, sei es grob- oder feinmotorisch, willkürlich oder unwillkürlich ausgedrückt – etwas »ereignet«.

---

13 Allerdings ist in dieser Form der Leib-Seele-Verbindung für ▶ Ibn Sīnā, ebenso wie für ▶ Aristoteles und anders, als wir es heute annehmen, nicht der Körper die Verwirklichung der ▶ Seele, sondern diese die eines bestimmten Körpers.

Eine ▶ Seele im Sinne ▶ Ibn Sīnās, die sich *nicht bewegt,* sprich *die Erfassung keiner Reaktion,* gilt mittels unserer auf Veränderung ausgelegten Messmethoden auch heute als kaum aussagekräftig.[14]

Gleichwohl taugt ▶ Ibn Sīnā, der Hoffnungsträger islamischer Auffassung von Psychologie, nur bedingt zum Vorbild künftiger Generationen von Gelehrten – dazu erscheint seine von ▶ Aristoteles übernommene Differenzierung in drei Teilseelen[15] späteren Auslegungen zu wenig mit dem Christentum vereinbar. Es überdauerte aber die von ▶ Aristoteles mitgeprägte Vorstellung, dass die ▶ Seele, eben weil sie etwas *Bewegliches* darstellt, über einen verlässlichen, geeigneten *Wahrnehmungsapparat* verfügen muss, um sicher entscheiden zu können, ob bzw. wann und wohin sie sich gerade bewegt. Um dieser Aufgabe gerecht zu werden, ergänzt nicht nur, aber auch ▶ Ibn Sīnā die Lehre von ▶ Aristoteles, der ja von fünf äußeren und einem übergeordneten Gemeinsinn spricht, um weitere »innere Wahrnehmungskräfte«, heute würden wir sagen, *mentale Fähigkeiten*. Diese, die (psychische) Wahrnehmung, das Vorstellungs- und Fantasievermögen sowie Gedächtnis und Urteilskraft, haben in der Psychologie bis heute Bestand.

Auch ▶ Ibn Sīnās aus diversen Seelenkräften abgeleitete *hierarchische Einteilung* in höhere und niedere Seelenschichten wurde fortgeschrieben. Dass dabei unbenommen aller Einteilungen die »denkende menschliche ▶ Seele« als zur »einfachen« tierischen hinzugedacht und mit einer höheren Qualität versehen wurde, lebt bis in die Gegenwart im Bereich der Bewusstseinsforschung fort (vgl. ▶ Kap. 4), und dass nur der menschliche Verstand eine erkennende, sein eigenes Wesen reflektierende, also *bewegliche Kraft* sein könne, kurzum eine, die *Intelligenz* aufweise, ist ebenfalls eine bis heute weit verbreitete Annahme.

Schließlich ist es ▶ Ibn Sīnā zufolge zum Zwecke einer wissenschaftlichen Untersuchung und späteren Erklärung nicht zu vermeiden, das jeweils erkannte Ganze in seine Bestandteile zu zerlegen. Man dürfe dabei allerdings nicht aus dem Auge verlieren, dass jedes einzelne Detail zum Ganzen gehöre und das Zusammenwirken der Bestandteile ohne das Wirken jedes einzelnen Elements undenkbar wäre (vgl. Babai 1999). Auch diese Auffassung kann man bis heute so stehenlassen.

Literatur

Augustinus, A. (1914). *Des Heiligen Kirchenvaters Aurelius Augustinus Bekenntnisse. Aus dem Lateinischen übersetzt von Dr. A. Hoffmann*. Kempten: Kösel. (Bibliothek der Kirchenväter. 7.).
Babai, A. (1999). *Zur Psychologie und Psychotherapie Ibn Sinas*. Berlin: Galda + Vilch.
Carus, F. A. (1990/1808). *Geschichte der Psychologie. Reprint der Ausgabe Leipzig 1808*. Berlin: Springer.
Hume, D. (1739/1740). *Treatise on human nature*. London: Printed for John Noon.
Jüttemann, G., Sonntag, M., & Wulf, Chr. (Hrsg.). (1991). *Die Seele. Ihre Geschichte im Abendland*. Weinheim: Beltz.
Leahey, T. H. (2004). *A history of psychology. Main currents in psychological thought*. London: Pearson.
Locke, J. (1690). *An essay concerning human understanding*. London: T. Basset & E. Mory.
Pfeifer, R., & Bongard, J. (2006). *How the body shapes the way we think. A new view of intelligence*. Cambridge: MIT-Press.

---

14 Es könnte – so würde hier vermutlich jeder Kritiker einwenden – natürlich durchaus etwas geschehen sein, was jedoch mittels eines bestimmten Instrumentes nicht zu erfassen ist.
15 So baut ▶ Ibn Sīnā seine Lehre teilweise auf die drei aristotelischen »Hauptklassen« der ▶ Seele, hier die nährende Seele, die das Wachstum befördernde Seele und die zeugende Kraft; diese Unterteilung wird bei der Transformation in die christliche Lehre zugunsten der Bevorzugung der »rationalen Seele« aufgegeben.

Seele, Seelenorgan, Seelenstörung: Erste Entwicklung psychologischen Denkens

6.1 Angewandte Psychologie zwischen Theorie, Praxis und Zeitgeist – 120

6.2 Auswirkungen zeittypischer Grundüberzeugungen – 122
6.2.1 Die Seele, verstanden als Natursache, macht seelische Erkrankung zu einem medizinischen Problem – 122
6.2.2 »Humoralpathologie des Geistes« – 123
6.2.3 Der Geist in den Ventrikeln und die Stabilisierung des Stellenwertes der Psychologie – 125

6.3 Klinisch-psychologisch relevante Auswirkungen von Glaube und Weltanschauung – 127
6.3.1 Psychische Heilslehren als einträgliches »Geschäft« – 130
6.3.2 Der rechtliche Umgang mit psychisch kranken Menschen – 131

6.4 Die »Wissenschaft von der Seele« zwischen klösterlicher Gelehrsamkeit und akademischem Bildungswesen – 133
6.4.1 Traditionelle Glaubenslehren und eine »erste Globalisierung des Wissens« – 133
6.4.2 Erste Integrationsversuche divergierender psychologischer Ansätze – 135
6.4.3 Fazit: »Richtige« Erkenntnisse trotz »falscher« Theorien? – 137

Literatur – 138

In diesem Kapitel wird anhand von Beispielen der Zusammenhang zwischen der Entwicklung klinisch relevanten psychologischen ▶ Handelns – hier bis in die frühe Neuzeit – und dem jeweiligen weltanschaulich gebundenen Methodenarsenal, also dem praktischen und geistigen »Werkzeugkasten« einer bestimmten Epoche, näher betrachtet. Weil die Quellen darüber weit verstreut und insgesamt nur spärlich und wenig gesichert sind, mag man einwenden, dass das, was geschehen ist, weder zu ändern noch genau zu rekonstruieren sei. Was sich indes aber ständig ändert, ist das, was über einen Gegenstandsbereich geschrieben und gedacht wird. Dessen Geschichte zu Ende zu schreiben, hieße somit, die Gegenwart nicht weiter zu hinterfragen und auf mögliche alternative Blickwinkel zu verzichten (vgl. ▶ Kap. 2). Das aber kann nicht Gegenstand von Wissenschaft sein.

Am Beispiel klinisch-psychologischen ▶ Handelns wird z. B. besonders deutlich, dass *die Geschichte eines allgemein psychologisch relevanten Gegenstands und die Geschichte von dessen wissenschaftlicher Aneignung sehr unterschiedlich* sein können. Aus der Unschärfe dieser Beziehung – hier markiert durch den Anteil der psychologisch relevanten Wirklichkeit, der keinen Eingang in den Themenkanon der akademischen Psychologie gefunden hat – resultiert im klinischen Bereich bis heute u. a. das weiter oben (▶ Kap. 2) bereits angesprochene Problem der Stellung klinisch ausgebildeter Psychologen im Rahmen der Nachbardisziplinen. Die historische Entwicklung des Themenbereichs in und außerhalb der akademischen Psychologie driften aber nicht nur insofern auseinander, als der Problemkomplex psychisch kranke Menschen unabhängig von seiner wissenschaftlichen Bearbeitung durch die ▶ klinische Psychologie als gesellschaftliches Problem gegeben war bzw. ist. Es gilt auch zu akzeptieren, dass mit einem in einer bestimmten Zeit dominierenden Gesellschaftstyp bestimmte Krankheitsbilder eher verbunden werden als andere. Im binnenwissenschaftlichen Geschehen der angewandten Psychologie wird jedoch oft nur zögerlich die jeweilige fachspezifische Sichtweise relativiert und mit gesellschaftlichen Entstehungsbedingungen von klinisch-psychologischen Problemstellungen in Beziehung gesetzt (vgl. ▶ Kap. 2).

Die im Folgenden gewählte Zeitspanne, in der die angesprochenen Fragen nach »Seelenheil und Seelenheilkunde« gestellt wurden, liegt indes weit genug zurück, um den *Abstand zum Geschehen* groß genug zu lassen, um sich damit ohne (vgl. ▶ Kap. 4) persönliche Betroffenheit und Wertung zu befassen, aber dennoch das Interpretationsraster der Gegenwart bereichern zu können. Um Letzteres zu erreichen, soll durch die aufgeworfenen Problemstellungen veranschaulicht werden, dass und ggf. wie weltanschauliche ▶ Strömungen, politische Überzeugung und klinisch-psychologisches Vorgehen für das jeweils handelnde Individuum unentrinnbar eng verknüpft zu sein scheinen. Die Geschichte der Psychologie lässt sich somit nicht auf ausgewählte Individuen, ausgewählte Zeiten oder ausgewählte Themen der neueren Geschichte beschränken, ohne dass dies Rückwirkungen auf die Beurteilung der fachspezifischen Vergangenheit hat.

6.1 Angewandte Psychologie zwischen Theorie, Praxis und Zeitgeist

Wie im zweiten Kapitel bereits angemerkt, kann man zwar durchaus der Ansicht sein, die historische Betrachtung des Faches sei auf ihre experimentellen Anfänge zu begrenzen und entsprechend sei bei deren geistigen Vorvätern aus dem 19. Jahrhundert zu beginnen. Das ist auch insofern sinnvoll, als dadurch naturwissenschaftlich begründetes Denken besonders hervorgehoben wird. Allerdings kann das oben angesprochene Problem, das Auseinanderdriften von psychologischer Wirklichkeit und psychologischer Wissenschaft, dadurch nicht gelöst werden, denn es gibt immer mehr psychologisch Relevantes, als mittels naturwissenschaftlicher Erkenntnisse abgebildet werden kann. Damit kommt ein Dilemma zur Sprache, mit dem sich Vertreter und Vertreterinnen aller, nicht nur klinischer, angewandten psychologischen Bereiche auseinandersetzen müssen. Sie alle befanden sich nicht nur *vor* Beginn der »Zeitrechnung« akademischer Psychologie, sondern noch weit bis ins 20. Jahrhundert hinein im Beziehungsdreieck eines komplexen weltanschaulich-verfahrenstechnisch-epistemologischen Verknüpfungsmusters, in dem der eigentliche Gegenstand, die psychische Verfasstheit des einzelnen Menschen, leicht aus dem Blickfeld zu geraten drohte.

Dies hat zum einen damit zu tun, dass generell in praxisorientierten Wissenschaftszweigen in erster Linie die verfügbaren *Lösungsmöglichkeiten* die jeweilige Fragestellung bestimmen, mit der man sich einem bestimmten Problembereich zu nähern sucht. Das bedeutet, die Verfahrensweise steht im Vordergrund des Geschehens, die Dringlichkeit des ▶ Handelns wird den methodischen Möglichkeiten nachgeordnet. Daraus wiederum resultiert das Problem, dass die jeweiligen Fachvertreter nicht selten unter dem Verdacht standen und stehen, sie würden *im Vertrauen auf ihr methodisches Know-how* in alltagserprobter Pragmatik Fragestellungen bearbeiten, ohne ausreichend zu bedenken, dass sich diese prinzipiell auch als unlösbar erweisen könnten – sprich, ohne zuvor *den möglichen Erkenntnisrahmen* dafür abgesteckt zu haben.

Was diese Rahmenbedingungen angeht, so wird seitens der Psychologie wiederum der dafür primär zuständigen Zunft, hier den Philosophen, nicht selten der Vorwurf gemacht, sie neigten »von Berufs wegen« dazu, aus jeder »an sich einfachen Sache« ein komplexes wissenschaftliches Problem zu konstruieren, und überließen dann den angewandten Wissenschaften zahlreiche, mit vielen Fragezeichen und Einwänden versehene erkenntnistheoretische »Baustellen«. Mit einer solchen habe man es z. B. in der ▶ klinischen Psychologie und Neuropsychologie immer dann zu tun, wenn o. g. Fragen nach der ▶ Relation von Gehirn und Geist im Vordergrund stünden, und das komme schließlich tagtäglich vor. Darüber hinaus befinde man sich in ständiger geistiger Auseinandersetzung mit weltanschaulichen ▶ Strömungen, die das Sozial- und Gesundheitswesen, den ▶ Begriff des Rechts und der Gerechtigkeit, von Krankheit und Gesundheit etc. mitbestimmten.

Vertreter und Vertreterinnen praxisorientierter Wissenschaftsbereiche, etwa der klinisch bzw. neuropsychologisch orientierten Psychologie, müssen folglich früher wie heute ständig um eine in sich schlüssig begründete Balance ringen, um erkenntnistheoretische Vorgaben und damit vereinbare Methoden mit dem jeweiligen Zeitgeist und psychologisch adäquatem ▶ Handeln in Einklang zu bringen. Mussten sich die Fachkundigen z. B. noch vor etwa 700 Jahren fragen, ob es zulässig sei, eine »Hexe« zu verbrennen, um zumindest die »ewige ▶ Seele« des betroffenen Individuums vom Bösen zu »befreien«, so stand noch vor 70 Jahren die Frage im Raum, ob es zulässig sei, einem Menschen einen Gehirnteil zu entfernen, in welchem der Ursprung einer psychiatrischen Erkrankung vermutet wurde, um ihn zumindest von diesem Problem zu »befreien«. Gegenwärtig schließlich muss man sich fragen, ob es zulässig ist, einem Menschen die Interpretation nahezulegen, eine Minderdurchblutung bestimmter Gehirnareale stehe in einem ursächlichen Zusammenhang zu seinen Verhaltensänderungen, und ihm dadurch den Eindruck vermitteln, er sei gewissermaßen zumindest teilweise nicht durch seinen »eigenen Willen« bestimmt, sondern lediglich »Produkt einer devianten Gehirnfunktion«.

Für den Psychologen, die Psychologin scheint es somit nur auf den ersten Blick so, als wären praxisorientierte Fragen des Faches als eine eindeutig umgrenzte »angewandte« Angelegenheit zu begreifen. Bereits beim zweiten Hinsehen wird deutlich, dass hier nicht nur *zeitgenössische wissenschaftliche* ▶ *Strömungen* und die *Beziehung zu diversen Nachbardisziplinen*, etwa den Human, den Gesellschafts- oder Kulturwissenschaften, sowie *historisch gewachsene fachliche Gegebenheiten* zu berücksichtigen sind. Praktisches Arbeiten ist, wie die genannten Beispiele verdeutlichen, auch beständig in *ethische Grundfragen* eingebunden.

6.2 Auswirkungen zeittypischer Grundüberzeugungen

Die klinisch orientierte Psychologie, deren Problematik damit beispielhaft angesprochen wird, gehört, wenn auch unter anderem Namen, bereits seit der griechisch-römischen Antike mit zu den traditionsreichen angewandten Disziplinen. In einer Art ganzheitlich verstandener »Psychotherapie« wurden z. B. seit Tausenden von Jahren durch Diäten, Medikamente, Alkohol und Schlafmohn, durch Bäder, Gespräche, Theaterbesuche und Opferungen Heilungsversuche unternommen, wurden Tempelärzte herangezogen und Orakel befragt.

6.2.1 Die Seele, verstanden als Natursache, macht seelische Erkrankung zu einem medizinischen Problem

In dem Maße, wie die Psyche, die ▶ Seele eines Menschen als integraler Teil des Körpers verstanden wurde, wandelte sich auch der methodische Ansatz, denn nun schienen körperliche Eingriffe zur Linderung psychischer Probleme – sie waren ja dort lokalisiert – mehr und mehr gerechtfertigt. Schon bei ▶ Aristoteles stand, wie in ▶ Kap. 5 bereits angeklungen, die Vorstellung eines *Schichtaufbaues der Natur und damit auch der* ▶ *Seele* im Vordergrund, wodurch gleichzeitig auch die Idee einer Art *hierarchisch gerichteter Vernetzung* von Geist und Körper zum Ausdruck kam. Auf eine seelische »Basis«, die der Ernährung, also dem strukturellen Erhalt des Körpers diente, bauten »zweckdienliche Eigenbewegungen« auf, welche ihrerseits wiederum mitverantwortlich dafür waren, »Begehren« zu wecken, also ein bestimmtes Ziel anzusteuern. Dieses Begehren erwies sich bereits als komplexe Angelegenheit, denn es bedurfte seinerseits eines ▶ »Gefühls für etwas«, und dieses ▶ »Gefühl für etwas« wiederum setzte eine »Vorstellung von etwas« voraus. Ihren erkenntnisgewinnenden Höhepunkt, so ▶ Aristoteles, erreiche die Seelentätigkeit aber durch die ▶ *Vernunft*, welche die sinnlich gebundene »Vorstellung von etwas« zur unmittelbaren Erkenntnis der nichtsinnlichen Form umgestalte.

Dadurch wird eine bis heute bestehende Tendenz erkennbar, verschiedene Aspekte des Seelenbegriffs stufenweise und angepasst an ein naturwissenschaftlich-medizinisches Schichtmodell von »unten nach oben« - hier vom rein Körperlichen, der Ernährung Gewidmeten, hin zum Kopf und damit letztlich ins Gehirn - zu verlagern. Auch die Möglichkeit, diese Schichtung ggf. über das Individuum hinaus in nichtkörperliche Sphären auszudehnen, war dadurch nicht ausgeschlossen, wurde doch über 2000 Jahre lang darüber debattiert, ob das Geistige des Menschen überhaupt im Körperlichen verortet werden sollte. Und dass hierbei die sich entwickelnde Heilkunde bzw. Medizin, die Position der *Materialisten* einnehmend, so viel Psyche wie möglich zumindest im Körper, wenn auch nicht notwendigerweise im Gehirn zu verorten gedachte, war damals wie heute gängige Überzeugung.

In der griechisch-römischen Antike war es namentlich ▶ C. Galen von Pergamon, der eine vollkommene Abhängigkeit der ▶ Seele vom Leib vorsah und den drei obersten Seelenbereichen – dem Denken, der Erinnerung und der Vorstellung - jeweils einen Sitz in einem der drei damals bekannten *Ventrikel* zuordnete. Diese Zuweisung von geistigen Fähigkeiten zu einem flüssigkeitsgefüllten Raum innerhalb des Kopfbereiches entsprach hierbei am ehesten dem damals gängigen *Homöostasemodell*, das auf ein Fließgleichgewicht diverser Körperflüssigkeiten abhob; gedacht war dabei an Blut, Schleim und Galle. Der dem römischen Reich entstammende ▶ C. Galen gilt bis heute als eifrigster und streitbarer Verfechter der Lehren seines berühmten griechischen Lehrmeisters ▶ Hippokrates und dessen Krankheitslehre, der sogenannten Humoralpathologie. Das bedeutet, als Ursache aller Krankheiten wurde eine fehlerhafte Zusammensetzung bzw. Mischung o. g. Körpersäfte postuliert. Im Vordergrund stand das ausgewogene, gesund erhaltende Verhältnis, die Eukrasie, von Blut, gelber und schwarzer Galle sowie Schleim. Ungleichgewichte (Dyskrasien) sollten, je nachdem, welche der genannten Flüssigkeitsverhältnisse nicht ausbalanciert waren, Krankheiten hervorrufen.

Krankheiten waren aber – und das ist aus heutiger Sicht das Interessante daran – mehr als nur Ausdruck einer Dyskrasie. Sie betrafen bei ▶ Hippokrates immer das gedachte Ganze, den Mikrokosmos »Mensch« im Makrokosmos seiner Umwelt. Alle äußeren Einflüsse auf den Menschen waren somit vom Arzt mitzubedenken, um ein bestimmtes Krankheitsbild zu verstehen; erst dann konnte über geeignete Gegenmaßnahmen nachgedacht werden. ▶ Hippokrates' visionäre Ausstrahlung verlor sich erst, als in der Medizin des 19. Jahrhunderts Zellularpathologie bzw. Mikrobiologie an Bedeutung gewannen. Denn der Mikrokosmos subzellulärer Strukturen und der Makrokosmos von Arbeits- und Lebensbedingungen eines Menschen waren kaum mehr in Einklang zu bringen.

Aber selbst nachdem sich die wissenschaftlich begründete Heilkunst in mehrfacher Hinsicht gewandelt hatte, die Zellularpathologie und andere Subdiziplinen der Medizin die Humoralpathologie verdrängt hatten, lebten hippokratische Vorstellungen fort, z. B. in der »alternativen Volksmedizin«. Dort ist bis heute von einer »Balance der Körpersäfte« die Rede. Auch in der Alltagssprache kommt sein Denken noch zum Ausdruck, so z. B. durch die Bezeichnung eines Menschen als »Choleriker« oder »Phlegmatiker«.

6.2.2 »Humoralpathologie des Geistes«

Ungeachtet des nachhaltigen Einflusses von ▶ Hippokrates gilt ▶ Galen als derjenige, der das auf den Körper zentrierte psychologische Denken besonders prägte. Als ein möglicher Grund dafür ist zu nennen, dass er zunächst in seinem Studienort Pergamon als »Gladiatorenarzt« arbeitete und dadurch vermutlich Erfahrung auf dem Gebiet der Traumatologie gewinnen konnte. Außerdem tradierte er nicht nur hippokratische Lehren, sondern machte auch Anleihen bei verschiedenen Ärzteschulen seiner Gegenwart, etwa bei den sogenannten Pneumatikern, woraus die über viele Jahrhunderte geltende auf die ▶ Seele bezogene *Pneumalehre* resultierte. Entsprechend lange neigte man auch im psychologischen Denken dieser Pneuma- oder Spiritustheorie zu, glaubte, es gebe tatsächlich eine Art feinster Materie, das Pneuma, welches als Träger oder Vermittler jener ▶ Vermögen anzunehmen sei, die alle geistigen Leistungen bestimmen.

Warum so kompliziert und gleichzeitig so spekulativ, mag man sich heute fragen, und vor allen Dingen, was bedeutet dies alles für uns heute? Das pneumatische Prinzip leitet sich aus einem Denken her, welches Blut und blutverwandte Flüssigkeiten zwar als Träger des Ernährungsvermögens ansah – etwa so wie wir dies heute als Trägersubstanz des Immunsystems und des Hormonsystems betrachten – nicht aber als Träger von ▶ Empfindungen. An dessen Stelle wird – man könnte sagen, in Ermangelung des Wissens um das Nervensystem – dieses Pneuma gesetzt, eine energetisierende Luftschwingung, die nötig ist, um das »Prinzip der Bewegung« zu verkörpern, denn Geistiges bedurfte der herrschenden Lehrmeinung nach der Anregung, um selbst wieder anregen zu können. Gerade Letzteres deckt sich wiederum mit unseren heutigen Ansichten darüber auf eine geradezu frappierende Weise, gehört doch der

Erhalt geistiger Beweglichkeit und mit ihr die körperliche Bewegung *an sich* zum A und O jeder Rehabilitationsmaßnahme. Und dass die gedachten »Gänge«, in welchen das Pneuma »floss«, im 18. Jahrhundert dann als Hirnnerven identifiziert wurden, zeigt, dass in der sich entwickelnden Wissenschaft vom Gehirn das eine des anderen bedurfte, um zu weiteren Erkenntnissen zu gelangen.

Nicht nur die Pneumalehre diente als Ausgangspunkt einer das Mentale miteinbeziehenden Hirnforschung, Ähnliches geschah auch mit dem Homöostasemodell in der Entwicklung des klinischen Anwendungsgebietes der Psychologie (▶ klinische Psychologie). So war z. B. allein aufgrund der zahlreichen medizinisch maßgeblichen Schriften ▶ Galens fast 2000 Jahre praktisch unmöglich, o. g. »vier Säfte« anders als mit den »vier Temperamenten« bzw. Charakteren zu verbinden.[1] Dies insbesondere, weil sich daraus eine psychische Krankheitslehre entwickelte, die ebenfalls zwei Jahrtausende überdauerte.[2] Bedingt durch die enge Bindung psychologischen Denkens an dieses medizinische Denkmuster wurden *psychische Krankheiten* noch bis ins 19. Jahrhunderts hinein oft als solche angesehen, die, wenn auch nicht mit einer Dyskrasie von Galle, Blut und Schleim, so doch mit Veränderungen *diverser Körperfunktionen* einhergingen. Entsprechend suchte man sie auch somatisch zu behandeln.

Schlussendlich hat ▶ Galen trotz der heute recht archaisch anmutenden Ansicht, dass es eine diagnostisch relevante Beziehung zwischen Körperflüssigkeiten und verschiedenen »Charakterzügen« eines Menschen gäbe, Wegweisendes geleistet: Er hat die Idee des Zusammenhangs von (Körper)Flüssigkeiten – heute z. B. Transmittern und Hormonen – und Persönlichkeitsvariablen über 2000 Jahre wachgehalten. Auch die Differenzierung in nur einige wenige Typen, z. B. hinsichtlich ihrer Erregbarkeit – ruhig bzw. erregt – und ihrer vorherrschenden ▶ Stimmung – heiter oder betrübt – erwies sich als äußerst langlebig. Das Gleiche gilt für ▶ Galens grundlegende Schriften über die Heilkunst bei psychischen Erkrankungen, die er aufgrund seiner »pharmakologischen« Befunde verfasste.

Zu deren bemerkenswerten Folgewirkungen gehört u. a., dass die medizinische Behandlung von psychisch kranken Menschen nicht nur in Zeiten medizinischer »Quacksalberei« und »Alchemie«, sondern auch in der »modernen« Medizin lange auf die Anwendung weniger wirksamer Grundprinzipien beschränkt blieb, namentlich auf *euphorisierende, dämpfende* und *schlafinduzierende* Mittel. Unter diesen galt z. B. bis ins 18. Jahrhundert hinein Tiriac/Tyriack als *das* Allheilmittel für psychische Erkrankungen schlechthin. Dessen Hauptbestandteil, das Opium, das zur Therapie von psychischen Störungen aufgrund schmerzlindernder und betäubender Wirkung insbesondere bei »Melancholie« und »hypochondrischem Wahnsinn« eingesetzt wurde, war seinerseits wiederum seit der Antike als Therapeutikum bekannt. Als dann Anfang des 19. Jahrhunderts von verschiedenen Apothekern[3] aus Opium die Substanz *Morphin*[4] als kristalline Substanz isoliert und bald danach kommerziell produziert und als essigsaures Morphin oder als Morphinhydrochlorid in den Handel gebracht wurde, war damit in der Pharmakologie der Anfang der sogenannten Alkaloidchemie großen Stils gemacht.

---

1   Das Blut wurde mit dem sanguinischen Temperament assoziiert, der Schleim mit dem Phlegma, die gelbe Galle mit dem cholerischen, die schwarze Galle mit dem melancholischen Temperament.
2   Ein Übergewicht der gelben Galle, so ▶ Galen, führe zu *Tobsucht*, was dem Temperament der Choleriker zugeordnet wurde, ein Zuviel an schwarzer Galle hingegen verursache *Melancholie*.
3   Z. B. von W. Sertürner (1783–1841).
4   Ihrer schlafinduzierenden Wirkung wegen wurde die Substanz nach dem griechischen Gott Morpheus benannt, dem Gott des Schlafes und dem Bildner von Traumgestalten.

6.2.3 Der Geist in den Ventrikeln und die Stabilisierung des Stellenwertes der Psychologie

Innerhalb der oben bereits erwähnten *Ventrikellehre* verfestigte sich über die Jahrhunderte hinweg die Vorstellung, dass sich die psychisch relevante Wirksubstanz, das Pneuma, im Gehirn, genauer gesagt in den Hirnventrikeln bilde. In Erweiterung von ▶ Galens Konzept wurde im Laufe des gesamten Mittelalters – und dieses umfasst immerhin etwa eintausend Jahre – der Raum dafür im Wesentlichen lediglich von drei auf vier Ventrikel erweitert, also von einer dreizelligen zu einer vierzelligen Lehre ausdifferenziert, da man einen weiteren, den vierten, Ventrikel entdeckt hatte. Diese Zuweisung geistiger ▶ Vermögen zu Wirkkräften in flüssigkeitsgefüllten Hohlräumen wurde im Laufe der Zeit auch zweigleisig gedacht: Hier sollte das Pneuma als eine Art feinstofflicher Materie zwischen ▶ Seele und Körper nicht nur Energien auf den restlichen Körper übertragen, diese Energien sollten ihrerseits auch an diesem Ort wieder in Substanz transferiert werden. Was in diesen flüssigkeitsgefüllten Räumen wo geschehen solle, hatte sich im Laufe der Zeit ebenfalls gefestigt. So wurde z. B. alles, was mit Intelligenz im Zusammenhang stand, den beiden Seitenventrikeln zugeordnet, das Wissen sollte im dritten und das Gedächtnis im vierten Ventrikel lokalisiert sein. Noch *Leonardo da Vinci* (1492–1519), der mittels Wachsabdrücken Form und Volumen von Rinderventrikeln erfasste, widersprach dieser These nicht, obwohl die so vermessenen Hohlräume im tierischen Gehirn viel größer waren als die des Menschen. Das hätte der herrschenden Doktrin nach eigentlich zu einem Mehr an geistigen Kräften von Rindern im Vergleich zum Menschen führen müssen.

Erst ▶ Andreas Vesalius (1514-1564), ein flämischer Arzt und Anatom, verwarf die Idee einer Zuordnung von höheren Denkfunktionen zu bestimmten Hohlräumen im Gehirn, und zwar gerade *weil* diese z. B. bei Rindern nachweislich wesentlich größer waren, *obwohl* diesen Tieren kaum mentale Fähigkeiten zugesprochen werden konnten. ▶ A. Vesalius löste sich, nachdem er systematisch Sektionen menschlicher Leichen durchgeführt hatte, vollkommen von den Vorstellungen der Pneumalehre. Anhand seiner Sektionsbefunde gelang es ihm, den Bau des menschlichen Körpers einschließlich des Gehirns zu beschreiben und damit ein strukturbezogenes Denken einzuleiten, auch wenn der Durchbruch bzw. Umbruch hin zu einer Art funktioneller Neuroanatomie, so wie wir sie heute kennen, noch weitere zwei Jahrhunderte auf sich warten ließ.

Wie das Beispiel des Anatomen ▶ S. T. Sommering zeigt, war der Zuspruch zu diesen überkommenen, an den Ventrikeln orientierten Konzept der Hirnfunktionen war nicht allein dadurch zu entkräften, dass er logisch unmöglich war und folglich auch keinen Handlungsspielraum für normabweichende Verhaltensweisen ermöglichte. Dieser Gelehrte verschaffte als einer der geachtetsten Anatomen seiner Zeit in Unkenntnis der Bedeutung des von ihm gezeichneten Gehirns – und das war eine der besten Abbildungen des gesamten 19. Jahrhunderts – der Pneumalehre eine allerletzte Blütezeit (vgl. Sömmering 1796). ▶ S. T. Sömmering zog nämlich aus seinen originalgetreuen und detailreichen Zeichnungen des Gehirns nicht, wie man vielleicht hätte annehmen können, den Schluss, dass auch der Gehirnmasse als solcher eine bedeutende Funktion zuzuschreiben sei. Er sah darin lediglich eine Art Isolationsschicht für das in den flüssigkeitsgefüllten Hohlräumen zu lokalisierende Seelenorgan. Von der Idee, der Ort der Interaktion zwischen Körper und ▶ Seele liege nun einmal in der Flüssigkeit der Hirnventrikel, war er so nachhaltig überzeugt, dass er den von ihm hochverehrten ▶ I. Kant um ein Nach- um nicht zu sagen Machtwort zu seiner Abhandlung über das in den Ventrikeln liegende »Seelenorgan« bat. Dieser war indes klug genug, eine Renaissance antiker Vorstellungen nicht zu unterstützen, und stellte in seinen Zeilen stattdessen die Notwendigkeit einer Trennung von ▶ Philosophie und Naturwissenschaft in den Vordergrund. Jede Fakultät, so ▶ Kants Ansicht, bediene sich nun einmal ihrer eigenen Methodik, und diese sei für die Ergebnisse entscheidend. Eine Übertragung von Erkenntnissen über die ▶ Seele, die mit naturwissenschaftlichen Methoden gewonnen würden, auf die ▶ »Philosophie der ▶ Seele« sei deshalb nicht möglich.

Wie am Denken ▶ S. T. Sömmerings deutlich wird, hat das Festhalten an Überliefertem nicht nur mit den Irrtümern der Altvorderen zu tun, sondern auch mit der Autoritätsgläubigkeit ihrer Nachfolger. Aus heutiger Sicht wäre es natürlich ein Leichtes, zu bemängeln, dass die Methoden, derer man sich damals bediente, kaum dazu geeignet waren, Klarheit über mögliche Determinanten des Psychischen zu gewinnen; damit aber wäre nicht besonders viel gewonnen. Was man im positiven Sinne aber am Beispiel ▶ S. T. Sömmerings deutlich machen kann, ist, dass auch eine anatomische Irrlehre zu einem Aktivposten für die Psychologie werden kann. Die hier als Beispiel herangezogene Ventrikellehre erwies sich nämlich über viele Jahrhunderte hinweg auch dann noch als außerordentlich immun gegenüber Veränderungen, als die Gegner immer zahlreicher und die Argumente dagegen immer erdrückender wurden. Und gerade dies war für die Entwicklung psychologischen Denkens der Glücksfall per se, wurde doch während dieser langen Zeit auch an den dort lokalisierten *ureigenen* »*Tätigkeiten der* ▶ *Seele*« nicht gerüttelt. Was somit für die Gegenwart zählt, ist, dass diese heute ohne Weiteres als originär psychologisch angesehenen Bereiche des *Vorstellens, Denkens und Erinnerns* im Windschatten der Ventrikellehre die Zeitläufte unbeschadet überdauerten, während die Struktur selbst ihre Bedeutung dafür längst einbüßte. Relativ angreif-, weil »ungreifbare«, theoretisch wenig fundierte Erkenntnisse, die das Psychische betrafen, erwiesen sich somit im Vergleich zu »harten Fakten aus der Anatomie« über die Zeit hinweg als wesentlich stabiler und damit überdauernder. Sie bewährten sich als das wirklich Bedeutsame, weil sie auch in nachfolgenden theoretische Vorstellungen über naturwissenschaftlich begründete Trägerprozesse integriert werden konnten.

Dass neben der Idee von psychologisch relevanten flüssigkeitsgefüllten Hohlräumen die Bedeutung des Gehirns als Ganzem nie ganz aus dem Blickfeld geriet, verdanken wir insbesondere ▶ Hippokrates. Dieser hatte in seinen Bemühungen, den Menschen als ganzen in seiner Umgebung als ganzer zu betrachten, dem Zentralnervensystem an sich sehr wohl große Bedeutung beigemessen. Für ein klinisch orientiertes Denken in der Psychologie wesentlich ist z. B., dass er durch die *Heranziehung* sogenannter *naturvermittelter, also dem Gehirn innewohnender Ursachen* die naturphilosophische Heilkunst zu ergänzen suchte. Durch das Gehirn, so könnte man im Sinne von ▶ Hippokrates sagen, sind wir verrückt, delirieren wir, nehmen Ängste und Schrecken von uns Besitz, erleben wir Tagträume und quälen uns mit grundlosen Sorgen, kurzum: verkennen wir die Gegenwart. Auch die Ansicht, dass Epilepsien, Delirien, Wahn, Depression etc. von dort ihren Ausgang nehmen, ist, ungeachtet seiner ansonsten humoralpathologischen Grundeinstellung, ▶ Hippokrates zuzuschreiben. Zur langfristigen Stabilisierung seiner Ideen und damit zur Sicherung des Stellenwertes der Psychologie in der Medizin trugen auch andere Gelehrte bei. Stellvertretend sei hier verwiesen auf Soranus von Ephesus (98-138 n. Chr.), der bereits damals z. B. die bis dahin gängige Verbannung psychisch Kranker ablehnte und sich jede körperliche Bestrafung und unwürdige Behandlung der Patienten verbat. Mit auf ihn geht z. B. die Tradition zurück, psychisch kranke Menschen durch den Aufenthalt in einer ruhigen, angenehmen und naturverbundenen Umgebung zu heilen zu suchen.

Insgesamt aber vermochte die Psychologie aus allen Lehren einer Interaktion von Gehirn und Geist bis in die frühe Neuzeit hinein kaum einen über die damals bereits *benannten und bekannten räumlich fixierten* ▶ *Vermögen* hinausgehenden nennenswerten Erkenntnisgewinn abzuleiten. D. h. es blieb bei der Annahme von selbständigen, also sich nicht gegenseitig durchdringenden Leistungsdispositionen wie etwa der *vis estimativa*, der *vis memorativa* etc. Somit war es auch noch bis ins letzte Drittel des 19. Jahrhunderts hinein nicht ungewöhnlich, anzunehmen, man könne eigenständigen Kräften wie dem *Wissen, Fühlen* und *Wollen* jeweils auch separate Krankheitsbilder zuordnen (Hill 1888, S. 7).[5]

6.3 Klinisch-psychologisch relevante Auswirkungen von Glaube und Weltanschauung

Auch ohne sich tief greifend mit dem Leben der Menschen im Mittelalter auseinanderzusetzen, kann man nachvollziehen, dass ihr Alltag sehr wahrscheinlich durch andere Erfahrungen geprägt war als unser heutiger. Denkt man z. B. an die Vielfalt handwerklicher Fähigkeiten, an die Möglichkeiten zur Heilung von kleineren Verletzungen oder Krankheiten, so übertrafen sie in Teilbereichen unseren Erfahrungsschatz vermutlich sogar um ein Vielfaches. Anders als heute stand damals aber auch die schiere Existenzsicherung im Vordergrund. Und für die damit in Beziehung stehende Grunderfahrung von Angst und Unsicherheit bot der (Aber)Glaube eine gewisse Sicherheit. Für eine mögliche Vorausschau nach Vorzeichen des Bedrohlichen wurde astrologisch verfälschtes Beobachtungswissen über Bedeutung und Einfluss der Gestirne ebenso verwendet wie diverse okkultistische Praktiken und Hexenglauben. Sie alle versprachen in gewissem Sinne, vor unliebsamen Überraschungen bzw. großem Unheil zu schützen bzw. diese abzuwenden, vorausgesetzt man verhielt sich »richtig«, d. h. war im Nachhinein gesehen von Schaden verschont geblieben.

Das war aber nur *eine* mögliche Sichtweise. Auf der anderen Seite stand die Vorstellung von der ▶ Seele und vom Seelenheil als von Gott verliehener »Qualifikation« zum Erkennen irdischer und göttlicher Wahrheiten, weshalb sich bereits im frühen Mittelalter psychotherapeutisches ▶ Handeln im Großen und Ganzen auf Ordensgeistliche verlagerte. Deren Behandlungskonzepte konzentrierten sich entsprechend auf christliche Tugenden, wie etwa Fasten, Gebete, Keuschheit, Gehorsam, Arbeit, klösterliche Ruhe und Pilgerfahrten. Hinzu kamen oben bereits genannte Diäten, Aderlasse und Bäder, so wie sie die klösterliche Heilkunde aus antiken Texten von ▶ Hippokrates und ▶ Galen entnommen und ggf. weiterentwickelt hatte. Zur »Klostermedizin« gehörte z. B. auch der Anbau von psychisch wirksamen Heilkräutern; manche Klostergärten genossen gerade deswegen einen außerordentlich guten Ruf, so etwa der von Hildegard von Bingen. Letztlich aber blieb das »rechte Maß« von glauben und beten, schlafen und wachen, Licht und Luft, Bewegung und Ruhe etc. das Psycho-Therapeutikum der Wahl. Dieses auf Wirksamkeit bedachte ▶ Handeln war allerdings in die Grundauffassung eingebettet, dass u. a. auch *Sünde eine durchaus wahrscheinliche Krankheitsursache* sein konnte. Die damit verbundene Betrachtungsweise des Selbstverschuldens psychischer Leiden wandelte sich vom ausgehenden Mittelalter an, als geltende Vorschriften vielerorts Klerikern die Ausübung der Heilkunst verboten bzw. sie den Ärzten zusprachen, auch über die Jahrhunderte hinweg nur recht zögerlich. Jedenfalls gingen Therapieversuche mit einer glaubensvermittelten Hoffnung auf Genesung *und* angemessenem Lebenswandel noch bis ins 20. Jahrhundert hinein Hand in Hand.[6]

Was den bis heute bedeutsamen Aspekt dieses Ansatzes betrifft, so hatte sich durch den Glauben daran eine Überzeugung gefestigt, die über das angesprochene »rechte Maß der

---

5   Aus heutiger psychologischer Sicht nimmt man stattdessen an, dass diese Variablen auch im Krankheitsfalle miteinander wechselwirken können.
6   Auf dem Gebiet der Alkoholerkrankung war z. B. noch bis ins 20. Jahrhundert hinein die Vorstellung gängig, die daran Erkrankten könnten mit dem Trinken aufhören, wenn sie das nur wollten, sich Mühe gäben und den »rechten Weg« einschlügen.

Lebensführung«, sprich eine gute *Psychohygiene*, hinausging: Kontemplation und o. g. begründete Hoffnung. Das dadurch zum Ausdruck kommende, über Generationen weitergetragene erfahrungsbasierte Wissen war entsprechend fest verankert.[7] Es betraf u. a. auch psychische Erkrankungen – Erkrankungen, deren Besserung von vielen gläubigen Menschen[8] bis heute überwiegend mit der Gnade Gottes in Verbindung gebracht wird. Einer der Orte, die auch von psychisch kranken Menschen sehr häufig aufgesucht wurden, war das Antoniterkloster in Isenheim bei Colmar und dessen von Matthias Grünewald um 1513/1515 geschaffener Hochaltar. Dieser, der *Isenheimer Altar*, gilt bis heute als Inbegriff des »Mitleidens«, weil mit größter Eindringlichkeit grausame Leiden und höchste Verklärung so eindringlich verbunden werden, dass sie bei den gläubigen Betrachtern und Betrachterinnen eine *außerordentlich hohe Imaginationskraft* wecken. Die als heilend empfundene Erfahrung einer ins Bild gesetzten transzendentalen Größe blieb aber nicht auf das »finstere Mittelalter« beschränkt. Die dadurch zum Ausdruck kommende Bedeutung von Gläubigkeit als einer möglichen Wirkkraft im Verbund multifaktorieller Einflüsse ist bis heute unstrittig. Auch gegenwärtig weisen Untersuchungen darauf hin, dass z. B. *gläubige Menschen* vermutlich weniger häufig an lebensbedrohlichen Krankheiten, z. B. Krebs, erkranken. Und selbst wenn dann ist bei ihnen die Heilungschance offenbar größer, als dies dem Mittelwert über alle, also auch nichtgläubige, Patienten entsprechen würde. Im säkularen Bereich macht man sich deshalb heute einen ganz wichtigen Aspekt davon zunutze: die Fähigkeit, auch in größter Bedrängnis positive ▶ Emotionen freizusetzen. Dies geschieht z. B., indem man »profane« Bilder mit hoher Imaginationskraft verwendet, etwa Familienfotos, Aufnahmen von Ferienreisen etc., um einen medizinisch indizierten Heilungsprozess zu unterstützen. Daneben gelten alle Methoden der Entspannung und/oder Kontemplation, z. B. autogenes Training oder Yoga, als probate Mittel, die Genesung von psychischen Leiden voranzutreiben. Dies geschieht im Wissen, dass nicht nur im Mittelalter, sondern bis heute der *transzendentale Aspekt der Heilung* u. U. weit über den physiologisch-pharmazeutischen hinaus gehen kann.

Solidarität und damit die Unterstützung der Genesung von Kranken galt allerdings über Jahrhunderte hinweg nicht für alle Leiden gleichermaßen als *selbstverständliche Christenpflicht*. Sie galt z. B. für geistig erkrankte Menschen also Menschen, in die, dem (Aber-)Glauben folgend, »Dämonen eingefahren waren«;[9] heute würde man vermutlich von psychiatrischen Erkrankungen sprechen. Diesen Typus erkrankter Menschen aus der Menge der an sonstigen körperlichen oder psychischen Erkrankungen Leidenden herauszufinden, war eine der Aufgaben des Klerus, weshalb sich auch dieser und nicht die jeweilige Kommune und deren medizinisches Personal der Erkrankten annahm. Aus Sicht der Verantwortlichen wurden indes nur jene Personen als Verirrte oder Irre (lat. *errare* 'irren, vom rechten Weg abkommen') bezeichnet, die »vom rechten Weg« abgekommen waren, *weil* Dämonen sich ihrer bemächtigt hatten, sie also Opfer waren. Diesen zu verzeihen und zu helfen, war Gegenstand selbstverstandlicher Christenpflicht, auch wenn immer die Frage der *Selbstverschuldung* im Raum stand, die Personen also verdächtigt wurden, durch zu geringen Glauben einer solchen Besitzergreifung Vorschub geleistet zu haben.

---

7   Gleichwohl reichen Überzeugungen wie diese sehr wahrscheinlich auch in vorchristliche Zeiten zurück, auch wenn sich dafür kaum noch verlässliche Zeugnisse finden lassen.
8   Dass Glaube als eine Art Schutzfaktor wirken kann, wird naturgemäß von alle jenen bestritten, die das Irrationale im Denken gläubiger Menschen in den Vordergrund stellen.
9   Diese Personen bedurften deshalb eines besonderen, als göttlich oder heilig bezeichneten Heilvorgangs (Exorzismus), damit die zerstörerischen Kräfte den Menschen wieder verließen.

Anders als diesem Typ von Patienten war jenen nicht zu helfen, von denen anzunehmen war, sie selbst stellten das *personifizierte Böse* dar, seien also Hexen.[10] Als solche galten sie – ebenfalls über Jahrhunderte hinweg – als *die* Verursacherinnen, die andere anstifteten, vom »rechten Wege« abzukommen. Hier war folglich auch kein Verzeihen angezeigt, es kam nur die Möglichkeit infrage, sich ihrer auf eine Weise zu entledigen, die den Körper, nicht aber die immaterielle ▶ Seele zerstörte.

Aus heutiger Sicht betrachtet, bedurfte es in beiden Fällen, bei den sogenannten kranken Opfern und den sogenannten Täter/innen, einer psychologischen Expertise. Die erstgenannte Möglichkeit der von der Krankheit Überwältigten erforderte Maßnahmen, die sowohl eine Wiederholung unwahrscheinlich machten als auch gleichzeitig auf eine Heilung hinwirkten, also eine Hinwendung zum »rechten Weg« begünstigten. Unter den gewählten Möglichkeiten finden sich solche, die auch heute noch üblich sind, etwa die Öffentlichkeit vor den Betroffenen zu schützen und gleichzeitig den »Zugang zum falschen Weg« aktiv zu verhindern. Damals geschah dies zunächst durch Isolierung bzw. später durch Einweisung in eine Detentionsanstalt, z. B. ein Zucht-, Arbeits- oder Armenhaus etc. Heute wird es u. a. durch eine Unterbringung in einer psychotherapeutisch ausgerichteten Einrichtung zu gewährleisten gesucht. Aufschlussreich sind auch die Erfassungsmethoden, die den Personenkreis der *Personifizierung des Bösen* zum Gegenstand hatten. Hier war ein differenzierendes Vorgehen mit hoher Treffgenauigkeit angesagt, galt es doch, *genau die und nur die* Betreffenden ausfindig zu machen und zu »überführen«, die Inbegriff des Schadens waren. Immerhin stand am Ende des Verfahrens unter Umständen der Tod.

Bei allem Unheil, das aus heutiger Sicht mit dem Versuch einer Unterscheidung in »gute, weil überwältigte Kranke« und »schlechte, weil das Böse in sich tragende Menschen« angerichtet wurde, hatte man durchaus Bedeutendes erkannt. So z. B., dass Unterscheidungen zu treffen waren, die über Differenzierungen in »gut« und »böse« hinausgingen, da einige der Patienten offensichtlich kaum anders handeln konnten, als sie es taten, weil sie, wie es hieß, zeitweise nur einen *schwachen Gebrauch der* ▶ Vernunft hätten. Bei wieder anderen Menschen erkannte man, dass sie *den Gebrauch der* ▶ Vernunft überhaupt nicht hätten, weil sie von Geburt an so geblieben seien, sie wüssten also nie, was an ihren Handlungen unredlich sein sollte.[11]

Zur Erkenntnis, dass geistig behinderte Menschen von der Gruppe der geistig Kranken getrennt zu betrachten sind, gesellte sich eine weitere Einsicht: Verschiedene Menschen tragen, wie man heute sagen würde, eine »unterschiedliche Prädisposition« in sich, psychisch krank, damaligem Duktus nach: »von Dämonen bedrängt« zu werden. Denn »wenn nun das

---

10 Unter dem ▶ Begriff »Hexerei« versteht man seit dem sogenannten Kirchenvater ▶ Augustinus (354–430) die Verursachung eines sogenannten Schadenszaubers, der, anders als die Magie (»Zauberei«), immer negativ bewertet wurde. In der ▶ Scholastik wurde die augustinische Lehre von ▶ T. von Aquin (1225–1274) systematisch zu einer Teufelslehre ausgeweitet. Die Reformation knüpfte trotz ihrer sonstigen Ablehnung an diese katholische Lehre an, baute sogar die Teufelstheologie noch aus. Nun war es der Geist, der sich dem Teufel willentlich zuwandte, um mit diesem einen Pakt des Bösen zu schließen. Hexerei galt noch lange über das Mittelalter hinaus als Erklärung für Notsituationen, z. B. Krankheit von Mensch und Vieh, oder Unglücksfälle, die durch einen bleibenden Zusammenhang zwischen bestimmten Personen und ihren (»verderbten«) Praktiken erklärbar schienen. Hinzu kamen Wort- und Zeichenmagie, geomantische, hydromantische, pyromantische, chiromantische und nekromantische Zauberei. Der dadurch herbeigeführte Schaden galt in manchen deutschen Ländern, z. B. in Bayern bis 1813, als Hexereitatbestand und wurde verfolgt. Erst in der bürgerlichen Gesellschaft wurden Hexen und Hexer endgültig entweder als Verbrecher erkannt, die wirklich Schaden gestiftet hatten, oder als Geisteskranke bzw. als von Drogen berauscht angesehen. In der Literatur lebt die Fantasiegestalt der Hexe, um derentwillen zwischen 1400 und 1750 etwa 50.000 Menschen in Europa ermordet wurden, bis heute fort.

11 Ihnen war im Unterschied zur erstgenannten Gruppe damaliger Auffassung nach auch kein Sakrament zu reichen, weil sich in ihnen auf keine Weise Ehrfurcht vor diesem Sakrament herausgebildet hatte.

dämonische Leiden von Grund auf geheilt wird, würde auch die aktive Bedrängnis durch den Dämon […] von Grund aus aufhören« (Sprenger und Institoris 1923, S. 163 f.). Es stellte sich somit die Frage, welche Entfremdung des Geistes zur Aufnahme der dämonischen Bedrängnis am meisten disponiere und wie dies zu erfassen sein könnte.

Unbeschadet dieser aus heutiger Sicht erstaunlichen Ansätze zur Binnendifferenzierung geistig behinderter und psychisch kranker Menschen und zur Idee über Heilungsmöglichkeiten psychischer Krankheiten war bis über das Mittelalter hinaus die Vorstellung, dass der *Verlauf eines Lebens vorbestimmt* war, noch so weit verbreitet, dass geistige Krankheiten oder Behinderungen oft als Schicksal betrachtet wurden, dem ohnehin nicht zu entkommen war. Das wiederum gab zumindest im kirchlichen Rahmen nur wenig Anreiz, klinisch-psychologische Verfahrensweisen mit besonderer Verve weiterzuentwickeln.

6.3.1 Psychische Heilslehren als einträgliches »Geschäft«

Auch außerhalb der Klostergelehrsamkeit wurden heute noch offene Fragestellungen, die gegenwärtig Bestandteil der ▶ klinischen bzw. medizinischen Psychologie sind, im Rahmen der sogenannten *einträglichen Wissenschaften*[12] zu beantworten gesucht. Deren akademischer Stellenwert war allerdings im Rang nicht hoch und außerdem bereits durch zahlreiche Vorgaben festgelegt. Da gab es zunächst die ▶ Philosophie, die, aufgeteilt in die drei Fakultäten – 1) Grammatik, ▶ Dialektik und Rhetorik, 2) Geometrie/Arithmetik, Musik und Astronomie sowie 3) Physik, ▶ Metaphysik, Ethik und Poetik – Vorrang in psychologischen Fragen unter all jenen Gesichtspunkten beanspruchte, unter denen ihre Teildisziplinen sich damit befassten – und das war praktisch die gesamte Psychologie. Der ▶ Philosophie nachgeordnet waren »einträgliche«, d. h. praxisorientierte Wissenschaften. Dazu gehörte neben der Medizin inklusive ihres psychologischen Teilbereichs auch die Rechtswissenschaft. Jenseits dieses akademischen Hierarchiedenkens besetzte schließlich die Theologie eine weitere ganz eigene Domäne mit besonderem allem anderen übergeordneten Status.

Das aber bedeutete, dass medizinisch-psychologische Fragestellungen sich nicht nur an der herrschenden Lehrmeinung der ihr übergeordneten ▶ Philosophie ausrichten mussten, seien es nun an Teilgebieten der Ethik oder der ▶ Metaphysik, um die beiden am häufigsten genannten aufzuführen. Sie durften auch nicht in Kollision mit theologischen Fragen geraten. Es konnten also z. B. konkrete praktisch-anatomische Fragestellungen nicht »einfach« dadurch gelöst werden, dass Menschen nach ihrem Tod untersucht oder gar exhumiert wurden, das hätte die Ruhe der Verstorbenen gestört. Ebenso undenkbar war es, psychologische Fragestellungen anzugehen, die über die für die im Einzelnen festliegenden ▶ Vermögen, hinausgingen, galt es doch als unzweifelhaft, dass alles darüber hinaus Gehende, das *Wesen eines Menschen*, seine ▶ Seele, durch eine »höhere Macht« bestimmt würde. Hierbei mit einer genaueren Analyse ansetzen zu wollen, hätte als frevelhaft gegolten. Übrig blieben also nur der jeweiligen philosophischen Doktrin entsprechende Detailbetrachtungen, welche die Frage nach einem potenziellen übergeordneten Ganzen erst gar nicht aufkommen ließen.

Indem dadurch die als fest umrissen geltenden Fragen des Seelenheils, z. B. nach Wille und Gedächtnis, Empfinden und Wahrnehmen, übrig blieben, geriet die Psychologie als »eigenständige Wissenschaft« in ein Dilemma, das ihr bis in die Neuzeit hinein zu schaffen machte. Einerseits sollte sie als praxisorientierte Teildisziplin psychologische Probleme durch konkrete

---

12 Dieser ▶ Begriff wurde von Richard de Fournival geprägt, der um 1250 ein Katalogsystem entwickelte, das die »Früchte der Weisheit« verschiedenen Domänen zuordnete.

Hilfestellungen lösen. Andererseits bestand eine erhebliche Einschränkung der Theorienbildung in der *zweifachen Dominanz* philosophischer *und* theologischer Lehrmeinungen, die es zu berücksichtigen galt – vom Nachteil der Nichtpräsenz im akademischen Lehrbetrieb sei dabei einmal ganz abgesehen. Erwartungsgemäß konnte die Erfolgsquote in der praktischen Arbeit denn auch nicht anders als gering ausfallen. Dies wiederum verschaffte dem damit befassten Personenkreis, z. B. psychologisch interessierten Barbieren oder Wundärzten, deshalb nicht selten den zweifelhaften Ruf eines »Grillenheilers«, d. h. eines Scharlatans, der Abstrusem mit noch Abstruserem zu begegnen suchte. Da, wie heute auch, diejenigen, die sich ernsthaft mit psychisch kranken Menschen befassten und befassen, mit denjenigen in einen Topf geworfen wurden und werden, die um des Verdienstes willen bestimmte Leiden zunächst erfanden bzw. erfinden, um sie dann zu »heilen«, wird nachvollziehbar, dass sich der Berufszweig in der Praxis über viele hundert Jahre kaum ein überdauernd gutes Ansehen erwerben konnte.

6.3.2 Der rechtliche Umgang mit psychisch kranken Menschen

Am ehesten kamen psychologische Dienste dort überdauernd zu Ehren, wo die beiden anderen »einträglichen Wissenschaften« – Medizin und Rechtswissenschaft – das Interesse daran teilten. Stellt man den gesetzlich verankerten Umgang mit psychisch kranken Menschen in den Vordergrund der Betrachtung, so ist dieser die längste Zeit in der Geschichte von einem tradierten Rechtsverständnis abgeleitet. So gingen z. B. dem römischen Recht folgend *furiosi, mente capti* und *dementes*, also Rasende, Geisteskranke und Demente, oft straffrei aus, da man der Auffassung war, sie seien durch ihr Schicksal genug gestraft. Ebenfalls strafmindernd wirkten und wirken bis heute »schwerer Affekt« und Trunkenheit. Auch war bereits im römischen Recht die Möglichkeit vorgesehen, Menschen wegen *imbecillitas*, also »Verstandesschwäche«, unter Aufsicht eines Vormunds zu stellen und sie damit in ihrer rechtlich wirksamen Straffähigkeit einzuschränken. Wie die Beispiele verdeutlichen, wird damit, wenn auch nicht durchgehend, so doch bereits seit jeher neben der Tat als solcher, dem »Was ist geschehen?«, auch das Motiv des Täters bzw. der Täterin berücksichtigt und damit aus heutiger Sicht die »ureigenen psychologischen Fragestellungen« des »Wer hat etwas warum getan?« angegangen. Auch wenn über Jahrhunderte hinweg nicht genau festgelegt war, welcher Personenkreis im rechtswirksamen Sinn über den Geisteszustand einer Person zu urteilen hatte, so ist doch zumindest vom 17. Jahrhundert an verbürgt, dass dies im Wesentlichen eher unabhängig agierende Ärzte sein sollten und nicht mit dem jeweiligen »Fall« betraute Juristen, z. B. der Richter eines Angeklagten. Die Grundfrage blieb indes die gleiche: Welche »Störungen des Geistes« konnten den Verstand rechtswirksam beeinträchtigen? Um hier zu Antworten zu kommen, war neben psychiatrischem auch psychologisches Denken nötig. Zunächst musste ja die *Norm* der jeweiligen Verstandeskräfte umrissen werden, ehe rechtsrelevante Abweichungen davon festgestellt werden konnten (vgl. ▶ Kap. 2).

Die erforderliche *Passung im Bereich des Normalen* wurde anfangs hinsichtlich des als *üblich anzunehmenden Verstandes* eines Menschen und der als *üblich geltenden assoziativen Fähigkeiten* festgelegt. Entsprechend galten Intelligenzminderung und mögliche Dissoziationen als Störungen des Geistes, denn dadurch konnte zum Ausdruck gebracht werden, dass der Verstand in unterschiedlichem Maße *geschwächt* und/oder *abartig* war. Bei der Beurteilung der Personen mit möglichen Störungen der Verstandeskräfte wurden die Ärzte außerdem angewiesen – so z. B. durch die *Questiones medico-legales* von Paolo Zacchia (1621) –, auf weitere Zeichen zu achten, hier insbesondere auf *Physiognomie, Habitus* und *»Gemütsaffekte«*. Alle drei Betrachtungsschwerpunkte blieben neben den verbalen Aussagen der Betroffenen bis in die Gegenwart hinein

Gegenstand der Begutachtung (vgl. Lencker 1972; Krafft-Ebing 1881). Dass also, wie heute üblich, vor Gericht psychologische Variablen (vgl. Volbert und Dahle 2010), z. B. Mienenspiel, Haltung und das Ausmaß der Erregtheit einer Person, ebenso mit über die Glaubwürdigkeit entscheiden wie mündlich vorgetragene Gründe, gehörte bereits zum Grundwissen einer lange vor dem akademischen Fachgebiet der forensischen Psychiatrie (vgl. Kröber et al. 2007) oder ▶ Kriminalpsychologie (vgl. Lösel 1983) etablierten »Criminalpsychologie«.

Heute werden mehrere ▶ Begriffe verwendet, um diesen Tätigkeitsbereich zu umschreiben. Man benutzt den Ausdruck ▶ »Kriminalpsychologie«, wenn es vorwiegend um Prognose und Prävention kriminell abweichenden Verhaltens an sich geht, z. B. um Gefährlichkeitsprognosen, Vandalismus, Drogenkonsum, Resozialisierungsprogramme, alternative Sanktionsformen et cetera. Der ▶ Begriff »Rechtspsychologie« kommt bevorzugt dann zum Tragen, wenn es um die Anwendung von psychologischen Theorien, Methoden und Erkenntnissen auf die Probleme des Rechtssystems geht. Er entspricht damit am ehesten dem, was man damals unter »Criminalpsychologie« verstand, und stellt bis heute das älteste angewandte Teilgebiet der Psychologie dar. Dank der Expertise der entsprechenden Fachvertreter wurden bereits zu Anfang des 20. Jahrhunderts systematische psychologische Untersuchungen z. B. hinsichtlich der Glaubwürdigkeit von Zeugenaussagen durchgeführt. Firmiert die ehemalige »Criminalpsychologie« schließlich unter dem ▶ Begriff der »forensischen Psychologie«, so stehen vorwiegend Fragen der Diagnose und Prognose im Vordergrund, z. B. die Schuldfähigkeit von Straftätern, ihre Reifebeurteilung und strafrechtliche Verantwortung, oder es geht um Bewährungsprognosen bei Straftätern und um Opferschutz.

Was heute für die drei ineinandergreifenden Bereiche gilt, wurde auch in der Vergangenheit ähnlich gesehen. Rechts- und »Seelenkunde« schienen sich zwar auf den ersten Blick nicht zwingend zu überschneiden. Aber immer waren doch einer oder mehrere Aspekte von psychologisch beschreibbaren Handlungsweisen gleichzeitig auch als kriminell zu bezeichnen. Man musste folglich den Täter, die Täterin charakterisieren und das bzw. die Leiden des Opfers oder der Opfer angemessen erfassen, ehe ein Urteil gesprochen werden konnte. Kurzum, zwischen den traditionellen Extremata todbringender Bestrafung der Schuldigen auf der einen Seite und Schuldunfähigkeit aufgrund abnormer Anlagen auf der anderen, zwischen der Suche nach unwiederbringlicher Gewissheit durch Zeugen und der Erfahrung, dass Wahrheit auch durch allergrößte Peinigung der Beschuldigten nicht ans Licht kam, eröffnete sich einem psychologisch motivierten Denken ein breites Handlungsfeld von großer gesellschaftlicher Bedeutung.

Es ist also nicht erstaunlich, dass bereits im ausgehenden 18. Jahrhundert Abhandlungen und Aufsätze zur »Criminalpsychologie« so zahlreich wurden,[13] dass eine genaue thematische Ordnung unverzichtbar schien, gab es doch zahlreiche Lehrmaterialien über kriminalpsychologische Fragen[14] und setzten sich sowohl Philosophen als auch Rechtsgelehrte, Ärzte und Vorreiter einer »Arzneywissenschaft« – die heutigen Pharmakologen – mit rechtspsychologischen Fragestellungen auseinander.

Auch wenn mit dem damaligen ▶ Begriff »Criminalpsychologie« ein weitgefasster Themenbereich nur recht ungenau umrissen war und keineswegs ein eigenes Fach begründet wurde, so erweckte die damit aufgegriffene Thematik offenbar von Anbeginn den Eindruck, dass es sich hier um etwas Überdauerndes, Wesentliches handelt. Und in der Tat hat auch das interdisziplinäre Fachgebiet der »Criminalpsychologie« maßgeblich dazu beigetragen, die

---

13   Greve (2004) zufolge werden allein in Friedrich Kapplers *Handbuch der Literatur des Criminalrechts und dessen philosophischer und medizinischer Hilfswissenschaften* aus dem Jahre 1838 über 100 Titel zum Thema aufgeführt.
14   So z. B. das Buch von J. C. G. Schaumann (1792).

jeweiligen Rechtsnormen zu individualisieren und damit letztlich *zu psychologisieren*. Neben einer rechtsphilosophischen, einer soziologisch-politischen und einer medizinisch-biologischen Interpretation von Strafe und Recht, Schuld und Unschuld gibt es seither eine gerichtswirksame psychologische Auslegung, welche die Summe aller persönlichen Umstände einer Tat zu erfassen sucht (vgl. Volbert und Steller 2008).

Und ging es anfangs hauptsächlich darum, das »Wesen des Verbrechers« aus seiner Psyche oder Veranlagung heraus und nicht aus dessen grundsätzlicher »Verderbtheit« oder schädlicher Dämonen wegen zu begründen, so erlaubte die psychologische Konzeption eines auf Entwicklung und Veränderung, auf Lernfähigkeit und Motivation und damit letztlich auf mögliche Einsicht ausgelegten ▶ Menschenbildes doch eine weitaus feiner abgestufte Beurteilung als eine philosophische Ethik des »freien Willens« oder ein Denken in ▶ Kategorien des Naturgegebenen. Zumindest wäre weder aus der Potenzialität eines »man hätte die Freiheit gehabt, auch anders zu handeln« noch aus einem biologistischen Determinismus, einem »er ist so geboren«, heraus ein solcher Spielraum entstanden.

Ihre überdauernde Bedeutung hat die ehemalige »Criminalpsychologie« somit letztlich – ähnlich wie verschiedene andere psychologische Teildisziplinen auch – nicht deshalb bewahrt, weil ihre anfänglich vertretenen Theorien besonders scharfsinnig, zutreffend oder langlebig gewesen wären, *sondern* weil ihr Grundanliegen, die Individualisierung bestimmter Rechtsnormen, ein zeitübergreifend gesellschaftlich relevantes war. Und das ist bis heute der Fall, auch wenn z. B. die forensische Psychologie in der Regel nicht an psychologischen Instituten gelehrt wird, sondern dem Bereich der Rechtswissenschaft und ihrer Anwendungen, der Kriminalistik, angeschlossen ist (vgl. Zipf 1989). An der Selbstverständlichkeit, mit der die jeweils anerkannte psychologische Lehre in die Beantwortung juristischer Fragen des Strafrechts, der strafrechtlichen Verantwortung, der Zurechnungsfähigkeit etc. integriert wird, hat sich nichts geändert.

6.4 Die »Wissenschaft von der Seele« zwischen klösterlicher Gelehrsamkeit und akademischem Bildungswesen

Jenseits der oben skizzierten an der Praxis orientierten Entwicklung psychologischen Denkens sind weitere bedeutende Fortschritte zu verzeichnen. Diese hängen nicht nur, aber auch mit der allmählichen Ergänzung klösterlicher Gelehrsamkeit durch ein aufblühendes akademisches Bildungswesen zusammen. Denn was im ersten Falle, der klerikalen Bildung, als ursächlich für eine Begrenzung des Wissensraums galt – z. B. ein erschwerter Zugang zu Schriften aus dem antiken Kulturraum, verbunden mit den bereits genannten Auflagen bzw. Verboten der Aneignung bestimmter religionsfeindlicher Texte und der daraus resultierenden Konzentration auf die Vermittlung »unanfechtbaren« enzyklopädischen »scholastischen« Wissens –, zählte im anderen Falle, dem säkularen Bildungswesen, mit zu den Hauptgründen für neue Erkenntnismöglichkeiten.

6.4.1 Traditionelle Glaubenslehren und eine »erste Globalisierung des Wissens«

Die aufgrund einer fortschreitenden wirtschaftlichen und kulturellen Erstarkung Mitteleuropas entstandenen *Universitäten*[15] ermöglichten somit eine zunehmende *geistige Unabhängigkeit*

---

15 Z. B. in Paris, Oxford und Bologna.

von kirchlich akzeptierten Wissensbestand. Damit verblieb auch *die Psyche des Menschen nicht länger im alleinigen Zuständigkeitsbereich der Theologie,* selbst wenn das Studium der Theologie bis ins Hochmittelalter hinein an den Universitäten Dreh- und Angelpunkt akademischer Bildung blieb. Diesem »Studiengang« konnte jedoch durchaus ein mehrjähriges Studium der *artes liberales* – der »sieben freien Künste« – vorausgehen, und zu diesen wiederum gehörten die bereits erwähnten psychologierelevanten Teilgebiete, z. B. ▶ *Dialektik, Rhetorik oder Logik.*

Im Gefolge glaubensmotivierter Eroberungen durch christliche Kreuzfahrer und der Inbesitznahme von Teilen des südwestlichen Europas durch arabische Herrscher fand des Weiteren eine zunehmend *wechselseitige Durchdringung geistiger Werte aus dem islamischen und christlich-jüdischen Kulturbereich statt.* So standen etwa Gelehrte des Islam, der nach dem 9. Jahrhundert auf weite Teile Spaniens großen Einfluss ausübten – nicht nur in Gestalt des bereits erwähnten ▶ Avicenna, sondern auch durch andere Gelehrte wie etwa ▶ Al-Hacen und ▶ Averroes – aristotelischem Gedankengut sehr nahe. ▶ Al-Hacen sorgte z. B. durch den großen Einfluss, den sein Werk *Die Optik* auf die europäischen Gelehrten ausübte, für die Verbreitung der psychologisch höchst relevanten Erkenntnis, dass die visuelle Wahrnehmung nicht allein eine Leistung des optischen Apparates ist, sondern dass dazu auch *Unterscheidungsfähigkeit, Wiedererkennung* und *Gedächtnis* gehören. Des Weiteren gewann durch ihn die aristotelische Vorstellung erneut an Zustimmung, die besagte, dass das Licht in Form von Strahlen ins Auge eintrete, die *vom Objekt* ausgingen, dass es sich also um einen Intramissionsvorgang[16] handelt. Mit ▶ Al-Hacens Begeisterung für die damalige »Wahrnehmungspsychologie« verbunden war sein ausdrückliches Bekenntnis zum *Experiment als Mittel des Erkenntnisgewinns.* Dadurch inspirierte er zahlreiche Gelehrte des Abendlandes, unter ihnen ▶ R. Bacon, auf den weiter unten noch eingegangen wird.

Ähnlich wie ▶ Al-Hacen gelangte auch ▶ Averroes zu überdauernder Bedeutung für unser Fachgebiet. Er schuf durch eine umfassende, ▶ Naturphilosophie, ▶ Metaphysik und Psychologie miteinschließende philosophische Auslegung von ▶ Aristoteles' Gesamtwerk die Grundlagen für einen *Monopsychismus*[17] (vgl. Merlan 1963), dessen Nachwirkungen bis heute zu spüren sind. So wird etwa der darin zum Ausdruck kommende Gedanke einer allen Menschen gemeinsamen »Seelensubstanz« u. a. von ▶ C. G. Jung aufgegriffen und in dessen Theorie vom sogenannten kollektiven Unbewussten integriert. Während aber ▶ C. G. Jungs damit verbundene Vorstellung der »Entfaltung des Selbst« aus einzelnen, miteinander in Kontakt stehenden Archetypen innerhalb der experimentell ausgerichteten akademischen Psychologie von heute nicht akzeptiert wird, gilt ▶ Averroes' Ansicht, *allgemeingültige Wahrheiten* auf dem Gebiet der Medizin lägen jenseits derer, die sich durch Beobachtung und Experiment allein erschließen lassen, immer noch als unbestritten. Abgesehen davon, dass islamische Gelehrte wie ▶ Avicenna, ▶ Al-Hacen und ▶ Averroes bis dato unbekannte Schriften von ▶ Aristoteles als lateinische Übersetzungen aus dem Nahen Osten nach West- und Mitteleuropa brachten, erfolgte auch durch christliche Kreuzzüge eine Art Re-Import antiken Denkens. Beide Wege des Erkenntnisgewinns wurden auf ganz verschiedene Weise über mehrere Jahrhunderte hinweg in die bestehende, *religiös motivierte sozialphilosophische Heilslehre des Mittelalters* (re-)integriert und (re-)interpretiert.

---

16 Daneben war eine Extramissionsannahme weit verbreitet, welche auf der Vorstellung gründete, dass Objekte deshalb sichtbar würden, weil sie mittels der Augen »angestrahlt« würden.

17 Mit dem ▶ Begriff des Monopsychismus (griech. *monos* 'einzig') wird eine Lehre charakterisiert, die annimmt, dass die Einzelseelen nicht aus sich heraus ursprünglich und verschieden sind, sondern nur von außen her als stofflich-leiblich bedingte Abwandlung einer einzigen Seelensubstanz aufzufassen sind. Über ▶ Averroes drang dieser Gedanke in die abendländische ▶ Philosophie ein.

Was die Weiterentwicklung psychologischen Denkens betraf, so setzte allerdings der bereits erwähnte *Erlösungsanspruch*, also das Glaubensziel einer Erlösung des Menschen von persönlicher Schuld, enge Grenzen. Außerdem galt das *Erkennen jeglicher Wahrheit* (vgl. ▶ Kap. 3) im Wesentlichen nicht als *Frucht menschlichen Denkens*, sondern als *Gnade*, die dem Menschen zuteil wurde, damit er eine bestimmte – hier die göttliche – Wahrheit erkennen könne. Deshalb bestand immer die Gefahr, das »Maß der Frömmigkeit« könnte auch zum Maßstab wissenschaftlichen Agierens geraten, und dabei wäre die Psychologie weitgehend ausgeklammert geblieben. Die Tatsache, dass sie aller *psychologiefernen Arbeitsbedingungen* zum Trotz dennoch eine beachtliche *Weiterentwicklung* erfuhr, begründete man, soweit es klerikale Gelehrsamkeit betraf, meist damit, dass es die Kirche als »Hüterin der menschlichen ▶ Seele« über Jahrhunderte vermochte, die jeweils *klügsten Köpfe ihrer Zeit* an sich zu binden. Und diese waren bei aller Frömmigkeit generell nicht wissenschaftsfeindlich eingestellt.

6.4.2 Erste Integrationsversuche divergierender psychologischer Ansätze

Im Gefolge des oben angesprochenen erweiterten Wissenshorizonts, der insbesondere ▶ Aristoteles' Werken mehr Beachtung verlieh, versuchte man auch im psychologischen Denken den Widerspruch zwischen einer neoplatonisch inspirierten »augustinischen Psychologie« und der naturwissenschaftlich ausgerichteten »aristotelischen Psychologie« aufzulösen, um psychologisches Wissen gewinnbringend in die wesentlichen *Erkenntnisse der Welt des Mittelalters* zu integrieren. Hier war es der bereits genannte ▶ T. von Aquin, der – aristotelisches Denken mit der christlich-platonischen Auffassung verschmelzend – eine heute als »thomistische Psychologie« bezeichnete Lehre schuf. In dieser legte er, wie kurz angesprochen, u. a. die »*Unveränderlichkeit der Seele*« (Carus 1990/1802, S. 413) fest, welche ihrerseits durchaus aus »mancherlei Vermögen bestehen könne, die zusammen aber immer wieder ein Ganzes bildeten« (Carus 1990/1802, S. 414). Heute fließt diese Idee überdauernder, das Ganze zu unterschiedlichen Teilen bildender psychischer Konstituenten, d. h. einen Menschen charakterisierender Grundzüge der Persönlichkeit, wie selbstverständlich in psychologisches Denken mit ein. Nicht ausdiskutiert ist allerdings die dahinterstehende Grundsatzfrage, ob das »psychologische Ganze« eines Menschen einen *»Wert an sich«* darzustellen vermag oder ob es ausschließlich als *Produkt eines Fließgleichgewichts von Einzelkräften* zu begreifen ist.

Noch im 20. Jahrhundert bewegte diese Frage die Gemüter so heftig, dass sich ganze »Denkschulen« mit dem Problem der psychologischen Ganzheit befassten (vgl. ▶ Kap. 12). Heute wird das darin enthaltene Emergenzproblem u. a. auch in den Neurowissenschaften kontrovers diskutiert. Ähnlich kontrovers und für die heutige Psychologie prägend war vermutlich auch der Wandel von der Vorstellung, dem Menschen als einem »seienden von Gott geschaffenen Wesen« seien entsprechend Attribute des Guten und Wahren etc. zuzuschreiben, zugunsten einer sich etablierenden ▶ evolutionären Erkenntnistheorie. Statt eines »am Göttlichen teilhabenden wahren Anteil des Menschen« dominiert heute ein entwicklungsbiologisch begründetes Denken, das der Spezies Mensch ein bestimmtes Maß an *rationalem Verhalten* zuschreibt. Dieses wiederum dient einem optimal angepassten Überleben und damit dem Erhalt des Individuums und der Art. Mit durch die Sichtweise auf den Menschen wurde die »Psychologie als Ganzes«, ob nun eher in den Geisteswissenschaften beheimatet oder eher den Naturwissenschaften zugeneigt, zunehmend in ein evolutionsbiologisches Weltbild eingebunden. Das Fachgebiet erwies sich hierbei wie bereits in der Vergangenheit als robust genug, Erkenntnisse von einer in die andere Leitwissenschaft zu übertragen bzw. sie nebeneinander bestehen zu lassen.

Obwohl z. B. ▶ T. von Aquin als Angehöriger des Klerus ganz natürlicherweise in der *Theologie* die für »psychologisches Geschehen zuständige« Leitwissenschaft sah, wurden aufgrund seines Rufes als exzellenter Denker und seine die Psyche betreffende Expertise über viele Jahrhunderte hinweg auch im *außerkirchlichen Rahmen* bestimmte von ihm beschriebene Phänomene relativ konfliktfrei in psychologisches Denken integriert. Dies zeigt sich deutlich an sogenannten Wundern, also unfasslichen, plötzlich eintretenden positiven Geschehnissen.

Beispiel: Phantomempfindungen – vom göttlichen Wunder zu verteilten neuronalen Netzen
Zu den genannten »unfasslichen Geschehnissen« gehörten z. B. *Phantomempfindungen*, also das ▶ Gefühl des Vorhandenseins eines objektiv inexistenten Körperteils. Entsprechende ▶ Empfindungen wurden bis in die Neuzeit hinein immer dann in den Rang eines Wunders gehoben, wenn ein ansonsten als geistig gesund eingestufter Patient vor maßgeblichen Zeugen über außergewöhnliche ▶ Empfindungen, z. B. in einem neu angepassten Holzbein, zu berichten wusste, es als Teil seines Körpers zu »spüren« vorgab (vgl. Price und Twombly 1978). Solchermaßen bezeugte »Wunder« galten als Bestätigung des Einflusses göttlicher Macht, die vermittels fachkundiger zeitgenössischer »Orthopädietechniker« leibliches Empfinden auch im Außerkörperlichen zu verankern vermochte. Wie, wenn nicht durch ein Wunder, hätte sonst von einem Empfinden in einem Holzbein berichtet werden können?

Auch heute gilt als unstrittig, dass die *Vorstellung einer körperlichen Ganzheit* vom Wissen über eine mögliche Versehrtheit, z. B. durch einen Unfall oder eine Operation, der oder die zu einer Amputation eines Körpergliedes[18] führte, nur teilweise beeinflusst wird. Vielmehr sind Informationen über die Stellung und Lage der Extremitäten, die Spannung von Muskeln und die ▶ Empfindung von Schmerz *nicht* notwendigerweise an deren physische Präsenz gebunden. Auch abwesende Glieder bzw. Prothesen – so das Holzbein im o. g. Beispiel – können durchaus als Teil des Selbst betrachtet werden. Ein »Wunder« würde man darin heute vermutlich kaum sehen, wohl aber auf weitere neurowissenschaftliche Erkenntnisse bezüglich des Phänomens hoffen, denn dass ein Patient ein nicht existentes Körperteil fühlt, es »bewegt«, dort Schmerzen »empfindet« etc., scheint unabweisbar an ein physiologisch-anatomisches Substrat im Gehirn gebunden zu sein. Da dieses jedoch lediglich die An- oder Abwesenheit von *bestimmten mentalen Vorstellungen* darüber kodiert, sind objektiv erkennbare Körperteile letzten Endes für eine geistige Repräsentation nicht notwendig. Die Erfahrung, dass die mentale Gegenwart des Körpers nicht an die physische gebunden sein muss, ist indes bis heute nicht letztlich neurowissenschaftlich zu erklären, die Zeitspanne des Umschwungs von mystischen zu wissenschaftlichen Hypothesen entsprechend lang. Man gesteht z. B. dem Feldscher Ambrosius Paré durchaus zu, was er im Jahre 1551 – zwischen dem Glauben an ein »Mysterium« und »der Suche nach gewöhnlichen Erklärungen« schwankend – über die ▶ Empfindungen seines Patienten in einem nicht existenten, aber schmerzenden Bein schrieb:

> Verily it is a thing wonderous strange and prodigious, and which will scarce be credited, unless by such as have seene with their own eyes, and heard with their eares the patients who have many monethes after cutting away of the Legge, grievously complained that they yet felt exceeding great paine of that Leg so cut off (Keynes 1968, p. 147).

Allerdings »schwankte« das Urteil darüber noch bis ins ausgehende 19. Jahrhundert zwischen »Kuriosum« und »wissenschaftlicher Erklärung«. So etwa in einem auf Paré Bezug nehmenden

---

18 Sogenannte Phantomschmerzen werden meistens an Beispielen abgetrennter Gliedmaßen beschrieben, jedoch sind diese ▶ Empfindungen keineswegs allein darauf beschränkt; sie können z. B. auch bei Brustamputation, künstlichem Darmausgang oder Zahnverlust auftreten.

Beitrag in einem populärwissenschaftlichen Magazin, wo der Fall eines verwundeten Teilnehmers am amerikanischen Bürgerkrieg noch als ähnlich mysteriös beschrieben wurde (vgl. Mitchell 1871).

Zwar wird weitere einhundert Jahre später, 1969, über Phantomempfindungen als »the report of the awareness for a non-existent or deafferented part in a mentally competent individual« im Sinne eines Routine- und Normalfalles geschrieben (Weinstein 1969, S. 79), der von einem »systemimmanenten Regelzustand« eines beschädigten Nervensystems handelt. Was aber hirnphysiologisch betrachtet genau geschieht, ist, wie oben angedeutet, immer noch erklärungsbedürftig. Wohl nimmt man heute an, Phantomempfindungen seien zum Großteil auf bestehende »Schmerz-Gedächtniskreisläufe« im Gehirn zurückzuführen, die augenscheinlich auch ohne Informationszufuhr von der Peripherie erhalten bleiben und im Laufe der Zeit offenbar eine ganz eigene Dynamik erfahren. Wie aber die zustande kommen bzw. warum sie nicht korrigiert werden, ist weiterhin offen.

6.4.3 Fazit: »Richtige« Erkenntnisse trotz »falscher« Theorien?

Psychologisch relevante Befunde – hier ein Empfinden des physisch nicht Existenten – können sich somit durchaus als robust genug erweisen, um eine Transformation von religiös motivierten Deutungen in wissenschaftliche Erklärungen relativ unbeschadet zu überdauern. Auch muss die zeitgenössische akademische Betrachtung eines Problems keineswegs eindeutiger sein als eine religiös gefärbte. Man kann folglich nicht generell davon ausgehen, ein psychologisch relevantes Problem würde bereits dadurch einer Lösung näher gebracht, dass man es von zunächst obskur erscheinenden Begründungen des ausgehenden Mittelalters in die »aufgeklärte« Begründung der modernen Geistes-, Natur- oder Sozialwissenschaft überführt.

Entsprechend nimmt die gegenwärtige Psychologie für sich auch lediglich in Anspruch, den seit Jahrhunderten bestehenden psychologischen »Themenkatalog« ausschließlich mittels heute anerkannter wissenschaftlicher Theorien zu bearbeiten und dabei diejenigen Fragen zu beantworten zu suchen, die aufgrund ebenfalls akzeptierter methodischer Verfahrensweisen eine Antwort erwarten lassen. Alle anderen bleiben nach wie vor ausgeklammert. Indem z. B. ▶ T. von Aquin mittels einiger gedanklicher Kunstgriffe die dreigliedrige Seelenlehre der *aristotelischen Psychologie* mit der bestehenden *augustinischen Psychologie*, in welcher Gedächtnis, Verstand und Wille dominierten, zu seiner beide vereinigenden *thomistischen Psychologie* umgestaltete, wird des Weiteren deutlich, dass komplexe und kontrovers diskutierte psychologische Lehrmeinungen nicht erst in der Moderne das fachliche Selbstverständnis prägen. Auch in der Vergangenheit brachte ein damals noch in engen Grenzen wirksamer wissenschaftlicher Pluralismus vielschichtige, miteinander um Anerkennung konkurrierende Theorien hervor.

Entsprechend haben sowohl die »antike« als auch die »mittelalterliche« Psychologie – selbst wenn sie uns heute ihres philosophisch bzw. theologisch überfrachteten Seelenbegriffs wegen bestenfalls als befremdlich erscheinen – durchaus *relevante psychologische Ergebnisse* zutage gefördert. Eines der großen, überdauernd bestehenden Themen der Psychologie, eines, über das schon ▶ Sokrates nachdachte, ist zweifellos das Erinnerungsvermögen. Diese Kunst, ausgedrückt durch die Fähigkeit, sich zu erinnern, gilt entsprechend bis heute als lebendiges Erbe eines antiken bzw. mediävistischen Verständnisses von Gedächtnisvorgängen. Sie soll im folgenden Kapitel thematisiert werden.

Literatur

Carus, F. A. (1990/1808). *Geschichte der Psychologie*. (Reprint d. Ausgabe Leipzig: Barth und Kummer, 1808). Berlin: Springer.

Greve, Y. (2004). *Verbrechen und Krankheit. Die Entdeckung der »Criminalpsychologie« im 19. Jahrhundert*. Wien: Böhlau.

Hill, D. J. (1888). *The elements of psychology: A textbook*. New York: Sheldon.

Keynes, G. (Hrsg.). (1968). *The Apologie and Treatise of Ambroise Pare, Containing the Voyages Made into Divers Places With Many of His Writings upon Surgery. (Originalausgabe: 1552.)*. New York: Dover.

Krafft-Ebing, R. (1881). *Lehrbuch der gerichtlichen Psychopathologie* (2. Aufl.). Stuttgart: Enke.

Kröber, H.-L., Dölling, D., Leygraf, N., & Sass, H. (Hrsg.). (2007). *Handbuch der Forensischen Psychiatrie. Band 1: Strafrechtliche Grundlagen der Forensischen Psychiatrie*. Heidelberg: Steinkopff.

Lencker, T. (1972). Strafe, Schuld und Schuldfähigkeit. In H. Göppinger & H. Witter (Hrsg.), *Handbuch der Forensischen Psychiatrie* (S. 53–286). Heidelberg: Springer.

Lösel, F. (1983). *Kriminalpsychologie. Grundlagen und Anwendungsbereiche*. Weinheim: Beltz.

Merlan, P. (1963). *Monopsychism, Mysticism, Metaconsciousness*. Den Haag: Nijhoff.

Mitchell, S. W. (1871). Phantom limbs. *Lippincottá's Magazine Popular Literature and Science, 8*, 563–569.

Price, D., & Twombly, N. (1978). *The phantom limb phenomenon: A medical folklore and historical study*. Washington, DC: Georgetown University Press.

Schaumann, J. C. G. (1792). *Ideen zu einer Kriminalpsychologie*. Halle: Gebauer.

Sömmering, S. Th. (1796). *Über das Organ der Seele: Mit Kupfern*. Königsberg: Nicolovius. Online verfügbar unter ▶ http://dfg-viewer.de/show/?tx_dlf[id]= http%3A%2F%2Fdigitale.bibliothek.uni-halle.de%2Foai%2F%3Fverb%3DGetRecord%26metadataPrefix%3Dmets%26identifier%3D4066855&tx_dlf[page]=5&tx_dlf[double]=0&cHash=abb7e04e57c6893c4b09edd0dc4755e0. Zugegriffen: 29. Juli 2015.

Sprenger, J., & Institoris, H. (1923). *Der Hexenhammer. Zweiter Teil. Zum ersten male ins Deutsche übertragen und eingeleitet von J. W. R. Schmidt. Dritte Auflage*. Berlin: Hermann Barsdorf. ▶ http://de.wikisource.org/wiki/Der_Hexenhammer_%281923%29/Zweiter_Teil. Online verfügbar unter. Zugegriffen: 29. Juli 2015.

Volbert, R., & Dahle, K.-P. (2010). *Forensisch-psychologische Diagnostik im Strafverfahren*. Göttingen: Hogrefe.

Volbert, R., & Steller, M. (Hrsg.). (2008). *Handbuch der Rechtspsychologie*. Göttingen: Hogrefe.

Weinstein, S. (1969). Neuropsychological Studies of the phantom. In A. L. Benton (Hrsg.), *Contributions to clinical neuropsychology* (S. 73–107). Chicago: Aldine.

Zipf, H. (1989). Die Rechtsfolgen der Tat. In R. Maurach, K. H. Gössel, & H. Zipf (Hrsg.), *Strafrecht Allgemeiner Teil. Teilband 2: Erscheinungsformen des Verbrechens und Rechtsfolgen der Tat. Ein Lehrbuch* (7. Aufl., S. 479–754). Heidelberg: Müller.

Beispiele aus der Werkstatt der Wissenschaft

Kapitel 7   Kunst und Notwendigkeit des Erinnerns – 141

Kapitel 8   Gefühle und Gefühlsausdruck im Kontext von
            Empirismus und Rationalismus – 159

Kapitel 9   Zeit und Vergessen – 179

Kunst und Notwendigkeit des Erinnerns

7.1		Der Einfluss klassischer Gedächtnismetaphern – 143
7.1.1		Memoria als Inbegriff einer variablen Spurenbildung – 144
7.1.2		Fazit – 147
7.2		Das Wiedererkennen von bereits im Gedächtnis »abgelegten« Inhalten – 147
7.3		Die gedächtnisfordernde Kraft emotionaler Kodierung von Inhalten – 150
7.4		Das Gedächtnis zwischen Mündlichkeit und Schriftlichkeit – 151
7.5		Das schriftlich Fixierte – Träger des kulturellen Gedächtnisses? – 154
7.6		Fazit – 156
		Literatur – 157

Bisher wurde, verteilt auf verschiedene Kapitel, auf die Frage möglicher Gedächtnislehren bereits mehrfach kurz eingegangen, so z. B. auf die klassischen Seelenbilder altgriechischer Mythologien, die ohne die Erinnerungsfähigkeit nicht auskommen. Entsprechend gilt für die großen Denker der griechischen ▶ Philosophie das Bewegte der ▶ Seele und der damit verbundene dynamische, erlebnisorientierte Erinnerungsbegriff als ein Kriterium für ein gutes, entsprechend zu schulendes Gedächtnis.

Gedächtnislehren sind es auch, die bereits zu Beginn des Mittelalters als Mittel zur Aufrechterhaltung eines ursachenlogischen Kausaldenkens in Raum und Zeit herhalten, so etwa bei ▶ Augustinus: Was vor dem Jetzt des denkenden Individuums gewesen ist, wird durch das Gedächtnis gespeichert, um das, was danach kommt, in vernunftbegründete Handlungen überführen zu können. Im Laufe des Mittelalters wurde die dafür verwendete Mnemotechnik zu einer der Kernkompetenzen zur Vergegenwärtigung von inhaltlich nicht miteinander in Beziehung stehenden Inhalten, bzw. man betrachtete sie als Möglichkeit zur sachlich–logischen Durchdringung von Texten. So etwa bei Alkuin und ▶ T. von Aquin. Letzterer machte sich z. B. Gedanken darüber, ob Klugheit durch Vergessen verloren gehen bzw. durch das Gedächtnis verbessert werden könnte. Er kam zu dem Schluss, dass es Klugheit – und darunter fasste er u. a. Einsicht, Gelehrigkeit, Findigkeit, ▶ Vernunft und Vorsorge – ohne Erfahrung nicht geben könne, das Gedächtnis deshalb notwendigerweise als Teil der Klugheit anzusehen sei. Da das Gedächtnis, aber anders als Klugheit, dem Menschen von Natur zwar innewohne, wohl aber durch Übung verbessert werden könne, bestünde darin ein Weg, über Tugenden wie Fleiß und Disziplin die Fähigkeiten eines Menschen zu vervollkommnen. Kurzum, das Gedächtnis war für ihn *die* Schlüsselkompetenz, die es zu kultivieren galt (vgl. Aquino 1985, S. 219).

Im Folgenden soll anhand dieses tragenden Elements psychologischen Selbstverständnisses – was wären wir ohne unser Gedächtnis? – aufgezeigt werden, dass und wie das oben angesprochene Erbe bis heute in unsere, aber nicht nur in unsere, Disziplin hineinspielt. Die Psychologie befasst sich nämlich nur mit einem Ausschnitt dessen, was die Wissenschaft in puncto Gedächtnis seit vielen Jahrhunderten umtreibt. Während z. B. die heutige Kultur- und Geschichtswissenschaft primär danach fragt, wie in gesellschaftlichen Systemen zu verschiedenen Zeiten und Umständen gedacht und gehandelt wurde, interessiert man sich in der Psychologie im Wesentlichen für die individuelle Geschichte des Menschen in seiner gelebten Gegenwart.

Beide Sichtweisen, die Geschichte einer bestimmten Gesellschaft, sprich deren ▶ kollektives Gedächtnis (vgl. Echterhoff und Saar 2002, über Maurice Halbwachs), und die Geschichte des Individuums, hier dessen autobiografisch-episodisches Gedächtnis, sind nichtsdestoweniger vielfach miteinander verknüpft. Anders gesagt, sowohl in der Kultur- und Zeitgeschichte – um zwei geisteswissenschaftliche Bereiche beim Namen zu nennen, in denen das ▶ kollektive Gedächtnis eine tragende Rolle spielt – als auch in der individuellen Lebenserfahrung gehört die Vergegenwärtigung des Vergangenen unabdingbar zur Gegenwart dazu. Dies geschieht in der Weise, dass das Leben aller stets auch in das des Einzelnen hineinspielt und umgekehrt.

Von dieser Top-down- bzw. Bottom-up-Verquickung gegenseitiger Beziehungen einmal abgesehen, sehen sich beide Sichtweisen einem gemeinsamen großen Problemkomplex gegenüber: Weder bestimmte historische Begleitumstände noch das Wissen über die Vergangenheit einzelnen Lebens sind als solche direkt verfügbar; sie sind immer nur durch bestimmte Formen und Strategien des kollektiven bzw. individuellen Erinnerns zugänglich. Jede Erinnerung wiederum – dies wurde im zweiten Kapitel deutlich gemacht – ist weder im persönlichen noch im kollektiven Bereich jemals identisch mit dem, »was einmal wirklich gewesen ist«, denn alles Vergangene kann ja nur von der Position des »Jetzt« aus rückschauend vergegenwärtigt werden. Damit aber wird das Vergangene zu unterschiedlichen Anteilen immer durch das jeweils Vergessene und durch verschiedene Interpretationen des im Gedächtnis Behaltenen gemeinsam bestimmt. Anders gesagt: Es wird bestenfalls (re)konstruiert.

Nun leben und lebten aber Menschen durchaus mehr oder weniger harmonisch in unterschiedlichen Gemeinschaften zusammen. Und das sollte eigentlich erstaunen, da sich doch jeder Einzelne an bestimmte Begebenheiten der individuellen und gemeinsamen Vergangenheit unterschiedlich erinnert. Wie sollten Menschen da eine Handlungsgemeinschaft bilden können? Diese Frage stellt sich nicht zuletzt deshalb, weil die kolportierte Vergangenheit von Gesellschaft und Individuum nicht nur, aber auch eher einer rückwirkenden Selbstbestätigung dient als dem Versuch einer Erfassung vergangener Wirklichkeit. Man kann folglich zunächst nur vermuten, dass Erinnern, Verdrängen und Vergessen des Einzelnen und der Gemeinschaft auf eine besondere Art zusammenwirken, eine, die es – das ▶ Konstrukt des Gedächtnisses als Hilfsmittel nehmend – erlaubt, die Vergangenheit letztlich auf ähnliche Weise zu betrachten. Um einer potenziellen Zukunft willen könnte z. B. so manch Vergangenes »vergessen« oder »verdrängt« und manches geradeso »umgedeutet« oder »neu« dem Fundus des zu Erinnernden zugefügt werden (z. B. in Form von *False Memories*), dass sich die dadurch abgerufenen Erinnerungsinhalte sowohl des Individuums als auch des Kollektivs als gemeinsames Fundament für das Kommende eignen.

Deckt sich ein solches Verständnis von Erinnern mit dem, was wir in der Psychologie heute darunter verstehen?

7.1 Der Einfluss klassischer Gedächtnismetaphern

Bereits ein kurzer Blick in einige der bekanntesten historischen Überblicksarbeiten und Originalbeiträge zur Bedeutung von gedächtniserhaltenden Techniken[1] zeigt, dass sich die gegenwärtige akademische Psychologie mit diesem von ihr »eigentlich« als »originär psychologisch« apostrophierten Themengebiet – dem Gedächtnis, dessen Erhalt, dessen Training etc. – in eine lange und vielfältig ausgestaltete Tradition einreiht. Heute greift sie daraus lediglich einige ausgewählte Aspekte heraus, die sich mit der gegenwärtigen wissenschaftstheoretischen Grundüberzeugung vereinbaren lassen. Angesichts der langen Ahnenreihe von Gelehrten der Gedächtniskunst erstaunt es somit auch nicht, dass bis heute metaphorische Umschreibungen,[2] die auf jahrhundertealten Vorstellungen eines Gedächtnisvermögens aufbauen, auch in moderne Modellvorstellungen der Arbeitsweise und Organisation mnestischer Prozesse einfließen (vgl. Sanguineti 2007).

Metaphorische Umschreibungen (vgl. Black 1962) stehen – und das ist in diesem Zusammenhang für die Psychologie bedeutsam – für eine duale Kodierung von Sachverhalten. Damit ist zunächst einmal eine bildliche Übertragung gemeint, durch den ein ▶ Begriff von einem bekannten in einen fremden Gegenstandsbereich »hinübergetragen« wird. Kern eines solchen Denkens ist die Analogiebildung, d. h. die Entsprechung zweier Verhältnisse, wodurch etwas, das man in einer wörtlichen Entsprechung nicht zu beschreiben vermag, durch eine Umschreibung oder Umformung ausgedrückt wird. Man kann auch sagen, eine ▶ Metapher veranschaulicht Inhalte, die man ohne sie nicht »sehen« könnte. In diesem psychologischen Sinne wird der ▶ Begriff – heute meist verkürzt auf den des »Modells«[3] – als Ausdruck einer Interaktion begrifflicher Netze verwendet, um gegensätzliche ▶ Kategorien in Beziehung zu

---

1 Weiterführende Literatur: Aretin (1810); Blum (1969); Carruthers (1990); Draaisma (2000); Haverkamp und Lachmann (1993); Hajdu (1936/1967); Hutton (1993); Yates (1984).
2 Die metaphorische Umschreibung von Gedächtnisphänomenen ist angelehnt an Draaisma (2000).
3 Ein Modell eines Gegenstands oder Verfahrens erhält seinen »Modell-Charakter« gewöhnlich aufgrund zweier Eigenschaften: der Struktur des Modells und der Struktur, die das Modell repräsentiert.

setzen, so etwa das Abstrakte und das Konkrete, das Wahrnehmbare und prinzipiell nicht Erfassbare et cetera. Durch die damit verbundene Assoziationsbildung wird entsprechend auch das Gedächtnis für diese Inhalte gestärkt (vgl. Paivio 1979). Durch ▶ Metaphern wird aber der Vorgang des Behaltens selbst veranschaulicht, wodurch eine weitere Bedeutung zum Tragen kommt, denn ▶ Metaphern sind als Verbindungselemente von Bildhaftigkeit und Sprache wie kaum ein anderes Mittel geeignet, das ▶ Konstrukt des Gedächtnisses selbst begreiflich zu machen. Es selbst lässt sich ja nicht beobachten, sondern nur durch die Bildung von beobachtbaren und messbaren Indikatoren der empirischen Forschung zugänglich machen, hier: versinnbildlichen.

Ein solches Sinnbild vermittelt z. B. eine der klassischen Gedächtnismetaphern[4] der Antike durch die Vorstellung des Eingravierens von bestimmten Inhalten in ein Wachstäfelchen. Dadurch wird die Doppelbedeutung des ▶ Begriffs *Memoria* hervorgehoben, denn man verstand darunter sowohl das »Konstrukt des Gedächtnisses«, wie wir heute sagen würden, als auch die schriftlich fixierte Gedächtnisstütze selbst, das *Aide Mémoire,* in das Ideen aus der Welt der Gedanken in die Welt der Schrift »hinübergetragen« wurden. Was aber fangen wir heute mit ▶ Metaphern an, was mit der des Wachstäfelchens? Haben sich die damit verbundenen Gedanken nicht längst ebenso überlebt wie die Idee, Wachs und Stift zu verwenden und stattdessen lieber aus Papier und Kugelschreiber bzw. einen PC zurückzugreifen?

Am Beispiel ausgewählter Dreh- und Angelpunkte der Gedächtnisforschung wird im Folgenden aufgezeigt, wie die Problemstellungen von heute mit denen einer jahrhundertelangen Geschichte der Gedächtniskunst verknüpft bzw. ohne sie nicht denkbar sind. Anders gesagt: Hätten wir die historischen Vorgaben nicht, müssten wir die gegenwärtige Gedächtnisforschung geradezu »neu erfinden«.

7.1.1 Memoria als Inbegriff einer variablen Spurenbildung

Der aus der antiken Gedächtniskunst des Eingravierens in Wachstäfelchen abgeleitete Vergleich gedächtnisbildender Fähigkeiten eines Menschen mit einem mehr oder weniger großen, mehrdimensionalen Abbildungssystem – hier dem Ausmaß der individuellen Wachstafel unterschiedlicher Eindeutigkeit, sprich der »Reinheit« des Wachses, und unterschiedlicher Dauer, sprich der überdauernden Konsistenz des Wachses – ist bis heute mit dem ▶ Begriff des ins Gedächtnis Eingeprägten verbunden. Es gibt nach wie vor Anlass zu der Vorstellung, dass sich Menschen innerhalb bestimmter Grenzen z. B. unterschiedlich viel sensorisches Material unterschiedlicher Komplexität mit verschiedener Detailgenauigkeit einprägen und unterschiedlich lange behalten können.

Die auf dieser Wachsmetapher aufbauende Gedächtnistheorie, die von ▶ Aristoteles (2004) in *De memoria et reminiscentia* (▶ Reminiszenz) beschrieben wurde, nahm aber nicht nur auf den Gedächtnisumfang und dessen zeitlich-räumliche Verlässlichkeit Bezug. ▶ Aristoteles griff auch weitere, heute noch diskutierte Problemstellungen auf. Seiner Ansicht nach waren z. B. insbesondere Alter und Gesundheitszustand des Individuums bei der Gedächtnisbildung

---

4   Das Wachstäfelchen wurde u. a. von ▶ Sokrates als ein Geschenk der Titanin Mnemosyne, Zeus' Frau und Mutter aller Musen, beschrieben. Eine ihrer Töchter, *Mneme,* wurde zur Namensgeberin der Gedächtniskunst und damit eines Ausdrucks, der bis heute in verschiedenen Verbindungen, z. B. Amnesie, Mnemotechnik, aber auch Amnes-tie etc., üblich ist. Mnemosyne selbst, der Göttin der Erinnerung, oblag die eher generelle Aufgabe, alles das, was der Gefahr unterliegt, nicht mehr gegenwärtig zu sein, lebendig zu erhalten.

7.1 · Der Einfluss klassischer Gedächtnismetaphern

zu berücksichtigen, denn beide wirkten auf den »Wachsabdruck«, das sogenannte *eikon,* im Gedächtnis des jeweiligen Individuums zurück. Je älter und deshalb härter die Wachsmasse sei, so ▶ Aristoteles, desto oberflächlicher würde letztlich der zurückbleibende Eindruck sein und entsprechend nur geringe Spuren hinterlassen. Je jünger und deshalb weicher das Wachs aber sei, desto eher drohte das eingeprägte *eikon* wieder zu zerfließen. Im Extremfall schließlich, d. h. im Krankheitsfall, liege ein in jeder Hinsicht unbrauchbares Wachs vor. Es sei entweder allzu hart oder allzu weich, weshalb in keiner der beiden »Wachszustände« mit einem verlässlichen *eikon* zu rechnen sei, eine Gedächtnisbildung somit obsolet würde. Noch heute könnte man sich im Sinne von ▶ Aristoteles fragen, was wohl zu erwarten wäre, wenn die Wachstafel zerbrochen oder zu klein wäre, wenn sich die Schrift im Nachhinein als kaum leserlich herausstellte oder wenn unbekannte Zeichen benutzt würden etc., und es wäre immer noch ein Leichtes, mittels dieser ▶ Metapher verschiedene Störungsbilder im neurologischen und klinischen Bereich zu umschreiben.

Ähnlich wie heute auch stand in der Antike eine ▶ Metapher keineswegs für sich allein: Jeder noch so stabile als Wachsabdruck gedachter »gespeicherter Sinneseindruck« musste in die gängige Lehre der Verknüpfung mentaler und physiologischer Vorgänge integrierbar sein, sonst hätte die ▶ Metapher ihren Sinn verfehlt. Damals war dies die oben erwähnte Pneuma-Lehre,[5] diese außerordentlich zählebige Doktrin eines pulsierenden Lebensprinzips, die ihrerseits wiederum auf Bewegung aufbaute. Denn anders hätte die Vorstellung von einem physikalischen Substrat mentaler Ereignisse in Form kleinster, quasi ätherischer, pulsierender Partikel nicht überdauern können. Dadurch wurde alles Einzugravierende seinerseits einer gewissen Bewegung ausgesetzt, die durch den pulsierenden Transport des in der Außenwelt Registrierten zu einem bestimmten Ort im körperlichen Innenraum bedingt war. Dies war ohne Verzerrung oder Verformung, sprich ohne Transformationen in der Trägersubstanz mentaler Ereignisse, kaum denkbar. Entsprechend konnte das subjektiv im Gedächtnis Behaltene mit dem jeweiligen »Bild in der Außenwelt« auch nicht identisch sein. Die Idee einer »Beförderung durch Bewegung eines empfindlichen (mentalen) Gutes« – und dieser Vorstellung folgen wir bis heute – legt vielmehr seit der Antike nahe, dass damit gewisse systemimmanente Grenzen der Abbildqualitäten des Gedächtnisses verbunden sind. Das dadurch offenkundig werdende Problem einer Überführung mentaler in physiologische Begrifflichkeiten und Denksysteme und damit eines theoretischen Ansatzes in einen anderen besteht auch insofern fort, als auch die Vorstellung eines (Wachs)»Abdruckes« heute noch präsent ist. Es scheint nur auf den ersten Blick so, als sei eine derartige Metaphorik lediglich von bedeutenden, sich Gedächtnisfragen widmenden Persönlichkeiten der Antike und des Mittelalters zugrunde gelegt worden.[6]

Bis heute hat man die Idee nicht ad acta gelegt; sie wandelte sich lediglich von der des Eingravierens in ein Wachstäfelchen zu unserer heutigen Vorstellung vom Engramm. Der von R. Semon Anfang des 20. Jahrhunderts geprägte Ausdruck (griech. *gramma* ‚Buchstabe') wurde von ▶ K. S. Lashley und ▶ D. O. Hebb als Inbegriff einer Gedächtnisspur so bekannt gemacht, dass sich fast jeder Psychologe, jede Psychologin im 21. Jahrhundert dieser Vorstellung bedient oder sie zumindest kennt. Ein Engramm, also jeder neuronale »Abdruck«, jede

---

5   Der ▶ Begriff des Pneuma (griech. 'Hauch, Atem') bezeichnet in der griechischen ▶ Philosophie eine ätherische Substanz, die im Menschen das Atmen und den Pulsschlag bewirkt und deshalb als Lebensprinzip, gleichbedeutend mit »Seelenkraft«, gedeutet wurde.
6   So z. B. von Cicero, der sich der Wachstafel als Sinnbild für das Gedächtnis in seiner Abhandlung *De oratore* bediente, oder von einem Unbekannten, der sie in dem überlieferten Text *Ad herennium* würdigte. Auch ▶ Augustinus schrieb darüber in den *Confessiones,* ebenso ▶ T. von Aquin in den *Summa Theologica.*

Kodierung eines Ereignisses, zeichnet sich dieser Auffassung nach durch eine verstärkte Konnektivität zwischen Synapsen aus, die dadurch ein neues Verbindungsmuster konstituieren.

Die Vorstellung, dass es in Form des Engramms quasi ins Gehirn Eingeschriebenes gebe, hat allerdings mit zunehmendem Variationsreichtum unseres Denkens über mögliche Gehirnfunktionen an Komplexität zugenommen und lässt entsprechend viele Fragen offen. Heutiger Lesart nach können Engramme z. B. sowohl flüchtiger Natur sein – sie werden dann als prozessgestützt und störungsanfällig beschrieben – als auch von dauerhafter Form – dann bezeichnet man sie als strukturgestützt und widerstandsfähig gegen Störungen. In beiden Fällen tragen sie unserem gegenwärtigen Verständnis nach wesentlich dazu bei, über einen verschieden langen Zeitraum hinweg zu »repräsentieren«, was wir erlebt haben. Gleichwohl bleibt es schwierig, mittels Engrammbildung, sei sie nun vorübergehend oder überdauernd, Gedächtnisvorgänge »wirklich« zu verstehen, denn es müssen ja zu jedem beliebigen Zeitpunkt Millionen davon gleichzeitig aktiv sein. Welche davon als »Gedächtnisspuren« ins Bewusstsein dringen und warum es gerade die und keine anderen sind, ist wenig geklärt. Man kann lediglich vermuten, dass sich zu einem bestimmten Zeitpunkt die meisten Engramme in einem inaktiven Zustand befinden, d. h. zwar potenziell auf Erinnerungen ansprechen, im jeweiligen Augenblick jedoch »nicht abgerufen« werden. Hierbei stellt sich nicht nur die Frage, wodurch ein Abruf letztlich verursacht wird; es bleibt auch zu klären, welche Einflüsse es bestimmten Engrammen ermöglichen, »handlungsrelevant« und eventuell auch bewusst zu werden. Dazu wird meist die weiter oben bereits angesprochene Vorstellung von einem bestimmten sich selbst organisierenden Systemzustand bemüht. Dieser soll es ermöglichen, aufgrund bestimmter (Vor)Einstellungen mit einer bestimmten Wahrscheinlichkeit ein bestimmtes Engramm »abzurufen« oder »zu verwerfen« und somit entweder der Erinnerung zur Verfügung zu stellen oder dem Vergessen anheimzugeben.

Da heute in der Psychologie, anders als in den Jahrhunderten zuvor, nicht nur die Flüchtigkeit kodierter Ereignisse zur Diskussion steht, sondern auch deren mögliche Veränderung durch jeden erneuten Abruf, stellt sich auch die Frage, was das, das ggf. »abgerufen« oder »verworfen« werden soll, darstellt. Ein allmählich verblassender (Wachs)Abdruck steht wie gesagt nicht mehr zur Diskussion. Vielmehr wird ein Engramm immer als ein Produkt von etwas angesehen, das – nicht notwendigerweise absichtsvoll – zu irgendeinem früheren Zeitpunkt gebildet wurde und dessen »Spur« zum Zeitpunkt des Abrufs in einen bestimmten sinnhaften Kontext gerückt wird. Dadurch erhält es auch eine neue zusätzliche Kodifizierung.

Somit kann ein Engramm zum einen, ähnlich wie dies bereits in der Antike zum Ausdruck gebracht worden war, nicht als ein »Abbild« oder ein »Abdruck« von etwas, also als eine Art originalgetreue Repräsentation eines Ereignisses betrachtet werden, sondern höchstens als ein »partieller Rückstand« von etwas, das den Zeitraum der Einspeisung bis zum Zeitpunkt der Erinnerung überdauert hat. Hinzu kommt nun die Vorstellung, dass jedes Engramm durch die »Aktivierung seiner Spur« zusätzlich kodifiziert, man könnte auch sagen, »überschrieben« (Palimpsest) und »angepasst« wird. Das »Urbild« der Vergangenheit und das »Abbild« der Gegenwart können somit nicht nur quantitativ, sondern auch qualitativ durchaus unterschiedlich sein. Eine ehemals »neutrale« Gegebenheit wird z. B. zu einem angstbesetzten, Panik auslösenden Ereignis und umgekehrt. Manche Autoren, insbesondere solche, die der ▶ Psychoanalyse nahestehen (vgl. Derrida 1987, S. 43), gehen hier noch weiter. So nehmen sie z. B. an, dass sich Erinnerung nicht allein »aufgrund einer Spur«, sondern nur durch die Vergegenwärtigung und Verschmelzung »verschiedener Spuren« bilden. Diese ließen dann einen Gedächtnisinhalt, gewissermaßen »eine Repräsentation multipler Repräsentation«, erscheinen.

7.1.2 Fazit

Rückblickend kann man somit lediglich feststellen: Mit durch die als Beispiel gewählte Wachstafelmetapher ist die Psychologie in die Probleme geraten, die sich heute durch den sogenannten Repräsentationsgedanken stellen. Auf die Beziehung von Psyche und Gehirn übertragen heißt dies, einem bestimmten operational definierten Verhalten entweder genau eine Gehirnstruktur oder aber mehrere Gehirnstrukturen zuzuordnen *und umgekehrt*. Die Variabilität in der Bestimmung von Verhaltensweisen und die Plastizität und Dynamik der Gehirnorganisation in Rechnung stellend, bedeutet Repräsentation deshalb, bezogen auf ein ganz bestimmtes Verhalten, nicht etwas materiell klar Umrissenes, im wahrsten Sinne des Wortes »Beschreibbares«, sondern etwas Hochkomplexes, dessen Variabilität nur durch die Wahrscheinlichkeit eingegrenzt wird, mit der zu bestimmten Zeiten und an bestimmten Orten bestimmte Hirnaktivitäten eher zu beobachten sind als zu bzw. an anderen.

7.2 Das Wiedererkennen von bereits im Gedächtnis »abgelegten« Inhalten

Auch wenn die klassische Wachstafelmetapher über viele Jahrhunderte hinweg mehr oder weniger angemessen die Idee stützte, geistigen Inhalten eine zeitüberdauernde Abbildungsmöglichkeit zu verleihen, blieb ein wichtiger Problemkomplex offen: Wie sollte man beispielsweise bereits im Gedächtnis Vorhandenes in einem bestimmten Augenblick der Gegenwart als solches erkennen können, bzw. was zeichnet unterschiedliche Entwürfe der Erinnerung aus, so dass diese auch in ihrer zeitlichen Abfolge zu rekonstruieren sind? Mittels der gewählten ▶ Metapher ließe sich nämlich der Unterschied zwischen einer potenziellen und der tatsächlichen Möglichkeit des Erinnerns, also des bewussten Zugangs zu bestimmten mnestischen Inhalte, nicht abbilden, ohne in einen endlosen Regress der »Bildung einer Wachstafel von einer Wachstafel von einer Wachstafel« etc. zu geraten.

Das Problem ist auch heute nicht abschließend geklärt. Wie etwa soll man mit dem ▶ Begriff des Erinnerns angemessen zum Ausdruck bringen, dass das in einem bestimmten Augenblick nicht Erinnerte, aber potenziell Erinnerbare keineswegs vergessen ist? Versucht wird dies u. a. dadurch, dass man zunächst zwischen der Erinnerung als einem »Wieder-Ver-innerlichen« eines bewusst zugänglichen autobiografisch-episodischen Gedächtnisinhalts und der Erinnerung an nicht autobiografisches Material trennt, denn Letzteres »erkennt man« als einen bekannten geistigen Inhalt auch ohne ein autopoietisches Bewusstsein wieder. Man beschränkt deshalb heute den ▶ Begriff des Erinnerns im Wesentlichen auf autobiografische Inhalte; alles andere fasst man unter dem ▶ Begriff des Wiedererkennens zusammen.

Bei dem so verstandenen Vorgang des Erinnerns sind wiederum zwei Möglichkeiten zu unterscheiden: Entweder kann eine bereits gespeicherte Information absichtlich abgerufen werden, oder aber sie kann sich unbeabsichtigt ins Bewusstsein drängen. Eine Erinnerung kann entsprechend in dem Sinne fehlerhaft sein, dass man sich bewusst ist, etwas vergessen zu haben. Sie kann aber auch in dem Sinne fehlerhaft sein, dass man sich des Vergessenen nicht bewusst ist. In letzterem Fall spricht man von sogenannten Erinnerungstäuschungen (z. B. False Memories). Diese kommen z. B. dadurch zustande, dass Veränderungen in Wahrnehmung und/oder Aufmerksamkeit, eine bestimmte subjektive Einstellung bzw. Erwartung in der Gegenwart des Augenblicks, die Erinnerungsfähigkeit beeinträchtigen. »Wahrheit« und »Irrtum« sind hierbei aber, weil bewusstes und unbewusstes Erinnern nicht immer zu trennen sind, ebenfalls kaum voneinander zu unterscheiden. Damit wird ein Problem angesprochen, das nicht nur ungelöst ist, sondern sich im Laufe des Lebens ständig vergrößert, denn mit zunehmendem Alter werden natürlicherweise immer mehr Erfahrungen gemacht. Unablässig wächst deshalb die Anzahl mnestischer Ereignisse, derer man sich potenziell erinnern können sollte. Und selbst wenn nur ein kleiner Teil davon jemals aus dem Gedächtnis abgerufen werden wird, so gestaltet sich die Abrufsituation aufgrund der anschwellenden Fülle doch immer komplizierter.

Naheliegenderweise wird deshalb früher wie heute eine »geordnete Lagerhaltung« der Wissensbestände für unabdingbar gehalten, heute z. B. in Form eines gesonderten Gedächtnisses für Namen, Gesichter, Geräusche, Farben, Formen et cetera. In der Antike schien eine solche Zugriffsmöglichkeit auf einen bereits vorhandenen Gedächtnisinhalt durch die Vorstellung von einem geordneten Lager bekannter mnestischer Sachverhalte lösbar, sprich »geordneter Wachstafelbestände«. Dazu diente u. a. die ▶ Metapher des Vogelkäfigs. Hierbei stellte man sich vor, dass im »geistigen Käfig« des jeweiligen Besitzers im Laufe der Zeit die unterschiedlichsten Vögel »gehalten« würden. Manche davon sähe man nie mehr *in natura,* andere relativ oft. Für wieder andere, die im Freien durchaus vorkamen, befände sich kein Prototyp im Käfig. Der angesprochene Abgleich von »äußeren Gegebenheiten« und »inneren Lagerbeständen« schien durch diese Vorstellung insofern gut möglich, als dadurch auch Fehlermöglichkeiten eingegrenzt werden konnten. Irrtümer entstanden z. B. durch das »Übersehen« von »inneren Lagerbeständen« an bereits im »Käfig befindlichen Vögeln« oder die fälschliche Zuordnung äußerer Gegebenheiten zu »nicht im Käfig vorhandenen Vögeln«.

Von der Rekonstruktion zur Konstruktion mnestischer Inhalte   Gerade Letztere, die scheinbare Erinnerung an Inhalte, die sich nicht oder nur teilweise an tatsächlichen Gegebenheiten orientieren, wo Wunsch und Fantasie die Herrschaft über das Gedächtnis zu übernehmen scheinen, sind für die Psychologie bis heute besonders interessant – das Thema wurde unter dem ▶ Begriff der infantilen Amnesie bereits kurz angesprochen. Anhand solcher *False Memories* kann man nicht nur in der frühen Kindheit, wo Ausnahmen noch eher akzeptiert werden, sondern auch beim adulten Individuum zeigen, dass der Übergang von der gedachten Rekonstruktion von Gedächtnisinhalten zu deren Konstruktion fließend zu denken ist. Das konstruktive Moment eines Erinnerungsvorganges wird dabei u. a. durch teilweise Gedächtniseinbußen sowie durch Schein- oder Deckerinnerungen verdeutlicht sowie durch ein überspieltes, in überbrückende Worte gekleidetes Vergessen. Abgebildet auf einem gedanklichen Kontinuum, das von einem »richtigen« zu einem »falschen« Erinnern führt, zeigen diese Beispiele, dass auch Unvollständigkeit bei der Rekonstruktion mnestischer Inhalte durchaus zu einer neuen, in sich schlüssigen Datensammlung führen kann. Denn das, was jeweils konstruiert wird, hebt, ähnlich wie die Rekonstruktion auch, auf die Tragfähigkeit künftiger Entscheidungen ab. Mit anderen Worten, sowohl »falsches« als auch »richtiges« Erinnern richtet sich lediglich in unterschiedlichem Ausmaß danach, was einmal wirklich geschah; es bezieht jeweils aber mit ein, wie etwas denn hätte sein sollen, um erwarteten künftigen Erfordernissen Rechnung tragen zu können.

Dieses altbekannte, literaturgeschichtlich und kulturhistorisch vielfach verbürgte Nebeneinander von »richtigen« und »falschen Erinnerungen« (vgl. Kühnel und Markowitsch 2009) – und damit auch die Frage, wo denn die wirklichen »Schwächen des Gedächtnisses« liegen – ist bis heute Ausgangspunkt für die Frage nach dem letztlich »tatsächlich Vergessenen« und auch eine Frage danach, was man vergessen »kann« oder »darf«, »muss« oder »soll« (vgl. ▶ Kap. 9).

Eine *ars oblivionalis,* eine Kunst des Vergessens, die in der Antike gelobt wurde und auf die sich noch Nietzsche berief, ist uns in der Psychologie heute nicht mehr geläufig. Vergessen gilt hier weder als »Glück« noch als »Gnade«, sondern ist Ausdruck von (Gedächtnis)Mängeln. Gewiss mag man angesichts der Unschärfe der verwendeten ▶ Begriffe einwenden, dass dadurch auch in der Psychologie die Bedeutung des Vergessens nicht wegdiskutiert werden kann. Es ist, wie oben angesprochen, ja zumindest fraglich, ob Erinnerungen überhaupt in die ▶ Kategorien des »Richtigen« und des »Falschen« eingeteilt werden können, ob es Sinn macht, bestimmte mit dem Gedächtnis assoziierte Phänomene als dessen »Ausfälle« zu bezeichnen. Nicht nur, dass sich die gelehrte Welt während der letzten Jahrhunderte darüber Gedanken gemacht hat, auch heute sind Irrtümer der Erinnerungsbildung schlichtweg zu offensichtlich und zu alltäglich, um sie aus Gründen sprachlicher Probleme – wie benenne ich etwas, das ich vergessen habe? – oder methodischer Fragen – wie soll ich etwas messen, das inexistent ist? – beiseite zu lassen. Man müsste sonst, weil sich zu irren schlichtweg unvermeidlich ist, letztlich jede Form von Erinnerung als ein mehr oder weniger mit Imagination angereichertes Kunstprodukt betrachten. Dessen ungeachtet ist das Thema einer Erinnern *und* Vergessen umfassenden Erinnerungskultur in der Psychologie heute kein Gegenstand, wohl aber in anderen Disziplinen, allen voran in Kulturwissenschaft, Zeit- und Politikgeschichte (vgl. ▶ Kap. 9).

Beispiel: False Memories Durch den Bezug auf die oben genannten False Memories bietet sich für die Psychologie jedoch ein ganz wesentlicher Anhaltspunkt, um die Fragestellung nach dem Vergessen empirisch anzugehen, denn False Memories werden prinzipiell nach den gleichen Regeln gebildet wie »True Memories«. Das bedeutet, der ▶ Begriff des False Memory ist ein ▶ Konstrukt, das mit dem des »wahren Gedächtnisses« in mehrfacher Hinsicht eng verwandt ist: Beide werden lediglich durch die Verhaltensunterschiede bestimmt, welche man anhand von verschiedenen Lern- und Abrufbedingungen ermittelt. Denn während durch den Lernprozess Inhalte zur Speicherung vermittelt werden, die man gezielt beeinflussen kann, etwa durch die Anzahl von Wiederholungen, und während auch die Abrufsituation vielfältig manipulierbar ist, z. B. durch die Beeinflussung der Person oder durch die Manipulation der Umwelt, bleibt das Gedächtnis selbst, ob nun »wahr« oder »falsch«, immer ein ▶ Konstrukt. Es kann aus dem gezeigten Verhalten beim Abruf lediglich erschlossen werden. Da man ferner durch bestimmte kategoriale Trennungen Unterscheidungen in verschiedene Gedächtnisformen vorgenommen hat – z. B. in nichtsprachliche, also eher räumlich-bildhafte, und primär motorisch verankerte, sogenannte prozedurale Inhalte und in semantisch (mit)geprägte, eher deklarative Inhalte –, kann auch eine Gedächtnistäuschung, ein False Memory, auch nicht losgelöst davon betrachtet werden. Denkbar ist diese Form eines sprachlich ausgeschmückten Vergessens z. B. nur für verbal vermittelbare Inhalte, etwa in Form eines Berichts über Erlebtes, das für Außenstehende einen Bezug zur gelebten Realität des Betroffenen vermissen lässt.[7] Es kann also auch nur diese eine ▶ Kategorie der heute differenzierbaren Gedächtnistypen Gegenstand »falscher Erinnerungen« sein, hier das deklarative Gedächtnis.[8] Andere ebenso komplexe Handlungen, die nicht sprachlich vermittelbar sind, z. B. »falsche Erinnerungen« in Form einer gelernten, jedoch unrichtig ausgeführten komplexen Bewegungsabfolge, gelten nicht als Ausdruck von False Memories prozeduraler Gedächtnisformen, sondern werden zum Formenkreis der Apraxien gerechnet. Die Sprache selbst ist ebenfalls vom Phänomen

---

7 Imagination und Hypothesen über biografische Details oder Episoden vermischen sich hier vermutlich zu einer »neuen Realität«, die der oder die Berichtende für wahr hält.

8 Das *deklarative Gedächtnis* ist ein Gedächtnis über Inhalte, die, nachdem sie eine bestimmte zeitgebundene, fragile Form kurzzeitiger »Aktivierung« (Konsolidierung) überstanden gaben, (1) Weltwissen (allgemeine, von der Person unabhängige Fakten wie »Berlin ist die Hauptstadt von Deutschland« – *semantisches Gedächtnis*) und (2) Wissen über vergangene Zustände der eigenen Person (wie Erinnerungen an das Aussehen der eigenen Mutter – episodisches Gedächtnis) zum Ausdruck bringen.

der False Memories ausgenommen. Hier spricht man z. B. bei der Verwendung von Neologismen ggf. eher von einer Aphasie denn von »falschen Erinnerungen« an bestimmte Wörter. Schließlich bleibt auch das für sprachliche Vermittlungen unerlässliche Arbeitsgedächtnis, hier insbesondere dessen gedachter »episodischer Zwischenpuffer«, davon ausgenommen. Dieser Puffer soll der heute gängigen Auffassung nach (Baddeley 2000) sicherstellen, dass neue visuell-räumliche oder phonologische Informationen in Zusammenhang mit bestehenden Wissenseinheiten gebracht werden können. Wird er beeinträchtigt, so handelt man dies unter »Versprecher« ab, nicht aber unter »False Memories« des Arbeitsgedächtnisses.

Die Erfassung von False Memories betrifft somit deklarative, sprachlich ausdifferenzierte Themenbereiche. Die damit zum Ausdruck kommenden Probleme sind aber hauptsächlich im neuropsychologisch-klinischen Bereich von Bedeutung, wo diese komplexen Inhalte nun auf einige wenige Kriterien reduziert werden müssen. Wie psychologische erkenntnisgewinnende ▶ Kategorien in physiologische ▶ Kategorien zu überführen sind, ist im Einzelnen jedoch noch offen. Denn während man z. B. auf psychologischer Ebene durchaus den Eindruck gewinnen kann, dass Gedächtnisvorgänge im Bereich der Motorik (prozedurales Gedächtnis), der Sprache (semantisches Gedächtnis) oder bestimmter mentaler Inhalte (deklaratives Gedächtnis) qualitativ ganz unterschiedliche Prozesse darstellen, handelt es sich auf der Ebene neuronaler Verknüpfungen in allen Fällen lediglich um quantitative Änderungen in der Aktivierung bestimmter neuronaler Netze. Und da solche Netze – zumindest neurobiologischer Lesart nach – zwischen Informationseingabe und Abruf in jedem Falle eine Änderung, eine sogenannte dynamische »Verschränkung«, erfahren haben, müssen etwaige Verbindungen zwischen aktiven Informationsrepräsentationen und dem aktuell abgespeicherten Kontext notwendigerweise immer neu abgeglichen werden. Somit ist in keinem Falle ein stabiles Resultat zu erwarten, und eine Differenzierung zwischen Erinnerungen und Scheinerinnerungen, die gemäß psychologischem Denken naheliegend zu sein scheint, bleibt im neurophysiologischen Bereich weiterhin noch wenig geklärt.

Während man also auf den ersten Blick geneigt sein mag, Gedächtnismodellen der Vergangenheit – z. B. einer Art Käfig, gefüllt mit mentalen Inhalten, derer man sich mehr oder weniger sicher ist – nur einen geringen Erklärungswert zuzuschreiben, überschätzt man auf der anderen Seite leicht die Aussagemöglichkeit heutiger Modellvorstellungen. Auch diese sind in bestimmte Kategorisierungen eingebunden, die im intertheoretischen Vergleich nicht durchgehend überzeugen. Wie man anhand des Beispiels von False Memories ferner nachvollziehen kann, sind die Grenzen zwischen Konstruktion und Rekonstruktion von Inhalten ebenfalls nicht eindeutiger bestimmbar geworden. Wer also traditionelle Gedächtnismetaphern, hier die »nichtvorhandenen Vögel in einem Käfig«, als wenig hilfreich betrachtet, entkommt diesem Problem nicht, indem er der Idee eines False Memory den Vorzug gibt. Auch hier wird auf etwas Nichtvorhandenes in einem »Gedächtnisspeicher« geschlossen und dies zum Gegenstand von Aussagen über den Speicher gemacht.

7.3 Die gedächtnisfordernde Kraft emotionaler Kodierung von Inhalten

Bereits in der Antike glaubte man, das »Wiedereintreten« in einen bestehenden »Gedächtnisraum« würde durch eine bewusste emotionale Kodierung erleichtert (vgl. ▶ Kap. 8). Diese Auffassung kennzeichnete das Gedächtnis als eines der wenigen ▶ Vermögen, das mit anderen, hier dem ▶ Gefühl, in eine gewisse Wechselwirkung treten kann. Und auch wenn die Vorstellung vom Gedächtnis, auf die hierbei abgehoben wurde, dieses nur als einen Speicherort sensorischer Eindrücke vorsah, so war die zeitübergreifende ▶ Bindung von Sinneserfahrung und ▶ Emotion doch so offenkundig, dass ▶ Augustinus z. B. von einem »wunderbar ausgestalteten inneren Palast« gespeicherter Eindrücke sprach. Allerdings stellte sich mit jeder »sinnlichen Erinnerung«, also mit jedem Wiedereintreten in einen so anregenden Gedächtnisraum, die Frage, wie eine emotional kodierte Erinnerung an nicht sinnlich Gegebenes, z. B. an abstrakte Konzepte, möglich sein sollte. Der Vorschlag des ▶ Augustinus, man könne hier – ganz im Sinne ▶ Platons – die Vorstellung von vor jeder Sinneserfahrung vorhandenen, sogenannten präexistenten mnestischen Inhalten akzeptieren, galt als unanschaulich und formelhaft. Wo sollten »innere Bilder ohne Anschauung« herrühren? Was die Zeiten überdauerte, war zunächst der oben angesprochene Gedanke einer »Verortung« mnestischer Inhalte jeglicher Art in diversen dem Bewusstsein jederzeit zugänglichen Speichern: Eine »stabile innere Ordnung« des im jeweiligen »Gedächtnisort« Gespeicherten gilt somit nicht von ungefähr seit Jahrhunderten als eine wesentliche Voraussetzung für das »Auffinden« der dort befindlichen Inhalte, sei es nun der oben angesprochene Vogelkäfig, sei es ein Taubenschlag, ein Gebäudekomplex, ein Kellergewölbe (vgl. Draaisma 2000) oder heute ein sogenannter Kurz- oder Langzeitspeicher.

Eine »stabile innere Ordnung«, so stellte man schon in der Antike fest, sichert für sich genommen aber noch nicht ein Auffinden der Inhalte. Bei der Einsortierung von Gedächtnisinhalten in diverse Käfige, Schubladen, Kästen oder Nischen wurde deshalb seit jeher Wert darauf gelegt, die Merkfähigkeit zu erhöhen, indem die jeweiligen Inhalte an den jeweiligen Orten mit starken ▶ Gefühlen verbunden wurden. Daraus entstand im Laufe der Zeit die heute noch übliche Mnemotechnik. Aufbauend auf die Lehren von ▶ Platon, ▶ Aristoteles, ▶ Augustinus, ▶ Albertus Magnus und ▶ T. von Aquin wurden z. B. magische Merkformeln und Zaubersprüche entwickelt, um den »inneren Raum« des Gedächtnisses fantasievoll zu stützen, so etwa durch Giordano Bruno (1548-1600) und später durch das »Welttheater« von Robert Fludd (1620). Letzteres wurde als eine Art Bühnenbild entwickelt, das mit all seinen Toren und Türchen, Logen, Fenstern und versteckten Erkern dazu gedacht war, immer neue Gedächtnisinhalte in geheimnisvollen Winkeln unterzubringen. Die starke Gefühlsbesetzung, gebunden an die Fantasien aus der Theaterwelt, knüpfte bestimmte Gedächtnisinhalte an mystische Orte und Erscheinungen, an geheimnisvoll leuchtende Kristalle und deren Spiegelung, kurzum an stark emotional besetzte Merkzeichen. Noch heute nutzt man dieses Wissen, um die Bedeutung emotionaler Kodierung von Gedächtnisinhalten sowohl im profanen Bereich der Gedächtniskunst bzw. Gedächtniskünstler als auch auf wissenschaftlichem, hier psychologisch-therapeutischem Gebiet. So werden z. B. bei der Erinnerungsarbeit mit Trauma-Patienten bestimmte ▶ Stimmungen zugelassen oder ausgelöst, die – verstanden als Schaffung einer Zustandsabhängigkeit emotionalen Wiedererlebens (sog. *state dependency*) – belastende Gedächtnisinhalte hervorbringen und damit Anhaltspunkte für eine Therapie sein können.

7.4 Das Gedächtnis zwischen Mündlichkeit und Schriftlichkeit

Wie eingangs erwähnt, verstand man ursprünglich unter dem ▶ Begriff *memoria* nicht nur das ganz persönliche, das Individualgedächtnis, sondern auch die schriftlich fixierte, jederzeit nachprüfbare Gedächtnisstütze. Die Vorstellung, einen Teil des Individualgedächtnisses mittels eines bekannten, allzeit zugänglichen Zeichensystems »auslagern« zu können, ist zwar naheliegend. Aber ein solcher externer Datenspeicher, z. B. in Form von Bibliotheken und Archiven oder auch eines einzelnen Buches, war und ist weder früher noch heute notwendigerweise ein Garant für die Erinnerung an das, was sich in der Vergangenheit zugetragen hat. Weil ein solcher Speicher invariant bleibt, sich die Menschen und deren Welt aber beständig ändern, wird dessen Inhalt auch immer wieder neu interpretiert.

Folgt man den Darstellungen der Autoren, die sich mit der Rolle der Verschriftlichung und der Bedeutung des Gedächtnisses im Mittelalter befassen (vgl. Carruthers 1990; Wenzel 1995), so eröffnet sich dadurch ein neuer Aspekt in der Betrachtungsweise dessen, was man unter Gedächtnis versteht: Heute wird der Teil dieses als »kollektiv« zu bezeichnenden Gedächtnisses (▶ *kollektives Gedächtnis*), der sich auf sprachlich Manifestiertes, Festgeschriebenes und in (Kunst)Gegenständen zum Ausdruck kommendes Bewahren des Vergangenen bezieht, unter dem von P. Nora geprägten ▶ Begriff des *kulturellen Gedächtnisses* subsummiert (vgl. Assmann 1992). Die Vorstellung eines kulturellen Gedächtnisses beruht aber – anders als die des Individualgedächtnisses – nicht auf einer Art übergeordneter gesellschaftlicher »Lerntheorie«, verstanden als Quintessenz des gemeinsamen Wissenserwerbs aller, sondern auf einer bestimmten Kulturtheorie (vgl. Assmann und Hölscher 1988). Mittels dieses Gedächtnisses wird der soziale Sinnrahmen einer Gesellschaft als Ganzes zu erfassen gesucht, insofern deren Vergangenheit bis in die Gegenwart hineinwirkt. Das kulturelle Gedächtnis vermittelt somit in erster Linie eine klare Wertperspektive. Es ist identitätskonkret, also z. B. auf bestimmte Völker (»die Griechen«, »die Römer«), Parteien, Gruppen (»die Faschisten«) oder Staaten bezogen (»in China«, »in der Sowjetunion«), und es ist immer (re)konstruktiv. Das wiederum bedeutet, es hat gar nicht den Anspruch, »voraussetzungslos wahrheitsorientiert« zu sein, sondern befriedigt ein bestimmtes selbstwertstabilisierendes Identitätsbedürfnis der Mitglieder einer Gesellschaft. Ob also mittels eines kulturellen Gedächtnisses tatsächlich ein bestimmter Sachverhalt der Vergangenheit »rekonstruiert« oder eher mythisch umgewidmet, d. h konstruiert wird – z. B. »das Wunder an der Marne« oder »das Massaker von Katyn« –, ist für den Bestand des so gebildeten kulturellen Gedächtnisses zunächst unerheblich.

Nachdem deutlich wurde, dass keiner der Gedächtnistypen, weder der »kollektive« noch der »individuelle«, abzubilden vermag, was sich in der Vergangenheit »wirklich einmal« zugetragen hat, stellt sich die Frage nach deren gemeinsamem Erkenntnisgewinn. Ein solcher ergibt sich möglicherweise aus der Betrachtung des allmählichen Wandels von der Oralität zur Literalität, denn daraus sind psychologisch relevante Erkenntnisse der sogenannten »sekundären Oralität« (Hutton 1993, S. 15) für unsere Gegenwart zu schöpfen. Heute scheint z. B. aufgrund unserer kurzlebigen und fast spurlos versiegenden Form der Web-basierten Informationsvermittlung die Oralität eine neue Bedeutung zu gewinnen, denn die Vergangenheit und damit das kulturelle Gedächtnis darüber »verschwinden förmlich im weltweiten Netz«. Allerdings gilt auch – und das ist die andere Seite dieser neuartigen Medaille: »The net never forgets!« Was aber bedeutet es für das Individual- und das Kollektivgedächtnis, wenn die Gegenwart in der Parallelwelt der Medien und die Gegenwart des Individuums auseinanderdriften? Dass das artifizielle System nicht zu vergessen scheint, der einzelne Mensch aber sehr wohl? Hilft da ein Blick in die Geschichte des Gedächtnisses weiter?

Im ausgehenden Mittelalter etwa, der Zeit des Umschwungs vom Gehörten zum Gelesenen, galt, anders als man vielleicht annehmen könnte, das Aufgeschriebene weit weniger als das mündliche Übermittelte, galten die Gestik der Hände, galten Augen und Ohren als *die* »Pforten« zum Gedächtnis. Die gesprochene Sprache als Ausdruck des semantischen Gedächtnisses war der erste Aufbewahrungsort für alles Verschriftlichte, für Literatur, Poesie und Bibeltexte. Nicht der Text *an sich* war also das Wesentliche, sondern das Gedächtnis, das darüber gebildet wurde, und zwar ungeachtet aller kunstvoll ausgestalteten Niederschriften. Papier hingegen wurde bestenfalls als »geduldig« angesehen, oder, wie Carruthers, eine der Expertinnen für die Gedächtniskultur des Mittelalters, es beschrieb: »Medieval culture remained profoundly memorial in nature, despite the increased use and availability of books [...]« (Carruthers 1990,

S. 156). Das Gedächtnis für Episoden wurde folglich als »das Engramm in uns selbst« und damit als sogenannte erste Form der Schriftlichkeit betrachtet, also als etwas, das sich tief in die Psyche »eingeschrieben« hatte. Erst danach kam das Buch als sogenannte zweite Form der Schriftlichkeit. Texte standen als solche, zumindest anfangs, nicht in Konkurrenz zum menschlichen Gedächtnis, sondern bildeten lediglich eine weitere Möglichkeit zur Erschließung von Gedächtnisinhalten, indem sie die bestehenden mündlich tradierten Vorstellungen von etwas »spiegelten«; so z. B. in Form des von Eike von Repgow verfassten *Sachsenspiegels* (Eike 1999).

Das Buch an sich fungierte damit, ähnlich wie in unserer heutigen Informationsgesellschaft das Internet, als Nachschlagequelle bzw. als mögliche Erinnerungsstütze, der man sich bedient(e), wenn es niemanden gab bzw. gibt, den man fragen konnte oder kann. Man las bzw. liest sich aber nicht durch dessen sämtliche Einträge. Was man damals aber las, das wurde, ähnlich wie auch heute, kommentiert, so dass sich die Bedeutung des geschriebenen Textes aus der »Urschrift« *und* den Kommentaren dazu ergab.

Ähnlich wie heute auch gewann ein solcher Text zusätzliche Überzeugungskraft, indem er ansprechend ausgestaltet, d. h. illustriert bzw. »illuminiert«[9] war und so die Imaginationskraft[10] der Leserschaft anregte. Zwar waren es vermutlich – besonders in der Anfangszeit profanen Lesens – im Wesentlichen die Bilder, die das Interesse weckten und emotional kodierte, d. h. sinnlich aufgeladene Gedächtnisinhalte kreierten. Würde man aber die den Text begleitenden Ausschmückungen – und dies gilt auch auch für kundige Leser/innen – lediglich unter der Rubrik »textbegleitende Zeichnungen« verbuchen, so bliebe die Gefühlsbindung ausgeklammert, die mit der Aufnahme des Inhalts stets verbunden war. Beides zusammen, Bildhaftigkeit des Textes *und* die hervorgerufenen ▶ Gefühle, begründeten somit die Verankerung im Gedächtnis des Lesers und der Leserin. Es erstaunt somit kaum, dass seither zum Allgemeinwissen gehört, dass sich durch bildhafte Darstellung des zu Lesenden die Imagination[11] anregen lässt, welche ihrerseits positiv auf die Gedächtnisbildung wirkt. Und es passt in das Bild, das man sich in der damaligen Ventrikellehre von den Fähigkeiten eines Menschen machte, der Imagination dort einen gesonderten Ort zuzusprechen, einen, der den Sinnesempfindungen nachgeordnet, wohl aber dem Gedächtnis vorgeschaltet war (vgl. Clarke und Dewhurst 1972).

Großen mittelalterlichen Denkern bzw. hochgebildeten Menschen mit einem sehr guten, einem »buchgleichen« Gedächtnis ist es zuzuschreiben, dass diese zeitweise zu allerhöchstem Ansehen kam. Kaum etwas wurde gesellschaftlich als so wesentlich angesehen wie das Gedächtnis, ähnlich wie z. B. heute die Intelligenz eines Menschen. Die so hervorgehobene Erinnerungsfähigkeit sollte nicht nur so umfassend und stabil sein wie das der großen Vorbilder,

---

9 Von einer »Illumination« mit Abbildungen heiliger Personen oder Handlungen erhoffte man sich neben der profanen, auf mögliche Illustrationen ansprechenden »Beleuchtung« von außen auch eine »Erleuchtung« von innen.

10 Die Imagination (lat. *imaginatio* 'Einbildung') entsprach in der ▶ Philosophie des Mittelalters der Idee eines *inneren Abbildes* von etwas und kommt dem heutigen ▶ Begriff der *Vorstellung* nahe. Einer solchen *Vorstellung von etwas* liegt der Gedanke zugrunde, dass im Bewusstsein aufgrund einer vorausgegangenen Sinneswahrnehmung ein »Bild« eines Gegenstandes in der Außenwelt entsteht (eine sog. Erinnerungsvorstellung), das man als Verbindung von Wahrnehmungsbestandteilen früherer Wahrnehmungen betrachten und als mehr oder weniger vollständig reproduziertes Wahrnehmungsbild ansehen kann. In der älteren (▶ Vermögens)Psychologie galt die Imaginationsfähigkeit als Grundlage geistigen Lebens und wurde durch Assoziationen erklärt. ▶ W. Wundt setzte dieser Auffassung die heute ebenfalls veraltete Vorstellung der Apperzeption entgegen. Gegenwärtig hat die Idee der *Imagery*, verstanden als eine mentale Vorwegnahme von Handlungen, im Bereich der Rehabilitation wieder viele Befürworter.

11 In der akademischen Psychologie der Gegenwart wird diesem Phänomen, der *Imagery*, z. B. im Bereich der Rehabilitation, der Sportpsychologie oder Musikpsychologie, große Bedeutung beigemessen.

z. B. eines ▶ T. von Aquin oder eines ▶ Albertus Magnus (Carruthers 1990, S. 247), sie sollte gleichsam befreit sein von jeglichem Vergessen und außerdem beliebig erweiterbar, so wie ein Buch, das mehrere Bände umfassen kann. Anders als heute, wo man etwas »so lange im Kopf behält«, bis man es notieren und damit das Gedächtnis »entlasten« kann, galt damals der entsprechend umgekehrte Grundsatz: Man sollte etwas niederschreiben, um es im Kopf behalten zu können. Dazu wurden z. B. dem geschriebenen Text als einer Form des vorgelagerten individuellen Gedächtnisses bestimmte Finde-Charakteristika beigefügt – heute würde man von Suchbegriffen sprechen. Diese sollten wie vorab ausgestanzte Fußstapfen ein Abschreiten des Textes und schließlich ein Auffinden von etwas darin erleichtern.

Das Gedächtnis von etwas wurde so zu einem durch überlernte mnestische Hilfsmittel[12] gesicherten Ausmessen eines geistigen Erinnerungsraumes über Aufbau und Inhalt einer bestimmten Sache. Diese Auffassung von der überragenden Bedeutung des Gedächtnisses hat sich bis ins 20. Jahrhundert hinein gehalten und wurde erst durch die heutige Möglichkeit eines beliebig schnellen und komplexen Informationszugriffs teilweise abgelöst. Geblieben ist die Notwendigkeit, sich adäquate Suchbegriffe zu erarbeiten und zu behalten und sich – wie das ganze Mittelalter über auch – im jeweiligen Findesystem auszukennen. In der gegenwärtigen Postmoderne sind in dieser Hinsicht die Anforderungen an das individuelle Gedächtnissystem denen eines mittelalterlichen gebildeten Menschen vermutlich ähnlicher als denen eines Bildungsbürgers des 19. und frühen 20. Jahrhunderts.

7.5 Das schriftlich Fixierte – Träger des kulturellen Gedächtnisses?

Erst in der frühen Neuzeit setzte sich das Buch als eigenständiger kultureller Gedächtnisträger durch. Es war nicht länger nur als Erweiterung des Individualgedächtnisses in Gebrauch, sondern als Gegenstand, den man hatte, um sich daran zu erfreuen, darin zu lesen, ihn zu besitzen. Was darin niedergeschrieben war, stellte indes – so sehen wir es heute – lediglich eine Momentaufnahme von etwas dar. Entsprechend wird von uns das dort Geschriebene auch nur dann als Bestandteil des kulturellen Gedächtnisses bezeichnet, wenn sein Inhalt zu einem überdauernden, objektivierbaren Bestandteil der Kultur geworden ist. So kann es z. B. mittels der Deutungskraft, die dem Buch als Teil des kulturellen Gedächtnis innewohnt, gelingen, eine Kultur auf ganz bestimmte kanonische Schriftwerke[13] auszurichten, die im Laufe der Zeit nicht mehr nur wiederholt, sondern generationenübergreifend »ausgelegt« werden. Durch diese Praxis der Interpretationen und Kommentare stellte sich das kulturelle Gedächtnis und damit auch das Buch, die zu Buchstaben geronnene Überzeugung des Gestern, lange als eine scheinbare Garantie gegen das kollektive Vergessen dar. Bücher galten noch bis ins 20. Jahrhundert hinein als der externalisierte Speicher kollektiver Erfahrungen.

Die mit einer solchen Vorstellung vom kulturellen Gedächtnis verbundenen Probleme sind heute nicht nur, aber auch darauf zurückzuführen, dass der geschriebene Text, der »Speicher«, zum Inbegriff dieses Gedächtnisses geworden ist. Diese Speicher schienen sich langsam aufzufüllen, schienen eine begrenzte Kapazität – was nämlich zwischen zwei Buchdeckel passt – zu haben und hinsichtlich der Informationsfülle in etwa der Gedächtniskapazität eines Menschen zu entsprechen. Diese immer wieder neu aufbereitete und ergänzte Vorstellung ist bis heute im kulturwissenschaftlichen Denken so lebendig geblieben, dass auch das »Gedächtnis«

---

12 Z. B. eine alphabetische Ordnung, einen kirchlichen Jahreskreis et cetera.
13 Z. B. Thora, Koran oder Bibel.

eines Menschen im Allgemeinwissen wie selbstverständlich als ein relativ stabiler Aufbewahrungsort bestimmter Größe begriffen wird.

In der akademischen Psychologie allerdings hat eher die Vorstellung einer andauernden mentalen Reorganisation mnestischer Inhalte die meisten Befürworter. Die Schwierigkeiten mit invarianten »Speichermodellen« werden hier z. B. darin gesehen, dass sogenannte »reale« Speicher des kulturellen Gedächtnisses, etwa Museen, Bibliotheken oder Archive, immer nur denjenigen als Quelle bedeutsamer Zeichen dienen, die sie mittels einer zeitgemäßen, angemessenen Deutung des Inhalts auch zu erschließen vermögen. Für alle anderen Menschen sind dies keine Gedächtnisorte. Das heißt, eine »Überdauerung« des in der Vergangenheit Konservierten bis in die Gegenwart hinein ist per se keineswegs selbstverständlich. Im Gegenteil, alles, was sich der spezifischen Fachkenntnis des Individuums entzieht, ist, obwohl materiell erhalten, ebenso verloren[14] wie das, was die Zeit natürlicherweise oder aufgrund zerstörerischer Eingriffe nicht überstand. Ein invariant bestehen bleibender »externer Speicher« ist für sich genommen somit *kein* Garant für den Erhalt einer Erinnerung daran. Die damit vorgenommene Externalisierung von Gedachtem einer bestimmten Zeit hält dieses lediglich auf einem bestimmten Stand fest. Entsprechend kann auch bei jedem Transformationsversuch kollektiver in persönliche Gedächtnissysteme ein unverändertes Bewahren bestimmter Merkzeichen immer dann gleichbedeutend mit einem Vergessen sein, wenn individuelle Erinnerungen die statisch bewahrten kulturellen Inhalte nicht mehr abzubilden vermögen. Kollektive Speichersysteme, die als »gedächtnisstabilisierend« bezeichnet werden sollen, brauchen also Gemeinsamkeiten in der sich wandelnden Gegenwart des Individuums und des zu erinnernden Kollektivgegenstands, ansonsten werden die Inhalte vergessen. So werden z. B. durch Nacherzählen bestimmte Inhalte immer neu rekonstruiert und so an die jeweilige Gegenwart angepasst.

Was diese sich wandelnde Gegenwart des Individuums angeht, so schaffen auch »virtuelle« Speichersysteme ebenso Probleme wie »reale« Speicher, obwohl sie auf den ersten Blick von gleichbleibender Aktualität zu sein scheinen. Das oben erwähnte »The net never forgets!« etwa bedeutet, wie manche Autoren (Dimbath und Wehling 2011) meinen, dass damit die Vergangenheit eines Individuums überdauernder und genauer rekonstruiert würde, als der Benutzer oder die Benutzerin es selbst vermag. Es bedeutet, das virtuelle »Netz« gegen ein Vergessen der von ihnen einmal eingespeisten Inhalte immun sei, ein besseres »Gedächtnis« habe als der Mensch selbst, weil das System nichts lösche, solange es funktionsfähig sei.

Ein erstes großes Missverständnis, das in der Auffassung »The net never forgets« zum Ausdruck kommt, besteht darin, dass hierbei Vergessen mit Löschung und Erinnern mit invarianter Beibehaltung einer bestimmten gespeicherten Form gleichgesetzt wird. Das trifft so jedoch nicht zu. Nur beim menschlichen Gedächtnis bilden Vergessen und Erinnern gemeinsam die variable Grundlage einer ständigen Neuverortung im Jetzt; virtuelle Datenspeicher aber bilden zu keinem Zeitpunkt einen »Kanon des zu Merkenden«, von dem aus eine Phase der Konsolidierung greifen könnte.

Ein zweites großes Missverständnis betrifft die »Gemeinsamkeiten« der zu speichernden Inhalte zwischen Mensch und Maschine. Weder Gewichtung noch Auswahl von Informationen im Netz orientieren sich an der zu veranschlagenden »Halbwertszeit« emotional kodierter Informationen, die das Individuum seinen Eingaben implizit zugrunde legt; sie orientieren sich vielmehr an systeminternen Bedingungen des Netzwerkes.

---

14 ▶ Platon hatte also durchaus recht, wenn er meinte, die Schrift trenne Zeit und Sprache der Anwesenden voneinander und sei, außer im Augenblick des Entstehens, somit immer unzeitgemäß, ja, sei erfunden worden, um das Vergessen zu befördern.

Ein drittes Missverständnis besteht in der Gleichsetzung der *Eigenzeit* von Mensch und Maschine. Hier gilt es zu bedenken, dass die Gegenwart eines solchen virtuellen Systems aufgrund spezifischer Systemeigenschaften seiner Eigenzeit die mentale Gegenwart eines Individuums unter Umständen bei weitem überdauert. Dafür, dass dies der Fall sein könnte, spricht, dass physikalische Trägersysteme u. U. langsamer bzw. anders altern als biologische, da sie baugleich erneuert werden können und so für die Dauer ihres Bestehens eine Art »digitaler Unsterblichkeit« aufweisen. Diese wiederum kann durchaus als eine Erweiterung des Gegenwartsbegriffs angesehen werden (vgl. Hagen 2011). Wenn das zutrifft, dann ist es allerdings problematisch das Eingegebene – wie in Aufmerksamkeitsmodellen üblich – im Rahmen einer bestimmten Kapazitätsgrenze der Gegenwart darzustellen. Ein Gedächtnis von etwas würde zudem erst nötig, wenn beim Abruf der Informationen eine modifizierte und »zukunftsorientierte« Auswahl und Gewichtung erfolgte. Weil aber die systemimmanente Gegenwart eines virtuellen Datenspeichers vermutlich viel umfassender ist als die des Individuums, kann auch die Vergangenheit nicht gleich sein. Die zu beobachtende Vielfalt der Verfügbarkeit an Informationen erweckt somit lediglich den Eindruck eines allwissenden, nichts vergessenden Systems. Dessen permanente Aktualität ist indes nicht mit den bestehenden Begrifflichkeiten eines Trägersystems kulturellen Gedächtnisses zu beschreiben. Das permanent aktuelle virtuelle Netzwerk entsteht vielmehr durch ein immer dichteres Muster extrem hoher Selbstähnlichkeit[15] (vgl. Hagen 2011), d. h. durch seine unendlich scheinende Möglichkeit der Vervielfältigung und Überlagerung eines unverbundenen Nebeneinanders von Informationen, die zumindest theoretisch gleichzeitig abrufbar sind (vgl. Esposito 2002).

Eine mögliche Antwort auf das Problem des »Nichtvergessens im Netz« könnte also lauten, dass ins virtuelle Netz eingespeiste Daten aus der Vergangenheit des Einzelnen sich mit der Informationspräsenz einer überdauernden Gegenwart dieses Systems kreuzen. Dadurch aber kann keine abstrahierende, kausal verknüpfende Gewichtung der Vergangenheit des Individuums abgebildet werden. Vielmehr werden im Wesentlichen Informationen nach Regeln gesammelt und verknüpft, die sich dem Individuum auf der Benutzeroberfläche nicht erschließen.[16] Dies geschieht wiederum mit einer »attentiven Kapazität« und in einer »systemischen Gegenwart«, welche die Vorstellungsmöglichkeiten des Einzelnen im individuellen Jetzt bei Weitem sprengen.

7.6 Fazit

Anders als zu Hochzeiten des gedruckten Buches, als Individuen und Bücher zusammen alt wurden, entsteht – wie überall da, wo artifizielle Strukturen[17] zu- und natürliche abnehmen –

---

15 Solche Systeme erlauben z. B. keine Tradition, die ein wichtiges Merkmal eines kulturellen Gedächtnisses ist; sie reflektieren immer nur auf die eigene Gegenwart.

16 Durch die Benutzung der entsprechenden Oberflächen ist leicht zu erfahren, dass das Netz selbst keine Gedächtnisstruktur im eigentlichen Sinne haben kann. Es wird keine kategoriale Struktur erkennbar, nach der man seine Inhalte vergessen und – weil das Netz nichts vergisst – wieder aufsuchen kann. Dieses bezieht sich lediglich rekursiv immer wieder auf die mathematischen Regeln, die seinem eigenen Vernetzungsprinzip, d. h. deren »Links« und »Hyperlinks«, zugrunde liegen.

17 Solch artifizielle Strukturen sind z. B. durch die Kommunikation diverser Protokoll-Schichten gegeben, bei denen das Individuum nur als Nutzer, nicht aber als tatsächlich Agierender in Erscheinung tritt, denn er bedient lediglich bestimmte »Oberflächen« oder »Interfaces« des Systems. Treten hierbei »Fehler« auf, so kann es nicht mehr darum gehen, diese zu »verstehen«, sondern nur darum, bestimmte berechenbare Algorithmen in bestimmten integrierten Schaltungen, also die situative Präsenz des Systems in dessen Gegenwart, zu verändern – und diese ist von der realen Gegenwart des Individuums unabhängig.

ein Empfinden des Kontrollverlusts über die eigene Vergangenheit. Es heißt (vgl. Mittelstraß 2011), das autonome Subjekt verliere dabei in dem Maße an Einfluss auf seine Vergangenheit, wie die Optimierung der Kommunikationsmöglichkeiten in einer durch den Menschen geschaffenen virtuellen Welt die mentalen Integrationsmöglichkeiten der Gegenwart übersteige. Hinzu komme, dass dem Individuum die Möglichkeit genommen werde, sich aus dieser Maschinerie auszuklinken, da Informationen über eine bestimmte Angelegenheit, die es betreffen, auch dann reproduziert würden, wenn nichts Neues mehr eingegeben werde. Allein durch eine Vervielfältigung unzähliger »Meinungen über etwas« entstehe eine nicht aufzuhaltende Flut von Einträgen, schaffe das »Netz«, vermittelt durch oben genannte artifizielle Strukturen, eine situative Präsenz einer Angelegenheit, die tatsächlich aber der individuellen Vergangenheit entstamme. Und weil ein solches Netz nicht entsprechend individueller Gewichtungen modifizieren oder auswählen könne, weil das Ich eines Menschen auf einen Datensatz reduziert werde, fühle sich das Subjekt in seiner Autonomie im Hinblick auf seine informationelle Selbstbestimmung beeinträchtigt. Es empfinde sich in seinen Merkfähigkeiten einem System unterlegen, auch wenn es sich vergegenwärtigte, dass das strukturbildende Moment des Internet-Mediums nicht von der individuellen Gegenwart abhänge, sondern lediglich die des Konfigurationsstatus' des Netzwerkes und dessen Gegenwart reflektiere.

Hinzu kommt, dass – anders als in Zeiten der Alleinherrschaft des Buches – allein mit der schieren Menge an potenziell gleichzeitig verfügbarer Information die Schwierigkeit der tatsächlichen Zugänglichkeit in einer bestimmten individuellen Gegenwart zunimmt. Jeder Versuch einer Bearbeitung mittels Suchbegriffen, Suchmaschinen etc. übersteigt – eben weil im externen Speicher ungeheure Datenmengen gleichzeitig ungewichtet und oft auch scheinbar zusammenhangslos nebeneinander bestehen bleiben – die Eigenzeit der individuellen Gegenwart. Man kann folglich das meiste von dem, was im virtuellen Netz als »Präsenzbestand« geführt wird, erst im persönlichen Nachhinein erfahren. Die Gegenwart der eigenen Biografie als natürlichen Maßstab nehmend, schreibt man deshalb dem »Netz« einen »Mangel an Vergessen« zu. Tatsächlich aber geht es hier nicht wirklich um ein »Erinnern oder Nichterinnern im Netz«, sondern lediglich um eine vermeintliche Zuschreibung des »Nicht-vergessen-Könnens« einem System gegenüber, das ein solches nicht zum Ausdruck bringen kann.

Literatur

Aquino, T. von (1985). *Summe der Theologien. Bd. 3: Der Mensch und das Heil.* (Herausgegeben, zusammengefasst, eingeleitet und erläutert von Joseph Bernhard). Stuttgart: Alfred Kröner.
Aretin, J. C. von (1810). *Systematische Anleitung zur Theorie und Praxis der Mnemonik nebst Grundlagen zur Geschichte und Kritik der Wissenschaft.* Sulzbach: Seidel.
Aristoteles. (2004). De memoria et reminiscentia. In E. Grumach & H. Flashar (Hrsg., 1956 ff.), *Aristoteles. Werke in deutscher Übersetzung* (Bd. 14 (Parva naturalia), Teil 2). Berlin: Akademie-Verlag.
Assmann, J. (1992). *Das kulturelle Gedächtnis. Schrift, Erinnerung und politische Identität in frühen Hochkulturen.* München: C. H. Beck.
Assmann, J. & Hölscher, T. (Hrsg.). (1988). *Kultur und Gedächtnis.* Frankfurt a. M.: Suhrkamp.
Baddeley, A. D. (2000). The episodic buffer: A new component of working memory?. *Trends in Cognitive Sciences, 4*(11), 417–423.
Black, M. (1962). *Models and metaphors.* Ihaca: Cornell University Press.
Blum, H. (1969). *Die antike Memotechnik.* Hildesheim: Olms.
Carruthers, M. (1990) *The book of memory. A study of memory in medieval culture.* Cambridge: University Press.
Clarke, E., & Dewhurst, K. (1972). *An illustrated history of brain function.* Oxford: Sandford.
Derrida, J. (1987). *Psyché. Inventions de l'autre.* Paris: Galilée.
Dimbath, O., & Wehling, P. (Hrsg.). (2011). *Soziologie des Vergessens. Theoretische Zugänge und empirische Forschungsfelder.* Konstanz: Universitätsverlag Konstanz – UVK.

Draaisma, D. (2000). *Metaphors of memory. A history of ideas about the mind.* Cambridge: University Press.
Echterhoff, G., & Saar, M. (Hrsg.). (2002). *Kontexte und Kulturen des Erinnerns. Maurice Halbwachs und das Paradigma des kollektiven Gedächtnisses.* Konstanz: Universitätsverlag Konstanz – UVK.
Eike von Repgow (1999). *Sachsenspiegel. Landrecht und Lehnrecht.* Herausgegeben von F. Ebel. Stuttgart: Reclam.
Esposito, E. (2002). *Soziales Vergessen. Formen und Medien des Gedächtnisses der Gesellschaft.* Frankfurt a. M.: Suhrkamp.
Hagen, W. (2011). Medienvergessenheit. Über Gedächtnis und Erinnerung in massenmedial orientierten Netzwerken. In O. Dimbath & P. Wehling (Hrsg.), *Soziologie des Vergessens. Theoretische Zugänge und empirische Forschungsfelder* (S. 243 ff.). Konstanz: Universitätsverlag Konstanz – UVK.
Hajdu, H. (1936/1967). *Das mnemotechnische Schrifttum des Mittelalters.* Amsterdam: Bonset.
Haverkamp, A., & Lachmann, R. (1993). *Memoria. Vergessen und Erinnern.* München: Wilhelm Fink.
Hutton, P. (1993). *History as an art of memory.* Hanover: University of Vermont Press.
Kühnel, S., & Markowitsch, H. J. (2009). *Falsche Erinnerungen. Die Sünden des Gedächtnisses.* Heidelberg: Spektrum.
Mittelstraß, J. (2011). Internet oder Schöne neue Leonardo-Welt. *Frankfurter Allgemeine Zeitung* vom 25.07.2011, 170, S. 7.
Paivio, A. (1979). Psychological processes in the comprehension of metaphors. In A. Ortony (Hrsg.), *Metaphors and thought* (S. 150–171). Cambridge: University Press.
Sanguineti, V. (2007). *The Rosetta stone of the human mind. Three languages to integrate neurobiology and psychology.* Springer: New York.
Wenzel, H. (1995). *Hören und Sehen, Schrift und Bild. Kultur und Gedächtnis im Mittelalter.* München: Beck.
Yates, F. A. (1984). *The art of memory.* London: Ark.

Gefühle und Gefühlsausdruck im Kontext von Empirismus und Rationalismus

8.1 (K)ein Raum für Gefühle? – 161
8.1.1 Der Begriff der Emotion in der modernen Psychologie bildet nur ein kleines Spektrum möglicher Gefühle ab – 161
8.1.2 Die Erforschung der Gefühle war lange stark von außerwissenschaftlichen Vorgaben geprägt – 163

8.2 **Bedeutung von Gefühlen im rationalen Denken der Neuzeit – 166**
8.2.1 Emotionen in einer »vernünftig« strukturierten Welt – 167

8.3 **Vom Erkenntniswert der Beobachtung per se zur Beobachtung von Gefühlen und Gefühlsausdruck – 170**
8.3.1 Gefühl, Physiognomie und Charakter – 172

8.4 **Neue Maßstäbe für psychologisches Handeln – 172**
8.4.1 Neue Maßstäbe in der Erfassung von Gefühlen und Gefühlsausdruck – 174
8.4.2 Fazit – 175

Literatur – 176

M. Pritzel, *Die akademische Psychologie: Hintergründe und Entstehungsgeschichte*,
DOI 10.1007/978-3-662-48189-9_8, © Springer-Verlag Berlin Heidelberg 2016

In den bisher angeführten Beispielen aus der Geschichte der Psychologie standen bevorzugt Fragen der Wahrnehmung bzw. des Gedächtnisses im Vordergrund. Von ▶ Gefühlen war bislang lediglich bei Phantomempfindungen die Rede oder im Zusammenhang mit Gedächtnisinhalten, die mit gefühlsbetonten Merkzeichen versehen wurden, um sie besser einzuprägen.

Diese Zurückhaltung hat damit zu tun, dass, abgesehen von krankhaft zu nennenden Verhaltensänderungen, z. B. »Gemütskrankheiten« (▶ Gemüt), der Themenkomplex der ▶ Gefühle bei der akademischen Betrachtung des Psychischen über Jahrhunderte hinweg weitgehend ausgeklammert blieb. Eine gewisse »Leerstelle« kommt bereits in der gedachten »funktionellen Organisation« der in den flüssigkeitsgefüllten Hohlräumen lokalisierten Seelenvermögen zum Ausdruck: Dort wurde etwaigen »Regungen des Empfindens«, anders als den Sinnen und dem Gedächtnis, kein bestimmter Ort zugedacht, d. h. einen »Ventrikel« für ▶ Gefühle gab es schlichtweg nicht.

Der Einfluss dieser Zuordnung bestimmter ▶ Vermögen zu neuroanatomischen Strukturen war gleichwohl nicht so dominant, dass er grundsätzlich verhindert hätte, sich Gefühlsregungen zu widmen. Diese wurden aber, wenn überhaupt, dann als eine Art *verinnerlichter Vorgang* betrachtet. Damit ist gemeint, ▶ Gefühle galten, wenn sie positiv konnotiert waren, bis in die Neuzeit hinein als Teil gottesfürchtigen, an Nächstenliebe, demütigem Leiden und glücklicher Hingabe orientierten Lebens. Im negativen Falle, z. B. bei einem Wutausbruch, betrachtete man affektgebundene Prozesse (▶ Affekt) oft als etwas, was einem Menschen aufgrund eines Mangels an bewusster Kontrolle über sich selbst »widerfuhr«. Dieses »Widerfahren« war jedoch nicht allein Anzeichen dafür, kaum »Herr/Herrin« über bestimmte ▶ Gefühle gewesen zu sein, sich »vergessen« zu haben. Der- oder diejenige war in diesem Falle auch nur eingeschränkt verantwortlich für das, was er oder sie gesagt oder getan und wie er oder sie sich dabei gebärdet hatte d. h. welcher *Gefühlsausdruck* dabei gezeigt wurde.

Auch nach der allmählichen Ablösung damit verbundener *christlicher Heils- bzw. Sühne- und Entschuldungsversprechen* durch »aufgeklärte«, d. h. empirischen oder rationalen Vorgehensweisen verpflichtete Ansätze wurden Denkrichtungen eingeschlagen, die einem psychologisch ausgerichteten Vorgehen oft nur begrenzt dienten: Der sich akademisch nennende Umgang mit verzweifelten, aufbrausenden, ängstlichen oder zornigen Menschen orientierte sich sowohl an einem die Psyche als quasi »offenes Buch der Körpersprache« darstellenden physiognomischen Denken als auch an vorgegebenen gesellschaftlichen Normen des Gefühlsausdrucks. Beide Sichtweisen vereinten sich schließlich während des späten 19. und frühen 20. Jahrhunderts innerhalb eines kaum zu erschüttern scheinenden sozialdarwinistischen Gedankengutes, welches die Psychologie an den Rand drängte.

Auch die Begrifflichkeiten machten Schwierigkeiten: Wie sollte man ▶ Emotionen von ▶ Gefühlen und ▶ Affekten, ▶ Stimmungen und Gemütslagen so differenzieren, dass sich daraus ein eigenständiger Zweig psychologischen Erkenntnisgewinns entwickeln konnte? Während z. B. das Wort ▶ »Gemüt« begrifflich nahe bei Bewusstseinsvorgängen angesiedelt ist bzw. war, blieben die Ausdrücke ▶ »Empfindung« und ▶ »Gefühl« unmittelbaren subjektiven, nicht weiter zerlegbaren Zuständen vorbehalten. Und noch bis ins 20. Jahrhundert hinein war der heute verwendete Ausdruck ▶ »Emotion« im deutschen Sprachraum wenig gebräuchlich. Stattdessen wurden die »Seelentätigkeiten« eher in kognitive Inhalte, hier ▶ Vernunft und Gedächtnis, und in affektive Teile, hier ▶ Gefühl und Wille, getrennt. Daneben wurde versucht, in solche Aspekte zu unterteilen, die als zusammengesetzte Gebilde im Zentrum des Bewusstseins standen, z. B. bestimmte Gefühlsregungen oder »Passionen«, und solche, die eher als nichtintentional zu betrachten waren und die Peripherie besetzten, etwa ▶ Empfindungen und ▶ Affekte (Klemm 1911).

Spricht man gegenwärtig in einem allgemeinverstandenen Sinne von ▶»Gefühl«, so wird durch den ▶ Begriff zwar unmittelbar einsichtig, dass dabei auch etwas »gefühlt« werden, also eine Reaktion erfolgen, und dann etwas »bemerkt« werden sollte, ausgedrückt z. B. durch ein körperliches Zittern, einen veränderten Atemrhythmus etc., und das Empfinden, dass etwas angenehm ist oder unangenehm. Aber weder gehört eine gerichtete Aufmerksamkeit (▶ Intentionalität) zu den notwendigen Vorbedingung für ein ▶ Gefühl noch dessen bewusstes Erkennen. Es muss weder im jeweiligen Objekt der ▶ Emotion die Ursache dafür zu suchen sein, so wie dies z. B. bei Wahrnehmungen der Fall ist, noch muss man wissen, weshalb man ein bestimmtes ▶ Gefühl hat (vgl. Deonna und Teroni 2012). Nicht selten kommt deshalb z. B. auch der Grund für ein bestimmtes ▶ Gefühl erst durch eine tiefenpsychologische Analyse zum Vorschein.

8.1 (K)ein Raum für Gefühle?

8.1.1 Der Begriff der Emotion in der modernen Psychologie bildet nur ein kleines Spektrum möglicher Gefühle ab

Jahrhundertelang haben im psychologischen Denken ▶ Empfindungen wie Glück oder Trauer keinen rechten Platz gefunden (vgl. Benthien et al. 2000; Frevert 2011; Ulich 1995). Und noch bis heute gelten als elementar angesehene, »primäre« ▶ Emotionen oft als »anthropologische Basiskonstanten«, was aber nicht bedeutet, dass eine dauerhafte begriffliche Übereinkunft darüber herrscht, wie ▶ Emotionen, ob sie nun grundlegend sind oder nicht, von anderen »Gemütsregungen« zu unterscheiden sind. Teilweise werden die Ausdrücke ▶ »Gefühl« und ▶ »Emotion« annähernd gleichbedeutend benutzt, teilweise werden ▶ Gefühle im Vergleich zu ▶ Emotionen als stärker und komplexer angesehen. Sie gelten dann als o. g. innere Gemütsbewegungen, die nach Intensität und Dauer in Abhängigkeit von der Persönlichkeit unterschiedlich erlebt und ausgedrückt werden. Und obgleich ▶ Gefühle, wie ▶ Emotionen auch, oft messbare Korrelate in der Aktivierung des vegetativen Nervensystems aufweisen, z. B. Änderung der Pulsfrequenz, erfassbares Zittern, Schwitzen oder Frieren, ist die Unterscheidung in verschiedene Typen von ▶ Gefühlen wesentlich umfangreicher als die in ▶ Emotionen. Bei Letzteren geht eine Differenzierung kaum über die Attribute des Primären oder Sekundären hinaus. Bei ▶ Gefühlen hingegen unterscheidet man z. B. *personale*, auf andere Personen gerichtete ▶ Gefühle wie etwa Liebe oder Hass von *situativen*, auf bestimmte Lebenssituationen gerichtete ▶Gefühle wie z. B. Freude oder Besorgnis von *kognitiven* ▶ Gefühlen, die vor dem Hintergrund verinnerlichter Normen entstehen, wie z. B. Scham oder Schuld. Darüber hinaus differenziert man *somatische* ▶ Gefühle, die aus der Wahrnehmung und/oder Erwartung von Bedrohung entstehen, z. B. Angst- und Schreckreaktionen, und *ästhetische* ▶ Gefühle, z. B. solche der Schönheit oder Harmonie. Für sehr starke Gefühlszustände schließlich, solche, die eine nicht kontrollierbare Erregtheit zum Ausdruck bringen, wurde ein eigener ▶ Begriff geprägt, der ▶ »Affekt«. Dann, und nur dann, also bei sogenannten Affekthandlungen, wird akzeptiert, dass eine willentliche, von sachlichen und moralischen Gesichtspunkten bestimmte Kontrolle des eigenen Denkens und ▶ Handelns weitgehend verloren geht.

In der auf das bewusste ▶ Handeln abhebenden Psychologie spielt der Affektbegriff naturgemäß nur eine untergeordnete Rolle. Anders verhält es sich in der ▶ *Psychoanalyse*. Dort ist er seit den Arbeiten von J. Breuer und ▶ S. Freud (1895) u. a. Inbegriff eines *therapeutischen Abreagierens* peinlicher, angenehmer oder verschwommener Zustände. Dabei kann die bestimmten ▶ Affekten innewohnende *Triebenergie*, z. B. im Rahmen einer Konversionshysterie, *verwandelt*, durch Zwangsvorstellungen *verschoben* oder auch als Angstneurose *vertauscht* werden, ▶ Affekte können ferner *verdrängt* und dann *projiziert*, also die Wahrnehmung eigener

Affektzustände anderen Personen zugeschrieben werden. ▶ Gefühle und ▶ Affekte können folglich mit ganz unterschiedlichen, empirisch nicht erfassbaren Variablen verbunden sein, was die Auseinandersetzung damit für die empirische Psychologie schwierig macht.

Auch der mit beiden Ausdrücken verwandte ▶ Begriff der ▶ »Empfindung« ist psychologisch gesehen mit Vorsicht zu gebrauchen, denn von »Empfindung« spricht man dann und nur dann, wenn die physischen Merkmale, die neben den psychischen auftreten, nicht nur als Begleiterscheinung, sondern als Ursache der »psychischen Regung« anzusehen sind. Der ▶ Begriff bezieht sich somit auf jenen psychischen Eindruck, der aufgrund der physischen Einwirkung auf ein oder mehrere sensible Organe entsteht, z. B. wenn man Schmerz empfindet. ▶ Empfindungen werden meist als »nicht weiter zerlegbare Einheiten« aufgefasst, d. h., es lässt sich mental nicht rekonstruieren, welche Sinnesmodalität welchen physischen Anteil daran hatte. Deshalb ist auch eine Unterscheidung zwischen (sinnlicher) ▶ »Empfindung« und »Wahrnehmung« nicht immer eindeutig geklärt. Oft umfasst z. B. der ▶ Begriff der Wahrnehmung den gesamten sensorischen Umsetzungsprozess von physischen Ereignissen in psychische Erlebnisse und schließt psychologische Komponenten des Empfindens gleich mit ein, man kann z. B. das Empfinden des »Erhabenen« beim Schlussakkord einer Symphonie vom Hören *per se* kaum trennen. Entsprechend wird die Einbettung von ▶ Empfindungen in komplexe Wahrnehmungssituationen als gegeben angenommen und auch zusammen mit diesen – in diesem Falle im Rahmen der Wahrnehmungspsychologie – behandelt.

Mit ▶ »Emotion« schließlich beschreibt man heute Eigenarten des Gefühlslebens, der Affektsteuerung und verarbeitung, wenn das geistige Geschehen und die Form, in der es körperlich zum Ausdruck kommt, gedanklich zusammengefügt werden. Typischerweise sind Bewusstseinsinhalte, die mit ▶ Emotionen (lat. *motio* 'Bewegung') im Zusammenhang genannt werden, durch eine Reihe von Merkmalen gekennzeichnet. Dazu gehört z. B., dass sie als einzigartig und vom Individuum Besitz nehmend beschrieben werden, es »bewegen«. Entsprechend sind sie eher *passiver denn aktiver Natur*. ▶ Emotionen zeichnet auch aus, dass sie nur *teilweise verbalisiert* werden können und, wie schon in Analogie zu ▶ Gefühlen beschrieben, von einer *erhöhten physiologischen Erregung* begleitet werden.

Indem sich die Psychologie, wie oben kurz angesprochen, auf sprachlich ausdrückbare, also kognitiv nachvollziehbare ▶ Emotionen konzentriert, befassen sich die Konzepte der Emotionspsychologie auf die eine oder andere Weise immer mit der Frage nach der *Interaktion von erlebter* ▶ *Emotion und deren Bewertung*.[1] Da ferner eine begrifflich vermischte Form eines (*un*)*willkürlichen ebenso bewegenden wie bewegten Vorgangs*, weil einer Analyse kaum zugänglich, zu vermeiden gesucht wird, versucht man das Spannungsverhältnis zwischen der *Subjektivität des Fühlens* und der *Objektivierbarkeit von* ▶ *Gefühlen* in einem *operationalisierbaren* ▶ *Konstrukt* der ▶ Emotion aufzulösen. Dass sich dieser Weg bisher alles andere als geradlinig oder gar einfach erwies, zeigt u. a. B. Becker-Carus (2004). Seiner Auffassung nach hängt z. B. die bis heute noch wenig zufriedenstellende Erfassung von »Basisemotionen« zusammen mit der Uneindeutigkeit der Beziehung zwischen *physiologischen Aspekten motorischer Reaktionen* und deren *kognitiver Bewertung*, also der Interpretation des subjektiv Erlebten. So wird z. B. die Frage, welche der möglichen physiologischen Variablen man als Maß für die Bewertung von ▶ Emotionen zugrunde legen soll, kontrovers diskutiert. Soll es eher die Beschleunigung von Blutdruck, Herzschlag und Atmung, eine Erweiterung der Pupillen, ein Aufrichten der Hauthaare, eine vermehrte Schweißbildung, ein Ansteigen des Blutgerinnungsfaktors und/

---

1 Dies geschieht u. a. bei folgenden Theorien: James-Lange-Theorie, Cannon-Bard-Theorie, Zwei-Komponenten-Theorie von Schachter und Singer und diversen sog. *appraisal theories*, z. B. der Emotionstheorie von Lazarus.

oder des Blutzuckerspiegels sein? Sollen alle zusammen ausgewertet werden oder nur einige wenige? Und falls eine dieser Wertekonstellationen für eine Person und eine ▶ Emotion stabil ist, gibt es dann auch eine ähnlich stabile intrapersonelle Beziehung zwischen messbaren motorischen Reaktionen und anderen Basisemotionen, z. B. Glück, Furcht, Zorn oder Ekel?[2] Und wie verhält es sich schließlich mit dieser Stabilität in der Zuordnung von psychischen und physischen Variablen für eine Person und zwischen Personen über die Zeit hinweg?

Manchmal scheint auch, dass aus der Mimik eines Menschen mehr abzulesen sein könnte als lediglich einige Grundemotionen. So können etwa sogenannte Kombinationsgefühle, die eine Mischung aus dem koordinierten Zusammenspiel mehrerer mimischer Muskeln darstellen, zwar nicht, wie »Grundemotionen«, mit einer Genauigkeit von annähernd 100 % erkannt werden, aber doch in fast drei Viertel aller Fälle. Uneindeutig ist auch die Beziehung der Bewertung von ▶ Gefühlen und subjektivem Erleben, also etwa, ob sich eine rationale Einschätzung nach dem subjektiven Erleben richtet oder ob es sich eher umgekehrt verhält. Oder aber, man auch von ▶ »Emotionen ohne ▶ Kognitionen« sprechen kann, also solchen, die »spontan« auftreten und unabhängig davon, was man darüber denkt, mit einer bestimmten Gefühlsqualität besetzt sind. Ebenfalls problematisch bleibt nicht zuletzt die Bewertung des Gefühlsausdrucks (vgl. Buser 1973), welcher sowohl die emotionalen Zustände regeln als auch eine sozialkommunikative Funktion innehaben kann oder soll.

8.1.2 Die Erforschung der Gefühle war lange stark von außerwissenschaftlichen Vorgaben geprägt

Im Hinblick auf die Gemengelage diverser *körperlicher* und *geistiger* Einflussgrößen innerhalb und zwischen Personen und angesichts der Tatsache, dass Bewusstes und Unbewusstes, Sprachliches und Extraverbales ineinandergreift, um nicht zu sagen, durcheinandergerät, erstaunt kaum, dass die ▶ Gefühle die längste Zeit in der psychologierelevanten Geschichte zunächst einmal bezüglich dessen bestimmt wurden, was Herr und Frau Jedermann ganz offenkundig schien: die jeweilige gesellschaftliche Wertigkeit des erkennbaren Gefühlsausdrucks. Im Vordergrund stand hier die Erkenntnis einer relativ geringen kognitiven Einflussmöglichkeit auf den *individuellen Gefühlsausdruck* einerseits und dessen unter Umständen beachtliche *Rückwirkung auf das soziale Miteinander* andererseits. Dadurch entstand ein in verschiedenen Gesellschaftstypen und schichten unterschiedliches Geflecht von immer weiter tradierten und verfeinerten Regeln, die den sozial akzeptierten Spielraum von »Gefühlsregungen« festlegten und damit über deren erforderliche Kontrolle im öffentlichen wie im privaten Raum bestimmten. Bis ins beginnende 20. Jahrhundert hinein war es z. B. im deutschen Sprachraum in einer Art gesellschaftlich festgelegter *Binarität der Geschlechtergefühle* nicht selten, negative ▶ Gefühle, wie z. B. Angst, Trauer und Schmerz, bevorzugt Frauen zuzuschreiben. Dahingegen galt es als unmännlich, wenn Männer ähnlich negative Gefühle in der Öffentlichkeit zeigten. Ihnen blieb aber z. B. das mit Trauer verwandte ▶ Gefühl der Melancholie, wodurch sie ihrerseits allgemeiner Auffassung nach wiederum kreative Potenziale freizusetzen vermochten; man denke etwa an F. Nietzsche oder ▶ G. T. Fechner. »Traurigen Frauen« wurde diese von ▶ Gefühlen beherrschte Entfaltungsmöglichkeit geistiger Kräfte indes nicht zugesprochen (vgl. Benthien et al. 2000, S. 10).

---

2   Eine oft verwendete Ausdrucksbeurteilung, hier von Glück, Furcht, Überraschung, Zorn, Ekel bzw. Abscheu und Trauer, erfolgt i. d. R gemäß der sogenannten Ekman-Skalen. Neben diesem halben Dutzend Basisemotionen sind heute 15 feste Kombinationen von ▶ Gefühlen bekannt, die beim Menschen vorkommen, so etwa freudig-überrascht, traurig-ärgerlich, furchtsam-überrascht oder wütend-überrascht.

Trotz dieses *weltanschaulich gebundenen Bewertungskanons* gaben ▶ Gefühle auch Anlass zur wissenschaftlichen Auseinandersetzung, allen voran in ▶ Philosophie, Literaturwissenschaft und Kunst.³ Das bedeutet, je nachdem, ob ▶ Gefühle eher psychisch oder eher physisch gedacht wurden, also eher die »geistige Ergriffenheit« oder die »unkontrollierbare Leiblichkeit« im Vordergrund stand, ob sie eher als »gelernt und damit als »theatralisch inszenierbar« galten oder eher als »ursprünglich« und damit als »wahr« begriffen wurden, befassten sich unterschiedliche (Sub)Disziplinen damit. Die Psychologie gehörte anfangs nicht dazu.

Erst unter der Ägide von ▶ Anthropologie und Medizin – also am ehesten im heutigen naturwissenschaftlich-psychologischen Sinne verstanden – erkundeten aufgeklärte oder um ▶ Aufklärung bemühte empirisch ausgerichtete Gelehrte bzw. Wissenschaftler des 18. und 19. Jahrhunderts, wie aus erkennbaren Gefühlsregungen eines Menschen Informationen über dessen psychische Befindlichkeit, hier seinen »Seelenzustand«, gewonnen werden könnten. Entsprechend der damaligen auf *teilnehmende, d. h. wertende Beobachtung* ausgerichteten Forschungstradition wurde zunächst das Außergewöhnliche beschrieben, z. B. der »typische Gesichtsausdruck« eines »geborenen Diebes«, eines »Wahnsinnigen«, einer »Ehebrecherin«, die »Haltung eines Halunken« et cetera. Es dauerte bis weit ins 19. Jahrhundert hinein, bis man versuchte, die möglichen Varianten des Gefühlsausdrucks *an sich* als Erkenntnisquelle dafür zu nutzen, wie aus *quantifizierbaren Wirklichkeitsausschnitten des beobachtbaren »Gefühlslebens« eines Menschen* ein realitätsabbildendes ▶ Konstrukt gebildet werden könnte. Vor allem ging es darum, eines zu entwickeln, das *mehr als nur die offensichtlichen Ausnahmen* zu erfassen in der Lage war (vgl. Buser 1973).

Anders als im damit angesprochenen empirischen anthropologisch-medizinischen Denken hatten im Rahmen der bereits bestehenden rationalistisch orientierten psychologischen Ansätze Gefühlsregungen so gut wie keinen Platz. Hier stand, überspitzt gesagt, die »erhabene« *Ratio* über allem »Niedrigen, Animalischen«, man erwartete ja einen Erkenntnisgewinn daraus zu erzielen, sich mittels der ▶ Vernunft *über* die Vernunftbegründung mit der Welt auseinanderzusetzen. Entsprechend versprach man sich nicht viel von mitgeteilten Beobachtungen eines vorübergehenden emotionalen Ausdruckes.

Allerdings würde man irren, glaubte man nun, empirische Untersuchungen hätten sich hier als *der* Königsweg des Wissenszuwachses der Erforschung von ▶ Gefühlen erwiesen, denn auch das empirisch ausgerichtete Denken war fest in die jeweilige Weltanschauung eingebunden. So erwies sich z. B. eine auf »das Recht des Stärkeren«, des »besseren Blutes«, der »natürlichen Überlegenheit der Rasse« etc. abhebende weltanschauliche ▶ Strömung im 19. und frühen 20. Jahrhundert für einen psychologisch motivierten Ansatz zur Erfassung von ▶ Emotionen als außerordentlich ungünstig. Versetzt man sich z. B. gedanklich in die Zeit der nationalsozialistischen Herrschaft in Deutschland zurück, so bedurfte es, um physiognomische Variablen wie Mimik, Gestik, Körperhaltung unter den vorgegebenen weltanschaulichen Gesichtspunkten zu »beurteilen«, kaum einer gesonderten – psychologischen – Wissenschaft der ▶ Emotion. Denn wer anders als ein gesellschaftlicher Außenseiter hätte denn schwächlicher, kränklicher Statur sein oder einen hinterhältigen, höhnischen oder boshaften Gesichtsausdruck aufweisen können?

Es gab aber bereits zur Jahrhundertwende auch ▶ Strömungen innerhalb der Wissenschaft, die sich auf naturwissenschaftliche Erkenntnisse beriefen, ohne in einen der Psychologie abträglichen ▶ Sozialdarwinismus zu verfallen. Dafür steht z. B. der amerikanische Philosoph, Psychologe und Physiologe ▶ W. James, für den sich kein ▶Gefühl je wieder unverändert

---

3   Empfehlenswerte Literatur hierzu: Delumeau (1989); Fink-Eitel und Lohmann (Hrsg.). (1993); Menninhaus (1999); Rothermund (1968).

einstellt und deshalb – eben weil sich immer alles im Fluss befindet – kaum je konkret formulierbar ist. ▶ Gefühle werden von ihm folglich gleichgesetzt mit »unbestimmt und vage«, »subjektiv und transitiv«, also von einem Erlebnis zum anderen führend. Als solche, so ▶ W. James, könnten sie zwar als Erlebnisse beschrieben werden, seien aber nicht mehr als Ausdruck leiblicher Zuständigkeit. Entsprechend liest sich auch seine Theorie, die er etwa zur gleichen Zeit formulierte wie der Däne ▶ Carl Georg Lange (1834–1900): ▶ Gefühle gehen auf körperliche, vorwiegend vasomotorische Vorgänge zurück und nicht diese auf ▶ Gefühle. Im einfachsten Fall sei es z. B. eine Ausdehnung oder ein Zusammenziehen der Blutgefäße (James-Lange-Theorie 1884, 1888), das im Nachhinein rational »interpretiert« würde. Eine solche Verbalisierung von ▶ Gefühlen, so der James'sche Grundtenor, sei zwar Wesensmerkmal der menschlichen Welt, führe aber im Bereich des Gefühlslebens zu Missdeutungen, denn die damit vorgenommenen sprachlichen Zuordnungen bezögen sich nicht notwendigerweise auf Phänomene des bewussten Erlebens, sondern würden erst durch die semantische Zuschreibung bewusst. Und eine von dieser Warte aus vorgenommene Rückübertragung auf die »sprachlos« bleibende Leiblichkeit sei und bleibe nun einmal fehleranfällig.

Dass ▶ Gefühle, so wie ▶ W. James und ▶ C. G. Lange es sahen, nicht anders als durch die Bindung an den Körper gesehen werden können, ist nicht als auf die Physiologie zentrierte Einzelmeinung zu verstehen. Rein psychische ▶ Gefühle wurde auch von Philosophen, die der zeitgenössischen phänomenologischen ▶ Anthropologie nahestanden, bestenfalls als Grenzfall »leiblichen Inneseins«[4] verstanden. Eine Klassifikation von ▶ Gefühlen als eine Mischung physisch-sinnlicher und psychischer Konstituenten schien deshalb zunächst sinnvoll. Allerdings wurden Differenzierungsversuche dieses Typs von der sich entwickelnden experimentellen Psychologie zu Anfang des 20. Jahrhunderts nur zögerlich verfolgt, denn die Unterscheidungsmöglichkeiten von Organgefühlen, triebnahen ▶ Gefühlen, Lebensgefühlen etc. waren bereits theoretisch zu überfrachtet.

Zusammenfassend könnte man es etwa so formulieren: Als ▶ W. James im Jahre 1884 die berühmte Frage stellte: «What is an Emotion?» (James 1884), war die Bandbreite von ▶ Gefühlen und deren Einbeziehung in physische sowie psychische und in soziokulturelle Problembereiche in den Grundzügen bekannt. Da man aber die »Kultur« der Menschen und die »Natur« des Einzelnen in relativ festumrissene Einflussbereiche differenziert hatte, d. h. Individuum und Gesellschaft so wenig wie möglich vermischen wollte, verankerten auch Wissenschaftler wie ▶ W. James, sich z. B. auf berühmte Naturwissenschaftler und Ärzte wie etwa ▶ C. Darwin oder C. Bell berufend, ▶ Emotionen zunächst primär im Naturgegebenen, Körperlichen. Aber nicht nur im physiologischen, auch im psychologischen Bereich, hier im Hinblick auf ein individuelles *management of passions,* gab es genügend offene Fragen. Der Brite Thomas Wright hatte fast zwei Jahrhunderte zuvor diesen Problembereich formuliert, über den wir uns, wie oben angedeutet, heute noch den Kopf zerbrechen: nämlich darüber, dass «divers sorts of persons be subject to divers sorts of passions, and the same passion affecteth divers persons in divers manners« (Wright 1604, zit. nach Albano 2008).

Schließlich konnten sich der Tatsache einer kulturellen Normierung dessen, was an Sinnlichkeit und ▶ Gefühl in der Öffentlichkeit zu zeigen angemessen erschien, auch weder physiologisch noch psychologisch denkende Gelehrte entziehen. Das wiederum wirkte sich auf die Konzeptualisierung des Untersuchungsgegenstands aus. So wurden z. B. von einer physiologischen Warte aus nur diejenigen ▶ Emotionen untersucht, deren ▶ Relationen zum Körperlichen verlässlich schienen *und* die in das Schema des sozial Angemessenen passten, etwa eher Freude

---

4   So z. B. von dem Philosophen Max Scheler (1874–1928), der als Professor in Köln und Frankfurt tätig war und der phänomenologischen ▶ Anthropologie nahestand (vgl. Hehlmann 1967).

und Angst als Gier und Neid. Dessen ungeachtet galt außerdem, was bereits lange vor,[5] aber auch während des 19. Jahrhunderts beschrieben worden war,[6] dass nämlich die Kunst, emotionale Zeichen zu entschlüsseln, mit zunehmender Komplexität der Vermischung emotionaler und kognitiver Kennwerte mit denen des gesellschaftlichen Standes immer schwieriger wurde.

Durch den auf die Entwicklungsgeschichte des (Gesichts)Ausdrucks abhebender Ansatz im Sinne der Evolutionsbiologie ▶ C. Darwins wurde dies nicht einfacher, zumal dieser gesellschaftlich vereinnahmt und zum ▶ Sozialdarwinismus umgedeutet wurde. Entsprechend traten neben den Unterschieden zwischen Arten auch kleinere innerartliche Abweichungen in den Vordergrund, gewann nicht nur die Idee einer Entwicklung, also einer *Generation* von etwas, an Bedeutung, sondern auch die einer »Rückentwicklung«, einer *Degeneration*. »Rassenunterschiede« einerseits und krankheitsbedingte innerartliche Veränderungen andererseits wurden plötzlich wichtiger als psychologische Befunde.

Worauf aber, wenn nicht auf naturwissenschaftliche Positionen, sollte man sich also bei der wissenschaftlichen Betrachtung von ▶ Gefühlen sinnvollerweise beziehen, um heutige Erkenntnisse angemessen zu verorten? Allein auf »vernunftsbegründete« Ansätze?

8.2 Bedeutung von Gefühlen im rationalen Denken der Neuzeit

Wie eingangs angesprochen, stand bis in die Neuzeit hinein im platonischen Erbe rationalen Denkens eine akademische Auseinandersetzung mit Fragen der Gefühls*regungen* nicht im Vordergrund, war die Beziehung vom Körperlichen zum Geistigen kein Thema, das die Gemüter besonders berührte. Das Beobachtbare der *Gefühlsregung,* hier den *Gefühlsausdruck,* untersuchen zu wollen, stand vielmehr im Gegensatz zu dem, was seit ▶ Platon als Maßstab galt: Wissen musste *allgemeingültig und aller Veränderungen enthoben* sein, musste auf einer Grundlage beruhen, die unbezweifelbare Geltung beanspruchte, und zwar im Hinblick auf die vergangene, die gegenwärtige und die künftige Zeit. Alle Informationen über ▶ Emotionen, die durch *Wahrnehmung, Beobachtung und Erfahrung* gewonnen wurden, konnten somit aus mehreren Gründen nicht als Wissen firmieren: Zum einen, weil die zur Diskussion stehenden ▶ Gefühle *notwendigerweise in ständigem Wechsel* begriffen sind – sichtbare Anzeichen von Freude oder Leid sind ja keine überdauernde Zustände. Zum anderen, weil die diese »Gefühlsregungen« registrierenden *Sinnesorgane* – als physikalische Messinstrumente verstanden – für höchst *unzuverlässige Werkzeuge* zur Erfassung von Phänomenen erachtet wurden. Auch die Tatsache, dass als sinnlich wahrnehmbar nur das *Einzelding* als solches sein kann, nicht aber Verschiedenheiten bzw. Gemeinsamkeiten der einzelnen Beobachtungen, z. B. Ähnlichkeit und Anzahl, wurde als kaum überwindliches Hindernis des Erkenntniserwerbs über Gefühle betrachtet. Man könne, so die Argumentation, z. B. aus der Wahrnehmung zweier emotionaler Zustände nicht bestimmte ▶ *Relationen* ihrer Gleichheit bzw. Verschiedenheit entnehmen. Dies ließ sich *nur mittels des Denkens* erfassen. Um *zwei* ▶ *Gefühle z. B.* als »gleich« zu bezeichnen, bedürfe es immer eines *nicht aus der Sinneserfahrung ableitbaren Wissens darüber,* was hier »Gleichheit« impliziere. Erkenntnis sei somit nur erworben, wenn man mittels seiner Geisteskräfte die »Gleichheit« von ▶ Gefühlen bestimmt hätte. Erst eine solche Festlegung entspreche dann der *geforderten Unveränderlichkeit,* erst dann sei eine Erkenntnis, hier die über ▶ Emotionen, auch »allgemeingültig«, sprich allen »Veränderungen enthoben«, und könne so Gegenstand der Wissenschaft sein.

---

5   Dazu gehört u. a. die Kodifizierung des Gesichtsausdrucks durch Charles Le Brun (1619–1690).
6   So z. B. durch Guillaume-Benjamin Duchenne (1806–1875).

Diese Gedanken ▶ Platons[7] zugrunde legend, wurde über viele Jahrhunderte hinweg das Denkbare vom Wahrnehmbaren der ▶ Emotion, hier dem Gefühlsausdruck, abgegrenzt, weil nur Ersteres, in Form der ▶ Vernunft, Einsicht in die Prinzipien aller Dinge, z. B. ▶ Relationen, Gleichheit etc., zu ermöglichen schien. Diese Denkweise macht verständlich, dass die Entwicklung einer Emotionspsychologie lange nur zögerlich voranging, zumal aufgrund der Täuschbarkeit durch die Sinneswahrnehmung der Erkenntnisbeitrag empirischer »Einzeldinge« ohnehin gering veranschlagt wurde. Anders gesagt: Eine Thematisierung von Fragen des mimischen Ausdrucks der Freude, des Leids, des Zorns etc. verzögerte sich nicht nur, aber auch aus dem »doppelbödigen Grund«, dass sie dem tradierten Konsens bezüglich des gültigen Forschungsparadigmas widersprachen *und* gleichzeitig mögliche Ausschlusskriterien der Wissenschaftlichkeit erfüllten.[8]

Begreiflicherweise wandten Kritiker hier ein, dass sich in puncto ▶ Emotion die beobachteten »Einzeldinge« von Natur aus zwar in ständigem Wechsel befänden, dass daraus aber nicht folgen müsse, die sinnlich wahrnehmbare Welt des Gefühlsausdrucks als Erkenntnisobjekt generell auszuschließen. Denn woher, wenn nicht aus der sinnlichen Wahrnehmung, sollte der Mensch »Material« für weiterführende, psychologisch relevante Erkenntnisprozesse erhalten? Des Weiteren negiere die aus dieser Trennung in »veränderliche Einzeldinge« einerseits und »unveränderliche Ideen« andererseits resultierende Zwei-Welten-Theorie – hier das *Begründete* der auftretenden Einzelereignisse, dort das *Begründende* in Form der Ideen –, dass zwischen beiden ein Zusammenhang bestehen müsse. Der Geist eines Menschen könne einfach nicht ohne seinen ▶ Gefühle auslösenden Körper gedacht werden, selbst wenn die ▶ Vernunft viel weiter zu gehen vermöge, als aus jeglicher körperlicher Erfahrung vorgegeben sei.

8.2.1 Emotionen in einer »vernünftig« strukturierten Welt

Dessen ungeachtet hatte eine das ▶ Gefühl negierende Vorstellung, dass nämlich die Welt im Grunde gerade *so strukturiert sei, dass sie durch die* ▶ *Vernunft erfassbar werde*, bis in die Neuzeit hinein viele Befürworter aufzuweisen. Der Nachwelt ist sie am eindrücklichsten durch das Werk ▶ Descartes' bekannt geblieben, der die These vertrat, dass man in dem Maße, wie man mittels des Verstandes seiner selbst bewusst werde, auch einen sicheren Ausgangspunkt für die Erkenntnis der Welt gewinnen könne. Das heißt, er ging von einer Welt aus, die auf Erkennbarkeit durch Rationalität angelegt war. Anders als bei ▶ Platons Ideenwelt[9] wurde aber durch die kartesische ▶ Erkenntnistheorie des ▶ Rationalismus der Frage nach Ursprung und Begründung der Erkenntnis der ▶ Vernunft bzw. dem Vernunfthaften nicht nur der Vorrang vor der Erfahrung einräumt, sie basierte vielmehr auf der ontologisch (▶ Ontologie) begründeten Annahme, alles Erkennbare sei durchgängig rationaler Struktur. Die ▶ Gefühle, die darüber hinaus noch verblieben, wurden von ▶ R. Descartes in seiner speziellen Psychologie

---

7 ▶ Platon nennt es die »Ideen alles Seienden«, die Gegenstand der Wissenschaft sind. Und weil dabei *Gleiches nur durch Gleichartiges* zu erfassen ist, also »Ideen« als Ergebnis denkerischer Abstraktionen mittels geistiger Anlagen und wahrnehmbare »Einzeldinge« mittels sinnlicher Anlagen, gelten beide als unvermischbar.

8 Auch heute gibt es eine Vielzahl von Fragen in der angloamerikanisch ausgerichteten experimentellen Psychologie, die aus wissenschaftspolitischen oder weltanschaulichen Erwägungen heraus nicht thematisiert werden.

9 Von ▶ Platons Problem der »sinnlichen Unvollkommenheit« macht sich der ▶ Rationalismus frei, indem der von den Sinnesempfindungen unabhängigen Mathematik die Hauptbedeutung beim Erkenntnisgewinn zugesprochen wird.

der ▶ Gefühle, dem Text *Traité des passions* von 1649, als sogenannte geistige Erinnerungen behandelt, die entweder als von außen angestoßene Gemütsbewegungen bezeichnet wurden (*passions*) oder als solche, die von innen heraus reifen (*émotions interieur*). Dass es darüber hinaus noch seelische Erscheinungen gab, die an die Materie gebunden waren, sogenannte sinnliche Erinnerungen, wurde nicht weiter vertieft.

Wie so oft in der Geschichte wurden aber auch von jenen Gelehrten bzw. wissenschaftlichen ▶ Strömungen weitere Möglichkeiten zur Erkundung der ▶ Gefühle des Menschen geschaffen, sie sich »eigentlich« ganz anderen Fragen widmeten. Indem z. B. ▶ Descartes jedem Individuum im Rahmen seiner *dualistischen* ▶ Ontologie die Fähigkeit zubilligte, allein durch Nachdenken zu klugem ▶ Handeln zu gelangen – sein berühmtes »*cogito ergo sum*«! –, wurde die o.g. und bis heute überdauernde »Zwei-Welten-Theorie« ins Leben gerufen, welche eine rein geistig verstandene Welt von der des physikalisch Realen trennte. Zwar stand von nun an die (Streit)Frage im Raum, ob oder wie etwas raumzeitlich nicht Ausgedehntes, hier die Psyche eines Menschen, auf etwas »Ausgedehntes«, hier den naturvermittelten Gestaltungsraum, Einfluss ausüben könnte oder sollte, aber gerade dadurch wurde der Psychologie weiterer Entwicklungsspielraum verschafft. Denn seit diesem von ▶ Descartes eingeleiteten ▶ Paradigmenwechsel durch welchen das Gegensatzpaar »Natur versus Geist« die Erkenntnissuche bestimmte, konnte auch die neu entstandene »Welt des Realen«, hier des körperlichen Ausdrucks, zum Gegenstand von psychologisch relevanten Untersuchungen gemacht werden.[10] Die dieser Wirklichkeit zugrunde liegende Vernunftstruktur, so ▶Descartes, komme nämlich in entsprechenden ▶ Begriffen, Gesetzen etc. zum Ausdruck und manifestiere sich durch die logische Geschlossenheit mathematischen Denkens. Mithilfe der Gesetze der Mathematik und mittels des Rückgriffes auf Naturgesetze konnte von nun an alles aus der Natur Ableitbare über die Gefühle des Menschen erforscht werden, ohne wie zuvor auf göttliches Wirken zurückgreifen zu müssen. Alles, was aus Gesetzen und der logischen Geschlossenheit von ▶ Begriffen nicht ableitbar sei, so ▶ Descartes weiter, sei in Form von *ideae innatae*, von angeborenen Ideen, »schon immer gegeben«. Was also lag näher, als grundlegende ▶ Gefühle als *ideae innatae* – heute würde man sagen, anthropologische Basiskonstanten – zu betrachten und als solche in das damalige Wissenschaftsverständnis zu integrieren?

Der oben genannte ▶ Paradigmenwechsel, verbunden mit einem Ineinandergreifen von psychischen und physischen Kennwerten von ▶ Gefühlen und deren Ausdrucksformen, bleibt allerdings bis heute mit vielen Fragezeichen versehen. Denn indem man, in ▶ Descartes' Sinne argumentierend, z. B. wissen möchte, wie Geist und Materie interagieren, stellt man genau die Fragen, die unbeantwortbar bleiben müssen, kann es doch weder gelingen, das Wissen über die Materie in eines über mentale ▶ Entitäten zu übertragen, noch umgekehrt aus mentalen Fähigkeiten auf materielle Beschaffenheit zu schließen. Die Emotionsforschung ist davon insofern ganz unmittelbar betroffen, als uns einerseits als denkenden, fühlenden Wesen die Natur als etwas anderes gegenübersteht, wir aber andererseits durch unseren Körper Teil dieses anderen Welt sind (vgl. ▶ Kap. 1). Wie also soll man sich anderen belebten und unbelebten ▶ Entitäten dieser Natur gegenüber in dieser Doppeleigenschaft behaupten?[11] Diese Frage, unter welchen Umständen wir uns eher auf die eine Seite, etwa auf eine kognitive Bewertung von ▶ Gefühlen, oder eher die andere, hier z. B. auf ein gefühlsbedingtes Zittern, berufen können oder sollen,

---

10 Die Reduzierung des Körperlichen auf das geometrisch-mechanisch Erfassbare leistete allerdings gleichzeitig einem der Psychologie abträglichen ▶ Physikalismus Vorschub.

11 Zumindest heutiger Auffassung nach ist jeder Eingriff in das Verhalten eines Menschen, jede Therapie, jede Beratung, notwendigerweise immer auch ein Eingriff in die »Natur« des Menschen, wobei »Natur« als Summe aller physiologischen Konstituenten des Seins begriffen wird.

8.2 · Bedeutung von Gefühlen im rationalen Denken der Neuzeit

ist, wie eingangs angesprochen, aus der Emotionspsychologie nicht wegzudenken, aber auch nicht schlüssig zu beantworten.

Einen weiteren relevanten Meilenstein in Sachen Emotionspsychologie verdanken wir ▶ G. W. Leibniz. Dieser nahm, anders als ▶ Descartes, an, dass das »denkende Ich«, die unhintergehbare Voraussetzung der Erkenntnis, letztlich nicht von der Materie getrennt gedacht werden könne. Der hierfür heute gebrauchte ▶ Begriff ist der des *Embodiments,* also der Idee, dass sich *der Geist nur vom Körper her begreifen lässt.* Dies impliziert, dass jede Form der Intelligenz einen Körper benötigt, durch den sie zum Ausdruck kommen kann.[12] Weil, wie ▶ G. W. Leibniz es ausdrückte, unser Körper auf der einen Seite als materielles Ding Teil der äußeren Welt ist und auf der anderen Seite Teil von uns selbst und *das* Mittel, durch das man mit anderen Individuen in Kontakt treten kann, wird auch der Unterschied zwischen dem eigenen Körper und dem darin beherbergten Ich und anderen Körpern der äußeren Welt deutlich. Das bedeutet, der Körper als Medium der eigenen ▶ Empfindungen wird als etwas anderes erfahren als andere äußere materielle Dinge. Entsprechend gilt heute unstrittig, was ▶ G. W. Leibniz bereits »andachte«, nämlich dass aufgrund der Unauflöslichkeit von Körper und Psyche jedes Verhaltenskonzept darauf ausgelegt sein muss, dass sich psychische Zustände im Körper ausdrücken können, also ▶ Gefühle z. B. vermittels einer bestimmten Mimik, Gestik, Prosodie oder Körperhaltung. Es muss darüber hinaus aber auch gelten, dass bestimmte Körperzustände auf ▶ Kognitionen, z. B. Urteile und Einstellungen, die man bzgl. bestimmter ▶ Emotionen zum Ausdruck bringt, zurückwirken. Im leibnizschen Denken ausgedrückt, bedeutete dies, dass es ein unendlich kleines, aber *in sich geschlossenes Etwas* geben müsse, das koordiniert mit seinesgleichen als *geistig-materielle Einheit* gedacht werden könne – er nannte es *Monade* (griech. *monos* 'das Einzige'). Die leibnizsche Monadologie, ein ▶ Konstrukt, das in seinem Denken metaphysischen Grundsätzen folgt, schließt gleichwohl den Mikrokosmos »Menschen« und den Makrokosmos »Umwelt« in eine noch größere harmonische Ordnung ein, eine Ordnung in der alle Beteiligten lediglich unterschiedliche Aspekte des Universums *spiegeln.* Nur der Mensch als eine »Monade des Lebendigen« verfügt hierbei als vernunftbegabtes Wesen über besondere *Spiegelungsformen,* in diesem Fall Erinnerung, ▶ Gefühl und Denken (Apperzeption). Damit zeichnet sich ▶ G. W. Leibniz als *psychologisch denkender Philosoph* aus, dessen logische Überlegungen – wenn auch nicht in Form der (ursprünglichen) Monadenlehre – noch bis heute aktuell sind: Die Idee nämlich von kleinsten Teilen, die sich ständig verändern können und deren innerer Zustand auf eine physikalische Weise die Zustände der Außenwelt spiegeln, ist derzeit allgegenwärtig. In der Zelltheorie z. B. gilt, dass jede Zelle ihr eigenes, von der Außenwelt relativ unabhängiges Eigenleben hat und doch mit allen anderen Zellen zusammen ein Ganzes bildet und Umwelteinflüsse spiegelt.

Auf die Psychologie der ▶ Gefühle bezogen stellt die leibnizsche Monadologie einen ersten großangelegten Versuch dar, die Eigengesetzlichkeiten des Psychischen gegen den universalen Geltungsanspruch *kausalmechanischen Denkens* zu verteidigen. Zwar hat für ▶ G. W. Leibniz der letztgenannte Erklärungstyp große Bedeutung im Bereich des Körpers und seiner Ausdehnung in Raum und Zeit, aber diese kausal determinierte Körperwelt ist für ihn nur *eine* Erscheinungsform des »wirklich Seienden«. Darüber hinaus gibt es für ihn, hier in Gestalt der Monaden, auch eine Sphäre »jenseits des kausalmechanischen Bereichs des Körperlichen«, die keinen Einflüssen von außen unterliegt, sondern in ihren Veränderungen eigenständigen – heute würde man sagen autopoietischen – Gesetzmäßigkeiten folgt. Gleichwohl, so ▶ G. W. Leibniz, seien beide Wirkkräfte durch eine *prästabilisierte Harmonie* aufeinander

---

12 Diese Auffassung ist der klassischen Interpretation der Intelligenz als »Computation« diametral entgegengesetzt und wird als »neue Wende« in der ▶ Kognitionswissenschaft betrachtet.

bezogen und aneinander angepasst und bildeten auf diese Weise ein gemeinsames »Reich«. Die übergeordnete Größe, die ▶ G. W. Leibniz dafür einsetzt – für ihn ist es Gott, gegenwärtig bedient man sich dafür des ▶ Begriffs der ▶ Quantenmechanik –, gewährleistet die angesprochene »prästabilisierte Harmonie« ihrerseits durch eine *nicht kausal determinierte Koordination* materieller und geistiger Prozesse.

Am Beispiel der Emotionspsychologie lässt sich der Einfluss seines Denkens auf das gegenwärtige methodische Vorgehen verdeutlichen. Denn die heutige Diskussion um eine nichtkausale, *indeterministische Unschärfebeziehung* zwischen geistigen und körperlichen ▶ Entitäten wird von der Erkenntnis geprägt, dass erst durch einen bestimmten *Messvorgang*, z. B. die Erfassung der Muskelspannung im Gesichtsareal bei einem Lächeln, *eine bestimmte Realität* aus einem unbekannt großen Arsenal von möglichen Messgegenständen herausgefiltert und so das *Mögliche ins Wirkliche* überführt wird. Das bedeutet, erst durch einen bestimmten Mess- bzw. Beobachtungsvorgang steht auch die *Vergangenheit* der jeweils ausgewählten Möglichkeit fest, in diesem Falle die Grundspannung, sprich die »Ausgangsaktivität« des Muskels vor einem Lächeln. Zusammen mit dem jeweiligen Messvorgang der Gegenwart wählt man folglich auch bereits den Zustand in der Vergangenheit einer bestimmten Variablen aus. Nur so kann man zwischen beiden einen kausalen Zusammenhang herstellen, hier z. B. durch die Aussage: »Dieser Mensch veränderte seine Muskelspannung im Bereich des Mundes im Laufe der letzten 500 Millisekunden.« Dadurch aber verengt man eine Vielfalt von denkbaren Realitäten der Gegenwart – es gibt ja viele Möglichkeiten, ein Lächeln zu quantifizieren – auf eine ganz bestimmte und schränkt damit gleichzeitig auch die Betrachtung der Vergangenheit ein. Erfasst wird diese ja nur durch den jeweils gewählten Messvorgang, durch welchen festgestellt wird, dass bei diesem oder jenem Mensch eine Veränderung seiner ▶ Gefühle stattfand, denn er begann zu lächeln. Hätte man statt des Lächelns eine andere messbare Kenngröße erfasst, etwa bestimmte Werte des Immunsystems, so wäre die Aussage über die »Veränderung der ▶ Gefühle« indes vermutlich ganz anders ausgefallen.

8.3 Vom Erkenntniswert der Beobachtung *per se* zur Beobachtung von Gefühlen und Gefühlsausdruck

Wie oben dargelegt, war eine Beurteilung von Gefühlsregungen kaum möglich, solange Beobachtungen als Methode zu deren Erfassung wenig geläufig waren. Dessen ungeachtet fragte man sich natürlich immer wieder, ob man Erfahrungen, die durch die Sinne vermittelt wurden, auch angesichts möglicher Fehler nutzen könnte, um Veränderungen im Bereich des Mentalen systematisch zu untersuchen. In der Tat hatte sich neben dem Versuch, einen rationalen Zugang zum »Geist« eines Menschen zu finden, bereits aus klerikalem Denken heraus auch eine auf Empirie angelegte Forschungstradition entwickelt. Zumindest galt es – um auf die bereits angesprochenen »Wunder Gottes« abzuheben – als ehrenwertes Unterfangen, Veränderung durch Beobachtung begreifen zu wollen, sofern dies in christlich definierten *weltanschaulichen Grenzen* blieb.[13] Die dazu notwendige »Kunst des Beobachtens«, des Experimentierens mit verschiedenen Naturgegenständen, hatte vom Grundsatz her gesehen somit bereits im Rahmen klerikalen Denkens nicht nur eine gewisse Tradition, sie zählte sogar zu den geachteten Leitbildern eines auf Erkenntnisgewinn angelegten christlich motivierten ▶ Handelns.

---

13 Großes Lob erfuhr diese empirisch ausgerichtete Form des Erkenntnisgewinns z. B. durch ihre auf Erfahrung basierenden Erfolge im Land- und Gartenbau; hierzu gehören nicht zuletzt auch die mendelschen Kreuzungsversuche mit Erbsen in einem der klösterlichen Kräutergärten des 19. Jahrhunderts.

Zu den Gelehrten, die sich in der »Kunst des Beobachtens« auch in einem *psychologischen Sinne* verstanden früh hervorgetan haben, gehört u. a. der Franziskanermönch Roger Bacon. Seinem Credo – »Kein Wissen ohne praktische Erfahrung!« (im Orignial: *Sine experientia nihil sufficienter sciri potest;* Bacon 1897, S. 167) – folgend sollte der Blick auf die empirische Realität gerichtet werden, aus der heraus ein *Kausalzusammenhang* zu erfassen sei. Damit war seiner Ansicht nach gewährleistet, dass sich *Ursache und Wirkung immer nach den »Gesetzen des Gegenstandes«* richteten. Theologisch abgeleitetes »Zweckdenken« schien ihm hingegen in die Irre zu führen, so z. B. die Auffassung, jede psychische Krankheit sei zu einem besonderen »Zweck« von Gott vorab bestimmt worden.

Mit durch die damit eingeleitete *Trennung von Theologie und Profanwissenschaft* und die Bestimmung von *Erfahrung, Experiment und Mathematik als Säulen der Wissenschaft* bewirkte R. Bacon etwas für die heutige Psychologie sehr Wesentliches: einen ersten Umschwung von unvermeindlichen »Autoritäten« zu relevanten Themen, von »Meinungen« zu »Quellen«, von ▶ »Dialektik« zu »Erfahrung« und von »enzyklopädischem Buchwissen« zur »Natur«. Dieser wenn auch nur »angedachte« ▶ Paradigmenwechsel war für die spätere empirisch ausgerichtete Psychologie von unschätzbarer Bedeutung, denn sie konnte sich dadurch auf frühe Mitstreiter aus dem Klerus berufen. ▶ R. Bacon selbst wandte sich z. B. im fünften Teil seines Werkes, des *Opus Majus* (1897/1267), auch fachspezifischen Fragen zu, allerdings nur, indem er von der *Einbeziehung von* ▶ *Kognition und Erwartung in den Wahrnehmungsvorgang* sprach, nicht von ▶ Emotionen. Diese ließ er aus, verband aber – wenn auch auf anderer theoretischer Basis als heute – Sinne und ▶ Kognition so, wie es uns derzeit geläufig ist.

Ein weiterer psychologisch relevanter Schritt zu einer empirisch ausgerichteten Ablösung von vorgegebenen teleologischen Dogmen wurde von einem seiner frömmsten Ordensausleger eingeleitet, ▶William von Ockham. Dessen Ziel war es »eigentlich« gewesen, die Unmittelbarkeit und Allmacht Gottes vor dem vielschichtigen rationalistischen Zugriff der Philosophen zu retten und den *direkten Bezug des Einzelnen zu Gott* in den Vordergrund zu stellen. Allerdings »störte« ihn am vorherrschenden *scholastisch-aristotelischen Konzept* seiner Zeit, dass es dazu verschiedener Schritte aufsteigender Verallgemeinerung bedurfte, denn jede Form der Transformation stand seiner Ansicht nach dem gewünschten unmittelbaren Zugang zu Gott im Wege. Erkannt werde hierbei, meinte er, lediglich eine abstrahierte Wirklichkeit und nicht die »Wirklichkeit (Gottes)« selbst. Die wahre *Seinsform* aber sei gerade die der *Einzeldinge,* wobei *nur Substanzen mit wahrnehmbaren Eigenschaften eine selbständige Existenz* haben könnten.[14] Man solle deshalb, so ▶ W. von Ockham, alle möglichen *Wesenheiten* – heute würde man ▶ »Konstrukte« oder »Konzepte« sagen – keinesfalls komplizierter gestalten als unabdingbar nötig.

Diese Forderung nach Einfachheit, nach ▶ Reduktion jeder Problemstellung auf den unabdingbaren Kern, war von so nachhaltiger Wirkung, dass man bis heute die von ihm angemahnte »gedankliche Zurückführung auf das begrifflich und argumentativ Allernötigste« als *Ockham'sches Rasiermesser* bezeichnet. Was nicht nur für ihn persönlich, sondern von nun an für eine naturphilosophische bzw. naturwissenschaftliche Ausrichtung wissenschaftlichen Erkenntnisgewinnes als einzig denkbarer Weg übrig blieb, war ein *unmittelbarer, von Erfahrung geleiteter Zugang zum einzelnen Gegenstand,* ein Zugang, der auf nicht hinterfragte oder zweideutige ▶ Begriffe ebenso verzichtet wie auf »unnötige ▶ Konstrukte«. Gerade Letztere existierten seiner Ansicht nach oft nur, weil sie »einen Namen hätten« und ihnen deshalb in den Köpfen derer, die sich ihrer bedienten, eine Art *eigenständige Existenz* zugebilligt werde. Tatsächlich aber verstellten sie lediglich den unmittelbaren Zugang zur Erkenntnis.[15]

---

14 Gott indes könne wissenschaftlich-philosophisch überhaupt nicht erkannt werden.
15 Heute wird diese Problematik u. a. am ▶ Begriff des »Assoziationscortexes« deutlich.

8.3.1 Gefühl, Physiognomie und Charakter

Mit durch ▶ W. von Ockhams Erkenntnis, dass jede »mittelbare Abstraktionslehre« einem unmittelbaren Erfahrungszugang im Wege steht, wurde auch die Entwicklung psychologisch motivierten, auf das Individuum bezogenen Denkens außerordentlich gefordert: Ein »protoempirisches« Beschreiben des »eindeutig durch Beobachtung Erkennbaren« und damit u. a. auch des »ungewöhnlichen Gefühlsausdrucks des Einzelnen« bildete dabei eine Möglichkeit, sich der Erfassung von normabweichenden, hier besonders gefühlsbetonten Bewegungsabläufen, zu widmen. Bekannt war bereits durch die der Nachwelt erhaltene pseudoaristotelische Schrift *Physiognomika* von Polemon aus dem 2. Jahrhundert v. Chr., dass Menschen anhand von »sichtbaren Charakterzügen« insbesondere der Körperbewegung und haltung, der Mimik und der Stimme beurteilt werden könnten. Besonders hervorgehoben wurde dabei die Bedeutung der Augen. Waren sie z. B. »verengt«, »weit geöffnet« oder »abwesend«? Spätere Charakterskizzen menschlicher Schwächen und alltäglicher Verhaltensweisen, etwa die *Characteres Ethikoi* von Theophrast (372–288 v. Chr.), veranschaulichten z. B. sehr eindrucksvoll, wie etwa beim Typus des »Widerlichen« Gesichtsausdruck und Augenstellung zusammenwirkten, um beim Betrachter, bei der Betrachterin das ▶ Gefühl eines sehr unangenehmen Menschen zu erzeugen. Daneben erfuhren auch im Bereich der bildenden Kunst vom Mittelalter an sogenannte »Charakterstudien« großen Zuspruch. Dazu zählten u. a. Zeichnungen, Totenmasken und Gipsabdrücke der Köpfe »berühmter Männer«, »edler Wilder« et cetera. Mit dadurch verfestigte sich die Auffassung, man könne über das Aussehen Aussagen über emotionale und geistige Eigenschaften eines Menschen machen. Das, was man als »seelisch-körperliche Harmonie« betrachtete, wurde fortan eines der Kriterien zur Begabtenauslese, insbesondere nachdem darüber hinaus noch J. Huartes[16] Buch aus dem Jahre 1575 mit dem Titel *Prüfung der Köpfe zu den Wissenschaften* zur Verfügung stand.

Diese für die spätere akademische Psychologie abträgliche »Kunst«, die vorgab, durch die Physiognomik die verschiedenen ▶ »Gemüter« auch wider deren Willen zu »erkennen«, entwickelte sich in den Umgangs- und Wahrnehmungslehren des 17. und 18. Jahrhunderts allerdings zu *dem* großen Thema schlechthin, konnten doch nun Herr und Frau Jedermann anhand vorgefertigter Typenzeichnungen bereits am Gesichtsausdruck erkennen, wen sie vor sich hatten und was von dieser Person zu halten sei.[17]

8.4 Neue Maßstäbe für psychologisches Handeln

Die Schwierigkeiten, die der Entwicklung einer »eigenständigen Psychologie der ▶ Gefühle« im Wege standen, ergaben sich folglich mit dadurch, dass die *auf den Augenschein gründenden Annahmen über das Wesen des Menschen* anhand *seines Gefühlsausdrucks* gesellschaftspolitisch

---

16 J. Huarte gewann Bedeutung als Repräsentant der sog. *Renaissancepsychologie,* indem er 1574 das Buch *Examen de ingenios* schrieb und ein Jahr später veröffentlichte. Ins Deutsche übersetzt wurde es unter dem Titel *Die Prüfung der Köpfe zu den Wissenschaften* von dem Dichter G. E. Lessing. Dieses Lehrbuch über die Grundlagen der menschlichen Fähigkeiten und Begabungen weist auf Unterschiede hin, die Huarte mit Alter, Umwelt, Lehrmethode, Fleiß und der »Naturgabe für das Erwerben von Wissen« in Beziehung setzt. Es ist gewissermaßen eine Art »*erstes Handbuch« der differentiellen Psychologie, Diagnostik und Auslese- und Beratungsverfahren.*

17 Im Gefolge dieser Einstellung fasste auch der *Selektionsgedanke* Fuß, der als Bewertung psychischer Konstituenten eines Menschen bis ins 20. Jahrhundert hinein geläufig war: Es galt, wie K. Lorenz es 1943 sinngemäß einmal formulierte, dass schöne Tiere auch immer die im Züchtungssinne guten und gesunden seien.

stark überformt sowie methodisch heutiger Lesart nach zweifelhaft waren. Es galt also zunächst einmal – ganz unabhängig von besonderen Erkenntnisinteressen –, nach einem *methodisch »sauberen« Zugang* zu erfahrungsvermitteltem Wissen zu suchen.

Um einen solchen bemühte sich u. a. ▶ Francis Bacon. Er gilt als einer der Hauptvertreter der zunächst in England intensiv verfolgten Idee, eine *aktiv konstruierte, »unvoreingenommene« Naturerkenntnis* mithilfe der Sinne und des Verstandes und somit jenseits aller damals bekannten Dogmen, sogenannter *idola*, zu einem wesentlichen Motiv für eine pragmatisch verstandene Wissenschaft zu machen. ▶ F. Bacon vertraute allein einer kumulativen Naturerkenntnis mittels empirischer Methoden, wobei er keinerlei Gelegenheitsbetrachtungen, keine Zeichnungen, Gipsabdrücke oder sonstige Zeugnisse handwerklich-künstlerischen Schaffens gelten ließ, sondern nur *planmäßige Beobachtungen*. Letztere trennte er noch einmal in *systematische Beobachtungen*, also längerfristige Aufzeichnungen von Ereignissen, und in *Experimente*, also Beobachtungen unter eigens dafür hergestellten »künstlichen« Bedingungen. Kurzum, Erfahrung galt ihm als *das* Beweismittel schlechthin, weshalb er auch durch *induktiv gewonnene Erkenntnisse* zu gesichertem allgemeinen Wissen zu gelangen gedachte.

Allerdings, so ▶ F. Bacon, müsse sich der Mensch, um zu einer »wahren Einsicht in die Natur der Dinge« zu gelangen, zunächst von verschiedenen Vorurteilen freimachen, die eine objektive Erkenntnis verhinderten. Die »richtige Methode«, um zu wahren Erkenntnissen zu gelangen, bedürfe nämlich sowohl der Induktion, hier eines *»systematischen Sammelns von Informationen«*, als auch einer *hypothetisch-deduktiven Vorgehensweise*, die eine *Elimination irriger Annahmen* ermögliche. Was Letztere angeht, so maß er folgenden früher wie heute bedenkenswerten Fehlerquellen besondere Bedeutung bei. Durch die Natur der menschlichen Gattung und weil unser Verstand die Natur nur nach menschlichem Maß erfasse, so ▶ F. Bacon, entstünden nun einmal ganz unvermeindlich Verfälschungen. Dazu gehöre der Hang, dem unmittelbaren Zeugnis der Sinne zu viel Gewicht zu geben, der Hang zum Wunschdenken, zur übertriebenen Abstraktion sowie die Neigung, der Natur menschliche Züge zuzusprechen, z. B. indem wir bestimmte Zweckursachen als gegeben ansähen. Der eigene Verstand, so ▶ F. Bacon, arbeite folglich als eine Art »verzerrender Spiegel«, indem er dazu »neige«, seine eigene Natur mit der der Dinge zu vermischen und dadurch eher neue Probleme zu schaffen denn zu entschärfen. Diese Verzerrungen, so ▶ F. Bacon, lägen im Individuum selbst und seien durch Veranlagung, Erziehung, Gewohnheit und Neigung entstanden. Auch führe die Verwendung der Sprache selbst zu Irrtümern, da sich in die Alltagssprache falsche Bedeutungen eingeschlichen haben können und sich, wie er es ausdrückte, »die Worte vor die Dinge« stellten.[18] Manche Irrtümer seien aber auch durch die Akzeptanz der tradierten Lehren entstanden, die verkehrte Beweisverfahren verwendeten oder Theorien nur »erdichteten«. Vor diesen überlieferten philosophischen Systemen und deren irreführenden Gedankenketten habe sich ein Wissenschaftler zu hüten, ehe er Beobachtungen anstelle oder Experimente durchführe. In seinem Fragment gebliebenen Hauptwerk, der *Großen Erneuerung*, kritisierte ▶ F. Bacon insbesondere die damalige Schulphilosophie als eine Art *pseudowissenschaftliche Hochstapelei*, die einen Erkenntnisanspruch erhebe, den sie nicht erfüllen könne, da sie mit Theorien über die Natur agiere, die der Beobachtung vorausgriffen. Solche *idola* führten in ihrer Gesamtheit zu einer *Ideologie*, nicht aber zu Wissenschaft.[19] Allein das Konstruierende, experimentell Herbeigeführte resultiere in der »Beherrschung dessen, was über die Natur in Kenntnis gebracht

---

18 ▶ Bacon bezog sich hiermit insbesondere auf die damals üblichen Streitigkeiten über bloße Worte, Wortbedeutungen und Namen.

19 ▶ F. Bacon selbst suchte indes stets *nicht die Erkenntnis um ihrer selbst willen*, sondern um damit praktische Ziele zu verwirklichen. Man unterwirft sich der Natur, so sein Credo, um sie in den Griff zu bekommen und sie zu überwinden.

werden könne«. Allerdings erfordere dieses Vorgehen ein geduldiges, behutsames Eingehen auf deren Eigenheiten, um ihre Gesetzmäßigkeiten bzw. Geheimnisse zu begreifen. Erst dann werde Erkenntnis zu einem durch »aktive Manipulation des Naturprozesses« gewonnenen Wissen. Dabei bestimme dieser Prozess, d. h. die Art der Vorgehensweise, sowohl die Fragen als auch die Antworten, die gestellt bzw. gewonnen werden können. Das Resultat induktiven Vorgehens, so ▶ Bacon, sollten Gesetze der Wirksamkeit sein, Gesetze, die einer mechanischen Naturauffassung statt einer Inspiration des menschlichen Geistes entspringen.

8.4.1 Neue Maßstäbe in der Erfassung von Gefühlen und Gefühlsausdruck

Mit solcherart Vorwissen ausgerüstet, erfuhr die Untersuchung der ▶ Gefühle im Rahmen der Physiognomik bereits im 18. Jahrhundert einen großen Schub der Anerkennung, insbesondere da die Ausdruckslehre nun als Teilbereich einer eigenständig agierenden Wissenschaft gesehen wurde, der ▶ Anthropologie. Das wiederum war zum großen Teil auf die Resonanz der Schriften von ▶ J. K. Lavater[20] und dessen Widersacher ▶ G. C. Lichtenberg zurückzuführen. Zunächst erlangte ▶ J. K. Lavaters Abhandlung *Physiognomische Fragmente zur Beförderung der Menschenkenntnis und der Menschenliebe,* die zwischen 1775 und 1778 in vier opulent illustrierten Bänden erschienen, große Berühmtheit, ehe ▶ G. C. Lichtenberg diesen Ansatz entzauberte, indem er ihm vehement widersprach. Obwohl ▶ J. K. Lavater nun zugestehen musste, dass die von ihm propagierte Ausdruckspsychologie bzw. Physiognomie als Wissenschaft ihrerseits sehr vieles dem ▶ »Gefühl des Betrachters« überlassen musste, geisterten seine wissenschaftsfernen Darstellungen menschlicher Ausdrucksweisen und Haltungen weit länger in den Köpfen des gebildeten Bürgertums herum als die Kritik ▶ G. C. Lichtenbergs, der ihm die daraus resultierenden Widersprüchlichkeiten vorhielt.

Deren ungeachtet fand ▶ J. K. Lavaters Werk nämlich im In- und Ausland großen Anklang.[21] »Die Physiognomik« entwickelte sich dadurch – nicht zuletzt, weil sich in ▶ J. K. Lavaters Werk gleichen Namens auch auf das Individuum bezogene allgemeine Kenntnisse widerspiegelten – zu einem wesentlichen Baustein einer zunehmend psychologisch orientierten ▶ Anthropologie. Die Aufdeckung psychophysischer Zusammenhänge emotionalen Verhaltens – heute als ureigene psychologische Fragestellung betrachtet – war dadurch noch bis ins 20. Jahrhundert hinein in das wissenschaftliche Programm der ▶ Anthropologie integriert. Hinzu kam, dass sich auch anthropologisch interessiert gebende Mediziner mit der Beziehung von ▶ Gemüt und anatomischer Struktur befassten. So befasste sich z. B. der holländische Arzt und Kunstliebhaber Peter Camper zeichnerisch speziell mit der Entwicklung Schädelbau und Schädelform und beflügelte dadurch eine ganze Reihe von Schädelkundlern, unter ihnen z. B. ▶ Franz Joseph Gall. Letzterer wiederum machte die Beziehung von Schädelform und Charakter zeitweise zum Hauptgegenstand seines Arbeitens. Auch wenn ▶ F. J. Galls ▶ Phrenologie ebenso vehement widersprochen wurde wie zuvor der Lehre ▶ J. K. Lavaters, verblieb das Thema »Gemüt und Struktur« dennoch

---

20 In den späten 60er- und 70er-Jahren des 18. Jahrhunderts publizierte ▶ J. K. Lavater eine ganze Reihe von Abhandlungen über mögliche Zusammenhänge von Aussehen und Charakter, denn er glaubte, im Ausdruck Zusammenhänge zwischen Physiognomie und Persönlichkeit herausfinden zu können. Aufgrund der Popularität seiner Abhandlungen und ungeachtet der Kritik daran (▶ C. Lichtenberg) wurde der Physiognom als solcher durch ▶ J. K. Lavater zu einer Art Lichtgestalt, die aufgrund dieser Wissenschaft »seherisch« die ▶ Seele eines Menschen zu deuten vermochte.

21 So etwa in A.-J. Pernetys zweibändigem Werk von 1776 De la connaissance de l'homme morale par celle de l'homme physique.

bis ins 20. Jahrhundert hinein oft jenseits der Psychologie. Als Forschungsgegenstand wurden »sichtbare ▶ Gefühle« zwischen ▶ Anthropologie und Medizin ausgehandelt, blieben aber ihrerseits wenig gesicherten Status wegen besonders anfällig für eine gesellschaftliche Vereinnahmung, etwa im Sinne o. g. weltanschaulicher sozialdarwinistischer ▶ Strömungen.

Methodisch gesehen erfuhren Fragestellungen, die sich mit dem Ausdruck von ▶ Gefühlen befassten, durch die *Photographie* als Verfahren zur Erfassung physiognomischer Eigenheiten einen beachtlichen Szientifizierungsschub. Dies nutzte z. B. der französische Neurophysiologe G.-B. Duchenne, um die Mimik seiner Probanden durch elektrische Reizung experimentell zu verändern und zu photographieren. Die daraus resultierende Anregung zur Dokumentation des Gesichtsausdrucks nahm wiederum u. a. ▶ Charles Darwin in seine Ausführungen *On the Expressions of Emotions in Men and Animals* von 1872 auf. Auch die *medizinische Physiognomik* bediente sich der neuen Möglichkeiten mittels der Photographie. Dies zeigt sich z. B. in der vielbändigen *Iconographie de la Salpêtrière*[22] und durch ▶ J. M. Charcots photographische Dokumentation von Hysterie-Patientinnen.

Unter den hauptsächlich psychologisch interessierten Wissenschaftler wandten sich insbesondere solche mit ausgeprägter physiognomischer und anthropometrisch methodischer Orientierung bereits im letzten Drittel des 19. Jahrhunderts der Erforschung der ▶ Gefühle zu. Die Gefühlswelt der Menschen wurde hier ebenfalls zu erfassen versucht, indem im Wesentlichen der Gesichtsausdruck dokumentiert wurde. An erster Stelle sind dabei der Brite ▶ Francis Galton und der Italiener Cesare Lombroso zu nennen. Beide erhofften sich dadurch die Chance, *Außenseiter, psychisch Kranke* und *Verbrecher* identifizieren zu können, und versuchten das Bild eines rassischen Mustertyps zu erstellen sowie Fragen der ▶ Eugenik und der *Kriminalanthropologie* zu beantworten.

Mit durch solche Ansätze und bedingt durch diverse Rassentheorien und Degenerationslehren, die im Rahmen dieses Zeitgeistes im frühen 20. Jahrhundert entstanden, war für eine »unvoreingenommene«, objektiv betriebene, eigenständige Ausdrucks- bzw. Emotionspsychologie bis nach dem Zweiten Weltkrieg kaum eine Entwicklungsmöglichkeit gegeben. Entsprechend sind die schematischen Abbildungen, mit denen heute z. B. versucht wird, Basisemotionen zum Ausdruck zu bringen, als Ergebnis des Versuchs zu betrachten, jegliche Form der Weltanschauung aus der Betrachtung eines Gesichtes herauszuhalten und keinerlei klinisch oder neurologisch relevante Ziele damit zu verbinden. Es soll nun lediglich deutlich werden, dass etwa anhand der Veränderung von Muskeln im Augen, Stirn, Nase, Mund- und Wangenbereich bereits bestimmte Grundemotionen abzuleiten sind, die kulturübergreifend Gültigkeit beanspruchen können (vgl. z. B. Ekman 1972).

8.4.2 Fazit

An der Schwelle zur Neuzeit profitierte psychologisches Denken in ▶ Philosophie und Medizin von einem Wandel in der Naturauffassung: Nur scheinbar, so hatte man erkannt, bezeugten die Sinne ein absolutes Weltzentrum und eine absolute Weltgrenze, tatsächlich aber konnte jeder beliebige Ort sowohl Mittel- als auch Grenzpunkt sein. Das galt im übertragenen Sinne insofern auch für das Denken über den Menschen, als ein scheinbar stabiles gedankliches Gefüge, bestehend aus biblischen und ptolemäischen Vorgaben, an Überzeugungskraft verlor. Die neu gewonnene Naturauffassung ließ auch philosophische Ideen nicht länger als unveränderliche

---

22 Die *Iconographie photographique de la Salpêtrière* (1876–1880) stammt von Désiré-Magloire Bourneville und Paul Régnard, Schülern von ▶ Jean-Martin Charcot.

Allgemeinbegriffe bestehen, sondern versuchte, reale Zusammenhänge zwischen ihnen herzustellen. An die Stelle von bloßer Sammlung von Wahrnehmungen und gedanklicher Konstruktion trat vermehrt Beobachtung, gepaart mit Wechselwirkung und Analyse, und dadurch änderte sich nicht nur das Verhältnis des Menschen zur Natur, in der er lebte, sondern auch das theoriegeleitete Verhältnis des Menschen gegenüber dem Menschen *an sich*. Das bezog auch die ▶ Gefühle eines Menschen mit ein, soweit man sie denn beobachten und fraktionieren konnte. Entsprechend der vorherrschenden Ansicht, dass stets mit dem Einfachsten und am klarsten Erkennbaren zu beginnen und dass schlichtweg alles ursächlich bedingt sei, wurde auch bei der Erforschung von Ausdrucksbewegungen vorgegangen. Ein kleines Lächeln, eine abweichende Körperhaltung etc. vermittelte den Eindruck, man könnte durch Dokumentation auf entsprechend eindeutige innere Dispositionen schließen. Auch wenn sich dies als Irrweg herausstellte, so hat sich ein die Jahrhunderte überdauerndes Grundbedürfnis des Menschen, Eigenschaften seines Gegenübers möglichst einfach zu erkennen, d. h. Charakter und Temperament leicht zu erfassen (▶ Theophrastos), bis ins 20. Jahrhundert hinein gehalten. Seit den an der Physiognomie orientierten Gesellschaften, die gegen Ende des 18. Jahrhunderts den Ideen ▶ J. K. Lavaters oder ▶ F. J. Galls anhingen, verlagerte sich das Interesse lediglich darauf, noch eindeutiger als bisher anhand von Ausdruck und Ausdrucksbewegungen auf das »Wesen« seines Gegenüber schließen zu können. Nicht nur der Brite ▶ C. Darwin legte sich auf die Bedeutung des Ausdrucks fest, auch in Deutschland sollte eine eigenständige Ausdruckswissenschaft gebildet werden, eine, die z. B. laut Ludwig Klages (1872–1956) zur Lehre des menschlichen Charakters hinzugedacht werden müsse. Als allgemeine Ausdruckslehre wurde sie schließlich um die Mitte des 20. Jahrhunderts in die Psychologie integriert (vgl. Kirchhoff 1957). Damals stand die Beobachtung physisch gegebener Ausgangsdaten besonders hoch im Kurs, da Gebärden- und Minenspiel inzwischen filmisch festgehalten werden konnte, wodurch dem Fach weiteres objektiv analysierbares Material zur Verfügung stand. Dieses sollte, gesetzt den Fall, es spiegelte tatsächlich, was *in der Person* vorging, den Ausdruck von ▶ Gefühlen einer Erklärung noch besser zugänglich machen. Erst die Erkenntnis, dass Beobachtungen auch dann weltanschaulich verzerrt sind, wenn man meint, neutrale, unvoreingenommene Bedingungen zu schaffen, reduzierte die Erforschung der ▶ Gefühle und ihrer Ausdrucksweisen die Darstellung auf ein Minimum bedeutungstragender Charakteristika in Form von Schemazeichnungen des Gesichts.

Literatur

Albano, C. (2008). The puzzle of human emotions: Some historical considerations from the 17th to the 19th centuries. *Developmental Medicine & Child Neurology, 50*(7), 494–497. doi:10.1111/j.1469-8749.2008.03006.x
Bacon, R. (1897). *The Opus Majus*. Edited by John Henry Bridges. 2. Band. (Erstausgabe 1267.) Oxford: Clarendon Press. ▶ https://archive.org/details/opusmajusofroger02bacouoft. Zugegriffen: 29. Juli 2015.
Becker-Carus, C. (2004). *Allgemeine Psychologie. Eine Einführung*. ▶ Kapitel 13 »Emotion«. Heidelberg: Spektrum.
Benthien, C., Fleig, A., & Kasten, I. (2000). *Emotionalität. Zur Geschichte der Gefühle*. Köln: Böhlau.
Breuer, J., & Freud, S. (1895). *Studien über Hysterie*. Leipzig: Deuticke.
Buser R. (1973). *Ausdruckspsychologie. Problemgeschichte, Methodik und Systematik der Ausdruckswissenschaft*. Basel: Ernst Reinhardt.
Delumeau, J. (1989). *Angst im Abendland. Die Geschichte kollektiver Ängste im Europa des 14. bis 18. Jahrhunderts*. Reinbek bei Hamburg: Rowohlt.
Deonna, J. A., & Teroni, F. (2012). *The emotions. A philosophical introduction*. London: Routledge.
Ekman, P. (1972). *Emotions in the human face*. New York: Pergamon Press.
Fink-Eitel, H., & Lohmann, G. (Hrsg.). (1993). *Zur Philosophie der Gefühle*. Frankfurt a. M.: Suhrkamp.
Frevert, U. (2011). *Emotions in history. Lost and found*. Budapest: Central European University Press.

Literatur

Hehlmann, W. (1967). *Geschichte der Psychologie*. Stuttgart: Kröner.
James, W. (1884). What is an emotion? *Mind, 9,* 188–205.
Kirchhoff, R. (1957). *Allgemeine Ausdruckslehre. Prinzipien und Probleme der Allgemeinen Ausdruckstheorie*. Ein Beitrag zur Grundlegung der Wissenschaft vom Ausdruck. Göttingen: Hogrefe.
Klemm, O. (1911). *Geschichte der Psychologie*. Leipzig: B. G. Teubner.
Lavater, J. K. (1775–1778). *Physiognomische Fragmente zur Beförderung der Menschenkenntnis und Menschenliebe*. Leipzig: Weidmanns Erben und Reich.
Lorenz, K. (1943). Die angeborenen Formen möglichen Verhaltens. *Zeitschrift für Tierpsychologie, 5,* 235–409.
Menninhaus, E. (1999). *Ekel. Theorie und Geschichte einer starken Empfindung*. Frankfurt a. M.: Suhrkamp.
Pernety, A.-J. (1776). *De la connaissance de l'homme morale par celle de l'homme physique*. Berlin.
Rothermund, E. (1968). Der Affekt als literarischer Gegenstand: Zur Theorie und Darstellung der Passiones im 17. Jahrhundert. In H. R. Jauß (Hrsg.), *Die nicht mehr schönen Künste. Grenzphänomene des Ästhetischen* (S. 238–269). München: Fink.
Ulich, D (1995). *Das Gefühl. Einführung in die Emotionspsychologie*. 3., neu ausgest. Auflage. Weinheim: Psychologie Verlags-Union.
Wright, T. (1604). *The passions of the minde in generall*. London: Valentine Simmes for Walter Burre, S. 37.

Zeit und Vergessen

9.1 Erinnern und Vergessen – 180

9.1.1 Das Vergessen, ein »stiller Mitgestalter« jeden individuellen Erinnerungsprodukts – 181

9.1.2 Vergessen: ein unsichtbares »Produkt« kultureller Verhandlungsgeschichte – 182

9.1.3 Elemente des Stabilen und des Fließenden in der Metaphorik des Vergessens – 183

9.1.4 Aktives und passives Vergessen – 184

9.1.5 Strategien des Vergessens – 185

9.1.6 Unterscheidung von individuellem und kollektivem Vergessen – 185

9.2 Grenzen traditioneller Erklärungsversuche alltäglichen Vergessens – 186

9.3 Zeitbindung des Vergessens – 188

9.3.1 Beispiel: Vergessen unter dem Aspekt einer modifizierten Zeitbindung von Ereignissen – 189

9.4 Schlussbetrachtung – 194

Literatur – 195

Wie in den beiden vorangegangenen Kapiteln deutlich wurde, sind Gedächtnis und ▶ Emotion in vielen Bereichen des alltäglichen Lebens nicht zu trennen, sowohl was das Individuum als auch was das Kollektiv angeht. Beide ▶ Begriffe bauen ferner auf die Idee der Zeit – der Zeit, die »heilt«, der Zeit, die vergessen lässt, der Zeit, die stehenzubleiben scheint, et cetera. In diesem Kapitel soll der Frage nachgegangen werden, was es im Laufe der Geschichte psychologischen Denkens bedeutete, wenn man von »Vergessen« sprach und damit auch von der Zeit, die es dazu braucht.

Der ▶ Begriff des Vergessens – er umschreibt das Unsagbare, weil Entschwundene – wurde nicht nur, aber insbesondere durch H. Weinrich (2000) auf eine Weise zum Ausdruck gebracht, welche die damit verbundene Problematik veranschaulicht. Seiner Auffassung nach soll z. B. durch das Verb *forget* bzw. »vergessen« deutlich werden, dass das, was eigentlich zur Kenntnis gelangen sollte, also *get* bzw. (g)essen, ausgedrückt durch die Vorsilbe *for* bzw. »ver«, aufgelöst wird. Diese Umkehrbewegung unbestimmter Richtung, dieses »Weg-Erhalten« in eine gedanklich nicht zugängliche Sphäre bleibe dem Bewusstsein folglich auch verschlossen, weshalb das Vergessen meist als etwas bezeichnet werde, das einem widerfährt, und nicht als etwas, das man tut.

Aus dieser Weglenkung des zu erinnernden Inhaltes in die Unbestimmtheit des mental nicht zu Fassenden ergeben sich gleichwohl mehrere Möglichkeiten, um ein Vergessen zu charakterisieren. Zumindest erschließt sich dieses nicht allein aus der Negation des vergessenen Inhalts, denn jedes »Nichterinnern« von zeitlich-räumlichen Aspekten eines Sachverhaltes lässt Eventualitäten offen, die über das Was, Wann und Wo der Umkehr des Erinnerns hinausgehen. So können z. B. auch nichtmnestische Begleiterscheinungen von Bedeutung sein, insbesondere solche, die das Wie, Warum und Wozu des Erinnerns hinterfragen. Gesucht wird deshalb meist – so auch im Folgenden – nach Antworten auf die Frage, auf welche Art und Weise den unterschiedlichsten Gedächtnisinhalten in Form einer irritierenden Vergesslichkeit oder gar in Gestalt einer als krankhaft zu bezeichnenden Amnesie diese Umwidmung ins nicht mehr Fassbare zuteilwerden kann.

9.1 Erinnern und Vergessen

Das leicht Mess- und Bewertbare, hier die »Kunst, sich zu erinnern«, sich das Wesentliche zu merken und Methoden zu entwickeln, um das Gedächtnis zu schulen, zählte, wie in ▶ Kap. 7 dargestellt, seit der Antike zu den Tugenden, die ein effizientes Arbeiten ermöglichen sollen. Seither wurde – wenn auch meist als ergänzende Anmerkung verstanden – immer wieder darauf hingewiesen, dass es nicht nur wesentlich sein könne, darüber Aufschluss zu gewinnen, »wer sich was, wann, wie, wo, warum und wozu« zu merken versteht. Wichtig, so heißt es, sei ebenso, nachvollziehen zu können, »wer was, wann, wie, wo, warum und wozu« nicht mehr präsent hat, es vergaß, verdrängte, sich irrtümlich an etwas zu erinnern glaubte, was nie geschehen war, etc. (vgl. ▶ Kap. 7).

Damals waren sich Gelehrte ebenso wie heute Wissenschaftler über die Fakultäten hinweg jedenfalls darin einig, dass die Essenz des im Gedächtnis Verankerten, das, was zum Inbegriff des jeweiligen Erinnerungsprodukts gerinnt, ohne eine Auswahl, also eine *Konzentration auf das Wichtigste*, nicht funktionieren kann. Zu den Inhalten, auf welche wir uns wie selbstverständlich zur vorausschauenden Gestaltung von Zukunft berufen, gehören somit immer sowohl Vorgänge des Gedächtnisses als auch solche des Vergessens. Beide verschmelzen systemisch zum dynamischen und plausiblen Ganzen der Erinnerung. Dass bei diesem Vorgang der Einbettung in bestimmte, mit durch das Weltwissen vorgegebene Rahmenbedingungen eine große Bedeutung zukommt, hat u. a. der bereits erwähnte ▶ John Locke zum Ausdruck gebracht, indem er die Auffassung vertrat, Bildung bedeute im Wesentlichen nicht, Wissen zu erlernen, sondern Methoden zu entwickeln, um es dem Vergessen zu entreißen. Gleichwohl erwiesen bzw. erweisen sich Phänomene des Vergessens, anders als die des Gedächtnisses, seit jeher als nur schwer fassbar.

9.1.1 Das Vergessen, ein »stiller Mitgestalter« jeden individuellen Erinnerungsprodukts

Etwas, das »nicht ist«, ergründen zu wollen, etwas, das in Raum und Zeit, wenn überhaupt, dann nur indirekt erkennbar wird und das – Bewusstes und Unbewusstes einschließend – beliebig vielgestaltig und tiefgründig sein kann, erschließt sich weder rationalen noch empirischen Denkansätzen. Im Methodenarsenal der heutigen experimentellen Psychologie z. B. wird ein Vergessen des Was, des Wann und Wie *von etwas* zu »Fehlern« oder »Ausfällen« vorstrukturierter Gedächtnisvorgänge gerechnet und bezeichnet damit eine »Leerstelle« kognitiven Verhaltens. Diese kann – im Rahmen der Begrifflichkeiten heutiger Gedächtnisforschung verhandelt – entsprechend auch nicht anders denn als eine Ansammlung mnestischer Problemstellungen in Erscheinung treten. In der Zeit vor und jenseits experimentalpsychologischen Denkens wird bzw. wurde das Vergessen hingegen eher als stiller Mitgestalter des jeweiligen Erinnerungsproduktes begriffen denn als dessen problematische Seite. So etwa, indem es mit »Vergeben« oder »Verschweigen« gleichgesetzt wurde und wird.

Vom Individuum her gesehen kann man somit jeden Erinnerungsversuch als das Bestreben verstehen, den Inhalt und die Aura – hier bestimmter Ereignisse *in* ihrem zeitlich-räumlichen Umfeld angesichts der jeweiligen Befindlichkeit des oder der Betroffenen – mit den in der Gegenwart verfügbaren Mitteln zu rekonstruieren bzw. Teilaspekte daraus zu extrahieren (vgl. ▶ Kap. 7). So etwa, indem man bestimmte wesentliche Fakten berücksichtigt oder deren erlebte »Wirkung« auf das jeweilige Individuum in den Vordergrund stellt. Entsprechend erfahren das *Was*, das *Wo* und *Wann* und auch das *Wie* und *Wozu* jeweils eine andere Gewichtung.

Ist z. B. eine Erfahrung stark gefühlsbesetzt, so ist deren Rekonstruktion im Vergleich zu Wissensinhalten sprachlich weniger leicht transformier- bzw. konkretisierbar, was wiederum auf den sprachlich gebundenen Anteil des Erinnerungskonstrukts verändernd zurückwirkt. Die »Fakten«, das *Was* des zu Erinnernden und dessen emotionale Valenz, also *wie* man diese Erfahrung empfunden hat, könnte folglich zu ganz unterschiedlichen Anteilen unser Vergessen bestimmen. Etwas mag von der Faktenlage betrachtet »lange her« sein, ohne dass es von der ▶ Empfindung her »vorbei« ist, denn die Erinnerung an ▶ Emotionen folgt einem anderen Zeitmaß als die der Fakten. Eine komplexe, emotions- wie faktenbeladene Geschichte ist deshalb kaum je in deren Gleichtakt zu Ende erzählt.

Hinzu kommt, dass einander *ausschließende* ▶ *Empfindungen bzw. Bewertungen*, z. B. Empathie *und* Schadenfreude oder »begründet« *und* »irrational«, die in der Vergangenheit die Bewertung abwechselnd dominierten, im Nachhinein *kaum gleichzeitig verhandelbar* sind. Nicht nur, dass bestimmte Aspekte des einen zulasten des anderen hervorgehoben werden, sprich das momentan nicht dominant Erscheinende vernachlässigt wird. Immer dann wenn ein Geschehnis als Ganzes auf eine übergeordnete Bewertungsebene gehoben werden soll, drohen durch die angesprochene Ausschließlichkeit nacheinander erlebter Inhalte bestimmte Anteile oder Zusammenhänge im Hier und Jetzt verloren zu gehen. Denn durch eine rückwärts gewandte Betrachtung in der Gegenwart eines bestimmten Augenblicks werden notwendigerweise sukzessive Ereignisse zu simultanen komprimiert. Daraus entstehen neue gedankliche Nachbarschaften in der Momentaufnahme vergangener Ereignisse, sprich neue Phasenübergänge, die ihrerseits alternative Deutungsmuster anbieten. Diese tragen zu einem Wandel des Blickwinkels auf Geschehnisse der Vergangenheit bei und dadurch fügen sich die Konstituenten eines Ereignisses unter Umständen zu einem neuartigen ▸ Konstrukt.

Jede auch nur partielle Neukonfiguration bedingt somit auch einen Wandel des erinnerten Ganzen, einen, der die Dynamik körperlich-geistiger Veränderung in einer sich verändernden Umwelt abbildet. Hierbei herauszufinden, warum etwas nicht mehr präsent ist, kann insofern aufschlussreich, weil zukunftsweisend sein, weil das, was man wann und wie erlebt, einen entscheidenden Einfluss darauf hat, ob man das Phänomen des Vergessens dem bewussten bzw. unbewussten Teil der Persönlichkeit zuschreibt und es dann als »Verblassen« oder »Überschreiben« bzw. als Unterdrückung oder Verdrängung bezeichnet, dass z. B. das Verdrängte nicht einfach bedeutungslos wird, sondern durchaus handlungsrelevant sein kann, darauf weist man in der ▸ Psychoanalyse bereits seit mehr als einem Jahrhundert hin.

9.1.2 Vergessen: ein unsichtbares »Produkt« kultureller Verhandlungsgeschichte

Zu den als geläufig zu bezeichnenden Vorstellungen vom Vergessen gehören in den Geisteswissenschaften u. a. die Erkenntnisse, die Philosophen, Theologen und Literaten seit der Antike[1] zusammengetragen haben (Übersichten in Harth und Kronauer 1991; Ricoeur 1995). Auf einem entsprechend weit verzweigten und multipel vernetzten Material basieren geschichtswissenschaftlich und/oder philosophiehistorisch motivierte Arbeiten[2] sowie interdisziplinär angelegte kulturwissenschaftliche Betrachtungen[3] über Phänomene des Vergessens. Als solche bereichern sie insbesondere die an der ▸ Kognitions- und Kommunikationswissenschaft orientierten psychologischen Ansätze.

In den genannten Disziplinen ist es aber im Unterschied zur Psychologie eher die *kulturelle Verhandlungsgeschichte*, die entscheidet, ob ein vergangenes Ereignis vergessen werden darf, soll oder muss, denn die individuelle Gedächtnisfähigkeit. Jede ▸ »Aufklärung« über einen bestimmten Sachverhalt in der Vergangenheit stellt somit den Versuch der Rekonstruktion von Ereignissen der Vergangenheit mit Mitteln und unter Bedingungen des jeweiligen Zeitgeistes dar. Dabei prägt, wie bereits kurz erwähnt, die Perspektive auf das, was sich wann, wo und warum vermutlich einmal zugetragen hat, das Ausgelassene ebenso mit wie das darin Enthaltene. Was in ein solches Produkt permanenter gesellschaftlicher Verhandlung um die zukunftstragende Bedeutung vergangener Ereignisse weder in Form *relevanter Zeitzeugen* noch durch *Quellennachweise* einfließt, also aus der Singularität der individuellen Erfahrung heraus nicht in ein kollektiv zugängliches Geschehen transformiert werden kann, geht verloren, sprich: wird vergessen.

---

1   Übersichten z. B. in Blum 1969; Carruthers 1990; Coleman 1995 und Yates 1966.
2   Grätzel 1993; Haverkamp und Lachmann 1993; Hölscher 1989; Le Goff 1992; Nora 1990; Oexle 1995; Zentner 1995.
3   Z. B. Assmann 1991; Echterhoff und Saar 2002; Osten 2004; Ricoeur 1995; Schmidt 1991; Welzer 2002; Übersichten z. B. in Weinrich 1997 und in Smith und Emrich 1996.

9.1.3 Elemente des Stabilen und des Fließenden in der Metaphorik des Vergessens

Mit durch die zeitübergreifende Auseinandersetzung mit den Themenbereichen des Erinnerns und Vergessens werden auch entsprechend archaische Denkweisen darüber weitergetragen, z. B. in Form der in ▶ Kapitel 7 angesprochenen Wachstafelmetaphorik sowie der Kästchen- bzw. Gefäßmetaphorik, um nur einige weitere zu nennen (Übersicht in Draaisma 2000). Dadurch wird bis heute zum Ausdruck zu bringen versucht, dass einmal »Eingraviertes« unter ungünstigen Umständen »unleserlich« werden kann bzw. dass etwas Aufzubewahrendes *falsch eingeordnet* wurde. Letzteres veranschaulicht, wie z. B. die Gefäßmetaphorik, die auch heute noch gängige Vorstellung, dass das Aufnahmesystem »voll« ist.[4]

Dass gerade diese ▶ Metaphern trotz der vielfach vorgetragenen und begründeten Kritik seitens der Neurowissenschaft, man nutze nur einen Bruchteil seiner materiellen neuronalen Ressourcen, bis heute überdauern, beleuchtet einen weiteren Aspekt der Diskussion um das Vergessen. Möglicherweise sind *alte Ideen räumlicher Fest- und Zuschreibung von etwas* im Allgemeinwissen der Gegenwart noch so nachhaltig und tief verankert, dass sie gegen ein *kollektives Vergessen* praktisch immun sind. In ähnlicher Weise gilt dies auch für den geheimnisvollen Fluss der Unterwelt, Lethe, der »Strom des Vergessens«, aus dem Ovid zufolge die Verstorbenen das »Vergessen« tranken, wodurch dieser wiederum zum Inbegriff ewigen *Fließens und Zerfließens von Gedächtnisinhalten* wurde.

Indem eher *statisch* zu nennende Um- und Beschreibungen des Vergessens, ausgedrückt durch o. g. Gefäßmetaphorik, somit seit jeher auch durch eine *dynamische* Charakterisierung ergänzt wurden, konnten sich auch Ideen eines ständigen Wandels mentaler Inhalte in der Naturwissenschaft auf jahrtausendealtes Wissen stützen. Neurowissenschaftlich gesehen gilt es z. B. den beobachtbaren vielen kleinen Veränderungen der Morphologie des neuronalen Systems, seiner *Plastizität*, sowohl eine funktionelle Bedeutung im Sinne einer gerichteten Um- oder Reorganisation zu verleihen als auch das Ganze in einer stabilen Struktur, hier dem Gehirn, zu verankern.

In den Geisteswissenschaften gaben ebenfalls beide Vorstellungen, das stabile Element der »(Schreib)Tafeln und Gefäße« und das sich laufend verändernde des »Flusses«, seit jeher Ideen Auftrieb, die Vergessen sowohl im *negativen Sinn als* »*Verschüttung*« und damit Störung eines stabilen oder im Fließen begriffenen Etwas betrachten, als auch *positiv bewertend* Vergessen als ein »Abwerfen von Ballast« ansehen. Insbesondere mit Letzterem sollte die *Notwendigkeit* in den Vordergrund gestellt werden, *Raum für die Zukunft* zu gewinnen (vgl. Weinrich 1997).

Ob oder inwieweit man auch im psychologischen Sinne verstanden durch Vergessen »Raum für die Zukunft« gewinnen bzw. durch »Leere« Platz für Erinnerung schaffen könnte, ist indes noch offen. Zumindest herrscht in der empirisch ausgerichteten Psychologie Einigkeit darüber, dass ein Gedächtnis *über etwas* immer auch (irgend)einen stabilen Fundus von Ansatz- und Fixpunkten, sogenannte Assoziationsmöglichkeiten, benötigt, der seinerseits wiederum der Erfahrung entstammt. Auch ein partielles »Nichts« würde hier, da es das Individuum zwingt, sich in Teilbereichen seiner Identität »neu zu erfinden«, eher zu Konfabulationen führen und damit eher als Flucht in eine Art psychogener Amnesie gewertet werden denn als unbeschwerter Aufbruch in die Zukunft. Das Ziel, das letztlich auch mit diversen Formen »geschwätzigen Schweigens« – gemeint sind hier vor allem False Memories und Konfabulationen – erreicht werden soll (vgl. ▶ Kap. 7), besteht primär darin, die Gegenwart durch eine möglichst umfassende Beherrschung der Vergangenheit (irgendwie) kontrollieren zu können.

---

4   Vgl. z. B. Blum 1969; Carruthers 1990; Yates 1966.

Das Erreichen eines solchen Zieles gilt, z. B. gemäß geisteswissenschaftlichen Betrachtungen, durch eine »Leerstelle« des Vergessens gleich zweifach gefährdet: Einmal indem man Vergessen als Umkehr der Leistung eines Simonides von Keos (Goldmann 1989), versteht, was einem sogenannten *einfachen Vergessen* gleichkommt, also einem »Entgleiten aus dem Gedächtnis«. Dies ist etwa dann der Fall, wenn man einen bestimmten Ort vergisst, an dem man sich in der Vergangenheit aufgehalten hat. Zum anderen wird Vergessen auch als ein *Nichtauffinden von etwas* betrachtet, das – ehemals »von den Göttern« oder, wie man heute sagen würde, aufgrund einer genetischen Disposition (vor)gegeben – zweifellos im System verankert ist. Allerdings verlangt auch diese wie jede Vorbestimmung, dass sich das betreffende Individuum in geeigneter Weise mit der jeweiligen Problematik auseinandersetzt, dass es findet, was zu finden ist. Zusammen mit dem erstgenannten Phänomen des Entgleitens ermöglicht die Vorstellung des »Nichtauffindens« eine Differenzierung von Vergessensprozessen. Dadurch kann u. U. eine Brücke zwischen einem geistes- und einem naturwissenschaftlichen Grundverständnis von »artifiziellen« und »natürlich vorgegebenen« Gedächtnisinhalten und den damit in Beziehung stehenden Vorgängen des Vergessens gebildet werden.

In naturwissenschaftliche Termini übertragen würde man z. B. sagen, im ersten Falle sei von Gedächtnisformen mit geringer genetisch begründeter Disposition die Rede, wohingegen im zweiten Fall eine entsprechend stark ausgeprägte Prädisposition im Spiel sei.[5]

9.1.4 Aktives und passives Vergessen

Als sich im geisteswissenschaftlichen Diskurs des ausgehenden 19. und beginnenden 20. Jahrhunderts das Interesse auf das »Prinzip der aktiven Vergesslichkeit« richtete, geriet auch der positive Aspekt daran erneut in den Vordergrund. Zwar hatte offenbar bereits der Feldherr Themistokles (524–459 v. Chr.) eher nach einer *ars oblivionalis*, der »Kunst des Vergessens«, als nach einer *ars memoria*, der »Kunst des Gedächtnisses«, verlangt (Vidal 2010), aber der Aspekt einer *notwendigen Entlastung des Gedächtnisses von widersprüchlichen Inhalten* stand damals nicht im Mittelpunkt. Gerade eine solche Entlastung aber wird z. B. von Nietzsche als erforderlich betrachtet, um die notwendige Eindeutigkeit in den inhaltlichen Bezügen zu schaffen, die letztlich ein zielorientiertes ▶ Handeln ermöglicht. In die gleiche Richtung weist der weiter oben im Grundsatz bereits geäußerte Gedanke, jedes *affirmative Erinnern* bedürfe notwendigerweise eines *selektiven Vergessens* alles dessen, was mit dem zu Erinnernden oder der sich erinnernden Person in einer dazu widersprüchlichen Beziehung stehe. Neben dem klassischen »passiven Vergessen« kommt in der Geisteswissenschaft somit auch einem »aktiven Vergessen«, etwa zur Gewährleistung von Eindeutigkeit, eine wichtige weil identitätsbewahrende Bedeutung zu (vgl. Weinrich 1997; Smith und Emrich 1996).

---

5   Auch die heute geläufigen Klassifizierungen von Gedächtnistypen in Psychologie und Neurowissenschaft in multiple parallele Gedächtnissysteme (Markowitsch und Brand 2009; Tulving und Craik 2000) lassen noch das alte, gemeinsame, aus der ▶ Philosophie herrührende wissenschaftliche Erbe einer Trennung in eher artifizielle und eher natürliche Gedächtnisformen erkennen (Draaisma 2000), fließt doch die dadurch geschaffene Trennung bis heute in psychologisch motivierte Betrachtungen von wissensbasierten bzw. speziesspezifischen Gedächtnisanteilen ein.

9.1.5 Strategien des Vergessens

In dem Maße, wie der Gedanke eines aktiven Vergessens an Bedeutung gewann, gerieten jeweils auch mögliche *Strategien eines erfolgreichen Vergessens* zum Gegenstand geisteswissenschaftlich motivierter Erörterung. Ein entsprechendes Nicht-erinnern-Wollen kann z. B. bereits allen Gedächtnismöglichkeiten vorweggenommen sein, indem etwa ein Vergessen durch *Informationsabweisung* im Sinne von »das will ich gar nicht hören« zu erreichen versucht wird. Neben dieser »vorauseilenden Abwehr von Inhalten« kann eine bestimmte Strategie des Vergessens auch dem Erhalt von unliebsamen Botschaften nachgeschaltet sein, etwa indem die betreffenden Inhalte durch *Nichtwiederholen, also bewusstes Verschweigen*, zu löschen versucht werden. Ebenso hat das Kalkül, durch bestimmte *kontraproduktive Aktivitäten*, also solche, die mit der Bewahrung des zu Erinnernden nicht vereinbare Handlungs- oder Verhaltensweisen darstellen, ein Vergessen hervorzurufen, eine lange Tradition. So ist z. B. bereits aus der griechischen Sagenwelt, u. a. der von Odysseus, geläufig, dass durch Einnahme von Drogen, etwa in Form berauschender Getränke, rasch ein Vergessen eintritt. Heutiger Lesart nach erlaubt die dadurch hervorgerufene exogen induzierte Veränderung des physiologischen Status eine bewertungsbezogene »Neukonfigurierung von Gedächtnisnetzwerken«, in denen manch Altes *mangels Bedeutung für die Gegenwart* für das Individuum als möglicher »Knotenpunkt des Gedächtnisses« an Einfluss verliert. Wichtig wird in diesem Zusammenhang auch eine – in der ▶ Psychoanalyse erneut anklingende – Differenzierung in »positives und negatives Vergessen« (Zentner 1995). Als positives Vergessen wird dabei ein Vorgang verstanden, bei dem die Person »emotional bereits durchgearbeitete Themen« einem »passiven Vergessen« anheimgibt, da sie keine Belastung mehr darstellen. Negatives Vergessen umfasst im Gegensatz dazu emotional nicht oder wenig aufgearbeitete Inhalte, welche durch noch stärkere ▶ Emotionen als jene, die es beinhaltet, vor dem Wiederauftauchen in das Bewusstsein aktiv bewahrt werden müssen.

9.1.6 Unterscheidung von individuellem und kollektivem Vergessen

Teilweise bilden sich die Formen aktiven und passiven Vergessens sowie verschiedene Strategien, die dabei angewandt werden, auch im Gegensatzpaar des *individuellen und kollektiven Vergessens* ab (Assmann 1991; Assmann 1999; Echterhoff und Saar 2002; Welzer 2002). Während man z. B. individuelles Vergessen durch geeignete Vergessensstrategien in ein aktives Verdrängen oder Abdrängen von gespeicherten Informationen und ein passives »Verblassen« bzw. ein Überlagern oder Überschreiben von Informationen differenziert, zeichnet sich das ▶ kollektive Gedächtnis noch durch ein weiteres Charakteristikum aus. Neben einem »Vergessen« durch (passive) Überlagerung oder durch (aktives) Umschreiben von Gedächtnisträgern – hier z. B. den (passiven) Verfall von Denk- oder Mahnmalen oder den (aktiven) *Umbau* von Gebäuden bzw. das *Umschreiben* von Geschichtsbüchern – gibt es eines, das durch *Vernichtung* entsteht. Eine solche Auslöschung von Merkzeichen kann sowohl materieller Art sein – man denke an das Verbrennen von Büchern oder die Zerstörung von Kulturgütern durch (Natur)Katastrophen oder durch Kriege – wie auch als mentaler Prozess verstanden werden. Für Letzteres stehen z. B. gesellschaftliche Tabus wie etwa das *bewusste Verschweigen* familiengeschichtlicher, kultur- oder politikhistorischer Bezüge.

Während ein individuelles Vergessen durch Verschweigen durchaus als übliche psychologische Strategie der Anpassung von Soll- und Istwerten in der Gegenwart verstanden werden kann, ist eines durch strukturelle »Vernichtung« in psychologischen Modellen, die auf ein »gesundes« Gedächtnis aufbauen, nur durch Rückgriff auf neurowissenschaftliche, d. h.

materialistisch ausgerichtete Modelle darstellbar. Nur aufgrund der Zuweisung umschriebener mnestischen Funktionen zu bestimmten Speicherorten im Gehirn können hier Vorhersagen getroffen werden. So z. B. darüber bei Menschen, denen ein Teil des Gehirns, etwa eines Tumors wegen, entfernt, verletzt (Markowitsch 1992; Thöne-Otto und Markowitsch 2004) oder durch Substanzmissbrauch nachhaltig beeinträchtigt wurde, auch zur Vernichtung geistiger Inhalte, weil zur Zerstörung oder Inaktivität von »Schaltkreisen« im makro- bzw. mikrostrukturellen Umfang kommen kann.

9.2 Grenzen traditioneller Erklärungsversuche alltäglichen Vergessens

In den Naturwissenschaften, wo, anders als z. B. in den Kultur- und Geisteswissenschaften, die ausschließliche Konzentration auf das experimentell Erfassbare des jeweiligen Forschungsobjekts zunächst sehr ordnungsstiftend und einheitsfördernd erscheint, gehört das Thema »Vergessen« gleichwohl zu jenen, die unter ganz verschiedenen Blickwinkeln thematisiert werden können. Diese Vielfalt ist nicht zuletzt dem breiten Spektrum naturwissenschaftlicher Teildisziplinen geschuldet. So nehmen und nahmen beispielsweise die dem Humanbereich nahestehenden und diverse kognitive Leistungen von Menschen und mit diesen eng verwandten Säugern in den Vordergrund stellenden Wissenschaftler in puncto »Vergessen« eine andere Sichtweise ein als jene, die sich auf Lern- und Gedächtnisvorgänge bei Invertebraten konzentrieren. Und wer sich ausschließlich für vergessensrelevante molekulare Abläufe in der einzelnen Zelle interessiert, wird mit Fragen des Vergessens wahrscheinlich noch einmal anders umgehen als jemand, der sich dem komplexen Gefüge neuroanatomischer Netzwerke widmet (Markowitsch 1997; Menzel und Müller 1996; Wehner und Menzel 1990; Kandel 1976). Sowohl Generalisierung als auch Elementarisierung der physiologischen und/oder psychologischen Perspektive wirken somit auf die jeweilige Betrachtung des »Vergessens« zurück.

Dabei bleibt ein absichtliches Vergessenwollen z. B. bei Tierversuchen ebenso unbeachtet wie mögliche Formen von Amnesie; Ersteres, weil man Tieren keine entsprechende ▶ Intention unterstellen kann, Letztere, weil sie stets transiente oder permanente strukturelle Veränderungen bzw. Störungen mitbedingen, die nicht auf ausschließlich vergessensrelevante eingegrenzt werden können. Außerdem geht es im Tierversuch auch nicht um eine – in diesem Falle missglückte – Auseinandersetzung *mit* der Vergangenheit, sondern um die *in* der Vergangenheit, denn die meisten Spezies verfügen heutiger Ansicht nach nicht über die Möglichkeit zur Selbstreflexion, um sich zu verinnerlichen, dass die Zukunft, in die sie unweigerlich »hineinwachsen«, die Gegenwart von später ist, auch wenn sie zu Partnern oder Futterstellen zurückkehren bzw. bei ihnen bleiben. Der Erfolg in der Zukunft entscheidet sich für sie entsprechend eher hinsichtlich ihres Erfolges beim Auseinandersetzen mit der Umwelt *in der Vergangenheit* als, wie beim Menschen, auch in der *Auseinandersetzung mit der (eigenen) Vergangenheit*.

Dessen ungeachtet hat das Vergessen in der Naturforschung eine lange Tradition, wird seit jeher als natürlicher Teil des Lebens eines Individuums begriffen und gilt als einer erfolgreichen Auseinandersetzung mit der Umwelt dienlich. Lange Zeit zählten Naturphilosophen und Naturwissenschaftler das Gedächtnis samt seinen Stärken und Schwächen, also inklusive des Vergessens, wie selbstverständlich zu den *originär biologischen Fakten*. Ein beliebter Fixpunkt, der zeigt, dass der Aufbruch in die Psychologie der Moderne hierbei an Altbekanntes aus der Medizin und Naturforschung anknüpft, ist der oft zitierte Vortrag des deutschen Physiologen Hering aus dem Jahr 1876 *Über das Gedächtnis als allgemeine Function der organisirten Materie* (Hering 1876). Bereits wenige Jahre später geriet das Thema »Vergessen« durch die ebenfalls legendäre Untersuchung von ▶ Ebbinghaus (1885) zum Gegenstand psychologischer Untersuchungen.

Seither und bis heute gilt Vergessen in der Naturwissenschaft als (mit)verursacht durch eine Art *zeitgebundener Veränderung* in Zusammensetzung, Anordnung und Funktionsweise der (Sub)Strukturen oben genannter »organisierter Materie«. Daran hat sich nichts geändert, auch wenn sich das Verständnis vom Gedächtnis – insbesondere durch Forschungsergebnisse seitens der Psychologie – vielfach gewandelt hat. Subsummierte man z. B. zunächst unter einem biologischen, sogenannten »organischen Gedächtnis« alles, was als Ausdruck der Konservierung und Reproduktion bestimmter körperlicher Zustände jedem Lebewesen innezuwohnen schien, so versteht man heute darunter lediglich jene Gedächtnisformen, welche sich durch einen hohen vegetativ bzw. emotional gesteuerten Anteil auszeichnen. Dazu gehört z. B. auch das sogenannte Körpergedächtnis (Bauer 2002). Während somit die anfängliche naturwissenschaftliche Auffassung eines »memory is, *per se*, a biological fact – by accident, a psychological fact« (Ribot 1882, S. 10) bald einer differenzierten, dominant psychologisch orientierten Betrachtungsweise wich, verblieb die Frage des »Vergessens von etwas« weitgehend im Bereich jener physiologischen Vorgänge, die weiterhin unter dem Blickwinkel der *allgegenwärtigen Prozesse des Werdens und Vergehens* betrachtet wurden. Das jedem Gedächtnisvorgang innewohnende Phänomen des Vergessens wurde hier gedanklich eingebunden in ein biologisch-organisch begriffenes Ganzes, denn nur beide zusammen waren Teil des postulierten Kreislaufes »ewiger Assimilation und Dissolution«. Ausgeklammert blieb hierbei das Phänomen der Löschung, also der Extinktion, eines Konditionierungsvorganges (vgl. ▶ Kap. 12). Dieser Vorgang wurde nicht als Vergessen, sondern als eine Art »aktiver Stummschaltung« einer konditionierten Relaisschleife betrachtet. Dadurch war anders als beim Vergessen sichergestellt, dass der Konditionierungsprozess jederzeit wieder reaktiviert werden konnte.

Allerdings war und ist auch mit einer solchen begrifflichen Differenzierung von Vergessen und Extinktion das Problem nicht zu lösen, welches durch die Übertragung des ▶ Konstrukts aus dem ursprünglichen Bereich der Kultur- und Geisteswissenschaft in die Naturwissenschaften entstand und entsteht. Dass die jeweiligen Inhalte des Vergessensbegriffs wenig kompatibel sind, wird z. B. daran deutlich, dass eine Aussage im Sinne von »Der Mensch vergisst« auf physiologische oder anatomische Fragestellungen nicht zu übertragen ist. Denn eine Zelle »vergisst« ebenso wenig wie eine anatomische (Sub-)Struktur, z. B. ein corticales Areal oder ein Kernbereich. Es handelt sich in beiden Fällen lediglich um *metabolische und/oder strukturelle Veränderungen*. Dass diese einen kritischen Punkt erreichen, der Gedächtnis und Vergessen scheidet, geht daraus nicht hervor. Auch auf höchster makroskopischer Ebene, wo, wie heute üblich, das Gehirn als ein komplexes, sich selbst organisierendes Netzwerk verstanden wird, geht es um einen ständigen Wandel. Innerhalb von dessen Veränderungsdynamik werden Spezifität und Diversität ständig neu justiert und laufend neue Grenz- und Randbedingungen geschaffen. Dies geschieht nicht zuletzt, um *einen bestimmten Gehirnzustand in der Gegenwart zu gewährleisten, der eine zukunftssichernde Rekonstruktion der Vergangenheit ermöglicht*.

Vergessen ist hierbei am ehesten als ein Anzeichen dafür zu verstehen, dass sich im »Fluss der Ereignisse« etwas geändert hat, etwas, das das Individuum veranlasst, sich neuen Gegebenheiten anzupassen. Dass dabei *Eindeutigkeit vor »retrospektiv ermittelten multiplen Wahrheiten«* rangiert, ist ebenso naheliegend wie die Vermutung, dass Vorstellungen eines Zerfließens, Überschreibens oder Verlöschens – die Entsprechungen bestimmter zeittypischer Klassifikationen des Vergessens –, auf lebende Teilsysteme bezogen, lediglich der Veranschaulichung dienen. Bei Letzteren steht heutiger Auffassung nach die Aktivität bestimmter Transkriptionsfaktoren im Vordergrund, welche lang- oder kurzzeitigen Einfluss auf die Genexpression im neuronalen System ausüben können. Eine Sinnhaftigkeit solcher funktionaler Abläufe ergibt sich erst aus der auf das Gedächtnis bezogenen Deutung der molekularbiologischen Zusammenhänge. Für den oben angesprochenen *Wandel in der Rekonstruktion* der handlungsrelevanten Realität bildet ein so verstandenes Gedächtnis nur einen Aspekt. Es selbst kann, wie oben bereits angesprochen, nicht vergessen, denn eine solche systemische Zuschreibung trifft nur auf den Menschen als ganzen zu, verliert sich aber in neurowissenschaftlichen Detailbetrachtungen von (sub)zellulären Strukturen.

Ein »Vergessen von etwas« ist am ehesten als Anzeichen dafür zu werten, dass sich im Gesamtgefüge der mentalen Rekonstruktion etwas verändert hat, weshalb *nur erinnert wird, was eben erinnert wird*. Man könnte z. B. annehmen, dass *lebenserhaltende Mechanismen* auf einer anderen, als Hierarchie begriffenen, Ebene stehen, welche mit einer mnestischen Bearbeitung der aktuellen Gegenwart durch Suppression und Expansion, ▶ Induktion etc. verbunden ist.

9.3 Zeitbindung des Vergessens

Was immer man auch unter Vergessen verstehen mag, es ist immer ein zeitgebundener Vorgang. Anders als in der Psychologie ist bei der für Vergessensprozesse so entscheidenden Frage nach der Zeiterfassung in der Naturwissenschaft neben dem *physikalischen (newtonschen) Zeitkonzept* (Benussi 1913; Fraisse 1957/1985; Nichols 1890), welchem die Psychologie zugeneigt ist, auch eine *biologische Auffassung von Zeit* von Bedeutung (Carrel 1931; Übersicht in Cramer 1993). Letztere gründet auf der Erkenntnis, dass eine auf die vergangene Zeit bezogene Beschreibung miteinander verknüpfter mentaler Vorgänge grundsätzlich nur unter biologischen Bedingungen denkbar ist.[6] Physikalisch erhobene Zeitmaße sind somit mangels einer »physikalisch korrekten« körperlichen und geistigen Repräsentation der gemessenen Zeit nicht linear transformierbar. Erfahren wird nur eine »mentale Zeit«. Erstere, die »objektiv« genannte Zeit, wird dadurch, je nach Erfahrungsinhalt und Befindlichkeit, einmal eher als »gestaucht«, einmal eher als »gedehnt« erlebt.

Bedingt durch eine Vielfalt oszillierender physiologischer Prozesse wird o. g. »biologisch« zu nennende Zeit in teilsynchronisierte, periodisch wiederkehrende Zeiteinheiten unterschiedlicher Phasenlänge, sogenannte »interne Uhren«, verstanden als Rhythmen des Lebendigen, eingebettet. Sie bildet so gesehen eher ein sich in *vielfach überlagernden Zyklen in die Zukunft schraubendes Etwas* ab als individuelle, d. h. empfundene, Abweichungen von extern erhobenen physikalischen Maßen eines »gerichteten Zeitstrahls« (Hastings et al. 2008). Von einzelnen Zellen bis hin zu Zellverbänden umfassen diese Überlagerungen bzw. Einbindungen von periodisch wiederkehrenden physiologischen Aktivitäten in »objektiv gemessene« Zeiträume wenige (Milli-)Sekunden und Minuten bis hin zu (teils freilaufenden) Rhythmen von Stunden, Tagen, Mondmonaten oder Jahren (Basar 2008; Hastings et al. 2008; Hobson 1989; Gwinner 1986). Solcherart zyklische Wiederholungen in der Aktivität physiologischer Systeme können jeweils für sich genommen zwar durchaus als eine Art Rückversicherung gegen ein Vergessen der von ihnen abgebildeten Prozesse betrachtet werden. Aber erst beide zusammen, die irreversible Zeit der Lebensdauer eines biologischen und damit auch funktionalen Systems *und* diverse reversible, durch interne Interaktionen oder externe Einflüsse teilweise synchronisierte (Mistlberger und Skene 2004) Phasen, bilden jenes zyklenübergreifende biologische Zeitgeschehen ab, in welches geistige Vorgänge und damit auch Vergessensphänomene eingebunden

---

6   Buonomano und Merzenich 1995; Eagleman et al. 2005; Dennett und Kinsbourne 1992; Droit-Volet und Meck 2007; Griffin et al. 2002; Jacobson et al. 2008; Leon und Shadlen 2003; Singer 1999; Yabe et al. 1998; Yabe et al. 2005; Übersicht in Mauk und Buonomano 2004.

sind. Entsprechend modifizierend wirken sich allmähliche, z. B. durch Alterungsprozesse verursachte Veränderungen dieses Zusammenspiels aus. Ähnliches gilt für sprunghaft verlaufende, z. B. krankheitsbedingte Modifikationen in der Interaktion o. g. Konstituenten einer »biologischen Zeit«. Dies beeinflusst aufgrund der von ihnen gemeinsam gebildeten synergetischen Kräfte auch mentale Aktivitäten. Die Probleme, die daraus entstehen können, betreffen auch das Phänomen des Vergessens, weshalb der überlieferte Ausspruch »Time implies memory and memory implies time« (Ribot 1882, S. 49) bis heute Anlass zu der Überlegung gibt, inwieweit es sinnvoll sein könnte, Erstere durch Letzteres, also die Idee der Zeit durch psychobiologisch definierte mnestische Vorgänge zu begreifen, statt diese, hier in Form von vergessensrelevanten Vorgängen, den Gesetzmäßigkeiten eines Zeitstrahls unterzuordnen.

9.3.1 Beispiel: Vergessen unter dem Aspekt einer modifizierten Zeitbindung von Ereignissen

Wie aus oben dargestellten Ansätzen deutlich wird, verengt sich der Blickwinkel, unter dem das Phänomen des Vergessens betrachtet wird, oft auf die Betrachtung vermeintlicher oder tatsächlicher »Gegensatzpaare«, etwa des Aktiven oder Passiven, des Gesunden und des Krankhaften, des Dynamischen oder Stabilen, des Bewussten oder Unbewussten, des Abhängigen oder Eigenständigen, um nur einige Beispiele zu nennen. Diese Vielfalt hilft jedoch nicht, vergessensrelevante Probleme zu lösen. Dazu gehören jene, die auf Unterschiede in der Modellbildung psychologischer und naturwissenschaftlicher Teildisziplinen zurückzuführen sind, so jene, die mit einer impliziten Übernahme bestimmter (neuro-)philosophischer oder informationstheoretischer Leitvorstellungen über die Funktionsweise des Gehirns im Zusammenhang stehen, oder jene, die der Betrachtung des Phänomens implizit bereits innewohnen, etwa die Frage danach, wie das Vergessen mit einem überdauernden Zeitbewusstsein im Zusammenhang steht.

Letztere Fragestellung aufgreifend, gilt es, sich zu vergegenwärtigen, dass man bei der Betrachtung des Vergessens ohne einen bestimmten explizit oder implizit verwendeten *Zeitbegriff* nicht auskommt. Explizit geschieht dies z. B. in Form einer chronologischen Zeiterfassung mnestischer Inhalte, die den sogenannten Lerngesetzen folgend, nach einer gewissen Zeit vergessen werden. Als explizit zu verstehen sind auch Fragen Zeit überdauernder Bewertung primär emotional besetzter Erfahrungen. Diese nämlich erweisen sich mitunter gegenüber einem zeitbedingten Verblassen über unterschiedlich lange Zeitdauer hinweg als weitgehend immun.

Auch dann, wenn vom Vergessen eigentlich »zeitloser« geistiger Inhalte die Rede ist, kommt eine bestimmte Zeitvorstellung, hier eine implizite, ins Spiel. In dem Maße nämlich, wie konkrete Fragen nach Zeitpunkt und Zeitdauer in der Vergangenheit in den Hintergrund treten, gewinnen unweigerlich solche nach der Zuordnung zum »Zustandsraum des Jetzt« in Abgrenzung vom »Nicht-Jetzt« an Bedeutung. Denn auch in einer als überdauernd empfundenen Gegenwart muss eine Systemgrenze definiert, muss ständig darüber entschieden werden, ob geistige Inhalte, welche in einer gegebenen Situation zugänglich werden, tatsächlich auch solche sind, die dem »Hier und Jetzt« entstammen, oder nicht. Auf das individuelle Vergessen bezogen, wird eine solche Abgrenzung deshalb möglich, weil auch in der »Zeitlosigkeit« erlebter Präsenz, z. B. deklarativer geistiger Inhalte, Informationen bei ihrer Einspeicherung eine bestimmte biologisch relevante Kodierung erfahren. Und das ist der Fall solange Änderungen sich in Übereinstimmung mit dem Wandel eines hypothetischen kognitiven Gesamtsystems befinden (Kaneko 2006, Mainzer 2005).

Wie obrige Differenzierung in einen explizit und einen implizit zu verstehenden Zeitbegriff deutlich macht, ist dieser sowohl in einer zu vergegenwärtigenden als auch in einer nicht vergegenwärtigten Vergangenheit eingebunden. Dessen ungeachtet herrschen aber in naturwissenschaftlichen und geistes- bzw. sozialwissenschaftlichen Betrachtungen recht unterschiedliche Ansichten darüber, welches Zeitverständnis man überhaupt sinnvollerweise zugrunde legen sollte – eines, das sich an der Idee der Zeit als einer messbaren, in die Zukunft gerichteten Größe orientiert? Eines, das eine Zeit-Raum-Verschränkung vorsieht? Eines, das sich an den Gesetzmäßigkeiten der Chronobiologie ausrichtet? Eines, das individuelles oder gesellschaftliches Zeitempfinden in den Vordergrund stellt? Oder eines, das von einem inneren Zeitbewusstsein spricht und die Bedeutung der Vergangenheit an ihrer Zukunftsfähigkeit misst (Lenz 2005; Perret-Clermont 2005; Tulving 2002)?

Zumindest in der Psychologie verschmelzen Grundgedanken der als klassisch apostrophierten Zeitkonzepte (Klein 1995; Lehmkuhl 2009) heute meist zu einer Art »natürlicher Basis« zeitbezogenen psychologischen Denkens. Von Bedeutung ist hier neben einer klassischen, im newtonschen Sinne »objektiven«, in die Zukunft weisenden Zeit insbesondere die genannte *mentale Zeit*, also das »subjektive« Empfinden dafür (Hinz 2000). Diese Basis – charakterisiert durch die beiden Kernbegriffe der »objektiven« und der »subjektiven« Zeitmessung – bietet allerdings nur begrenzten Freiraum, um darin das Vergessen zu verorten. Oder sollte man wirklich annehmen, das Phänomen würde besser verstanden, wenn dessen verschiedene Spielarten – sei es aktives oder passives, sei es intentionales, individuelles oder kollektives Vergessen – als »weiße Flecken« auf einer Art »objektiver Zeitachse« aufgereiht würden? Oder würde es tatsächlich weiterhelfen, eine Art »subjektiver Zeitmaschine« zugrunde zu legen, um sich dann auf diverse Phänomene des Vergessens, verstanden als Irrfahrt einer privaten »Zeitreise« (Mazzoni und Memon 2003), einzulassen?

Anhand von Beispielen aus Teilbereichen der Psychologie und mit diesen in Beziehung stehenden Teilgebieten der ▶ Philosophie kann die Bedeutung der jeweils verwendeten Zeitbegriffe für Vergessensvorgänge etwa wie folgt veranschaulicht werden. Zunächst einmal bauen verschiedene Betrachtungen von Phänomenen des Vergessens auf Vorstellungen von Vergangenheit und von Gegenwart auf, die nur teilweise ineinander überführbar erscheinen. In der experimentell ausgerichteten Lern- und Gedächtnisforschung etwa werden traditionell Zeit- und Inhaltsaspekte des Vergessens unterschieden. Stehen Erstere im Vordergrund, so wird ein Vergessen der »subjektiven Ebene«, also der »empfundenen Spanne«, oder einem ebenfalls »subjektiv eingeschätzten Punkt« der erlebten Vergangenheit zugeschrieben. Geht es um Inhaltsaspekte des Vergessens, werden diese in einer als unbestimmt, d. h. zeitlos erfahrenen Realität der Gegenwart angesiedelt. Erst durch eine Einbindung dieser »subjektiven« in eine »objektive«, d. h. durch Uhren und Kalender zu erfassende, stetig vorwärts schreitende Zeit wird die notwendige Basis für eine interindividuelle Vergleichsmöglichkeit geschaffen. Außerdem gelingt es so, ein ganz persönlich gefärbtes »Immer-schon« in einen bestimmten ▶ Begriff von Gegenwart umzumünzen. Hierbei zeigt sich bei ganz unterschiedlichen – zwischen wenigen Minuten und Jahren schwankenden – Formen des Vergessens sowie dessen Abhängigkeit von Erfahrungsinhalt, Alter und unterschiedlicher psychischer Verfassung, dass die klassische »physikalische Zeiterfassung« nur begrenzt aussagefähig ist. Und das gilt nicht nur bei den dafür typischen Aufgabenstellungen im Sinne von »Wann waren Sie wo?« oder »Was geschah am …?«, mit denen eine persönliche Orientierung in Raum und Zeit bzw. Fakten des sogenannten Weltwissens erfragt werden sollen. Sieht man einmal von Ausnahmen besonderer Vergessensresistenz ab (Parker et al. 2006; Price 2008), so gelingen Angaben zu kalendarisch festgelegten Zeiträumen (Jahren, Monaten, Tagen) kaum je auf Anhieb, sondern werden jeweils den mentalen Räumen nachgeordnet. Hinzu kommt, dass, wie oben angesprochen, das

Zeitmaß, welches zur sogenannten objektiven Messung herangezogen wird, selten identisch ist mit jenem, anhand dessen der Zeitpunkt oder die Zeitdauer einzelner Ereignisse subjektiv kategorisiert werden. Junge und alte Menschen, solche mit und solche ohne Einbußen ihrer geistigen Leistungsfähigkeit, zeigen hier gravierende Abweichungen (Fraisse 1957/1985; Hinz 2000) von subjektiver und objektiver Zeiterfassung.

Es ist aber nicht nur wesentlich, zu erfassen, inwieweit subjektive und objektive Zeiterfassung auseinanderdriften. Für das Vergessen von Bedeutung ist auch, wann im Laufe der Ontogenese eine subjektive Zeitmessung überhaupt ein- bzw. aussetzt. So ist z. B. ungewiss, über welchen Zeitraum hin Vergessensvorgänge in der Kindheit noch als »natürlicher Teil der Entwicklung«, als sogenannte infantile Amnesie (vgl. ▶ Kap. 5), zu betrachten sind und ab wann sie als pathologisch gelten, hier etwa im Sinne eines »Verdrängens« frühkindlicher Traumata (Bjorklund und Muir 1988; Ceci und Bruck 1993). Was es für Menschen, die an einer demenziellen Erkrankung leiden, bedeutet, sich auf Dauer in einer Art ihrer Vergangenheit beraubter Realität des Augenblicks, einem »mentalen Exil der Gegenwart« (Geiger 2011) einzurichten, ist ebenfalls wenig geklärt. Nicht zuletzt ist zu bedenken, dass Vergessensvorgänge, sobald sie, wie oben angesprochen, im Bereich einer als »andauernde Gegenwart« erfahrenen Welt des sprachvermittelten Wissens über sich selbst und andere stattfinden, in Begrifflichkeiten der klassischen physikalischen Zeit kaum darstellbar sind, da sich die damit verknüpften als zeitlos empfundenen Bewusstseinsvorgänge dieser Form der Messung entziehen (Kühnel und Markowitsch 2009). Ein bestimmtes »natürliches Einvernehmen« im Verständnis von Dauer oder Zeitpunkt eines Ereignisses in der Vergangenheit bzw. in einem als Gegenwart empfundenen Jetzt ist somit weder intra- noch interindividuell von sich aus gegeben.

In einem Punkt scheint der gängige Zeitbegriff, ausgedrückt durch einen stetig in die Zukunft verlaufenden »Zeitpfeil«, der gängigen Vorstellung des Vergessens allerdings – wenn auch auf eine verhängnisvolle Weise – Vorschub zu leisten, und zwar dann, wenn man darunter eine Art nicht rückgängig zu machenden Verlust bestimmter Inhalte aus der Vergangenheit versteht. Diese Erfahrung der Unwiderruflichkeit zurückliegender Ereignisse basiert darauf, dass alles Erleben von Naturerscheinungen, die den Menschen betreffen, immer auch eine gewisse Unumkehrbarkeit zum Gegenstand hat (Vollmer 2003). Diese wird z. B. nicht nur durch o. g. Extremata zu Beginn und Ende der Ontogenese deutlich; es ist auch die alltägliche Erfahrung asymmetrischer, d. h. irreversibler Verkettung von Ereignissen. Eine solche Tendenz zur Aufstellung ursachenlogischer Beziehungen (vgl. ▶ Kap. 4) scheint letztlich mit dafür verantwortlich zu sein, ein Vergessen von etwas auch innerhalb des erlebten bzw. erlernten Zeitverständnisses als eines *unidirektionalen Fließens* einer endlosen Folge von Stunden, Tagen etc. zu verorten. Gleichwohl bezeichnet jedes empfundene »Vergehen der Zeit« lediglich die mit einer bestimmten Erfahrung verbundene Zustandsbeschreibung des Individuums, welches dadurch eine subjektiv empfundene Zeitspanne der Dauer oder Abfolge von Ereignissen auszudrücken sucht. Dass es die Zeit selbst ist, die »fließt« oder »eilt«, lässt sich daraus nicht ableiten; sie »ist« einfach (Vollmer 2003). Jede Charakterisierung des Vergessens als ein Verlöschen oder Vergehen im »Flusse des Zeit« beschreibt somit lediglich das eigene Erleben. Die Zeit selbst ist eine davon unabhängige Größe.

Die hier wie bereits weiter oben zum Ausdruck kommende Diskrepanz zwischen physikalisch prinzipiell Erfassbarem – hier z. B. der von Stunden oder Tagen als Ausdruck des Vielfachen eines bestimmten Anteils einer Sekunde an einem mittleren Sonnentag – und dem physikalisch Nichterfassbaren des subjektiven Zeitempfindens als einer Form »inneren Seins« wird naturwissenschaftlich dadurch aufzulösen versucht, dass man Letzteres Ersterem nachordnet. Dies geschieht z. B., indem das Vergessene von der Warte einer bestimmten »kritischen«, in die Vergangenheit projizierten Gegenwart auf der gängigen Zeitskala abgebildet wird. Dazu trägt man – die o. g. Asymmetrie des physikalischen Zeitablaufes teilweise ignorierend – auf einem meist einen retro- und anterograd verlaufenden »Zeitpfeil« von bzw. zu einem bestimmten Ereignis in der Vergangenheit ab, was die betreffende Person von diesem »kritischen Ort auf der Zeitachse« aus betrachtet vergessen hat. Dies betrifft sowohl Ereignisse, die vor als auch solche, die nach dem als »kritisch« zu bezeichnenden Erlebnis auftraten.

Zugrunde liegt hier die Vorstellung, durch die Festlegung eines sich im Nachhinein als folgenschwer erweisenden Vorgangs, z. B. des Zeitpunkts eines zurückliegenden Unfalls, würde ein damit in Beziehung zu setzendes Vergessen entlang einer imaginären, quasi bidirektional verlaufenden kalendarischen Zeitachse als »weißer Fleck/ weiße Flecken« abbildbar werden – so als könnte man die vor und nach dem Unfall gelebte Zeit wie eine Filmrolle von einem bestimmten Punkt aus beliebig vorwärts und rückwärts abspulen, um darauf nach schadhaften Stellen, sprich vergessenen Episoden zu suchen. Diverse »Brüche« und »Verwerfungen«, welche bei solchen »physikalisch exakten« Bestimmungen retrograder und anterograder Vorgänge als Vergessen deutlich werden, lassen allerdings vermuten, dass die zugrunde gelegte Linearität ihres zeitlichen Verlaufs für sich genommen nicht hinreicht, um das Phänomen angemessen zu beschreiben. Dabei mag u. a. eine Rolle spielen, dass jeder mental konstruierte Fixpunkt der Vergangenheit immer nur aus der Gegenwart des Augenblicks heraus betrachtet werden kann, was ohnehin Sprünge bzw. Lücken wahrscheinlich macht. Hinzu kommt, dass die aus der klassischen Physik abgeleitete Auffassung von objektiver Zeit und ihrer Messung gerade durch das zugrunde gelegte bidirektional verlaufende Gleichmaß von oder zu einem Ort der Vergangenheit ihrerseits »Verwerfungen« des subjektiven Zeitempfindens entstehen lässt. Subjektive und objektive Zeiterfassung sind somit vermutlich von keiner der beiden Warten aus »ohne Rest« in die jeweils andere Form der Messung überführbar, ein Vergessen scheint unausweichlich.

Anders als in naturwissenschaftlichen liegt in sozialwissenschaftlich ausgerichteten Betrachtungen der Schwerpunkt im Wesentlichen auf Aspekten des Vergessens komplexer, teils sprachvermittelter bewusster Handlungen *sowohl* von Individuen *als auch* von Kollektiven.[7] Hieraus erwächst eine ganz neue Vielfalt des Phänomens – sie reicht von Vergessen als Ausdruck einer »verweigerten kollektiven Erinnerung«, so wie Wette (2004) es beschreibt, bis zu Vergessen als darin eingebetteten individuellen kognitiven Leistung (Weinrich 1998). Das bedeutet, es müssen nun neben einer individuellen bzw. kollektiven Betrachtung von Vergessensphänomenen auch deren Interaktionen berücksichtigt werden. Es geht also u. a. um den Rückbezug zwischen Subjekt und Objekt einerseits und zwischen individueller bzw. kollektiver Gegenwart und Vergangenheit andererseits (Esposito 2002). Dadurch wird ein Ungleichgewicht von Erinnern und Vergessen offensichtlich, das z. B. in der experimentellen Psychologie so nicht zum Ausdruck kommt. Denn das, woran sich einzelne Individuen oder spezielle Gruppen erinnern, ist immer nur ein Bruchteil dessen, was sie im Vergleich zu anderen Individuen oder Kollektiven vergessen haben. Deutlich wird dabei auch, dass Zeit und Vergessen unlösbar miteinander verquickt zu sein scheinen. Will man nämlich Phänomene individuellen und kollektiven Vergessens in Einklang bringen, so ist zum einen eine übereinstimmend akzeptierte Zeiterfassung nötig, ohne die keine personenübergreifende »Synchronisation« vergessensresistenter Inhalte zustande käme. Zum anderen aber gäbe es ohne dieses Widerstehen gegenüber einem Vergessen auch keine Zeit außer der Gegenwart. Man lebte vielmehr ständig in einem nicht weiter auflösbaren Jetzt.

Aber auch wenn Zeit und Vergessen einander zu bedingen scheinen, kommt man angesichts einer komplexen Gemengelage von Individuum und Kollektiv nicht umhin allgemein übliche Zeitvorgaben zunächst einmal als gegeben anzunehmen – meist sind es die o. g. ver-

---

7 Übersicht in Dimbath und Wehling 2011, und in Weinrich 2000.

räumlichter Zeit (Cipolla 1985). Solche raumbezogenen Zeitangaben ermöglichen sowohl eine Unterscheidung von Vergessen im Rahmen der ansonsten »vertrauten« jüngsten individuellen Vergangenheit als auch ein Vergessen eines »kollektiven Früher«, das mit keinerlei eigener Erfahrung verbunden ist (Esposito 2002). Diese beiden »Räume« gedanklich anders als in der bekannten erfahrungsgeleiteten Weise zu behandeln, zu verorten, wird von jedem nicht mit der modernen Quantenwelt (Hawking 2006/2007) vertrauten Menschen als kaum denkbar betrachtet. Bestimmte Vergessensprozesse stehen somit immer auch mit unterschiedlichen bedeutenden bzw. vernachlässigbaren Zeitspannen oder Zeitpunkten in Beziehung. Dabei vermischt sich das persönlich Erlebte mit dem durch Hörensagen Aufgenommenen; es entsteht ein gemeinschaftliches Vergessensprodukt, das auf das individuelle zurückwirkt und umgekehrt. Oben genannte psychologisch motivierte Vorstellung, man könne irgendeine Form vergangener Wirklichkeit in der Gegenwart abbilden, so, wie es anhand der retro- und anterograd verlaufenden »Zeitpfeile« angesprochen wurde, findet hier kaum Befürworter. Dieser Auffassung widerspricht vor allem die Ansicht, dass das, was »wirklich sei«, auch nur gegenwärtig sein könne und alles Vorherige, wenn überhaupt, dann keinesfalls in Form einer »stetigen Strecke« in die Vergangenheit zu schieben sei (Bernet 1985).

Eingebunden in die Auffassung, dass das Leben ohnehin nur mit Blick nach vorne, also durch die Erwartung des Künftigen zu verstehen sei (Heidegger 1924/2000), erhält das Vergessen auch einen anderen Stellenwert. Ein »weißer Fleck«, ein mnestischer Aussetzer, abgebildet als Leerstelle auf einem »Zeitpfeil«, wird u. U. zum oben bereits angesprochenen stillen Mitgestalter eines Instruments zur retrograd gerichteten Ereignisverkettung, deren einziger Zweck es ist, eine angemessene Ausgestaltung von Möglichkeitsräumen der Zukunft zu gewährleisten. Das »Vergessen von etwas« hat somit nicht zuletzt auch hier die Aufgabe, *Entscheidungshilfe durch Eindeutigkeit* zu schaffen.

Mit dieser Auffassung steht geisteswissenschaftliches Denken zwar nicht psychologischem, wohl aber modernem evolutionsbiologischem Denken recht nahe. Ob es nun im Sinne einer phänomenologisch ausgerichteten Denkweise irgendwelche ständig neu entspringenden »Jetztpunkte« sind, die je nach Einbindung in eine bestimmte Realität der Gegenwart eine variable Ausgangsbasis für eine Betrachtung der Vergangenheit bieten, oder ob, wie gegenwärtig angenommen, von variablen dynamischen Netzwerken ausgegangen wird: Weder ein vergangener »Jetztpunkt« noch ein »Netzknoten« kann irgendetwas »aufbewahren«, er kann also auch nichts verlieren, nichts vergessen. Beide ▶ Begriffe sind lediglich ▶ Metaphern dafür, durch eine bestimmte Ordnungsweise die Selektionsfähigkeit eines Systems gedanklich zu maximieren (Esposito 2002). Somit ist es letztlich der durch die Selektion und damit auch durch ein »ordnungsvermittelndes Vergessen« zum Ausdruck kommende Systemzustand, der darüber »entscheidet«, ob aus der bestehenden Organisation die Art akzeptabler Kohärenz erwächst, welche in eine bestimmte Gegenwart eingebunden werden kann, oder nicht. Eine ganz ähnliche Sichtweise auf das Geschehen in der Vergangenheit, nun aber als »Dynamik des fortwährenden Wandels« bezeichnet (Prigogine und Stengers 1993), nimmt auch die Naturwissenschaft als Ganze ein. Hier wird z. B. in der überdauernden Plastizität innerhalb des Nervensystems eine Ursache dafür gesehen, dass eine konstant bleibende Betrachtung der Vergangenheit über die Zeit hin schlechterdings undenkbar erscheint (Fox 1984). Ob sich also im Denken des Individuums Ereignisse der Vergangenheit zu den oben angesprochenen eindimensionalen »Zeitspuren« verbinden oder zu variablen Netzwerkkonfigurationen bestimmter Dauer, die Zeit selbst kann dabei nicht anders als autonom gedacht werden. Sie besteht unabhängig von der Betrachtung eines Ereignisses, das in der Vergangenheit angesiedelt wird. Erst durch dessen Einbindung in die Leitidee einer »abstrakten stetigen Ordnung der Chronologie« erweist sich eine bestimmte Messung als dynamisch, Kohärenz bildend etc.; erst dadurch entsteht aus etwas Vergangenem eine Größe, mittels derer die Wahrscheinlichkeit eines Ereignisses in der Zukunft ermittelt werden kann.

9.4 Schlussbetrachtung

Verschiedene Konzepte, die auf einer Beziehung von Zeit und Vergessen aufbauen, bedienen sich unterschiedlicher wissenschaftlicher Grundüberzeugungen. Hier stehen z. B. *experimentalpsychologisch* ausgerichtete Denkweisen, die ganz traditionell Vergessen letztlich als eine dem »Zahn der Zeit« geschuldete Störungsanfälligkeit eines Systems betrachten, modernen Ansätzen gegenüber, die sich an der ▶ *evolutionären Erkenntnistheorie* orientieren und entsprechend ein an der Überlebenswahrscheinlichkeit orientiertes Kosten-Nutzen-Verhalten im Vordergrund sehen. Hinzu kommen klassische *phänomenologisch orientierte Theorien*, die Vergessen unter dem Aspekt eines unterschiedlichen Nachwirkens diverser »unabgegoltener Ereignisse« aus der Vergangenheit bis in die Gegenwart hinein betrachten. Die erfahrene Realität, entstanden aus Verknüpfungen von Vergangenheit und Gegenwart, kann sich in allen Fällen jedoch nicht auf den ▶ Begriff der Zeit als einer autonomen, unabhängig von jedem Ereignis bestehenden Größe beziehen, sondern nur auf die Idee eines subjektiven, unidirektionalen Zeitflusses als eine Grunderfahrung aus dem Umgang mit der Natur. Eingefügt in das klassische, stetig fortschreitende physikalische Modell der Zeit ergibt sich ein individuelles Vergessen entsprechend als Ansammlung von Lücken, Diskontinuitäten und Überlappungen.

Die damit angesprochene Problematik in der Verwendung des Zeitbegriffs erklärt sich zumindest teilweise auch daraus, dass sowohl im Verständnis von Zeit als einer bestimmten physikalisch bestimmbaren, kulturvermittelten kalendarischen Größe, z. B. »vor« oder »während« eines bestimmten Ereignisses, als auch verstanden im Sinne einer ganz subjektiven Einschätzung immer die *Realität der Gegenwart* weit über die eines psychologisch oder physiologisch erfassbaren Augenblicks hinausreicht. Auch dieser Aspekt erfordert einen neuen Blick auf die Vergangenheit, ändert sich Letztere doch mit jeder Neuverortung des Jetzt. Gleichzeitig kann man aber von der Gegenwart aus die Vergangenheit befragen. Geistes- und Sozialwissenschaftler sehen hier z. B. die Gefahr, dass, dem Gesetz der klassischen Naturwissenschaft folgend und die Zeit in gleiche Teile zerlegend, eine gleichmäßig fortschreitende lineare Koordination von Ereignissen entsteht und dabei die Gegenwart gewissermaßen »zwischen den Zahlen« zu verschwinden droht (Esposito 2002) bzw. überhaupt erst im Nachhinein konstruiert wird. »Zwischen den Zahlen« verschwindet sich auch in der Naturwissenschaft zumindest wird ihr dort nur ein wenige Sekunden umfassendes Zeitfenster zugebilligt (Pöppel 2006).

In beiden Bereichen scheint somit die Zukunft, die sich als Ergebnis vergangener Handlungen determiniert, der Gegenwart kaum »Entscheidungszeitraum« zu lassen. Die Problematik des Vergessens besteht also in der Auseinandersetzung nicht nur mit der Vergangenheit, sondern auch mit der Betrachtung der »Zeitdauer der Gegenwart«. Denn nur in der Gegenwart kann man vergessen.

Zusammenfassend betrachtet kann man das Vergessen als Ausdruck für die Kohärenz an Möglichkeiten auffassen, mit denen eine bestimmte Gegenwart »zukunftsorientiert« gestaltet werden kann. Ohne Vergessen als einem der »Strukturgeber der Gegenwart« wäre auch das auf Redundanzen angelegte physiologische System in Ermangelung der Möglichkeit zur Abstraktion und Generalisierung kaum arbeitsfähig. Vergessen wird somit vielmehr zu einem Systemerfordernis, indem es zu einer ständigen Anpassung an sich ändernde Bedingungen beiträgt. Die bereits in der Antike geforderte ars oblivionalis wirkt somit, wenn auch anders als ehemals gedacht, bis ins heutige Denken hinein.

Literatur

Assmann, A. (1999). *Erinnerungsräume. Formen und Wandlungen des kulturellen Gedächtnisses.* München: Beck.
Assmann, J. (1991). Die Katastrophe des Vergessens. Das Deuteronomium als Paradigma kultureller Mnemotechnik. In A. Assmann & D. Harth (Hrsg.), *Mnemosyne. Formen und Funktionen der kulturellen Erinnerung.* Frankfurt a. M.: Fischer.
Basar, E. (2008). Oscillations in »brain-body-mind«: A holistic view including the autonomous system. *Brain Research, 1235,* 2–11.
Bauer, J. (2002). *Das Gedächtnis des Körpers. Wie Beziehungen und Lebensstile unsere Gene steuern.* Frankfurt a. M.: Eichborn.
Benussi, V. (1913). *Psychologie der Zeitauffassung.* Heidelberg: Carl Winter's Universitätsbuchhandlung.
Bernet, R. (I Irsg.). (1985). *Edmund Husserl (1893 1917). Texte zur Phänomenologie des inneren Zeitbewußtseins.* Hamburg: Felix Meiner.
Bjorklund, D. F., & Muir, J. E. (1988). Children's development of free recall memory: Remembering on their own. In R. Vasta (Hrsg.), *Annals of child development* (Bd. 5, S. 79–123). Greenwich: JAI-Press.
Blum, H. (1969). *Die antike Memotechnik.* Hildesheim: Olms.
Buonomano, D. V., & Merzenich, M. M. (1995). Temporal information transformed into a spatial code by a neural network with realistic properties. *Science, 267,* 1028–1030.
Carrel, A. (1931). Physiological time. *Science, 74,* 618–621.
Carruthers, M. (1990). *The book of memory. A study of memory in medieval culture.* Cambridge: University Press.
Ceci, S. J., & Bruck, M. (1993). Suggestibility of the child witness: A historical review and synthesis. *Psychological Bulletin, 113,* 403–439.
Cipolla, C. M. (1985). *Gezählte Zeit. Wie die mechanische Uhr das Leben veränderte.* Berlin: Klaus Wagenbach.
Coleman, J. (1995). *Ancient and medieval memories. Studies in the reconstruction of the past.* Cambridge: University Press.
Cramer, F. (1993). *Der Zeitbaum. Grundlagen einer allgemeinen Zeittheorie.* Frankfurt a. M.: Insel Taschenbuch.
Dennet, D. C., & Kinsbourne, M. (1992). Time and the observer: The where and when of consciousness in the brain. *Behavioral and Brain Sciences, 15,* 183–247.
Dimbath, O., & Wehling, P. (Hrsg.). (2011). *Soziologie des Vergessens. Theoretische Zugänge und empirische Forschungsfelder.* Konstanz: UVK Verlagsgesellschaft.
Draaisma, D. (2000). *Metaphors of memory. A history of ideas about the mind.* Cambridge: University Press.
Droit-Volet, S., & Meck, W. H. (2007). How emotions colour our perception of time. *Trends in Cognitive Sciences, 11,* 504–513.
Eagleman, D. M., Tse, P. U., Buonomano, D., Janssen, P., Nobre, A. C., & Holcombe, A. O. (2005). Time and the brain. How subjective time relates to neural time. *The Journal of Neuroscience, 25,* 10369–10371.
Ebbinghaus, H. (1885). *Über das Gedächtnis. Untersuchungen zur experimentellen Psychologie. Neudruck.* Darmstadt: Wissenschaftliche Buchgemeinschaft.
Echterhoff, G., & Saar, M. (Hrsg.). (2002). *Kontexte und Kulturen des Erinnerns. Maurice Halbwachs und das Paradigma des kollektiven Gedächtnisses.* Konstanz: UVK.
Esposito, E. (2002). *Soziales Vergessen. Formen und Medien des Gedächtnisses der Gesellschaft.* Frankfurt a. M.: Suhrkamp.
Fox, J. C. (1984). The brain's dynamic way of keeping in touch. *Science, 225,* 820–821.
Fraisse, P. (1957/1985). *Psychologie du temps.* Paris: Presse Universitaires de France. Deutsche Übersetzung: *Psychologie der Zeit.* Aus dem Französischen von P. Hasenkamp. München: Reinhardt.
Geiger, A. (2011). *Der alte König in seinem Exil.* München: Hanser.
Goldmann, S. (1989). Statt Totenklage, Gedächtnis. Zur Erfindung der Mnemotechnik durch Simonides von Keos. *Poetica, 21,* 43–66.
Grätzel, S. (1993). *Organische Zeit. Zur Einheit von Erinnern und Vergessen.* Freiburg [u.a.]: Alber.
Griffin, J. C., Miniussi, C., & Nobre, A. (2002). Multiple mechanisms of selective attention: Differential modulation of stimulus processing by attention to space or time. *Neuropsychologia, 40,* 2325–2340.
Gwinner, E. (1986). Circannual rhythms in the control of avian rhythms. *Advances in the Study of Behavior, 16,* 191–228.
Harth, D., & Kronauer, U. (Hrsg.). (1991). *Die Erfindung des Gedächtnisses.* Frankfurt a. M.: Keip.
Hastings, M. H., Maywood, E. S., & Reddy, A. B. (2008). Two decades of circadian time. *Journal of Neuroendocrinology, 20,* 812–819.
Haverkamp, A., & Lachmann, R. (Hrsg.). (1993). *Memoria. Vergessen und Erinnern.* München: Fink.

Hawking, S. (2006/2007). *Eine kurze Geschichte der Zeit. Ungekürzte Lizenzausgabe des SPIEGEL-Verlages*. Hamburg: Augstein.
Heidegger, M. (1924/2000). *Der Begriff der Zeit*. Frankfurt a. M.: Klostermann.
Hering, E. (1876). *Über das Gedächtnis als allgemeine Funktion der organisierten Materie*. Wien: Gerold's Sohn.
Hinz, A. (2000). *Psychologie der Zeit. Umgang mit Zeit, Zeiterleben und Wohlbefinden*. Münster: Waxmann.
Hobson, J. A. (1989). *Sleep*. New York: Scientific American Library.
Hölscher, L. (1989). Geschichte und Vergessen. *Historische Zeitschrift, 249*, 1–17.
Jacobsen, G. A., Rokni, D., & Yarom, Y. (2008). A model of the olivo-cerebellar system as a temporal pattern generator. *Trends in Neurosciences, 31*, 617–625.
Kandel, E. R. (1976). *Cellular basis of behavior*. San Francisco: Freeman.
Kaneko, K. (2006). *Life: An introduction to complex systems biology*. Berlin: Springer.
Klein, P. (1995). *Die Zeit*. Bergisch Gladbach: Lübbe.
Kühnel, S., & Markowitsch, H. J. (2009). *Falsche Erinnerungen. Die Sünden des Gedächtnisses*. Heidelberg: Spektrum.
Le Goff, J. (1992). *Geschichte und Gedächtnis*. Frankfurt a. M.: Campus.
Lehmkuhl, J. (2009). *Zeit-Fenster. Ein fast philosophisches Lesebuch über die Zeit*. Würzburg: Königshausen & Neumann.
Lenz, H. (2005). *Universalgeschichte der Zeit*. Wiesbaden: Marix-Verlag.
Leon, M. I., & Shadlen, M. N. (2003). Representation of time by neurons in the posterior parietal cortex of the macaque. *Neuron, 38*, 317–327.
Mainzer, K. (2005). *Zeit. Von der Urzeit zur Computerzeit*. München: Beck.
Markowitsch. H. J. (1992). *Neuropsychologie des Gedächtnisses*. Göttingen: Hogrefe.
Markowitsch, H. J. (1997). Gedächtnisstörungen. In H. J. Markowitsch (Hrsg.), *Klinische Neuropsychologie. Enzyklopädie der Psychologie, Themenbereich C, Theorie und Forschung, Serie 1, Biologische Psychologie* (Bd. 2, S. 495–739). Göttingen: Hogrefe.
Markowitsch, H. J., & Brand, M. (2009). Forgetting – an historical perspective. In S. Della Sala (Hrsg.), *Forgetting*. New York: Psychology Press.
Mauk, M. D., & Buonomano, D. V. (2004). The neural basis of temporal processing. *Annual Review of Neuroscience, 27*, 304–340.
Mazzoni, G. A. L., & Memon, A. (2003). Imagination can create false autobiographical memories. *Psychological Science, 14*, 186–188.
Menzel, R., & Müller, U. (1996). Learning and memory in honeybees: From behavior to neural substrates. *Annual Reviews of Neuroscience, 19*, 379–404.
Mistlberger, R. E., & Skene, D. J. (2004). Social influences on mammalian circadian rhythms, animal and human studies. *Biological Reviews, 79*, 533–556.
Nichols, H. (1890). The psychology of time. *The American Journal of Psychology, 3*, 453–529.
Nora, P. (1990). *Zwischen Geschichte und Gedächtnis*. Berlin: Wagenbach.
Oexle, O. G. (1995). *Memoria als Kultur*. Göttingen: Vandenhoeck & Ruprecht.
Osten, M. (2004). *Das geraubte Gedächtnis. Digitale Systeme und die Zerstörung der Erinnerungskultur*. Frankfurt a. M.: Insel-Verlag.
Parker, E. S., Cahill, L., & McGaugh, J. L. (2006). A case of unusual autobiographical remembering. *Neurocase, 12*, 35–49.
Perret-Clermont, A.-N. (Hrsg.). (2005). *Thinking time. A multidisciplinary perspective on time*. Göttingen: Hogrefe.
Pöppel, E. (2006). *Der Rahmen. Ein Blick des Gehirns auf unser Ich*. München: Hanser.
Price, J. (2008). *The woman who can't forget: The extraordinary story of living with the most remarkable memory known to science*. New York: Free Press.
Prigogine, I., & Stengers, I. (1993). *Das Paradox der Zeit*. München: Pieper.
Ribot, T. (1882). *Diseases of memory. An essay in the positive psychology*. London: Kegan Paul & Trench.
Ricoeur, P. (1995). *Memory – Forgetfulness – History* (Bd. 2/1995, S. 3–12). Zentrum für interdisziplinäre Forschung der Universität Bielefeld (Mitteilungen).
Schmidt, S. (Hrsg.). (1991). *Gedächtnis. Probleme und Perspektiven der interdisziplinären Gedächtnisforschung*. Frankfurt a. M.: Suhrkamp.
Singer, W. (1999). Time as a coding space? *Current Opinion in Neurobiology, 9*, 189–194.
Smith, G., & Emrich, H. M. (Hrsg.). (1996). *Vom Nutzen des Vergessens*. Berlin: Akademie-Verlag.
Thöne-Otto, A., & Markowitsch, H. (2004). *Gedächtnisstörungen nach Hirnschäden*. Göttingen: Hogrefe.
Tulving, E. (2002). Chronesthesia: Awareness of subjective time. In D. T. Stuss & Knight (Hrsg.), *Principles of frontal lobe functions* (S. 311–325). New York: University Press.

Tulving, E., & Craik, F. I. M. (Hrsg.). (2000). *The Oxford handbook of memory*. Oxford: University Press.
Vidal, F. (2010). *Rhetorik des Virtuellen. Die Bedeutung rhetorischen Arbeitsvermögens in der Kultur der konkreten Virtualität*. Mössingen: Talheimer.
Vollmer, G. (2003). *Was können wir wissen. Bd. 1: Die Natur der Erkenntnis. Bd. 2: Die Erkenntnis der Natur*. Stuttgart: Hirzel.
Wehner, R., & Menzel, R. (1990). Do insects have cognitive maps? *Annual Reviews of Neuroscience, 13*, 403–414.
Weinrich, H. (1997). *Lethe – Kunst und Kritik des Vergessens*. München: Beck.
Weinrich, H. (1998). *Warum will Kant seinen Diener Lampe vergessen?* Münster: Aschendorf.
Weinrich, H. (2000). *Lethe – Kunst und Kritik des Vergessens*. München: Beck.
Welzer, H. (2002). *Das kommunikative Gedächtnis. Eine Theorie der Erinnerung*. München: Beck.
Wette, W. (2004). *Zivilcourage. Empörte, Helfer und Retter aus Wehrmacht, Polizei und SS*. Frankfurt a. M.: Fischer.
Yabe, H., Tervaniemi, M., Sinkkonen, J., Huotilainen, M., Ilmoniemi, R. J., & Näätänen, R. (1998). Temporal window of integration of auditory information in the human brain. *Psychophysiologie, 34*, 615–620.
Yabe, H., Matsuoka, T., Sato, Y., Hiruma, T., Sutoh, T., Koyama, S., Gunji, A., Kakigi, R., & Kaneko, S. (2005). Time may be compressed in sound representation as replicated in sensory memory. *NeuroReport, 16*, 95–98.
Yates, F. (1966). *The art of memory*. London: Routledge.
Zentner, M. (1995). *Die Flucht ins Vergessen. Die Anfänge der Psychoanalyse Freuds bei Schopenhauer*. Darmstadt: Wissenschaftliche Buchgesellschaft.

Umbrüche, Krisen und neuer Aufbruch

Kapitel 10	Zwischen »neuzeitlicher Seelenkunde« und Psychologie der Moderne – 203
Kapitel 11	Der Umgang mit einem vielfältigen Erbe – 227
Kapitel 12	Entwicklungen der Psychologie in der ersten Hälfte des 20. Jahrhunderts – 239

In diesem vierten Teil des Buches hat die Wissenschaftsgeschichte des Faches, verbunden mit der jeweiligen Gesellschafts- und Kulturgeschichte, Priorität. Anders als in den ersten beiden Teilen wird folglich nicht primär auf zeitübergreifende wissenschafts- und erkenntnistheoretische Grundprobleme abgehoben oder werden, wie im dritten Teil, ausgewählte Themenstellungen der Psychologie aufgegriffen, die uns über die Jahrhunderte hinweg beschäftigen. Nun stehen theoretische und gesellschaftliche Rahmenbedingungen psychologischen ▶ Handelns der Neuzeit im Vordergrund, welche diejenigen Grenzen mitbestimmen, innerhalb derer sich das fachliche Selbstverständnis zu wandeln vermag. Durch den damit verbundenen veränderten Blickwinkel beim Versuch der wissenschaftlichen »Entzauberung alles geheimnisvoll Psychischen« soll eine weitere Zugangsmöglichkeit eröffnet werden, die Gegenwart einer empirisch ausgerichteten Psychologie auf möglichst vielfältige Weise zu hinterfragen.

Alle vier Teile des Buches sind freilich insoweit verknüpft, als die Leitfragestellungen nach Erfassung und Beschreibung psychologisch relevanter Phänomene die gleichen bleiben. Auch die jeweiligen Außenseiter, die darauf bestehen, dass es »mehr als nur alles« geben muss, sind nicht unversehens von der Bildfläche verschwunden. Es wird also immer wieder auch auf Personen und Themenbereiche Bezug genommen werden, von denen bereits die Rede war.

Von der Warte dieses letzten, auf die Neuzeit konzentrierten Teiles aus betrachtet, stellt der bisher gewählte Weg, relevante Fragestellungen des Faches bis in ihre Anfänge in der Antike zurückzuverfolgen, entsprechend auch nur eine von mehreren möglichen Vorgehensweisen dar. Denn welchen Ausgangspunkt man wählt, hängt mit davon ab, was man unter »Psychologie« versteht. So wird z. B. insbesondere im angloamerikanischen Sprachraum argumentiert,[1] dieses Fachgebiet gewinne überhaupt erst in der Neuzeit zunehmend die Bedeutung, die wir ihm auch heute zubilligen. Erst seit dieser Zeit betreibe man das Fachgebiet nicht mehr ausschließlich als eine letztlich wenig ergiebige Art philosophisch-theistischer Seelenkunde, in der sich Glaubensaussagen und Welterklärungen hoffnungslos vermischten. Erst dann entstehe durch die schrittweise Ablösung der Naturwissenschaft von der ▶ Naturphilosophie allmählich auch eine neue Leitwissenschaft, die für psychologisches Denken diejenigen Horizonte eröffne, in denen wir uns heute bewegen.

Man kann also durchaus, ohne deswegen als oberflächlich oder unausgewogen zu gelten, die gegenwartsrelevante Entwicklung des Fachgebietes erst ab der Neuzeit betrachten und sie im Zuge von Mechanisierung und späterer Industrialisierung, Urbanisierung und Naturalisierung des Weltbildes genauer hinterfragen. Auf diese Weise gerät weniger Kultur- und Mentalitätsgeschichte denn Politik- und Sozialgeschichte zu einem wichtigen Bezugsrahmen akademischer Psychologie. Dadurch ergeben sich ebenfalls neue Sichtweisen auf Entwicklungen und Entwicklungsmöglichkeiten des Fachgebietes; man denke nur an eine kontinentaleuropäische oder eine angloamerikanische Auffassung von Psychologie im Vergleich zu einer russischen bzw. sowjetischen, um nur einige Beispiele zu nennen. Angesichts unterschiedlicher gesellschaftlicher Systeme, in welche das Fach während der letzten drei Jahrhunderte eingebettet wurde, erscheint auch das Ziel, unter diesem Aspekt mögliche fachliche Zukunftsperspektiven auszuloten, außerordentlich lohnenswert. Und zwar nicht zuletzt, weil – mitbedingt durch eine globale Migrationsbewegung – ein tieferes Verständnis für die Entwicklung des Fachgebietes in anderen politischen Systemen und Kulturräumen heute wie selbstverständlich geboten scheint.

Die Mehrheit aller (▶ popular-)philosophisch gedachter, gehirnphysiologisch begründeter oder allgemeinpsychologisch verstandener Versuche einer Vertiefung oder praktischen Umsetzung psychologischen Wissens ist in der Zeitspanne zwischen dem ausgehenden 18.

---

1 Empfehlenswerte Literatur: Goodey 2011; Pickren und Rutherford 2010; Smith 2013.

und dem beginnenden 20. Jahrhundert durch wissenschaftliche und/oder weltanschauliche
▶ Strömungen gekennzeichnet, die sich dem Machbaren und Möglichen verschrieben. Seit Mitte des 19. Jahrhunderts schien es außerdem so, als wäre die letztendliche Beherrschung der Natur durch eine fortschreitende Industrialisierung, durch eine immer bessere Technik und Rückführung allen Lebens auf biologische Grundgesetze nur noch eine Frage der Zeit. Aus dieser an ▶ Naturalismus und ▶ Szientismus orientierten, materialistisch überformten Fortschrittsgläubigkeit, einer Auffassung, die gleichwohl den traditionellen Wertekanon der ▶ Philosophie nicht vollkommen hinter sich lassen konnte, ergab sich für ein primär psychologisch ausgerichtetes Denken schließlich eine große Vielfalt des Erbes vieler. Der damit verbundene inhärente Widerstreit verschiedener wissenschaftstheoretischer und weltanschaulicher Grundüberzeugungen stürzte das Fachgebiet im 20. Jahrhundert letztlich auch in eine große Krise, aus deren Überwindung sich die heutige Ausrichtung herauskristallisierte.

Zwischen »neuzeitlicher Seelenkunde« und Psychologie der Moderne

10.1	**Psychologisches Denken zwischen »Mechanisierung« der Physik und »Aufklärung« des Geistes – 205**	
10.1.1	Psychologie in einer »mechanisierten Welt« – 205	
10.1.2	Psychologisches Geschehen, verstanden als eine vorhersagbare »Abfolge von Ereignissen« – 206	
10.1.3	Grenzbedingungen induktiven Vorgehens – 208	
10.1.4	Psychologie als Erfahrungsseelenkunde – 210	
10.2	**Vielfalt psychologischen Denkens in einer Welt »sittlicher Vernunft« – 213**	
10.2.1	Die Bedeutung der »Weltenordnung« für die Entwicklung der Psychologie – 215	
10.2.2	Fortschritte der akademischen Psychologie im »Sog der Aufklärung« – 217	
10.3	**Einleitung eines Konzeptionswechsels – 219**	
10.4	**Weiterentwicklung einer praktisch orientierten Psychologie – 222**	
10.5	**Fazit – 224**	
	Literatur – 225	

M. Pritzel, *Die akademische Psychologie: Hintergründe und Entstehungsgeschichte*,
DOI 10.1007/978-3-662-48189-9_10, © Springer-Verlag Berlin Heidelberg 2016

Verfolgt man, wie eingangs angesprochen, die Geschichte der Psychologie unter dem Aspekt des Bedeutungswandels der sie tragenden Konzepte statt bis in die Antike nur wenige Jahrhunderte zurück, so bleiben gleichwohl die Regeln, nach denen in den vorausgegangenen Teilen vorgegangen wurde, weiterhin gültig. Das bedeutet, es wird der Auffassung gefolgt, den wesentlichen Zielen am ehesten dann gerecht zu werden, wenn man Geschichte nicht der zeitlich geschichteten Archivierung von Fakten und Personen wegen betreibt, sondern zur Gewinnung eines tieferen Verständnisses des *Zusammenhangs von Fachwissen und Kontext* im Hinblick auf eine mögliche Bedeutung für die Gegenwart.

Diese Einbindung psychologischer Erkenntnisse in die jeweilige Umwelt – d. h. in die Kultur – der sozialen Um- und Zustände und die gängigen Vorannahmen über die Welt *als solche* zu akzeptieren, bedeutet auf die Moderne bezogen allerdings: Es gilt, den »vielgestaltigen Wandel«, der während der beiden Jahrhunderte auf den akademischen Stellenwert der Psychologie und ihre Inhalte zurückwirkte, auch als eine konkret wirksame Einflussgröße im Hier und Jetzt zu akzeptieren. An einem Beispiel soll deutlich gemacht werden, was es bedeutet, Psychologie unter zeitnahen statt unter zeitfernen Aspekten zu betrachten:[1] Kaum jemand wird heute bestreiten, dass ein wesentlicher Unterschied im ▶ Begriff der *psyche* bei ▶ Aristoteles und der »Psyche« in dem Sinne, in dem ihn z. B. Naturwissenschaftler verwenden, besteht. Es wäre somit kein weiterer Erkenntnisgewinn zu erwarten, wenn man diese beiden undifferenziert unter dem Oberbegriff der »Psychologie« zusammenfassen würde. Denn während die *psyche* bei ▶ Aristoteles einer Mensch und Natur umfassenden philosophischen Denktradition der Antike entstammt, basiert das moderne neurowissenschaftliche Verständnis der Psyche auf einer durch verschiedene mentale Fertigkeiten und Fähigkeiten geprägten Funktionsvielfalt, die sich zum »erfassbaren Ganzen« menschlicher Verhaltensweisen summiert. Angesichts dieser als fachliche »Verengung und Verkürzung« verstandenen Definition sehen wiederum manche Philosophen heute in der Psychologie nicht mehr als ein recht lose zusammengewürfeltes Konglomerat aus verschiedenen Techniken und Interventionen, die weder einen das »übergeordnete Ganze« einbeziehenden logischen Zusammenhang haben noch nach einem solchen streben. Für naturwissenschaftlich ausgerichtete Wissenschaftler wird hingegen ein Verständnis der Psyche ohne eine streng determinierte Einbindung in das funktionelle Gefüge von »Gehirn und Verhalten« der Beliebigkeit irreführender Ansätze ausgeliefert.

Eine an der Ideengeschichte beider Denkweisen orientierte Betrachtung vermag hier vermutlich am ehesten ein übergeordnetes Verständnis zu schaffen, das es braucht, um – ähnlich wie nach einer Reise in ein anderes Land – durch einen Streifzug in die Vergangenheit beider das Hier und Jetzt eines komplexen und von Gegensätzen gezeichneten (Argumentations-) Raumes mit anderen Augen zu sehen. Ein möglicher sowohl Geistes- als auch Naturwissenschaft betreffender Grund dafür, dass die Geschichte des Psychischen[2] in ihrem Bemühen um eine gewisse Eigenständigkeit in der Wissenschaftslandschaft so widersprüchlich und verschlungen ist, könnte z. B. darin liegen, dass keiner der Wege, die bislang beschritten wurden, um den Menschen als Subjekt zum Objekt psychologischer Forschung zu machen, als wirklich gelungen zu bezeichnen ist. Diese akademisch herbeigeführte Distanzierung vom Subjekt bereitete z. B. geisteswissenschaftlichen Ansätzen in der Psychologie umso mehr Probleme, je mehr sich diese den Naturwissenschaften annäherte, je mehr eine philosophisch verstandene Intersubjektivität als »wahre ▶ Objektivität« experimentellen Vorgehens ausgegeben wurde.

Da aber nicht nur die strittigen Grundfragen immer die gleichen blieben bzw. bleiben, sondern auch die Scheidelinie zwischen ▶ Alltagspsychologie und wissenschaftlicher Psycho-

---

1 Das Beispiel wurde in Anlehnung an Roger Smith (2013) gewählt.
2 Der ▶ Begriff des Psychischen wurde u. a. in der Schweizer Ausgabe der französischen Encyclopédie (1770–1776) von Diderot und d'Alembert zu einem Themenbereich eigener Sache gemacht.

logie stets leicht zu verschwimmen droht(e), schien und scheint der Weg, akademische Abgrenzungsbemühungen in geistes- oder naturwissenschaftlicher Richtung möglichst eindeutig zu akzentuieren und sich jeweils von der Trivialpsychologie unmissverständlich abzusetzen, der sinnvollste. Gerade Letzteres hat sich u. a. deshalb als schwierig erwiesen, weil sich psychologisches Denken und ▶ Handeln immer zwischen praktischer Umsetzung von Theorie und dem Theorieverständnis von Praktikern vollzieht und somit, anders als z. B. eine naturwissenschaftliche Theorie über den Farbsinn von Bienen oder die Bedeutung des mitochondrialen Genoms, unmittelbar in die eigene Lebenswirklichkeit miteinbezogen werden kann. Entsprechend ist es auch seit jeher Usus, alltagspsychologische Beschreibungen in einem akademisch verstandenen psychologischen Sinne gerade so umzuformulieren, dass im Rahmen einer bestimmten Theorie ausgewählte psychologische Phänomene erklärt und weitere Entwicklungen vorhergesagt werden können.

Will man Psychologiegeschichte in all diesen miteinander verwobenen Facetten insgesamt als Erkenntnisgewinn verbuchen, ist zu fragen, wie es gelingen kann, die Bedeutung einzelner Erkenntnisse aus ihrer psychologisch relevanten Vergangenheit so in eine historische Betrachtung systemischer Zusammenhänge und Entwicklungen zu überführen, dass sich die Geschichte *von etwas* mit Gegebenheiten der Gegenwart zu einem neuen sinnhaften Sachverhalt verbindet. Dafür eine Vorstellung von Geschichte im wörtlichen Sinne einer »Abtragung von Schichten« zu bemühen, würde der Komplexität des Geschehens nur teilweise gerecht. Ausgeklammert bliebe dabei die bidirektionale Dynamik in der Bewertung der verschiedensten wissenschaftlichen und außerwissenschaftlichen Fakten, Begebenheit und Episoden, und zwar wohl wissend, dass jedes vergangene einmalige Ereignis ebenso in die Gegenwart hineinwirken kann, wie diese wiederum dessen Bewertung zu verändern vermag.

10.1 Psychologisches Denken zwischen »Mechanisierung« der Physik und »Aufklärung« des Geistes

In der Psychologie der Neuzeit, einer Welt, die im Sinne ▶ *I. Newtons* als eine komplexe Maschine beschrieben werden könnte, nahm auch der Mensch allmählich einen anderen als allein von »höheren Kräften« des Verstandes und/oder übergeordneten religiösen Mächten bestimmten Stellenwert ein. Der Versuch, statt derer ein aus den Gesetzen der Mechanik abgeleitetes, *deterministisch ausgerichtetes Weltbild einer kausalen Naturbeschreibung* zu entwickeln, wirkte indes nicht nur auf überzeugte Naturalisten zurück, welche die Psyche als eine Art vorausberechenbares Räderwerk mechanistisch begreifbar und mathematisch vorhersagbar machen wollten. Ein solch mechanistisches Weltbild wurde auch von ausgesprochenen Rationalisten wie etwa ▶ Christian Wolff zugrunde gelegt, also von Gelehrten, die das Fach als ▶ *psychologia rationalis* in eine Lehre »reiner ▶ Vernunft« einzufügen gedachten. Das wolffsche Gedankengut, wie es z. B. in seinen *Vernünftigen Gedanken von Gott, der Welt und der Seele des Menschen* (1719), seinen *Vernünftigen Gedanken von der Menschen Tun und Lassen zur Beförderung ihrer Glückseligkeit* (1720) oder seinen *Vernünftigen Gedanken von dem gesellschaftlichen Leben der Menschen* (1721) zum Ausdruck kam, war vielmehr durchaus von der Überzeugung geprägt, dass in der Welt deshalb »Wahrheit« sei, weil es sich hier um eine Maschine handele.

10.1.1 Psychologie in einer »mechanisierten Welt«

Haben Vorstellungen wie diese, haben Maschinenmetaphern *an sich* heute für uns noch irgendeine Bedeutung? Angesichts der damals zeitgenössischen Auffassung, dass die ▶ Vernunft, mit der Maschinen konstruiert und die Welt als solche begriffen wurde, sich gewissermaßen in der Funktionsweise der Apparate spiegelte, sind wir gedanklich heute nicht weit davon entfernt. Das zeigt sich etwa daran, dass wir das Gehirn, verstanden als ▶ Weltbildapparat, als materielles Korrelat allen Denkens ansehen und dabei annehmen, es arbeite als eine Art »Supercomputer«. Dass die damals zugrunde liegende kausal-mechanistische Weltauffassung nicht notwendigerweise als schlüssig anzusehen ist, schmälert bis heute die Faszination der Computermetapher nicht nachhaltig. Und selbst wer dem damit verbundenen »physikalistischen Weltbild« fernzustehen glaubt, akzeptiert i. d. R. die Vorstellung, alles Psychische sei in letzter Konsequenz immer auf bestimmte Kräfte in der Natur zurückzuführen (vgl. ▶ Kap. 1), akzeptiert, diese sei Inbegriff übergreifender Gesetzmäßigkeiten des Wirklichkeitsbereichs von unmittelbar Gegebenen. Mit durch die Maschinenmetapher kam somit eine der wichtigsten psychologisch relevanten Vorläuferideen positivistischen Denkens zum Ausdruck.

10.1.2 Psychologisches Geschehen, verstanden als eine vorhersagbare »Abfolge von Ereignissen«

Ein bedeutender Vertreter dieser *mental mechanics,* der sich die newtonsche Mechanik zum Vorbild für einen psychologisch motivierten Ansatz nahm, war ▶ David Hume. Mit ihm verbindet sich unsere heutige Vorstellung vom ▶ »englischen Empirismus«, will heißen: Wirklich sind nur die Gegenstände und Phänomene, die empirisch geordnet sind und aus denen induktive Schlüsse gezogen werden können. In seinem mehrfach umgearbeiteten Werk *A Treatise Of Human Nature* (im deutschen: Ein Traktat über die menschliche Natur) wird sein Hauptanliegen bereits durch den Untertitel »Ein Versuch, in die experimentelle Methode im Studium des Menschlichen einzuführen« verdeutlicht: Er wollte *eine Wissenschaft des Menschlichen auf reiner Erfahrungsgrundlage schaffen.*

▶ D. Hume gedachte somit die Erklärungskraft und vor allem die überdauernde »Erklärungssicherheit«, die er im newtonschen Ansatz der *induktiven Methode,* also der Generalisierung von Einzelbeobachtungen, garantiert sah, auf die ▶ Philosophie zu übertragen. Genau daraus sollte die Basis für eine neue, *naturalistische Auffassung vom Dasein* entwickelt werden, eine, die frei war von jeglichen metaphysischen Hirngespinsten, Religion oder verdunkelndem Aberglauben (Streminger 1994). Im Rückgriff auf das unmittelbar Erfahrbare und davon abgeleitete Erkenntnisse vertraute er im Wesentlichen auf sogenannte *impressions* oder, wie man heute sagen würde, primäre Sinneseindrücke und die davon abgeleiteten *ideas.* Letztere waren für ihn Inbegriff des über den Sinnesreiz hinausgehenden, durch Erinnerung und Fantasie veränderten mentalen Produkts. In der Summe bestand somit der *Inhalt des menschlichen Geistes* für ihn letztlich aus nichts anderem als Wahrnehmungen, sogenannten *perceptions,* die sich ihrerseits aus den genannten *impressions* und *ideas* zusammensetzen. Jeder darüber hinausgehende schöpferische, gestaltende Charakter des menschlichen Geistes fand darin keine Entsprechung. Trotz dieser heute so offenkundig erscheinenden Be- bzw. Einschränkung kann man die humesche Psychologie nicht einfach als Randerscheinung psychologischen Denkens *ad acta* legen. Denn auch heutiger Auffassung nach ist damit in etwa der Gegenstand der Wahrnehmungspsychologie in seinen Grundzügen umrissen. In dieser Teildisziplin wird der gleiche altbekannte Problembereich thematisiert und danach gefragt, inwieweit Sinnesinformationen Erkenntnisse über die Welt zulassen bzw. wie aus rezeptorgebundenen Transduktionsprozessen und deren Interaktion mit zentralnervösen Integrationssystemen die äußere Welt erfahrbar werden kann (vgl. Handwerker und Schmelz 2007).

10.1 · Psychologisches Denken zwischen »Mechanisierung« der Physik …

Gegen die damit verbundene Auffassung einer Verkettung sinnesphysiologischer und psychologischer Einheiten durch Assoziationsprozesse gab es nicht nur im 18. Jahrhundert, sondern gibt es auch in der Gegenwart grundsätzliche Einwände. Dies insbesondere dann, wenn es um die sogenannten gestalterischen Prozesse geht, die bei der Wahrnehmung zum Tragen kommen. Diese vermögen nämlich durchaus eine Art »Übersummenaktivität« hervorzubringen, die aus der schieren Addition assoziativer Vorgänge nicht zu erklären ist. Das grundsätzliche Problem wird hierbei darin gesehen, dass unter dem Gestalthaften – im Gegensatz zum sogenannten Stückhaften – das konkret Sinnvolle verstanden wird. Damit ist aber keine »Undsumme« gemeint, bei der zu einem additiv verstandenen Prozess oder Inhalt noch etwas hinzugefügt wird. Die Gestalttheorie besagt vielmehr, dass die vermeintlichen Teile jeweils nur von ihren Ganzgesetzlichkeiten her zu begreifen sind. Dazu aber wird es nötig, auch jedes Element vom Ganzen ausgehend als dynamisch zu begreifen. In ähnlichem Sinne verstanden werden seitens der Gestalttheorie die meisten physischen Prozesse ebenfalls vom Gesamtzusammenhang aus gesehen. Das bedeutet, körperliche Vorgänge werden dieser Auffassung nach davon bestimmt, wie das Ganze auf die Verhältnisse im Einzelnen zurückwirkt und nicht umgekehrt (vgl. Wertheimer 1925; Köhler 1922; Koffka 1915). Durch den Assoziationsbegriff (vgl. ▶ Kap. 5) werde letztlich nur erklärt, warum in einem bestimmten Augenblick eine bestimmte Vorstellung in uns auftaucht, nicht aber, warum man beispielsweise den Eindruck des Gleichseins oder Verschiedenseins gewinne oder warum uns gerade diese und nicht eine andere, ebenso mögliche ▶ Assoziation in den Sinn komme. Assoziationsprinzipien stellten somit nur eine Tendenz, ausgedrückt durch eine bestimmte Wahrscheinlichkeit, dar. Gesetze eines geordneten Denkverlaufs ließen sich daraus nicht ableiten. Weit entfernt von einer solch kritischen Distanz zur elementaristischen und physikalistischen Bestimmung von Reiz-Reaktions-Ketten war im Denken ▶ D. Humes für eine im psychologischen Sinne bedeutsame gestalterische Kraft kein Platz vorgesehen. In seiner an ▶ J. Locke und ▶ G. Berkeley kritisch anknüpfenden ▶ Erkenntnistheorie wurde die *Idee der* ▶ *Seele* vielmehr zugunsten des erneut aufgegriffenen antiken Konzepts einer Assoziationspsychologie (vgl. ▶ Kap. 5) aufgegeben und das bewusste »Ich« eines Menschen durch eine Ansammlung von zu Gewohnheiten geronnenen Sinneseindrücken zu erklären gesucht. Wie weiter oben bereits angemerkt, beschreibt ▶ D. Humes Verständnis vom ▶ Begriff der ▶ Assoziation als einer Verknüpfung zweier oder mehrerer Erlebnisbestandteile nicht nur die Tendenz, mit einem Erlebnis gleichzeitig andere Ereignisse wieder ins Bewusstsein zu rufen. Er greift damit auch auf die klassische philosophische Grundhaltung zurück, die besagt, dass jeglicher Erfahrungszuwachs, also jegliches Lernen, auf eine kausale Beziehung einzelner Elemente zurückzuführen sei, dass sich jedes psychologisch relevante Gesamtbild einer Handlung stets vom Einfachen zum Komplexen entwickele.

Auch wenn damalige Gegner einer solch rigiden Bottom-up-Auffassung bereits kritisierten, es handele sich hier um eine Seelenlehre, die letztlich zu einer »Sammlung kausal verknüpfter Beobachtungen über die Natur der ▶ Seele« verkomme und kein übergeordnetes unveränderliches Ich zulasse, und auch wenn moniert wurde, es fehle eben dieses schöpferische Moment, das ein mit individuellem Bewusstsein ausgestattetes Subjekt auszeichne, so erfuhr die zu ▶ D. Humes Zeiten bereits physikalistisch überformte Idee der Kausalität von Assoziationsketten gerade durch ihn doch auch eine neue Interpretation: Die Ursachen für Veränderungen im Menschen seien nämlich nicht mehr allein nur in der »äußeren Welt« begründet, sondern – und das ist psychologisch bedeutsam – könnten auch als ein Charakteristikum der »inneren Welt« des Geistes angesehen werden (vgl. Hume 1739/1740). Dass dabei bestimmte Bedingungen einzuhalten seien, galt damals wie heute; man denke z. B. an die derzeit als gültig erachteten »Lerngesetze«.[3] Für ▶ D. Hume war es der Grundsatz der »*priority of impressions*

---
3   Vgl. N. M. Seel: *Psychologie des Lernens*. 2. Auflage. München: Ernst Reinhardt 2003. (UTB.)

over ideas« (Zabeeh 1960, S. 43), was nichts anderes bedeutete, als dass die »Wahrheit« über einen Sachverhalt sich nur durch den Rückgriff auf das Grundlegende, ein *tracing back ideas to impressions,* ermitteln ließe. Wie er dabei vorging, um »einfachen« gegenüber »komplexen« (zusammengesetzten) Wahrnehmungen den Vorrang einzuräumen, und wie er sich komplexe, aus einfachen Vorgängen – sogenannten ▶ *Assoziationen* – zusammengesetzte Wahrnehmungen dachte, beschrieb er ausführlich in seinem Artikel »*An Enquiry Concerning Human Understanding«* (Eine Untersuchung über den menschlichen Verstand, 1964). Die drei darin ausgeführten Bedingungen für die Bildung assoziativer Beziehungen – Ähnlichkeit, Kontinuität in Raum und Zeit sowie Ursache und Wirkung – bestätigten nicht nur die Auffassung ▶ Aristoteles, sie wirken als ein *Erbe mechanistischen Denkens, u. a.* in der Neuropsychologie,[4] bis heute nach (vgl. ▶ Kap. 5).

Damit überdauerten allerdings auch die damit verbundenen Schwierigkeiten. Im Wesentlichen ungelöst blieb eines der Hauptprobleme: dass ungeachtet aller gewonnenen Erfahrungswerte und der Anwendung neuer Untersuchungsmethoden das diesem Ansatz zugrundeliegende Theoriegebäude der ▶ *Induktion* aus sich selbst heraus nicht zu begründen ist. Vielmehr geriete man bei dem Versuch, via Assoziationsgesetzen das Erfahrene durch das Erfahrene des Erfahrenen und das wiederum so Erfahrene durch das Erfahrene des Erfahrenen etc. zu begründen, lediglich in einen unendlichen Regress. Das Induktionsprinzip, für welches nach ▶ Aristoteles hier beispielhaft ▶ D. Hume steht und mittels dessen aus einer Summe assoziativ gewonnen von Sinneseindrücken »Erkenntnis« zu generieren beabsichtigt wird, muss letztlich *ohne Rückgriff auf wissenschaftstheoretische Grundprinzipien des* ▶ *Empirismus* vorausgesetzt werden (vgl. auch ▶ Kap. 11). Diese Form der Wissenschaft, so sah es ▶ D. Hume selbst auch, versorge die Gelehrten nur mit bestimmten Theorien über die Welt, ohne dass diese ihrerseits logisch gerechtfertigt seien.[5]

10.1.3 Grenzbedingungen induktiven Vorgehens

Einer, der sich des aufdrängenden Problems annahm, hier nach einer wissenschaftlich sinnvollen Analyse der Vorbedingungen eines Erkenntnisgewinns durch Wahrnehmung suchte, war ▶ Immanuel Kant (1724–1804).[6] Gewiss, so der Gelehrte, sei es unzweifelhaft, dass beobachtbare Vorgänge der wahrnehmbaren äußeren Welt existieren. Zuvor aber müssten sie in die Schemata des Verstandes, von Zeit und Raum und, davon abgeleitet, u. a. Kraft und Bewegung eingeordnet werden; die Erfahrung allein genüge dazu nicht. Erst aus beiden zusammen, der Sinnlichkeit der Wahrnehmung und dem ▶ Vermögen, mittels bestimmter Begrifflichkeiten darüber nachdenken zu können, erwachse ein Gewinn für die Wissenschaft. Es gelte folglich, zwischen den Gegenständen der Erfahrung, also z. B. solchen, die sinnlich wahrnehmbar seien, und den Bedingungen zu unterscheiden, die diese Wahrnehmung ermöglichen, hier die Konzepte von Raum und Zeit. ▶ I. Kants Ansicht nach sind es Letztere, die sogenannten transzendentalen Bedingungen, die gewährleisten, dass Gegenstände überhaupt als Objekte erfahrbar werden und es sich nicht nur um rein subjektive, mentale Vorstellungen handelt. Von transzendentaler Bedingung zu sprechen meint für ihn folglich, dass eine bestimmte nichtempirische Bedingung vorab, ▶ *a priori*, gegeben sein muss, damit überhaupt Erfahrung möglich wird. Diese Vorbedingung jedes Wahrnehmungsaktes sei aber gemäß den Regeln der ▶ Vernunft nicht mehr hinterfragbar. Man könne vernünftigerweise ja nicht zunächst fragen, warum

---

4   Weiterführende Literatur: Goldenberg 2007.
5   Dieser Auffassung von ▶ D. Hume stimmte u. a. noch ▶ K. Popper zu.
6   Zu den folgenden Ausführungen vgl. Kant, I. (1966). In: W. Weischedel (Hrsg.)

10.1 · Psychologisches Denken zwischen »Mechanisierung« der Physik ...

es überhaupt Raum und Zeit, die »natürlichen Koordinaten« unseres Wahrnehmungssystems, gebe, um in der Folge dann Phänomene der Wahrnehmung erforschen zu wollen. Raum und Zeit seien nun einmal ▶ a priori gegeben, weshalb sich auch die »Wahrheit« oder »Falschheit« transzendentaler Urteile nicht über eine logische Analyse entscheiden lasse.

Die Zeit, so ▶ I. Kant, könne z. B. nicht direkt wahrgenommen werden; man könne sie nur in dem Maße erfassen, wie Dinge sich veränderten bzw. gleich blieben (vgl. ▶ Kap. 9). Dieses Wissen um gegebene Vorbedingungen zur Erfahrungsbildung über ein Ereignis, z. B. um eine Verortung eines Erkenntnisgegenstandes in Raum und Zeit, mache notwendigerweise jede empirisch gewonnene Erkenntnis immer zu einer nachgeordneten, von nicht weiter zu hinterfragenden Vorbedingungen abhängigen, sogenannten *A-posteriori*-Erkenntnis. Erst beides zusammen, das Ineinandergreifen von ▶ Vernunft und Erfahrung – also mittels geeigneter ▶ A-priori-Begrifflichkeiten erkenntnisversprechende Fragen an die Natur zu stellen, um sie dadurch quantifizierbar zu machen und Gesetzmäßigkeiten zu erkennen –, erlaube einen Zugewinn an Verständnis von der Welt. Da es jenseits der damit vorgegebenen Grenzen des wissenschaftlich möglichen Erfahrungszuwachses aber durchaus nicht weitere Dinge geben könnte, sei deren Nichterkennen keinesfalls gleichbedeutend mit deren Nichtexistenz.

Man mag sich nun fragen, was all dies für die heutige Psychologie bedeutet, was man daraus ableiten kann, indem man sich vergegenwärtigt, dass die Gegenständlichkeit von Gegenständen als Vorbedingung empirischen Vorgehens als solche zunächst konstituiert, d. h. unhinterfragt vorausgesetzt werden muss. Auf Grundlage dieses Wissens kann man ein Argument ▶ J. Lockes[7] aufgreifend, nun z. B. argumentieren, dass der Mensch selbst anfänglich nicht als eine *Tabula rasa*, als ein »unbeschriebenes Blatt«, zu begreifen ist, indem er jede Erkenntnis letztlich den Sinnesempfindungen schuldet. Gewisse Vorbedingungen des Erkenntnisgewinns müssen zumindest bereits angelegt sein bzw. sind auch angelegt, wie wir es heute aufgrund von Ergebnissen der Entwicklungspsychologie (vgl. ▶ Jean Piaget) und Neurobiologie wissen (vgl. Karnath und Thier 2012). Die Erforschung der Psyche kann sich also zu keinem Zeitpunkt des individuellen Lebens darin erschöpfen, eine Art passive Aufnahme von Reizen aus der Außenwelt zu unterstellen und deren aktive Weiterentwicklung zu Ideen als deren Hauptkonstituenten zu betrachten. Vielmehr muss – so sehen wir es jedenfalls gegenwärtig – für die Bearbeitung von Reizen auf jeder Ebene der Integration bereits eine verschiedene ▶ A-priori-Bedingungen enthaltende, adäquat vorbereitete Struktur gegeben sein. Man spricht heute in diesem Zusammenhang von *struktureller Prädisposition* und hebt dabei auf eine bestimmte »voreingestellte« systeminterne Bereitschaft zur Reizaufnahme und Reizweiterverarbeitung ab. Dazu gehören z. B. Wahrnehmungsinhalte, die nicht bewusst erfassbar sondern »unterhalb« davon angesiedelt sind, sogenannte subliminale Wahrnehmungen. Letztere legen nahe, dass systemintern auch ein sogenanntes präbewusstes Wissen über einen Gegenstand generiert wird. Diese kann, auch wenn es sich einer Reflexion darüber entzieht, durchaus für nachfolgende bewusste Verhaltensweisen von Bedeutung sein. So können sich z. B. visuelle Informationen, die zeitlich gesehen zu »kurz« ins Blickfeld des Betrachters, der Betrachterin eingeblendet wurden, um naturwissenschaftlicher Kenntnis nach bewusst wahrgenommen werden zu können, oder die, räumlich betrachtet, funktionsuntüchtigen, weil durch Läsion zerstörten Teilen des visuellen Systems zugeführt wurden, dennoch handlungsleitend auf nachfolgende Reaktionen auswirken. Kurzum, auch optische Sinnesreize, die man weder subjektiv bewusst wahrgenommen hat noch objektiv gesehen, hier ihres begrenzten Zeit- und/oder Raumfensters wegen, bewusst hätte wahrnehmen können, beeinflussen das Verhalten eines Individuums, ohne dass dieses rational begründet werden kann.

---

7 Hier gilt J. Lockes Aufsatz von 1690 *Essay concerning human understanding* (II 1, § 2) als maßgeblich.

10.1.4 Psychologie als Erfahrungsseelenkunde

Anknüpfend an den Gedanken, dass ein Erkenntnisgewinn im psychologischen Bereich vermutlich weder durch ein ausschließlich empirisches, auf Sinnesempfindungen zurückzuführendes Vorgehen noch durch ein rein vernunftbegründetes Nachdenken über die menschliche Natur, seine ▶ Seele, seine Psyche, seinen Geist etc., zu gewinnen sein würde, rückte nicht nur für ▶ I. Kant[8] die Frage nach dem Menschen als solchem ins Zentrum wissenschaftlichen Interesses.

Das damit angesprochene Fachgebiet einer wissenschaftlich fundierten ▶ Anthropologie präsentierte sich als *Wissenschaft des Verständnisses vom ganzen Menschen* und damit als eines, das sowohl durch verschiedene andere Einzelwissenschaften bereichert wurde als auch seinerseits in Nachbardisziplinen hineinspielte.[9] Mit durch eine weitgefächerte und interdisziplinär verankerte fachliche Aufstellung konnte so ein komplexes, wissenschaftlich mutipel vernetztes ▶ Menschenbild erzeugt werden. Die anthropologisch vielfach begründete Leitthese, dass *der Mensch als Tier von der Natur mangelhaft angelegt sei, dass aber seine Kultur und sein Geist ihn über die Natur erhebe,* hatte eine solch langanhaltende Überzeugungskraft, dass sie noch bis heute in den Köpfen manch gebildeter Laien festgesetzt hat. Entsprechend überdauernd ist das Verständnis vom ganzen Menschen, das seitens der ▶ Anthropologie propagiert wurde, auch Gegenstand empirisch ausgestalteten psychologischen Erkenntnisinteresses gewesen. Selbst wenn man die Bedeutung der ▶ Gefühle in dieser Zeit (vgl. ▶ Kap. 8) keinesfalls ganz außer Acht lassen kann – es bestand in der sogenannten Aufklärungspsychologie z. B. durch J. G. Sulzer und M. Mendelssohn (1755) die Tendenz, die Unauflöslichkeit von ▶ Gefühlen und rein intellektuellen Elementen in den Vordergrund zu stellen –, so gewann gerade im Rückgriff auf eine enge Wechselbeziehung von Mensch, Natur und Kultur eine Seelenkunde an Bedeutung, deren Ausgangspunkt eine Verknüpfung von Selbstbeobachtung *und* (empirischer) Zergliederung des Seelenlebens war: die sogenannte Erfahrungsseelenkunde. In dieser verband sich ein Streben nach Autonomie, nach Befreiung von althergebrachten Dogmen, mit einem wachsenden Interesse an der Beurteilung menschlichen Verhaltens, wobei Erhebungsmethoden und Interpretation zwar durch Klassifikationsgesichtspunkte der zeitgenössischen ▶ Philosophie bestimmt, aber durchaus durch Erkenntnisse der Naturforschung ergänzt wurden.

In diesem Sinne gaben Befürworter, die beide Disziplinen in ihrem Denken vereinten, auch die Richtung psychologischen Denkens vor. So etwa der von ▶ I. Kant und ▶ D. Hume beeinflusste Philosoph, Naturforscher und Mathematiker ▶ Johannes N. Tetens (1736–1807), der sich mit den Mitteln der Naturforschung seiner Zeit um eine psychologische Analyse der ▶ Seele bemühte. Beides, die Erfassung psychischer Erscheinungen und die menschlicher Erfahrungen, so führte der Gelehrte in seinem Hauptwerk *Philosophische Versuche über die menschliche Natur und ihre Entwicklung* aus (Tetens 1776 und 1777), seien nötig, um auf bestimmte Grundvermögen der ▶ Seele schließen zu können. Was diese Grundvermögen anging, so bezog er sich dabei auf das bereits bekannte Dreigespann von Verstand, ▶ Gefühl und Willen. Deshalb scheint sich auf den ersten Blick seine »psychologische Analyse der ▶ Seele« lediglich erneut auf ▶ »Vermögen« zu konzentrieren, die als Hauptcharakteristika des Psychischen seit Jahrhunderten ohnehin zur Debatte standen. D. h., er hielt an jener, heute als unbegründet zu bezeichnenden, Zahl und Art von ▶ Vermögen fest, die – als »Attribute der ▶ Seele« verstanden – im Verhältnis zur »Gesamtseele« auf eine Weise betrachtet wurden wie einzelne Organe zum

---

8   Er machte dies durch seine Abhandlung *Anthropologie in pragmatischer Hinsicht* (1798) deutlich.
9   Nicht ohne Grund unterscheidet man bis heute z. B. eine historisch, eine kulturell und eine biologisch ausgerichtete ▶ Anthropologie.

10.1 · Psychologisches Denken zwischen »Mechanisierung« der Physik …

Gesamtkörper. Erst auf den zweiten Blick wird deutlich, dass ▶ Tetens, weil er als Naturforscher einen guten Ruf genoss und nach ▶ I. Kant auch als bedeutendster Philosoph seiner Zeit galt, gerade in dieser hoch geachteten Doppelrolle für die Psychologie eintrat. Dadurch festigte er deren Position im akademischen Fächerkanon ganz ungemein. Dies wiederum war für die weitere Entwicklung des Fachgebietes von nicht unterschätzender Bedeutung. Entscheidend waren damals also weniger bestimmte überdauernde psychologisch relevante Grundhaltungen – Tetens glaubte z. B., dass er den »Anfang von allem« im Gegensatz von Rezeptivität (▶ Gefühl) und Aktivität (Wille, Vorstellung, Denken) gefunden hätte –, sondern die Fähigkeit, verschiedene geistige ▶ Strömungen mit den geistigen Werkzeugen der Zeit zukunftstauglich zu vereinen.

Entsprechend sieht man heute in dem Impuls, den die Erfahrungsseelenkunde der zeitgenössischen Psychologie in der zweiten Hälfte des 18. Jahrhunderts verlieh, den Versuch, philosophische Morallehren, die Erfassung empirischer Gesetzmäßigkeiten im Sinne der bestehenden englisch-sensualistischen Tradition und eine auf die damalige Schulphilosophie[10] gegründete rationale Psychologie erkenntnisgewinnend zusammenzuführen. Ergänzt wurde diese Mischung aus zeitgenössischer Moralphilosophie[11], praktischer Philosophie[12] und Empirie durch Biografien[13], Reiseberichte und gelehrte Gespräche. Damit gewann auch eine als Ratgeber firmierende, auf dem gelehrten Menschenverstand basierende ▶ Alltagspsychologie an Bedeutung. Dies nicht zuletzt, weil die Zergliederung des Seelenlebens in die sie bildenden »einfachen Kräfte« einem allseits anerkannten Vorbild der beschreibenden Naturwissenschaft folgte – Carl Linné. Sein Klassifikationsschema zur Organisation der Pflanzenwelt schien es möglich zu machen, neben Seelenkräften »erster Ordnung« wie Bewusstsein und Empfinden auch Seelenkräfte »zweiter Ordnung« zu bestimmen, z. B. Einbildung oder die Tendenz, unvollständige Ideen auszuführen. Dadurch entstand ein für jeden gebildeten Laien leicht nachzuvollziehendes psychologisches Schema.

Die neu etablierte geisteswissenschaftliche Teildisziplin gelangte so binnen nur eines Jahrzehnts durch ein dreißigbändiges Lesebuch für Gelehrte und Ungelehrte, das *Magazin zur Erfahrungsseelenkunde* (1783–1793), zu großer Bekanntheit. Diese Schriftenreihe – man könnte sie als erste psychologische Zeitschrift bezeichnen – trug heutiger Ansicht nach zunächst einmal nur wenig Erhellendes zusammen: Nachzulesen sind u. a. Fälle von Stummgeborenen, von Kleptomanie und Grausamkeit, sexuellem Missbrauch, Kindsmördern, religiösen Schwärmern, Hypochondern et cetera. Diese waren von ▶ Karl Philipp Moritz (1756-1793) in Anlehnung an die zeitgenössische medizinische Fachsprache in vier Rubriken geordnet: eine sogenannte *Seelennaturkunde*, verstanden als eine Art Physiologie, die sich angeborenen Verhaltensweisen widmete, eine *Seelenzeichenkunde*, die der Charakterbeschreibung gewidmet war, eine *Seelenkrankheitskunde*, welche sich als Pathologie auf normwidriges Verhalten

---

10 Mit dem ▶ Begriff der Schulphilosophie umschreibt man eine auf den Philosophen ▶ Christian Wolff zurückgehende, sich Mitte des 18. Jahrhunderts durchsetzende Tendenz, an deutschen Universitäten philosophische Werke in deutscher statt in lateinischer Sprache zu verfassen.
11 Bestimmend hierfür ist die Moralphilosophie ▶ I. Kants, in welcher Wünsche und Bedürfnisse nicht genügen, um moralisches ▶ Handeln zu begründen. Ausschlaggebend ist der gute Wille jenseits des Pflichtgemäßen.
12 In der praktischen ▶ Philosophie verbinden sich verschiedene philosophische Teildisziplinen des Rechts, der Politik und der Ökonomie mit dem Ziel, die Praxis menschlichen Handelns zu erforschen.
13 In diesem Sinne ist z. B. der weiter unten noch erwähnte Bildungsroman *Anton Reiser* von K. P. Moritz zu verstehen. Dieses Buch versuchte über Charakteristika und Weltsicht eines Individuums Aufschluss zu geben. Verbunden damit war die Vorstellung, es sollte eine Wissenschaft vom subjektiven Ich geben, eine, die aufklären sollte, was den Menschen im Innersten antrieb.

konzentrierte, und schließlich eine *Seelenheilkunde* bzw. ▶ Diätik, bei welcher die Therapie im Vordergrund stand.

Auf diese Weise entstand jedoch eine Art geordnet erscheinendes Sammelsurium von Beiträgen forensischer Mediziner, Altphilologen, Pfarrern, Lehrern, Philosophen – seien sie nun deutsche Parteigänger oder jüdische Freigeister, seien sie naturverbundene Romantiker oder auf Paragrafen versessene Bürokraten. Und so fügte sich etwas, das zunächst als beliebiges Allerlei anmutet, zu einen Fundus an Einzelfallbeschreibungen, von sonderbarem psychisch normalem bis hin zu absonderlichem psychisch-pathologischem Verhalten über alle Lebensabschnitte des Menschen. Beschrieben wurde so in einem Nebeneinander des Unbedeutenden und Besonderen der Selbst- und Fremdbeobachtung, aber, wie es hieß, frei von »moralischem Geschwätz«. Und so blieb von *Gnothi sauton,* wie das Magazin auch genannt wurde, mehr als nur der Eindruck einer überdimensionierten Sammelmappe von Kuriositäten: Durch die gleichermaßen supranational wie interkonfessionell ansprechenden und allgemeinverständlichen Beschreibungen einschlägiger Beobachtungen von sachverständigen oder betroffenen Personen und durch die nüchterne Deutung einer Vielfalt von psychologisch relevanten Themen wurde deutlich, dass sich hier – bezogen auf den deutschen Sprachraum – gebildete Laien *überdauernd* für psychologische Fragestellungen zu interessieren begannen.

Dies galt – und das war von heute aus gesehen das Wichtigste – auch für unspektakuläre Themen jenseits des Absurden, Ungewöhnlichen oder Aufmerksamkeitserheischenden. Dazu gehörten z. B. Fragen nach Bewusstsein und Nicht- oder Unbewusstsein und das Interesse an psychologischer Bildungslektüre wie etwa dem »psychologischen Roman« mit dem Titel *Anton Reiser,* den der Herausgeber des Magazins, ▶ Karl Philipp Moritz, zwischen 1785 und 1790 in vier Bänden herausbrachte. Der Autor wollte damit u. a. nicht nur seine Kindheitsentwicklung, seine innere Geschichte, wie er sagt, rekonstruieren. Er versuchte auch, die zuvor übliche pietistisch motivierte Selbstbeobachtung, verbunden mit einer mystisch-religiösen Innenschau, zu einer distanzierten psychologischen Analyse umzuformen. Auf diese Weise nahm er zwar nicht *den,* aber zumindest *einen ersten notwendigen Transformationsprozess* vor, der heute als unerlässlich gilt, um aus Einzelerfahrungen wissenschaftliche Erkenntnisse zu gewinnen. So z. B., indem er beschreibt, wie bei dem begabten, aber aus ärmlichen Verhältnissen stammenden Anton Reiser durch andauernde Demütigungen im Gymnasium das Selbstbewusstsein leidet und er sich in seine Fantasiewelt flüchtet. ▶ Moritz lenkt dadurch die Aufmerksamkeit auf die Bedeutung des psychologisch-analysierenden Blicks auf die Entwicklung in frühester Kindheit, die etwa einhundert Jahre später ▶ S. Freud in den Vordergrund stellen wird.

Rückblickend ist die »Psychologie der ▶ Aufklärung«, in Form der oben beschriebenen Erfahrungsseelenkunde und deren weit verbreiteten Publikationsorgans, trotz aller inhaltlicher Vorbehalte durchaus als ein Meilenstein der Entwicklung des Faches anzusehen: Denn seither sind psychologisch relevante Fragestellungen einer breiteren Öffentlichkeit bekannt, welche sich für psychologische Themen auch jenseits der Sensationslust am Absonderlichen interessiert, und seither besteht bzw. wächst ein überdauernder gesellschaftlicher Bedarf an psychologischem Grundwissen. Dieses wird, verstanden als Inbegriff des sogenannten gesunden Menschenverstandes, letztlich wiederum zum Ausgangspunkt psychologische Hypothesen im akademischen Bereich. Da vor Erscheinen des *Magazins für Erfahrungsseelenkunde* eher das Umgekehrte der Fall gewesen war – es hatte im Verständnis der Allgemeinheit keiner besonderen Wissenschaft bedurft, um »psychologisch angemessen« zu agieren –, fällt diese Veränderung zugunsten einer Akademisierung umso deutlicher ins Gewicht. Allerdings gefährdete der Verzicht auf systematische Prinzipien der Empirie den Wert der Erfahrung. Nicht nur, dass das so Gesammelte den Eindruck der Beliebigkeit erweckte, es entstand daraus auch ein wissenschaftlich unergiebiger Kreisprozess »nachdenkengeleiteter Erfahrung und erfahrungsgeleiteten Nachdenkens«.

10.2 Vielfalt psychologischen Denkens in einer Welt »sittlicher Vernunft«

Psychologisch motiviertes Denken bot somit bereits im ausgehenden 18. Jahrhundert sowohl akademisch als auch populärwissenschaftlich betrachtet ein außerordentlich reich und kontrovers diskutiertes Themenfeld. Wissenschaftlich maßgeblich hierfür waren u. a. die psychologisch bedeutsamen Ansichten der genannten Protagonisten des sogenannten französischen ▶ Rationalismus, z. B. von ▶ R. Descartes, des ▶ britischen Empirismus, z. B. von ▶ D. Hume, und der deutschen ▶ Aufklärung, z. B. von ▶ I. Kant, ▶ G. W. Leibniz oder ▶ C. Wolff. Wie oben bereits deutlich wurde, vermochten sie allein die Weiterentwicklung des Fachgebiets nicht erschöpfend zu erklären. Wegweisend hierfür waren auch die sogenannten gelehrten Diskussionen in »gebildeten Zirkeln«. Zu jenen, die parauniversitär psychologierelevante Studien betrieben, gehörte nicht nur der beispielhaft aufgeführte ▶ K. P. Moritz. Unter diesen entfalteten auch okkultistische Ansätze von Naturphilosophen, u. a. von ▶ Anton Mesmer, eine weitreichende Wirkung.[14]

Beispiel: Mesmerismus – die »Erfolgsgeschichte« der heilenden Wirkung des animalischen Magnetismus ▶ Anton Mesmer (1734–1815) kann man im Nachhinein nicht anders als eine schillernde Persönlichkeit beschreiben. Das hat zum einen mit den divergierenden Vorlieben und Aktivitäten während seiner akademischen Studien zu tun. Denn nachdem er Theologie, ▶ Philosophie, Jura und auch Medizin studiert hatte, promovierte er 1755 in Wien über ein »astropsychopathologisches« Thema, nämlich den Einfluss der Planeten auf menschliche Krankheiten, und war währenddessen auch als Heilmagnetiseur tätig. In dieser Eigenschaft hatte er bereits im Jahre 1774 eine im psychologischen Sinne erfolgreiche Behandlung durchgeführt, die er allerdings auf animalischen Magnetismus, ein im Menschen akkumuliertes magnetisches Fluidum, zurückführte. Wenige Zeit später agierte ▶ A. Mesmer bereits als berühmter Modearzt in Paris und siedelte 1874, nachdem Theorie der Heilung durch Berührung mittels mineralischer Magneten durch eine französische Wissenschaftlerkommission abgelehnt worden war, in die Schweiz um, wo es ihm weiterhin an Heilmagnetismus-gläubigen Patienten nicht mangelte. Wie war dieser Erfolg zu erklären?

Heute ist man der Ansicht, dass durch den sogenannten Mesmerismus der Prototyp eines individuellen bzw. gruppentherapeutischen hypnotischen Verfahrens entwickelt wurde. Die Tatsache, dass dazu ein heutiger akademischer Lesart nach unwirksames »magnetisches Fluidum« als Trägersubstanz diente, bedeutet also nicht, dass der Erfolg der Therapie als Ganzes hinfällig war. Man kann Mesmers Ansatz vielmehr als naturkundliche Neuformulierung der alten Idee eines mystischen Fluidums begreifen, worunter man die in vielen Natur- und Kulturvölkern geläufige Vorstellung fasst, es könnten von einem Heiler auf den bzw. die zu Heilende(n) bestimmte Kräfte übertragen werden. Da zu Zeiten ▶ A. Mesmers der Magnetismus als eine solche unsichtbare Kraft der Natur erkannt worden war, lag der Glaube nahe, in diesem eine der vormals mystischen Kräfte zur Verfügung zu haben.

Zwei Vorgehensweisen standen zur Verfügung: Mittels des »individuellen Verfahrens« wurde versucht beim Patienten eine sogenannte magnetische Krise herbeizuführen. Dabei berührte der Therapeut mit seinen Knien die betreffende Person, blickte ihm starr in die Augen und hielt dessen Daumen fest in seinen Händen. Darüber hinaus legte er dann eine

---

14 Noch im 20. Jahrhundert erschien neben den bekannten Fachzeitschriften, z. B. der *Zeitschrift für Psychische Forschung,* auch die *Zeitschrift für kritischen Okkultismus* (1926–1928) und seit 1926 die *Zeitschrift für* ▶ *Parapsychologie.*

Hand auf den Oberbauch des Patienten, das *Hypochondrium,* und strich mit der anderen über dessen Glieder. Alles zusammen schien dazu geeignet, beim Betroffenen gerade die eigentümlichen ▶ Gefühle auszulösen, die eine »Krise« und letztlich Heilung bewirkten. Mit dem, was man als *gruppentherapeutisches* Verfahren beschreiben könnte, sollte das in einer Person akkumulierte »magnetische Fluidum« auf andere Sitzungsteilnehmer übertragen werden. Dazu bediente sich ▶ A. Mesmer des sogenannten *baquet* (Eimer), eines wichtigen Utensils der von ihm erfundenen Technik zur Gruppenbehandlung mit »animalischem Magnetismus«. Der in der Mitte des Raumes stehende Eimer wies so viele Öffnungen auf, wie Patienten um ihn herum Platz nehmen konnten. Jeder Patient war dabei gewissermaßen doppelt vernetzt: Durch eine der Öffnungen im Gefäß war er mit einer Eisenstange verbunden, die zum kranken Körperteil führte, darüber hinaus hatte er mittels einer verbindenden Schnur zu allen anderen Anwesenden Kontakt. Der Magnetismus, so die Annahme, verbreite so das heilende magnetische Fluidum auf alle gleichzeitig.

Dass dadurch bestimmte sogenannte »vitale Ordnungsfaktoren« zum Tragen kommen können, sprich, dass insbesondere die Lebenskraft gesunder Menschen dank ihrer starken magnetischen Ausstrahlung auf andere heilend wirken mag, gehört seither zu einer der parauniversitär betriebenen Richtung des Heilwesens (vgl. Schratter-Sehn et al. 2007).

Auch ▶ A. Mesmers Lehre zog, obwohl sie bereits von Zeitgenossen als nicht seriös erkannt worden war, viele Menschen in ihren Bann und hielt noch Jahrzehnte nach ihrer Verbannung aus dem französischen Wissenschaftsbetrieb als »thierischer Magnetismus« vereinzelt erneut Einzug in die Universität.[15] Dadurch blieb die Methode lange genug im kulturellen Gedächtnis akademischen ▶ Handelns, um sich zu fragen, was außer Scharlatanerie, sprich ▶ Placebo-Effekt (vgl. Brody und Brody 2002), dabei von Bedeutung gewesen sein könnte.

In der akademischen Welt meint man heute – anders natürlich als unter seinen weiterhin existierenden Anhängern –, es sei im Wesentlichen die besondere Art und Weise der Durchführung gewesen, und spricht damit die tranceartige, mit psychologischen Mitteln herbeigeführte veränderte Bewusstseinslage der Patienten an. Dafür hatte im 17. Jahrhundert Athanasius Kircher bereits den ▶ Begriff der ▶ Hypnose (griech. *hypnos* 'der Schlaf') geprägt und damit den Zustand der Benommenheit, verbunden mit einer erhöhten Beeinflussbarkeit, umschrieben, der von ▶ A. Mesmer als »Magnetismus« popularisiert wurde. ▶ A. Mesmers ▶ *suggestive,* für den Erfolg seiner Therapie als ausschlaggebend erachtete *Methode* wurde u. a. von ▶ H. Bernheim, ▶ J. M. Charcot und ▶ S. Freud aufgegriffen (Loewenfeld 1901; Brauchle 1927). Die Beeinflussungsmöglichkeiten erkennend, die in der verbalen Einflussnahme während eines bestimmten, als hypnotisch zu beschreibenden Bewusstheitszustandes stecken, versuchten sie z. B., über einen sogenannten hypnotischen Auftrag verdrängte Erinnerungen aufzurufen. Erst als die Bedenken überwogen, der Patient oder die Patientin würde, wenn das Symptom beseitigt wäre, möglicherweise in der methodisch induzierten Unselbständigkeit belassen, es sei denn, diese würde ihrerseits analysiert und interpretiert, wurde dieses Verfahren durch die sogenannte freie ▶ Assoziation ersetzt. Dessen ungeachtet gilt ▶ Hypnose, als sogenannte Hypnotherapie bei Schmerzzuständen und funktionellen Störungen der Organe eingesetzt, bis heute als ein Mittel der Wahl.

---

15 Ein begeisterter Anhänger des Mesmerismus war z. B. Joseph Ennemoser (1787–1854), der als ordentlicher Professor an der Universität Bonn das Fach »Thierischer Magnetismus (Mesmerismus)« lehrte. Sein Buch *Historisch-psychologische Untersuchungen über den Ursprung und das Wesen der menschlichen Seele* erschien 1824.

10.2.1 Die Bedeutung der »Weltenordnung« für die Entwicklung der Psychologie

Dass in der deutschsprachigen Psychologie letztlich kontinentaleuropäisches, aufklärerisches, akademisches Denken die Oberhand gewann, und zwar meist mit deutlichem Vorsprung vor einer dem ▶ Empirismus zugerechneten philosophischen Denkweise in Großbritannien, wird im Wesentlichen dadurch begründet, dass ein zunehmender Gestaltungswille in der sittlichen Ordnung des Zusammenlebens der Menschen auch in den Mittelpunkt akademischen ▶ Handelns gestellt wurde. Dies geschah im Vertrauen auf das rational zu Begründende menschlicher Erkenntnisfähigkeit. Nichts schien somit dagegenzusprechen, akzeptierte Grundregeln einer auf sittliche ▶ Vernunft gegründeten Ordnung der Welt auch auf die Psychologie anzuwenden bzw. das Fachgebiet darin einzubinden und dadurch weiterzuentwickeln.

Indem man die Organisations- und Ordnungsprinzipien der ▶ Vernunft in Beziehung zu einer als »natürlich« apostrophierten bestehenden Weltordnung setzte, wurde allerdings auch offenkundig, dass eine solche »natürliche Weltenordnung« selbst dann bestehen bleiben würde, wenn sie die Menschen nicht als solche erkannten. Mit dadurch blieb trotz aller vernunftregulierter Vorgaben immer genügend Raum für überempirisches, »metaphysisches« Denken auch in der Psychologie, ein Denken, das naheliegenderweise durch Erfahrung weder nachvollzogen noch in Abrede gestellt werden konnte. Das damit verbundene stille Eingeständnis einer nicht erkennbaren überzeitlichen »Wahrheit der Weltenordnung« erhöhte in Fachkreisen allerdings nicht nur die Skepsis gegenüber der vermeintlichen Expertise »fahrender Grillenheiler« und schillernder, Heilung versprechender Persönlichkeiten wie etwa ▶ A. Mesmer, sondern auch gegenüber dem zeitgenössischen Verständnis empirisch gewonnener Erkenntnis. Gerade das Letztere betraf, so zeigte sich, dass man mittels der damals verfügbaren »Sammlungen von Tatsachen« lediglich zu Informationen über ein beobachtbares Nebeneinander und Nacheinander von Ereignissen gelangen konnte. Dafür stand ja gerade *Gnothi Sauton*, das *Magazin für Erfahrungsseelenkunde*, in welchem Aufsätze über Charakter und Handschrift gleichberechtigt neben solchen über Täuschung und Traum, Aberglauben und Wahnwitz, Heilung eines Melancholischen und Briefen eines Taubstummen standen.

Wie unschwer zu erkennen, waren die beiden Hauptrichtungen der Psychologie – eine rationale, dem »Verstand und nur dem Verstand« gewidmete, und eine sich empirisch nennende »psychologische Raritätensammlung« – weder in der Lage einander wechselseitig zu bereichern noch sich gegen außeruniversitäre, unseriöse Heilsversprechen nachhaltig durchzusetzen. Unschwer zu erkennen ist aber auch, dass ein experimentell orientiertes Denken heutiger Prägung damals kaum eine Chance auf Anerkennung durch die philosophisch ausgerichteten Fachvertreter gehabt hätte. Eine Begrenzung des Erkenntnisgewinns auf das empirisch-methodisch Erfassbare wäre gemäß der gültigen Annahme, dass es jede menschliche Erfahrung überschreitende und gleichermaßen unhintergeh- wie unergründbare ▶ A-priori-Vorgaben gäbe, lediglich als vordergründig und oberflächlich erschienen. Daraus wird deutlich, dass ein Wandel im Wissenschaftsprozess, ein sogenannter ▶ Paradigmenwechsel, nicht allein durch wissenschaftliche Faktoren, sondern mit durch die Weltanschauung der handelnden Personen bestimmt wird. Mögliche an sich zukunftsweisende Ansätze kommen somit u. U. deshalb nicht zum Tragen, weil sie mit dem Weltwissen einer bestimmten Generation sind, d. h. sie in einen Denkstil eingebunden sind, der die Überzeugung der wissenschaftlichen Gemeinschaft bezüglich eines Forschungsgegenstandes nicht zu spiegeln vermag.

Als in die oben angesprochene Problematik einer »überzeitlichen Wahrheit der Weltenordnung« bestens eingefügt erwiesen sich indes all diejenigen Versuche, die Psychologie in

Form einer der philosophischen Hauptströmung angepassten rationalen, d. h. ▶ analytisch-deduktiven Vorgehensweise fortzuführen, so etwa, wie der bereits weiter oben genannte ▶ Christian Wolff es versuchte. Er, der eine Generation nach ▶ G. W. Leibniz als Hochschullehrer tätig war, trachtete z. B. geradezu danach, durch *Vernünftige Gedanken* über Gott und die Welt, den Menschen und seine ▶ Seele etc. psychologisches Geistesgut zum festen Bestandteil der ▶ Philosophie zu machen. Anders als ▶ G. W. Leibniz übte ▶ C. Wolff jedoch nicht durch besondere oder grundstürzend neue Ideen anhaltenden Einfluss auf die Nachwelt aus, sondern u. a. deswegen, weil er als einer der Ersten diese »vernüfftigen Gedancken«[16] in deutscher statt wie bisher in lateinischer Sprache publizierte (Wolff 1713). Dadurch trug er wesentlich zur Herausbildung einer deutschen fachspezifischen Terminologie bei und gewann so auch einen breiteren Leserkreis für psychologische Themen. Bereits einer seiner Schüler, A. G. Baumgarten (1714-1762), entwickelte im dritten Teil seines Werkes *Metaphysica* (1779) eine wohldurchdachte und ausformulierte Grundidee von Inhalt und Aufbau der Psychologie als wissenschaftlicher Teildisziplin, die von anerkannten Philosophen in ihren Vorlesungen über dieses Fachgebiet zugrunde gelegt wurde. Mit dadurch erhielt das Fachgebiet eine immer stärkere Bedeutung innerhalb der ▶ Philosophie, wurde geradezu zur »vornehmsten aller Teildisziplinen« befördert und als »Wissenschaft von der allgemeinen Vorhersage der Seele« gepriesen.

Dem so gelobten philosophischen Teilgebiet war damit jedoch zugleich eine schwere Bürde aufgelegt worden: Es sollte nämlich – die *Grundprinzipien der Theologie, Ästhetik, Logik und praktischen Wissenschaft* im Hinblick auf deren Vorgaben von ▶ Vernunft und ▶ Metaphysik beachtend (Sommer 1892) – sowohl mit *Rückgriff auf eigene Erfahrungen* als auch mit Rückgriff auf die *Begrifflichkeiten der* ▶ Seele den langwierigen Prozess des Verstandes erkennbar werden lassen! So uneinlösbar dieser alles und jedes umfassende Anspruch uns im Nachhinein erscheint, so viel Zukunftsweisendes steckte auch darin. Denn in Anlehnung an die sich damals in einen experimentellen und einen theoretischen Teil differenzierende Physik wurde auch der akademisch betriebenen Psychologie grundsätzlich, wenn auch gewissermaßen nebenbei, aus eigenem Recht ein *empirischer Anteil* zugesprochen.

Allerdings kam der Versuch, eine »Empirik der ▶ Seele« zu betreiben, aufgrund des Verharrens in abstrakten Prinzipien, in einem Denken verschiedener autonomer Seelenvermögen, der bereits genannten ▶ *Vermögenspsychologie,* nicht recht voran. Auch die Fortführung eines strikten kartesischen Leib-Seele-Dualismus (▶ Leib-Seele-Problem) stand dem Ansatz im Weg, da eine Trennung der beiden Grundkräfte die Psychologie in die missliche Lage brachte, zwischen zwei ▶ Entitäten Beziehungen herstellen zu müssen, die von sich aus »eigentlich« keine Vermittlung zuließen. Ungeachtet der damit angesprochenen ungelösten Grundfragen ist das hohe *Maß an intuitivem Verständnis für psychologisch bedeutsame Themen,* bemerkenswert das sich innerhalb der ▶ Philosophie entwickeln konnte. Der oben genannte ▶ ChristianWolff zeigte dies etwa durch seine Differenzierung in »Seelenvermögen« der Sinnesempfindung, der Wahrnehmung, der Vorstellung und Einbildung, des Traumes, des Gedächtnisses, der Sprache, der Lust, des Schmerzes, des ▶ Gefühls und des Willens. Mit dadurch wurden Fragestellungen aus dem bisherigen Dunstkreis des Privaten und/oder Tabuisierten allmählich in den des wissenschaftlich und damit gesellschaftlich Relevanten und Benennbaren überführt. Dies bereicherte den psychologischen Themenkatalog um bis heute wesentliche Fragestellungen.[17] Dass

---

16 So die Schreibweise C. Wolffs.
17 Baumgarten legte z. B. seinen Ausführungen über Psychologie eine Differenzierung in eine allgemeinen (heute: Allgemeine Psychologie I und II) und diverse spezielle Teile zugrunde, darunter Bereiche der Sinne, der Imagination, des Denkens, des Gedächtnisses, der Rechtsauffassung et cetera.

10.2 · Vielfalt psychologischen Denkens in einer Welt »sittlicher Vernunft«

neben der immerwährenden Suche nach einem höheren und beständigen Ganzen der menschlichen Psyche und der ihr innewohnenden Ordnung auch die oben angesprochene empirische Richtung in der Psychologie zunehmend an Anhängerschaft gewann, spricht für die damalige Selbstgewissheit einer ▶ Philosophie, die es sich leisten konnte, neben einer ▶ *psychologia rationalis* eine *psychologia empirica* zu betreiben, ohne an ihrer Dominanz über beide Ausrichtungen zu zweifeln. ▶ C. Wolff z. B. sieht es so: »Weil die Psychologie Teil der Philosophie ist, der von der Seele handelt, wird sie die Wissenschaft dessen sein, was durch die menschliche Seele möglich ist« (Wolff 1996, S. 71).

Auch empirisch denkende, der Psychologie zugeneigte, Wissenschaftler betrachteten die sich anbahnende Zweiteilung des Faches zunächst lediglich unter ausgewählten Sowohl-als-auch-Gesichtspunkten. So etwa, indem die Auffassung vertreten wurde, Psychologie sei nicht nur in eine *geistige Welt* eingebunden, sondern auch in eine *Körperwelt* und damit auch in eine von Tatsachen bestimmte Erfahrungswelt, die keiner übergeordneten Ordnung eines gedachten Ganzen gehorche. Deshalb könne der Mensch, so glaubte man, durchaus auch aus eigenem ▶ *Vermögen* die gewonnenen »sinnlichen, in ‚stückhaften Elementen' geordneten, Erfahrungen« – wie es hieß – ordnen und gewichten. Man gedachte auch so zu einem geordneten Ganzen gelangen zu können, da »die Theile zusammen genommen das Gantze sind.« (Wolff 1738, S. 14 § 25). Von einer »höheren« ▶ Vernunft, die vollkommener ist als der eigene Geist, war in diesem Zusammenhang u. a. deshalb nicht die Rede, weil sich in der Physik eine auf Tatsachenfeststellung begründete Naturlehre, die *physica empirica,* zulasten einer theoretisch ausgerichteten *physica speculativa*[18] durchzusetzen begann und weil sich die auf Erfahrungen bauende Psychologie, die *psychologia empirica,* an Ersterer orientierte.

10.2.2 Fortschritte der akademischen Psychologie im »Sog der Aufklärung«

So verschieden die rationalen und empirischen ▶ Strömungen der Psychologie innerhalb der ▶ Philosophie auch sein mochten, sie einte in Verlauf des 18. Jahrhunderts das oben angesprochene gemeinsame gesellschaftliche Anliegen: *die Stärkung der sittlichen* ▶ *Vernunft.* Denn ähnlich wie heute wurde die Psychologie nicht nur um ihrer selbst willen betrieben, sondern immer auch, um die »seelischen ▶ Vermögen des Individuums« mit dem Bedingungsgefüge eines funktionsfähigen Gemeinwesens in Einklang zu bringen. Zu denken war diese »Stärkung« damals meist in Form der Verbesserung des Sozial- und Bildungswesens, verbunden mit dem Anliegen, dem Bürgertum Anteil am wissenschaftlichen Fortschritt zu ermöglichen bzw. es davon profitieren zu lassen.

Einmal erfasst von diesem »Sog der ▶ Aufklärung«, ist für die weitere Entwicklung der Psychologie ihr geistiger Anteil an der sogenannten ▶ Popularphilosophie von großer Bedeutung. In dieser trafen sich empirische oder, besser gesagt, *an der Lebenswirklichkeit orientierte* ▶ *Strömungen* mit *vernunftgeleiteten* und *eklektizistischen* Richtungen, wobei Letztere die Befunde und Argumente aus ganz verschiedenen Bereichen der ▶ Philosophie zusammenzuführen trachteten. Innerhalb der akademischen ▶ Philosophie war dieser Zweig weder besonders erfolgreich noch bemerkenswert. Allein die Tatsache, dass die Psychologie von einer solchen Wende eines Teilbereichs der ▶ Philosophie hin zum Allgemeinverständlichen und

---

18 Diese *physica speculativa* wurde von idealistischen und romantischen ▶ Strömungen erfasst und mit zunehmender Entwicklung der exakten Naturwissenschaft ihrer oft metaphysischen, »schwärmerischen« Betrachtungsweise wegen zunehmend mit Abneigung bzw. Geringschätzung betrachtet.

für jedermann sinnvoll Erscheinenden profitierte, macht diese »Alltags-▶ Philosophie« für die Entwicklung unseres Faches bedeutsam. In beiden Fällen stand nämlich im Vordergrund, den Menschen aufzuklären, zu bilden, ihn in Krisen zu unterstützen und auf den »rechten Weg« zu führen.

Wie man am Beispiel des Karl Philipp Moritz bereits erkennen konnte, versuchten damals die Vorreiter dieser Denkrichtung, das Logische und philosophisch oder medizinisch Erwiesene mit dem Plausiblen und Alltäglich-Vernünftigen zu einem psychologisch Sinnvollen zu verbinden, um damit einen Erkenntnisgewinn für jedermann zu ermöglichen. Grundanliegen dieser »Förderung menschlicher Glückseligkeit« jenseits gelehrter Weltfremdheit war es, in einer ansonsten so abgehoben erscheinenden ▶ Philosophie den Zugang zu Fragestellungen zu eröffnen, die es den Zeitgenossen erlaubten, auch in ihrem privaten und gesellschaftlichen Leben eine Sinndeutung vorzunehmen. In der ▶ Popularphilosophie ging es nämlich nicht mehr länger um »das Glück per se« oder »die Freiheit an sich«, sondern um Glück und Freiheit von Menschen in ihrem jeweiligen sozialen Umfeld.

Mit dadurch erfuhr psychologisches Denken einen weiteren Schub an öffentlichem Zuspruch, der bis in die Gegenwart trägt. Bis heute kommt z. B. die psychologisch-praktische Seite der mit aus der ▶ Popularphilosophie heraus entstandenen Betrachtung von Alltagsproblemen durch eine von Hochglanzmagazinen bis zur Regenbogenpresse weit gestreute »Ratgeberliteratur« zum Ausdruck. Diese ist ihrerseits weder heute auf Publikationsorgane beschränkt, die sich ausschließlich psychologisch relevanten Fragen zuwenden, noch war sie es früher. Fast immer werden psychologische Inhalte, werden »Herz« und »Geist«, zusammen mit Themen der Haushaltsführung, etwa geeigneten Kochrezepten oder einer gelungenen Gartengestaltung, und Lösungsangeboten für Alltagsprobleme, besprochen. Diese Einbindung psychologisch bedeutsamer Themen in solche der dinglichen Alltagswelt suggeriert damals wie heute, sie seien alle auch auf ähnliche Weise lösbar, etwa durch Tipps, Rezepte, Beispielverfahren und Berichte von Betroffenen. Alles in allem trug eine »aufklärerische Neuorientierung« im Rahmen der ▶ Popularphilosophie zusammen mit einer zunehmend *anthropozentrischen Ausrichtung* im Hinblick auf die »Bestimmung des Menschen« maßgeblich zur weiteren Entwicklung der Psychologie und ihrer Akzeptanz bei. Nicht nur, dass damit überkommenen theologischen Dogmen mit neuen Argumenten über die »naturgegebenen Anlagen« des Menschen begegnet werden konnte, auch altgediente philosophische Lehrsätze wurden infrage gestellt, etwa die an der »Mechanik« orientierte Auffassung über ein räderwerkartiges Ineinandergreifen verschiedener ▶ Vermögen.

Hinzu kam, dass die sogenannte Geschichtlichkeit des Menschen, insbesondere seine Kulturgeschichte, als eine der wichtigsten Grundlagen für ein Verständnis des Psychischen angesehen wurde und umgekehrt. Kulturanthropologisches Denken galt fortan einerseits als unverzichtbar, um durch »wissendes Beschreiben und Beobachten«, durch Aufzählung und Anordnung der »ursprünglichen Anlagen und Kräfte« wahre Kenntnisse von der Psyche zu erwerben. Wollte man andererseits die Kultur- und Naturgeschichte des Menschen umfassend nachvollziehen und in den Stand der Gegenwart überführen, so schien dies wiederum ohne Psychologie kaum möglich. Entsprechend gehörten Vorlesungen über »menschliche ▶ Vermögen und deren Einteilung«, über »empirische Psychologie« und »Geschichte der Psychologie« vom 18. Jahrhundert an ganz selbstverständlich zum Lehrangebot einer sich am damaligen Zeitgeist orientierenden ▶ Philosophie.

Die Psychologie erfuhr durch die damit verbundene Würdigung auch in anderen Fachgebieten eine beachtliche Aufwertung. Sie stieg z. B. in wissenschaftlichen Disziplinen, welche das Fach zuvor nur mittelbar eingebunden hatten, die Psychologie in den Rang einer unverzichtbaren Hilfswissenschaft auf, so etwa in der Medizin (▶ *Psychiker*), Physik (▶ *Psycho-*

physiker), Pädagogik (▶ *Psychagogen*) und Rechtswissenschaft (vgl. ▶ Kap. 6). Deutlich wird dieser vermehrte Zuspruch u. a. dadurch, dass man in den genannten Fächern psychologisch bedeutsam erscheinendes Material in Form von Mitteilungen, Archiven, Briefwechseln sammelte und in gesonderten Magazinen publizierte. Auch wenn systematische Untersuchungen noch die Ausnahme blieben, so gab es doch neben einer heutigen Maßstäben nach nicht anders als ungeordnet erscheinenden, in Folianten gebundenen Anhäufung skurriler Einzelfälle, Abartigkeiten und Trivialitäten bereits im 18. Jahrhundert zumindest eine durchstrukturierte, auf Beobachtungen basierende Verlaufsstudie, auf die heute noch verwiesen wird. Es handelt sich um die des Philosophieprofessors von Marburg, D. Tiedemann (1748-1803), der 1787 in den *Hessischen Beiträgen zur Gelehrsamkeit und Kunst* seine Beobachtungsresultate über die geistige und körperliche Entwicklung seines Sohnes in den ersten drei Lebensjahren so kompetent und weitsichtig zusammentrug, dass sie als *der* Beginn systematischer Verlaufsstudien zur Erfassung der Entwicklung im frühen Kindesalter schlechthin gelten.

Meist aber sah man davon ab, über die Beschreibung einzelner Fälle hinaus zu »Allgemeinerungsversuchen« zu gelangen oder gar »Reflexionen« über das Berichtete anzustellen. Dies war heutiger Auffassung nach dem Zeitgeist geschuldet. Diesen berücksichtigend stand damals im Vordergrund, die Vielfalt zu erfassen und getreu der Grundmaxime der ▶ Aufklärung »jegliche verfälschende Zergliederung zurückzustellen« (Silbereisen 1984, S. 155). Zwar vermochte man ganz ohne »Zergliederung« (ebd., S. 155) auch nicht auszukommen, jedoch bereitete der Versuch, die beschriebene Vielfalt psychischer Erscheinungen erkenntnisgewinnend zu (re-)strukturieren, große Schwierigkeiten. Es wurde nämlich, von wenigen Ausnahmen abgesehen,[19] versucht, bestimmte Beobachtungen oder Tatbestände stets so zu klassifizieren und systematisieren, dass sie sich in eine *logisch begründete Trennung und Spezifizierung* der bereits bestehenden ▶ Vermögensbegriffe einbinden ließen. Anders gesagt, ausschlaggebend waren nicht die Grenzen der Erfahrung, sondern die der gedanklichen, logisch korrekten Ordnung von Begriffen. Damit wird gleichzeitig eines der Hauptprobleme dieses Verständnisses von Psychologie offenkundig: Solange sich die Systematisierung der mitgeteilten Inhalte primär an der Kategorisierung der ▶ Philosophie, ihrer Sprache und ihrer wissenschaftstheoretischen Grenzbedingungen orientierte und nicht anhand der gemachten *Erfahrungen, verfügbaren Berichte, Beobachtungen etc.* erweitert und verändert werden konnte, war der Erkenntnisgewinn entsprechend begrenzt.

10.3 Einleitung eines Konzeptionswechsels

Auch wenn unter der Schirmherrschaft der ▶ Philosophie im Allgemeinen und der ▶ Popularphilosophie im Besonderen zumindest zeitweise eine gewisse Einhelligkeit über wichtige Grundfragen der ▶ »Seele« gegeben schien, so war dieses Einvernehmen sehr begrenzt. Dies zeigt sich z. B. an Fragen bezüglich eines angemessenen empirischen Vorgehens: Hier standen sich zwei einander partiell widersprechende Vorgehensweisen gegenüber, drohten sich diverse *empirische psychophysiologische* und *empirische, aber nicht physiologisch orientierte* Ansätze zu neutralisieren. Insbesondere die erstgenannten waren sowohl wissenschaftlich als auch weltanschaulich heftig umstritten. So gab z. B. die Auffassung des oben bereits genannten ▶ Franz Joseph Gall Anlass zu der Vermutung, man könne wesentliche Eigenschaften und grundlegende Charakterzüge des Menschen bereits an diversen morphologischen Maßen des Kopfes »ab-

---

19 So z. B. D. Tiedemann.

lesen«. Galls kranioskopisch[20] ausgerichtete Seelenlehre der ▶ Phrenologie schien aber selbst damaliger Lesart nach nur scheinbar zu erlauben, Rückschlüsse aus Form und Umfang der Schädelkalotte auf bestimmte Fähigkeiten eines Menschen zu ziehen. Im Wesentlichen blieb sein Ansatz der Intuition geschuldet, gepaart mit der »Vermessung zahlreicher Köpfe«, insbesondere von deren Größe sowie verschiedenen Eindellungen oder Vorwölbungen der Schädelkalotte. Die daraus resultierende Auffassung, der psychologisch relevante »Gebrauch« unseres Gehirn könnte mit der Ausprägung von bestimmten Cortexarealen auch äußerlich an der Schädeloberfläche erkennbar sein, wurde spätestens dann auch öffentlich erbittert bekämpft, als einflussreiche Personen befürchten mussten, dass man an ihrer Schädelform bestimmte für sie ungünstige Charaktereigenschaften ablesen könnte.[21]

Wissenschaftlich widersprochen wurde ▶ Galls Ansatz zwar u. a. durch die Arbeiten von Pièrre Flourens (1794-1864), aber darauf kam es letztlich nicht an, denn verworfen wurde die ▶ Phrenologie aber weltanschaulicher Ebene. So setzte sich z. B. der genannte Flourens aufgrund seiner Forschungsergebnisse zwar für eine Art *Feldtheorie* ein, die bestimmte geistige Fähigkeiten (»Fakultäten«) nicht einem definierten Ort im Gehirn zuwies, sondern sie an die Funktion des Gehirns als ganzes band. Er trat ▶ Galls Lokalisationslehre jedoch im Wesentlichen nicht mit seinen wissenschaftlichen anderslautenden Befunden entgegen, sondern mit dem Vorwurf, dieser untergrabe den *Glauben an die Einheit der ▶ Seele, an ihre Unsterblichkeit und an den freien Willen und Gott*. Es war somit in erster Linie keine Frage der Wissenschaftlichkeit bzw. Unwissenschaftlichkeit, die ▶ F. J. Gall den Ruf als ernstzunehmender Mediziner kostete,[22] denn auch Flourens' wissenschaftliche Gegenbeweise erwiesen sich bald als unhaltbar. Die Krux des Gall'schen Ansatzes lag u. a. darin, dass man die Idee der Selbstbestimmtheit des Menschen nicht in Abhängigkeit von bestimmten kranioskopischen Messwerten zu diskutieren gewillt war. Ersetzt man indes das als ungeeignet erkannte Maß durch ein anderes, heute naturwissenschaftlich akzeptiertes, z. B. das der *Sauerstoffsättigung* des regionalen cerebralen Blutflusses, so kann man nicht umhin, anzuerkennen, dass das Grundproblem, hier die Transformation von physischen in psychische Datensätze, bis heute kontrovers diskutiert wird.

Dem Versuch einer »Physiologisierung des Geistes und seiner Fakultäten« widersprachen neben damaligen Hirnforschern auch Anhänger o. g. *empirischen, aber nicht physiologischen Ansatzes*. Das Ursprüngliche eines Menschen, seine Anlagen, ▶ Vermögen und Kräfte, so die Annahme, sei allein aus der Erfahrung abzuleiten und deshalb nur aus der *geistigen*, nicht aber aus der *körperlichen* Natur eines Menschen. Jedoch erwies es sich auch bei nicht physiologischen Ansätzen keineswegs als einfacher, das »rechte Maß« hinsichtlich empirischer und abstrakt-philosophischer Anteile der Psychologie zu finden. Dies galt insbesondere im Gefolge von ▶ I. Kants Ausführungen in seiner *Anthropologie in pragmatischer Hinsicht* (1798). Denn mit dadurch wurden Fragen des Menschen als einem Naturwesen und des Menschen als frei handelndem Subjekt als zwei verschiedene Problemstellungen betrachtet. Das bedeutet, die

---

20 Merkmalsbeschreibung und Vermessung des Schädels.
21 Seit ▶ F. J. Galls »Jagd« auf »Köpfe von großen Leuten« hatte man sich aber an den Gedanken, dass die Schädel bedeutender Männer, z. B. der von Schiller, auch entsprechend groß sein müssten, gewöhnt. Entsprechend hatte man etwa im 19. Jahrhundert bei der Exhumierung von Schillers Körper aus dem Massengrab, in dem er zunächst beerdigt worden war, kurzerhand den größten der dort aufgefundenen Schädel als seinen betrachtet und als solchen bis ins 21. Jahrhundert verwahrt bzw. ausgestellt. Erst jetzt konnte der Irrtum anhand von Vergleichen des Erbmaterials nachgewiesen werden.
22 Gleichwohl hat ▶ F. J. Gall – ungeachtet seines phrenologischen Ansatzes - zusammen mit Johann Christian Spurzheim (1776-1832) die Neuroanatomie um wertvolle Erkenntnisse bereichert. Diese wurden jedoch später, weil ▶ F. J. Gall zur *persona non grata* erklärt worden war, nicht mit seinem Namen verbunden. Anders als in Europa bestand in den USA indes bis in 20. Jahrhundert hinein eine insbesondere durch Fowler geförderte große Anhängerschaft der ▶ Phrenologie.

philosophische Betrachtung des Menschen wurde von einer Naturbetrachtung des Menschen so weit geschieden, dass weder Methoden noch Erkenntnisziele ineinander überführbar schienen.

Angesichts dieser unauflöslich erscheinenden Problemlage war es die u. a. von ▶ Friedrich Herbart ins Feld geführt *Kritik an der bis dato betriebenen* ▶ *Vermögenspsychologie*, die einen weiterführenden Schritt in Richtung auf eine sich an der praktischen ▶ Philosophie orientierende empirische Psychologie zu erlauben schien. ▶ J. F. Herbart, der neben Werken über ▶ Metaphysik und Arbeiten über praktische ▶ Philosophie bereits 1816 ein *Lehrbuch zur Psychologie* verfasst hatte (2. Aufl. 1834), setzte sich auch danach in einem zweibändigen Werk mit dem Titel *Psychologie als Wissenschaft, neu gegründet auf Erfahrung,* ▶ *Metaphysik und Mathematik* (Herbart 1824, 1825) fachlich mit dem aufkommenden *realistisch-positivistischen Zeitgeist* des beginnenden 19. Jahrhunderts auseinander. Er versuchte – weil seiner Ansicht nach Erfahrungen auf dem Gebiet der geistigen Natur keinerlei Vorrecht vor den Erfahrungen auf dem Gebiet der Mathematik beanspruchen konnte –, Psychologie auf das Reale der Mathematik zu gründen. Denn Erfahrung von und über etwas zu gewinnen, bedeutete für ihn nicht nur, Informationen über etwas real Existierendes, Messbares zu sammeln, sondern auch über *unausgedehnte, unerkennbare Wesenheiten*. Dies wiederum sollte ohne die Hilfe der klassischerweise bemühten Seelenvermögen möglich sein. Durch eine solche Metaphysik der Seele, wie er dies nannte, würden nämlich lediglich die tradierten, beschreibenden philosophischen ▶ Begriffe wie »Verstand«, »Wille« und ▶ »Gefühl« in Erklärungsbegriffe umgemünzt, ohne letztlich irgendetwas von psychologischem Wert zu erklären.

Auch wenn ▶ Herbarts Bemühungen, seelische Funktionen letztlich durch eine Art allgemeingültiger Gesetzlichkeit zu begründen, kein Erfolg beschieden war, so blieb sein Ansatz doch nicht der einzige »Mathematisierungsversuch« in der empirischen nicht physiologischen Psychologie, sondern bildete lediglich dessen Anfang.[23] Im empirischen psychophysiologischen Bereich war ohnehin jede Darstellung wechselseitiger Abhängigkeit verschiedener Messwerte ohne Mathematik undenkbar. Denn indem man sich an naturwissenschaftlichen Modellen des psychologischen Erkenntnisgewinns orientierte, bevorzugte man dafür auch Erklärungen im Sinne eines grafisch abbildbaren Ursache-Wirkungs-Zusammenhangs. Von den namhaften Naturwissenschaftler wie etwa ▶ H. von Helmholtz und ▶ E. Mach, die dafür standen, wird weiter unten noch die Rede sein.

Beispiel: Apperzeption: jede Veränderung des Einzelnen hat Auswirkungen auf das Ganze ▶ J. F. Herbart hatte u. a. einen psychologischen Leitbegriff, die Apperzeption (lat. *ad* 'zu', *perceptio* 'Wahrnehmung'; *apercipere* 'hinzu wahrnehmen'), erneut ins Spiel gebracht, um das Gesetzeshafte einander widersprechender Einflüsse beim Zustandekommen der von ihm favorisierten Idee konkurrierender Bewusstseinserscheinungen hervorzuheben. Damit hatten sich psychologisch denkende Gelehrte zwar auch schon zuvor beschäftigt, so etwa ▶ G. W. Leibniz, aber der Ansatz blieb auch für nachfolgende Wissenschaftler, z. B. ▶ W. Wundt, immer einer der wichtigsten Schlüsselbegriffe. Gemäß ▶ G. W. Leibniz war darunter die Selbsterkenntnis zu verstehen, verbunden mit der Fähigkeit zur Reflexion. Gemeint war damit – wie man heute sagen würde – eine die Bewusstseinsschwelle übersteigende Form der Aufmerksamkeit. Später wiederum, hier in der Psychologie ▶ W. Wundts, wurden mit Apperzeption die *willensmäßige, durch Aufmerksamkeit geleiteten Aspekte des Bewusstseins* betont. Im Vordergrund stand dann die an die Aktivität des Bewusstseins geknüpfte schöpferische Synthese, die

---

23 In den 70er-Jahren des 20. Jahrhunderts wurde die Idee der mathematischen Darstellbarkeit im Rahmen der mathematischen Psychologie erneut aufgegriffen.

es ermöglichen sollte, neue Erlebnisse und Erfahrungen auf persönliche Weise zu verarbeiten. Oberstes Ziel war es, auf diese Weise das Passive, Mechanisch-Zufällige der zeitgenössischen Assoziationspsychologie mit einem willensbestimmten Akt, eben die Apperzeption, zu verbinden und dadurch aufzuwerten. Noch näher an unser heutiges Verständnis von bewusster Aufmerksamkeit wurde der ▶ Begriff schließlich von ▶ W. James (1842–1910) herangeführt. Er bezeichnete Apperzeption als »Fokussierung der Aufmerksamkeit«.

Allen Definitionsversuchen gemeinsam ist die Erkenntnis – und diese hat den ▶ Begriff der Apperzeption überdauert –, dass eine bestimmte Wahrnehmung nicht nur von einer zuvor gemachten abhängig ist, sondern dass in jedem einzelnen jeweils auch das gesamte Wissen einer Person, ihre psychische Befindlichkeit und ihr momentaner weltanschaulicher Standpunkt zum Tragen kommt. Ein solches »aktives Erfassen und Verarbeiten von Sinneseindrücken« im Gegensatz zur physiologisch bestimmten Perzeption bzw. der passive Reizaufnahme, der Rezeption, wird immer dann nötig, wenn eine einzelne Wahrnehmung und die bestehende Vorstellung von deren Inhalt auseinanderdriften, wenn eine Differenz zwischen Gewohntem und Ungewohntem entsteht, wenn Neues sich mit Altem vermischt. Dieses Problem beschäftigt die Wahrnehmungspsychologie, wenn auch nicht mehr unter der damals gewählten Begrifflichkeit, bis heute.

Führt man sich ferner die Vielfalt von Möglichkeiten vor Augen, mit der ein im Bewusstsein vorhandenes »Abbild der äußeren Welt« mit anderen Variablen interagieren kann, dann wird deutlich, dass durch ihr Zusammenspiel durchaus eine andauernde systemische Veränderung hervorzurufen vermag, d. h. mögliche Verknüpfungsgewichte verschiebt. Eine solche Gewichtungsänderung, so glaubt man heute, kann sich z. B. auf die Verarbeitung sowohl in einem sogenannten Bottom-up- als auch einem sogenannten Top-down-Sinne auswirken. Das bedeutet, »höhere«, übergeordnete Verarbeitungsebenen bestimmen durch etwaige Veränderungen mit, was auf untergeordneten Ebenen geschieht (*top-down*), diese wirken ihrerseits auf die Verarbeitung in höheren Ebenen hinein (*bottom-up*), ohne dass es notwendig wird, einen übergeordneten Masterplan anzunehmen. Jeder einzelne Abruf, jede Änderung der Funktion wirkt somit nicht nur auf den jeweiligen Systemzustand zurück, sondern verändert auch den Organisationsplan des Ganzen. Und dies verschmilzt, wie ▶ F. Herbart es vermutlich ausgedrückt hätte, Sinnesempfindungen mit den dadurch unmittelbar geweckten, von früheren gleichen oder ähnlichen Eindrücken herrührenden Gedächtnisresiduen zu einem neuen Ganzen.

10.4 Weiterentwicklung einer praktisch orientierten Psychologie

Als eine sich entwickelnde »Lebens- und Gesellschaftswissenschaft« war die Psychologie ähnlich wie heute diversen Spannungen ausgesetzt, damals solchen zwischen Aufklärungsphilosophie und aufstrebender Naturerkenntnis, Sittlichkeit, Herrschaft und sozialem Wandel. Dass dabei eine Anpassung des Faches an die bürgerliche Ordnung, an die Bedürfnisse dieser Klientel und deren Vorstellungen hinsichtlich Moral und Pflicht erfolgte, war nur folgerichtig (vgl. ▶ Kap. 2). Man befasste sich somit, wie bereits angesprochen, immer auch damit, wie man unter Anwendung einer zeitgemäßen Pflicht- und Moralethik zu einer Erkenntnis über das Wesen des Menschen gelangen könnte. Deutlich wurde dabei allerdings, dass die »Ordnung der Welt« und die »Natur der ▶ Seele« nicht allein durch Regeln zur Erreichung des Guten und Meidung des Bösen zu begreifen war. Der Beitrag des *Verstandes und des Willens* schien für sich genommen nicht ausreichend zu sein. Es mussten auch Faktoren des ▶ Handelns einer Person *im Rahmen seiner »Natur«* eingebunden werden.

10.4 · Weiterentwicklung einer praktisch orientierten Psychologie

Das *gesellschaftspolitische Pendant* einer dabei erstrebenswerten »vernünftigen Ordnung« im moralphilosophischen Sinne war die Entwicklung einer weiter oben bereits angesprochenen Rechtsordnung, die ▶ Naturrechte und Naturgesetze, öffentliche Angelegenheiten und individuelle Besonderheiten in eine angemessene Beziehung zu setzen trachtete. Einschlägige Texte hierzu finden sich z. B. in Schriften der sogenannten Ceremonialwissenschaft, die zahlreiche Hinweise für die Umsetzung praktisch-psychologischer Kenntnisse erteilte. So etwa im zwischenmenschlichen Umgang im öffentlichen und privaten Raum in einer sittlichen, dem Anlass und dem Gegenüber angemessenen Weise. Ein Teil dieses daraus entstandenen Wissens ging später in die sogenannte ▶ Psychagogik (griech. *agein* 'führen') ein, die als eine Art Kunst der Menschenführung Auskünfte über ein aufgeklärtes, vernünftiges, den gesellschaftlichen Konventionen entsprechendes Verhalten vermitteln wollte. Ein weiterer Teil wurde in die Ratgeberliteratur zur »richtigen Behandlung von Menschen mit verschiedenen Besonderheiten« aufgenommen und später durch A. Knigge Teil der Allgemeinbildung.

Das allgemeine *sittliche Pendant* o. g. »vernünftigen Ordnung« kam in Erziehungslehren zum Ausdruck, als deren Grundlage die Psychologie ebenfalls bemüht wurde. Um das Ziel einer allgemeinen und hochstehenden Ordnung des Gemeinwesens zu erreichen, schien es unerlässlich, bestehende Lehren über die Erziehung und Erziehbarkeit zu erweitern und explizit in den Kanon der Wissenschaften mitaufzunehmen. So sollten z. B. Bildungsphasen, Bildungsprozesse und Bildungseinrichtungen, um sie besser aufeinander abstimmen zu können, akademisch durch ein eigenes Fach, die *Erziehungslehre,* vertreten werden. Dabei gelang es der Psychologie als Teilgebiet einer allgemeinverständlichen Aufklärungsphilosophie allerdings nicht, dieses Praxisfeld zu besetzen, obwohl sie als Fach in puncto Lernen, Gedächtnis, Wahrnehmung etc. wertvolle Beiträge dazu leistete. Sie blieb aber bis heute im Hinblick auf die Entwicklung menschlicher Fähigkeiten, der individuellen Begabung und Persönlichkeitsentwicklung neben Soziologie und ▶ Anthropologie der wichtigste Fundus an Wissen für die sich später daraus entwickelnde Erziehungswissenschaft.

Das psychologisch-*klinische Pendant der Sittlichkeit* schließlich wurde durch die weiter oben bereits genannte an der geistigen Gesundheit orientierte Medizinerzunft geprägt. Hier sah man sich allerdings, verglichen mit anderen psychologischen Arbeitsschwerpunkten, einem außerordentlich komplexen und schwierigen Themenfeld gegenüber, ging es doch um eine angemessene Versorgung und Verwahrung von »Armen, Blödsinnigen, Krüppeln, Waisen, Blinden, Tauben und Fallsüchtigen« (Hertig 1911), und zwar nicht nur um alle gleichzeitig, sondern mitunter auch gemeinsam am selben Ort, was sowohl an die Grenzen fachlicher Kompetenz stieß als auch die räumlichen Möglichkeiten sprengte. Im deutschen Sprachgebiet standen dafür meist »staatliche Institutionen« zur Verfügung, da die Klientel als ein Problem der Legislative betrachtet wurde. Die Zucht-, Waisen-, Witwen-, Armen- und Irrenhäuser, die zur Aufnahme »liederlichen Gesindels, Landstreicher, untreuer Dienstboten, ungeratener Kinder, Armer und Irrer« dienen *und* gleichzeitig »unehrlichen Personen, mutwilligen Bettlern, Simulanten, Epileptikern, Hysterikern, ungehorsamen Kindern, rückfälligen Dieben, Huren etc.« (Hertig 1911) den Zutritt verwehren sollten,[24] konnten dieser Aufgabe im Nachhinein betrachtet natürlich nicht gerecht werden. Damals versuchte man sich u. a. dadurch zu helfen, dass die »gesunden Armen« auf die »armen Kranken« achteten, ehemalige Zuchthausinsassen als Wärter fungierten oder die Insassen o. g. Einrichtungen von Soldaten bewacht wurden. Gelegentlich legte man auch Patienten mit schweren körperlichen und seelischen Gebrechen räumlich eng zusammen, in der Hoffnung, Letztere stürben durch Übertragung

---

24 Für diese war z. B. in Preußen Festungshaft vorgesehen.

der Krankheiten Ersterer dann rascher (vgl. Hertig 1911).[25] Als problematisch erwies sich aber nicht nur die Zusammensetzung und die Pflege bzw. Observation der Klientel, die Behandlung seitens der behandelnden *Medici* sollte auch »eine Wiederherstellung ihrer Gesundheit in Aussicht« stellen. Denn man war sich sehr wohl darüber im Klaren, dass »dergleichen Leute in so einem vollen Nest der Bösen« für das Gemeinwesen eine große Überlast verursachten (Hertig 1911). Die geringen medizinischen bzw. psychologischen Möglichkeiten zur Wiederherstellung der Gesundheit[26] und die »untragbaren Zustände« (Hertig 1911) des Zwangsaufenthalts in einem Milieu der Enge, Armut und Krankheit begünstigten aus heutiger Sicht jedoch sehr wahrscheinlich etwaige Verhaltensauffälligkeiten der Insassen und verschärften so das Grundproblem einer adäquaten Pflege und Unterbringung. Damit wurde ein Problembereich offenkundig, der noch bis ins 20. Jahrhundert nicht zufriedenstellend gelöst werden konnte.

10.5 Fazit

In der deutschsprachigen ▸ Philosophie des 18. Jahrhunderts hatten insbesondere zwei ▸ Strömungen psychologische Bedeutung gewonnen: Zum einen orientierte sich psychologisches Denken an den Vorstellungen ▸ I. Kants, dem zufolge alles Nachdenken über die Welt durch die logische Struktur der ▸ Vernunft vorgeben ist, weshalb auch erst durch diese Struktur, die Raum und Zeit in ▸ Relation setzt, Erfahrungen geformt würden. Ein weiterer Schwerpunkt in der subjektiven Betrachtung des Menschen durch die Psychologie lag zum anderen in den psychologischen Erkenntnissen einer dem gebildeten Menschen zugänglich gemachten sogenannten ▸ Popularphilosophie, die über Charakteristika und Weltsicht eines Individuums Aufschluss zu geben versprach. Erst als sich die Naturwissenschaft durch systematische Experimente und Beobachtungen von der ▸ Naturphilosophie abhob und eigenständig agierte, gewann sie ihrerseits zunehmend an Deutungshoheit über einen Teilbereich der Psychologie, die empirische, psychophysiologisch orientierte Psychologie. Diese fachliche Ausrichtung blieb indes für all jene unattraktiv, die der Erfahrung eine notwendige, aber letztlich nur ergänzende Funktion zusprachen. Hierbei dominierte nach wie vor die Selbstbeobachtung als methodische Grundlage auf dem Weg der Gewinnung von Fakten. Ob man sich durch eine Innenschau würde angemessen begreifen können, war jedoch ebenfalls fraglich, denn entweder blieb die unmittelbare Erfahrung psychischer Prozesse auf der Ebene einer begriffslosen Selbsterfahrung, oder aber sie wurde durch ▸ Konstrukte ersetzt, die jede Feststellung psychologischer

---

25 In Waldheim z. B. befanden sich im Jahre 1724 im dortigen Zucht-, Armen- und Werkhaus »95 Epileptici, Melancholici und Furiosi« (Hertig 1911), 105 Waisenkinder und 105 Häuslinge, also mittellose Menschen, die keine andere Bleibe hatten. Da jedoch die erstgenannte Gruppe eine »sonderliche Wartung und schwere Mühe« (ebd.) kosteten und die anderen gesunden Menschen merklich in der Arbeit hinderten, sollten sie eigentlich separat untergebracht werden. Allerdings blieb der Überfüllung wegen nichts anderes übrig als das »untereinander Aufhalten« von Häuslingen und »Verrückten« (ebd.). Die Gesunden sollen also auf die Kranken achten, »damit keiner von den Unglücklichen im Paroxysmus (kurzzeitiger Anfall) sich oder dem anderen schade« (ebd.). Im Zucht-, Toll- und Krankenhaus von Pforzheim ging man einen anderen, für die Betroffenen noch weniger angemessenen Weg. Hier wurde ab 1759 angeordnet, »es seien die einzubringen, die entweder mit melancholischen Zuständen oder mit Wahnwitz, Raserei bzw. epileptisch seien, und sie seien zusammenzulegen mit jenen, welche gefährliche, ansteckende oder sehr ekelhafte Gebrechen haben, besonders wenn wegen der Genesung wenig oder gar keine Hoffnung vorhanden sei« (ebd.).
26 Es wurde humoralpathologisch vorgegangen, da in der schlechten Mischung der Körpersäfte durch Blutungleichgewicht oder Störungen der schwarzen Galle eine Dyskrasie (Krankheit) vermutet wurde. Eine Therapie der ▸ *Diätik*, bezogen auf die Lebensführung, Aderlass, Erbrechen, Abführen etc., war jedoch zur Heilung ungeeignet. (Vgl. Hertig 1911.)

Fakten durch bestimmte Interpretation bereits vorwegnahmen. Ein allmählicher Wandel psychologischer Theorienbildung schien unumgänglich. Um naturwissenschaftlich angemessen zu verfahren, musste die Psychologie jedoch mehr methodische Gewissheit, mehr Wissen mit objektivem Geltungsanspruch erlangen. Dadurch aber wendete sie sich von philosophisch ausgerichtetem Denken ab.

Literatur

Baumgarten, A. G. (1779). *Metaphysika* (Aufl. VII). Halae Magdeburciae.
Brauchle, A. (1927). *Hypnotismus und Suggestion*. Leipzig: Reclam.
Brody, H., & Brody, D. (2002). *Der Placebo-Effekt*. München: Deutscher Taschenbuchverlag.
Goldenberg, G. (2007). *Neuropsychologie* (4. Aufl.). München: Urban & Fischer.
Goodey, C. F. (2011). *A history of intelligence and »intellectual disability«: The shaping of psychology in early modern Europe*. Farnham. Surrey and Burlington, VT.
Handwerker, H. O., & Schmelz, M. (2007). Allgemeine und Spezielle Sinnesphysiologie. In R. F. Schmidt & F. Lang (Hrsg.), *Physiologie des Menschen* (31. Aufl., S. 251–271). Heidelberg: Springer.
Herbart, J. F. (1824). *Psychologie als Wissenschaft, neu gegründet auf Erfahrung, Metaphysik und Mathematik. Erster, synthetischer Theil*. Königsberg: A. W. Unzer.
Herbart, J. F. (1825). *Psychologie als Wissenschaft, neu gegründet auf Erfahrung, Metaphysik und Mathematik. Zweyter, analytischer Theil*. Königsberg: A. W. Unzer.
Herbart, J. F. (1834). *Lehrbuch der Psychologie. Zweyte, verbesserte Auflage*. Königsberg: A. W. Unzer.
Hertig, J. (1911). Zur Geschichte der Psychiatrie. *Psychiatrisch-neurologische Wochenschrift, 45,* 449–452.
Hume, D. (1739/40). *Treatise on human nature*. London: Printed for John Noon.
Hume, D. (1964). *Eine Untersuchung über den mendchlichen Verstand*. Hamburg: Meiner. (Philosophische Bibliothek; 35, *Herausgegeben von R. Richter*).
Hume, D. (1973). *Ein Traktat über die menschliche Natur*. Hamburg: Meiner.
Kant, I. (1798). *Anthropologie in pragmatischer Hinsicht*. Königsberg: Nicolovius.
Kant, I. (1966). In W. Weischedel (Hrsg.), *Werke in sechs Bänden*. Darmstadt: Wissenschaftliche Buchgesellschaft.
Karnath, H.-O., & Thier, P. (Hrsg.). (2012). *Kognitive Neurowissenschaften* (3., aktualisierte und erweiterte Aufl.). Heidelberg: Springer.
Koffka, K. (1915). *Zur Grundlage der Wahrnehmungspsychologie*. Leipzig: Barth. (Beiträge zur Psychologie der Gestalt III).
Köhler, W. (1922). Gestaltprobleme und Anfänge einer Gestalttheorie. *Jahresberichte über die gesamte Physiologie und experimentelle Pharmakologie 3, Bericht über das Jahr 1922,* 512–539.
Locke, J. (1690). *An Essay concerning human understanding*. London: T. Basset & E. Mory.
Loewenfeld, L. (1901). *Der Hypnotismus. Handbuch der Hypnose und der Suggestion*. Wiesbaden: J. F. Bergmann.
Mendelssohn, M. (1755). *Über die Empfindungen*. Berlin: Chr. Fried. Voß.
Pickren, W. E., & Rutherford, A. (2010). *A history of modern psychology in context*. Haboken: Wiley.
Popper, K. (1998). In H. Keuth (Hrsg.), *Logik der Forschung*. Berlin: Akad. Verlag. (Klassiker auslegen; Bd. 12).
Schratter-Sehn, A. U., Kanzian, K., & Schmatelka, G. (2007). *Heilmagnetismus nach F. A. Mesmer in der Praxis der Schulmedizin: Eine Bioenergetische Behandlung*. Wien: Maudrich.
Silbereisen, R. K. (1984). Entwicklungspsychologie. In H. E. Lück, R. Miller, & W. Rechtin (Hrsg.), *Geschichte der Psychologie. Ein Handbuch in Schlüsselbegriffen*. München: Urban & Schwarzenberg.
Smith, R. (2013). *Between mind and nature. A history of psychology*. London: Reaktion Books.
Sommer, R. (1892). *Grundzüge einer Geschichte der deutschen Psychologie und Ästhetik*. Würzburg: Verlag und Druck der Stahel'schen K. Hof- und Universitätsbuch- und Kunsthandlung.
Streminger, G. (1994). *David Hume. Sein Leben und sein Werk*. Paderborn: Schöningh.
Tetens, J. N. (1776 und 1777). *Philosophische Versuche über die menschliche Natur und ihre Entwicklung* (2 Bände).
Wertheimer, M. (1925). Über Gestalttheorie. *Philosophische Zeitschrift für Forschung und Aussprache, 1,* 39–60. (Als Sonderdruck erschienen in Erlangen: Verlag der philosophischen Akademie).
Wolff, C. (1713). *Vernünfftige Gedanken von den Kräfften des menschlichen Verstandes und ihrem richtigen Gebrauche in Erkäntnis der Wahrheit*.
Wolff, C. (1719). *Vernünftige Gedanken von Gott, der Welt und der Seele des Menschen, auch allen Dingen überhaupt*.
Wolff, C. (1720). *Vernünftige Gedanken von der Menschen Thun und Lassen, zur Beförderung ihrer Glückseeligkeit*.

Wolff, C. (1738). *Vernünfftige Gedancken von dem gesellschafftlichen Leben der Menschen und insonderheit dem gemeinen Wesen*. Siebende Auflage hin und wieder vermehrt. Frankfurt a. M.
Wolff, C. (1996). *Discursus praeliminaris de philosophia in genere. Einleitende Abhandlung über Philosophie im Allgemeinen*. (Bd. 1). Stuttgart: Frommann Holzboog. (Historisch-kritische Ausgabe, übersetzt, eingeleitet und herausgegeben von G. Gawlick und L. Kreimendahl).
Zabeeh, F. (1960). *Hume Precursor of Modern Empiricism. An analysis of his opinions on Meaning, Metaphysics, Logic and Mathematics*. The Hague: Martinus Nijhoff.

Der Umgang mit einem vielfältigen Erbe

11.1 Psychologie, Philosophie und Naturwissenschaft – 228

11.2 Naturphilosophie und Psychophysik – 232

11.3 Psychologie und Medizin – 233

11.4 Psychologie und angewandte Mathematik – 235

11.5 Psychologie und »gesunder Menschenverstand« – 236

11.6 Fazit – 237

Literatur – 238

11.1 Psychologie, Philosophie und Naturwissenschaft

Die ▶ Philosophie als Leitwissenschaft akzeptierend, lag zu Beginn des 19. Jahrhunderts zunächst nach wie vor im (nach-)kantischen Denken der Schlüssel zu allem, was für die spätere Psychologie innerhalb und außerhalb der ▶ Philosophie von Bedeutung war. Kants Differenzierung in eine der Erfahrung zugängliche Welt und eine transzendentale Welt der Dinge an sich, die sich wenn, dann nur durch die ▶ Vernunft erfassen lasse, beherrschte das Denken im deutschen Sprachraum entsprechend mehr als das revolutionär, radikal oder utilitaristisch ausgerichteter Philosophen des Auslandes. Auch die aufkommende bzw. sich weiterentwickelnde Naturlehre fühlte sich anfangs in ihren verschiedenen Ausformungen der kantischen ▶ Philosophie verpflichtet, indem sie entsprechend die Möglichkeiten nutzte, die durch Erkenntnisse im Rahmen synthetischer – also durch Erfahrung gewonnener – Urteile möglich waren.

In dem Maße aber, in dem sie, sich als eigenständige Wissenschaft von der Natur begreifend, an Bedeutung gewann, änderte sich auch das Bild vom Menschen, bestand man doch nun zunehmend darauf, dass alles Vorzufindende auch aus Gesetzmäßigkeiten der Natur abzuleiten sei. Psychologisch interessierte Vertreter naturwissenschaftlicher Teildisziplinen oder Mediziner sahen die Probleme deshalb überwiegend als solche, die mittels systematisch durchgeführter Experimente auf eine Weise lösbar schienen, die man heute am ehesten als »reduktionistisch«, »materialistisch« und »positivistisch« bezeichnen würde.

Das bedeutete aber nicht, dass man im Rahmen psychologischen Denkens nun unisono der Ansicht war, nur auf diese Weise die »Wahrheit des Psychischen« entdecken zu können. Ihr Erbe, das wir heute als natur- und/oder sozialwissenschaftlich ausgerichtete Fachvertreter/-innen wissenschaftlich mittragen, geht lediglich zum Teil auf eine Orientierung an weiter oben bereits genannten Naturwissenschaftlern oder Medizinern wie etwa ▶ H. von Helmholtz und dessen Schülern, zu denen u. a. auch ▶ W. Wundt zählte, zurück. Zum naturwissenschaftlichen Nachlass des Fachgebietes gehören auch die Erkenntnisse philosophisch inspirierter Vertreter dieser Zunft, wie die von ▶ E. H. Du Bois-Reymond. Ferner spielten auch Wissenschaftler eine bedeutende Rolle, die, wie etwa ▶ G. T. Fechner, der damaligen modernen Naturwissenschaft äußerst skeptisch gegenüber-, einer idealistisch-theistischen ▶ Strömung der ▶ Naturphilosophie jedoch außerordentlich nahe standen. Hinzu kommt das Vermächtnis streng empirisch ausgerichteter Persönlichkeiten, deren physikalistisches, biologisches ▶ Menschenbild nichts anderes als grundsätzlich nur Aussagen über beobachtbare Vorgänge als weiterführende Erkenntnis zuließ; hierzu zählt u. a. ▶ E. Mach (vgl. Mach 1926).

Als *die* Ikone klassischer Forschungen im Bereich der Psychologie und ihrer Verbindung »zu den Sinnen« gilt zweifellos der Erstgenannte, ▶ Hermann von Helmholtz (1821–1894). Als *der* Universal-Naturwissenschaftler des 19. Jahrhunderts schlechthin steht sein Name aus zwei Gründen ganz oben auf der imaginären Liste der »Vorväter naturwissenschaftlich orientierter Psychologie«: Er setzte wissenschaftliche Orientierungs- und Meilensteine, die bis in die Gegenwart nachwirken. So etwa indem ihm aufbauend auf der Arbeit des Ophthalmologen Thomas Young (1773–1829) eine Erklärung des Farbensehens gelang, heute bekannt als *trichromatische Theorie des Sehens* von Young und Helmholtz. Dieser Ansatz wurde zur Grundlage peripherer Prozesse visueller Verarbeitung. Als begeisterter Klavierspieler widmete er sich außerdem der ▶ Psychophysik des Schalls und suchte nach Erklärungen des intraauralen Schalltransportes. Seine daraus resultierende Resonanztheorie der *tonotopen Schallabbildung im Innenohr* von 1863 galt wiederum bis zu ▶ G. Békésys Wanderwellentheorie aus dem Jahre 1924 als unangefochtene Lehrmeinung der Akustik.[1]

---

1 ▶ Békésy entdeckte u. a., dass in der Flüssigkeit des Innenohres in der Cochlea sich fortbewegende Schallwellen entlang der Basilarmembran frequenzspezifische Wellen erzeugen, entsprechend der Frequenz

11.1 · Psychologie, Philosophie und Naturwissenschaft

▶ H. von Helmholtz übte ferner durch seine Schüler einen großen Einfluss auf die Nachwelt aus, hier insbesondere durch ▶ Wilhelm Wundt (1832–1920), den »Universal-Gründungsvater« der heutigen experimentell ausgerichteten Psychologie. ▶ W. Wundts Überzeugung, *dass Psychologie und Physiologie ein und dieselbe (Sinnes-)Erfahrung untersuchen, nur unter verschiedenen Aspekten*, eröffnete dem Fachgebiet neue methodische Möglichkeiten. Seine Überzeugung, dass sich die Naturwissenschaften um die *mittelbaren, vom Subjekt abstrahierten Erfahrungen* bemühten, die *Psychologie aber von der unmittelbaren Erfahrung handele*, ja den Inhalt der Erfahrung in seiner vollständigen Wirklichkeit (vgl. Wundt 1897) erforsche, nährte zudem die Ansicht, der Weg psychologischer Erkenntnis sei durch und über den der Naturwissenschaft vorgezeichnet.

Erste Einsicht in die Grenzen der Naturerkenntnis sind allerdings bereits mit dem Namen eines Zeitgenossen ▶ W. Wundts, dem Physiologen ▶ E. H. Du Bois-Reymond (1818–1896), verbunden. Er gilt zwar bis heute als bedeutender Vertreter der experimentellen Physiologie der zweiten Hälfte des 19. Jahrhunderts, denn er hat zusammen mit ▶ H. von Helmholtz die Grundlagen der Nerv-Muskel-Physiologie etabliert, steht also für das Konzept der intrinsischen Elektrizität von Nerv und Muskel. Gleichzeitig aber war er mehr als nur einer der Begründer der (modernen) Elektrophysiologie (vgl. Du Bois-Reymond 1848, 1849, 1884). Er setzte sich als eine philosophisch und kulturhistorisch engagierte Persönlichkeit auch kritisch mit den *Grenzen der Naturerkenntnis, der Geschichte der Naturwissenschaft* und der *Kulturgeschichte und Naturwissenschaft* auseinander (vgl. Du Bois-Reymond 1912a). So beflügelt z. B. sein ▶ Begriff *Ignorabimus* ('wir werden nicht wissen'; Du Bois-Reymond 1912b, S. 464) aus seiner Festrede »Über die Grenzen des Naturerkennens« anlässlich einer Tagung der Berliner Akademie der Wissenschaften (1872) die Debatte um die Grenzen der Naturerkenntnis auch noch fast hundert Jahre später (vgl. Roth und Prinz 1996). Bis heute wird übereinstimmend vermutet, dass es jenseits des naturwissenschaftlich Erfassbaren Kräfte und Einflüsse geben könnte, die wir mit den zur Verfügung stehenden naturwissenschaftlichen Methoden nicht auszuloten vermögen. Während aber die einen weiterhin meinen, es sei nur eine Frage der Zeit, bis genau das gelinge, sind die anderen der Ansicht, es gebe darüber hinaus wahrscheinlich überempirische ▶ Entitäten, die das bisher Erkundete einmal in neue, vollkommen unbekannte Zusammenhänge stellen werden.

Beispiel: Wundts Definition von Psychologie   ▶ W. Wundt selbst sah die Psychologie seiner Zeit zwischen den beiden großen Traditionen, der philosophischen und der naturwissenschaftlichen, gefangen, die, jede für sich genommen, das Fach nicht weiterbringen würden. Zum einen, glaubte er, bestehe die Gefahr darin, »dass der Psychologe, auch wenn er verspricht, unter empirischer Flagge zu segeln« (Wundt 1896, S. 3), dennoch gleich zu Beginn seines Werkes nicht versäumt, »ein metaphysisches Glaubensbekenntnis abzulegen« (ebd.). Zum anderen meinte er:

» Der Materialismus, der die Psychologie auf Gehirnphysiologie reduziert und dem in Folge der hierdurch geforderten Anwendung rein physischer Gesichtspunkte überhaupt jeder Maßstab für geistige Zusammenhänge und Entwicklungen abhandengekommen ist, hat sich damit selbst auf diesem Gebiet zur Leistungsunfähigkeit verurteilt. (Wundt 1896, S. 6)

---

und der Komplexität der Töne variieren. Durch diese Erkenntnis konnte ▶ Békésy eine Alternativtheorie zur Helmholtz'schen Resonanztheorie, der sogenannten Ortstheorie, aufstellen, in welcher angenommen wurde, dass die Zellen der Basilarmemban einen Resonanzboden für die Frequenzen bilden.

Eine neue Definition des Gegenstandes der Psychologie schien ihm somit unerlässlich zu sein, insbesondere da dieses Fach sich gerade »aus einem Teilgebiet der ▶ Philosophie in eine selbständige positive Wissenschaft« umwandle (ebd., S. 2). Die spekulative, die ältere Psychologie damit verlassend und sich der neueren, der empirischen Psychologie zuwendend, bedürfe es, so ▶ W. Wundt, zumindest einer »provisorischen Begriffsbestimmung«, die der neuen Aufgabe, hier einer Analyse der Entstehung von Erfahrung, auch gerecht werde. Mit aus diesem Grunde begrenzte er z. B. den ▶ Begriff der ▶ »Seele« auf die praktisch-empirische Bedeutung psychischer Vorgänge, d. h. verkürzte ihn auf Empfinden, Fühlen, Vorstellen, Wollen et cetera. Anstelle einer Erforschung des »Bewusstseins« werden nunmehr die unmittelbar aus der Erfahrung resultierenden »Bewusstseinstatsachen« (ebd. S. 2) als Untersuchungsziel genannt.

Aber auch wenn eine spiritualistische, »metaphysische Begriffsbestimmung vom Wesen der Seele« (Wundt 1896, S. 5) der Psychologie fern liege, so der Autor, so werde diese doch nicht viel gewinnen, wenn sie sich statt einer Seelensubstanz einer körperlichen Substanz zuwende, die seelischen also aus den körperlichen Erscheinungen abzuleiten trachte. ▶ W. Wundt führt hier oben bereits genannte Gelehrte wie etwa ▶ R. Descartes oder ▶ G. W. Leibniz als Beispiel dafür an, dass die Überzeugung vom selbständigen Wert des geistigen Lebens die Möglichkeit tieferer Einblicke gelassen habe. Der ▶ Materialismus der Naturwissenschaft reduziere jedoch die Erkenntnisse des Faches auf jene, die innerhalb der Gehirnphysiologie denkbar seien. Dessen ungeachtet existierten aber ▶ Gefühle, ▶ Affekte und ▶ Empfindungen *per se*, stellten einen Wert an sich dar, ganz unabhängig davon, was man als ihren Ursprung anführe. Deshalb könne die Physiologie hier auch nur Hilfsdienste leisten, d. h. Verfahren beisteuern, um die jeweiligen Erfahrungen auf ihre Weise zu umschreiben, nicht aber, um sie mit dem Gegenstand des jeweils Gemessenen gleichzusetzen.

Psychologie sei folglich mehr als eine physiologische Prozessbeschreibung der Erfahrung und mehr, als durch ▶ Begriffe der Erfahrungsbestandteile wie »Perzeption« oder ▶ »Assoziation« zum Ausdruck komme. Man könne den Gegenstand des Faches auch nicht auf die wirkliche, objektive Beschaffenheit von etwas, z. B. Gehirnstrukturen oder elektrophysiologische Maße, reduzieren, sondern müsse einen Betrachtungsstandpunkt einnehmen, der die Objekte der Erfahrungen *aus der Sichtweise des sie Erfahrenden* zu erfassen suche. Dabei helfe allerdings die in der Psychologie des 18. Jahrhunderts getroffene Differenzierung von »äußerer und innerer Erfahrung« nur wenig, denn diese stellten, ähnlich wie dies für den »äußeren und inneren Sinn« im Sinne ▶ I. Kants gelte, zwei unterschiedliche Erfahrungsgebiete dar. Einmal habe man es mit der unmittelbaren Wirklichkeit des Beobachteten zu tun, ein anderes Mal mit der mittelbaren Wirklichkeit des Erlebten, ohne dass sich beide zu einem Ganzen fügen. Es seien vielmehr jeweils zwei verschiedene Arten der Erfahrung, weil ihre Gegenstände unterschiedlich seien: Der Gegenstand des inneren Sinnes bzw. der inneren Erfahrung sei ein metaphysischer, der des äußeren Sinnes bzw. der äußeren Erfahrung ein naturwissenschaftlicher. Und selbst wenn man mit »innerer Erfahrung« den Gegenstand der Psychologie bezeichnen wollte, um ihn vom Gegenstand der »äußeren Erfahrung« der Naturwissenschaft zu trennen, so hätte man damit nichts über deren wechselseitiges Verhältnis ausgesagt. Entscheidend für die Psychologie sei somit weniger der empirische Gegenstand als vielmehr der besondere Standpunkt. Dieser unterscheide sie von anderen empirischen Wissenschaften, und ihn zu definieren erfordere eine genaue Bestimmung des Inhalts. Hierbei unterscheidet ▶ W. Wundt zwei Möglichkeiten:

1. Eine erste Definition (vgl. Wundt 1896, S. 11) beschreibe Psychologie als eine Wissenschaft, die sich Erfahrungen bzw. Erlebnissen widme. Im Gegensatz zur Naturwissenschaft untersuche sie diese nicht auf die ihnen zukommende wirkliche Beschaffenheit, sondern in Abhängigkeit vom erlebenden Subjekt. Da dieses »erlebende Subjekt« aber immer ein körperliches sei, seien die Erlebnisse auch in ihrer Abhängigkeit von den

Erfahrungsmöglichkeiten des körperlichen Individuums zu untersuchen. Der Zerlegung der Bewusstseinsinhalte in ihre Empfindungselemente – der rein psychologischen Aufgabe – folge somit als zweite deren Integration in die Physiologie. Dies aber mache die Psychologie zu einem Anwendungsgebiet der Physiologie, und damit wäre die Aufgabe der Psychologie verfehlt. Sie würde, da ihre logische Begründung erneut keine voraussetzungslose wäre, sondern das materialistische ▶ Dogma voraussetze, erneut in die Dienstbarkeit der ▶ Metaphysik zurückgeführt.

Nicht zuletzt könne die Psychologie, verstünde man sie denn als eine Naturwissenschaft, deren Forderungen nach systematischen Zusammenhängen nicht genügen, denn sie böte nicht wie diese eine lückenlose Kausalität. Der Zusammenhang psychischen Geschehens reiche vielmehr über eine eng begrenzte Reihe von Vorgängen nicht hinaus. Da jedoch nur die Kausalreihe der Naturwissenschaft vollständig geschlossen sei, die der Psychologie aber lückenhaft bleibe, reduziere sich eine vollständige Kausalerklärung psychischen Geschehens notwendigerweise immer auf das physische. Auch das Hilfsprinzip des ▶ psychophysischen Parallelismus könne, sofern es denn das einzige bliebe, über die Bedeutung innerer Vorgänge, also solche keinen Aufschluss geben. Sie würden von obiger Kausalreihe ja nicht erfasst. Allerdings erfasse auch die Naturwissenschaft die sogenannte objektive Wirklichkeit nur hypothetisch, da sie von den beiden Faktoren, die alle Erfahrung enthielten, dem Objekt *und* dem Subjekt, nur am Objekt interessiert sei. Die Aufgabe der Psychologie werde so gesehen immer eine selbständige bleiben. Dies nicht zuletzt, da es ebenso wenig möglich sei, aus einem mechanischen Zusammenhang den psychologischen Charakter einer Verbindung psychischer Elemente abzuleiten, wie etwa, aus einer Molekularbewegung die Qualität einer ▶ Empfindung zu erklären. Entsprechend könne die Psychologie im Rahmen einer als voraussetzungslos verstandenen empirischen Wissenschaft das Attribut »physiologische« in der Namensbezeichnung nur verwenden, um Aufschluss über die verwendeten Hilfsmittel zu geben, nicht aber als Teil der Namensbezeichnung.

2. Die zweite von ▶ W. Wundt ins Spiel gebrachte Definition (vgl. Wundt 1896, S. 11) legt Wert auf die Feststellung, dass jede Erfahrung zwei untrennbar miteinander verbundene Faktoren enthalte – »die Erfahrungsobjekte und das erfahrene Subjekt« (ebd., S. 11). Die Naturwissenschaft gewinne, indem sie die Eigenschaften und wechselseitigen Beziehungen der Objekte bestimmen wolle und so weit wie möglich von den Erkenntnisbedingungen des Subjekts zu abstrahieren suche, die bereits genannte mittelbare, von hypothetisch-abstrakten Hilfsbegriffen gekennzeichnete Anschauung. Die Psychologie hingegen versuche, *über die Wechselbeziehung* der objektiven und subjektiven Faktoren der Erfahrung unmittelbare Aufschlüsse über die konkrete Wirklichkeit zu erhalten. Diese Begriffsbestimmung gewährt laut ▶ W. Wundt, dass das Fach sowohl mit seinem Aufgabenspektrum als auch mit den methodischen Prinzipien der Naturwissenschaft in Einklang stehe. Zwar könne die Psychologie die erwähnte »unmittelbare Erfahrung« nicht über die reale Beschaffenheit von Objekten gewinnen, wohl aber durch ein von keinerlei hypothetischer Begriffsbildung verändertes Substrat der Untersuchung. Alle Erfahrungsinhalte, ob es nun Vorstellungen sind oder ▶ Gefühle etc., seien nämlich unmittelbare Erfahrungsinhalte. Sie seien konkret und anschaulich gegeben und nicht, wie beispielsweise Atome in der Physik, nur begrifflich bestimmt. Diesen Standpunkt hinsichtlich der Gegebenheit unmittelbarer Erfahrung teile die Psychologie mit den Geisteswissenschaften, wobei in beiden Fällen die Abstraktion vom Subjekt, die Mittelbarkeit, so wie sie für den naturwissenschaftlichen Standpunkt logisch gefordert wird, kein Erkenntnisziel sein könne.

Dass somit die Teilung der Psychologie von den Naturwissenschaften nicht in der Verschiedenheit der Objekte bestehe, sondern dass es die verschiedenen Standpunkte der Betrachtung der Tatsachen seien, die die Teilung der Wissenschaften bestimmen, zeige sich u. a., wenn man versuche, Gehirnphysiologie mittels bekannter psychologischer ▶ Begriffe wie »Bewusstsein« oder »Aufmerksamkeit« zu betreiben. Eine solcherart heterogene Verquickung unklarer Standpunkte verhindere lediglich einen Erkenntnisfortschritt.

11.2 Naturphilosophie und Psychophysik

Wie weiter oben bereits angeklungen, war die Haltung der Gelehrten aus Medizin und Naturwissenschaft gegenüber der Psychologie keineswegs einhellig. Deutlich wird dies u. a. an der Position von ▶ Gustav Theodor Fechner (1801–1887), hatte sich dieser doch (vgl. ▶ Kap. 4) vom Studium der Medizin abgewandt, eben *weil* sie ihn dazu verleitete, »die Welt nur als ein mechanisches Getriebe zu betrachten« (Lennig 1994, S. 35). Seine »ganzheitliche Weltanschauung«, d. h. ▶ Fechners Vorhaben zur »Erklärung der Welt als Ganzes« unter der Annahme eines strengen ▶ Parallelismus zwischen Leib und ▶ Seele, war es schließlich auch, die zu bedeutenden Erkenntnissen für die heutige Psychologie bzw. ▶ Psychophysik führte. Und dies gelang, obwohl er, als Physiker zwischen ▶ Naturphilosophie, literarischer Gelegenheitsarbeit, Poesie[2] und exakter Naturwissenschaft schwankend, ständig versuchte, gerade »nicht in das mechanische Weltgetriebe abzugleiten« (Lennig 1994, S. 57), sondern das »Weltganze« zu ergründen. Seiner idealistisch-theistischen ▶ Philosophie zum Trotz und obwohl er jahrelang in einem »eigenthümlichen überspannten Seelenzustand« (ebd., S. 53) verharrte, schaffte dieser überzeugte Anhänger eines ▶ Panpsychismus[3] für das Fachgebiet ganz Erstaunliches: Er verband progressiv-bürgerliches Gedankengut der klassischen deutschen ▶ Philosophie mit dem naturwissenschaftlich-medizinischen Weltbild seiner Zeit und schuf so eine der objektiv-realistischen Ausgangspositionen für die heutige Psychologie, die Psychophysik. Aus diesem Grund wird ▶ Fechner, neben ▶ H. Lotze, ▶ W. Wundt und ▶ O. Külpe, zu den Begründern des sogenannten ▶ kritischen Realismus gerechnet. Für ihn selbst hingegen war und blieb die ▶ Psychophysik nur ein geistiger Nebenschauplatz, denn darin werde, wie er im Frühjahr 1886 an ▶ W. Wundt schrieb, »zu viel gerechnet und zu wenig experimentiert« (zit. nach Lück und Miller 1993, S. 33). Für heutige Psychologen zählt ▶ Fechner ungeachtet seiner Vorliebe für o. g. ▶ Panpsychismus mit zu den bedeutendsten »Psychologen der ersten Stunde«.

Ähnlich wie das *Weber-Fechner'sche Gesetz*, das mit dem Namen ▶ Gustav T. Fechner verbunden ist, sind auch die sogenannten *Mach'schen Bänder* des ▶ Ernst Mach (1838–1916) bis heute Inbegriff psychophysikalischer Gesetzmäßigkeiten. Letztere beschreiben das psychologisch relevante Phänomen der Kontrastverschärfung bzw. der Hemmung oder Verstärkung der Wahrnehmung von Lokalreizen durch Umgebungsreize. Gegenwärtig werden Mach'sche Bänder in verschiedensten Bereichen der Sinneswahrnehmung und u. a. auch in der Computergrafik genutzt. ▶ E. Mach allerdings leitete mit aus solch »simplen Beobachtungen«, dass entlang der Hell-dunkel-Grenze von zwei beleuchteten Flächen der helle Teil etwas heller und der dunkle Teil etwas dunkler erscheint, weitergehende Forderungen ab. So sollten nicht nur Erfahrungen und nichts als Erfahrungen über die relative Lage und Bewegung von Körpern Ausgangspunkt aller Aussagen sein, es sollte auch berechtig sein, die erkannten Grundsätze

---
2 ▶ G. T. Fechner gab u. a. unter dem Pseudonym »Dr. Mises« 1841 einen Gedichtband heraus.
3 ▶ G. T. Fechner nahm z. B. an, dass sich das Bewusstsein ins Weltall ergieße, dass alle Himmelskörper belebt seien und die Materie die Schattenseite des Seelischen darstelle.

über die Grenzen der Erfahrung hinaus auszudehnen. Es gelte lediglich, das Gegebene als solches anzunehmen und damit übergreifendes philosophisches Denken vom dem »des naturwissenschaftlichen Spezialforschers«, wie er es nannte, zu trennen (vgl. Mach 1926, und ▶ Kap. 1).

Auch wenn ▶ E. Mach für eine solche Einstellung die Bezeichnung ▶ »Positivismus« ablehnte, wird sein Standort heute in diese Entwicklungslinie der für die Psychologie so maßgeblichen ▶ Strömung zugeordnet. Mit durch ▶ E. Machs Einfluss kam es z. B. zu einer *Neutralisierung des Bewusstseinsbegriffs*, gewissermaßen zu einer »Psychologie ohne Seele« (Mach 1926, S. 12). Das Bewusstsein galt ihm nämlich keineswegs als eine besondere psychische Qualität, die sich von anderen Qualitäten unterschied, oder als etwas, das zu einer bestimmten physischen Qualität hinzukommen müsse, um Unbewusstes bewusst zu machen. Es war lediglich ein ▶ Begriff für etwas, dessen Komplikationen man noch nicht genug durchdacht hatte. Das einzig wirkliche anerkannte »Sein« wurde vielmehr als durch »wesensneutrale Parameter« in physikalische ▶ Begriff übertrag- und beschreibbar gesehen und deshalb als das unmittelbar Gegebene betrachtet. Dadurch jedoch, so argumentierte etwa ▶ W. James (1842–1910), habe sich das Bewusstsein verflüchtigt, denn als einziges anerkanntes »Sein« werde ein vom Subjekt entfremdeter Bewusstseinsinhalt angesehen, der stattdessen auf *neutrale Erfahrungen* setze. Neben solchen »neutralen Erfahrungen« hatte für ▶ E. Mach lediglich der ▶ Begriff der ▶ »Empfindung« noch Bestand.[4] Dadurch kam für ihn etwas ganz Grundlegendes zum Ausdruck, das nicht auf etwas noch Fundamentaleres zurückgeführt werden konnte und das weder in den ▶ Kategorien des Bewussten noch des Unbewussten zu verorten war (vgl. Mach 1926, S. 44). Aus dieser Sicht der Naturwissenschaft schien somit – insbesondere nachdem sich deren materialistisch-positivistisch agierender Flügel durchgesetzt hatte – als Forschungsobjekt der Psychologie im frühen 20. Jahrhundert in der Tat nur eine nach außen verlagerte und damit sicht- und messbare »neutrale Erfahrung« übrig zu bleiben.

11.3 Psychologie und Medizin

Psychologisch relevante Grundgedanken entstanden aber auch aus dem Erbe der Wissensbestände, welche Menschenkenntnis, Physiologie und Medizin mit einer zeitgenössischen Weltanschauung zu verbinden trachteten. Dazu gehörten nicht nur jene, die aus der damals modernen Vererbungslehre in Verbindung mit einer sogenannten völkischen Sicht der »Entwicklung eines gesunden Volkskörpers« entstanden.

Einen neuen, naturwissenschaftlich-medizinisch begründeten Ansatz zu propagieren, bot sich aus mehreren Gründen an, u. a. deshalb, weil, wie weiter oben deutlich wurde, die Betreuung psychisch kranker Menschen bis weit ins 18. Jahrhundert hinein nicht nur im Argen lag, sie konnte nicht einmal ansatzweise als solche bezeichnet werden. Ausgangspunkte neuen Denkens im Sinne einer psychologisch zu nennenden Behandlung der Patienten wurden erst zu dessen Ende geschaffen,[5] als engagierte Ärzte versuchten, das Leid in überfüllten »Auffang- und

---

4   Da ▶ Empfindungen immer unter dem Einfluss von Sinnesreizen stehen, schienen sie auch der Beobachtung am ehesten zugänglich, d. h., sie können als Ausgangspunkt psychologischer Untersuchungen gewählt werden, die sich mit objektiven, von außen verursachten Ereignissen sowohl auf Ebene der Intensität, also der Quantität, als auch der Qualität, hier verstanden als ▶ Empfindung, die durch unterschiedliche Sinnesorgane vermittelt wird, befassen. Aufgabe der psychophysisch ausgerichteten Teildisziplin des Faches ist es entsprechend, die Beziehung zwischen Intensität und Qualität der ▶ Empfindung und dem ZNS zu untersuchen.

5   So etwa durch Philippe Pinel (1745–1826), den »Urvater« der Psychiatrie und medizinischen Psychologie. Er begründete die französische Psychotherapie-Tradition des *traitement moral*.

Detentionsstationen«, in »Irrenhäusern« und »Narrentürmen«, mittels einer philosophisch ausgerichteten Nosografie[6] zunächst zu beschreiben, um es dann u. a. durch Anwendung psychischer »Curmethoden für Geisteszerrüttungen«[7] zu mildern. Im deutschen Sprachraum gaben die damit verbundenen *moralisch-ethischen Deutungen krankhafter Symptome* allerdings Anlass, bei psychisch kranken Menschen in erster Linie einen »Verlust sittlicher ▶ Vernunft« zu konstatieren. Pate für diesen Ansatz stand zweifellos ▶ Immanuel Kant, der zuvor schon in solchen Fällen eine »konstante Führung« und eine Wiederherstellung der *Ratio* gefordert hatte. Es war deshalb nicht ungewöhnlich, dass Patienten wie »ungehorsame, unbelehrbare Zöglinge« behandelt wurden, um die sich Psychiker in paternalistischer Manier zu kümmern hatten. Darüber hinaus versuchten Vertreter einer solchen »psychischen Medizin«, die als psychosoziale Variante der gängigen somatischen Krankheitslehre diametral gegenüberstand, psychische Krankheiten aus der persönlichen Geschichte und dem individuellen sozialen Umfeld des Patienten zu erklären. Dies geschah indem in Anlehnung an französische Vorbilder, z. B. P. Pinel (1745–1826) und J. Esquirol (1772–1840), seelische Leiden aus deren Perspektive eines Zusammenhangs von Moral, Leidenschaft und Psyche betrachtet wurden.

Durchaus möglich schien es indes auch, dass sich die ▶ Seele ggf. nicht nur selbst krank macht, sondern darüber hinaus auch den Körper in Mitleidenschaft zieht. Mit deshalb konnten sich die psychologischem Gedankengut verpflichteten o. g. ▶ Psychiker unter den Medizinern langfristig nicht gegen die sogenannten Somatiker ihrer Zunft behaupten, also gegen diejenigen, welche Körperlichkeit seelischer Erkrankungen in den Vordergrund stellten. Auch hatten »psychische Ärzte« einem aus Degenerationslehren gespeisten Kulturpessimismus weder im 19. noch später im beginnenden 20. Jahrhundert (vgl. ▶ O. Spengler) kaum Nennenswertes entgegenzusetzen. Dazu waren die Interventionsmöglichkeiten zu wenig ausgereift und die Weltsicht zu moralisierend.

Mit ihrer auf eine Rückkehr zur ▶ Vernunft bauenden Grundhaltung gegenüber den in die Irre geleiteten psychisch kranken Menschen vermochten sie insbesondere auch nicht die Vorstellung zu entkräften, psychisch kranke Menschen würden aufgrund hereditärer Vorgaben, gepaart mit einer »unbiologischen« gesellschaftlichen Beschützermentalität, schlichtweg überhand nehmen, sprich, der »gesunde Volkskörper« würde darunter leiden. Diese Sorge kam nicht erst in Abwandlung des darwinschen Gedankenguts auf, sondern war darauf zurückzuführen, dass Ideen über die Erblichkeit von Anlagen schon lange im Umlauf waren, ehe die heute klassische Vererbungslehre in der deutschen Wissenschaft Fuß gefasst hatte.[8] Entsprechend war auch eine mögliche Erblichkeit von geistigen Störungsbildern bzw. Erkrankungen bereits zu Beginn der modernen Psychiatrie zur Mitte des 19. Jahrhunderts ein wohlbekannter ▶ Begriff. Wenn dann z. B. Mediziner wie der französische Irrenarzt B. A. Morel (1809–1873), der in der *Degeneration* den wichtigsten Grund der Geisteskrankheiten sahen, so galt dies nicht als ungewöhnliche oder randständige Einzelmeinung sondern als eine Möglichkeit unter meh-

---

6   Der ▶ Begriff »Nosografie« bezeichnet die systematische Beschreibung (griech. *graphein* 'schreiben') von Krankheiten. Heute benutzt man stattdessen den ▶ Begriff der »Nosologie« (griech. *logos* 'das Wort, Begriff, Gesetz, die Lehre von etwas'), also der Lehre von Krankheiten.
7   Dafür steht ▶ Johann Christian Reil (1759–1813), Gehirnanatom und Professor für klinische Medizin in Berlin. Er prägte nicht nur den ▶ Begriff »Psychiatrie«, er gilt auch als einflussreicher Psychiater, der einer *zeitgenössischen Psychologie* nahestand.
8   Bereits zur Mitte des 19. Jahrhunderts hatte P. Lucas (1808–1885) in einem zweibändigen Werk das Wissen seiner Zeit über die Vererbung, und damit auch über die Vererbung von Geisteskrankheiten, zusammengetragen. Die Theoriebildung war zwar unserem heutigen Verständnis nach ungewöhnlich – die ▶ Seele der Eltern strahlt, so seine Ansicht, auf die ▶ Seele der Kinder aus –, wesentlich ist aber, dass damit bestimmte Erkrankungen als vererbt kategorisiert und festgehalten wurden, u. a. Idiotie, Hysterie, Epilepsie, Sinnestäuschung, Neigung zu Selbstmord, Schwermut, Demenz.

reren. Gleichwohl schürte die Vorstellung, dass sich krankhafte Abweichungen vom normalen Verhalten erblich übertragen könnten, latente Ängste. Diese wiederum bildeten einen idealen Nährboden für Vorurteile; etwa dergestalt, dass man annahm, solchermaßen sich ausbreitende psychische Erkrankungen würden aufgrund ihres Vererbungspotentials letztlich eine »Rasse« entscheidend schwächen und sie dadurch gegenüber anderen benachteiligen.

Entartungslehren machten die Runde, konnte doch »alles, was die Konstitution der Erzeuger schwächt, die Nachkommenschaft schon im Keime schädigen und zu Kandidaten des Irreseins machen« (Hippius und Steinberg 2007, S. 84). Und in diesem Sinne »entkräften« vermochten die Erzeuger u. a. Hysterie, Epilepsie, Hypochondrie, Trunksucht und schwere Nervenkrankheiten (vgl. ebd., S. 84). Zur Jahrhundertwende zum 20. Jahrhundert gehörten schließlich nicht nur Psychiater, z. B. ▶ J. P. Möbius (1853–1907) zusammen mit Richard von Krafft-Ebing (1840–1902), zu den prominentesten Vertretern einer solchen Ansicht. Auch maßgebliche zeitgenössische Naturwissenschaftler wie z. B. ▶ Ernst Haeckel (1834–1919) trugen das Ihre dazu bei, indem sie der darwinschen Selektionstheorie mehr Bedeutung beimaßen, als es einer rein biologisch orientierten Erklärung entsprechen würde. So schien es bald nur mehr folgerichtig, dass das »Recht des Stärkeren« als eigentlicher »Kern« der Abstammungslehre zu gelten habe und dass dies auch im Umgang miteinander zu gelten habe.

Was durch zeitgenössische Naturwissenschaftler und Mediziner somit zum Ausdruck kam, war mehr als nur eine gewisse hereditäre Bewertungsmöglichkeit im Hinblick auf gesellschaftlich relevante angeborene oder erworbene Verhaltensmerkmale. Die Richtung hin zum ▶ Sozialdarwinismus war dadurch als dem Stand der Naturerkenntnis entsprechend bereits vorgegeben. Dieser Tendenz begegnen, konnte man als praktisch arbeitender Psychologe wenn überhaupt, dann am ehesten durch eine Konzentration auf die dabei zu lösenden, »neutral« erscheinenden, weil diagnostischen Fragestellungen. Die Einbindung der Menschen in ein zunehmend sozialdarwinistisches, durch diverse Rassentheorien (▶ H. Günther) geprägtes Weltbild blieb damit aber unwidersprochen.

Ein Erbe des Verhaftetseins in ▶ Kategorien des Ererbten und Erworbenen, das bis in unsere Zeit spürbar ist, bestand in der *Polarität zwischen* »*Anlage*« *und* »*Umwelt*«, so als lebe man im Widerstreit zwischen psychologisch unveränderbaren, weil vererbten, und modifizierbaren, weil erworbenen Verhaltensdispositionen. Erst ein Denken im Sinne einer Koevolution wandelte diesen gedachten Gegensatz ein beständiges, dynamisches Miteinander. Außerdem stütze man sich in der Psychologie der 1950er- und 1960er-Jahre auch auf Theorien, die genügend Raum zur Betrachtung psychischer Konstituenten ließen, d. h., die sich auf *environmentalistische Annahmen* konzentrierten. Das trifft z. B. für die verschiedenen Spielarten des ▶ Behaviorismus zu, denn dessen wissenschaftliches Programm hatte bereits in der Hochflut darwinistischen Denkens diese Lücke ausgefüllt (Watson 1930).

11.4 Psychologie und angewandte Mathematik

Ein weiteres Erbe unseres Faches kann in der Verbindung von ▶ Philosophie und angewandter Mathematik gesehen werden, die, im Nachhinein betrachtet, mit den größten Einfluss auf die Entwicklung des Faches überhaupt ausübte.

Beispielhaft anzuführen ist hier etwa der Rückbezug auf Juan Huarte (um 1529 bis 1688), denn diesem war es schon im ausgehenden 16. Jahrhundert gelungen, gesellschaftliche Gepflogenheiten, medizinische, psychologische und physiologische Wissensbestände so zu verknüpfen, dass trotz bestehender Unvereinbarkeiten der Ansätze weiterführende Erkenntnisse zutage kamen.[9] Indem man u. a. solch altes Wissen dieser im 19. Jahrhundert bereits lange verschmähten »Renaissance-Psychologie« mit neu etablierten Methoden, hier der sogenannten ▶ Moralstatistik, ergänzte, war auch ein ganz praktischer Erkenntnisgewinn verbunden. So führte z. B. A. Quételet (1796–1874), der als Professor an der Universität Gent die erste Volkszählung der Belgier durchgeführt hatte, in Anlehnung an die bereits etablierte ▶ Psychophysik die sogenannte *soziale Physik* ein. Gemeint war damit eine umfassende, mit mathematischen Methoden gestützte Wissenschaft vom Menschen, die sich auf die Wahrscheinlichkeitsrechnung stützte. Auf diese Weise hoffte er, »die Gesetze des Sozialen« auf empirisch-induktivem Wege zu erforschen, und gilt bis heute als Begründer der sozialwissenschaftlich nutzbar gemachten Statistik.

Erkenntnisse wie diese waren ihrerseits Anlass für erste psychologische Testentwicklungen, allerdings ohne dass dafür mehr als zufällige Kenntnisse des Fachgebietes vorlagen. Ein Beispiel dafür ist B. A. Binet (1857–1911), der als Begründer des *numerischen Maßes der Intelligenz* gilt. Er studierte in Paris Rechtswissenschaften und promovierte im Jahr 1894 in Medizin über das Nervensystem von Insekten, was ihn heutiger Lesart nach als Psychologen nicht besonders qualifiziert. Binet hatte jedoch in Paris u. a. den berühmten Mediziner ▶ J. M. Charcot (1825–1893) und dessen Arbeiten über ▶ Hypnose kennengelernt und auch ▶ S. Freud (1856–1939), den Gründervater der ▶ Psychoanalyse, getroffen. Entsprechend betrachtete er sich nicht nur als Mediziner, sondern auch als Psychologe, wobei er sich als zeitweiser Mitarbeiter ▶ Charcots der ▶ klinischen Psychopathologie besonders nahe fühlte. Daneben verstand er sich auch als Experte für pädagogisch-psychologische Fragestellungen. Es verwundert somit nicht, dass er auf eine entsprechende Anfrage des Erziehungsministeriums in Paris hin zusammen mit seinem Mitarbeiter Théodore Simon ein Testverfahren entwickelte, um mögliche Lernschwächen bzw. Lernbehinderungen bei Kindern zu erkennen. Der im Jahre 1905 erstmalig publizierte Intelligenztest von Binet und seinem Mitarbeiter Simon ist so gesehen zunächst einmal als einen Beitrag zur Verbesserung des französischen Schulunterrichts von Akademikern, die sich als Psychologe »fühlten«, zu verstehen. Dass er das Fachgebiet der Psychologie noch bis ins 21. Jahrhundert beschäftigen würde, konnten sich die Autoren vermutlich damals nicht vorstellen.

11.5 Psychologie und »gesunder Menschenverstand«

Ein weiteres nicht zu unterschätzendes Erbe unserer heutigen akademischen Psychologie ist die allgemeine, »das Volk belehrende« Trivialpsychologie. Dieser Fundus an Vorschlägen *aufgrund des gesunden Menschenverstandes*, verbunden mit einer philosophisch und/oder medizinisch und/oder naturwissenschaftlich und/oder biologistisch-gesellschaftspolitisch angereicherten Mixtur »fachspezifischen Spezialwissens«, war schier unerschöpflich. Und auch daraus entwickelte sich »ganz natürlicherweise« ein akzeptiertes »psychologisches Wissen«, dessen sich bis zur Mitte des 20. Jahrhunderts jeder Wissenschaftler oder gebildete Laie bedienen konnte. Psychologe zu sein bzw. als solcher zu handeln, setzte ja kein Fachstudium voraus.

So erschien z. B. das Buch von Ernst von Feuchtersleben *Zur Diätetik der Seele* (1838), ein im 19. Jahrhundert für den obrigkeitshörigen Bürger geschriebenes Lehrbuch der ärztlichen Seelenkunde, bis ins erste Drittel des 20. Jahrhunderts hinein in Dutzenden von immer neuen

---

9 Huarte entwickelte eine Theorie über Differenzen menschlicher Fähigkeiten, die gleichzeitig auch eine Anleitung zur Differentialdiagnose der Begabung und eine Anleitung zur Optimierung menschlicher Fähigkeiten durch Beratung waren.

Auflagen. Es stand als eine Art Jahrhundertbestseller in praktisch allen Büchereien unter der Rubrik »Volksaufklärung« im Regal und war auch privat für den psychologieinteressierten Laien als erschwingliche Reclam-Ausgabe zu haben.

Andere sich u. a. als Psychologen verstehende Angehörige der Medizinerzunft hatten ebenfalls großen Zulauf. Dazu gehörte Cesare Lombroso (1836–1910), einer der Hauptvertreter einer evolutionsbiologisch begründeten Entartungslehre. Durch sein 1876 verfasstes, ebenso viel zitiertes wie heftig umstrittenes Buch *Delinquente nato* (deutscher Titel: *Der Verbrecher in anthropologischer, ärztlicher und juristischer Beziehung*, 1894) galten z. B. straffällig gewordene Personen als auf eine niedrige Stufe der Evolution zurückgesunkene Menschen, deren Rückschritt sich nicht nur in ihren Taten manifestiere, sondern an anatomischen Merkmalen feststellbar sei. Neben diversen morphologischen Maßen, z. B. einem geringeren Schädelumfang, einem geringeren Stirndurchmesser, einem geringeren Gehirngewicht etc., sprächen dafür insbesondere psychologische Variablen, u. a. ein krankhafter Mangel an sittlicher Urteilskraft, verbunden mit Egoismus, Gefühlskälte und Grausamkeit (sog. *moral insanity*). Darüber hinaus, so die damit in die Welt gesetzte Behauptung, würden sich alle Formen der Abweichung vom Normaltypus als genetische Varianten von früher Kindheit an entwickeln. Es kam somit nicht von ungefähr, dass irrige Annahmen über den Zusammenhang von Erziehung, Körper und Geist bis ins 20. Jahrhundert hinein nicht nur im Allgemeinwissen verankert blieben.

Ebenfalls mit der Medizin verbunden, wenn sich auch interdisziplinär verstanden wissen wollend, agierte z. B. ▶ G. Le Bon (1841–1931). Durch sein Buch *Psychologie des foules* (deutscher Titel: *Psychologie der Massen*), das 1895 in Paris erschien, wurde er zum Begründer einer bald florierenden Ansicht darüber, was unter »Massenpsychologie« zu verstehen sei. ▶ G. Le Bon vertrat u. a. die Ansicht, dass der Einzelne, auch wenn er Angehöriger einer Hochkultur sei, in der Masse seine Kritikfähigkeit verliere, sich z. T. primitiv-barbarisch verhalte, außerdem werde er leichtgläubig und unterliege hierbei einer »psychischen Ansteckung« (*contagion mentale*; Le Bon 1982, S. 15, veränderte Übersetzung M. P.). Die These, dass insgesamt »die Masse als solche« leichter zu lenken sei als eine »Ansammlung von Individuen«, und weitere Überzeugungen, die der Autor im des genannten Buches aufführte,[10] wurden mutmaßlich auch von Hitler in dessen Buch *Mein Kampf*[11] aufgegriffen und bewegte somit mehr als nur psychologisch interessierte Laien.

11.6 Fazit

Wie die Beispiele zeigen, war ein »allgemein« zum Ausdruck kommendes psychologisches Grundverständnis nicht allein auf die Überzeugung wohlmeinend-väterlicher »Seelenärzte« gegründet, sondern auch dadurch charakterisiert, dass wissenschaftlich umstrittene oder zumindest nicht ausgereifte Wahrheiten in einer Gesellschaft mit einer zunehmend kulturpessimistischen Grundeinstellung aufgegriffen und zum psychologischen Allgemeingut wurden. Wie daraus aber auch deutlich wurde, behandelt eine Darstellung der Geschichte der Psychologie nicht nur inhaltliche Fragen. Das Wissenschaftsverständnis dessen bzw. derer, der oder die darüber schreibt, und damit auch die Auswahl an Problemstellungen, Formulierung von

---

10 In § 1 (Die Idee der Masse) des dritten Kapitels im zweiten Buch des in drei Bücher unterteilen Werks von Le Bon (1982) wird z. B. auf das ursprüngliche Bedürfnis, einem Führer zu gehorchen, abgehoben, sofern dieser Vertrauen erwecken und die Massen organisieren könne. Dazu seien die Macht des Willens und eine bestimmte Gewaltherrschaft nötig.

11 Das Buch wird 2016 als wissenschaftlich kommentierte Gesamtausgabe im Auftrag des Instituts für Zeitgeschichte München – Berlin herausgegeben werden.

Fragen und Hypothesen, Wahl der Quellen und Wertung der Fakten sowie die Gewichtung der Rahmenbedingungen etc. bestimmen im Wesentlichen mit, was für die Psychologie der Gegenwart als »Geschichte des Faches« bestimmt wird.

Literatur

Du Bois-Reymond, E. H. (1848). *Untersuchungen über die thierische Elektrizität. 1. Band*. Berlin: Georg Reimer.
Du Bois-Reymond, E. H. (1849). *Untersuchungen über die thierische Elektrizität. 2. Band*. Berlin: Georg Reimer.
Du Bois-Reymond, E. H. (1884). *Untersuchungen über die thierische Elektrizität. 2. Band, 2. Abtheilung*. Berlin: Georg Reimer.
Du Bois-Reymond, E. (1912a). *Reden von Emil Du Bois-Reymond*. In zwei Bänden. 2., vervollständigte Auflage. Herausgegeben von Estelle Du Bois-Reymond. Leipzig: Veit.
Du Bois-Reymond, E. (1912b). Über die Grenzen des Naturerkennens. In der zweiten allgemeinen Sitzung der 45. Versammlung Deutscher Naturforscher und Ärzte in Leipzig am 14.08.1872 gehaltener Vortrag. In E. Du-Bois-Reymond (Hrsg.), *Reden von Emil Du Bois-Reymond*. In zwei Bänden. 2., vervollständigte Auflage (1. Bd., S. 441–473). Leipzig: Veit.
von Feuchtersleben, E. F. (1838). *Zur Diätetik der Seele*. Wien: C. Armbruster.
Hippius, H., & Steinberg, R. (Hrsg.). (2007). *Bernhard von Gudden*. Heidelberg: Springer.
Le Bon, G. (1982). *Psychologie der Massen* (15. Aufl.). Stuttgart: Kröner.
Lennig, P. (1994). *Von der Metaphysik zur Psychophysik: Gustav Fechner (1801–1887). Eine ergobiographische Studie*. Frankfurt a. M.: Peter Lang. (Beiträge zur Geschichte der Psychologie. Band 8. Herausgeber: Helmut E. Lück & Armin Stock).
Lombroso, C. (1894). *Der Verbrecher (Homo Delinquens) in anthropologischer, ärztlicher und juristischer Beziehung. Erster Band*. In deutscher Bearbeitung von Dr. M. O. Frenkel. Hamburg: Verlagsanstalt u. Druckerei A.-G.
Lück, H. E., & Miller, R. (Hrsg.). (1993). *Illustrierte Geschichte der Psychologie*. München: Quintessenz-Verlag.
Mach, E. (1926). *Erkenntnis und Irrtum: Skizzen zur Psychologie der Forschung*. Leipzig: J. A. Barth.
Roth, G., & Prinz, W. (Hrsg.). (1996). *Kopf-Arbeit. Gehirnfunktionen und kognitive Leistungen*. Heidelberg: Spektrum.
Watson, J. (1930). *Der Behaviorismus*. Berlin: Deutsche Verlagsanstalt Stuttgart.
Wundt, W. (1896). Über die Definition der Psychologie. *Philosophische Studien, 12*, 1–66. ▶ http://vlp.mpiwg-berlin.mpg.de/library/data/lit780/index_html?pn=6&ws=1.5. Zugegriffen: 29. Juli 2015.
Wundt, W. (1897). *Grundriss der Psychologie* (2. Aufl.). Leipzig: Engelmann. ▶ https://archive.org/stream/GrundrissDerPsychologie#page/n0/mode/2up. Zugegriffen: 12. Aug. 2015.

Entwicklungen der Psychologie in der ersten Hälfte des 20. Jahrhunderts

12.1 Experimentelle Psychologie und philosophisch orientierte Psychologie – 240

12.2 Auf der Suche nach einer theoretischen Klammer verschiedener psychologischer Richtungen – 243

12.3 Der Einfluss innerer und äußerer Krisen auf die Entwicklung psychologischen Denkens – 246

12.4 Die »Krise der Psychologie« während des Nationalsozialismus – 250

12.5 Die Psychologie als eine Wissenschaft vom Verhalten – 252

12.6 Fazit – 260

Literatur – 260

Bei der Beschreibung kritischer Phasen der umbruch- und krisenreichen ersten Hälfte des 20. Jahrhunderts kommen das »imaginäre Ganze« bestimmende bzw. einschränkende Kriterien, welche an die wissenschaftliche Sozialisation von Psychologiehistorikern und – historikerinnen gebunden sind, besonders deutlich zum Tragen. Während manche Fachhistoriker hierbei das politische Geschehen im Vordergrund sehen und die Entwicklung der Psychologie in Abhängigkeit davon zu erkennen glauben (vgl. z. B. Sprung und Sprung 1999), beleuchten andere eher deren theoretische Verortung im Gefüge einer »weltanschaulich bereinigten Wissenschaftsgeschichte« und/oder konzentrieren sich auf Wendepunkte, die eine Institutionalisierung des Faches im Rahmen der Universitätslandschaft begünstigen.

12.1 Experimentelle Psychologie und philosophisch orientierte Psychologie

Noch bis in die Mitte des 20. Jahrhunderts hinein war der innerfachliche Diskurs beherrscht von Grundsatzfragen zwischen experimentell orientierten Psychologen und solchen, die der zeitgenössischen ▶ Philosophie nahestanden. Mithin ging es auch um die Frage, ob sich die Psychologie als ganze eher der *naturwissenschaftlichen Beschreibung erfassbarer Komponenten des »Seelenlebens«* widmen sollte, so wie sie von ▶ W. Wundt und seinen Schülern, z. B. G. S. Hall, ▶ W. James, ▶ O. Külpe und ▶ J. Cattell, vertreten wurde, oder sich an der Haltung von der Psychologie zugeneigten Philosophen orientieren, z. B. der ▶ F. Brentanos, ▶ W. Diltheys oder ▶ E. Husserls. Als eine Art Gegenbewegung zu elementaristischen, strukturalistischen und dem Objektivismus verschriebenen ▶ Strömungen innerhalb der Psychologie verstanden, hoben Letztere darauf ab, dass psychische Phänomene eines deutenden Ansatzes bedürften, weshalb auf hermeneutische Methoden zurückzugreifen sei. Mit deshalb kursierte, hier als Inbegriff der damit verknüpften Weltanschauung, die Idee der nichtempirischen Bewusstseinsanalyse (vgl. Husserl 1913). So wenig wie Mathematik empirisch sei, wurde argumentiert, könne unter Bewusstseinsanalyse eine rein empirische Tatsachenerkenntnis verstanden werden. Wähle man also lediglich die empirische Psychologie zur Grundlage der Wesensbetrachtung, so habe man es mit bloßen Gesetzen der induktiven Logik und damit mit Wahrscheinlichkeiten zu tun, befasse man sich mit Kausalgesetzen, die lediglich das reale psychische Geschehen beträfen. Dass man z. B. in einem Augenblick eine Rot- und in einem anderen eine Blauempfindung habe, sei ein empirisches Urteil mit Tatsächlichkeitscharakter. Das Urteil darüber, hier »Rotempfindung und Blauempfindung sind voneinander verschieden«, sei allerdings nicht empirisch, denn dieses beruhe nicht auf Erfahrung, sondern auf einer Betrachtung des Soseins einer Rotempfindung und einer Blauempfindung. Dies aber betreffe nicht nur Urteile über Farben, sondern auch über eine vergleichsweise Ordnung der ▶ Gefühle, z. B. des Angenehmen, Schönen, Heiligen et cetera. Auch religiöse Erlebnisse gehörten dazu. Diese könnten z. B. bei Christen, Juden und Moslems ganz unterschiedlich sein, aber allen sei eine vergleichbare Grundstruktur im Bewusstsein des religiösen Erlebnisses gegeben. Ein solches ▶ Verstehen als Erkenntnisverfahren zu wählen, bedeutete, eine *verstehende Psychologie* zu betreiben, eine Psychologie, deren Hauptwesenszug darauf gerichtet ist, die menschliche ▶ Seele, ihre gerichtete Aktivität und ihr Sinnerleben, zu begreifen. Sie war genährt von der Hoffnung, dass man sich umso mehr in die geistigen Zusammenhänge der Umwelt einer Person einzufühlen vermag, je mehr man über deren Lebensverhältnisse erfährt und in den eigenen Lebenshorizont einbinden kann.

12.1 · Experimentelle Psychologie und philosophisch orientierte Psychologie

Wie oben deutlich wurde, gesellten sich bereits im ausgehenden 19. Jahrhundert zu der als »natürlich« betrachteten Klientel einer philosophisch ausgerichteten »verstehenden«, Psychologie nicht nur zunehmend *medizinisch und naturwissenschaftlich geschulte Wegbereiter* hinzu, die einer empirischen Ausrichtung der Psychologie den Vorzug gaben. Hinzu kam eine weitere zwischen ▶ Philosophie und Medizin anzusiedelnde Zugangsweise zur ▶ »Seele« eines Menschen in Gestalt verschiedener ▶ Strömungen der ▶ *Psychoanalyse*. Letztere gewann langfristig eher in der Medizin als in der Psychologie an Einfluss, denn durch diese Auffassung wurde als gegeben vorausgesetzt, dass es ein »Immer-schon« gab, dass also etwas *vor jeder bewussten Betrachtung von etwas* bereits vorhanden sein muss. Damit war auch dieses Unbewusste, anders als in einer experimentell-positivistisch ausgerichteten Psychologie, zum Ausgangspunkt *und* Fundus allen *bewussten Erlebens* geworden und steht seither Pate für die Entwicklung tiefenpsychologischer Theorienbildung. Den dadurch unvermeidlichen Widerspruch zu naturwissenschaftlichem Denken betreffend wird ins Feld geführt, dass ein physikalischer Lehrsatz niemals mit einem Lehrsatz psychologischen Inhalts gleich sein könne und folglich auch das physiologische Korrelat eines Erlebnisses nicht als gehaltsgleich oder gar auswechselbar mit deskriptiven Aussagen über dieses Erlebnis zu werten sei. Da es eine voraussetzungslose, eine quasi intentionslose Erfahrung nicht gebe, seien auch erlebte Qualitäten und Sinnzusammenhänge weder durch komplizierte Kausalketten noch durch nichtkausal gedachte physische Äquivalente wesensmäßig in diese überführbar.

Zu den Protagonisten dieser vielschichtigen Auseinandersetzung um den richtigen der vielen möglichen Wege der Psychologie zählt seitens der ▶ Philosophie u. a. der oben genannte ▶ F. Brentano (1838–1917). Dieser psychologisch agierende Philosoph ist insofern auch für die Entwicklung einer empirischen Psychologie von Bedeutung, als er diese eben »nicht abspalten«, sondern gerade *in* dieser integriert wissen wollte. Er empfahl dieser sogar, psychologische Methoden der systematischen Beobachtung als Möglichkeit des Erkenntnisgewinns zu nutzen, um den »Anschluss« an die Naturwissenschaften nicht zu verlieren. Die von ihm favorisierte Ausrichtung der Psychologie, die sogenannte *deskriptive Psychologie*, verstanden als eine grundlegende Erfahrungswissenschaft, betrachtete er somit als eine wesentliche Bereicherung *philosophischen Agierens*. Von einer solchen in der Geisteswissenschaft beheimateten Psychologie versprach er sich grundlegende Aufschlüsse über Denkvorgänge und Wahrnehmungsprozesse, welche ihrerseits jeder ▶ Philosophie voranzustellen seien.

Der Entwicklung einer *in Methode und Inhalt eigenständigen Psychologie* im Rahmen der ▶ Philosophie bot sich somit nach dem kurzen Höhenflug der ▶ Vermögenspsychologie (vgl. ▶ Kap. 10) eine weitere, einmalig zu nennende Chance: Sollten doch ihre Methoden zum Maß aller ▶ Philosophie werden, die daraufhin auf die Erkenntnisse der Psychologie aufbauen sollte und nicht umgekehrt! ▶ Brentanos Ideen[1] über die »Empirie des Seelenlebens« und insbesondere sein Ansatz die ▶ Intentionalität jeden Akt des Denkens betreffend war auch deshalb bedeutend, weil er dadurch auch psychische Phänomene ausdrücklich den Realia, also einem Ausschnitt des Wirklichen mit qualitativem Gehalt, zurechnete. Durch sein Werk, insbesondere durch das Buch *Psychologie vom empirischen Standpunkte* aus dem Jahr 1874, versuchte er eine alles umfassende psychologische Auffassung zu begründen, eine die alle bis dato bestehenden Meinungen darüber ersetzen sollte, kurzum eine philosophisch verankerte, auf empirisches Vorgehen bedachte Psychologie sein. Aus diesem Grund verwarf er auch ▶ W. Wundts Vorstellung von Psychologie, hier dessen »Physiologische Psychologie«, weil

---

1   ▶F. Brentano gilt als Begründer der Psychologie als einer Lehre von psychischen Phänomenen (phänomenologische Psychologie). Er teilt diese in die drei Grundklassen der *Vorstellungen*, *Urteile* und *Gemütstätigkeiten*. Das wesentliche Merkmal allen Psychischen ist für ihn das der ▶Intentionalität.

das fachliche Verständnis der Psychologie seiner Ansicht nach nicht mit einem physiologisch orientierten Vorgehen gleichgesetzt werden könne.

Gewiss war man sich bereits damals darüber im Klaren, dass ein solcher Vorwurf nur bedingt zutraf, u. a. weil sich ▶ W. Wundt mit seinem Ansatz auf die sogenannten »Außenbereiche« des Psychischen konzentrierte, da, wo Sinne und Motorik mit der Umwelt sichtbar interagierten. Nur diese »einfachen Seelenvorgänge« sprach er dem Bereich der Naturwissenschaft zu. Kritisiert wurde jedoch, dass auch bei der Erforschung solch einfacher psychologischer Funktionen ein psychophysikalisch gedachter Elementarismus nicht nur Ergebnis, sondern auch begleitende Ideologie, genauer noch Voraussetzung war. Experimentierende Vorgehensweisen und atomistische Theoriebildung, so hieß es, seien dabei nicht klar voneinander zu trennen. ▶ Brentano lehnte es z. B. auch ab, Experimente in Sinne ▶ W. Wundts durchzuführen, da sich psychologische Phänomene seiner Ansicht nach stets durch eine *immanente* ▶ *Objektivität* auszeichneten. Entsprechend sei die Qualität dessen, was z. B. durch die Sinne erkannt würde – hier die Struktur der Erkenntnis gewinnenden Organe also solche –, selbst Teil der physikalischen und deshalb objektiven Welt. Wie sollte man das eine von dem anderen verlässlich trennen?

Stattdessen versuchte ▶ Brentano versuchte durch seine *deskriptive Psychologie* nicht nur den Grundstein für »innere Erfahrungen« im freudschen Sinne sondern auch für die ▶ Phänomenologie ▶ E. Husserls (1859–1983) zu legen. Es sei nämlich, so argumentierte Letzterer, zwar möglich, sich Bewusstseinsakte mit verschiedenem Inhalt vorzustellen, nicht aber ohne Bezug zu einem Gegenstand. Ob dieser »Gegenstand des Bewusstseins« real existiere oder nicht, sei ohne Belang. Gleichgültig sei auch, ob man sich mittels des so bestimmten Bewusstseins in der Beschreibung des Erlebten irre oder nicht. Entscheidend sei allein, dass es das Bewusstsein als wesentliches Merkmal des Psychischen ohne ▶ Intentionalität nicht gebe.

Neben oben genannter *deskriptiver Psychologie* wollte ▶ Brentano allerdings im Rahmen der Philosophie verbleibend auch eine *genetische[2] Psychologie* vorangetrieben wissen, also eine, welche die physiologischen Ursachen für die Entstehung und den Verlauf von psychologischen Prozessen untersuchen sollte und somit der Naturwissenschaft nahestand. Damit aber sprengte er offensichtlich die erkenntnistheoretischen Möglichkeiten der zeitgenössischen (und heutigen) ▶ Philosophie, denn er vermochte die von ihm zugrunde gelegte Komplementarität des deskriptiven und genetischen Ansatzes nicht überzeugend zu verteidigen. Nicht zuletzt stand auch keine geeignete ▶ evolutionäre Erkenntnistheorie zur Verfügung, in die er seine Ansichten über eine genetische Psychologie hätte angemessen einbetten können. Mit deshalb wurde seine Idee eines empirisch gewissermaßen doppelt begründeten Vorgehens innerhalb *und* außerhalb einer aus ▶ Philosophie hervorgehenden Psychologie im Rahmen dieses Faches auch nicht weiter verfolgt.

Dessen ungeachtet erwies sich die genetische Psychologie ▶ F. Brentanos zusammen mit dem damals bereits deutlichen Widerspruch zu ▶ I. Kants Diktum, es gebe »keinen Newton des Grashalms« (vgl. Kant 1913, S. 400), also keine Möglichkeit, lebende Organismen entsprechend den Gesetzen der Mechanik zu erklären, als die Ideengeberin für eine moderne, an der Physiologie orientierte Psychologie. Für deren weitere Entwicklung war darüber hinaus förderlich, dass die Medizin gerade durch eine »kleinteilige Zergliederung« des Organismus diversen Krankheiten auf die Spur gekommen war. Deshalb gewann die Vorstellung, mittels empirisch-naturwissenschaftlicher Methoden auch bestimmte, *psychisch als eingrenzbar angesehene Phänomene zu erkunden,* zunehmend an Befürwortern. Dies nicht zuletzt deshalb, weil

---

2   Dieser ▶Begriff hat in der damaligen Verwendung insofern mit dem heutigen ▶Begriff von Genetik zu tun, als er sich ebenfalls von *Genesis,* also einer »Urform von etwas«, ableitet, aus dem sich der Mensch entwickelt.

sich *gesetzmäßige Beziehungen*, z. B. zwischen der Reizstärke physikalischer Messgrößen und der Empfindungsstärke, durch die Weber-Fechner'schen Gesetze als mathematisch durchaus beschreibbar und vorhersagbar erwiesen hatten. Letztlich war es aber der weiter oben angesprochene Glaube an das *naturwissenschaftlich Machbare* und der Zeitgeist, alles, was auf *einfachste, »unhintergehbare« Grundbausteine* zurückführbar schien, auch darauf reduzieren zu wollen, der das Fundament für den Versuch einer *naturwissenschaftlichen Beschreibung »psychischer Atome«* sicherte.

Die von ▶ Helmholtz u. a. übernommene Grundidee ▶ W. Wundts, *nicht nur Gesetzmäßigkeiten des Physischen, sondern auch Gesetzmäßigkeiten des Psychischen erfassen zu können*, ist mit unserer heutigen Auffassung von empirischer Forschung am ehesten vereinbar und wird deshalb aus diesem Blickwinkel betrachtet auch als einer der geschichtlichen Meilensteine in der Entwicklung unseres Faches angesehen. Somit vollzog ▶ W. Wundt den rückwirkend als höchst bedeutend angesehenen Schritt der Psychologie auf dem Wege zu einer Umorientierung von einem geisteswissenschaftlich geprägten zu einem naturwissenschaftlich ausgerichteten Fach und galt deshalb bereits zu Lebzeiten als »Vater der wissenschaftlichen Psychologie« und als eine Art Legende.

12.2 Auf der Suche nach einer theoretischen Klammer verschiedener psychologischer Richtungen

Im deutschen Sprachraum geriet das Fach Psychologie gegen Ende des 19. und zu Anfang des 20. Jahrhunderts dadurch, dass es einerseits experimentell gesicherte Erfahrungstatsachen zugrunde legte und sich andererseits – um die damit verbundene »mechanistisch-materialistische Einseitigkeit« zu überwinden – auch komplexen Themen der Sozial-, Kultur- und Lebenspsychologie zuwandte, in eine widersprüchliche Komplexhaftigkeit. Um der Eigenständigkeit willen sollten, *ohne bei der* ▶ *Philosophie weitere Anleihen zu machen* und *ohne sich in weitere Abhängigkeit von den Naturwissenschaften* zu bringen, auf natürliche, alltagsweltliche Weise »seelische Funktionen« erforscht und die Gesamtheit beseelter Wesen erkannt werden. Indem mit dadurch auch dem *Zweckmäßigkeitsprinzip* ein heuristischer Wert zugebilligt wurde, gerieten jedoch weiterreichende Fragen nach dem theoretischen Fundament in den Hintergrund. Es waren ja verschiedene Theoriegebäude im Umlauf, welche die Psychologie als eine Wissenschaft vom Erleben oder Verhalten verstanden wissen wollten oder die Gestalthaftigkeit des Psychischen in den Vordergrund stellten. Letztere hatte z. B. durch ▶ C. von Ehrenfels (1895-1932), einem Schüler ▶ Brentanos, an Einfluss gewonnen. In Anlehnung an die ▶ Mach'schen Ideen der Wahrnehmung sah er etwa die Form nicht zusammengesetzt aus verschiedenen Qualitäten an, sondern erkannte darin eine neue, eigenständige Qualität, eben die Gestaltqualität. Diese Gesamtgestalt von etwas blieb seiner Auffassung nach in ihren spezifischen Eigenschaften auch dann erhalten, wenn die absoluten Gegebenheiten, auf denen sie beruhte, Verschiebungen bestimmter Art erfahren würden, denn eine Gestaltqualität, so der Wissenschaftler, komme nicht zu bestimmten reizbedingten ▶ Empfindungen hinzu, sondern stelle *einen Wert an sich dar*. Physiologisch zu definierenden Elementarreizen entspreche folglich kein konstantes psychisches Korrelat; vielmehr hänge deren Wirkung von der psychischen Ganzheit ab. Wie unschwer zu erkennen, erlaubte es eine solche Denkweise nicht, etwa im Sinne eines ▶ Parallelismus bzw. einer Identitätstheorie zu argumentieren, denn es konnte nicht allein das Physische sein, welches das Psychische bedingt, es bedurfte der weiter oben bereits genannten »schöpferischen Resultanten«.

So uneinig man sich in Fragen wie dieser, hier beispielhaft herausgegriffen war, so einig war man sich darüber, manche »Psychologien«, etwa die *Assoziationspsychologie*, die ▶ *Verstehen-*

spsychologie oder die *Erlebnispsychologie*[3] als Inbegriff der »älteren Psychologie«, eher hintan zu stellen. Ganz aufgeben wollte man sie jedoch nicht, denn jede davon enthielt altbekannte »Wahrheiten«, auf die man nicht verzichten zu können glaubte. Dadurch aber wurde der Erhalt einer gewissen Einheitlichkeit im theoretischen Grundverständnis des Faches immer schwieriger.

In dieser konfliktreichen Gemengelage gewann, wie bereits mehrfach in der Geschichte des Faches, erneut die mögliche Etablierung einer *theoretischen Psychologie* an Bedeutung. Gemeint ist der Versuch, in der Psychologie, ähnlich wie in der Physik, langfristig tragfähige theoretische Modelle zu entwickeln, die *alle* experimentellen Befunde erklären konnten. Das große Vorbild war hier die Atomtheorie, die in der Lage schien, alle gefundenen Tatsachen über Materie zu einem einzigen Erklärungsansatz zu bündeln. Wie aber sollten Messwerte über die Eigenschaften psychologischer Kräfte so in ▶ Relation zu verschiedenen Gehirnvorgängen gesetzt werden, dass daraus grundlegende, tragfähige Gesetzmäßigkeiten abgeleitet werden könnten? Gedacht war etwa an ein Pendant zum Energieerhaltungsgesetz oder biogenetischen Grundgesetz, d. h. an immerwährende Regelhaftigkeiten, die in ihrer gegenseitigen Ergänzung schließlich zur Basis einer übergreifenden Theorie würden. Die Erfassung solch übergeordneter stabiler Zusammenhänge schien umso dringlicher, als das Fachgebiet der Psychologie noch zu Anfang des 20. Jahrhunderts offenbar aus einer »Reihe roher Tatsachen, ein bischen Geschwätz und Streit über Meinungen, ein bischen rein deskriptive[r] Klassifikation und Generalisation« (James 1909, S. 468) bestand. Man musste Kritiker wie etwa ▶ W. James insoweit recht geben, als sich aus den empirisch gefundenen Einzeltatsachen damals kaum die Chance eröffnete, auf eine relativ geringe Anzahl von Grundtatsachen und Annahmen zu schließen. Es schien auch kaum möglich, Ableitungen aus den aufgestellten theoretischen Sätzen zu ziehen. Diese Einschränkungen hingen nicht nur, aber auch damit zusammen, dass psychologische Tatsachen ohne weitere Prüfung ganz bestimmten, als natürlich apostrophierten Grundgesetzen zugeordnet wurden. So glaubte man z. B., alle seelischen Erscheinungen seien wie alle physikalischen ebenfalls von Energieerhaltungsgesetzen beherrscht, oder man nahm an, dass alles, was theoretisch zu nennen sei, gleichzeitig auch Regeln der Mathematik folgen müsse.

Dessen ungeachtet war sehr wohl immer wieder deutlich zu machen versucht worden, dass in der Psychologie zum einen quantitative Betrachtungen nur indirekt möglich waren – psychische Prozesse also nicht in demselben Sinne messbar waren wie physikalische – und dass zum anderen in der Psychologie zahlreiche qualitative Gegebenheiten zu behandeln waren, also solche, die sich nicht aufeinander zurückführen ließen. Und nicht nur Philosophen wie o. g. ▶ W. James sahen hier die Gefahr, das quantitativ und das qualitativ Erfassbare durcheinanderzubringen und somit Eigenschaften von ganz verschiedenen Elementen unbesehen gleichzusetzen. Wollte man sich aus der Vormachtstellung der großen Vorfahren bzw. Vorbilder in Geistes- und Naturwissenschaft befreien, war die Forderung nach einer *Voraussetzungslosigkeit der experimentellen Forschung* zwar durchaus berechtigt, im konkreten einzelnen Fall jedoch kaum einzuhalten. Weder war eine gedachte Zuordnung von psychischem zu physischem Geschehen aus den Köpfen der jeweiligen Fachvertreter zu tilgen noch eine stillschweigende Übernahme des Gedankengutes der Entwicklungsbiologie, wonach sich das (psychisch?) höhere Leben immer aus dem (psychisch?) niedrig stehenden entwickelt.

---

3   Die sogenannte alte Erlebnispsychologie basiert darauf, dass die Innerlichkeit eines Menschen durch ▶ Introspektion angemessen erfasst würde. Der ▶ Begriff des »Erlebnisses« weist außerdem darauf hin, dass damit nicht der Verlauf, also ein Erleben von etwas, angesprochen war, sondern der Inhalt qualitativ bestimmbarer ▶ Empfindungen.

12.2 · Auf der Suche nach einer theoretischen Klammer verschiedener ...

Auf klassische Grundannahmen der ▶ Philosophie wollte man allerdings auch nicht verzichten. Wie sollte man, so lautete hier die bange Frage, fernab von jeder aus der ▶ Philosophie resultierenden Weltanschauung eine psychologische Tatsache als solche überhaupt erkennen, wie methodische Grundsätze aufstellen, ohne auf wissenschaftstheoretisches Wissen zurückzugreifen? Kurzum, jeder Versuch der Loslösung der ▶ experimentellen Psychologie von der ▶ Philosophie beruhte letztlich darauf (vgl. ▶ Kap. 1), deren Grundanschauungen mehr oder weniger unkommentiert in das eigene ▶ Handeln einfließen zu lassen. In ähnlicher Weise basierte jede Ablehnung eines naturwissenschaftlichen mechanisch-materialistischen Denkens durch die philosophisch orientierte ▶ Verstehenspsychologie, etwa im Dilthey-Spranger'schen Sinne, ihrerseits wiederum auf der stillschweigenden Übernahme einer bestimmten physikalischen Idee von Materie. So beruhten z. B. Aussagen, der damals modernen Verhaltenspsychologie, des ▶ Behaviorismus, auf der Überzeugung, dass innerhalb des Faches eine objektive naturwissenschaftliche von einer subjektiven geisteswissenschaftlichen Sichtweise eindeutig zu trennen sein würde. Dies schien hierbei auch insofern zu gelingen, als der Begriffsapparat des Watson'schen Systems denkbar einfach war. Er nahm von der Tatsache des Verhaltens in der Form Kenntnis, dass dieses bei einem gegebenen »Aktivitätsstrom« einsetzte, der sich in motorischen Reaktionen aller Art ausdrückte. Hinzu kam die Annahme, dass die Entwicklung jedes psychologisch zu nennenden Systems ihren Ausgangspunkt in einer Reihe von angeborenen Reaktionen[4] habe und es darüber hinaus lediglich Umstandsbedingungen[5] gebe. Auf diese Weise wurden die Zahl der Reaktionen und die der wirksamen Reize zu Reaktionsgruppen zusammengeschlossen und bildeten in ihren Prägungen in Gänze das psychologisch Erfassbare ab. Insgesamt ließ man nur einfache Reflexreaktionen als angeboren gelten; jede Annahme einer Vererbung komplexer psychischer Eigenschaften wurde energisch bekämpft. Als Objekt der Erkenntnis galt das menschliche Gegenüber, wie es vom Aktivitätsstrom mithilfe von Umstandsbedingungen aus den angeborenen Reaktionen und den Reizen der Außenwelt angedacht wurde. Ziel war es, vorhersagen zu können, wie der Mensch in einer bestimmten Situation reagieren wird, bzw. erschließen zu können, welcher Reiz eine bestimmte Reaktion hervorgerufen haben kann.

Ein solch einfaches Programm konnte in der Tat die empirische Forschung ein gutes Stück voranbringen, und hätte sich der ▶ Behaviorismus auf Gebiete beschränkt, die mit dieser Methode neu zu erschließen möglich war, hätte man ihn vermutlich mehr geschätzt, als es tatsächlich der Fall war. Denn es ging Behavioristen mit der Zeit auch darum, zu zeigen, dass alles, was in der Psychologie bisher methodisch behandelt worden war, behavioristisch besser angepackt werden könnte. Damit begann ein *Übersetzen aller Psychologie in die neue Sprache des* ▶ *Behaviorismus*. Das war wiederum insofern problematisch, als behavioristische Darstellungen, z. B. von ▶ Gefühlen, als identisch mit der inneren Sekretion von Drüsen angesehen wurden und man damit die Psychologie auf eine Weise elementarisierte, die kaum weiteren Erkenntnisgewinn ermöglichte.

---

4 ▶ J. Watson unterscheidet dreierlei Gruppen von Reaktionen: motorische, viszerale und verbale. Mit motorischen Reaktionen meint er das beobachtbare Verhalten des Körpers, mit viszeralen die der unwillkürlichen Muskulatur, als verbale werden Reaktionen des Kehlkopfes, des Mundes und der Zunge bezeichnet.

5 Nimmt man z. B. eine angeborene Reaktion, etwa Angstverhalten gegenüber unerwartetem Lärm, so kann sich dieser u. a. auf Hunde ausdehnen, die »Lärm machen«, bellen. Jedes Lernen, jede Erziehung ist so gesehen nichts anderes als ein planmäßiges Trainieren mithilfe von Umstandsbedingungen, eine Art Prägung des ursprünglichen Aktivitätsstromes. Der Gedanke des assoziationsbedingten Verhaltens reicht bis zu ▶ J. Locke zurück, auch wenn es Unterschiede zwischen ▶ *J. Lockes erlebnispsychologischer* und ▶ *Watsons behavioristischer Fassung* davon gibt. Bei Letzterem wird das Bewusstsein vollkommen umgangen.

Als Fazit dieser Vielfalt verschiedener Grundüberzeugungen könnte man zusammenfassend sagen, dass das Formalobjekt einer modernen Psychologie, verstanden als *Verlauf und Zusammenhang beobachtbarer Reaktionen,* immer dann an die Grenze der im geisteswissenschaftlichen Sinne als »Erlebnis« verstandenen Reaktionen geriet, wenn diese auf das Allerkürzeste, Allernotwendigste, gerade noch Konstatierbare reduziert wurden. Denn bei solchen zwar beobachtbaren, aber nicht mehr bewusst werdenden Vorgängen, etwa einem Erweitern oder Verengen der Pupillen, wurde der Aufgabenbereich der Psychologie, der klassischerweise der Summe aller bewussten Reaktionen gewidmet war, notwendigerweise auf ein Korrelat physiologischer Vorgänge reduziert. Deren Sinnhaftigkeit wiederum folgte anderen Gesetzen, als die Psychologie sie anstrebte.

Einer *theoretischen Psychologie,* die durch Schaffung eines übergeordneten Ansatzes beide Sichtweisen zu verbinden in der Lage gewesen wäre, hier etwa, um »das Gleichartige im Verschiedenen zu erkennen, das Gemeinsame herauszuheben und in Gesetze zu fassen«, so wie es J. Lindworsky (1932, S. 5) damals vorschlug, war indes kein Erfolg beschieden. Sie erwies sich nicht nur, aber auch deshalb als undurchführbar, weil Verhaltensuntersuchungen einerseits und Untersuchungen des Erlebens andererseits jeweils auf einer unterschiedlichen Zeiterfassung beruh(t)en: Erstere auf einer objektiven, durch physikalische Messinstrumente gesicherten, Letztere auf einer subjektiven, durch das Gedächtnis gebildeten Zeitmessung.

12.3 Der Einfluss innerer und äußerer Krisen auf die Entwicklung psychologischen Denkens

Folgt man einer heute üblichen Sichtweise,[6] so wird die Psychologie im fraglichen Zeitraum durch mehrere *Entwicklungsmerkmale* innerhalb und außerhalb der Universität charakterisiert. Als wesentlich wird zum einen die *intrauniversitäre Herausbildung der empirischen Psychologie* in Form einer Einrichtung von experimentalpsychologischen Instituten genannt, die dank ▶ W. Wundt zumindest innerhalb des Hochschulwesens, wenn auch nicht innerhalb eines eigenen Faches, verankert werden konnten.[7] Aus den dort erbrachten Erkenntnissen entwickelten sich aber zum anderen bereits um die Jahrhundertwende *Praxisfelder einer angewandten Psychologie außerhalb der Hochschulen.* So. z.B. im Rahmen diagnostischer Eignungstests oder medizinischer Überprüfungen, hier u. a. insbesondere in der Neurologie und Psychiatrie.

Beides zusammen begünstigte – nicht zuletzt durch die Bedeutung, die psychologisch ausgerichteten Medizinern wie etwa ▶ K. Goldstein und ▶ W. Poppelreuter während bzw. nach dem Ersten Weltkrieg zukam – eine *gesellschaftliche Verankerung des Fachgebietes,* noch ehe dieses selbst innerhalb der Universität eigenständig Fuß gefasst hatte. Das bedeutete, das Berufsbild eines entsprechend *psychologisch-diagnostisch ausgebildeten Personals* war bereits zuvor als überdauernd notwendig erkannt.

Die gleichwohl rasche und vielfältige Entwicklung innerhalb des Fachgebietes zu Beginn des 20. Jahrhunderts stellte sich für Außenstehende insofern nicht als »krisenhaft« dar, als sich unterschiedliche Ansichten – anders als später während der Zeit des Nationalsozialismus – auf akademisches Terrain begrenzen ließen. So fällt es z. B. aus dem weiter oben Ausgeführten nicht schwer, zu erkennen, dass sich die Psychologie aus einem für sie *unergiebigen philosophischen Methodenarsenal* zu befreien trachtete, indem sie *das der Naturwissenschaft*

---

6   So z. B. Jaeger et al. (1995).
7   Andere Teilbereiche psychologischen Denkens, z. B. die ▶ Psychoanalyse, sind bis heute i. d. R. außerhalb der Universitäten angesiedelt.

12.3 · Der Einfluss innerer und äußerer Krisen auf die Entwicklung ...

zu *übernehmen* und auf psychologische Fragestellungen zu übertragen suchte. Die Mediziner, ▶ H. von Helmholtz und ▶ W. Wundt, stehen beispielhaft für diesen Wandel. Dass mit jedem »Methodentransfer« eine Anpassung, hier des zu messenden Gegenstandes »Mensch«, an die wissenschaftstheoretische Ausrichtung derer, die als Ideengeber fungieren, verbunden ist, wurde zunächst in Kauf genommen.[8] Als *krisenhaft* wurden von Zeitgenossen, so z. B. von ▶ W. Wundt, allerdings die zu erwartenden Folgen für die Psychologie bewertet, nämlich dass nun eine sich rasch entwickelnde *methodische Vielfalt innerhalb der Psychologie* in Form diverser *Anleihen aus verschiedenen wissenschaftstheoretischen Richtungen*[9] an der *Aufteilung in mehrere* ▶ *Schulen* das Fach zu zersplittern drohte, und zwar, noch ehe die Chance auf eine akademische Eigenständigkeit gegeben war, die es ihrerseits erlaubt hätte, Streitfragen vornehmlich intern zu regeln.

Was letzteres Problem angeht, so regte sich z. B. in der »akademischen Ursprungsfakultät«, der ▶ Philosophie, mancherorts bereits ein zunehmender Unwillen darüber, Lehrstühle für dieses heterogene, sich praxisnah gebärdende Teilfach[10] zu reservieren, zumal für Naturwissenschaftler und Mediziner in ihren Fakultäten die Eigenschaft, *auch* Psychologe zu sein, kein lehrstuhlrelevantes Alleinstellungsmerkmal war. Aber auch da, wo der zunehmende Einfluss der Psychologie in der ▶ Philosophie begrüßt wurde, stand deren experimentelle Orientierung nicht notwendigerweise hoch im Kurs. Diese Ausrichtung blieb nämlich einer ▶ Philosophie, die auf die *immanente* ▶ *Objektivität*[11] *psychischer Phänomene* hinwies, zahlreiche Fragen schuldig. Wie rasch in diesem Fall der Einfluss psychologischen Denkens auf das Nachbarfach schwinden konnte, zeigt sich etwa am Beispiel eines Schülers von ▶ W. Wundt,[12] ▶ Hugo Münsterberg. Diesem richtete der Freiburger Philosoph und Neukantianer Wilhelm Windelband an seinem philosophischen Institut ein psychologisches Labor ein, da das wissenschaftliche Verständnis des Lehrstuhlinhabers von Psychologie stark mit dem der *deskriptiver Psychologie* verbunden war. Er erhoffte sich *entsprechend beflügelnde Erkenntnisvoraussetzungen* in puncto Sprache, Denken, Wille etc. für die ▶ Philosophie. Sein Engagement für ▶ H. Münsterberg als Nachfolger im Amt nahm allerdings eine für den Philosophen enttäuschende Wendung, denn dieser stand bald der angewandten Forschung, der ▶ Psychotechnik als einer »Wissenschaft von der praktischen Anwendung der Psychologie im Dienste der Kulturaufgaben« (Münsterberg 1914, S. 1), näher als dem aus einem philosophischen Verständnis von Psychologie abgeleiteten Grundlagenbereich. Sein eigentliches Ziel war es, »die Ansprüche des Berufslebens an das Seelensystem« (Münsterberg 1912, S. 42) so zu gestalten, dass mittels geeigneter Methoden ein exakter Maßstab für eine Passung beider gewonnen werden könne. Diesen »Maßstab« wiederum erhoffte er dadurch zu erreichen, dass beide, Arbeit und »Seelensystem«, jeweils in ihre Elementarfunktionen zerlegt und miteinander in Beziehung gesetzt würden. ▶ H. Müns-

---

8 Heute ist es z. B. die Kybernetik und mit ihr der Gedanke, menschliches Handeln als komplex gewichtetes Netzwerk zu verstehen, die zur Ideengeberin etwa der ▶ Kognitionswissenschaften wurde.

9 Die Gestaltpsychologie z. B. verschrieb sich dem ▶ Konstruktivismus, die Physiologische Psychologie dem ▶ Naturalismus, der ▶ Behaviorismus war Inbegriff eines ▶ Positivismus etc.

10 Erst nachdem das Fach als Diplomstudienfach anerkannt worden war – und um dieses zu erhalten, wurden die Kräfte gestärkt, die auf einen innerfachlichen Konsens hinarbeiteten –, entstanden »Leitlinien« für die intrauniversitäre Ausbildung. Es kam zu einer Integration aller ▶ Schulen außer der tiefenpsychologischen und zu einer Erschließung neuer Praxisbereiche, etwa in Beratung, Therapie, Aus- und Weiterbildung et cetera.

11 Hier wird Wert auf die Feststellung gelegt, dass die Qualität dessen, was z. B. durch die Sinne, also mittels der Struktur der Organe, die Erkenntnis gewinnen könnten, ebenfalls Teil einer physikalischen und deshalb objektiven Welt sei. Der Gedanke wird heute durch die ▶ evolutionäre Erkenntnistheorie wieder aufgegriffen.

12 Zu Wundts Schülern zählen u. a. auch ▶ W. James, ▶ J. Cattell und ▶ O. Külpe.

terberg erregte mit den von ihm entwickelten Testprozeduren zwar durchaus Interesse, so etwa das von ▶ W. James, dessen Ruf in die USA er folgte. Nach seinem Weggang wurde jedoch der Lehrstuhl der Freiburger Philosophen erst durch ▶ E. Husserl, später dann durch ▶ M. Heidegger (1889–19776) besetzt und, wenn überhaupt, dann am ehesten in Richtung einer phänomenologisch ausgerichteten Psychologie weiterentwickelt. Für die experimentell ausgerichtete Psychologie galt er damit als »verloren«.

Mit dem als Beispiel gewählten ▶ H. Münsterberg wurden einige der bereits angesprochenen möglichen Gründe für die »Krise«, dieses Auseinanderstreben psychologischen Denkens in verschiedene Richtungen, ▶ Schulen und Strömungen, um einen weiteren Aspekt ergänzt: den konkreten Praxisbezug. Dieser war mit der Vorstellung universitärer Forschung innerhalb der ▶ Philosophie nicht vereinbar. Man könnte auch sagen, zum vielfältigen Erbe verschiedener akademischer Fachgebiete und deren Querverbindungen, seien diese philosophischer, mathematischer, sozialwissenschaftlicher, naturwissenschaftlicher oder medizinischer Natur, sowie deren jeweiligen Verknüpfungen mit psychologischem »Wissen« aus dem Repertoire des »gesunden Menschenverstands« kam nun noch ein weiterer Anspruch hinzu: Das Arbeits- und Geistesleben sollte in seinen praktisch-psychologischen Bezügen in die Forschungen eingebunden werden. Angesichts der Vielfalt von psychologischen Richtungen kann man aber nicht behaupten, dass gerade diese oder nur jene einem *inhaltlichen Konsens* der Psychologie des ausgehenden 19. und beginnenden 20. Jahrhunderts besonders abträglich gewesen wäre oder dass der oben angesprochene Praxisbezug »das Fass zum Überlaufen«, sprich die Krise zum Ausbruch gebracht hätte. Es war eher die Mischung aus einer Weiterentwicklung der »Physik der inneren Erfahrung«, der »Sozialmathematik« in der ▶ Philosophie, der staatstragenden, das Sozialwesen beförderdenden Wissenschaftslehren, der »Physiologie der ▶ Seele«, der Ansprüche des Berufslebens an das »Seelensystem« einschließlich zahlreicher ungebetener »Ratgeber«, die zu jenen Zentrifugalkräften beitrugen, welche den Rahmen des Faches zu sprengen drohten.

Akademisch betrachtet standen z. B. Grundgedanken der Gestaltpsychologen, hier die vordringliche Betrachtung und Beachtung ganzheitlich-synthetischer Eigenschaften der menschlichen Wahrnehmung, in ausgeprägtem Gegensatz zum Ansatz des »Zergliederns des Wahrnehmungsvorganges in Einzelelemente« und wurden von zeitgenössischen experimentellen Psychologen entsprechend intensiv bekämpft. Daraus aber ergaben sich nicht allein die bekannten Probleme, die aus jedem Aufeinandertreffen von Top-down- und Bottom-up-Ansichten resultierten. Einen die bestehenden Fliehkräfte unterstützenden Einfluss hatte z. B. auch der Wundt'sche Versuch, neben einer experimentellen eine ethnologisch beobachtende Psychologie zu etablieren, die Körperpsychologie, und damit das Fach auf ein weiteres Fundament zu stellen.[13] ▶ W. Wundt folgte hiermit der damaligen Vorstellung, dass die Entwicklung des Psychischen in der Geschichte der Menschheit ähnliche Stadien durchlaufen haben mochte, wie dies in der psychischen Entwicklung des einzelnen Individuums zu beobachten sei, dass z. B. die Entwicklung des Selbstbewusstseins, der Sprache, der Sitten und Mythen eines Volks oder einer Volksgruppe durch bewusste und unbewusste Prozesse miteinander verbunden erst ein Ganzes bilde (Wundt 1904). Ohnehin, so der Autor eines vielbändigen Werkes über o. g. ▶ Völkerpsychologie, könne man mittels der Experimentalpsychologie das sozial bedingte »seelische Leben« nicht erschöpfend behandeln.

Auch wenn ihm Kritiker vorwarfen, er habe niemals einen Vertreter der Kulturen, über die er berichtete, persönlich kontaktiert, habe sich lediglich über Reiseberichte und aus dritter

---

13   ▶ W. Wundt unterstützte damit die vor dem Ersten Weltkrieg bestehende intensive Bestrebungen, die deutsche Kolonialpolitik – u. a. durch die Entwicklung einer später auch als »Kolonialpsychologie« bezeichneten 7 Völkerpsychologie – zu rechtfertigen (vgl. Kap. 2).

bzw. vierter Hand informiert, so erlaubte ihm dieser Ansatz doch, das Themenfeld breiter anzulegen, als dies z. B. die Philosophen und Sprachforscher Moritz Lazarus und Heymann Steinthal in ihrer *Zeitschrift für* ▸ *Völkerpsychologie und Sprachwissenschaft* in den zwanzig Jahren ihres Erscheinens von 1860 bis 1880 taten (vgl. Kalmar 1987). ▸ W. Wundt gilt deshalb heute als Vorläufer und Wegbereiter der Sozialanthropologie bzw. Kulturpsychologie, die sich mit der mutuellen Beziehung der kulturellen Lebenswelt, in der ein Individuum auf- und in die es hineinwächst, und der jeweiligen Psyche auseinandersetzt.

Als eine außerordentlich krisenresistente Teildisziplin, eine, die sowohl die zeitgenössische ▸ Völkerpsychologie als auch die Diskurse zwischen Anhängern »verstehender« und »erklärender« Ansätze überdauerte, ist hier die ▸ Psychophysik zu nennen. Diese hatte sich aus den oben beschriebenen ersten Anfängen im Bereich der Wahrnehmung zu einer Teildisziplin entwickelt, die Anspruch auf Erkenntnisgewinn »höherer psychischer Prozesse« im Bereich des Urteilens, Denkens und der Erforschung volitionaler Prozesse anmeldete.[14] Heute spielt ▸ Psychophysik als Teilgebiet u. a. der Sozialpsychologie, der Wahrnehmungspsychologie und Neuropsychologie in viele wichtige Fragestellungen hinein, da deren Anliegen, das Entdecken, Erkennen und Skalieren von Reizen, sprich die Erfassung möglicher naturwissenschaftlich erfassbarer Korrelate von Bewusstseinsvorgängen, mit zu den zentralen Themen der experimentellen Psychologie gehört.

Nicht nur dieser Teilbereich der Psychologie hat sich unbeschadet aller krisenhaften Entwicklungen bis heute weiterentwickelt. Bereits zu Beginn des 20. Jahrhunderts als sich der Aktionsradius der Verfechter einer »empirischen Seelenlehre« nicht länger auf den »gesunden Erwachsenen« beschränkte, begann sich sowohl eine allgemeine Entwicklungspsychologie[15] herauszukristallisieren als auch eine pathophysiologisch orientierte medizinische Psychologie (u. a. durch ▸ E. Kraepelin). Nicht zuletzt hatte sich auch die Überzeugung, dass es etwas Unbewusstes gebe, eine jenseits der unmittelbaren Einsicht vorhandene »Tiefenschicht« des Menschen, die dem Zugang einer experimentell orientierten Psychologie verborgen bleiben musste, im Weltwissen der Zeitgenossen bereits fest verankert (vgl. Levine 1926). Diese »Schichtung« aufzudecken, um »darin steckende Krankheiten« in Form von Verdrängungen etc. zu heilen, war wiederum jenen Fachleuten vorbehalten, die sich einem verstehenden individualpsychologischen Ansatz verschrieben hatten, unter ihnen neben ▸ Sigmund Freud auch ▸ Carl Gustav Jung und Alfred Adler.

Was sich für das Fachgebiet im Laufe der ersten Hälfte des 20. Jahrhunderts schließlich als *der* »Einigungsfaktor« erwies, war aber eher ein methodentheoretischer Konsens (vgl. ▸ Kap. 1) denn eine Übereinstimmung hinsichtlich der Grundfrage, was die Psyche des Menschen als solche ausmacht. Das Ziel, genau das methodisch angemessen zu erfassen, von dem man jeweils glaubte, dass es wesentlich wäre, wurde zu einem wichtigen Motor der Überwindung einer krisenhaften Entwicklung in der wissenschaftlichen Psychologie und ist es bis heute geblieben. Die Methodenentwicklung,[16] insbesondere die Herausarbeitung neuer, die experimentellen Verfahren aus Physik und Physiologie ergänzenden Vorgehensweisen in Form quasi-experimenteller Verfahren der Datengewinnung kam u. a. der Psychodiagnostik zugute. Dies nicht zuletzt auch deshalb, da man bereits zu Anfang des 20. Jahrhunderts auf die erste Faktorenanalyse als multivariate datenanalytische Methodik zurückgreifen konnte.[17]

---

14 So z. B. durch ▸ Ebbinghaus, Stumpf, Pilzecker und Jost.
15 Als Begründer werden u. a. William Preyer sowie William und Clara Stern genannt.
16 Hier z. B. die Herausbildung allgemeiner Standards der Konstruktion und Normierung empirischer Methoden, die Entwicklung von psychologischen Messtheorien im Rahmen der Testtheorie sowie die Entwicklung von Gütekriterien der Validität, ▸ Objektivität, Reliabilität et cetera.
17 Dafür stehen Charles Spearman (1863–1945) und Felix Krüger (18774–1948).

12.4 Die »Krise der Psychologie« während des Nationalsozialismus

Bereits in den 1930er-Jahren erfuhren rassetypologische bzw. biotypologische Konstitutionstypen[18] besondere Beachtung und wurden zur Grundlage faschistoid gefärbter Charakterologien bzw. Persönlichkeitstheorien[19] gemacht. Sowohl der »Aufbau des Charakters« (Lersch 1938) und dessen »Polarität«[20] als auch eine darauf aufbauende Verhaltens- und Handlungsdiagnostik spielten für die Entwicklung eines wichtigen »Anwendungsbereiches«, hier innerhalb der damaligen ▶ Wehrmachtspsychologie (Flik 1988), eine große Rolle.[21] Während der Herrschaft des Nationalsozialismus, besonders aber während des Zweiten Weltkriegs, wurde das Auslese-Instrumentarium, welches daraus seitens der Psychologie zur Verfügung gestellt wurde, aber auch in anderen Bereichen systematisch genutzt: Folgt man Geuter (1988), so entstanden neben Erziehungsberatungsstellen der Nationalsozialistischen Volkswohlfahrt auch Service-Angebote im klinischen und beruflichen Bereich. Darüberhinaus wurden alle Offiziersanwärter und Beamte der drei Waffengattungen inklusive Reserveoffiziere und Feldwebel sowie alle Spezialisten, z. B. Panzerfahrer, Funker etc., wurden einer psychodiagnostischen Prüfung unterzogen. Alllein für diese im Jahr 1941 schließlich auf knapp 200.000 zu veranschlagende Zahl von Einzeltests im Militärbereich war eine immer größere Anzahl von Psychologen nötig. Es war somit nicht zuletzt deren Bedeutung für die Wehrmacht zu verdanken, dass Psychologie, 62 Jahre nach der Institutionalisierung des Faches an deutschen Universitäten, im Rahmen eines eigenständigen Diplomstudiengangs Psychologie studiert werden konnte. Dafür steht der Name des Pädagogen und Psychologen ▶ Oswald Kroh (1887–1965). Dieser war ab 1936 im Vorstand der Deutschen Gesellschaft für Psychologie, die er dann von 1940 bis Kriegsende kommissarisch im Sinne nationalsozialistischen Gedankenguts leitete. Auf ihn geht die 1941 in Kraft gesetzte Diplom-Prüfung für Psychologen zurück, welche die Psychologie als akademische Disziplin und den Berufsstand der Diplom-Psychologen in Deutschland begründete. Das Fach Psychologie hatte somit nicht nur, aber auch während des »Dritten Reichs« sowohl einen großen Aufschwung als auch den entscheidenden Institutionalisierungsschub erfahren. Was die damit verbundene *Krise* angeht, so verschwindet diese zunächst leicht »zwischen den Begriffen«, indem nur selten erörtert wird, *wen* das damals *psychologisch-diagnostisch* hervorragend ausgebildete Personal u. a. *auch* untersuchte, *wem* die Untersuchungen dienten, die durch dieses psychologisch-diagnostisch gut geschulte Personal entwickelt wurden, und *wer* für die Ausbildung derer zuständig war, die dann die entsprechenden Daten erhoben. Die Erkenntnis, sich tatsächlich in einer »Krise fachspezifisch-ethischen ▶ Handelns« befunden zu haben, indem scheinbar neutrale, unbestechliche Verfahrensweisen angewandt und entwickelt wurden und indem ein Ausbildungsgang eingerichtet wurde, in welchem die betreffenden Psychologie-Lehrenden wissentlich einem menschenverachtenden System zuarbeiteten oder zugearbeitet hatten,[22] rückte erst im Nachhinein ins Bewusstsein der Fachvertreter.[23] Ähnliches gilt für die Kehrseite dieses Systems: das (Ver-)Schweigen derer, die mundtot gemacht wurden,

---

18 Für diese Richtung steht insbesondere der Mediziner Ernst Kretschmer. Dieser versuchte, körperbauliche Konstitutionstypen (leptosom, pyknisch, athletisch) verschiedenen Charaktertypen (schizothym, zyklothym, viskös) zuzuordnen.
19 Sie sind u. a. mit dem Namen Eduard Spranger (1882–1963) verbunden.
20 So der Titel des Buches von Albert Wellek (1950).
21 Vertreter dieser Denkrichtung standen auch beim Aufbau der Wissenschaftslandschaft der Bundesrepublik Deutschland zur Verfügung, insbesondere deswegen, weil nach dem Krieg kaum emigrierte Psychologen zurückkehrten.
22 Z. B. Hellpach, Hetzer, ▶ Kroh.
23 In psychologischen Fachzeitschriften thematisiert wurde es erst lange nach dem Krieg.

12.4 · Die »Krise der Psychologie« während des Nationalsozialismus

die erzwungene Emigration[24] jüdischer Fachkollegen bzw. deren Verbringung in Konzentrationslager. Die explizite Erinnerung an diese Fachkollegen bzw. ihre Würdigung dauerte, wie etwa im Fall von Otto Selz, durchaus bis in die 1980er-Jahre (vgl. Frijda und de Groot 1981).

Beispiel: Vererbung als Schicksal? Im ersten Drittel des 20. Jahrhunderts bildete die »Psychologie menschlicher Typen«, verbunden mit einer Vererbungs- und Rassenlehre, sowohl unter dem pädagogisch-psychologischen Aspekt von Volkspflege und Ethik als auch in Form »experimentell-psychologischer Untersuchungen des Charakters« einen der fachlichen Schwerpunkte. Denn dass eine kulturelle Regeneration vonnöten schien und dass es dazu ein Erstarken sittlicher Energien brauchte, war nicht nur in Kreisen prinzipientreuer Anhänger einer völkischen Weltanschauung verankert. Diese Überzeugung war auch in der Wissenschaft, hier besonders in ▶ Anthropologie und Medizin, Volkswirtschaft und nicht zuletzt in der akademischen Psychologie verbreitet.[25] Fragen nach einer möglichen genetischen Herkunft bestimmter Charakterzüge, nach Zusammenhängen zwischen Vererbung, Verwahrlosung, psychischer Erkrankung und Persönlichkeit standen somit bereits im Raum.

Ein Beispiel für den Umgang damit bietet das Buch von G. Pfahler mit dem Titel *Vererbung als Schicksal. Eine Charakterkunde* (1932). Er nimmt darin das damals als wegweisend anerkannte Buch *Koerperbau und Charakter* von Ernst Kretschmer aus dem Jahre 1922 zum Ausgangspunkt und entwickelt seine Thesen in naher Verwandtschaft zu den Gedankengängen anderer, ebenfalls bekannter Größen, hier derer von Jaensch, Klages und Ewald. Als Schüler des bereits genannten einflussreichen Psychologen ▶ O. Kroh ist er ferner Teil einer an der zeitgenössischen Lesart der Vererbungslehre orientierten wissenschaftlichen Gemeinschaft. Indem Pfahler die Dominanz genetischer Vorgaben gegenüber psychologischen Einzelbetrachtungen zum Gegenstand macht, nimmt er entsprechend konsequent auf eines der naturwissenschaftlichen Fundamente seiner Zeit Bezug: auf die Überzeugung von der Unentrinnbarkeit, mit der sich vererbte Charakterzüge erfüllen. Ein kaum in Abrede zu stellender Teil des Gesamtschicksals des Menschen wird somit Erbfaktoren zugeschrieben. Diese bestehen damaliger Auffassung nach nicht nur über das ganze Leben hin unveränderlich fort, sie sind auch im Unterschied zum sogenannten Umweltschicksal, z. B. einem bestimmten sozialen Umfeld, nicht wirksam zu beherrschen oder zu verändern. Es gilt also, den Vererbungsbegriff möglichst genau zu fassen, damit bestehende Umweltanteile am Gesamtschicksal einer psychologischen Analyse zugeführt werden können. Was aber bleibt, wenn der »seelische Gesamtapparat für Aufnahme, Verarbeitung und Beantwortung des dem Menschen aus der Welt zuströmenden Gesamtgeschehens« (Pfahler 1932, S. 24) vererbt wird? Wenn außerdem alle Reaktionsformen oder Charaktereigenschaften, die als Ausdruck einzelner Grundfunktionen oder deren Ineinanderspielen zu werten sind, ebenfalls vererbt werden (vgl. Pfahler 1932, S. 25)? Und was bleibt, wenn schließlich auch die günstigsten Umweltbedingungen nicht hinreichen, um auszuschließen, dass potenzielle sozial unerwünschte Reaktionsformen nicht eventuell doch als »Anlage« vorliegen?

Vererbt wird somit nicht nur die Möglichkeit zur Ausbildung gewisser erwünschter bzw. unerwünschter Persönlichkeitsmerkmale, sondern auch die Unmöglichkeit, diese jenseits möglicher Anlagen zu zeigen bzw. trotz Vererbung zu unterdrücken. Gerade im letztgenannten Falle, der Unterdrückung unerwünschter Persönlichkeitsmerkmale, genüge es, so Pfahler,

---

24 Meist wird lediglich unter dem Stichwort »Emigration« abgehandelt, wer aus der akademischen Gemeinschaft ausgeschlossen wurde, und das war immerhin ein Drittel der 15 ordentlichen Professoren, unter ihnen A. Gelb, D. Katz, W. Peters, W. Stern, ▶ M. Wertheimer, und – bezogen auf alle Lehrkräfte – 14 % der Hochschulmitglieder.

25 Vgl. hierzu: Jaensch (1930); Pfahler (1927, 1929); Sommer (1927); Wolf (1927).

z. B. keineswegs, eine Vererbung in Abrede zu stellen, wenn gezeigt werden könne, dass über zwei Generationen hinweg bei vergleichbaren Umwelteinflüssen sozial erwünschte Charaktereigenschaften entstünden. Es könne nämlich nicht ausgeschlossen werden, dass ein Erbe nicht direkt von den Eltern auf die Kinder, sondern indirekt auf dem Wege der »Latenz« (Pfahler 1932, S. 29) im Elterngeschlecht von den Großeltern oder noch ferneren Ahnengenerationen auf die gegenwärtige Elterngeneration und ihre Nachkommen übergehe. Neben einem von Eltern auf Kinder vererbten seelischen Grundgefüge werden somit auch in der Ahnenreihe bislang verborgen gebliebene sozial unerwünschte Charakterzüge angenommen, die trotz guter Umweltkonstellationen nicht ausgeschlossen werden können. Und gerade deshalb, so Pfahler, sei auch aufgrund gleichbleibend positiver Umwelteinflüsse und gleichbleibend erwünschter Charakterzüge nicht zu schließen, dass die Persönlichkeitsmerkmale von Eltern und Kindern umweltbestimmt seien.

Was also steht psychologisch betrachtet damit an Spielraum zur Veränderung von Eigenschaften noch zur Verfügung? Wie ist das Verhalten unter Berücksichtigung eines möglicherweise latent wirksamen, immer aber übermächtigen Erbteils zu untersuchen und zu beurteilen? Die Schlussfolgerung des Autors zielt darauf ab, aus der persönlichen Kenntnis seines Erbes, der Überprüfung der Eltern und Ahnen, die notwendigen sittlichen Folgerungen zu ziehen (vgl. Pfahler 1932, S. 229). Alle Charakterologie, d. h. jegliches Erfassen von Eigenschaften in dafür entwickelten Schemata, bleibe dabei so lange ohne Bedeutung, solange nicht der Einzelne bereit sei, die Gesetze seines vererbten Schicksals auch zu leben. Damit war u. a. eine Handhabe geschaffen, Menschen, die, z. B. durch psychisch kranke Vorfahren, als »vorbelastet« galten, im Sinne der Reinhaltung der Rasse zur Sterilisation zu »überreden« bzw. diese zu veranlassen (Steinberg und Pritzel 2011).

12.5 Die Psychologie als eine Wissenschaft vom Verhalten

Was die Psychologie in der Bundesrepublik Deutschland nach dem Zweiten Weltkrieg in ihrem »Innersten« zusammenhielt, war somit zunächst die aus der Fachgeschichte abgeleitete Hoffnung durch die Erforschung menschlichen Verhaltens und Erlebens einen Themenbereich gefunden zu haben, der allen kulturellen und politischen Um- und Einbrüchen zum Trotz auch in Zukunft Bestand haben würde, denn dass es nach Kriegsende *keine Stunde null* geben konnte, war angesichts der personellen Kontinuität naheliegend (Graumann 1985). Dabei kam – und mit diesem Ausblick endet die »historische Betrachtung« der Geschichte des Faches – ▶ Strömungen zum Tragen, die bereits während des ersten Drittels des 20. Jahrhunderts – nachdem ▶ W. Wundt die Begeisterung für das Fach durch seine Schüler in die Welt getragen hatte – entstanden waren. Dazu gehörte z. B. auch eine Spielart der *objektiven Psychologie*, die in verschiedenen Varianten auftrat, u. a. durch den heute in erster Linie als amerikanisches Importprodukt verstandenen ▶ *Behaviorismus,* der besonders in der Bundesrepublik Deutschland noch über die 1960er-Jahre hinaus eine wichtige Rolle spielte. Der ▶ Begriff der objektiven Psychologie kennzeichnet zunächst zusammenfassend all jene Theorien, welche die direkte Beobachtung als einziges Erkenntnismittel in der Psychologie akzeptieren, wobei solche, die aus der ▶ Selbstwahrnehmung herrühren, als methodisch unklar abgelehnt werden. Der Ursprung dieser Denkrichtung wiederum liegt in ▶ I. Pawlows und ▶ W. M. Bechterews (1913, 1926) Lehrgebäude der bedingten Reflexe, wobei sie sich ihrerseits wiederum beide auf ▶ I. M. Setschenow beziehen, der bereits Mitte des 19. Jahrhunderts die These aufgestellt hatte, dass alle Akte des bewussten und unbewussten Lebens ihrer Entstehung nach Reflexe seien und dass es Aufgabe der Wissenschaft sei, diese Reflextätigkeit als Grundlage der Umweltbeziehung des Organismus aufzudecken. Dabei berief er sich auf den tschechoslowakischen Physiologen Georg Prochaska, der Ende des 18. Jahrhunderts den Reflexbegriff bestimmt hatte (Prochaska 1780).

▶ I. Pawlow befand sich somit nicht nur in der günstigen Lage, dass seine Definition des Reflexbegriffes alles beinhaltete, was nach Prochaska im Laufe des 19. Jahrhunderts durch weitere Arbeiten ebenfalls festgestellt worden war. Zwar gab es auch neuere, detaillierte Untersuchungen der Reflexe, insbesondere von C. S. Sherrington, L. Luciani und C. von Monakow, die beschränkten sich jedoch auf ausgewählte Funktionen des Nervensystems, d. h. sie berücksichtigten nicht die höchsten Abschnitte des Zentralnervensystems (ZNS), beim Menschen die Großhirnrinde, so wie dies ▶ I. Pawlow mit seinem ▶ Begriff der »höheren Nerventätigkeit« umschrieb. Er begrenzte außerdem den Reflexbegriff weder morphologisch noch inhaltlich, sondern fasste darunter ganz generell die gesetzmäßige, auf dem Wege über das ZNS erfolgende Antwort des Organismus auf eine Reizung seiner Rezeptoren. Dass sich an Einzelpräparaten von Organen und Organsystemen automatische Funktionen beobachten lassen, wird dabei von ihm nicht in Abrede gestellt. Jedoch, so ▶ I. Pawlow, unterständen auch diese automatischen Funktionen im Gesamtorganismus einer zentralen reflektorischen Regulation, die in letzter Instanz durch die jeweiligen Beziehungen des Organismus zu seiner Umwelt bestimmt würden. Ebenso wenig wird geleugnet, dass auf lokale Einwirkungen hin lokale Reaktionen erfolgten. Er betonte aber, dass derartige lokale Reizungen bei einiger Stärke zur Reizung lokaler Rezeptoren und damit zur Ingangsetzung eines reflektorischen ▶ Mechanismus führten. Die ▶ Pawlow'sche Definition schließt aber nicht aus, dass auf reflektorischem Wege, über das ZNS, auch humorale Wirkstoffe in die zentrale Regulation eingeschaltet würden.

Anders als westeuropäische und nordamerikanische Autoren, die willkürliche und andere hochkomplizierte Reaktionen des Organismus per definitionem aus dem Reflexbegriff ausgeschlossen und einer besonderen Disziplin, der »subjektiv« vorgehenden Psychologie, überantwortet haben, ist für ▶ I. Pawlow die damit verbundene Trennung der Gesamtfunktion des Organismus in somatische und psychische Vorgänge lediglich ein Hindernis beim Studium der Gesetze, die nach den Beziehungen zwischen Organismus und Umwelt fragen. Seiner Ansicht nach bedurfte es dazu der ▶ objektiven Psychologie. Das übliche, in allen Lehrbüchern abgebildete Schema des Reflexbogens besitze, so ▶ I. Pawlow, zwar didaktische Bedeutung, aber es könne im Einzelfall den tatsächlichen Reflexbogen nicht erschöpfend erklären – es sei lediglich eine Abstraktion der zahllosen wechselnden tatsächlichen reflektorischen Verbindungen des normalen Organismus. So könnten z. B. auch die sogenannten Rückenmarksreflexe, die an die Hirnrinde signalisiert werden, zu Bewusstsein kommen, und man könne auf sie bedingte Reflexe ausbilden. Die angeborenen Formen der reflektorischen Reaktion des Organismus auf Umweltreize als unbedingte Reflexe und die erworbenen als bedingte Reflexe bezeichnend, vermochte er zu erklären, dass durch Reflexe je nach Funktionszustand und den augenblicklichen Umweltbeziehungen verschiedene umfangreiche, wohlkoordinierte motorische, sekretorische und trophische Funktionen in Gang gesetzt werden.

Durch die Annahme, auch das Gehirn könne lediglich als eine Art hochkomplizierte Reflexmaschine verstanden werden, eine, die auch für *bedingte,* d. h. nur zeitweise gültige, Koppelungen von Reiz und Reaktion zuständig sei, gedieh eine mechanistische Vorstellung von der Funktionsweise des Gehirns zu einer Art *Universalerklärungsmodell der Selbstregulation jeglichen Verhaltens* und strahlte von Russland bzw. der Sowjetunion (vgl. Pickenhain 1955) auf die wissenschaftliche Theorienbildung in Europa und Amerika aus.[26] Kennzeichnend für

---

26 Im letzten Drittel des 20. Jahrhunderts wurde in der Psychologie von diesem Typus der Selbstregulationskonzepte und damit auch vom Ideengut der *konditionierten Reflexe* Abstand genommen. Im Gegensatz

das dortige Vorgehen war allerdings, dass man zwar die Methode des bedingten Reflexes benutzte, aber die Schlussfolgerungen ▶ I. Pawlows für eine Theorie der bedingten Reflexe ablehnte. Man wertete die Ergebnisse rein mechanistisch im Sinne einer bloßen »Reflexologie« bzw. deutete sie mithilfe von psychologischen ▶ Begriffen. Der prinzipielle Unterschied dieser Richtung der amerikanischen Psychologie, des ▶ Behaviorismus, zur Pawlow'schen Physiologie bestand darin, dass sie im Gegensatz zu ▶ I. Pawlow nur die äußeren Auswirkungen der psychischen Vorgänge beobachtete, so dass gemäß ▶ J. B. Watson (1930) alle Beobachtungen über das Verhalten in der ▶ Relation Reiz—Reaktion dargestellt werden könnten. Ausgehend von diesem Forschungsansatz beanspruchte die Psychologie auf mentaler Ebene eine *objektive, von jeder kulturellen und historischen Realität unabhängige Erkenntnis* und damit eine sachlich begründete Allgemeingültigkeit ihrer Erkenntnisse bezüglich einer unmittelbar erfahrbaren Gegenstandswelt.

Folgt man ▶ J. B. Watson, so stellt die »alte Schule der Psychologie«, jene, die von ▶ W. James, ▶ W. Wundt, ▶ O. Külpe, Titchener, McDougall u. a. verfolgt wurde, »das Bewußtsein in den Mittelpunkt aller Seelenkunde« (Watson 1930, S. 19), wohingegen der ▶ Behaviorismus demgegenüber die Ansicht vertrete, dieser Begriff sei lediglich ein anderes Wort für die frühere Bezeichnung ▶ »Seele« und deshalb unbrauchbar. Mit anderen Worten, der ganze Fortschritt ▶ W. Wundts und seiner ▶ Schule bestehe lediglich darin, das Wort ▶ »Seele« durch die Bezeichnung »Bewusstsein« ersetzt zu haben. Die Unwissenschaftlichkeit des letztgenannten ▶ Begriffes werde auch durch ▶ W. James deutlich gemacht, indem er schreibt: Psychologie ist »die Beschreibung und Erklärung von Bewußtseinszuständen als solchen« (James 1909, S. 1). Dabei, so ▶ J. B. Watson, nehme ▶ W. James *zuvor an, was er beweisen möchte*, indem er sagt, »jedermann […] wisse, was ‚Bewußtsein' ist« (Watson 1930, S. 23). Das aber bedeute, dass dann, wenn wir z. B. »eine Empfindung von Rot haben« (Watson 1930, S. 23), wir, wie jedermann wisse, bewusst seien. Das aber heiße, dass die ▶ Empfindung innerhalb eines Bewusstseinsrahmens analysiert werde, den man zuvor selbst gesteckt habe. Dadurch verstelle man einer experimentellen Erforschung und Lösung psychologischer Probleme den Weg. Behavioristen würden deshalb zunächst alle subjektiven Bezeichnungen wie ▶ »Empfindungen«, »Wahrnehmung«, »Vorstellung«, »Wunsch«, »Zweck« und selbst »Denken« und »Fühlen« aus dem Wortschatz eines Psychologen streichen. Regel und Richtschnur des Vorgehens eines Behavioristen sei lediglich die Frage, ob das Stückchen Verhalten, das man beobachtet, als Reiz (*stimulus*)[27] oder als Reaktion (*response*)[28] zu bezeichnen sei. Ein Reiz sei jedes Objekt der Um-

---

dazu war die Ausformulierung der Reflexologie in der Kybernetik außerordentlich produktiv und hat bis heute in der Tierforschung einen hohen Stellenwert.

27 Ein Reiz ist z. B. eine Magenkontraktion. (Ein solcher Reiz kann seinerseits die Reaktion auf Nahrungsmangel sein.) Man muss erst lernen, ihn als Zeichen für Hunger zu werten, d. h., erst durch Übung vergrößert sich die Anzahl der Reize, auf die wir reagieren. (Ein Baby fängt z. B. nicht an zu kritzeln, wenn man ihm einen Bleistift gibt; vgl. Watson 1930, S. 35) Entsprechend ist eines der größten Probleme des ▶ Behaviorismus das *ständig wachsende Gebiet von Reizen,* weil dies es uns erschwert, Reaktionen vorauszusagen. Reize *an sich* gibt es nicht, nur Reize für und in einer bestimmten Situation; man kann dies am Beispiel der operanten Konditionierung zeigen (vgl. Watson 1930, S. 35).

28 Wenn ein Organismus von einem Stimulus berührt wird – innerlich oder äußerlich –, dann reagiert er, er bewegt sich, und die Bewegung kann man messen. In der Regel, jedoch nicht immer, erfolgt darauf eine Anpassung. Das bedeutet, dass der Organismus durch Bewegung seinen physiologischen Zustand so ändert, dass der Reiz keine weitere Reaktion mehr hervorruft (vgl. Watson 1930, S. 36). In obigem Beispiel der Magenkontraktion sucht man nach etwas Essbarem, verspeist aber nicht alles, was es im Umfeld gibt, sondern isst nur so lange, wie man hungrig ist. Der Behaviorist ist also immer am Verhalten des ganzen Menschen auf einen bestimmten Reiz interessiert, nicht nur an einem winzigen Ausschnitt, z. B. dem Zum-Munde-Führen einer Speise. »Die Reaktion, die den Behavioristen interessiert, ist die Antwort auf die Frage des gesunden Menschenverstandes: ‚Was tut er und weshalb tut er es?'« (Watson 1930, S. 37)

welt oder jede Veränderung des Gewebes eines Organismus, das bzw. die den physiologischen Bedingungen des Lebewesens entspricht, etwa die Veränderung, die erfolgt, wenn man es am Nestbau hindert oder von Nahrung fernhält. Reaktion sei das, was ein Lebewesen tue: sich hinwenden oder abwenden, aufspringen, bauen, zeichnen, schreiben et cetera. Dadurch gelangten Behavioristen kulturunabhängig – handele es sich nun um einen Chinesen oder einen Amerikaner – zu folgender Forderung an die menschliche Gemeinschaft: Wenn du willst, dass der menschliche Organismus in dieser oder jener Form reagiert, dann musst du auch die Situation (Stimulus) dieser oder jener Form schaffen. »Alleinige Aufgabe [des Behavioristen] ist das Sammeln von Tatsachen menschlichen Verhaltens – Prüfung dieser Tatsachen und Einordnen derselben unter die Gesetze der Logik und Mathematik« (Watson 1930, S. 26). Dem Vorwurf, eine Untersuchung des menschlichen Verhaltens auf oben beschriebene Art sei bestenfalls unvollständig, sei dadurch zu begegnen, dass man annehme, jeder Kritiker sei als introspektiver Psychologe erzogen, und es sei deshalb völlig natürlich, so zu agieren. Man könne aber ▶ Behaviorismus, verstanden als eine Art neuen Weins, nicht in alte Schläuche füllen; man brauche dazu auch neue Gefäße, sprich eine neue Terminologie (vgl. Watson 1930, S. 30). Jede Selbstbeobachtung aber wäre nicht der »natürliche« Weg zur Psychologie, sondern ein falscher. Nur wenn man nicht sich selbst, sondern seinen Nachbarn beobachte, werde man die Gründe für sein Verhalten herausfinden. Bei sich selbst gelinge das jedoch nicht (vgl. Watson 1930, S. 30 f.). Entsprechend verstehe sich der ▶ Behaviorismus als eine Naturwissenschaft, die das gesamte Feld der menschlichen Anpassungsweisen als ihr eigenes betrachtet. Seine nächstverwandte Wissenschaft sei die Physiologie. Von dieser unterscheide er sich zwar in der Gruppierung von Problemen, nicht aber in grundsätzlichen oder zentralen Gesichtspunkten. Physiologie z. B sei interessiert an den organischen Funktionen des Menschen, z. B. seiner Blutzirkulation oder Muskelmechanik. Der ▶ Behaviorismus sei daran interessiert, was der Mensch damit aufgrund dieser Möglichkeiten den ganzen Tag lang tue: Er wolle auf diese Weise menschliche Handlungsweisen kontrollieren und vorhersagen.

Durch den so beschriebenen Behaviorismus, diese von dem o. g. amerikanischen Psychologen ▶ John B. Watson Anfang des 20. Jahrhunderts begründete Richtung der Psychologie, die sich einer *objektiven Betrachtungsweise tatsächlicher, d. h. äußerlich sichtbarer Verhaltensweisen* verschrieb, geriet die Psychologie allerdings in Gefahr, einen Teil ihres Kernanliegens zu opfern: Da nämlich eine Analyse *innerseelischer Vorgänge* als unwissenschaftlich abgelehnt wurde, stand plötzlich die Mehrzahl aller »psychischen Zustände« *außerhalb wissenschaftlicher Forschung*: Nur was auf eine beobachtbare Muskelbewegung reduziert werden konnte, zählte. Gleichzeitig wurde damit eine der großen Debatten der ersten Hälfte 20. Jahrhunderts umgangen, ohne den Einfluss der Psychologie zu schmälern: die Abhängigkeit menschlichen Verhaltens von erblichen Faktoren. Worauf es ankam, waren nun im Wesentlichen Umwelt- bzw. Lerneinflüsse,[29] die *per se* weder eine innere, private Bewusstseinssphäre noch eine genetische Betrachtung zulassen.

Nach dem Zweiten Weltkrieg bewirkte diese positivistische, mit durch amerikanische Wissenschaftler – z. B. C. Hull, ▶ B. F. Skinner, N. Chomsky – verstärkte Ausrichtung der experimentellen Psychologie in der Bundesrepublik Deutschland somit zunächst eine erneute Konzentration auf eine *atomistische, assoziationistische, sich jeder Wertung enthaltende Betrachtung menschlichen Verhaltens*. Erst als absehbar war, dass sich die zu lösenden Probleme

---

29 Spätere Vertreter des ▶ Behaviorismus (z. B. Hull) haben im Rahmen des sogenannten *Neobehaviorismus* versucht, durch das *Konzept der intervenierenden Variablen* auch nicht direkt beobachtbare, operational (Operationalismus) definierte, organismische und kognitive Vorgänge (Kognitivismus) einzubinden und sie logisch-mathematisch zu begründen.

als für diesen Ansatz zu komplex erwiesen, bahnte sich eine »Wende« an. Dabei wurde weniger eine humanistisch orientierte Psychologie (▶ Abraham Maslow) oder Psychotherapie (▶ Carl Rogers) verfolgt als eine, die der *Betrachtung des Kognitiven*[30] den Vorrang gab. Gleichwohl blieben die Methoden, die im Rahmen der Verhaltensforschung entwickelt worden waren, und die Erkenntnisse, die gewonnen wurden, für die Psychologie von Bedeutung. Sie sind bis heute z. B. in der Psychoneuroimmunologie aktuell.

Beispiel: Karl Popper und die Grundprobleme wissenschaftstheoretischen Vorgehens Folgt man Autoren, die sich zum Ende des 20. Jahrhunderts mit weiterführenden Antworten auf eine geeignete wissenschaftliche Vorgehensweise befasst haben, so ist stets der bereits mehrfach genannte ▶ Karl Popper (vgl. Pies und Leschke 1999) dabei, galt er doch den einen ebenso als »Stein des Anstoßes« (Pies und Leschke 1999, S. 1) wie den anderen als »Quelle der Inspiration« (Pies und Leschke 1999, S. 1). Sein Werk, z. B. *Logik der Forschung* (Popper 1935/2005), schöpft geradezu aus einer Jahrhunderte währenden akademischen Kontroverse, die man ohne (s)einen historischen Hintergrund nicht so recht zu verstehen vermag. Verdeutlicht wird dies durch zwei für seine Theorie wesentliche Episoden einer, wie er es nannte, autobiografischen Selbstinterpretation (vgl. Pies 1999).

Als überzeugter Kommunist erlebte er, wie in seiner Heimatstadt Wien im Sommer 1919 junge Arbeiter beim Versuch, gefangene Kommunisten zu befreien, von der Polizei erschossen wurden. Die Getöteten waren seiner Ansicht nach unbewaffnet und unvorbereitet in den Kampf geschickt worden, einen Kampf, von dem ihre Parteiführer den Erfolg behaupteten, indem sie annahmen, dass er ohnehin aus historischer Notwendigkeit heraus gewonnen werden würde. ▶ K. Popper vertrat indes die Meinung, dass man für eigene Ideen allenfalls sich selbst, nicht aber andere opfern dürfe. Auf die Wissenschaft bezogen sah er es deshalb als unumgänglich an, tatsächliche wissenschaftliche Ideen von pseudowissenschaftlichen »Erfolgsbehauptungen« abzugrenzen und brachte so seine Überzeugung vom sogenannten *Abgrenzungskriterium* zum Ausdruck. Kennzeichen von Pseudowissenschaft, z. B. eines als wissenschaftlich apostrophierten Sozialismus, sei es nämlich, sich nicht primär um unwiderlegbare Aussagen zu bemühen, sondern mittels Immunisierungsstrategien und tautologischer Aussagen für ihren Erhalt zu agieren. Wissenschaft beginne zwar ähnlich wie Pseudowissenschaft ebenfalls mit metaphysischen Ideen, hier ▶ »Heuristiken« genannt. Sie bleibe dabei aber nicht stehen, sondern bemühe sich, diese Anfangsgründe in empirisch testbare Ergebnisse zu transformieren.

Das zweite Ereignis, das sich im gleichen Jahr zutrug, war nicht politischer sondern wissenschaftlicher Natur. Anlässlich der Sonnenfinsternis am 29. Mai 1919 gelang es Albert Einstein, bestimmte Aussagen der Relativitätstheorie zu überprüfen und zu bestätigen. Er konnte dadurch diejenigen Bedingungen angeben, unter denen sich die klassischen Annahmen ▶ I. Newtons als Spezialfall einer allgemeinen Relativitätstheorie erweisen und in diesem Falle scheitern würden. Hierbei beeindruckte ▶ K. Popper nicht besonders, dass Einstein recht hatte, sondern dass dieser das Risiko eines Misserfolgs seiner Vorhersage ganz gezielt eingegangen war: Sie hätte auch scheitern können. Und das war für ▶ K. Popper insofern neuartig, als er – von K. Marx und ▶ S. Freud gleichermaßen fasziniert und beeinflusst – bisher die Erfahrung

---

30 Dieses Gegenwartsthema der Psychologie, der Kognitivismus bzw. die ▶ Kognitionswissenschaft, beinhaltet die Auffassung, dass dem ▶ Konstrukt der ▶ Kognition ein eigener Status zukomme, es eine eigene Forschungsrichtung begründe. Darüber hinaus ermöglicht der Zugang zur Psychologie über die ▶ Kognition eines Menschen auch therapeutische Möglichkeiten, die kognitiv-behavioralen, auf Einsicht und Lernen basierenden Therapien, die über die klassische Verhaltenstherapie des Konditionierens hinausgehen.

gemacht hatte, dass jeder nur denkbare Sachverhalt als Bestätigung der jeweiligen Theorien gewertet wurde. Sie konnten praktisch gar nicht scheitern. »Wahre Wissenschaft« aber, so erkannte er nun, setze sich explizit dem Risiko des Scheiterns aus, lasse es zu. Und das meint er, wenn er von *Falsifizierbarkeit* spricht.

Einstein hatte außerdem seine Theorie nicht allein durch ▶ Induktion gewonnen, sondern mithilfe kühner Vermutungen und kühner deduktiver Schlussfolgerungen (▶ Deduktion), die er dann einem empirischen Test unterzog. Dies veranlasste ▶ K. Popper zu der Frage, ob induktiv gewonnene Schlüsse für sich genommen überhaupt erkenntnisgewinnend sein können. Anders gesagt: Verfügt die Wissenschaft über eine adäquate Methode, aus einzelnen Beobachtungen eine generelle Aussage zu generieren, sichere Erkenntnis zu gewinnen? ▶ K. Poppers Antwort darauf besagt, dass diese Fortschrittsfähigkeit einer Wissenschaft zwar, wie zuvor allseits behauptet, durchaus von der angewandten Methode (▶ Wissenschaftstheorie) abhänge, dazu aber die der ▶ Induktion nicht geeignet sei. Es brauche stattdessen eine *fallabilistische* ▶ *Deduktion*, denn jeder Beobachtung gingen bereits ihrerseits theoriegeleitete, deduktiv zu nennende Erwartungen voraus. Es wäre somit, wie er es nannte, ein *induktivistisches Selbstmissverständnis*, anzunehmen, dass Beobachtungen ohne implizite Interpretation der beobachteten Tatsachen möglich seien. Beobachtungen seien vielmehr bereits als »Interpretation im Lichte bestimmter Theorien« zu begreifen:

> Die einzigen zulässigen, in induktiver Richtung, das heißt: von den Untersätzen zu den Obersätzen einer Theorie fortschreitenden Schlüsse sind die *deduktiven* Schlüsse des *modus tollens*[31], die Falsifikation der Obersätze durch Falsifikation der aus ihnen deduzierten Folgerungen. (Popper 1979, S. 8)

Für vorläufig gültig hielt ▶ K. Popper indes jede theoretische Aussage, die ernsthaften Widerlegungsversuchen standhält. Letztlich »verifiziert« werden (Verifikation) können theoretische Aussagen über die Wirklichkeit zwar in keinem Falle, wohl aber vorläufig falsifiziert. Über die vorläufige Gültigkeit theoretischer Aussagen könne entsprechend nur mittels deduktiver Methoden entschieden werden. Damit wird eine Lösungsmöglichkeit des sogenannten Induktionsproblems mittels einer fallibilistischen ▶ Deduktion angesprochen, die das bekannte Abgrenzungskriterium der Verifikation durch das der Falsifizierbarkeit ersetzen soll. ▶ K. Popper stellte sich auch die Frage, worin man in dem so verstandenen »kritischen ▶ Rationalismus« nun einen Erkenntnisfortschritt sehen könne. Ein solcher Fortschritt im Sinne rational nachvollziehbarer Erkenntnis entfalte sich, so ▶ K. Popper, allein durch Kritik, d. h. durch Fehler. Aus Fehlern lerne man, denn enttäuschte Erwartungen könnten korrigiert werden, z. B. indem andere einen darauf hinweisen. Der Erkenntnisfortschritt bestehe folglich nicht in der Suche nach einer (nie zu findenden) »sicheren Basis« für etwas, sondern in einem andauernden Lernprozess durch kritische Einwände. (Entsprechend firmiert seine Theorie unter dem o. g. ▶ Begriff des kritischen ▶ Rationalismus.) Nicht Erkenntnisfindung, sondern Erkenntnisgeltung sei demnach das Ziel von Wissenschaft. Nicht das »wahrheitsfindende« Subjekt stehe im Mittelpunkt, sondern das Objekt vorläufiger wissenschaftlicher Erkenntnis, welches durch die For-

---

31 Mit dem ▶ Begriff *modus tollens* wird zum ▶ Ausdruck gebracht, dass ein Falsifikationsschluss vorliegt, der darauf beruht, die Falschheit theoretischer Implikationen auf die Falschheit der diesen Implikationen vorausgehenden Annahmen zu übertragen. Dieser Übertragungsschluss ist jedoch deduktiver Natur. Ist also z. B. A eine abstrakte hypothetische Theorie und B ein Beobachtungssatz, der aus der Theorie folgt, dann haben – hier gemäß dem kritischen ▶ Rationalismus, wissenschaftliche Experimente die Funktion, durch Beobachtung festzustellen, ob B wahr ist oder falsch. Wenn B als falsch angesehen wird, so trifft dies auch für die zugrunde liegende Theorie zu. Sie ist dann »falsifiziert«.

schergemeinschaft kritisch aufgenommen und überprüft werde. Fortschritt ist für ▶ K. Popper somit gleichbedeutend mit der Verbesserung von »Erklärungen und Prognosen«. Scheitert nämlich eine deduktive Verknüpfung von Explikans[32] und Explikandum[33], so kann dies unter bestimmten Umständen – nämlich dann, wenn die situative Gültigkeit der singulären Sätze ebenso wie die Beschreibung des Explikandums vergleichsweise unproblematisch ist – als eine Prüfung des universalen Satzes aufgefasst werden und als erfolgreiche Anwendung des *modus tollens* einen Anstoß zur theoretischen Weiterentwicklung, d. h. zur Verbesserung der universalen Sätze geben.

▶ K. Popper propagierte damit einen Systemwechsel in der ▶ Erkenntnistheorie: einen, der wegführt vom Fundament vermeintlich sicheren Wissens hin zu einem dynamischen Prozess hypothetischer fallibler Wissensfortschritte. Die damit verbundene Aufforderung jedoch, »aus Fehlern zu lernen«, ist relativ unspezifisch, zu unbestimmt, um daraus einen konkreten Erkenntnisfortschritt ableiten zu können. Dazu, so ▶ K. Popper, bedürfe es über die Falsifikation hinaus einer konstruktiven Kritik. Entsprechend hat er selbst seine Abgrenzungskriterien weiterentwickelt. Das ursprüngliche Kriterium der Falsifizierbarkeit erschien ihm bereits zwischen 1934 und 1944 als ein »Spezialfall« des allgemeinen Abgrenzungskriteriums der Kritisierbarkeit. »Echte Wissenschaft« und »bloße Pseudowissenschaft« unterschieden sich fortan nicht unbedingt dadurch, dass die jeweiligen Aussagen empirisch überprüfbar sein müssen. Es genügte dafür auch, dass Aussagen systematisch verbessert werden konnten, denn Fortschritte kommen, so Propper, gewissermaßen nicht allein durch die Konfrontation einer Theorie »aller schwarzer Raben« mit der Realität »des einen nicht schwarzen Raben« zustande, sondern auch durch eine Konfrontation mit alternativen Theorien, hier z. B. solchen über »stets schwarze« und solchen über »überwiegend schwarze« Raben.

Damit wurde deutlich, dass die Forderung nach Widerspruchsfreiheit allein dem Erkenntnisfortschritt auch nicht dienlich ist. Dieser Kriterienwechsel von der Falsifizierbarkeit zur Kritisierbarkeit im Rahmen des kritischen ▶ Rationalismus, verbunden mit dem darauf aufbauenden diskursiven Prinzip einer konstruktiven Kritik, kommt einer selbst initiierten Wende gleich. Mitgetragen wird dieser Wechsel vom Grundsatz der Generierung von Zweckmäßigkeitsargumenten, was bedeutet, ggf. die jeweilige Fragestellung so zu ändern, dass sie dem geforderten diskursiven Problembewusstsein genügt. Und das bedeutet, »Denkblockaden« aufzubrechen und die zugrunde liegenden Denkkategorien immer wieder zu hinterfragen.

Anders als heute in der Psychologie oft wahrgenommen, war ▶ K. Popper zeitlebens auch ein politisch denkender Wissenschaftler und gehörte, mitgeprägt von seiner politischen Haltung, als »kritischer Rationalist« mit zu den vehementesten Verfechtern des Rationalitätsprinzips seiner Zeit.[34] Durch dieses gedachte er die »scholastische Wortklauberei«, wie er die

---

32 Ein Explikans, also das Auszulegende, zu »Deutende« oder zu Erklärende, besteht aus zwei Arten von Prämissen. Zum einen handelt es sich um universale Sätze, zum anderen um singuläre Sätze. Die universalen Sätze formulieren hypothetische Naturgesetze, d. h., sie beanspruchen allgemeine Gültigkeit. Die singulären Sätze beziehen sich auf den jeweiligen Einzelfall, sie spezifizieren die konkreten Bedingungen und beanspruchen als Hypothesen daher lediglich situative Gültigkeit. Eine Erklärung besteht in dem Versuch, den beschriebenen Sachverhalt aus singulären und universalen Sätzen folgen zu lassen.

33 Ein Explikandum, die »erläuternde Bestimmung«, besteht aus Sätzen, die einen empirischen Sachverhalt beschreiben.

34 Hier gilt es allerdings zwei ▶ Begriffe von Rationalität zu unterscheiden: die Verfahrens- und die Ergebnisrationalität. Im Gebrauch des ersteren ▶ Begriffes, der Verfahrensrationalität, wird der Prozesscharakter von etwas, hier des Lernens aus Fehlern, in den Vordergrund gestellt. Der ▶ Begriff der Ergebnisrationalität sieht den Zustand von etwas im Vordergrund, also den, in welchem ein »Lernen aus Fehlern« bereits abgeschlossen ist.

▶ Philosophie bezeichnete, in ein »Argumentieren nach erkenntnisgewinnenden Maßstäben« zu transformieren. Probleme sah er dabei sowohl beim klassischen ▶ Empirismus als auch beim klassischen ▶ Rationalismus. Beide, so ▶ K. Popper, fragten zwar nach dem »Ursprung des Wissens«, indem sie entweder die Beobachtung oder den Intellekt als primäre Quelle menschlicher Erkenntnis auswiesen, weniger aber fragten sie nach der »Gültigkeit« dieses Wissens. Die beiden akademischen Gegenpositionen versuchte er insofern als Selbstmissverständnisse im Versuch der Verifikation zu entlarven, als er explizit für eine kritische ▶ Philosophie des Alltagsverstands eintrat. Gemeint ist eine Position, welche die Methode nicht der ▶ Philosophie unterordnet – sie in eine wissenschaftstheoretische Erkenntnisphilosophie einmünden lässt –, sondern sie einzelwissenschaftlich als *constitutional science* zu etablieren trachtet. Allein die Möglichkeiten zu einer konstruktiven Kritik durch Argumentationslogik im Sinne eines Meinungswettbewerbs kompetitiver Argumente stellen hier bereits einen Erkenntniszuwachs dar.

*

Seit den Hochzeiten des ▶ Positivismus und logischen ▶ Empirismus hat sich der Schwerpunkt der ▶ Wissenschaftstheorie zunehmend von der systematischen Untersuchung wissenschaftlicher Grundsätze und Methoden auf eine diachronische Betrachtungsweise verlagert, welche die Veränderlichkeit des wissenschaftlichen Wissens in den Vordergrund stellt und seine Entwicklung zu rekonstruieren versucht. Wissenschaftlich zu arbeiten bedeutet somit weniger, einer eindeutig bestimmbaren Methode zu folgen, um zu Aussagen über die Wirklichkeit zu kommen, die das vorhandene Wissen vermehren; es wird eher als ein Prozess verstanden, in dessen Verlauf sich die theoretischen Strukturen und ihre Anwendungsbereiche, aber auch die geltenden Methodologien verändern können. Folgt man z. B. der Argumentation von Schmidt (2010), so kann eine Kontinuität im Fortschreiten wissenschaftlicher Erkenntnis nicht einfach vorausgesetzt werden; es muss vielmehr begründet werden, worin der Fortschritt besteht. Ohne dabei die relativistische Wissenschaftsauffassung etwa im Sinne ▶ P. K. Feyerabends zu übernehmen und ohne den ersten Schritt in Richtung auf ein prozessorientiertes Wissenschaftsverständnis im Sinne des kritischen ▶ Rationalismus kleinzureden, wird heute generell bezweifelt, dass eine auf dem Induktionsprinzip beruhende Verifikation theoretischer Aussagen mittels Beobachtung und Experiment rational zu rechtfertigen ist. Will heißen, die Überzeugung, dass Theorien immer nur vorläufig sind, d. h. so lange gültig, als sie sich der Wahrheit durch sukzessives Ausschalten von Irrtümern nähern, gehört gegenwärtig zum Allgemeingut wissenschaftlichen Arbeitens.

Allgemeingut ist allerdings auch, dass allein durch die Widerlegung einer Theorie die wissenschaftliche Entwicklung keinen kontinuierlichen Fortschritt nehmen kann, denn es gilt nun, eine neue Theorie aufzustellen, die keinesfalls auf den alten Annahmen fußt. Fortschritt lässt sich somit nicht als ein kontinuierlicher Prozess beschreiben, und ein *Falsifikationsprinzip* allein reicht nicht aus, diesen Vorgang so zu organisieren, dass er ein zusammenhängendes, sich entwickelndes Ganzes bildet. Eine Widerlegung allein gewährleistet nicht, dass sich die jeweils neuere Theorie besser in den Erfahrungswerten bewährt und eine größere Erklärungskraft besitzt als die jeweilige Vorgängerin. Es geht hier, etwa im Sinne von Lakatos und Stegmüller verstanden, darum, Veränderungen in der jeweiligen theoretischen Struktur zu erfassen und mittels dieser *Struktur der Veränderungen* zu erklären, dass Wissenschaft trotz ihrer Diskontinuität als eine vernünftige Weiterentwicklung menschlichen Wissens verstanden werden kann.

12.6 Fazit

Wissenschaft zu betreiben und eine *Begründung für die Geltung einer wissenschaftlichen Erkenntnis* zu liefern, bedeutet notwendigerweise immer auch, den historischen Verlauf der Wissenschaftsentwicklung zu betrachten. Einen Aspekt dieser Auseinandersetzung mit der eigenen Fachgeschichte bildet dabei zweifellos die *Kritik am* ▶ *Empirismus*, die ihrerseits naturgemäß empirisch nicht begründet werden kann. Woher sollte man auch die Kriterien nehmen, die notwendig wären, um historisierende und naturwissenschaftliche Theorien hinsichtlich ihrer Leistungsfähigkeit miteinander zu vergleichen? Es gibt keinen von außen agierenden »unabhängigen Beobachter«, der objektiv entscheidet, weil es keine Instanz gibt, die vom Theoriewandel unbeeinflusst bleibt und auf die man sich berufen kann. Das heißt, jeder Vergleich, der versucht, verschiedene Theorien in einen Beurteilungszusammenhang zu bringen, ist seinerseits insofern willkürlich, als er Maßstäbe in Anspruch nimmt, die sich nicht als theorieübergreifend ausweisen lassen, sondern lediglich als gegeben unterstellt werden.

Literatur

Bechterew, V. M. (1913). *Objektive Psychologie oder Psychoreflexologie, die Lehre von den Assoziationsreflexen.* Leipzig: Teubner.
Bechterew, V. M. (1926). *Allgemeine Grundlagen der Reflexologie des Menschen: Leitfaden für das objektive Studium der Persönlichkeit.* Wien: F. Deuticke.
Brentano, F. (1874). *Psychologie vom empirischen Standpunkte. 1. Band: Von der Psychologie als Wissenschaft.* Leipzig: Duncker & Humblot. ▶ https://archive.org/details/psychologievome02brengoog. Zugegriffen: 12. Aug. 2015.
Flik, G. (1988). *Zur Geschichte der Wehrmachtspsychologie 1934–1943.* Bundesministerium der Verteidigung P II 4.
Frijda, N. H., & de Groot, A. D. (Hrsg.). (1981). *Otto Selz: His contribution to psychology.* The Hague: Mouton Publishers.
Geuter, U. (1988). *Die Professionalisierung der deutschen Psychologie im Nationalsozialismus.* Frankfurt a. M.: Suhrkamp.
Graumann, C. F. (Hrsg.). (1985). *Psychologie im Nationalsozialismus.* Berlin: Springer.
Husserl, E. (1913). Ideen zu einer reinen Phänomenologie und phänomenologischen Philosophie. Erstes Buch: Allgemeine Einführung in die reine Phänomenologie. Originalbeitrag erschienen. *Jahrbuch für Philosophie und phänomenologische Forschung, 1*(1), 1–323. Sonderdrucke aus der Albert-Ludwigs-Universität Freiburg. ▶ https://www.freidok.uni-freiburg.de/fedora/objects/freidok:5973/datastreams/FILE1/content. Zugegriffen: 29. Juli 2015.
Jaeger, S., Staeuble, I., Sprung, L., & Brauns, H.-P. (Hrsg.). (1995). *Psychologie im soziokulturellen Wandel: Kontinuitäten und Diskontinuitäten.* Frankfurt a. M.: Peter Lang. (Beiträge zur Geschichte der Psychologie. Hrsg. von Helmut E. Lück & Armin Stock, Bd. 10).
Jaensch, E. (1930). Studien zur Psychologie menschlicher Typen. *Zeitschrift für Psychologie, XVI.*
James, W. (1909). *Psychologie.* (Übersetzt: von M. Dürr). Leipzig: Quelle und Meyer.
Kalmar, I. (1987). The »Völkerpsychologie« of Lazarus and Steinthal and the modern concept of culture. *Journal of the History of Ideas, 48,* 671–690.
Kant, I. (1913). *Kritik der praktischen Vernunft. Kritik der Urteilskraft* (Werke. Kant's gesammelte Schriften. Abt. 1 Bd. 5). Berlin: Reimer.
Kretschmer, E. (1922). *Koerperbau und Charakter.* Berlin: Springer.
Lersch, P. (1938). *Der Aufbau des Charakters.* Leipzig: J. A. Barth.
Levine, I. (1926). *Das Unbewusste* (Deutsch von Anna Freud). Wien: Internationaler Psychoanalytischer Verlag.
Lindworsky, J. (1932). *Theoretische Psychologie im Umriss* (4., durchgesehene Aufl.). Leipzig: J. A. Barth.
Münsterberg, H. (1912). *Psychologie und Wirtschaftsleben.* Leipzig: J. A. Barth.
Münsterberg, H. (1914). *Grundzüge der Psychotechnik.* Leipzig: J. A. Barth.
Pfahler, G. (1927). *Das Gesetz der ethischen Wertung.* Langensalza: Hermann Beyer & Söhne.
Pfahler, G. (1929). System der Typenlehre. *Zeitschrift für Psychologie, Ergänzungsband, 15.*
Pfahler, G. (1932). *Vererbung als Schicksal. Eine Charakterkunde.* Leipzig: J. A. Barth.

Pickenhain, L. (1955). Die höhere Nerventätigkeit. In J. Gottschick (Hrsg.), *Die Leistungen des Nervensystems* (S. 696–748). Jena: VEB Gustav Fischer.

Pies, I. (1999). Theoretische Grundlagen demokratischer Wirtschafts- und Gesellschaftspolitik: Der Beitrag Karl Poppers. In I. Pies & M. Leschke (Hrsg.), *Poppers kritischer Rationalismus*. Tübingen: Mohr.

Pies, I., & Leschke, M. (Hrsg.). (1999). *Poppers kritischer Rationalismus*. Tübingen: Mohr.

Popper, K. (1979). *Die beiden Grundprobleme der Erkenntnistheorie* (Hrsg. von T. E. Hansen). Tübingen: Mohr (Siebeck).

Popper, K. (1935/2005). *Logik der Forschung*. Tübingen: Mohr Siebeck.

Prochaska, G. (1780). *Operum Minorum Anatomici, Physiologici Et Pathologici Argumenti. Pars II*. Viennae: Wappler Et Beck.

Schmidt, U. (2010). *Wie wissenschaftliche Revolutionen zustande kommen*. Würzburg: Königshausen & Neumann.

Sommer, R. (1927). Familienforschung, Vererbungs- und Rassenlehre. 3. durch Rassen- u. Stammeslehre vermehrte Auflage. Leipzig: Barth.

Sprung, L., & Sprung, H. (1999). Rückblicke auf ein schwieriges Jahrhundert: Zur Geschichte der Psychologie im 20. Jahrhundert in Deutschland. In W. Hacker & M. Rinck (Hrsg.), *Zukunft gestalten. Bericht über den 41. Kongreß der Deutschen Gesellschaft für Psychologie in Dresden 1998* (S. 123–143). Lengerich: Pabst.

Steinberg, R., & Pritzel, M. (Hrsg.). (2011). *150 Jahre Pfalzklinikum. Psychiatrie, Psychotherapie und Nervenheilkunde in Klingenmünster*. Stuttgart: Franz Steiner.

Watson, J. (1930). *Der Behaviorismus*. Berlin: Deutsche Verlagsanstalt Stuttgart.

Wellek, A. (1950). *Die Polarität im Aufbau des Charakters: System der Charakterkunde*. Bern: Francke.

Wolf, K. F. (1927). *Rassenlehre. Neue Gedanken zur Anthropologie, Politik, Wirtschaft, Volkspflege und Ethik*. Mannus-Bibliothek, Nr. 39.

Wundt, W. (1904). *Völkerpsychologie – eine Untersuchung der Entwicklungsgesetze von Sprache, Mythus und Sitte. Erster Band: Die Sprache* (Erster Teil. 2., umgearbeitete Aufl.). Leipzig: Wilhelm Engelmann.

Begriffe und Biografien

Kapitel 13　　Erklärung ausgewählter Fachbegriffe – 265

Kapitel 14　　Ausgewählte Biografien – 305

Erklärung ausgewählter Fachbegriffe

a priori, a posteriori

Das Begriffspaar a priori – a posteriori ist bis heute Inbegriff der Trennung in eine rational (lat. *a priori* 'vom Früheren her') und eine empirisch (lat. *a posteriori* 'vom Späteren her') begründete wissenschaftliche Vorgehensweise. A-priori-Bedingungen bezeichnen unverzichtbare, sogenannte *unhintergehbare Bedingungen* der Möglichkeit, Erkenntnis zu gewinnen. Sie gelten als Vorbedingung jedes reflexiven Aktes, weshalb sie gemäß den Regeln der Vernunft als nicht hinterfragbar (»unhintergehbar«) gelten.

A priori gegeben sind z. B. gemäß ▶ I. Kant dem »erkennenden Subjekt« Einsichten in die *Dreidimensionalität des Raumes* und die *Kategorie der Zeit*. Die mit diesen Vorstellungen verbundene Lehre der Erkenntnisvorgaben nennt man *Apriorismus*. Im Gegensatz zu dieser klassischen philosophischen Sichtweise steht u. a. die der ▶ evolutionären Erkenntnistheorie. Hier wird z. B. behauptet, dass sich A-priori-Einsichten in der Evolution allmählich als genetisch stabilisierte Strukturen entwickelten und somit dem Individuum *angeboren* sind.

Abbildtheorie/Repräsentation

Die Idee, ein »Abbild« von etwas zu schaffen, stammt ursprünglich aus der Geometrie und wurde auf die Mengentheorie ausgedehnt. Ein Abbild ist demnach eine Vorschrift, die den Elementen x einer Grundmenge D (des Definitionsbereiches) bestimmte Elemente y einer Zielmenge B (Bildmenge) zuordnet. Auf das Gehirn übertragen bedeutet das, dass einem bestimmten operational (vgl. ▶ Operationalisierung) definierten Verhalten (vgl. ▶ Abschn. 4.2) entweder genau ein bestimmtes materielles Substrat, z. B. eine bestimmte Gehirnstruktur, oder aber mehrere Werte, z. B. mehrere Gehirnregionen bzw. sogenannte Systeme, zugeordnet wird bzw. werden. Andersherum bedeutet dies, dass eine oder mehrere Verhaltensweisen einer bestimmten Struktur im Gehirn zugeordnet werden.

Affekt

In der Psychologie ist der ▶ Begriff des Affekts nicht einheitlich definiert. Meist versteht man darunter einen Gefühlszustand besonderer Intensität, den man in der Alltagssprache als »Erregung« bezeichnet. In Handlungen, die im Affekt ausgeführt werden, geht die willentliche, durch sachliche und moralische Gesichtspunkte bestimmte Kontrolle weitgehend verloren. In der ▶ Psychoanalyse gewann der Affektbegriff seit den ersten Arbeiten von J. Breuer und ▶ S. Freud (1895) als therapeutischer Ausdruck des Abreagierens peinlicher, angenehmer oder verschwommener Zustände große Bedeutung. Die den Affekten innewohnende Triebenergie, so die Vorstellung, kann z. B. verwandelt (Konversionshysterie), verschoben (Zwangsvorstellungen) oder vertauscht (Angstneurose) werden. Affekte können verdrängt und dann projiziert, also die Wahrnehmung eigener Affektzustände anderen Personen zugeschrieben werden, und es kann zu Affektpsychosen kommen.

Alltagsgeschichte

Die Beschäftigung mit der Alltagsgeschichte, einer Richtung, die in Deutschland in den 1980er-Jahren entstand, beruht auf der Überzeugung, dass Geschichte, ohne die »kleinen Leute«, ohne die Anliegen und Gewohnheiten mittelständischer Bürger miteinzubeziehen, ohne auf ihre Lebenswelt, ihre Erfahrungen und Wahrnehmungen einzugehen, nicht wirklich geschrieben werden kann. Die Makrogeschichte, also die Geschichte von Strukturen und Tendenzen, braucht diese Mikroperspektive, um die Geschichtlichkeit von etwas Personenbezogenem abbilden zu können. Der Alltagsgeschichte wird ihrerseits meist nur eine ergänzende Rolle für die historische Theorienbildung zugesprochen, da sie Themen aufgreift, die u. a. auch in der

Sozial- und Kulturgeschichte, der Medizingeschichte und Volkskunde sowie der Mentalitätsgeschichte behandelt werden.

Alltagspsychologie

Unter dem ▶ Begriff »Alltagspsychologie« sammelt man alle Formen psychologischer Erklärungen, die psychologisch nicht geschulte Personen für das eigene Erleben und Verhalten und das anderer Personen äußern.

Unter wissenschaftlichen Gesichtspunkten betrachtet, konserviert die Alltagspsychologie nicht nur Vorurteile und verbindet falsche mit richtigen Einschätzungen auf undurchschaubare Weise, sie beinhaltet auch systematische Fehlschlüsse. So z. B. den der Kausalität, die durch ein Aufeinanderfolgen von Ereignissen begründet wird, oder eine (wissenschaftlich unzulässige) Verallgemeinerung von wenigen Episoden oder Aspekten einer Situation auf deren Ganzheit. Daher werden z. B. Fehlschläge beim Versuch, eine bestimmte Aufgabe zu lösen, als Unfähigkeit der Person an sich gedeutet.

Die Alltagspsychologie hat jedoch, ungeachtet ihrer eingeschränkten Aussagemöglichkeiten, immer erhebliche Rückwirkungen auf die wissenschaftliche Psychologie, z. B. im Bereich der Bildung von Hypothesen aus dem »gesunden Menschenverstand« heraus und im Bereich der Begriffsbildung. Nicht nur wegen, aber mit aufgrund einer oft negativen Konnotation in der Alltagspsychologie wurden und werden in der wissenschaftlichen Psychologie immer wieder ▶ Begriffe aufgegeben und durch neue ersetzt, so z. B. der ▶ Begriff »Hysterie« durch den der »histrionischen Persönlichkeitsstörung«.

Indem bestimmte Annahmen über den Menschen, etwa das sogenannte ▶ Menschenbild, welches ein Muster von grundsätzlichen Überzeugungen darüber darstellt, was der Mensch ist, wie er in seinem sozialen und materiellen Umfeld lebt und welche Werte und Ziele sein Leben haben sollte, zum festen Bestand der Alltagspsychologie gehören, aber nicht hinterfragt werden, entstehen überlieferte Ansichten über Traditionen, Wertorientierungen sowie über Grundfragen des Lebens.

analytisch

Der Terminus »analytisch« steht, wenn er auf Urteile oder Aussagen angewandt wird, im Gegensatz zu »synthetisch« und bezeichnet seit ▶ I. Kant eine für die ▶ Erkenntnistheorie zentrale Unterscheidung. Entsprechend ▶ I. Kants Definition in der *Kritik der reinen Vernunft* (1781/1966) ist ein Urteil analytisch, wenn der ▶ Begriff des Prädikats bereits im Subjekt enthalten ist, z. B. in dem Satz: »Alle Körper haben eine Ausdehnung.« Solche ▶ A-priori-Urteile (lat. 'vom Früheren her') sind zwar notwendigerweise wahr, fügen aber prinzipiell nichts Neues hinzu. Sie bezeichnen vielmehr unverzichtbare, sogenannte *unhintergehbare Bedingungen* der Möglichkeit, Erkenntnis zu gewinnen, und gelten als Vorbedingung jedes reflexiven Aktes (siehe auch ▶ a priori, a posteriori).

Antrieb

Mit dem ▶ Begriff des Antriebs ist bis heute die Idee der Energieumformung verbunden. Gemeint sind bestimmte innere aktivierende Verhaltensbedingungen, die eine Zielorientierung des Verhaltens gewährleisten und, verstanden als Summe aller inneren Faktoren, eine Energetisierung des Verhaltens beeinflussen.

Anthropologie

Unter »Anthropologie« versteht man die Wissenschaft vom Menschen schlechthin, zu der fast alle Einzelwissenschaften beitragen und so ein komplexes, interdisziplinär verankertes

▶ Menschenbild erzeugen. Entsprechend einer primär kulturellen bzw. biologischen Betrachtungsweise wird das Wissenschaftsgebiet der Anthropologie in eine eher philosophische und eine eher medizinische Betrachtungsweise geteilt.

In der *philosophischen/historischen/kulturbezogenen Anthropologie* wird der Mensch als kulturell-historisches Wesen erforscht, wobei eine im 19. Jahrhundert angelegte Leitthese, der gemäß der Mensch als Tier von der Natur mangelhaft angelegt sei, dass aber seine Kultur und sein Geist ihn über die Natur erheben würden, im Prinzip bis heute gültig ist. Entsprechend wird die Stellung des Menschen in der Welt im Schnittpunkt von geschichtlichem und personenbezogenem Denken untersucht. In der Weiterentwicklung und Anwendung auf benachbarte Wissensgebiete, z. B. die anthropologische Psychiatrie, wird der Mensch nicht nur unter dem Aspekt medizinischer Kenntnisse, sondern auch im Hinblick auf seine Geistigkeit, seine Geschichtlichkeit und seine Subjektivität untersucht. Damit soll die Distanz, welche die naturwissenschaftliche Medizin gegenüber seelischen, geistigen, geschichtlichen und soziokulturellen Bezügen aufweist, korrigiert werden.

Die *medizinische/biologische Anthropologie* versteht sich als eine naturwissenschaftlich-medizinische Disziplin, welche die Stellung des Menschen im Reich der Lebewesen untersucht. Klassischerweise gehören die Gebiete der vergleichenden Anatomie und der Physiologie zur medizinischen Anthropologie. Heute werden darüber hinaus Fragen nach dem Verhältnis von Mensch und Natur in der Industriegesellschaft, nach der Bedeutung der Molekular- und Neurogenetik sowie der Stammzellforschung angesprochen, hier z. B. unter der Leitfrage: »Ab wann ist der Mensch ein Mensch?« Die Anthropologie geht in vielen Punkten, z. B. in der Untersuchung des Erlebens, des Bewusstseins und der Intersubjektivität, über Fragen der Psychologie bzw. der psychologischen Anthropologie hinaus. Dessen ungeachtet ist der Gegenstand der Anthropologie, die Wissenschaft des Verständnisses vom Menschen, immer auch Gegenstand empirisch ausgestalteten psychologischen Erkenntnisinteresses.

Diesem Ziel dient in gewissem Sinne auch die *historische Anthropologie*, die sich u. a. den Veränderungen widmet, die mit historisch gewandelten Grundphänomenen menschlicher Psyche im Zusammenhang stehen, z. B. der Geschlechtergeschichte oder der Geschichte von Gewalt und Krieg. Das interdisziplinär ausgestaltete Fachgebiet ist traditionell eng mit Kulturanthropologie und philosophischer Anthropologie verbunden; darüber hinaus besteht eine enge Beziehung zu der aus der französischen *Annales-*▶ Schule hervorgegangenen Mentalitätsgeschichte.

Assoziation

Der ▶ Begriff der Assoziation (lat. 'die Verknüpfung zweier oder mehrerer Erlebnisbestandteile') beschreibt die Tendenz, mit einem Erlebnis andere, früher im Zusammenhang damit aufgetretene Erlebnisse wieder ins Bewusstsein zu rufen. Der Ausdruck steht allgemein für eine philosophische Grundhaltung, die jeglichen Erfahrungszuwachs, also jegliches Lernen, auf eine Verknüpfung einzelner Elemente zurückführt und so ein Gesamtbild von etwas von »unten nach oben« entwickelt.

Aufklärung

Der ▶ Begriff der Aufklärung steht für die Beschreibung einer Epoche der intellektuellen Entwicklung der westlichen Gesellschaft vom 16. bis zum 18. Jahrhundert (vgl. Borgstedt 2004).

Eine zunehmende Akzeptanz neu erlangten technischen und naturwissenschaftlichen Wissens führte entsprechend zur Abkehr von traditioneller, auf Frömmigkeit beruhender, autoritärer Geisteshaltung. Der Mensch soll aus »seiner selbst verschuldeten Unmündigkeit« (Kant 1977, S. 452) ausbrechen, den Mut haben, sich seines eigenen Verstandes zu bedienen und sich aus Bevormundung befreien (▶ I. Kant).

Ausdruck

Mit dem ▶ Begriff des Ausdrucks werden wahrnehmbare Merkmale wie Regungen im Gesicht, Körperbewegungen, Sprechweise oder Schrift bezeichnet, die es erlauben, Rückschlüsse auf nicht unmittelbar beobachtbare psychische Zustände und Verhaltensdispositionen des Menschen zu ziehen. In der Ausdruckspsychologie, einer psychologischen Disziplin, die noch bis zur Mitte des 20. Jahrhunderts gepflegt wurde, befasste man sich zum einen mit den allgemeinen körperlichen Zeichen, aus denen Seelisches zu erkennen ist, z. B. Physiognomie oder Körperbautypus, und zum anderen mit sogenannten (externen) Ausdrucksbewegungen, die Rückschlüsse auf Seelisches zulassen. In der Laienpsychologie werden bis heute Ausdrucksdeutungen gerade bei Schrift, Sprache, Mienenspiel und Gebärden vorgenommen, was i. d. R. allerdings zu Fehlinterpretationen führt.

Begriff

Begriffe sollen die Möglichkeit eröffnen, bestimmte Aussagen zu überdauernden Urteilen zu verknüpfen. Dadurch erhofft man sich einen Anspruch auf eine erkenntnistheoretisch überdauernde Aussage. Im Vergleich zu Umschreibungen oder Beispielen für eine Sache büßen Begriffe zwar an Anschaulichkeit ein, dafür sind sie aber von allen übrigen Erkenntnissen so getrennt und unterschieden, dass sie nur das enthalten, was ihrer Wiedererkennbarkeit dient. Menschen mit der gleichen Vorbildung können folglich das, was der Begriff umfasst, als eindeutig einen Sachverhalt beschreibend identifizieren.

Behaviorismus

Vom philosophischen Standpunkt aus betrachtet kann man die historischen Wurzeln des Behaviorismus einer wissenschaftlichen Grundüberzeugung, die prinzipiell keine innere private Bewusstseinssphäre zulässt, grundsätzlich in einen kategorischen und einen hypothetischen Behaviorismus aufteilen.

Ersterer, der *kategorische Behaviorismus*, betrachtet Urteile über Bewusstseinsphänomene grundsätzlich als kategorische Urteile über aktuell vorkommendes Verhalten. Ein Urteil über den »Zorn« einer Person würde sich z. B. entsprechend aus Urteilen über die Sprache (laut), die Gestik und den Gesichtsausdruck zusammensetzen. Das Äußern »wütender« Gedanken wäre somit nur mittels bestimmter ▶ Kategorien, hier über Bewegungen des Kehlkopfes, der Extremitäten und der Aktivität des VNS, zu beschreiben.

Der *hypothetische Behaviorismus*, der hauptsächlich auf G. Ryle (1969) zurückgeht, ersetzt im Wesentlichen den Ausdruck des »Seelenlebens einer Person« durch den einer (mehr oder weniger komplexen) »hypothetischen Disposition einer Person«. Damit soll zum Ausdruck gebracht werden, dass Personen geneigt sind, sich in einer bestimmten Situation unter verhaltensrelevanten Einflüssen so und nicht anders zu verhalten. Die Aussage »Peter ist ehrgeizig« wird dabei ebenso behandelt wie z. B. die Aussage »Zucker ist wasserlöslich«. Das heißt, unter der Bedingung, *also dem hypothetischen Urteil*, dass Peter den und den Einflüssen ausgesetzt ist, wird er so oder so handeln. Dadurch kommen bestimmte Dispositionen seines Verhaltens zum Ausdruck. Anschaulicher und »einfacher« wird dies allerdings nur am Beispiel des Zuckers: Hier gibt es die Dispositionen, dass beim Eintauchen ins Wasser die Eigenschaft, sichtbar zu sein, verschwindet und die Eigenschaft, unsichtbar zu sein, erscheint.

In der *Psychologie* versteht man unter Behaviorismus (engl. *behaviour* 'Verhalten') eine von dem amerikanischen Psychologen ▶ J. B. Watson Anfang des 20. Jahrhunderts begründete Richtung der Psychologie, die sich einer möglichst *objektiven Betrachtungsweise tatsächlicher* (*äußerlich sichtbarer*) *Verhaltensweisen* verschrieb. Eine Analyse »innerseelischer Vorgänge« (Bewusstsein, Erleben) und die Methode der ▶ Introspektion wurden entsprechend als unwissenschaftlich abgelehnt. Das bedeutete: 1) Das Vorkommen einer ▶ »Seele« und bestimmter »psychischer Zustände« wird abgelehnt, denn *Bewusstseinsprozesse stehen außerhalb wissenschaftlicher Forschung*. 2) Alle Erfahrung kann auf Drüsensekretion und Muskelbewegung reduziert werden. 3) Menschliches Verhalten ist großenteils von Umwelt- bzw. Lerneinflüssen bestimmt und kaum durch erbliche und biologische Faktoren.

Spätere Vertreter des Behaviorismus (z. B. Hull) haben im Rahmen des sogenannten *Neobehaviorismus* versucht, durch das *Konzept der intervenierenden Variablen* auch nicht direkt beobachtbare, operational (▶ Operationalisierung) definierte organismische und kognitive Vorgänge (Kognitivismus) einzubinden und sie logisch-mathematisch zu begründen.

Besonders gut hat sich der Behaviorismus mit seiner Form der Verhaltensregistrierung bei lerntheoretischen Fragen bewährt und sowohl im Tier- als auch im Humanbereich erhebliche Erkenntnisfortschritte ermöglicht.

Als Vertreter des sogenannten *radikalen Behaviorismus* hat darüber hinaus z. B. ▶ B. F. Skinner mit seinem Programm einer operanten Reiz-Reaktion-Psychologie (S-R-Psychologie) großen Einfluss auf die Entwicklung der ebenfalls sehr erfolgreichen *Verhaltenstherapie* ausgeübt. Die heutige Hauptkritik am Behaviorismus zielt 1) auf dessen *Ignoranz gegenüber relevanten Unterschieden zwischen Tier und Mensch* und damit der Trivialisierung menschlicher Verhaltensdynamik inklusive der erzieherischen Formbarkeit und 2) auf die *Überschätzung des Objektiven bzw. Objektivierbaren*.

Bindung
Der ▶ Begriff der Bindung, hier bezogen auf die Neurowissenschaft, bezeichnet die *Schwierigkeit und gleichzeitige Notwendigkeit* einer gemeinsamen Verarbeitung der in verschiedenen Arealen bzw. Strukturen des Gehirns vorliegenden Teilinformationen, da mögliche Kombinationen immer eine große Mehrdeutigkeit aufweisen können und da es irgendeiner (sich selbst organisierenden) Kraft bedarf, welche die Inhalte aus Gegenwart, Vergangenheit und prospektiver Zukunft so zusammenfügt, dass etwas Wahrgenommenes in eine sinnvolle Beziehung zu den Erfahrungen und Wünschen eines Individuums gebracht werden kann.

Darwinismus
Im engeren Sinne versteht man unter Darwinismus die Selektionstheorie ▶ C. Darwins, welche besagt, dass Evolution dadurch gerichtet wird, dass aus der Fülle erblicher Varianten diejenigen bevorzugt werden, die an die jeweiligen Bedingungen besser angepasst sind als andere Mitglieder der Art. Entsprechend ist die »natürliche Auslese« die basale Triebfeder des Evolutionsgeschehens. Im weiteren Wortgebrauch versteht man unter Darwinismus eine weltanschauliche Bewegung (▶ Sozialdarwinismus), welche die Theorie Darwins auf gesellschaftliche und kulturelle Zusammenhänge übertragen hat.

Deduktion
Ziel deduktiven Vorgehens ist es, ein Denksystem zu errichten, das einen *absoluten Anfang* hat und das von ersten Anfängen durch Ableitungen aus Anfangssätzen, sogenannten Axiomen, aufzubauen ist, wie es z. B. in der Mathematik geschieht. Dabei kommt *Axiomen* (griech. *axioma* 'Geltung, Forderung') eine hohe Wertschätzung zu, weil sie – aufgrund einer grundlegenden Vereinbarung – als nicht widerlegbarer »erster Anfang« gesetzt werden.

Denkpsychologie
Die Denkpsychologie ist ein Teilgebiet der kognitiven Psychologie, das sich mit der Erforschung von Denkvorgängen befasst. Ihre Anfänge gehen auf die Würzburger ▶ Schule und die

Gestaltpsychologie zurück, die zu Beginn des 20. Jahrhunderts Denkprozesse zum Gegenstand von ▶ Introspektion gemacht hatte.

Im 19. Jahrhundert war es zunächst ▶ J. F. Herbart, später G. E. Müller und ▶ T. Ziehen, die versuchten, alles Denken auf Assoziation zurückzuführen, und es zum Hauptforschungsfeld der experimentellen Psychologie machten. Die Denkpsychologie trat dieser damals weit verbreiteten Auffassung entgegen, Denken könne auf bloße ▶ Assoziationen reduziert werden. Vielmehr wurde erkannt, dass es logische Schlussfolgerungen und Problemlösen beinhaltet und deshalb regelgerechte Operationen benötigt, welche die einzelnen Denkschritte beschreiben.

Determinismus, wissenschaftlicher Determinismus

Determinismus (lat. *determinare* 'begrenzen') beschreibt die Lehre der Bestimmtheit des gesamten Weltgeschehens einschließlich aller menschlicher Lebensläufe u. a. durch Gott (theologischer Determinismus) oder das Naturgeschehen (Kausalität des ▶ Naturalismus), die Geschichte (historischer Determinismus) oder den menschlichen Willen (anthropologisch-ethischer Determinismus). Darüber hinaus kann man auch einen metaphysischen und einen wissenschaftlichen Determinismus unterscheiden. Der *metaphysische* Determinismus behauptet, die gesamte Wirklichkeit sei durch einen umfassenden – im Einzelnen nicht nachvollziehbaren und deshalb unwiderlegbaren – Ursachenzusammenhang gekennzeichnet. Der *wissenschaftliche* Determinismus hingegen behauptet, dass man – vorausgesetzt, die Gesetzmäßigkeit einer bestimmten Art von Ereignissen ist bekannt und ebenso der Zustand der Wirklichkeit, in der diese auftreten – Ereignisse in einer beliebigen anderen Zeit (anterograd und retrograd) bestimmen könne. Diese auch für die Psychologie relevante Auffassung stützt sich auf die klassische Physik, die ihrer logischen Struktur nach ebenfalls deterministisch ist.

Dialektik

Die Dialektik (griech. *dialegein* 'miteinander reden, zum Grund einer Erkenntnis gelangen'; *dialektike techne* 'Gesprächskunst') hat als Theorie der Gesprächskunst den Erkenntnisgewinn durch die menschliche Rede zum Gegenstand. Hierbei geht es hauptsächlich um Aussagen über Gegenstände und nicht um die Gegenstände selbst, keinesfalls aber um etwas »Reales« (▶ Realismus). Die Schritte, denen gemäß sich Dialektik vollzieht, stellen die klassische Form akademischer Auseinandersetzung dar: These, Antithese, Synthese. D. h. in der trivialsten Form: Person A vertritt Meinung A, Person B stellt sich auf Standpunkt B. In der Diskussion suchen sie eine gemeinsame Lösung C, die A und B beinhaltet.

Man kann aber, wie z. B. G. W. F. Hegel, Dialektik auch als ein bewegendes Prinzip auffassen, wonach die Synthese C Ausgangspunkt für These C und Gegenthese D ist usw. (modifiziertes Dreischritt-Schema), oder man kann nach einem Gespräch zu der Ansicht gelangen, dass Ansicht A in der Modifikation A' beibehalten wird und zum Ausgangspunkt erneuter Dialoge wird (z. B. im Rahmen eines Serpentinen-Schemas). Daneben gibt es das Marx'sche System der Dialektik, das von einer immerwährenden Verbesserung von A (Proletariat) durch Veränderung der Produktionseinflüsse (B, C, D) ausgeht. Denkbar ist auch, dass man, nachdem man mit der Ansicht A ein Gespräch mit B geführt hat, zur Ansicht A' gelangt und nach Diskussion mit B zu der Ansicht A" etc. gelangt. Das bedeutet letztlich, dass Ansichten nicht »ohne Rest« in Synthesen aufzugehen brauchen; ebenso denkbar ist es vielmehr, dass sie in veränderter Form bestehen bleiben.

Diätik

Dieser Teilbereich der Medizin, der bereits in der Antike, dann aber besonders im 19. Jahrhundert großen Zuspruch fand, widmete sich dem Kultivieren einer gesunden Lebensführung.

Hierzu zählten bei Männern vor allem körperliche Tätigkeiten an der frischen Luft, z. B. in Feld und Garten. Bei Frauen verstand man darunter je nach »Stand« ein Ergehen im Garten oder die Arbeit in Küche und Waschstube. Beides sollte der Kräftigung und dem seelischen Aufbau dienen. Manche Gedanken der Diätik sind in die heutige Gesundheitspsychologie eingegangen und/oder wurden von der Ergotherapie übernommen. In der Psychiatrie wurden und werden Grundsätze der Diätik unter verschiedenen anderen Bezeichnungen, z. B. »Arbeitsverpflichtung« oder »Arbeitstherapie«, umgesetzt.

Dogma

Der ▶ Begriff des Dogmas (griech. für 'Meinung') steht für einen Lehrsatz, dessen Wahrheitsgehalt gläubig hingenommen wird und als unanfechtbar gilt. Er wird deshalb zur Grundlage einer Glaubenslehre, d. h. Ideologie, gemacht. Entsprechend versteht man dabei z. B. im Christentum eine verbindliche Lehrüberzeugung »übernatürlichen Ursprungs«, die (von Gott) offenbart wurde und zur Verbreitung bestimmt ist (z. B. Dreieinigkeit). In der ▶ Philosophie versteht man darunter seit ▶ I. Kant eine unter Umgehung von Erfahrung und Anschauung aufgestellte positive metaphysische Behauptung, ohne danach zu fragen, ob die menschliche ▶ Vernunft berechtigt ist, eine solche überhaupt aufzustellen.

Dualismus

Zu dualistischen Theorien (lat. *dualis* 'zwei enthaltend') gehören solche, welche die Existenz von zwei sich ausschließenden Substanzen behaupten bzw. davon ausgehen, dass alles Seiende in zwei klar getrennte, voneinander unabhängige Grundprinzipien eingeteilt werden kann. Ausgehend von der platonischen Trennung von Ideensphären und der »Welt der Wirklichkeit« wurde der ▶ Begriff für eine Lehre verschiedener und gegenseitig unabhängiger Prinzipien, Mächte oder Substanzen benutzt.

Der bekannteste und für die Hirnforschung bedeutendste Vertreter des Dualismus war allerdings ▶ R. Descartes, der behauptete, jede Substanz sei entweder seelisch (*res cogitans*) oder materiell (*res extensa*), wobei beide Arten von Substanzen nicht aufeinander reduziert werden könnten (Eigenschaftsdualismus). Nach dualistischer Auffassung handelt es sich bei Gehirn und Bewusstsein um zwei völlig verschiedene ▶ Entitäten, die unabhängig voneinander auftreten können und zwei verschiedenen Gegenstandsbereichen angehören.

Uneinigkeit herrscht bezüglich der Frage, ob es Kausalbeziehungen zwischen geistigen und neuronalen Prozessen geben kann. Während der klassische ▶ *psychophysische Parallelismus* solche Beziehungen generell bestreitet, betrachtet der ▶ *Epiphänomenalismus* mentale Prozesse zwar als Produkte physischer Vorgänge, schließt aber umgekehrt aus, dass psychische Zustände ihrerseits kausal wirksam werden.

Der *interaktionistische Dualismus* wiederum postuliert eine Wechselwirkung von Gehirn und Geist und kennzeichnet damit eine in der naturwissenschaftlichen Psychologie weit verbreitete Variante des Dualismus. Hier wird die Ansicht vertreten, dass psychische Prozesse auch auf die neurologischen Einfluss nehmen können. Beweisen lässt sich eine solche psychophysische Interaktion allerdings nicht.

Emotionen

Emotionen, oft zusammengesetzt verstanden aus ▶ Gefühl und mimisch-gestischem Ausdruck, sind als komplexes hypothetisches ▶ Konstrukt typischerweise durch eine Reihe von Merkmalen gekennzeichnet: Sie gelten als einzigartige, auf Grundlage der Selbstbetroffenheit und über nichtverbale Kanäle vermittelte seelische Zustände, die meist mit einem erhöhten Grad von Erregung erlebt werden und keine primäre Funktion außerhalb ihrer selbst haben.

Emotionen gehen i. d. R. mit verschiedenen physiologischen (z. B. Herzschlagrate) und motorischen (z. B. Mimik) Veränderungen einher.

Empfindungen
Mit »Empfindung« ist jener psychische Eindruck gemeint, der entsteht, wenn die sensorische Ausstattung eines sensiblen Organismus durch physische Einwirkungen erregt wird. Meist werden dabei Empfindungen als nicht weiter zerlegbare Einheiten aufgefasst. Das bedeutet, jede adäquate Stimulation eines Sinnesorgans durch physikalisch wirksame Reize ruft auf sensorischer Stufe eine Empfindung hervor. Erst auf einer nachfolgenden »perzeptuellen Stufe« innerhalb des Wahrnehmungsprozesses wird diese dann entweder bewusst erlebt oder fließt unterschwellig in die Wahrnehmung mit ein. Empfindungen unterscheiden sich voneinander hinsichtlich ihrer Qualität, Intensität und Dauer, was letztlich durch die spezifische Beschaffenheit der sensorischen Rezeptoren und die Art der Reizung bestimmt wird. Mögliche ▶ Korrelationen zwischen auslösenden Reizen und Empfindungen werden mittels Messmethoden erfasst, die Inbegriff der sogenannten ▶ Psychophysik sind. Die Unterscheidung zwischen (sinnlicher) Empfindung und (sinnlicher) Wahrnehmung ist allerdings nicht immer eindeutig geklärt. Oft umfasst auch der ▶ Begriff der Wahrnehmung den gesamten sensorischen Umsetzungsprozess von physischen Ereignissen in psychische Erlebnisse, wohingegen sich der ▶ Begriff der Empfindung auf einfache oder gar einfachste psychische Inhalte richtet, die in diesem Prozess eine Rolle spielen. Fast immer aber geht man davon aus, dass Empfindungen nicht isoliert ins Bewusstsein treten, sondern in komplexe Wahrnehmungssituationen eingebettet sind.

Empirismus; Empirismus, englischer oder britischer
Der Empirismus (griech. *empeira* 'Erfahrung') ist u. a. ein Produkt der ▶ Aufklärung, in der ein Neubeginn in zweierlei Richtungen versucht wurde – zum einen durch den ▶ Rationalismus, also die Möglichkeit, aus reinen Prinzipien des Denkens (die ▶ a priori vorliegen) den Aufbau der Wirklichkeit zu erkennen, und zum anderen durch den Empirismus.

Die klassische Version des Empirismus, der sogenannte englische Empirismus, wurde von ▶ J. Locke, ▶ D. Hume und ▶ J. S. Mill erarbeitet. Hierbei war zunächst die (Sinnes)Erfahrung alleinige Grundlage der Erkenntnis, später bezog sich der ▶ Begriff auf die Wirklichkeit einzelner Gegenstände und Phänomene, die empirisch geordnet und aus denen induktive Schlüsse gezogen werden können. Angesichts seiner vielfältigen historischen Formen lässt sich der Empirismus heute am ehesten in mehrere (Haupt)Formen differenzieren: Man unterscheidet den *Begriffsempirismus*, der behauptet, alle gehaltvollen ▶ Begriffe seien Erfahrungsbegriffe, und den *Aussagenempirismus*, der behauptet, alle gehaltvollen Aussagen drücken Erfahrungstatsachen aus; hinzu kommen ein *dogmatisch-antiskeptischer Empirismus*, der behauptet, das aus der Erfahrung entspringende Wissen sei unfehlbar, und ein *kritisch-skeptischer Empirismus*, der davon ausgeht, das der Erfahrung entspringende Wissen sei im wesentlichen unsicher bzw. trügerisch, ferner der *realistische Empirismus*, der besagt, Erfahrungen bezögen sich immer auf eine objektive äußere Realität. Des Weiteren unterscheidet man den *psychologischen Empirismus*, dem zufolge Aussagen Abbilder von Sinneserfahrungen sind, und den *logischen Empirismus*, der behauptet, ▶ Begriffe und Aussagen seien zwar sprachlicher, nicht bildhafter Natur, sie ließen sich aber auf Beobachtungsaussagen zurückführen. Schließlich wird noch der *reduktionistische Empirismus* genannt, der eine vollständige Zurückführbarkeit allen Wissens auf Beobachtungswissen annimmt, und der *nichtreduktionistische Empirismus*, der lediglich von einer partiellen Zurückführbarkeit allen Wissens auf Beobachtungswissen ausgeht.

Entitäten

Den ▶ Begriff der Entität (lat. *entitas* 'das Wesen, das Seiende') als Übersetzung des griechischen *on* ('das Sein') führte man u. a. bereits in der ▶ Scholastik ein und trachtet seither das Wesen eines Dinges zu beschreiben. In der Psychologie hat die Vorstellung von etwas Seiendem keine herausragenden Befürworter. Dazu scheint die gedankliche Nähe zur ▶ Metaphysik zu groß. Einigkeit besteht hier nur insoweit, dass Entität etwas ist, das existiert, das verschiedene Erscheinungsformen annehmen kann, das sowohl ein physischer als auch ein psychischer Gegenstand sein kann und einer bestimmten ▶ Kategorie angehört.

Erfahrung

Mit »Erfahrung« ist immer ein Bezug zu grundlegenden Charakteristika des ▶ Empirismus verbunden. Verengt man den ▶ Begriff der Erfahrung z. B. auf das, was die sinnliche ▶ Empfindung vermittelt, so reduziert man ihn auf einen reinen ▶ Sensualismus. Erweitert man das Verständnis der Erfahrungsgebundenheit des Erkennens dergestalt, dass damit nicht mehr gemeint ist, als dass sich alles Erkennen immer wieder an der Erfahrung orientieren muss, so kommt dies unserem heutigen Verständnis von ▶ Empirismus in der Psychologie recht nahe. Erfahrung besagt hier, dass alle Erkenntnis vorrangig und unmittelbar auf Erfahrung gegründet ist. Unabhängig davon, wie eng oder weit der ▶ Begriff gefasst wird, immer bezeichnet man damit die Qualität der Erkenntnis und nicht die des Erkennbaren.

Erkenntnistheorie

Die Erkenntnistheorie befasst sich mit Problemen, die der Grundannahme einer subjektiven inneren Welt und einer objektiven äußeren Welt innewohnen. Die sich daran anschließende Überlegung, ob man durch Antworten auf die Frage des Erkennens von etwas auch zu einer übergreifenden Erkenntnis gelangen kann, wird in der heutigen akademischen Psychologie meist unter Rückgriff auf ausgewählte wissenschaftstheoretische Grundpositionen behandelt. Entsprechend versteht sich die Psychologie als empirische Wissenschaft (Erfahrungswissenschaft), innerhalb derer es im Wesentlichen darum geht, herauszufinden, welche ▶ Methoden des Erkennens jeweils am besten geeignet sein könnten, Erfahrung zu erfassen (▶ Wissenschaftstheorie).

Erkenntnistheorie, evolutionäre

Die evolutionäre Erkenntnistheorie ist eine von der Biologie, hier der Verhaltens- und Evolutionslehre, ausgehende Wissenschaft, die sich mit der Stammesgeschichte kenntnisreicher Strukturen und Prozesse befasst und damit letztlich mit den Vorbedingungen, Grenzen und Mängeln menschlicher ▶ Vernunft. Somit wird die Gesamtheit aller informationsverarbeitenden Mechanismen eines Lebewesens, seine Sinnesorgane, sein Gehirn, sein zentrales und peripheres Nervensystem, als eine Art ▶ Weltbildapparat aufgefasst. Dieser wurde im Laufe der Evolution auf die Abbildung des überlebenswichtigen Ausschnitts der realen Welt angepasst und übt somit eine arterhaltende Funktion aus. Indem Leben und Evolution als erkenntnisgewinnende Prozesse verstanden werden, steht die evolutionäre Erkenntnistheorie im Gegensatz zu klassischen erkenntnistheoretischen Vorstellungen, u. a. denen des ▶ Rationalismus, ▶ Materialismus und ▶ Idealismus.

Eugenik

Der ▶ Begriff der Eugenik wurde 1883 von ▶ F. Galton als Ausdruck für ein Wissenschaftsverständnis geprägt, das von einer *Verbesserung des Menschen durch Zucht* geleitet war. Gemeint war eine Verbesserung des Erbgutes einer Population durch selektierenden positiven

Erklärung ausgewählter Fachbegriffe

und negativen Einfluss auf die Fortpflanzung. *Negative Eugenik* meint die Verhinderung der Weitergabe und Neuentstehung »schädlicher Erbanlagen«, z. B. durch Unfruchtbarmachung der Betroffenen, *positive Eugenik* dagegen die Begünstigung der Weitergabe »wertvoller Erbanlagen«.

Im deutschen Sprachraum entsprach der ▶ Begriff anfangs dem von dem Mediziner Alfred Ploetz (1860-1940) publik gemachten ▶ Begriff der »Rassenhygiene« als *einer Wissenschaft von der Verbesserung der Erbsubstanz*. Im Verlauf des ersten Drittels des 20. Jahrhunderts bestanden im deutschen Sprachraum beide ▶ Begriffe, »Eugenik« und »Rassenhygiene«, nebeneinander und galten beide nicht als stigmatisierend. So wurde z. B. die Eugenik von Anhängern sozialdarwinistischen Denkens – unter ihnen angesehene Mediziner, z. B. A. Forel, ▶ E. Kraepelin oder E. Bleuler – als Möglichkeit der Verbesserung der Menschheit durch »gesunde Zuchtwahl« verstanden.

Daneben wurde, ebenfalls seit Beginn des 20. Jahrhunderts, die angestrebte »Verbesserung der Menschheit« aber auch durch Ausmerzung unwerten Lebens ins Auge gefasst, so z. B. durch das Buch von A. Hoche und K. Binding mit dem Titel *Die Freigabe der Vernichtung lebensunwerten Lebens. Ihr Maß und ihre Form* von 1920.

Erst nach der nationalsozialistischen Machtergreifung wurden die bis dahin von »Eugenikern« bzw. »Rassehygienikern« verkündeten bekannten Ideen in eine Gesetzes- und Verordnungsform gebracht, das Gesetz »zur Verhütung erbkranken Nachwuchses«, das die Betroffenen zu Ballastexistenzen degradierte. Die heutige Diskussion um die Rechtfertigbarkeit eugenischer Maßnahmen entzündet sich vor allem an den Fragen der Pränataldiagnostik, der Präimplantationsdiagnostik und der Keimbahntherapie.

Euthanasie
Ursprünglich verstand man unter »Euthanasie« (griech. 'schöner Tod') die Erlösung von unheilbaren Leiden durch einen sogenannten schönen Tod, heute als »Sterbehilfe« bezeichnet. Im Nationalsozialismus steht der ▶ Begriff als eine euphemistische Umschreibung für die Ermordung von geisteskranken, missgebildeten und geistig behinderten Menschen aus »rassehygienischen« Gründen.

Funktionalismus
Ende des 19. Jahrhunderts entstand in den USA, gewissermaßen als Gegenströmung zum ▶ Strukturalismus, eine psychologische Schulrichtung, die menschliches Verhalten im Hinblick auf die »Funktion« (lat. *functio* 'Verrichtung, Geltung, Ausführung'), den Anpassungswert an die Umgebung, verstand. Leistungen im Denken und Wahrnehmen wurden z. B. als Folge des Anpassungsprozesses im Dienste der Arterhaltung erklärt. Der Funktionalismus, zu dessen Begründern u. a. ▶ J. Dewey und ▶ W. James zählen, wird oft als Vorläufer des ▶ Behaviorismus gesehen. In der Neurowissenschaft versteht man unter Funktionalismus heute einen wissenschaftstheoretischen Ansatz, der besagt, dass mentale Zustände, z. B. Bewusstsein, als Funktionen des Nervensystems zu verstehen sind.

Gedächtnis, kollektives
Der ▶ Begriff des kollektiven Gedächtnisses, der von ▶ M. Halbwachs eingeführt wurde, bezeichnet das auf Langzeit angelegte Gedächtnis einer Körperschaft oder Gruppe mithilfe von Zeichen und Praktiken. Das kollektive Gedächtnis entsteht nicht als einfacher Analogieschluss nach Art einer Vervielfachung individuellen Gedächtnisses, sondern wird im Wesentlichen von Variablen bestimmt, die nicht gedächtnisspezifisch sind, z. B. sozialen Hierarchien, gesetzlich verankerten Ver- und Geboten, zeitentsprechenden Vorstellungen von Anstand bzw.

Nestbeschmutzung etc. und der gesellschaftlichen Strukturierung des Erinnerns von etwas, z. B. durch Erbauen oder Vernichten von Artefakten. Mit dem ▶ Begriff des kollektiven Gedächtnisses wird somit immer auch dessen Bedingtheit angesprochen, d. h., Kollektive »haben« keines, so wie es bei Individuen aufgrund ihrer genetischen Prädisposition zur Verankerung von Erfahrungen angenommen wird, sie »machen« eines.

Gefühl

In der Umgangssprache, aber auch in der akademischen Psychologie werden die ▶ Begriffe »Gefühl« und ▶ »Emotion« teilweise gleichbedeutend benutzt. Insbesondere in früheren psychologischen Abhandlungen verstand man unter Gefühl das, was man heute als ▶ Emotion bezeichnet. Entsprechend steht beim ▶ Begriff des Gefühls meist die Erlebnisqualität, also die subjektiven Komponenten des Emotionsbegriffs, im Vordergrund. Teilweise werden Gefühle auch als stärker und komplexer als ▶ Emotionen betrachtet, teilweise als etwas beschrieben, das man erlebt, dem man passiv ausgesetzt ist, wohingegen in den ▶ Begriff der ▶ Emotionen nicht nur das Bewegende, sondern auch das Bewegte miteingeschlossen ist. Generell werden Gefühle als innere Gemütsbewegungen (▶ Gemüt) im Hinblick auf Intensität und Dauer in Abhängigkeit von der Persönlichkeit unterschiedlich erlebt und ausgedrückt. Sie haben oft messbare Korrelate in der Aktivierung des sogenannten vegetativen Nervensystems, hier z. B. in der Änderung der Pulsfrequenz, im Zittern, Schwitzen oder Frieren.

Gemüt

Mit dem ▶ Begriff des Gemüts – er ist heute in der akademischen Psychologie nicht mehr geläufig, wohl aber in der ▶ Alltagspsychologie – umschreibt man klassischerweise die affektiv-emotionale Ansprechbarkeit (Mitgefühl, Warmherzigkeit, Mitleid) eines Menschen. Entsprechend bezeichnete man affektive Störungen lange als Gemüts- oder Seelenkrankheiten. Damit wollte man ausdrücken, dass die Krankheit das Gefühlsleben eines Menschen und nicht seinen Körper betraf, und man wollte deutlich machen, dass zwar Werthaltungen (Mit-freude, Mitleid) verändert waren, nicht aber der Verstand. Krankheiten, die Letzteren betrafen, wurden/werden entsprechend als Geisteskrankheiten bezeichnet.

Handeln

Wissenschaftlich verstanden beinhaltet Handeln einen Ausschnitt menschlichen Verhaltens und ist als ▶ Begriff keinesfalls mit verbalem Verhalten gleichzusetzen, denn Handeln ist im Unterschied zum Verhalten immer als bewusst und absichtsvoll zu verstehen: Zum Handeln kann man auffordern, zum Verhalten nicht, zu Handlungen kann man sich entschließen, zum Verhalten nicht. Handlungen kann man im Gegensatz zum Verhalten auch unterlassen. Sie können im Gegensatz zum Verhalten ge- oder misslingen. Kurzum: Handlungen werden »gemacht«. Handeln erfolgt meist im Rahmen von größeren Zusammenhängen, »Handlungsschemata« genannt. Dies kann auch bei Verhalten der Fall sein, muss es aber nicht. Außerdem sind Handlungen immer zweckgerichtet, Verhalten kann es, muss es aber nicht sein. Ähnliches gilt für die Ausrichtung auf ein Ziel: Handlungen dienen immer einem Ziel, Verhalten kann, muss aber nicht zielgerichtet sein.

Heuristik

Eine heuristische (griech. *heuriskein* 'finden') Vorgehensweise beschreibt grundsätzlich bestimmte Richtlinien des Findens und Entdeckens von etwas, die einzuhalten sind (▶ I. Kant).

In der modernen analytischen ▶ Wissenschaftstheorie unterscheidet man zwei Arten solcher Heuristiken, also methodologischer Regeln: *Positive* heuristische Regeln geben einem bestimmten Forschungsprogramm die Richtung vor, der es folgen soll, *negative* heuristische Regeln zeigen auf, was zu vermeiden ist.

Historismus
Mit dem ▶ Begriff des Historismus bezeichnet man die Tendenz zu einem Lernen aus der Geschichte, wobei man annimmt, das Bewusstsein des Menschen werde durch dessen Vergangenheit maßgeblich geprägt. Der Historismus galt bis in die Mitte des 20. Jahrhunderts hinein als eine der einflussreichsten geisteswissenschaftlichen ▶ Strömungen. Seine individualisierende Betrachtung der Geschichte, verbunden mit einem Verzicht auf ▶ Metaphysik sowie einer Annäherung an naturwissenschaftliches, positivistisch relativierend ausgerichtetes Denken machten ihn auch zu einem Vorbild für die Psychologiegeschichtsschreibung.

Hypnose
Die Hypnose (griech. *hypnos* 'der Schlaf') bezeichnet eine mit psychologischen Mitteln (▶ Suggestion) herbeigeführte veränderte Bewusstseinslage, die *Trance*, d. h. einen Zustand erhöhter Beeinflussbarkeit hinsichtlich der Aufmerksamkeit und Reaktion auf Umwelteinwirkungen bei gleichzeitiger Benommenheit, verbunden mit einer Veränderung des kritischen Denkens und der Willensfunktion zugunsten einer starken Bindung, dem sogenannten Rapport, an die Person, welche die Hypnose leitet. Bei Menschen, die sich als hypnotisierbar erweisen, geht die Hypnose in der Regel mit einem Zustand tiefster Entspannung einher. Als Therapieform (die sogenannte Hypnotherapie) bei Schmerzzuständen und funktionellen Störungen der Organe eingesetzt, gilt Hypnose als erfolgversprechend und ist wissenschaftlich belegt.

Lag das Hypnotisieren anfänglich in den Händen von Priestern und Schamanen – nur diese waren dazu befähigt –, so entwickelte sich im Mittelalter die Idee eines mystischen Fluidums, welches durch hypnotische Fähigkeiten vom Hypnotiseur auf zu hypnotisierende Person übertragen würde. Im 17. Jahrhundert prägte Athanasius Kircher für die Hypnose schließlich den ▶ Begriff des Magnetismus, den ▶ A. Mesmer durch seine Lehre vom tierischen Magnetismus popularisierte. Im 19. Jahrhundert erkannte James Braid die physiologischen und psychologischen Voraussetzungen der Hypnose und verbreitete unter diesem ▶ Begriff eine therapeutische Lehre. Diese wurde z. B. von ▶ J. M. Charcot und ▶ S. Freud aufgegriffen und modifiziert.

Induktion
Das methodisch-experimentelle Vorgehen der Induktion (lat. *inducere* 'in etwas hineinführen' oder 'hineinleiten') setzt an beim Sammeln und Vergleichen von Beobachtungen, um dann im Zuge sukzessiver Verallgemeinerungen die allgemeine Form der Natur zu erfassen (▶ F. Bacon). In den Erfahrungswissenschaften – und dazu zählt die Psychologie – sind nur induktive Schlüsse möglich. Deshalb ist es immer wesentlich, festzulegen, 1) unter welchen Umständen Induktionsschlüsse überhaupt zulässig sind und 2) mit welcher Sicherheit die Daten gelten, über welche man verfügt. Dazu bedient man sich 1) der *Beobachtung*, verbunden mit 2) einer *Protokollaussage* (Aufzeichnung der Tatsachen aus der Beobachtungswelt), 3) der *Hypothese*, also einer vorläufigen Annahme, wie eine Beobachtung erklärt werden könnte, und schließlich 4) der Erstellung von *Gesetzen*, also der Möglichkeit zutreffender Ableitungen aus Hypothesen.

Instrumentalismus
Unter Instrumentalismus versteht man eine wissenschaftlich-philosophische Richtung, die Denken und Problemlösen und damit wissenschaftliche Erkenntnis schlechthin als Mittel, Werkzeug bzw. *Instrument zur besseren Beherrschung von Natur und gesellschaftlichen*

Lebensverhältnissen und damit einer erfolgreicheren Anpassung betrachtet. Der ▶ Begriff der *Instrumentalisierung* bezeichnet entsprechend das Bemühen, einen ▶ Begriff inhaltlich so auszugestalten, dass daraus ein methodisches Instrument entstehen kann.

Intention(alität)
In der Psychologie beinhaltet der ▶ Begriff der Intentionalität (lat. 'Absicht, Tendenz') die Lehre, dass jede Handlung nur nach der Absicht des Handelnden zu beurteilen ist. Der bereits in der Psychologie des Mittelalters gebräuchliche ▶ Begriff wurde von ▶ F. Brentano (1874) und der phänomenologischen Schule (▶ Phänomenologie) zum wesentlichen Merkmal alles Psychischen gemacht.

Für ▶ E. Husserl (1913) meinte Intentionalität dreierlei: 1) das Gerichtetsein des Bewusstseins auf einen Sachverhalt, 2) das Überschreiten (Transzendieren) des Bewusstseins auf etwas außerhalb seiner selbst Liegendes hin und 3) die Beziehung, die zwischen einem gerichteten Bewusstsein und seinem Objekt besteht. Für ▶ F. Brentano heben sich im Bewusstsein all die Erlebnisse heraus, welche die Wesensgemeinschaft haben, Erlebnisse von einem Objekt zu sein. Diese werden »intentionale Erlebnisse« genannt.

Introspektion
In der introspektiven Form der (notwendigerweise) subjektiven Beobachtung, in der die beobachtende und die beobachtete Person identisch sind, stand über Jahrhunderte in erster Linie das Bewusstseinsgeschehen im Vordergrund.

Aber auch die Pioniere der deutschen Denkpsychologie des beginnenden 20. Jahrhunderts (Gestaltpsychologie, Würzburger ▶ Schule) arbeiteten zunächst mit dieser Methode, d. h., die Versuchsperson beobachtete während der Experimente ihre Gedanken und teilte sie dem Versuchsleiter sogleich oder im Nachhinein mit. Diese Art des Erkenntnisgewinns lehnen manche Teilbereiche der Psychologie (experimentelle Psychologie, Kognitons-/Wissenspsychologie) wegen mangelnder ▶ Objektivität ab. In anderen, angewandten Fächern der Psychologie (Sport- und Gesundheitspsychologie) hat sie aber weiterhin große Bedeutung.

Kategorien, Kategorienfehler
Unter Kategorien (griech. *kategorein* 'klassifizieren, einordnen') versteht man gemäß dem Urheber dieser Einteilung, ▶ Aristoteles, Begriffsweisen, die nicht ineinander überführt werden können, etwa Qualität und Quantität, Ort und Zeit. Diese Kategorien bezeichnen in der westlichen ▶ Philosophie bis heute ein bestimmtes »Grundmerkmal des Seienden«. Dazu gehören je nach Autor (z. B. ▶ Aristoteles, ▶ I. Kant, A. Schopenhauer, F. Nietzsche) neben den bereits genannten Stammbegriffen auch Negation, Limitation, Kausalität, Wechselwirkung et cetera.

Für die Entwicklung einer experimentell ausgerichteten Psychologie erwies sich lange Zeit das aristotelische ▶ Dogma, dem gemäß Qualität und Quantität als nicht ineinander überführbar gelten, als kaum überwindbar. Heute versucht die experimentelle Psychologie genau das zu erreichen, nämlich durch ▶ Operationalisierung qualitative Elemente des Erlebens quantitativ fassbar zu machen.

Gegenwärtig wird das Kategorienproblem insbesondere im Rahmen der ontologischen Kategorialanalyse bzw. Kategorienlehre behandelt (▶ Ontologie). Diese untersucht Natur und Geltungsbereich von Kategorien und unterscheidet zwischen Kategorien der Wissenschaft und des begreifenden Denkens, hier z. B. von Raum und Zeit, und solchen der Anschauung und des erlebenden Bewusstseins, hier z. B. Substanz und Gesetzlichkeit. Auf diese Weise kann man z. B. feststellen, dass jede Wissenschaft eigene Kategorien hat, dass nur wenige überall die gleiche Funktion haben und dass sich außerdem der Inhalt von Kategorien verändern kann, z. B. in der Zeitanschauung.

G. Ryle, ein britischer Philosoph, entwickelte aus der Kategorienlehre heraus die Theorie des sogenannten Kategorienfehlers. Solche Fehler entstehen, wenn Ausdrücke verschiedener logischer Kategorien vermengt werden. So gehören z. B. die Ausdrücke »Peter« und »Sonntag« zwei verschiedenen logischen Kategorien an. Man kann dies durch die Bildung von Sätzen herausfinden, z. B. durch »… sitzt auf dem Sofa«. Hier passt zwar der eine, nicht aber der andere Ausdruck. In der Aussage »Sonntag sitzt auf dem Sofa« liegt ein Kategorienfehler vor. Laut Ryle ist auch der kartesianische ▶ Dualismus von Leib und ▶ Seele als Folge eines Kategorienfehlers aufzufassen, da Leib und ▶ Seele ebenfalls zwei unterschiedlichen logischen Kategorien angehören.

Kinesiologie
In der Kinesiologie (griech. *kinesis* 'Bewegung') wird versucht, mittels naturheilkundlicher Diagnose- und Therapieverfahren aus der Stärke verschiedener Muskelgruppen Rückschlüsse auf den Zustand innerer Organe zu ziehen. Diese wiederum werden dann psychischen Störungsbildern zugeordnet. Die Wirksamkeit des Verfahrens gilt wissenschaftlich als umstritten.

Klinische Psychologie
Der ▶ Begriff der klinischen Psychologie wurde von Lightner Witmer (1867–1956) durch seine Veröffentlichung *Clinical Psychology* (1907) geprägt; er hatte bei ▶ W. Wundt studiert. Bereits 1896 wurde an der Universität von Pennsylvania die erste Psychologische Klinik gegründet. Im deutschsprachigen Raum war das Berufsfeld als solches in der ersten Hälfte des 20. Jahrhunderts im Wesentlichen Themenbereichen der Psychodiagnostik, Erziehungsberatung und Intervention – hier insbesondere der Psychotherapie – gewidmet. Als ▶ Begriff eingeführt wurde das Fachgebiet hier von W. Hellpach 1946 in seinem Buch mit dem Titel *Klinische Psychologie*. Er verstand darunter allerdings eher eine »Psychologie somatischer Krankheiten« denn eine klientenzentrierte Psychotherapie. Deren nachhaltige Entwicklung setzte im deutschen Sprachraum im Lauf der 60er-Jahre des 20. Jahrhunderts ein, wobei insbesondere die Verhaltenstherapie im Vordergrund stand (vgl. Schorr 1984). Heute wird im Rahmen der klinischen Psychologie versucht, die wissenschaftliche Psychologie auf die Erkennung und Behandlung seelischer Leiden anzuwenden. Wesentliche Aufgaben des Teilbereiches bestehen folglich darin, Prävention, Beratung, Diagnostik, Psychotherapie und Rehabilitation bei psychischen bzw. psychosozialen und psychosomatischen Leiden zu entwickeln und umzusetzen.

Kognition
»Kognition« (lat. *cognitus* 'bekannt') ist eine Sammelbezeichnung für alle Prozesse und Strukturen, die mit dem bewussten Erkennen zusammenhängen, wie z. B. Imagination, Gedächtnis, Lernen, Denken. Die Kognition umfasst somit alle Vorgänge des Wahrnehmens und gedanklichen Verarbeitens der Wirklichkeit.

Um bei der Untersuchung interner, mentaler Phänomene den Problemen des Introspektionismus zu entgehen, werden mittels kognitiver Terminologie formulierte Hypothesen über »unsichtbares«, geistiges Geschehen so operationalisiert, dass sie experimentell anhand beobachtbarer Leistungen im Verhalten und ▶ Handeln intersubjektiv überprüfbar sind (▶ Operationalisierung). Eine Hauptrichtung bei diesem Vorgehen ist es, Kognition als Informationsverarbeitung zu betrachten und den menschlichen Geist in Analogie zu einem programmierbaren Computer zu beschreiben (Speicher, Abruf etc.).

Kognitionswissenschaft

Die Psychologie agiert im Bereich der Kognitionswissenschaft als bedeutende »Stichwortgeberin«, sie dominiert dieses Fachgebiet aber nicht. Zwar hat die kognitive Psychologie heute die alte ▶ Denkpsychologie als tragenden Pfeiler der »allgemeinen Psychologie« abgelöst und arbeitet im Unterschied zu dieser bevorzugt mit ▶ Netzwerkmodellen der Informationstheorie und der ▶ künstlichen Intelligenz (KI). Das dadurch erhaltene Wissen wird aber von verschiedenen Disziplinen genutzt, nicht zuletzt in der Informatik für die Programmierung von Expertensystemen. Entsprechend besteht die Tendenz, unter dem ▶ Begriff der Kognitionswissenschaft viele Ansätze zu bündeln, u. a. Neurowissenschaft, ▶ Philosophie, Linguistik, Informatik und Psychologie.

Konstrukt

In der Psychologie bezeichnet ein Konstrukt (lat. *construere* 'zusammenschichten, erbauen, errichten') ein nicht direkt beobachtbares Phänomen oder Merkmal, das im Rahmen einer Theorie zur Erklärung – dann ist es ein *explikatives* Konstrukt – oder zur Beschreibung – dann ist es ein *deskriptives* Konstrukt – angenommen wird. Ein Konstrukt dient somit letztlich immer dazu, Phänomene, die der wissenschaftlichen Analyse nicht direkt zugänglich, nicht »abbildbar« sind, durch relationale Beschreibungen, d. h. ein »sinnvolles Aufeinander-Beziehen«, theoretisch nutzbar zu machen, um Beobachtungssprache und theoretische Sprache zueinander in Beziehung setzen zu können.

Konstruktivismus

Der ▶ Begriff des Konstruktivismus wird in mehrere Teilbegriffe gespalten: In der Mathematik bezeichnet er ein Vorgehen, das behauptet, die Existenz mathematischer Objekte könne nur insofern postuliert werden, als es eine Methode oder ein Prinzip zu ihrer Konstruktion gebe.

In den Geisteswissenschaften, z. B. für Kamlah und Lorenzen (1967), gilt der sogenannte *Erlanger Konstruktivismus*, der darauf abhebt, eine methodisch vollständige und zirkelfreie begriffliche Praxis der Wissenschaftssprache zu konstruieren. In der ▶ Kognitionswissenschaft sind konstruktivistische Ansätze ebenfalls relevant, weil hier das »Konzept der Konstruktion von Repräsentationen« ein zentrales Merkmal ist.

Korrelation

Eine Korrelation (lat. für 'Wechselbeziehung') bezeichnet ein gehäuftes gemeinsames Auftreten zweier variabler (körperlicher oder psychischer) Merkmale. Als Maß für die Häufigkeit des gemeinsamen Auftretens dient der Korrelationskoeffizient, dessen Wert zwischen −1 und +1 liegen kann. Ein hoher positiver Wert bedeutet, dass hohe Werte der einen Variable mit hohen Werten der anderen einhergehen, ein hoher negativer, dass hohe Werte der einen mit niedrigen Werten der anderen gekoppelt sind. Null bedeutet, dass es keinen Zusammenhang zwischen beiden gibt. Über mögliche Ursachen der Zusammenhänge von Stichproben können auf diese Weise keine Aussagen getroffen werden.

Kriminalpsychologie/forensische Psychologie

Die forensische Psychologie, früher auch »Gerichtspsychologie« genannt, gilt heute zusammen mit der Kriminalpsychologie als Teil der Rechtspsychologie. Diese befasst sich grundsätzlich mit der Anwendung von psychologischen Theorien, Methoden und Erkenntnissen auf die Probleme des Rechtssystems und ist damit eines der ältesten angewandten Teilgebiete der Psychologie. Bereits zu Anfang des 20. Jahrhunderts wurden systematische psychologische Untersuchungen durchgeführt, z. B. hinsichtlich der Glaubwürdigkeit von Zeugenaussagen.

Die forensische Psychologie widmet sich vorwiegend Fragen der Diagnose und Prognose, z. B. der Schuldfähigkeit von Straftätern, ihrer Reifebeurteilung, ihrer strafrechtlichen Verantwortlichkeit et cetera. Sie erstellt Bewährungsprognosen bei Straftätern und befasst sich mit Opferschutz. Die Kriminalpsychologie schließlich befasst sich vorwiegend mit Prognosen und Prävention kriminell abweichenden Verhaltens, z. B. Gefährlichkeitsprognosen, Vandalismus, Drogenkonsum, Resozialisierungsprogrammen, alternativen Sanktionsformen et cetera.

Kritische Psychologie
Der ▶ Begriff der Kritischen Psychologie ist doppelt, wenn auch ähnlich besetzt: 1) Einmal ist er ein Sammelbegriff für alle psychologischen Richtungen, die das vorherrschende ▶ Paradigma der naturwissenschaftlich-empirischen, universitär gelehrten Psychologie als »lebensfeindlich« ablehnen (und angreifen). Kritische psychologische ▶ Schulen basieren entsprechend meistens auf einer marxistisch inspirierten Gesellschaftskritik und wurden mit Rückgriff von ▶ K. Holzkamp auf die Frankfurter ▶ Schule z. B. von P. Brückner oder K. Horn verfochten. 2) Im engeren Sinne ist Kritische Psychologie eine Forschungsrichtung, die der marxistisch-leninistisch orientierte Psychologe ▶ Klaus Holzkamp (1972) an der Freien Universität Berlin begründete, wobei er an Handlungstheorien der sowjetischen Psychologen ▶ S. Rubinstein und ▶ A. Leontjew anknüpfte (▶ kulturhistorische Schule).

Kulturhistorische Schule
Der ▶ Begriff »Kulturhistorische Schule« umschreibt eine seit den 1950er-Jahren in der damaligen Sowjetunion bekannte Schule der Psychologie, die im Wesentlichen auf die Auffassungen von ▶ L. Wygotski, ▶ A. Luria und ▶ A. Leontjew zurückgeht. In Abgrenzung von Annahmen des zu dieser Zeit in den USA und der Bundesrepublik Deutschland vorherrschenden ▶ Behaviorismus wurde die Rolle der von Menschen geschaffenen Zeichen und Symbole betont (Schrift, Wörter, Zahlen, Landkarten, Kunstwerke etc.). Diese, so die Argumentation, würden über Generationen weitergegeben und stünden damit als eine Art kollektives Erbe bereits jedem Kind zur Verfügung. Diesem ermöglichen diese Zeichen und Symbole eine symbolische Repräsentation der Welt, und damit erlange das Kind eine gewisse Unabhängigkeit von den unmittelbar vorgegebenen Reizen. Die Annahmen der kulturhistorischen Schule lagen auch der von ▶ K. Holzkamp vertretenen ▶ Kritischen Psychologie in der Bundesrepublik Deutschland zugrunde.

Künstliche Intelligenz
Die Künstliche Intelligenz (KI) hat zum Ziel, intelligentes Verhalten zu analysieren, um es z. B. dazu zu nutzen, am Computer intelligente Problemlöseprozesse zu entwickeln, Expertensysteme zu bilden, also so zu agieren wie ein Experte auf dem betreffenden Gebiet. KI wird auch genutzt um Verarbeitung natürlicher Sprachen (NLP – *Natural Language Processing*) zu simulieren, Bilderkennung zu gewährleisten et cetera.

Leib-Seele-Problem
In der klassischen Formulierung bei ▶ R. Descartes wird die Frage nach dem Zusammenhang von Leib und Seele in der Weise gestellt, wie eine Wechselwirkung zwischen nicht ausgedehnten denkenden Dingen (*res cogitans*) und teilbaren körperlichen Dingen (*res extensa*) gedacht werden kann. Das Problem stellt sich in ähnlicher Weise auch zeitgenössischen Vertretern eines ▶ interaktionistischen Dualismus, etwa ▶ K. Popper und ▶ J. C. Eccles. Dualisten jedweder Auffassung können bislang jedoch keine begrifflich präzise Beschreibung des Modus operandi einer leib-seelischen Verursachung anbieten.

In der modernen philosophischen Diskussion dieses Problems kommt 1) der Identitätstheorie, 2) dem nichtreduktiven ▶ Materialismus, 3) dem dualistischen ▶ Materialismus und 4) dem ▶ Funktionalismus eine große Bedeutung zu.

Mäeutik
Unter Mäeutik (griech. *maieutike tekne* 'Hebammenkunst') versteht man seit ▶ Sokrates, etwas durch Hebammentätigkeit zum Vorschein bringen. So etwa, wie die Hebamme über die Lage des Kindes im Mutterleib, seinen Gesundheitszustand und den der Mutter zunächst nur begrenzte Informationen hat, um dann mit ihren Handlungen und den fortwährenden Reaktionen von Mutter und Kind darauf dazu beizutragen versucht, ein gesundes Baby zur Welt zu bringen, sucht man in der Mäeutik danach, die Möglichkeiten, die dem jeweiligen Vorgang innewohnen, durch Rückmeldung des anderen zu erfassen und so der Sache an sich zum Erfolg zu verhelfen. Prinzipiell geschieht dies, so wie ▶ Sokrates es auf die ▶ Philosophie bezogen versteht, von einem Standpunkt der Unkenntnis aus. Der Philosoph gibt damit das erste Beispiel induktiven Vorgehens. Hier indem aus verschiedenen Prämissen, die ihrerseits durch Erfahrung bestätigt werden, aufgrund der dann vorgenommenen Schlussfolgerung eine Verallgemeinerung, d. h. eine induktiv gewonnene Wahrheit erreicht werden kann. Das Verfahren wurde später u. a. von ▶ Aristoteles und ▶ F. Bacon weiterentwickelt.

Materialismus
Im wissenschaftlichen Bereich unterscheidet man zwischen einem naturwissenschaftlichen und einem historisch-dialektischen Materialismus.

Der naturwissenschaftliche ▶ Begriff des Materialismus beschreibt eine Weltanschauung, der zufolge die Realität und alles Geschehen materieller Art ist. Ein über oder hinter den Dingen »obwaltender selbständiger Geist« wird nicht in Betracht gezogen. Der Geist eines Menschen, das Denken etc., wird vielmehr auf Kräfte der Materie bezogen. Die Wirklichkeit kann daher allein von der Physik her erklärt und Bewusstseinsphänomene auf physische Prozesse im zentralen Nervensystems zurückgeführt werden. Diese Form des Materialismus hat eine Tradition, die bis in die Antike zurückreicht und u. a von ▶ T. Hobbes in eine umfassende materialistische ▶ Philosophie integriert wurde, gemäß der sich alle Daseinsformen in Bewegung ausdrücken. Im 18. und 19. Jahrhundert wurden materialistische Anschauungen erneut aufgegriffen. Im 20. Jahrhundert galten insbesondere die Befürworter des ▶ Behaviorismus als Unterstützer materialistischer Anschauungen.

Mechanismus
Man versteht unter dem ▶ Begriff »Mechanismus« die Auffassung, dass die Mechanik alles in der Natur Vorkommende vollständig beschreiben könne. Die Bezeichnung wird häufig in Verbindung mit der Descartes'schen ▶ Naturphilosophie, ▶ T. Hobbes' Metaphysik und der Systematisierung der klassischen Mechanik bei ▶ I. Newton gebraucht. Die wirkliche Welt, so die Auffassung des Mechanismus, bestehe ausschließlich aus ausgedehnten Dingen in Bewegung oder Ruhe, die den Gesetzen der Mechanik folgen, so dass aufgrund einer Position in der Gegenwart auch zukünftige Positionen vorausgesagt werden könnten (▶ Determinismus).

Menschenbild
Viele Disziplinen in der Wissenschaft haben ihr eigenes Menschenbild. Es wird meist durch die Arbeit bedeutender Fachvertreter geprägt (N. Kopernikus, ▶ C. Darwin, K. Marx, ▶ S. Freud etc.) und dient als Rahmen für die jeweils bevorzugten ▶ Paradigmata bei der Untersuchung menschlichen Seins und Erlebens. So hat z. B. die Grundhaltung, der zufolge der Mensch

hauptsächlich als ein »von Gott«, »von der Biologie« oder »von der Gesellschaft« geprägtes Wesen angesehen wird, bedeutsame Rückwirkungen auf die Betrachtung seines »Wesens« bzw. seines »Verhaltens« bzw. seines ▶ »Handelns«.

Gegenwärtig sind verschiedene Menschenbilder im Umlauf, die es ermöglichen, einen Menschen unter ganz verschiedenen Blickwinkeln zu betrachten. Man kann ihn z. B. als selbstverantwortlich und rational handelndes Individuum ansehen (▶ Rationalismus), als die derzeit sich überlebensfähig zeigende Art in der phylogenetischen Entwicklung, als eine analog zu Computern funktionierende Maschine, als etwas Besonderes, das über allen denkbaren physiologischen bzw. kybernetischen Steuerungsmechanismen steht bzw. sich durch (Geistes)Kräfte auszeichnet, die sich letztlich einer (natur)wissenschaftlichen bzw. mathematischen Erklärung entziehen (▶ Phänomenologie), und man kann den Menschen als verschiedenen (neuro)physiologischen Parametern ausgesetztes und von diesen (teilweise) gesteuertes Wesen betrachten (neurowissenschaftliche Betrachtungsweise).

Metapher
In der Regel verwendet man zur Bildung einer Metapher (abgeleitet vom griech. *metaphora; meta* 'nach', *pherein* 'hinübertragen') zwei Gegenstände, einen primären, dem eine neue Bedeutung verliehen wird, und einen sekundären, von dem die neue Bedeutung »geholt« wird. Letzterer wird oft auch als sogenannter Filter bezeichnet, durch den der erste Gegenstand betrachtet wird. Im Zusammenhang gesehen bilden sie ein Modell für die dem primären Gegenstand unterstellten Zuschreibungen.

Metaphysik
Die Metaphysik ist eine philosophische Disziplin in der (Spät)Antike und im Mittelalter, die als Wissenschaft vom »Seienden« (▶ Ontologie), vom Wesen der Welt (Kosmologie), von der philosophischen Anthropologie (Existenzphilosophie) und vom Wesen Gottes (Theologie) gleichzeitig Grundwissenschaft aller ▶ Philosophie ist.

Abgeleitet vom griechischen *ta meta ta physika* war damit zunächst nicht mehr als ein Hinweis für die Bibliothekare verbunden, der deutlich machen sollte, dass in diesem Fall nach Büchern in den Archiven zu suchen sei, die »hinter denen stehen, die sich mit realen Naturdingen befassen«. Die Metaphysik gilt als »überempirisch«, also über alle mögliche Erfahrung hinausgehend und transzendent, somit dasjenige enthaltend, was einen ▶ Begriff als ▶ a priori gegeben darstellt. Für viele Wissenschaftler des 19. und 20. Jahrhunderts drücken metaphysische Behauptungen indes keinerlei Erkenntnis aus. Gemäß dem ▶ logischen Positivismus z. B. sind metaphysische Behauptungen reine Gefühlsäußerungen, die wissenschaftlich gesehen sinnlos sind und deshalb abgelehnt werden.

Monismus
Monismus (griech. *monos* 'einzig, allein') ist die Bezeichnung für Theorien, die entweder die Existenz ausschließlich einer Substanz behaupten oder die erklären, dass alles Seiende aus einem Grundprinzip erklärt werden kann. Der antike ▶ Begriff wurde, insofern er für die Psychologie von Bedeutung war, von ▶ C. Wolff wieder aufgegriffen. Er unterschied mit dieser Einheitslehre des Monismus auch die Philosophen, die sich als Monisten erwiesen, in Materialisten oder Idealisten.

Moralstatistik
Die von A. Quételet stammende Bezeichnung der *statistique morale* steht für eine empirische Forschungsrichtung im 19. Jahrhundert, die sich unter besonderer Berücksichtigung

demografischer (Geburt, Eheschließung, [un]eheliche Kinder) und *kriminalistischer Daten* (Morde, Selbstmorde etc.) mittels *quantitativer Methoden* um die Erfassung sozialer Gegebenheiten und Vorgänge bemühte. Der Ursprung, Quételets Buch *Sur L'Homme et le développement de ses facultés ou essai de physique sociale* aus dem Jahre 1835, spiegelt die Umwälzungen der frühen Industrialisierung und das damit verbundene Bemühen, *Gesetzmäßigkeiten der großen Zahl* zu ermitteln. Heute gilt die Moralstatistik als Vorläuferin der quantifizierenden ▶ Strömung innerhalb der empirischen psychologischen Forschung.

Naturalismus
Im Bereich des Naturalismus (lat. *naturalis* 'natürlich') unterscheidet man einen ontologischen, oft auch als ▶ Materialismus bezeichneten Naturalismus und einen erkenntnistheoretischen Naturalismus. Der *ontologische Naturalismus* zielt darauf ab, alles Seiende auf kausal bestimmte Kräfte in der Natur zurückzuführen und damit auf Kräfte und ▶ Entitäten, mit denen sich die Naturwissenschaft beschäftigt. Die Existenz eines Gottes wird ebenso geleugnet wie die eines freien Willens, der den Menschen von der übrigen Natur abhebt. Diese Form des ontologischen Naturalismus erlebte gegen Ende des 19. Jahrhunderts seine Blütezeit, z. B. in Form von Biologismus und ▶ Physikalismus.

Der *erkenntnistheoretische Naturalismus* beinhaltet die Auffassung, alles Seiende sei mithilfe von naturwissenschaftlichen Methoden zu erklären und zu beschreiben. Wichtige Vorläufer des erkenntnistheoretischen Naturalismus sind der ▶ Pragmatismus und der ▶ logische Positivismus. Letzterer spielte in den 1930er- und 1940er-Jahren in Amerika eine wichtige Rolle. Heute sind ▶ evolutionstheoretische ▶ Erkenntnistheorien die wichtigste Spielart dieser Form des Naturalismus.

Naturphilosophie
Die Naturphilosophie widmet sich der Deutung und Erklärung der Natur im Ganzen. Dazu zählt auch deren historische und naturwissenschaftliche Erforschung. Ziel ist die Zusammenfassung und Vereinheitlichung unseres gesamten Wissens von der Natur, die Klarstellung naturwissenschaftlicher Grundbegriffe wie Substanz, Materie, Kraft, Raum, Zeit, Leben und Entwicklung, um Gesetzmäßigkeiten des Naturgeschehens zu erfassen.

In der Antike wurde durch die Naturphilosophie z. B. die Lehre von den vier Elementen verbreitet (Wasser, Feuer, Luft, Erde), im Mittelalter wurde sie von Denkern wie ▶ T. von Aquin, ▶ Albertus Magnus, R. Bacon und ▶ W. von Ockham weiterentwickelt. Mit Beginn der Neuzeit wurde die Naturphilosophie sowohl in einer eher dem ▶ Vitalismus als auch in einer eher dem Newton'schen ▶ Mechanismus nahestehenden Weise weiterentwickelt. Zudem erhielt sie in Form der theoretischen Naturlehre eine große Bedeutung bei der Erforschung des Weltalls (z. B. durch N. Kopernikus, J. Kepler und ▶ I. Newton). Erst zu Beginn des 18. Jahrhunderts wurde zwischen theoretischer bzw. spekulativer (*physica speculativa*) und exakter, d. h. auf Tatsachenfeststellung begründeter Naturlehre (*physica empirica*) unterschieden. In der Gegenwart wird die Naturphilosophie als Theorie, Kritik und ▶ Erkenntnistheorie der Naturwissenschaft aufgefasst, wie dies z. B. in Nicolai Hartmanns Buch *Der Aufbau der realen Welt* (1940) deutlich zum Ausdruck kommt.

Naturrecht, Naturrechtsdenken
Der ▶ Begriff des Naturrechts leitet sich ab vom lat. Begriff des *jus naturae*, also des 'Rechtes, das durch die Geburt des Menschen gegeben ist', und beschreibt eine Rechtsnorm, die sich aus dem menschlichen Dasein ergibt und somit eigentlich nicht rechtlicher, sondern moralischer Inbegriff derjenigen ethischen Grundnormen ist, die für das sogenannte positive Recht, also eines,

das durch Gesetze geschaffen wurde, verbindlich sein sollte. Das positive Recht kann jedoch durchaus »moralfrei« sein wie z. B. während der Nazidiktatur, wohingegen nicht jede moralische Norm, z. B. Taktgefühl oder Rücksichtnahme, rechtlich fixiert sein muss. Das Naturrecht ist somit als der Bereich zu verstehen, in dem positives Recht und Moral sich überschneiden, also rechtliche Normen und moralische Normen gesetzlich rechtfertigt sind. Naturrechtsbewegungen versuchen entsprechend, positives und moralisches Recht einander anzunähern.

Netzwerkmodell
Bei Netzwerkmodellen unterscheidet man grundsätzlich semantische und künstliche (neuronale) Netze. *Semantische Netze* stellen eine Form der Repräsentation von Wissen im Gedächtnis dar, wodurch die semantischen Beziehungen von Bedeutungsinhalten modelliert werden. Die bekannteste Theorie im Bereich der Wissenspsychologie ist die sogenannte ACT-Theorie (*Adaptive Character of Thought*) von Anderson (1983, 1993), die einen Algorithmus zur Konstruktion propositionaler Netzwerke für Sätze angibt. Bei der Aktivierungsausbreitung senden Einheiten im Netzwerk, die eine Mindestaktivierung aufweisen, Aktivierung an benachbarte, mit ihnen assoziierte Einheiten.

Künstliche neuronale Netze wurden ursprünglich als mathematische Modelle zur Computersimulation der Informationsverarbeitung biologischer Systeme konzipiert. Sie haben aber auch davon unabhängig an Bedeutung gewonnen, z. B. bei der Lösung von Programmierungsparadigmen. Dazu gibt man eine bestimmte Netzwerkstruktur und eine definierte Lernregel vor, nach der sich das Netz an die zu lernende Funktion anpassen kann, und »trainiert« dann das künstliche Netz. Künstliche neuronale Netze beschreiben im Prinzip immer die Eingangs-Ausgangs-Beziehungen eines einzelnen Neurons, seine Verknüpfungsstruktur und Vorwärts- bzw. Rückwärtskoppelungen (Feed-forward-Hemmung, Feedback-Hemmung).

Neuroethik
Die Neuroethik befasst sich zum einen mit Fragen ethischer Implikationen neurowissenschaftlicher Erkenntnis- und Handlungsmöglichkeiten, z. B. der Legitimität von neurotechnologischen Eingriffen und den Aussagemöglichkeiten bildgebender Verfahren. Zum anderen geht es darum, wie neurowissenschaftliche Erkenntnisse auf die Gesellschaft und deren ethisch-anthropologische Grundkonzepte zurückwirken. Der Gegenstandsbereich der Neuroethik erschöpft sich somit nicht in medizinischen Problemstellungen und deren Bereichsethik, sondern geht über einen neurologisch-psychiatrischen Bereich insoweit hinaus, als nicht nur medizinisch relevante, sondern jegliche Handlungen betroffen sind. Dies geschieht mit dem Ziel, sie durch Anwendung bestimmter Methoden zu verändern.

Für die Inanspruchnahme einer eigenständigen Bereichsethik spricht, dass ein Hauptmerkmal neurowissenschaftlicher Handlungen darin besteht, dass sie mit den Themen der sensorischen Wahrnehmung und Willkürmotorik das Verhalten eines Individuums in Bezug auf seine (Um)Welt zum Gegenstand haben, wobei auch intraindividuelle Variablen wie Denkvermögen, ▶ Gefühle, Motive etc. unmittelbar und präzise erforscht werden. Durch ein Zusammenspiel intra- und interpersoneller Variablen, z. B. durch die Gabe von Drogen, wird eine qualitativ »eigene Klasse von Handlungen« geschaffen, was normativ eigenständige Probleme aufwirft.

Objektivierung
Eine objektive Erkenntnis beansprucht sachliche Allgemeingültigkeit, da sie vorgibt, eine vom empirischen Subjekt, von seiner kulturellen und historischen Realität unabhängige Erkenntnis darzustellen. Das Kriterium für eine Objektivierung ist eine unmittelbar erfahrbare Gegenstandswelt (▶ Empirismus). Dem gegenüber steht die Ansicht, dass die Gesamtheit der

gewonnenen Aussagen über diese Welt sowohl vorläufig als auch in ihrer Gesamtheit nicht erfassbar sei und sich die Unmittelbarkeit der Gegenstandswelt nur durch die Subjektivität des Erlebens gewinnen lasse. Auch gemäß den Prämissen der ▶ evolutionären ▶ Erkenntnistheorie ist sowohl der Wahrnehmungsprozess als auch die Repräsentation der Außenwelt im Gehirn subjektiv geprägt. Deshalb gilt eine Überführung von intersubjektiver Wahrheit, welche in der kulturell-methodologischen Perspektive verhaftet bleibt, in eine »wahre Objektivierbarkeit« als unmöglich. Dessen ungeachtet reklamiert die auf ▶ Induktion gegründete naturwissenschaftliche Psychologie eine Objektivierung als Kriterium der Dignität ihrer Urteile.

Objektivität

Objektivität zu gewinnen, also eine vom Einzelnen unabhängige Ansicht von der Natur zu erreichen, die für jedes erkennende Subjekt gültig ist, ist Ausdruck derjenigen Richtung der ▶ Erkenntnistheorie, die sich vom Erfassen realer Gegenstände und »objektiver« Ideen Erkenntnis verspricht; sie steht damit im Gegensatz zum Subjektivismus. Auch wenn von manchen Philosophen bezweifelt wird, dass das Bewusstsein eines Menschen, d. h. die Subjektivität phänomenaler Zustände, je dazugehören kann, wird auch hier eine gewisse »subjektinvariante« Sicht der Dinge bevorzugt. Die Psychologie als eine Wissenschaft, die sich mittels eines subjektinvarianten Bewusstseins mit Konstituenten des Bewusstseins befasst, sieht in dem Bemühen, vermeintlich private Zustände zum Gegenstand objektiver Untersuchungen zu machen, eines ihrer Hauptziele.

Okkultismus

Der ▶ Begriff des Okkultismus (lat. *occultus* 'verborgen') ist ein Sammelbegriff für – auch psychologische Aspekte enthaltende – Lehren und Verfahren, deren Grundlage der Glaube ist, dass alle Dinge zu »einem einzigen Insgesamten« (▶ Ontologie) gehören und zueinander in notwendigen zielgerichteten Beziehungen stehen, die weder zeitlich noch räumlich zu betrachten bzw. zu fragmentarisieren sind, sich also als übersinnlich und deshalb methodisch unauflösbar darstellen. Es sollen auf diese Weise u. a. »geheime Naturkräfte« erforscht und für praktische Zwecke nutzbar gemacht werden, z. B. bestimmte Lichterscheinungen oder bedeutsame Klopfgeräusche. Zu den Verfechtern dieser Richtung der Psychologie im ausgehenden 19. und beginnenden 20. Jahrhundert gehören u. a. ▶ M. Dessoir und O. Goldberg. Auch die ▶ Parapsychologie wird gelegentlich, wenn auch fälschlicherweise als dem Okkultismus nahestehend betrachtet.

Ontologie

In der ▶ Philosophie versteht man unter Ontologie (griech. *on* 'Seiendes', griech. *logos* 'Erklärung, Lehre') die Lehre vom Existenten bzw. Seienden, die nach den Grundeigenschaften bzw. Grundfunktionen des Existierens (dem »Dasein«) fragt, nicht aber nach Einzelqualitäten der verschiedenen Existenzen (dem »Sosein«). Die Lehre vom »Seienden« soll ein »Erkennen der Welt« ermöglichen und hat gleichzeitig zum Inhalt, dass aus der Gegenüberstellung des »an sich Seienden« und des »tatsächlich Erkannten« eine Problemstellung entsteht, die durch ▶ Erkenntnistheorien zu lösen versucht wird. Die Ontologie, die diese »Wesenheit des Seienden« zum Gegenstand hat, sieht sich mit keiner anderen geistes- oder kulturwissenschaftlichen Teilwissenschaft identisch, denn keine andere erforscht das Seiende allgemein, sondern immer nur einen Teil davon, so etwa auch die Psychologie.[1]

---

[1] Heute ist der Begriff »Ontologie« im Bereich der ▶ Künstlichen Intelligenz (KI) und der ▶ Kognitionswissenschaft gebräuchlich. Dort bezeichnet er meist hierarchische Ordnungen von ▶ Begriffen.

Während ▶ I. Kant die »Ontologie« als Bezeichnung für die »Metaphysik des Seins« noch als unhaltbar abtat und durch seine »Transzendentalphilosophie« ersetzte, wird im 20. Jahrhundert der ▶ Begriff wieder verwendet. Als führend in diesem für heutige Psychologen meist recht diffus erscheinenden Gedankengebäude gilt allerdings wieder ein Philosoph – ▶ Martin Heidegger (1993). Er unterscheidet im Rahmen der sogenannte ontologische Differenz zwischen einem bloßen Sosein – psychologisch ausgedrückt: einer teilnahmslosen Beobachtung – und einer Seinserfahrung – psychologisch ausgedrückt: durch verschiedene Wertungen – und leitet aus der Differenz der beiden Zustände wichtige Grunderfahrungen des Menschen ab.

Operationalisierung

Folgt man den Prinzipien der Operationalisierung, so sind ▶ Begriffe in ihren Definitionen immer an bestimmte überprüfbare Operationen zu knüpfen, um überhaupt sinnvoll zu sein. Ansonsten, so die Befürworter dieser These, seien sie für wissenschaftliche Zwecke unbrauchbar. Als Operationen kommen entsprechend nur Test- oder Messverfahren infrage, die objektive Resultate liefern (▶ Objektivität). Einen ▶ Begriff operational definieren heißt folglich, anwendbare Kriterien oder Methoden anzugeben, die eindeutig festlegen, wie jener ▶ Begriff auf bestimmte Untersuchungsgegenstände zu beziehen ist. In der Psychologie entstammen die Protagonisten der Idee einer Operationalisierung dem Lager des ▶ Pragmatismus. Enge Bezüge ergeben sich auch zum ▶ Behaviorismus und zum ▶ Konstruktivismus.

Panpsychismus

In der Denkrichtung des Panpsychismus werden nicht nur in der belebten, sondern auch in der unbelebten, anorganischen Natur seelische Vorgänge angenommen. Für die Psychologie verbindet sich der ▶ Begriff des Panpsychismus am häufigsten mit dem Namen ▶ G. T. Fechner, denn dieser war mit und durch diese Auffassung des Panpsychismus, der er anhing, mit ausschlaggebend für die Entwicklung der ▶ Psychophysik, und die Beziehung zwischen psychischen und physischen Phänomenen, zwischen Leib und ▶ Seele, beschäftigte ihn anhaltend.

Paradigma, Paradigmenwechsel

In der ▶ Wissenschaftstheorie versteht man unter dem ▶ Begriff des Paradigmas (griech. *paradeigma* 'das Vorbild') das Grundkonzept der Voraussetzungen und Vorannahmen der wissenschaftlichen Weltanschauung einer Zeit oder einer ▶ Schule. Als Verständigungsmittel zwischen Wissenschaftlern einer Zeit sind Paradigmen unerlässlich. Sie sind durch Konservativität und Selbstimmunisierung gegen Widerlegung geschützt, was einen fälligen Paradigmenwechsel verhindert.

Zu den bekanntesten Beispielen für einen Paradigmenwechsel in der Wissenschaftsgeschichte gehören u. a. 1) der Wechsel vom ▶ aristotelischen Weltbild von *Physis* (Natur und Geist des Menschen einschließend) und *Techne* (Kunst der Fertigung) zum Vorschlag ▶ R. Descartes', unter »Natur« sowohl *Physis* als auch *Techne* zu fassen und dieser den ▶ Begriff des Geistes entgegenzustellen (*res extensa* vs. *res cogitans*); und 2) die Ersetzung des geschlossenen und geordneten geozentrischen (ptolemäischen) Weltbilds durch ein »dynamisch« aufzufassendes heliozentrisches – die sogenannte kopernikanische Wende.

Ein jedes Paradigma bestimmt sich immer auch durch eine gemeinsame intuitive Grundeinstellung gegenüber einem bestimmten Bereich von Phänomenen. Diese Einstellung legt fest, welcherart Probleme überhaupt als wichtig und relevant anerkannt werden und welche Lösungsmethoden man für zulässig hält.

Wesentliche Determinanten für das (Fort-)Bestehen eines bestimmten Paradigmas sind politische Machtverhältnisse, finanzielle Ressourcen und Zeitgeist. So gesehen werden die

Phänomene, die zu untersuchen sind, von der jeweiligen Scientific Community zum Teil »mitkonstruiert«. Folgt man der gängigen These ▶ T. Kuhns (1967), so entstehen am »Übergang« von einem Paradigma zum nächsten, z. B. vom ▶ Behaviorismus zur ▶ Kognitionswisssenschaft, sogenannte Instabilitäten, d. h., es werden bestimmte »Anomalien« erkannt, welche zur Destabilisierung eines Paradigmas beitragen und unter Umständen zu einer Krise führen (Inkommensurabilität). Nicht selten bestehen aber auch verschiedene Paradigmen nebeneinander. So konkurriert z. B. in der heutigen Psychologie das Paradigma der ▶ Synergetik mit anderen, z. B. mit reduktionistischen Ansätzen.

Parallelismus
Der Vorstellung eines Parallelismus liegt die Überzeugung zugrunde, dass Geist und Körper zwei unabhängige Größen darstellen, die aufeinander keinerlei kausalen Einfluss ausüben. Zu den Vordenkern eines »Parallelismus von Geist und Körper« gehören neben ▶ G. W. Leibniz (vgl. Schneiders 1983) ▶ J. H. Jackson (vgl. Smith 1982) und T. H. Huxley. Während ▶ G. W. Leibniz die Ansicht vertrat, dass beiden Einflussgrößen, Körper und Geist, eine Art übergeordneter Harmonie innewohne, die einen Gleichklang verursache, ohne dass er durch Wechselwirkungen zu erklären sei, war ▶ J. H. Jackson z. B. der Auffassung, dass das, was man gemeinhin ▶ »Seele« oder »Geist« nannte, psychische Zustände waren, die zeitgleich mit einigen, wenn auch nicht allen nervösen Prozessen auftraten.

Parapsychologie
Parapsychologie hat, als akademische Disziplin verstanden, nichts mit Kristallkugeln, Tarotkarten und Hokuspokus zu tun. Der von ▶ M. Dessoir 1889 geprägte ▶ Begriff der Parapsychologie (griech. *para* 'neben, bei, entlang von') steht vielmehr für den Versuch einer psychologischen Teildisziplin, mit empirischen Methoden der Sozial- und Naturwissenschaft »okkulte« bzw. »übersinnliche« Erscheinungen (▶ Okkultismus) auf ihren möglichen Tatsachengehalt hin zu untersuchen.

Parapsychologische Phänomene werden unter zwei Aspekten untersucht: zum einen unter dem Aspekt einer möglichen Wahrnehmung außerhalb der bekannten Sinnesorgane des Menschen (Telepathie, Hellsehen) und zum anderen unter dem Aspekt einer möglichen (Fern-)Wirkung der Psyche auf andere physikalische und biologische Systeme (Psychokinese, Telekinese).

Die Stellung der Parapsychologie in der akademischen Psychologie gilt als umstritten. Als Teilgebiet wird sie von manchen Forschern nur unter der Prämisse akzeptiert, dass die Leichtgläubigkeit breiter Bevölkerungsschichten einer exakten naturwissenschaftlichen ▶ Aufklärung bedarf. Man sollte, wenn überhaupt, Parapsychologie betreiben, um okkult Erscheinendes letztlich als naturwissenschaftlich beweisbar zu »enttarnen«. Gegen das Fachgebiet wird auch ins Feld geführt, dass experimentelle Beweise und eine kohärente Theorie für paranormale Kräfte bislang noch ausstehen. Alles in allem herrscht, was die Parapsychologie angeht, in der akademischen Psychologie die Ansicht vor, dass das Beweisbare eben weniger interessant, das Interessante, z. B. Spukerscheinungen, jedoch weniger beweisbar sei. In Deutschland werden parapsychologische Phänomene gegenwärtig an dem von ▶ H. Bender gegründeten Institut für Grenzgebiete der Psychologie und Psychohygiene an der Universität Freiburg untersucht.

Phänomenologie
Die Lehre der Phänomenologie (griech. *phainomenon* 'das Erscheinende', *logos* 'Lehre') versucht, durch ▶ Intentionalität, d. h. gerichtetes Bewusstsein auf einen Gegenstand, zu beschreiben, wie Gegenstände verschiedener Art mit bestimmten Bewusstseinsakten verknüpft sind.

Besonders durch den auf ▶ F. Brentano und ▶ E. Husserl zurückgehenden ▶ Begriff der ▶ Intentionalität wurde seitens der phänomenologischen Philosophie dem seit Anfang des 20. Jahrhunderts zum Ausdruck gebrachten Anspruch der Psychologie auf Untersuchungen von »Erscheinungen des Bewusstseins« zu begegnen versucht. Ein solcher »vorschneller Psychologismus«, so die Philosophen, trachte nämlich danach, die Gesetze der Logik durch neue, experimentell erkannte psychische Gesetzlichkeiten (z. B. bestimmte Annäherungs- oder Vermeidungsstrategien) zu erklären. Jedoch seien die fraglichen Feststellungen der Psychologie ausnahmslos auf die intuitive, anschauliche Selbstgegebenheit der Phänomene des Bewusstseins zurückzuführen. Psychische Phänomene seien nämlich, im Unterschied zu physischen, grundsätzlich immer auf etwas gerichtet und deshalb immer im Bewusstsein von etwas inbegriffen. Die notwendige Evidenz ergebe sich durch die unzweifelhafte Selbstgegebenheit des intentional Vermeinten. Gerade dies erfordere aber, sich laufender Urteile über das »Sein oder Nichtsein von Gegenständen« (▶ Positivismus) zu enthalten und nur zu betrachten, nicht aber experimentell zu induzieren, was als Phänomen in der Korrelation von gerichtetem Bewusstsein auf etwas (z. B. wahrnehmen, erinnern, lieben etc.) und dem betrachteten Gegenstand gegeben sei. Gegenstand der Phänomenologie ist gleichwohl keineswegs – wie die Psychologie ihrerseits nun gerne behauptet – der (nicht generalisierbare) Einzelfall intentionalen Erlebens bei ganz bestimmten Menschen, sondern es sind die wesensmäßigen Grundgesetze der Erlebnisse, die als Basis dafür angesehen werden, wie sich die Gegenständlichkeit der Welt im Bewusstsein des Einzelnen konstituiert. Dieser Zusammenhang zwischen Selbstbewusstsein und Erlebnissen erlaube, so die Phänomenologen, eine Fülle von Analysen bezüglich des Gegenwartsbewusstseins einer Person, in das vergangene und künftig zu erwartende Erlebnisse einfließen.

Philosophie

Die Philosophie (griech. ʽWeisheitsliebeʼ) umfasst die Suche nach der Natur der Dinge mittels gegenstandslosen Denkens. Man erhofft davon außerordentliche Aufschlüsse über die »Dinge«, welche das ganze Sein des Menschen umfassen. Dieser hohe Anspruch lässt bis heute trotz jahrtausendelanger Bemühungen aufgrund der Komplexität der Materie keine Einmütigkeit über das jeweils Erkannte zu. Das hängt u. a. damit zusammen, dass philosophisches Denken nicht, wie das anderer Wissenschaften (z. B. der Naturwissenschaft oder Medizin), den Charakter eines Fortschrittsprozesses hat. So kann man zwar sagen, man sei in medizinischen Fragen weiter vorangeschritten als z. B. ▶ Hippokrates, aber nicht, man sei in philosophischen Fragen weiter vorangeschritten als z. B. ▶ Platon. Gleichwohl gilt die Philosophie auch im Jahrhundert der Leitwissenschaft von Neuro- bzw. Naturwissenschaft demjenigen immer noch als eigentliche »Königsdisziplin«, die ein Erkennen von Wahrheiten »über das Sein des Menschen« höher einschätzen als jede andere wissenschaftliche Erkenntnis.

Phrenologie

Der ▶ Begriff »Phrenologie« (griech. *phren* ʽGeist, Verstandʼ), die Schädellehre, bezeichnet die von ihrem Begründer ▶ F. J. Gall zunächst als Kranioskopie (griech. *kranion* ʽSchädelʼ, *skopein* ʽbetrachtenʼ) benannte Lehre, nach der psychische Eigenschaften und der Charakter des Menschen aus der Form des Schädels erkennbar sein sollen. Bestimmte besonders ausgeprägte bzw. wenig ausgeprägte Hirnbezirke machen sich demnach in Form von Vorwölbungen bzw. Eindellungen des Schädels bemerkbar, so dass man glaubte, aufgrund einer Schädelvermessung, der Kranioskopie, Rückschlüsse auf entsprechende Fähigkeiten und Charaktereigenschaften eines Menschen ziehen zu können. ▶ Galls Lehre wurde noch zu seinen Lebzeiten heftig angegriffen und in der europäischen Anthropologie und Medizin verworfen, nicht aber in der

▶ Alltagspsychologie und erst viel später im akademischen Denken im nichteuropäischen Ausland, z. B. in den USA.

Physikalismus
Der ▶ Begriff des Physikalismus umschreibt eine Anschauung, die alles für mehr oder weniger sinnlose Forschungsarbeit hält, was nicht mit den Methoden und der Sprache der Physik darstell- bzw. ausdrückbar ist. Zum Physikalismus neigt z. B. sowohl der ▶ Neopositivismus als auch der Neorealismus.

Seitens der ▶ Philosophie wird diesem Ansatz entgegengehalten, dass er nur von jenen Naturwissenschaftlern vertreten werde, die von ▶ Philosophie keine Kenntnis besäßen und deshalb zugunsten der eigenen begrenzten Methodologie und in Unkenntnis anderer Vorgehensweisen diese ablehnten und ihre Ansicht so fälschlicherweise für die einzig richtige hielten.

Placebo-Effekt
Ein medizinisches Wörterbuch aus dem 19. Jahrhundert definiert »Placebo« (lat. 'ich werde gefallen') als vermeintliche Medizin, die vor allem erfreuen soll. Dabei muss es sich nicht um Tabletten oder Tropfen handeln, alles Mögliche (z. B. »Heilwasser«, Talisman) kann als Placebo wirken. In den Neurowissenschaften nimmt man an, dass die Wirkung von Scheinmedikamenten dadurch zu erklären sei, dass sie den Hirnstoffwechsel veränderten, indem sie die Dopaminproduktion anregten, und Dopamin wird normalerweise immer dann ausgeschüttet, wenn eine baldige Belohnung zu erwarten ist. Anders als Medikamente, z. B. Antidepressiva, deren Dosiereinstellung sich über Wochen hinziehen kann, wirken Placebos sofort, d. h., schon nach Tagen sind Änderungen im Gehirn beobachtbar. Sie können allerdings auch ebenso rasch verfliegen. Harmlose, im Sinne von bedeutungslose, Ersatzdrogen sind Placebos jedoch keineswegs, auch wenn das »Ankurbeln« eines körpereigenen Transmitters allein nicht immer genügt. So treten z. B. bei Placebos u. U. dieselben »Nebenwirkungen« auf, die auch bei den entsprechenden Medikamenten zu beobachten sind, z. B. Mundtrockenheit, Müdigkeit oder Benommenheit etc.; selbst Entzugserscheinungen lassen sich nach Absetzen von Placebos beobachten.

Popularphilosophie
Die sogenannte Popularphilosophie wurde insbesondere im 18. und beginnenden 19. Jahrhundert von Literaten betrieben, welche die Aufklärungs-▶ Philosophie Nichtfachleuten zugänglich machen wollten. Zu den bekanntesten Autoren gehören neben ▶ C. Wolff und K. P. Moritz u. a. E. Platner, J. G. Sulzer, T. Abbt, F. Nicolai und C. Garve.

Positivismus, Neopositivismus,
Der (philosophische) Positivismus besteht in seiner klassischen Form gemäß ▶ A. Comte darin, den Fortschritt der Menschheit durch *Denken* in ein *positives, d. h. wissenschaftliches Stadium* zu bringen. Positivisten wollen entsprechend in »kritischer Haltung« *diejenigen Tatsachen ordnen, die sie objektiv zu fixieren und zu isolieren glauben können.*

Der ▶ Begriff, der seit seiner Einführung viele verschiedene Spielarten erfahren hat (z. B. Neopositivismus, logischer Positivismus), umschreibt somit stets die Forderung an die Wissenschaft, *vom tatsächlich Gegebenen,* Sicheren, Zweifellosen (also »positiv Vorhandenen«) auszugehen und Forschung und Darstellung der Daten darauf zu beschränken.[2] Metaphysische

---

2   Jede Darstellung, welche die Ergebnisse von etwas erschließt, beinhaltet jedoch immer auch (spekulative) Deutungen.

Erörterungen werden hierbei als theoretisch unmöglich und praktisch sinnlos angesehen, und Fragen, auf die es nur *eine Antwort* gibt und die *durch Erfahrung nicht kontrollierbar* sind, werden entsprechend als »Scheinfragen« verworfen. Der ▶ Begriff der Wissenschaftlichkeit wird seitens der Positivisten – und damit verbinden sich die größten Probleme für diesen Ansatz – als *content-free* gesehen, d. h. als unbelastet von historischen oder gesellschaftlichen Variablen. Was einmal als wahr erkannt worden ist, muss also unabhängig von den (politischen, sozialen) Umständen sein, unter denen die entsprechenden Daten gewonnen wurden.

Der ▶ Begriff des *Neopositivismus* gilt als Bezeichnung für die durch den sogenannten ▶ Wiener Kreis mitbegründete naturwissenschaftlich orientierte Erkenntnis- und ▶ Wissenschaftstheorie. Das Hauptproblem philosophischer Analyse besteht demgemäß laut ▶ P. R. Carnap (vgl. Stölzner und Uebel 2006) in der Klärung von Sprache und von »wissenschaftlichen Sätzen«, durch die Tatsachen ausgedrückt und dargestellt werden. All diese Sätze müssen in induktiver Weise auf das durch die Erfahrung unmittelbar Gegebene zurückgeführt werden können. Mitunter wird auch der von ▶ K. Popper begründete kritische ▶ Rationalismus als Neopositivismus eingestuft. ▶ K. Popper grenzte sich jedoch eigener Aussage nach vom ▶ Wiener Kreis und dessen »Induktivismus« explizit ab.

Pragmatismus
»Pragmatismus« ist ein von ▶ C. S. Peirce (vgl. Baltzer 1994) geprägter ▶ Begriff für eine in den USA seit dem Beginn des 20. Jahrhunderts verbreitete philosophische Richtung, welche die praktische Bewährung einer Theorie als wesentliches Kriterium der Wahrheit ansieht.

Psychagogik
»Psychagogik« (griech. *agein* 'führen') wurde als ▶ Begriff durch W. Volkmanns *Lehrbuch der Psychologie* (1875) eingeführt. Man verstand das Fachgebiet damals als eine Art Kunst der Menschenführung, die Auskünfte über ein aufgeklärtes, vernünftiges, den gesellschaftlichen Konventionen entsprechendes Verhalten vermittelt. Ein Teil des damit in Beziehung stehenden Wissens stammt aus der sogenannten praktischen ▶ Philosophie, ein anderer aus der sogenannten Ceremonialwissenschaft. Daraus entstand eine Art Ratgeberliteratur zur richtigen Behandlung von Menschen. Heute gilt »Psychagogik« als Sammelbezeichnung für eine Vielzahl pädagogisch-therapeutischer Verfahren im Umkreis von Beratung in schwierigen Entwicklungsphasen, Logotherapie, Atemgymnastik und Entspannungsübungen sowie zur Unterstützung von tiefenpsychologisch orientierten Maßnahmen.

Psychiker
In der ▶ Philosophie versteht man unter dem ▶ Begriff »Psychiker« diejenigen Wissenschaftler, die dem »Psychismus« anhängen und damit der Auffassung sind, dass alles Wirkliche psychischer Natur sei. Im Verlauf des 18. und zu Beginn des 19. Jahrhunderts versuchte man Erkrankungen des Gehirns samt ihrer bizarr anmutenden Symptome mittels moralisch-ethischer Deutungen anzugehen, versuchte, das Leiden der ▶ Seele »an ihr selbst« zu heilen. Dafür standen die sogenannten Psychiker unter den Ärzten, z. B. ▶ J. C. Reil, ▶ E. Horn, A. J. Christian, ▶ J. C. A. Heinroth und ▶ K. W. Ideler. Als Pate für diesen Ansatz fungierte u. a. die »Psychologie« ▶ I. Kants, der bei psychisch kranken Menschen einen »Verlust der ▶ Vernunft« erkannte und deshalb eine »konstante Führung« dieser Menschen forderte.

Darüber hinaus versuchten Vertreter einer psychischen Medizin, die als psychosoziale Variante der somatischen Krankheitslehre gegenüberstand, psychische Krankheiten aus der persönlichen Geschichte und dem individuellen sozialen Umfeld des Patienten zu erklären.

Psychoanalyse
Der ▶ Begriff der Psychoanalyse steht heute für die Weiterentwicklung von ▶ S. Freuds Theorie über die Dynamik des Unbewussten, in der die Untersuchung unbewusster Konflikte und Fantasien im Zentrum des Interesses steht. Damit wird ein Verfahren, bestehend aus freien ▶ Assoziationen, körperlichen und sprachlichen Äußerungen sowie emotionalen und kognitiven Reaktionen auf Äußerungen des Analytikers umschrieben, das dazu dient, seelische Vorgänge zu untersuchen, die ansonsten kaum zugänglich sind. Ziel ist es, durch eine psychoanalytische Therapie unbewältigten (Kindheits)Erlebnissen und deren Wirkung auf die lebensgeschichtliche Erfahrungswelt auf die Spur zu kommen und so das Selbstwertgefühl positiv zu beeinflussen.

Psychologia rationalis
Der Begriff der rationalen Psychologie wurde von ▶ C. Wolff als Bezeichnung für eine Seelenkunde eingeführt, die im Gegensatz zur *empirischen Psychologie* von den »reinen ▶ Begriffen« seelischer Vorgänge und Verhältnisse ausgeht. Begründet wurde die rationale Psychologie durch die *klassische Lehre der »seelischen* ▶ *Vermögen«*, dem Denken, dem Fühlen und dem *Wollen*. In ▶ I. Kants *Kritik der reinen Vernunft* (Abschnitt: Methodenlehre) zählt die rationale Psychologie neben ▶ Ontologie, rationaler Physik und rationaler Theologie zu den vier Hauptgebieten der ▶ Metaphysik (vgl. Kant 1966, S. 705 f.). Als ▶ Metaphysik der denkenden Natur, so der Philosoph, sei die Psychologie als rationale Erkenntnis derselben zu verstehen.

Psychologie, narrative
Entstanden aus einer Reaktion auf die Einseitigkeit der Argumentationsführung in der akademischen Psychologie, entwickelte sich im letzten Drittel des 20. Jahrhunderts die sogenannte narrative Psychologie (lat. *narrare* 'erzählen, berichten'). Ihr zufolge verleiht ein Mensch den verschiedenen Episoden des Lebens aus einer in sich geschlossenen Geschichte, einer Erzählung, den Sinn, den es braucht, um aus einem stimmig gemachten Geschehen eine eigene Identität zu konstruieren und in die ge- und erlebte Umwelt einzubinden.

Psychologie, objektive
Der ▶ Begriff »objektive Psychologie« (lat. *obicere* 'sich zeigen') ist als Sammelbezeichnung für die Theorien zu verstehen, welche die direkte Beobachtung als einziges Erkenntnismittel in der Psychologie akzeptieren. Subjektivierende Methoden, also Beobachtungen, welche aus der ▶ Selbstwahrnehmung (▶ Introspektion) herrühren, werden als methodisch unklar abgelehnt. Neben ▶ I. Pawlows und ▶ W. M. Bechterews Lehre von den bedingten Reflexen zählt auch der ▶ Behaviorismus (▶ J. B. Watson) zur objektiven Psychologie.

Psychopharmakologie
In der Psychopharmakologie, einem interdisziplinären Fach, besetzt von Psychologen, Pharmakologen und Psychiatern, untersucht man sowohl bekannte als auch neue Drogen auf ihre Bedeutung für die Therapie psychischer Erkrankungen. Dabei wirken Psychopharmaka im engeren Sinne wirken auf das zentrale Nervensystem ein, indem sie das Erleben, Empfinden und Verhalten ändern und gezielt zur Linderung oder Heilung psychischer bzw. psychiatrischer Störungen eingesetzt werden können. Psychopharmaka im weiteren Sinne werden eher indirekt zur Behandlung psychologischer Störungsbilder eingesetzt. Sie haben z. B. schlafanstoßende Wirkung (Hypnotika), helfen, epileptische Anfälle zu kontrollieren (Antikonvulsiva), Schmerzen zu dämpfen (Barbiturate), oder dienen dazu, bestimmte psychische Zustände zu

erlangen (Amphetamine, Halluzinogene). Nicht zuletzt sind auch Alkohol, Kaffee und Tee als psychotrope Substanzen und somit als Psychopharmaka einzustufen.

Psychophysik
Die Psychophysik ist ein Teilgebiet sowohl der biologischen Psychologie als auch der experimentellen Psychologie. Sie wurde im Wesentlichen durch ▶ E. H. Weber und ▶ G. T. Fechner in der 2. Hälfte des 19. Jahrhunderts begründet, um die Beziehung zwischen psychischen und physischen Phänomenen zu ergründen. ▶ Fechner formulierte zum ersten Mal den Gedanken, dass es sich bei »körperlichen Entsprechungen« des »Seelischen« nicht um ein statisches Korrelat, sondern um Prozesse handeln könne, seien es ▶ Strömungen oder Schwingungen, und um Änderungen derselben und höhere »Änderungen dieser Änderungen«. Dieser Gedanke der »Änderungen von Änderungen« veranlasste ihn, einen logarithmischen Zusammenhang zwischen physischen und psychischen Prozessen anzunehmen und entsprechende mathematische Transformationssysteme anzuwenden.

Aus dem von ▶ Fechner entwickelten »Grundgesetz«, nach welchem die erlebte Intensität proportional zum Logarithmus des physikalischen Reizes wächst, entwickelte sich unter seinen Nachfolgern, z. B. ▶ W. Wundt, die Experimentalpsychologie. ▶ Fechners Arbeiten hatten über ▶ E. Kraepelin starke Auswirkungen auf die Psychiatrie.

Eine der wichtigen Fragen der Psychophysik ist heute die Frage nach der Bestimmung der Gegenwart und damit nach dem »Jetzt-Empfinden« eines Individuums, da die Prozesse, die physikalische Energie in physiologische Signale umwandeln, je nach Sinnesorgan unterschiedlich viel Zeit brauchen und dadurch das Empfinden der unmittelbaren Gegenwart bestimmen.

Psychotechnik
Das Fachgebiet der Psychotechnik wurde von seinem Protagonisten, ▶ Hugo Münsterberg, als eine Kulturaufgabe verstanden, die im Wesentlichen aus Berufsberatung und Personalauslese bestand. Dadurch war der ▶ Begriff bereits Anfang des 20. Jahrhunderts ein Synonym für psychologische Eignungsprüfungen geworden. So wurden z. B. Straßenbahn- und Lokomotivführer daraufhin getestet, wie sie mit Kurzschlüssen bzw. Entgleisungen umgehen konnten, um die »Besten, die Brauchbaren und die Ungeeigneten« (Münsterberg 1912, S. 70) voneinander trennen zu können. Ähnliches galt für die Auswahl von Telefonistinnen, Kraftfahrern und Schiffsoffizieren. Damit war indirekt auch der Weg von der Psychotechnik zur Psychodiagnostik vorgezeichnet.

Quantenmechanik
Die heutige Quantenmechanik liefert Wahrscheinlichkeiten für jedes beobachtbare Ergebnis, denn der Heisenberg'schen Unbestimmtheitsrelation zufolge ist die Natur an sich indeterministisch, und das bedeutet, dass sowohl Zukunft als auch Vergangenheit im Prinzip immer offen sind. Zutage tritt dieser Indeterminismus am deutlichsten in atomaren Größenordnungen. Hier wird deutlich, dass die beobachtbaren Größen, die ein System charakterisieren, von einem Moment zum anderen mit einer gewissen Unschärfe variieren. Zum Beispiel kann ein Elektron, das auf ein Atom auftrifft, in viele unterschiedliche Richtungen abprallen, und normalerweise lässt sich das Ergebnis nicht exakt voraussagen – es gibt zu viele alternative »Zukünfte« bzw. Realitäten. Dazu liefert die Quantenmechanik die Wahrscheinlichkeiten für jedes beobachtbare Ergebnis. Sie gibt aber nicht an, kann nicht angeben, welche der möglichen »Zukünfte« eines einzelnen Ereignisses Wirklichkeit werden wird.

Rationalismus

Man fasst unter dem ▶ Begriff des Rationalismus die Gesamtheit aller philosophischen Richtungen zusammen, die auf verschiedene Arten die ▶ Vernunft (lat. *ratio*), das Denken, den Verstand und die logische Ordnung der Dinge in den Mittelpunkt ihrer Betrachtung stellen. Der ▶ Begriff räumt der Ratio eine unbeschränkte Herrschaft ein, gegen die durch keine »höhere Macht« angegangen werden kann. Für metaphysische Vorstellungen (▶ Metaphysik) bleibt hier folglich kein Raum mehr. Ersten Ansätzen im Altertum folgend, erhielt der Rationalismus im 17. und 18. Jahrhundert u. a. durch ▶ R. Descartes, ▶ G. Leibniz und ▶ C. Wolff großen Auftrieb, wohingegen ihn die Empiristen (▶ Empirismus), unter ihnen ▶ J. Locke und ▶ D. Hume, naturgemäß intensiv bekämpften. Rationalismus galt gleichwohl lange als Denkweise der ▶ Aufklärung und als Inbegriff wissenschaftlichen »Glaubens« an eine unbegrenzte menschliche Erkenntnisfähigkeit. Wissenschaftlich zu arbeiten, bedeutete folglich, eine quasi »wertfreie Wissenschaft« zu betreiben, die nicht zuletzt auch mathematisch-naturwissenschaftlich darstellbar ist. Diesen Grundsätzen des Rationalismus verschrieben sind neben dem historischen ▶ Materialismus insbesondere auch der ▶ Pragmatismus und der ▶ Physikalismus. Alle ▶ Strömungen romantischen Denkens (z. B. Schopenhauer, Kierkegaard) werden innerhalb des Rationalismus ebenso abgelehnt wie lebensphilosophische Ansätze (z. B. ▶ W. Dilthey).

Relation, Relationismus

Mit dem ▶ Begriff »Relationismus« verbindet sich die Überzeugung, dass nur das Erkennen von Beziehungen, also Relationen, zwischen Dingen und Begriffen möglich ist. Die gesamte Wirklichkeit der »inneren« und »äußeren« Welt wird entsprechend auf ein Gewebe (▶ Korrelation) logischer Relationismen beschränkt. Als Bedingungen der Erkenntnis gelten die ▶ Kategorien, zwischen denen eine gewisse Übereinstimmung in einer logischen Form zum Ausdruck gebracht werden kann, z. B. in Form eines Korrelationskoeffizienten.

Realismus

Mit dem ▶ Begriff des Realismus (lat. *res* 'Ding, Sache') ist die Auffassung verbunden, dass die Wirklichkeit unabhängig von unserer Erfahrung und unserem Bewusstsein existiert. Jeder Satz über die Wirklichkeit kann also entweder wahr oder falsch sein, und es ist dem jeweiligen Individuum nicht möglich, zu entscheiden, was der Fall ist. Neben dieser allgemeinen hat der Ausdruck »Realismus« auch spezielle Bedeutungen, z. B. die eines Begriffsrealismus. Damit ist die Annahme verbunden, dass z. B. allgemeine ▶ Begriffe unabhängig von den Einzeldingen existieren bzw. dass sie ihnen immanent seien.

Realismus, kritischer

In der ▶ Schule des kritischen Realismus, die Ende des 19. Jahrhunderts entstand und der u. a. ▶ G. T. Fechner, ▶ H. Lotze, ▶ W. Wundt und ▶ O. Külpe angehörten, wurde die Existenz einer vom Bewusstsein unabhängigen Realität angenommen, von der man allerdings glaubte, dass sie hypothetisch bestimmt werden könne. Diese Spielart des Realismus erkennt also die *Existenz einer von uns unabhängigen Außenwirklichkeit* an, der wir durch unsere Wahrnehmung begegnen und deren Beziehungen und Veränderungen wir aufgrund zunächst hypothetischer Annahmen, die sich durch Bewährung bestätigen, weitgehend erklären können (daher »Realismus«). Jedoch werden die sinnlichen Qualitäten und Merkmale sowie die erschlossenen räumlichen und zeitlichen Beziehungen (noch) nicht als objektive Aussagen über die *Dinge an sich* gewertet. Man nimmt stattdessen an, dass den wahrgenommenen und erschlossenen Eigenschaften solche der objektiven Wirklichkeit nur in Grenzen entsprechen, da unsere Erkenntnisfähigkeit Grenzen hat (daher »kritisch«).

Erklärung ausgewählter Fachbegriffe

Reduktion, Reduktionismus
Der ▶ Begriff der Reduktion ist in erster Linie ein erkenntnistheoretischer Ausdruck und wird oft in dem Sinne verstanden, dass eine Theorie auf eine andere reduziert wird. Man wendet ihn darüber hinaus auch auf Naturgesetze und deren Kausalitätsbeziehungen an.

In der erstgenannten häufig verwendeten Bedeutung gibt es im Wesentlichen zwei Konzeptionen, um eine Theorie auf eine andere zu reduzieren: Eine, die klassische Konzeption, besagt, dass mittels bestimmter Brückenprinzipien die ▶ Begriffe von Theorie 1 auf Theorie 2 zu übertragen und die Gesetzesaussagen von Theorie 1 aus den Gesetzesaussagen von Theorie 2 zu deduzieren sind (▶ Deduktion). Innerhalb von Netzwerk-Modellen, z. B. von Frank P. Ramsey (1903-1930), werden die Beziehungen zwischen den ▶ Begriffen der reduzierten Theorie durch die Beziehungen zwischen den ▶ Begriffen der reduzierenden Theorie zu erfassen gesucht. »Übersetzt« werden hier also gewissermaßen die Beziehungen zwischen einzelnen Aussagen und nicht die zwischen den Aussagen selbst.

Reminiszenz
Unter dem Begriff der Reminiszenz (lat. *reminiscentia* 'Rückerinnerung') versteht man ein persönliches, also durch den Bezug zur eigenen Vergangenheit gekennzeichnetes bildhaftes Wiedererleben einer früheren Erinnerung. Diese kann aktiv ins Bewusstsein aufgenommen worden sein oder spontan auftreten. Über das Maß an Übereinstimmung von Erinnertem und ursprünglichem Ereignis sagt der ▶ Begriff nichts aus.

Scholastik
Unter dem ▶ Begriff der Scholastik versteht man die ▶ Philosophie des Mittelalters, die ursprünglich der rationalen Begründung christlich-kirchlicher Dogmen diente und uns heute als weltabgewandt, praxis- und erfahrungsfeindlich erscheint. Der Zeitraum von 800 bis 1200 n. Chr. gilt als die Zeit der Frühscholastik (z. B. P. Abaelard, Anselm von Canterbury), der Zeitraum von 1200 bis 1400 n. Chr. als die Zeit der Hochscholastik (z. B. ▶ T. von Aquin, ▶ W. von Ockham) und der Zeitraum von etwa 1400 bis 1500 n. Chr. als die Zeit der Spätscholastik (z. B. Nikolaus von Kues). Als »Beweise« dienten vornehmlich Bibelzitate und Auszüge aus den Schriften von ▶ Aristoteles. Allerdings führten akademische Disputationen (etwa ab 1200 n. Chr.) allmählich zu der Einsicht, dass Glaubensinhalte nicht mit der ▶ Vernunft zu stützen waren, sondern dass es einer Art »doppelter Wahrheit« bedurfte, der Trennung von Wissen und Glauben.

Schulen und Strömungen
Im 19. Jahrhundert war die Entwicklung der Psychologie durch mehrere große »Strömungen« gekennzeichnet: die *geisteswissenschaftliche Psychologie*, vertreten u. a. durch ▶ F. Brentano, ▶ J. B. Herbart und ▶ W. Dilthey; die *naturwissenschaftliche Psychologie*, vertreten u. a. durch ▶ H. Ebbinghaus, ▶ G. T. Fechner, ▶ H. von Helmholtz und ▶ W. Wundt; hinzu kamen Einflüsse aus der sogenannten *russischen Reflexologie*, vertreten u. a. durch ▶ I. M. Setschenow, ▶ W. M. Bechterew und ▶ I. Pawlow. Diese »Strömung« mündete im 20. Jahrhundert in die sogenannte ▶ *Kulturhistorische Schule*, vertreten u. a. durch ▶ L. S. Wygotski, ▶ A. Leontjev und ▶ A. R. Luria. In den USA entstand der sogenannte *amerikanische* ▶ *Pragmatismus*, vertreten u. a. durch ▶ C. S. Peirce, ▶ W. James und ▶ J. Dewey, aus dem sich im 20. Jahrhundert der ▶ *Behaviorismus* entwickelte, welcher ebenfalls auf die deutsche Psychologie zurückwirkte. Dieser war u. a. vertreten durch ▶ J. B. Watson, ▶ E. L. Thorndike, ▶ B. F. Skinner und ▶ D. O. Hebb. Mit aus diesen »Strömungen« – und teilweise angestoßen durch den Einfluss

von ▶ W. Wundt – entwickelten sich zu Beginn des 20. Jahrhunderts im deutschen Sprachraum diverse »Richtungen« der Psychologie, wie z. B. die ▶ Psychoanalyse.

Prägend für die Entwicklung sind auch diverse *Schulen*, u. a. die Wiener Schule, vertreten u. a. durch ▶ F. Brentano, ▶ E. Mach und ▶ K. Bühler; die Würzburger Schule, vertreten u. a. durch ▶ O. Külpe, ▶ N. K. Ach und O. Selz; die Grazer Schule, vertreten u. a. durch ▶ C. von Ehrenfels; die Berliner und Frankfurter Schule, vertreten u. a. durch ▶ M. Wertheimer, ▶ W. Köhler, K. Koffka und W. Metzger; und die Leipziger Schule, u. a. vertreten durch F. Krueger, F. Sander und A. Wellek. Im späteren Verlauf des 20. Jahrhunderts vermied man den ▶ Begriff der Schulen und sprach von »Wenden«, so z. B. der »kognitiven Wende« in den späten 1960er-Jahren.

Seele
In der Alltagspsychologie ist »Seele« (griech. *psyche*) der Inbegriff aller Bewusstseinsregungen eines Lebewesens und wird als Gegenpol zur Materie, dem »Leib«, aufgefasst. Wissenschaftlich verstanden ist »Seele« der Inbegriff der mit einem Organismus verbundenen Erfahrungen, insbesondere der ▶ Gefühle und der Triebe, und wird in Abgrenzung vom Geist eines Individuums betrachtet. Die heutige Psychologie vermeidet sowohl die Verwendung des Seelen- als auch die des Geistesbegriffs, indem sie sich auf das Beobachtbare davon, das Verhalten eines Menschen und dessen schriftliche oder mündliche Äußerungen des Erlebten, konzentriert. Die so verstandene Entwicklung des »Seelenlebens« (Psychogenese) wird sowohl phylogenetisch als auch ontogenetisch untersucht, etwa im Rahmen der Entwicklungspsychologie, der Ethnopsychologie und der vergleichenden Psychologie.

Die Seele selbst galt, aus der Tradition der Antike herrührend, wo sie als eine metaphysische Substanz aufgefasst wurde, zunächst als eine Art feinstofflicher Substanz. Später wurde sie – hauptsächlich aufgrund christlicher Dogmen – als eine Art vom Leib trennbarer, unsterblicher, immaterieller »Substanz« aufgefasst. Diese Theorie der »immateriellen Substanz« wurde erst in der Aufklärung und hier insbesondere von ▶ I. Kant bezweifelt, für den die Seele Gegenstand des inneren Sinnes ist, der nur mit dem Körper verbunden gedacht werden kann. Seit der Aufklärung wurden im Rahmen der sogenannten älteren Psychologie Denken, Fühlen und Wollen als selbständige Seelenvermögen betrachtet. ▶ I. Kant spricht z. B. von einem Erkenntnisvermögen, einem Begehrungsvermögen und einem ▶ Vermögen von Lust und Unlust. Eine allgemeine Einteilung der »Seelenvermögen« nimmt z. B. auch Carus in seinem Buch *Geschichte der Psychologie* vor (vgl. Carus 1990/1808, S. 544 ff.).

Die Einteilung in sogenannte »Erkenntnisvermögen« resultiert in der Regel in niedrigen und oberen Seelenkräften, die eine gemeinsame Grundkraft haben, aus der sich alle Tätigkeiten der Seele entwickeln. Hierbei kommt es auch zu einer Differenzierung von Verstand, dem ▶ Vermögen, auf menschliche Art und Weise zu denken, also demjenigen, wodurch sich der Mensch über alle anderen sinnlichen Wesen erhebt, und der ▶ Vernunft, also dem ▶ Vermögen, erkenntnisgewinnend zu denken. Der Seele werden so verschiedene ▶ Vermögen zugerechnet, deren Aktivitäten zumindest bis ins beginnende 19. Jahrhundert nicht von Tätigkeiten des Gehirns begleitet sind oder sein müssen. Ein Einfluss des Körpers auf die Seele wird somit nicht zwingend angenommen. Abgelöst wurde diese Auffassung erst durch die sogenannte jüngere Psychologie (beginnend mit ▶ W. Wundt). Von nun an wird mit sogenannten Aktualitätstheorien der Psychologie die Wirklichkeit des Seins allein durch Tätigkeiten beschrieben. Das Vorhandensein einer immateriellen Seelensubstanz und deren Vermögen wird von diesem Zeitpunkt an in der Psychologie negiert.

Die wissenschaftliche Theorienbildung über Seele und Seelenstörungen stellte bis weit ins 19. Jahrhundert sowohl ein eher paralleles Nebeneinander als auch eine zeitlich versetzte Verkettung verschiedener Grundauffassungen über die Leib-Seele-Beziehung dar (▶ Leib-Seele-

Problem), in der psychologische Ansichten durch Befürworter der verschiedensten Lager vertreten sind, so z. B. durch F. Beneke, ▶ J. Herbart,▶ I. Kant oder G. A. Lindner.

Heutzutage wird die sogenannte historisch wirksame Flüchtigkeit des Gegenstandes der Seele in den Vordergrund gestellt, d. h., man ist der Auffassung, dass seelische Erscheinungen von ihrer Beschreibung nicht zu trennen sind und dass deshalb die Seele im Rahmen einer Seelenlehre im psychologischen Sinn aufgrund der Subjektivität methodisch kaum erfassbar ist. Auch wenn heute der ▶ Begriff des »Seelischen«, der vom Alltagswissen her als ein Grundanliegen der Psychologie angesehen wird, nicht in der psychologischen Modellbildung aufgeht, so existiert er doch in anderen Disziplinen unter psychologischem Vorzeichen, z. B. in der Theologie als Religionspsychologie oder als Pastoralpsychologie.

Selbstwahrnehmung
In dieser Form der (notwendigerweise) subjektiven Beobachtung, in der die beobachtende und die beobachtete Person identisch sind, stand über Jahrhunderte in erster Linie das Bewusstseinsgeschehen im Vordergrund. Aber auch die Pioniere der deutschen Denkpsychologie des beginnenden 20. Jahrhunderts, z. B. der Gestaltpsychologie oder der sogenannten Würzburger Schule, arbeiteten zunächst mit dieser Methode, d. h., die Versuchspersonen beobachteten ihre Gedanken während der Experimente und teilten sie dem Versuchsleiter sogleich oder im Nachhinein mit. Diese Methode des Erkenntnisgewinns wird wegen mangelnder ▶ Objektivität heute in manchen Teilbereichen der Psychologie abgelehnt, z. B. in der experimentellen Psychologie oder der Kognitions- bzw. Wissenspsychologie.

Sensualismus
Der Sensualismus (lat. *sensualis* 'der Sinnesempfindung fähig') beinhaltet die Lehre, nach der alle Erkenntnis auf Sinneswahrnehmungen zurückgeht. Richtungsweisend für diese Auffassung ist die Vorstellung, dass der Mensch anfangs eine *Tabula rasa*, ein »unbeschriebenes Blatt« darstellt, das erst durch Sinneseindrücke allmählich »beschrieben« wird (▶ J. Locke). Dem Gedanken des Sensualismus liegt somit die Auffassung zugrunde, dass die ▶ Seele etwas Passives, Rezeptives ist und sich nur das Empfangende entwickelt; hierfür steht bereits seit der Antike die Auffassung vom »Eingraben der Erlebnisse in die Tafel der Sinne«. Maßgeblich für diese Gesamtauffassung vom Seelenleben wurde die Vorstellung aber erst durch ▶ J. Locke in seinem *Essay concerning human understanding* (II 1, § 2). Der Einseitigkeit seiner Lehre wurde allerdings mehrfach widersprochen, u. a. durch die Leibniz'sche Monadologie (griech. *monas* 'Einheit', *logos* 'Lehre').

Solipsismus
Mit dem Ausdruck »solipsistisch« (lat. *solus* 'allein', *ipse* 'selbst') werden verschiedene Formen des Auf-sich-Bezogenseins beschrieben. Der metaphysische Solipsismus z. B. behauptet, nur das eigene Ich existiere und kein anderes Bewusstsein. Der methodische Solipsismus indes behauptet, die Bedeutung konzipierter ▶ Begriffe hänge allein vom Bewusstseinszustand des denkenden Subjekts ab, und der ethische Solipsismus bzw. Egoismus behauptet, es sei rational, das eigene ▶ Handeln nur danach zu beurteilen und auszurichten, dass die eigenen Präferenzen weitestmöglich erfüllt werden.

Sozialdarwinismus
Darwins Evolutionstheorie wurde zumindest im Nachhinein oft als weltanschauliche Grundlage des Sozialdarwinismus gedeutet. Basis war hierbei die Annahme, dass der »Kampf ums Dasein« (*struggle for life*) – der Gedanke geht u. a. auf Thomas R. Malthus zurück – die Konkurrenz

um Ressourcen, Höherentwicklung und Gattungsfortschritt garantieren sollte. Vermieden wurde jedoch eine eindeutige Klärung dessen, woran sich die »Höherentwicklung« misst. ▶ C. Darwin selbst blieb hier vage. Er formulierte seine Konzeption des »Kampfes ums Dasein« zwar unter direktem Bezug auf Malthus. Es gelang ihm aber nicht, den ▶ Begriff *the fittest* in einem naturwissenschaftlichen Sinne scharf zu definieren. Dies machte ihn für Fehldeutungen anfällig. Allerdings ist Darwins ▶ Begriff der Selektion an der Variabilität in Populationen definiert und daher keineswegs rassistisch auszulegen. Bereits ▶ H. Spencer jedoch machte daraus eine quasimoralische Instanz, indem er Evolution als eine Art Korrektiv des menschlichen Charakters und Sozialverhaltens verstand. Der »Daseinskampf« schaffe, so ▶ H. Spencer, gute Bedingungen für Intelligenz, Selbstkontrolle und Anpassungsfähigkeit einzelner Individuen. Eine religiös motivierte Moralvorstellung kann gemäß ▶ H. Spencer im Hinblick auf eine künstliche Beschränkung des »natürlichen Daseinskampfes« somit durchaus kontraproduktiv sein. Hierbei unterstellt ▶ H. Spencer, der darüber Mitte des 19. Jahrhunderts schrieb, dass die industrielle Revolution und der moderne Sozialstaat »untere Bevölkerungsschichten« aufgrund ihrer höheren Reproduktionsrate bevorzuge und damit zur Ausbreitung »schlechter« Merkmale beitrage.

Stimmung
Mit dem ▶ Begriff der Stimmung werden angenehme oder unangenehme, länger andauernde ▶ Gefühle geringer Intensität und nicht notwendigerweise bekannter Ursache beschrieben. Anders als beispielsweise ▶ Emotionen, die auch durch kognitive Prozesse ausgelöst werden können und bei denen auch die Einschätzung eines Sachverhaltes von Bedeutung ist, werden Stimmungen hinsichtlich ihres Einflusses auf kognitive Prozesse recht unterschiedlich bewertet, d. h. es stehen mehrere Modelle zur Wahl, die eine Beziehung zwischen Stimmungen, Motivation und ▶ Handeln bzw. Urteilsbildung herzustellen versuchen.

Strukturalismus
Mit dieser Sammelbezeichnung für erkenntnistheoretische Positionen wird ausgedrückt, dass *an der Oberfläche Beobachtbares* erklärt werden kann, indem man *Organisations- und Wechselwirkungsprinzipien zwischen den Faktoren* ermittelt (vgl. Lévi-Strauss 1995), die für die Erscheinung(en) als verantwortlich angesehen werden. Häufig ist mit diesem Ansatz, der im Widerspruch zu positivistischen Vorgehensweisen steht (▶ Positivismus), ein ganzheitliches Vorgehen verbunden, das ausschließt, dass das zu untersuchende Phänomen in Einzelteile oder Variablen zerlegt wird.

Strömungen, die dem Strukturalismus nahestanden gab es auch in der Psychologie. So ermittelte etwa die Gestaltpsychologie z. B. Organisationsprinzipien für Wahrnehmung und Denken. ▶ J. Piaget bezeichnete seinen Ansatz ausdrücklich als »genetischen Strukturalismus«. Aktuelle Ansätze der Gestaltpsychologie berufen sich indes vermehrt auf die Systemtheorie.

Mit dem Begriff des Strukturalismus verbindet man daneben Theorien bzw. Methoden, die Strukturen zum Untersuchungsgegenstand haben. Unter »Strukturen« versteht man in diesem Zusammenhang intelligible Regeln der Wirklichkeit, die sich aus ihren gegenseitigen Relationen bestimmen und als solche formal-übertragbaren Charakter aufweisen. Es handelt sich dabei u. a. um eine nach dem Zweiten Weltkrieg in Frankreich aufgetretene geistige Bewegung, deren Methodenlehre auf der Struktur als einer Grundgegebenheit aufzubauen versucht, aus der sich alle Phänomene bestimmen lassen. Anhänger des so verstandenen Strukturalismus wollen »antigeschichtlich« und »antimetaphysisch« bzw. »antiideologisch« vorgehen. Als

Hauptvertreter gelten der Ethnologe Lévi-Strauss, der Philosoph Foucault sowie der marxistische Theoretiker Althusser.

Vom Begriff des Strukturalismus leitet sich auch der Begriff der Strukturtheorie ab. Darunter versteht man in den Humanwissenschaften eine Sammelbezeichnung für alle Theorien über den Aufbau und die Organisation der Psyche (bzw. Teilbereichen davon). »Strukturalismus« ist schließlich auch ein Inbegriff der Geschichte der *École des Annales*, d. h. der *nouvelle histoire* der französischen Geschichtsschreibung, die als Erneuerung der französischen Sozialgeschichte verstanden wird (Bloch, Febrve). Zentrales Merkmal dieses Ansatzes ist die Untersuchung historischer Merkmale, die über lange Zeit hinweg unverändert bleiben.

Suggestion

Man versteht unter Suggestion, einem von James Braid 1853 geprägten ▶ Begriff, einen psychischen Vorgang, durch den ein Mensch unter weitgehender Umgehung rationaler Persönlichkeitsbereiche dazu gebracht wird, unkritisch, d. h. ohne eigene Einsicht, Gedanken, ▶ Gefühle, Vorstellungen und Wahrnehmungen zu übernehmen. Im Sinne Braids bezeichnet Suggestion lediglich eine verbale Beeinflussung, die in einem bestimmten Stadium der ▶ Hypnose erreicht werden kann. Kretschmer hingegen definierte Suggestion als »die nicht durch Gründe und Motive, sondern unmittelbar reizmäßig erfolgende Übertragung von ▶ Empfindungen, Vorstellungen und besonders Willensantrieben« (Kretschmer 1956, S. 148). ▶ S. Freud wiederum erklärt Suggestion als Wiederbelebung infantiler Objektbeziehung (»Übertragung«), wonach das Verhalten dessen, dem man etwas suggeriert, dem eines Kindes entspricht.

Syllogismus

Ein Syllogismus (griech. *syl-logismos* 'das Zusammenrechnen von etwas') besteht aus zwei Voraussetzungen und einem Schluss, indem das beiden Gemeinsame zu einer neuen Wahrheit verbunden wird (z. B. 1.) Alle Menschen sind sterblich, 2.) Sokrates ist ein Mensch → Sokrates ist sterblich).

Szientismus

Mit dem ▶ Begriff des Szientismus (lat. *scientia* 'die Wissenschaft') bezeichnet man die Tendenz der Überbewertung alles Wissenschaftlichen, wodurch alle sich stellenden Probleme auch als letztlich wissenschaftlich lösbar betrachtet werden. Der Szientismus erwirbt immer dann eine besondere Bedeutung im Bereich des kulturellen Lebens, wenn naturwissenschaftlich orientierte Methoden und Techniken als ausreichend dafür angesehen werden, die Lebenswirklichkeit des Menschen abzubilden.

Theory of Mind

Als »Theory of Mind« bezeichnet man die Fähigkeit, Annahmen über Bewusstseinsvorgänge anderer Menschen zu machen und aufgrund eines Vergleichs dieser Vorgänge mit jenen bei der eigenen Person eine Zuschreibung der entsprechenden Eigenschaften vorzunehmen. Die dazu notwendigen repräsentationalen neuronalen Mechanismen werden u. a. mit der Aktivität sogenannter Spiegelneurone zu erklären versucht.

Vermögen, Vermögenspsychologie

Der ▶ Begriff »Vermögen« steht für verschiedene *selbständige Leistungsdispositionen* wie z. B. das Erkenntnisvermögen, das Denkvermögen und das Empfindungsvermögen, wobei die aus der Antike stammende Unterteilung in verschiedene Seelenvermögen (lat. *facultas* 'das Vermögen'), das *Denken, Wollen und Fühlen*, weitergeführt und damit eine Differenzierung vorgenommen wird, die letztlich auch der heutigen Aufteilung der *Psychologie* in die heutigen Teildisziplinen (▶ Kognition, ▶ Emotion/Motivation und Wahrnehmung) zugrunde liegt. Die Unterscheidung der Vermögen des Menschen vollzog sich bis ins ausgehende 19. Jahrhundert auf einer *abstrakt-anthropologischen Ebene*; diese besagte somit zunächst nichts anderes, als *dass zum Menschsein eine bestimmte Grundausstattung an Fähigkeiten gehöre*. Was eine mögliche Wechselwirkung dieser Konstituenten des Menschseins anging, so waren sie als Größen bzw. ▶ Kategorien gedacht, die weder ineinander aufgelöst noch voneinander abgeleitet werden konnten. Das erschwerte eine theoretische Weiterentwicklung und minderte eine mögliche praktische Umsetzung des zusammengetragenen Wissens.

Vernunft
Vernunft (griech. *nous*) bezeichnet die geistige Fähigkeit eines Menschen, die über den Verstand als Ursachen erkennende diskursive Erkenntnis hinausgeht und eine übergeordnete Werterkenntnis, z. B. unter Einbindung ethischer Erwägungen, ermöglicht.

Verstehen, Verstehenspsychologie
In einem philosophisch verstandenen Sinn hat »Verstehen« nicht viel mit einem psychologischen »Sicheinfühlen« zu tun. Man meint damit vielmehr ein geistiges Nachvollziehen von Motiven und Entschlüssen, das weder ein Verifikationsverfahren darstellt noch eine (empirische) Überprüfung überflüssig macht. Dieser Vorgang des Nachvollziehens mittels des eigenen Bewusstseins ist auch nicht als »die Summe psychischer Regungen« aufzufassen, wie z. B. Mitleid aufgrund ähnlicher eigener Erfahrungen. Er bezieht sich auf das wissenschaftlich geprägte Bewusstsein eines philosophisch vor- oder ausgebildeten Menschen. Ein Verstehen *von etwas* hat somit zum Ziel, mit einem Optimum an Erkenntnissen über den Erkenntnisgegenstand und über die eigene Sichtweise eine Situation zu beurteilen.

Eine *Psychologie des Verstehens* im Sinne ▶ W. Diltheys (1894) baut auf diesem so definierten Verstehen auf. Zu diesem Verstehen im Rahmen der (Verstehens-)Psychologie gehören u. a.: 1) die quellenkritische Sicherung der Tatsachen, 2) die Ausschöpfung aller Zeugnisse über eine Sache, 3) ein Sichhineinfinden in komplexe Sachzusammenhänge, 4) ein Inbetrachtziehen der »historischen Einheit« und des Zeitgeistes, 5) die Bewusstmachung der eigenen systematischen Perspektive innerhalb dieser zeitlichen Perspektive, 6) die Entwicklung allgemeiner aus einzelnen Sätzen und von Kausalerklärungen sowie 7) die Bildung von synthetischen Urteilen.

Vitalismus
Die Anhänger des Vitalismus (lat. *vita* 'Leben'), einer weit bis ins 19. Jahrhundert hinein immer wieder vertretenen Wissenschaftsauffassung, hingen der Lehre an, dass zum Verständnis des Lebens bloße kausal-mechanische Erklärungen von Naturvorgängen nicht hineinreichten. Vielmehr setzt diese bereits in der Antike geschaffene Lehre zum Begreifen der »Lebenswesenheit« ein *eigenes, nicht materielles Prinzip* voraus, die *vis vitalis* (Lebenskraft). Deren Beweis kann nicht Gegenstand einer durch Experimente getragenen Wissenschaft sein, wohl aber Gegenstand einer entsprechenden Richtung, der ▶ Naturphilosophie.

Anfang des 20. Jahrhunderts gründeten mehrere Naturwissenschaftler und Mediziner einen kritischen *Neuvitalismus*, der einen nichtphysikalischen, unräumlichen, teleologisch wirkenden Faktor annimmt, der das Ziel in sich trägt. Dieses aktive Prinzip der *Entelechie* (griech. *en* 'in', *telos* 'Ziel', *echein* 'haben'), das von ▶ Aristoteles, bis zu ▶ T. von Aquin und von ▶ G. W. Leibniz bis zu J. W. Goethe ein Stück »Ewigkeit« symbolisiert, das den Körper durchdringt, gilt in der ▶ Naturphilosophie der Gegenwart als eine »Wirkmächtigkeit«, die nicht blind ist wie die physischen Naturkräfte, sondern sinnentsprechend wie die menschliche Handlung.

Diese neue Richtung des Vitalismus verneint eine kausal-mechanische Erklärbarkeit der Lebenserscheinungen und behauptet ihre Planmäßigkeit, Zielstrebigkeit und Eigengesetzlichkeit. Für kybernetisch denkende Biologen gilt diese Auffassung allerdings als widerlegt und unangemessen.

Völkerpsychologie

In dem Maße, wie die Menschen in Europa mehr über fremde Länder und Menschen erfuhren, machten sie sich auch Gedanken über Unterschiede zwischen primitiven Kulturen und Hochkulturen, wobei sie sich Letzterer zurechneten. Damit verbunden war das Interesse an Sprachen und Gebräuchen von Menschen »primitiver Kulturen«, wobei sich, insbesondere im ausgehenden 19. und beginnenden 20 Jahrhundert, Anthropologen (▶ Anthropologie), Psychologen und Soziologen das Fachgebiet zu teilen schienen. In den ersten beiden Jahrzehnten des 20. Jahrhunderts, insbesondere vor dem Ersten Weltkrieg, bestanden intensive Bestrebungen, die deutsche Kolonialpolitik (z. B. in den deutschen Kolonien in Afrika und Übersee) durch die Entwicklung einer später als »Kolonialpsychologie« bezeichneten Völkerpsychologie zu rechtfertigen. Die Erforschung psychologischer Mechanismen in fremden, meist traditionellen Kulturen wurde dabei durch ▶ W. Wundt maßgeblich geprägt.

Im Laufe des 20. Jahrhunderts kam es zu einer Vereinnahmung des Fachgebietes durch Rassentheorien (▶ Sozialdarwinismus) und Rassentheoretiker (▶ H. Spencer, ▶ H. Günther). In die Psychologie kehrte das Thema erst in den 1980er-Jahren als »Ethnopsychologie und Ethnopsychoanalyse« zurück. Anders als früher, als man »schriftlosen Völkern« ein eher »primitives« bzw. »magisches« Denken zuschrieb, wird durch die heute betriebene Ethnopsychoanalyse deutlich, dass in jenen Kulturen neben magischen immer auch rationale Interpretationen stehen und die ihnen angehörenden Menschen ebenso vielfältig wahrnehmen und denken wie Menschen aus »entwickelten Gesellschaften«.

Vorsokratiker

Die griechische ▶ Philosophie bis zur Zeit von ▶ Sokrates wird allgemein als von »Vorsokratikern« bestimmt bezeichnet. Bei diesen unterscheidet man mehrere ▶ »Schulen«: die sogenannten *ionischen* Denker wie ▶ Thales, Anaximander oder ▶ Heraklit, die den Urgrund aller Dinge in einem Urstoff suchen, aus welchem alles Entstandene gemäß ewigen Gesetzen gebildet wird und vergeht; die *Pythagoräer* (▶ Pythagoras u. a.), welche in den Prinzipien der Zahlen auch die Prinzipien der Dinge sehen; die *Eleaten* (u. a. ▶ Parmenides, ▶ Empedokles), welche von einem einzigen unverwandelbaren Sein ausgehen und jede Vielheit, jedes Werden und Vergehen bestreiten: Alles »ist immer und war immer«; und die *Atomisten* (u. a. Leukippos und ▶ Demokritos), die mit einer konsequent mechanistischen, bis ins Einzelne gehenden Welterklärung den Gegensatz zwischen der ionischen, nach dem Urgrund allen Seins suchenden, und der eleatischen Denkweise zu vermitteln suchten. Hinzu kommen die sogenannten *Sophisten*, welche die Ansicht vertraten, dass die wirkliche Welt auch die sinnliche ist, und als gebildete Didaktiker und Rhetoriker gegen Entgelt Unterricht in praktischer Lebensweisheit, Kunst, Musik, Geometrie etc. gaben. Da sie ihre Überzeugungskraft auch dazu zu nutzen schienen, durch Wortklauberei einen bestimmten Standpunkt durchzusetzen, hat der davon abgeleitete ▶ Begriff des Sophismus bis heute einen negativen Beigeschmack.

Da jedoch von den sogenannten Vorsokratikern generell kein schriftliches Dokument überliefert ist, alle Berichte nur aus zweiter Hand stammen, bleiben viele Fragen offen.

Wehrmachtspsychologie

Die Wehrmachtspsychologie, die sich mit der Auswahl insbesondere von Offizieren befasste, ist Inbegriff eines enormen Professionalisierungsschubs des Fachgebietes. Bis 1940 wurden mindestens 45 Planstellen für Psychologen bei der Luftwaffe geschaffen – dies waren die ersten öffentlich-rechtlichen Planstellen für Psychologen in Deutschland überhaupt. Im Jahre 1942 soll die Luftwaffe dann bis zu 450 Psychologen beschäftigt haben, womit die Wehrmacht der größte Arbeitgeber für Psychologen in Deutschland war. Methodisch baute die Wehrmachtspsychologie konsequent auf der Tradition der ▶ Psychotechnik und den Erfahrungen aus dem Ersten Weltkrieg auf und ergänzte diese durch ausdruckspsychologische (▶ Ausdruck) und charakterologische Aspekte (Charakterkunde, Charakterologie).

Das dort arbeitende Personal verfügte i. d. R. über eigene Erfahrungen aus dem Ersten Weltkrieg und war entsprechend neben einer Ausbildung in psychotechnischen Verfahren auf den Gebieten der Ausdruckspsychologie und der Charakterkunde bzw. Charakterologie bewandert. Die Wehrmachtspsychologie war nicht nur zur Zeit des Dritten Reiches – zumindest bis zu ihrer weitgehenden Auflösung im Mai des Jahres 1942 – eine geschätzte Einrichtung, sondern kam auch als erster Psychologischer Dienst in den Anfangsjahren der Bundesrepublik wieder ins Gespräch. So plante z. B. 1952 der Vorstand des Bundes Deutscher Psychologen, seine Mitglieder über eine Wiedereinrichtung der Wehrmachtspsychologie zu befragen bzw. für eine zukünftige deutsche Wehrmacht die Einrichtung eines wehrmachtspsychologischen Dienstes in die Wege zu leiten. (Da es noch keine Bundeswehr gab, bediente man sich des überkommenen Begriffes.) 1956 wurde schließlich Gotthilf Flik mit dem Wiederaufbau der Wehrmachtspsychologie bei der Bundeswehr beauftragt.

Weltbildapparat

Gemäß der evolutionären ▶ Erkenntnistheorie wird die Gesamtheit aller informationsverarbeitenden Mechanismen eines Lebewesens – seine Sinnesorgane, sein Gehirn, sein zentrales und peripheres Nervensystem – als Weltbildapparat aufgefasst, der im Laufe der Evolution die Abbildung bestimmter Ausschnitte der Wirklichkeit des Mesokosmos vornimmt. Unter Mesokosmos versteht man »eine Welt der mittleren Dimensionen« (Vollmer 2008, S. 134) und damit den Ausschnitt der realen Welt, auf den im Laufe der Evolution die Erkenntnis eines Individuums angepasst wurde bzw. der arterhaltende Funktion ausübte.

Wiener Kreis

Unter dem Wiener Kreis versteht man ein von M. Schlick (1882–1936) in den 1920er-Jahren gegründetes Privatseminar positivistisch-empirisch ausgerichteter Erkenntnistheoretiker, die Probleme, welche sich nicht streng erfahrungswissenschaftlich und intersubjektiv kontrollierbar behandeln lassen, als Scheinprobleme zurückwiesen. Zu diesem Kreis gehörten u. a. ▶ R. Carnap, H. Reichenbach, V. Kraft, M. Schlick und O. Neurath. Ihr erklärtes Ziel war es, dem Missbrauch von Wissenschaft durch Ideologien entgegenzuwirken. Der Wiener Kreis hat die ▶ analytische logisch-empiristische ▶ Wissenschaftstheorie hervorgebracht (▶ logischer bzw. ▶ Neopositivismus).

Ein Gegner dieser Auffassung war ▶ K. Popper, der in seinem Hauptwerk *Die Logik der Forschung* den ▶ Positivismus des Wiener Kreises kritisiert, insbesondere dessen Sinnkriterium. ▶ K. Popper ersetzt dieses durch das Abgrenzungskriterium, die sogenannte Falsifizierbarkeit, denn, so ▶ K. Popper, »*ein empirisch-wissenschaftliches System muß an der Erfahrung auch scheitern können*« (Popper 2005, S. 17; kritischer ▶ Rationalismus).

Wissenschaftstheorie

Als »Wissenschaftstheorie« bezeichnet man eine philosophische Teildisziplin, die sich mit den Methoden der ▶ Wissenschaft auseinandersetzt und insbesondere deren Entstehung, Rechtfertigung und Anwendung untersucht. Sie ist sowohl deskriptiv als auch normativ, d. h., sie beschreibt zum einen Struktur und Wandel vorliegender Theorien und stellt zum anderen Regeln zur rationalen Durchführung von Forschung auf. Dazu gehören auch Normen zur Beurteilung der Forschungsprodukte.

Die Wissenschaftstheorie geht aus der über 2000 Jahre bestehenden *aristotelischen Logik* hervor. Von ihren Teilgebieten sind für Psychologen insbesondere die *konstruktive Logik*, die *empirische Erfahrungslogik*, die *Begriffs- und Theorienbildung* als ▶ Strömungen bedeutend. Neben Vertretern, die sich hauptsächlich mit mathematisch-logischen Methodenfragen befassen, d. h., die Wissenschaftstheorie auf einen quantitativen Formalismus zu verkürzen suchen, gibt es auch Versuche, z. B. den ▶ Kuhn'schen Ansatz, die eine diachronische Betrachtung der Wissenschaftstheorie in den Vordergrund stellen, also eine, die auch gesellschaftliche und historische Bezüge (»Krisen«) darstellt. Die derzeit interessantesten Fragen der Wissenschaftstheorie kreisen um das Thema, welche Faktoren den Theorienwandel im Wissenschaftsprozess steuern und was man letztlich unter wissenschaftlichem Fortschritt versteht. Gemäß Ludwik Fleck (1896-1961) oder ▶ Thomas Kuhn (1922–1996) z. B. ist der Theorienwandel primär nicht durch wissenschaftliche Faktoren, sondern durch psychologische, historische und soziologische Faktoren bestimmt. Dies macht Theorienvergleiche von vornherein wenig aussichtsreich; sie gelten als inkommensurabel. Anders gesagt, sie sind in einen bestimmten Denkstil eingebunden, der die Überzeugung der wissenschaftlichen Gemeinschaft hinsichtlich eines Forschungsgegenstandes widerspiegelt. Somit ist der Wissenschaftsprozess immer von einem bestimmten ▶ Paradigma abhängig, welcher seinerseits die Wahrnehmungen und Beobachtungen der Forscher von vornherein lenkt. Entsprechend werden Theorien auch nicht »falsifiziert«, sondern vielmehr durch andere Denkstile »verdrängt« (▶ Paradigmenwechsel).

Literatur

Allgemeine Quellen, die im Text nicht weiter als spezifische Quellen aufgeführt werden
Butler-Bowdon, T. (2007). *50 Klassiker der Psychologie*. Heidelberg: mvg-Verlag.
Brockhaus. (2001). *Brockhaus Psychologie*. Mannheim: Brockhaus.
dtv. (1990). *Dtv-Atlas der Psychologie*. München: dtv.
dtv. (1991). *Dtv-Atlas Philosophie*. München: dtv.
Ferber, R. (2003). *Philosophische Grundbegriffe*. München: Beck. (Becksche Reihe, Bd. 1 und 2).
Grubitzsch, S. (1998). *Psychologische Grundbegriffe. Ein Handbuch*. Reinbek bei Hamburg: Rowohlt.
Hartwig, H., & Scholtyssek, C. (2000). *Lexikon der Neurowissenschaft* (Bd. 1–4). Heidelberg: Spektrum.
Hehlmann, W. (1974). *Wörterbuch der Psychologie* (11. Aufl.). Stuttgart: Kröner.
Hoffmann, D., et al. (2007). *Lexikon der bedeutenden Naturwissenschaftler* (Bd. 1–3). Heidelberg: Spektrum.
Hügli, A., & Lübcke, P. (2001). *Philosophie-Lexikon*. Reinbek bei Hamburg: Rowohlt. (Rowohlts Enzyklopädie).
Schischkoff, G. (1991). *Philosophisches Wörterbuch*. Stuttgart: Kröner.
Spierling, V. (2002). *Kleine Geschichte der Philosophie*. München: Piper.
Störig, H. J. (2007). *Kleine Weltgeschichte der Wissenschaft*. Frankfurt a. M.: Fischer Taschenbuch-Verl.
Strube, G. (Hrsg.). (1996). *Wörterbuch der Kognitionswissenschaft*. Stuttgart: Klett-Cotta.

Quellen, die im Text genauer benannt werden oder aus denen Zitate ausgewählt wurden
Anderson, J. R. (1983). *The architecture of cognition*. Cambridge: Harvard Univ. Press.
Anderson, J. R. (1993). *Rules of the mind*. Hillsdale: Erlbaum.
Baltzer, U. (1994). *Erkenntnis als Relationengeflecht. Kategorien bei Charles S. Peirce*. Paderborn: Schöningh.

Borgstedt, A. (2004). *Das Zeitalter der Aufklärung*. Darmstadt: Wissenschaftliche Buchgemeinschaft.
Brentano, F. (1874). *Psychologie vom empirischen Standpunkt*. Hamburg: Meiner.
Breuer, J., & Freud, S. (1895). *Studien über Hysterie*. Leipzig: Deuticke.
Carus, F. A. (1990/1808). *Geschichte der Psychologie*. Reprint der Ausgabe Leipzig: Barth und Kummer (1808. Berlin: Springer).
Dilthey, W. (1894). *Ideen über eine beschreibende und zergliedernde Psychologie*. Gesamtwerk, Band 5. Verlag der Königlichen Akademie der Wissenschaften.
Hartmann, N. (1940). *Der Aufbau der realen Welt*. Berlin: de Gruyter.
Heidegger, M. (1993). *Sein und Zeit*. Tübingen: Max Niemeyer.
Hellpach, W. (1946). *Klinische Psychologie*. Stuttgart: Thieme.
Hoche, A., & Binding, K. (1920). *Die Freigabe der Vernichtung lebensunwerten Lebens. Ihr Maß und ihre Form*. Leipzig: Meiner.
Holzkamp, K. (1972). *Kritische Psychologie*. Frankfurt a. M.: Fischer.
Husserl, E. (1913). Ideen zu einer reinen Phänomenologie und phänomenologischen Philosophie. Erstes Buch: Allgemeine Einführung in die reine Phänomenologie. Originalbeitrag erschienen in: Jahrbuch für Philosophie und phänomenologische Forschung 1,1, S. [1]–323. Sonderdrucke aus der Albert-Ludwigs-Universität Freiburg. ▶ https://www.freidok.uni-freiburg.de/fedora/objects/freidok:5973/datastreams/FILE1/content. Zugegriffen: 29. Juli 2015.
Kant, I. (1966). Werke in sechs Bänden. In von W. Weischedel (Hrsg.), *Kritik der reinen Vernunft* (Bd. 2). (Erstausgabe 1781). Darmstadt: Wissenschaftliche Buchgesellschaft.
Kant, I. (1977). Beantwortung der Frage: Was ist Aufklärung? In: N. Hinske (Hrsg.), *Was ist Aufklärung? Beiträge aus der Berlinischen Monatsschrift* (S. 452–465). Darmstadt: Wissenschaftliche Buchgesellschaft.
Kamlah, W., & Lorenzen, P. (1967). *Logische Propädeutik oder Vorschule des vernünftigen Redens*. Mannheim: Bibliographisches Institut.
Kretschmer, E. (1956). *Medizinische Psychologie* (11., verbesserte und vermehrte Aufl.). Stuttgart: Thieme.
Kuhn, T. S. (1967). *Die Struktur wissenschaftlicher Revolutionen* (Originaltitel: The structure of scientific revolutions). Frankfurt a. M.: Suhrkamp.
Lévi-Strauss, C. (1995). *Mythos und Bedeutung: Vorträge*. Frankfurt a. M.: Suhrkamp.
Münsterberg, H. (1912). *Psychologie und Wirtschaftsleben*. Leipzig: J. A. Barth.
Popper, K. (2005). *Logik der Forschung*. Herausgegeben von Herbert Keuth. 11., durchgesehene u. ergänzte Auflage. Tübingen: Mohr Siebeck.
Quételet, A. (1835). *Sur L'Home et le développement de ses facultés ou essai de physique sociale*. Paris: Bachelier.
Ryle, G. (1969). *Der Begriff des Geistes*. Stuttgart: Reclam.
Schorr, A. (1984). *Die Verhaltenstherapie: ihre Geschichte von den Anfängen bis zur Gegenwart*. Weinheim: Beltz.
Schneiders, W. (1983). Gottfried Wilhelm Leibniz: Das Reich der Vernunft. In: J. Speck (Hrsg.), *Grundprobleme der großen Philosophen. Philosophie der Neuzeit* (S. 139–175). Göttingen: Vandenhoek & Ruprecht.
Smith, C. U. M. (1982). Evolution and the problem of mind: Part II John Hughlings Jackson. *Journal of the History of Biology, 15*(2), 241–262.
Stölzner, M., & Uebel, T. (2006). *Wiener Kreis. Texte zur wissenschaftlichen Weltauffassung von Rudolf Carnap, Otto Neurath, Moritz Schlick, Phillip Frank, Hans Hahn, Karl Menger, Edgar Zilsel und Gustav Berg*. Philosophische Bibliothek, Bd. 577. Hamburg: Meiner Verlag.
Volkmann, W. F. (1875). *Lehrbuch der Psychologie: vom Standpunkte des Realismus und nach genetischer Methode*. Cöthen: Schulze.
Vollmer, G. (2008). *Was können wir wissen? Band 1: Die Natur der Erkenntnis. Beiträge zur Evolutionären Erkenntnistheorie*. Stuttgart: Hirzel.
Witmer, L. (1907). Clinical psychology. *The Psychological Clinic, 1*, 1–9.

Ausgewählte Biografien

Ach, Narziß Kaspar
deutscher Psychologe (1871–1946)
Narziß Ach, der der Würzburger ▶ Schule ▶ Oswald Külpes zugerechnet wird, war einer der bedeutendsten Psychologen seiner Zeit. Ihm galten mentale Prozesse, die mit dem Willen eines Menschen in Zusammenhang standen, ohne Einschränkung und eigenständig einer experimentellen Analyse als zugänglich. Entsprechend befasste er sich mit der Willenspsychologie, hier insbesondere mit der Beziehung der Willenstätigkeit zum Denken (1905) und zum Temperament (1910), sowie mit der Analyse des Willens (1935).

Daneben widmete er sich theoretischen Problemen wie etwa der Beziehung von Psychologie und ▶ Philosophie.

Albertus Magnus
deutscher Philosoph und Theologe (1200–1280)
Albertus Magnus, der Lehrer von ▶ Thomas von Aquin, gilt als Verfechter der aristotelischen Sinneslehre. Er wirkte als Dominikanermönch in Padua, Paris, Köln und Würzburg und versuchte, sowohl islamisches als auch indisches Denken in seine Rezeption des Antiken zu integrieren. Durch seine Arbeit *Opera omnia* trug er maßgeblich zum Durchbruch der aristotelischen ▶ Naturphilosophie an den Universitäten des Mittelalters bei. Insbesondere legte er Wert auf eigene Erfahrungen und Beobachtungen, da, wie er meinte, eine Theorie allein die Naturerkenntnis nicht stützen kann (vgl. Aris 2005).

Al-Hacen (latinisiert für Abu Ali al-Hasan ibn al-Haitham)
islamischer Mathematiker (965–1040)
Al-Hacen leistete bedeutende Beiträge zur Optik und (höchstwahrscheinlich) auch zur Anwendung des Experiments. Sein Werk *Kitab al Manazir* (deutsch: Buch über die Optik oder Schatz der Optik) (vgl. Lindberg 1987, S. 114 ff.) übte großen Einfluss auf die Gelehrten der damaligen »westlichen Welt« aus, denn zum ersten Mal nach ▶ Aristoteles verbreitete sich durch ihn z. B. der Gedanke, das Licht trete in Form von Strahlen ins Auge ein, die vom Objekt ausgehen, und nicht umgekehrt.

Al-Hacen vertrat darüber hinaus die psychologisch höchst relevante Überzeugung, dass die visuelle Wahrnehmung nicht allein eine des optischen Apparates sei, sondern dass dazu auch Unterscheidungsfähigkeit, Wiedererkennung und Gedächtnis gehören.

Aquin, Thomas von
Philosoph und Theologe (1224/1225–1274)
Das Denksystem des Thomas von Aquin sieht eine Zweiteilung des Universums vor, das aus einem irdischen Reich der Natur und einem überirdischen Reich besteht. Dieser Zweiteilung entspricht seiner Ansicht nach auch unser Bewusstsein, das einen Teilbereich logisch-abstrakten Denkens und einen magisch-mythischen Denkens umfasst.

Aristoteles
griechischer Philosoph aus Stageira (384–322 v. Chr.)
Aristoteles war etwa 20 Jahre lang Schüler von ▶ Platon an dessen Akademie und wurde um 342 v. Chr. zum Lehrer Alexanders des Großen berufen. Später gründete er in Athen seine eigene, die sogenannte peripathetische ▶ Schule.

Zu seinen bedeutendsten Beiträgen zur abendländischen Geistesgeschichte gehört seine Logik, ein Gedankengebäude, das eine formale und inhaltliche Ordnung des Denkens erstellt

Ausgewählte Biografien

und in dem er die »deduktive, vom Allgemeinen zum Besonderen gehende«, und die »induktive, vom Einzelnen zum Allgemeinen führende« Methode darstellt.

Auch seine ▶ Naturphilosophie und damit der Naturbegriff von Aristoteles war bis weit über das Mittelalter hinaus gültig (vgl. ▶ Kap. 5).

Augustinus (von Hippo), Aurelius
Kirchenvater und Philosoph (354–430)
Augustinus kann man als einen der einflussreichsten psychologisch denkenden Philosophen aller Zeiten bezeichnen – zumindest war seine Autorität für mehr als ein Jahrtausend unangefochten. Er prägte das Denken – nicht zuletzt, indem ▶ Platons Schriften durch ihn weitergetragen wurden – bis weit über das Mittelalter hinaus.

Augustinus hat sich immer wieder intensiv mit den Sinnen und insbesondere den Sinnestäuschungen befasst. In der Praxis, so seine Ansicht, müsse man sich zwar auf seine Sinneseindrücke verlassen, aber diese seien fehlbar, da sie nur mittelbar und nicht unmittelbar gegeben seien. Letztlich zugänglich würden sie dem Menschen nur durch ein »Wahrnehmungsbild«, welches lediglich eine mentale Darstellung von etwas, nie aber die »Wirklichkeit selbst« liefere. Im Unterschied nämlich zu unmittelbar dem Bewusstsein Zugänglichem, etwa moralischen Werten, könnten Wahrnehmungsbilder nicht durch mehr Sorgfalt oder Aufmerksamkeit besser erkannt oder berichtet werden.

Seine Ansicht, dass alle Urteile, die sich auf Gegenstände dieser Welt beziehen, über unvollkommene Annäherungen nicht hinauskämen, kann man generell als Ausdruck der heute noch bestehenden Probleme ansehen, die Darstellungstheorien der Erkenntnis mit sich bringen, welche sich auf die Sinne berufen.

Averroes (latinisiert für Abu Walid Mohammed Ibn Rushd)
arabischer Philosoph und Arzt (1126–1198)
Der aus Cordoba stammende Averroes galt als einflussreichster Vertreter des islamischen Aristotelismus, indem er versuchte, dessen Lehren mit der islamischen Theologie zu verbinden. Entsprechend erstreckt sich sein monumentales Werk der philosophischen Auslegung über das gesamte Werk von ▶ Aristoteles. Averroes befasste sich darüber hinaus auch mit ▶ Naturphilosophie, ▶ Metaphysik und Psychologie. Averroes vertrat dabei den sogenannten Monopsychismus, d. h. die Idee von einer allen Menschen gemeinsamen vernünftigen ▶ Seele, die ewig währt, wohingegen die individuellen Seelen sterblich sind. Seine Gegner versammelten sich unter dem Dach sowohl eines traditionellen Augustinismus als auch eines christlichen Aristotelismus, vertreten etwa durch ▶ Albertus Magnus und ▶ Thomas von Aquin.

Averroes' medizinisches Werk ist dessen ungeachtet für seine Zeit außerordentlich modern. Es umfasst zwar hauptsächlich Kommentare zu vorliegenden Werken, insbesondere denen ▶ Galens und ▶ Avicennas. Dabei entwickelt Averroes jedoch die Vorstellung, dass allgemeingültige Wahrheiten auf dem Gebiet der Medizin jenseits derer liegen, die sich durch Beobachtung allein ergeben. Es bedarf seiner Ansicht nach einer Verknüpfung von Erscheinungen und Ursachen. Die größte Bedeutung der in der damaligen ▶ Naturphilosophie begründeten Medizin sieht er in einer Therapie, die auf einem induktiven Ansatz (▶ Induktion) beruht und sich der Wirkung von verschiedenen Arzneien widmet.

Avicenna[1] **(latinisiert für Abū Alī al-Husain ibn Abdullāh Ibn Sīnā)**
persischer Arzt, Physiker, Philosoph, Jurist, Mathematiker, Astronom, Alchemist und Musiktheoretiker (984–1037)

Ibn Sīnā wurde im Jahre 984 n. Chr. in Afshana bei Bukhara im heutigen Usbekistan als Sohn einer einflussreichen Familie geboren und wuchs in der Welt einer schiitischen Sekte auf, deren Forderung nach Brüderlichkeit, legitimer Herrschaft und absoluter Gerechtigkeit ihrer reformatorischen Anschauung wegen sowohl geschätzt als auch bekämpft wurde. Er starb im Jahre 428 H bzw. 1037 n. Chr. als vielfach angefeindeter Staatsmann und Philosoph.

Avicenna versuchte die aristotelische und die neuplatonische ▶ Philosophie zu verbinden und hinterließ mehr als hundert Werke, darunter auch einflussreiche ▶ Aristoteles-Kommentare. Insbesondere in seinem Werk *Das Buch der Genesung der Seele* verschmolz er Kenntnisse der islamischen Medizin mit solchen der antiken Medizin und ▶ Philosophie und beeinflusste damit sowohl ▶ Albertus Magnus als auch ▶ Thomas von Aquin. Die »islamische Psychologie« war somit physiologisch ausgerichtet, d. h., sie basierte im Wesentlichen auf den Erkenntnissen von ▶ Aristoteles, die Avicenna durch Befunde römischer (▶ Galen) und islamischer Medizin bereicherte.

Durch eine gedankliche Zweiteilung, deren Auswirkungen wir heute noch spüren, unterschied Avicenna einen rationalen (»gottähnlichen«) von einem physikalischen (»sensitiven«) Teil der menschlichen ▶ Seele. Da Letzterer u. a. die äußeren Sinne beherbergte, bedurfte es folglich, wie in der christlichen (▶ Augustinus) und jüdischen (▶ Maimonides) Religion auch, der sogenannte inneren Sinne, um einen Übergang von Körper zu Geist herzustellen.

Bacon, Francis
englischer Philosoph, Mathematiker, Naturforscher und Staatsmann (1561–1626)

Francis Bacons Werk ist ein Beispiel für die Säkularisierung der ▶ Philosophie im 17. Jahrhundert. Als Jurist, Politiker und Mathematiker vertraute er allein empirischen Methoden. Erkenntnis zu gewinnen, bedeutet für ihn eine Einsicht in das »wirkliche Abbild der Natur«. Um zu diesen »wahren Erkenntnissen« zu gelangen, müsse sich der Mensch von Vorurteilen freimachen, die eine objektive Erkenntnis verhindern. Um dieses Ziel, hier die Beherrschung der Natur zum Nutzen der Gesellschaft, zu erreichen, sieht er seine Aufgabe in einer systematischen Grundlegung und Darstellung aller Wissenschaften.

Bechterew, Wladimir Michailowitsch
russischer Psychiater, Neurologe (1857–1927)

Wladimir Michailowitsch Bechterew, ein Schüler von ▶ Jean Martin Charcot und ▶ Wilhelm Wundt, war ein bedeutender Professor an der russischen militärmedizinischen Akademie. Er gründete und leitete dort ein psychoneurologisches Institut, dem nach der Jahrhundertwende auch eine psychopädologische Abteilung angegliedert wurde.

Bechterew beschrieb nicht nur zahlreiche neurologische Krankheitszeichen (z. B. die nach ihm benannte Bechterew'sche Krankheit) und neuronale Strukturen (Bechterew'scher Kern). Er gilt neben ▶ Iwan Pawlow auch als Begründer der sogenannten ▶ objektiven Psychologie und als einer der Väter der Verhaltenstherapie, so z. B. durch sein Buch *Die Bedeutung der Suggestion im sozialen Leben* (2002/1905).

---

1 Die jüdische Umschrift der Kurzform seines Namens Ibn Sīnā zu »Aven Sina« wurde im Lateinischen zu »Avicenna« (Leahey 2004, S. 90).

Ausgewählte Biografien

Békésy, Georg von
ungarisch-amerikanischer Biophysiker (1899–1972)
Georg von Békésy, der u. a. Professor in Budapest, Stockholm und Harvard war, leistete entscheidende Beiträge zur Nachrichtenübertragung und physiologischen Akustik, insbesondere zu Problemen der Reizmechanismen im Ohr. Er erhielt neben vielen weiteren Auszeichnungen 1961 den Nobelpreis für Medizin.

Bender, Hans
deutscher Psychologe (1907–1991)
Hans Bender führte als Professor an der Universität Freiburg die ▶ Parapsychologie als Wissenschaft ein und machte sie dadurch in gewissem Sinne »salonfähig«. An dem von ihm 1950 gegründeten Institut für Grenzgebiete der Psychologie und Psychohygiene versuchte er, die fachlichen Grenzen hin zu paranormalen Erscheinungen wie etwa Telepathie und Psychokinese sowohl durch sorgfältige Dokumentation als auch experimentell zu untersuchen, und machte das Fachgebiet dadurch einer breiten Öffentlichkeit zugänglich.

Bergson, Henri
französischer Philosoph (1859–1941)
Henri Bergsons ▶ Philosophie hatte auf die Psychologie Europas vor dem Ersten Weltkrieg aus zweierlei Gründen einen großen Einfluss. Zum einen setzte er dem damals gängigen Evolutionarismus die Vorstellung entgegen, dass die Komplexität des organischen Lebens nicht einfach als eine Folge zufälliger Selektionsprozesse gedacht werden könne. Zum anderen versuchte er in seiner für die Psychologie bedeutenden Schrift Matière et mémoire von 1896, Biologie und Bewusstseinstheorie auf einen Nenner zu bringen, indem er u. a. subjektive und objektive Zeit unterschied. Der Physiker, so Bergson, beobachte Gegenstände und Ereignisse in ihrer zeitlichen Ab- bzw. Aufeinanderfolge. Dem Bewusstsein indes stelle sich die Zeit als Dauer (durée) dar, als ein unbegrenzt dahinfließender Prozess, bei dem ein Augenblick aus dem anderen hervorgehe. Dieses »Fließen der Zeit« sei aber nur innerlich erfahrbar. Es könne durch die Atomisierung der physikalischen Zeit als Folge ihrer Zerlegung in »Messzeitpunkte« nicht abgebildet werden. Diese sinnhafte Ordnung des Geistes, die von der physikalischen Ordnung ganz verschieden ist, zeichne auch das Bewusstsein aus.

Berkeley, George
irischer Philosoph, Bischof von Cloyne (1685–1753)
George Berkeley gilt als der wichtigste Nachfolger und Kritiker von ▶ John Locke. Drei Hauptpunkte beschäftigen ihn hierbei besonders: der ▶ Begriff der abstrakten und allgemeinen Idee, die Unterscheidung zwischen primären und sekundären Qualitäten und der ▶ Begriff der materiellen Substanz.

Bernheim, Hippolite
französischer Neurologe und Hypnotiseur (1840–1919)
Der zu seiner Zeit berühmte Hippolite Bernheim gründete zusammen mit A. A. Liébeault in Konkurrenz zu ▶ J. M. Charcot in Paris eine Klinik für ▶ Hypnose in Nancy, in der er zahlreiche Personen behandelte. Anders als Charcot aber glaubte Bernheim, dass gewöhnlicher Schlaf und Hypnoseschlaf einander ähnlich seien und Letzterer nicht – wie Charcot annahm – auf »hysterischen Anteilen einer Person« aufbaue. Bernheim versetzte seine Patienten durch ▶ Suggestion in Hypnoseschlaf, in der Annahme, dass sie dann besser auf seine Behandlung ansprachen.

Zu Bernheims bekanntesten Werken gehört sein Buch *De la suggestion dans l'état hypnotique et dans l'état de veille* aus dem Jahre 1884.

Brentano, Franz
deutscher Philosoph und Psychologe (1838–1917)
Franz Brentano versuchte durch sein Werk, insbesondere durch das Buch Psychologie vom empirischen Standpunkte aus dem Jahr 1894, eine psychologische Auffassung zu begründen, die, als eine philosophische Psychologie verstanden, Wert auf empirisches Vorgehen legt.

Brentano, der zunächst katholischer Priester war und Professor für ▶ Philosophie in Würzburg wurde, ehe er wegen Glaubenskämpfen auf den Priesterstand verzichtete und eine Professur für ▶ Philosophie in Wien annahm, entwickelt eine von ▶ Aristoteles ausgehende eigene, in sich geschlossene ▶ Philosophie, worin er sich als ausgesprochener Befürworter jeglicher Erkenntnisse auswies, die durch empirische Befunde gewonnen werden. Nur dergestalt evidente Urteile bilden für ihn die notwendige wissenschaftliche Grundlage des Erkenntnisgewinns. Brentano gilt als Begründer der Psychologie als einer Lehre von psychischen Phänomenen (▶ *Phänomenologie*). Er teilt diese ein in die drei Grundklassen der Vorstellungen, der Urteile und der Gemütstätigkeiten, wobei das wesentliche Merkmal des Psychischen für ihn die ▶ Intentionalität ist. Damit zählt er psychische Phänomene ausdrücklich zu den Realia, mit denen sich Wissenschaft empirisch befassen kann.

Broca, Paul
französischer Psychiater, Chirurg und Anthropologe (1824–1880)
Paul Broca beobachtete als einer der Ersten, dass die Sprachproduktion von Patienten mit einer Läsion in der vorderen linken dritten Hirnwindung gestört war. Dies galt, mehr als ein halbes Jahrhundert nach der gescheiterten phrenologisch begründeten Lokalisationslehre von ▶ Franz Josef Gall, als ein neuer Anlauf in der an psychologischen Fragestellungen interessierten Hirnforschung und als entscheidender Hinweis darauf, dass das motorische Sprachvermögen im Gehirn in bestimmten Zentren lokalisiert ist, heute als Broca-Zentrum bekannt. Für Broca selbst bedeutete diese Erkenntnis jedoch nur einen kleinen Ausschnitt aus seinem akademischen Werk. Er publizierte zwischen 1847 und 1879 fast 500 Arbeiten auf verschiedenen medizinischen, psychiatrischen und anthropologischen Gebieten. Für die Psychologie gilt er indes als einer der Gründerväter nicht nur der Aphasieforschung, sondern auch der Erforschung des limbischen Systems (Brocas grand lobe limbique).

Brodmann, Korbinian
deutscher Psychiater und Neurologe (1868–1918)
Korbinian Brodmann arbeitete zunächst als Psychiater an verschiedenen deutschen Anstalten, ehe er 1901 mit einem Thema habilitierte, für das er zeitlebens berühmt wurde: der Cytoarchitektonik des cerebralen Cortex. 1910 wurde er außerordentlicher Professor an der medizinischen Fakultät in Tübingen, wo er als Oberarzt die Leitung des anatomischen Laboratoriums der dortigen Psychiatrischen und Nervenklinik übernahm.

Brodmann klärte durch seine histologisch-neuroanatomischen Untersuchungen die Grundprinzipien der Struktur der Großhirnrinde auf. Dazu gehören u. a. sechs unterschiedlich strukturierte Rindenschichten (Isocortex) und die cytoarchitektonisch abgrenzbaren Rindenfelder sowie deren ontogenetische und phylogenetische Entwicklung. Auf diese Weise beschrieb er beim Menschen 47 Gehirnareale, denen unterschiedliche Funktionen zugesprochen wurden. Bis heute ist die von Brodman erforschte *Hirnrindenkarte* Grundlage für das

Verständnis einer multiplen mentalen Repräsentation und der damit verbundenen funktionellen Anatomie des Gehirns sowie der Ultrastruktur der Großhirnrinde beim Menschen.

Bühler, Karl
österreichischer Entwicklungspsychologe (1879–1963)

Karl Bühler begründete 1922 mit der Eröffnung des Psychologischen Instituts in Wien die sogenannte Wiener Schule der Psychologie als eine selbständige Forschungseinrichtung. Zusammen mit seiner Frau, Charlotte Bühler, widmete er sich der Entwicklungspsychologie und dokumentierte seine Kompetenz darin durch das Buch *Die geistige Entwicklung des Kindes* (4. Aufl. 1924). Einen neuen Forschungsansatz, der von beiden propagiert wurde, stellte die Übertragung der experimentell-psychologischen Methoden, u. a. denen von ▶ Wolfgang Köhler, auf die Untersuchung von Kindern dar.

Carnap, Paul Rudolf
deutscher Philosoph (1891–1970)

Der in Deutschland geborene Philosoph Rudolf Carnap wurde ab 1926 auf Betreiben von Moritz Schlick Dozent für ▶ Philosophie an der Universität Wien. Dort wurde er rasch zu einer der führenden Figuren des ▶ Wiener Kreises. 1935 emigrierte er in die USA und übte dort eine entscheidende Wirkung auf die amerikanische ▶ Philosophie aus.

In der »klassischen Weise« ▶ Philosophie zu betreiben, um Themen wie etwa die Existenz der Außenwelt oder des Verhältnisses von Leib und ▶ Seele zu erörtern, hielt er für unlösbar, da die Fragen falsch gestellt seien. Die ▶ Philosophie könne nur vorankommen, wenn sie sich der formalen Logik bediene. Dazu gehöre, dass alle Erscheinungen auf dieser Welt, logisch gesehen, auf Sinneserlebnisse zurückgeführt werden könnten. Entsprechend gilt Carnap heute als bedeutendster Vertreter des sogenannten logischen Positivismus (▶ Neopositivismus).

Cattell (McKeen Cattell), James
amerikanischer Psychologe (1860–1944)

James Cattell war neben G. Stanville Hull einer der amerikanischen Studenten ▶ W. Wundts. Wissenschaftlich betrachtet beschritt er den Weg von der ▶ Anthropometrie ▶ F. Galtons zur *Psychometrie*. Mit Blick auf eine exakte Erfassung, wie in den Naturwissenschaften üblich, interessierte sich Cattell besonders für die Erfassung interindividueller Unterschiede bei psychologisch relevanten Messwerten, z. B. von Reaktionszeitaufgaben. Davon erhoffte er sich Aussagemöglichkeiten über die Konstanz bzw. Variabilität mentaler Prozesse, ihre gegenseitige Abhängigkeit und ihre Variation bei unterschiedlichen Bedingungen.

Kritiker bemängelten allerdings, dass man aus Tests solch elementarer Eigenschaften keine »höheren« intellektuellen und emotionalen Funktionen ableiten könne. Auch Cattell musste eingestehen, dass die von ihm erfassten korrelativen Zusammenhänge relativ bedeutungslos waren. Die Psychometrie gewann in neuer Form erst wieder an Bedeutung, als der französische Mediziner und Psychologe Alfred Binet seine Studien begann.

Charcot, Jean Martin
französischer Neurologe (1825–1893)

Jean Martin Charcot interessierte sich als Chefarzt der Salpêtrière in Paris u. a. für motorische Erkrankungen, z. B. die Parkinson'sche Krankheit und Chorea Huntington, und für das Krankheitsbild der Hysterie. Bereits in den 80er-Jahren des 19. Jahrhunderts demonstrierte er hysterische Anfälle unter Hypnose und wandte sich, nachdem seine Suche nach Ursachen der Hysterie im Nervensystem fehlgeschlagen war, möglichen psychischen Ursachen zu, z. B.

Schrecken oder/und aufregenden Erinnerungen, die aus der Jugendzeit stammten. Charcot beeinflusste die Weiterentwicklung der Psychiatrie und Hysterieforschung als Lehrer später berühmter Schüler, unter ihnen ▶ Sigmund Freud und ▶ Pierre Janet.

Comte, Auguste
französischer Philosoph und Soziologe (1798–1857)
Auguste Comte gilt als Begründer des ▶ *Positivismus,* dem gemäß beobachtbare Dinge aus sich selbst heraus, d. h. aus den Gesetzen über die konstanten Zusammenhänge und Erscheinungen erklärt werden. Sein umfangreiches Buch *Cours de philosophie positive,* das in mehreren Bänden in den Jahren 1830 bis 1845 erschien, war aber vor allem eine Absage an jegliche Form von ▶ Metaphysik, wobei er unter diesem ▶ Begriff alles verstand, was nicht handfest empirisch nachweisbar war. Comtes Position des ▶ Positivismus grenzte damit aus, was mehr wollte als nur empirische Feststellungen treffen. Dazu stellte er Gesetze auf, die es ermöglichen sollten, durch Registrieren und Ordnen erfahrungsgegebener Daten Vorhersagen zu machen und damit nicht zuletzt auch eine gewisse Kontrolle von natürlichen und sozialen Erscheinungen herzustellen. Ursprünglich forderte Comte vehement die Wertfreiheit der Wissenschaft, ehe er zu der Auffassung gelangte, dass Wissenschaft die Moral nicht ersetzen kann, da Letztere die Wertegrundlage darstelle, die Richtung und Umfang eines Forschungsprozesses bestimmen.

Darwin, Charles
englischer Naturforscher (1809–1882)
Charles Darwin gilt als Begründer der modernen Abstammungslehre, des ▶ Darwinismus, dessen Grundlagen Erfahrungstatsachen über die Veränderlichkeit von Lebewesen (Variabilität), Vererbung (Heredität) und die Überproduktion von Nachkommen bilden. Er sah in der Überproduktion eine Hauptursache für eine andauernde Selektion, bei der diejenigen Arten, die der Umgebung am besten angepasst sind, auch am ehesten überleben, sich fortpflanzen und ihre Eigenschaften durch die Wahl geeigneter Partner an ihre Nachkommen weitergeben (*survival of the fittest*). Forscher wie ▶ T. Dobzhansky oder ▶ F. L. A. Weismann verschmolzen später Darwins Lehre mit den Erkenntnissen der Genetik, der Populations- und der Zellbiologie. Daraus entstand die sogenannte synthetische Evolutionstheorie.

Für die Psychologie bedeutend ist insbesondere Darwins Buch *The Expressions of Emotions in Men and Animals* (1872), das in Deutschland im gleichen Jahr unter dem Titel *Der Ausdruck der Gemütsbewegungen bei dem Menschen und den Thieren* erschien (Darwin 1872/2000). Darin belegte er die seiner Ansicht nach bestehende Existenz universaler emotionaler Ausdrucksformen bei Mensch und Tier.

Demokrit(os)
griechischer Philosoph aus Abdera in Thrakien (ca. 460–370 v. Chr.)
Demokrit, ein Schüler des Leukipp(os), der sich mit Physik, Ethik, Mathematik und Kunst befasste, suchte zeitlebens nach einer Erklärung für die veränderliche Welt, die gleichzeitig Bewegung, Vielheit und Wandlung berücksichtigen sollte.

Dabei schien ihm die damalige Atomtheorie, also das allein Wirkliche kleinster, unteilbarer »Seins-Teilchen« und des leeren Raumes, als sinnvolle Erklärung.[2] Materie wird somit als aus unendlich kleinen Teilchen zusammengesetzt gedacht, weshalb sich die undefinierte

---

2   Atome sind damaliger Auffassung nach nicht nur klein, sie sind unteilbar, unveränderlich und unsichtbar, befinden sich in steter Bewegung, prallen aufeinander und ändern so laufend Richtung und Geschwindigkeit. Sie können sich aber auch miteinander verbinden und zusammengesetzte Körper bilden. Jedes Atom entspricht gemäß ▶ Demokrit im Kleinen dem Seinsbegriff von ▶ Parmenides.

bis dahin bestehende ▶ Begriff eines grenzenlos ausgedehnten Etwas (*apeiron;* ▶ Heraklit, ▶ Pythagoras) in etwas endlos Reduzierbares auflösen lässt (▶ Reduktionismus). Der daraus resultierende Leitbegriff des Determinismus wurde z. B. von der Naturwissenschaft übernommen, nicht aber von der ▶ Naturphilosophie.

Descartes, René
französischer Philosoph und Mathematiker (1596–1650)
René Descartes, der »Begründer der modernen ▶ Philosophie«, gilt heute als Mitinitiator des ▶ Rationalismus, der neben dem ▶ Empirismus aus der ▶ Aufklärung hervorgegangen ist. Für ihn ist der Zweifel Ausgangspunkt aller Methode, und das bedeutet, erst dann von einer Tatsache zu sprechen, wenn diese nicht mehr anzuzweifeln ist, wenn zwingende Schlüsse vorliegen. Insofern gehört seine Schrift *Discours De La Methode* von 1637, eine Abhandlung über die Methode des richtigen Vernunftgebrauchs und der wissenschaftlichen Wahrheitsforschung, zu den wichtigsten und berühmtesten Texten der westlichen ▶ Philosophiegeschichte.

Descartes war durch diese Entwicklung eines ▶ Dualismus der Eigenschaften, ausgedehnt oder aber nicht ausgedehnt und nicht aufeinander reduzierbar zu sein, nicht nur einer der hervorragendsten Bewusstseinsforscher seiner Zeit. Er war auch ein ausgezeichneter Mathematiker und konnte darüber hinaus Erfolge in der Physiologie verzeichnen, z. B. bezüglich Aufbau und Funktion des visuellen Systems. Er entwickelte ferner eine umfassende Verhaltenstheorie für Mensch und Tier, indem er zwischen den verschiedenen Spezies Analogien herstellte und versuchte, Verhaltensmuster nach den damals als dafür geeignet angesehenen Gesetzen der Mechanik bzw. Mathematik zu erklären, ähnlich wie wir uns heute bestimmter ▶ Netzwerkmodelle bedienen. Dabei galt für ihn die Physik von Galilei als die Grundlage eines neuen Weltbildes schlechthin. Alle Lebensprozesse, so lautete entsprechend sein Urteil, sind physikalisch und chemisch erklärbar. Durch dieses – wenn auch in Form »physikalisch-animalischer Geister« im Gehirn noch sehr spekulative – Bindeglied zwischen Körper und Geist wurden gleichwohl ▶ Naturphilosophie und Medizin in den Dienst des Menschen gestellt, um zu einer Verbesserung der menschlichen Lebensumstände beizutragen.

Descartes' Denken hat nicht nur Zeitgenossen geprägt, sondern auch das psychologische Denken der ersten großen Psychologen des 19. Jahrhunderts, etwa ▶ W. Wundts. Letzterer z. B. nahm den kartesischen Ansatz eines interaktiven ▶ Dualismus zum Ausgangspunkt, um ihn in den von ihm favorisierten ▶ Parallelismus umzuwandeln.

Dessoir, Max
deutscher Philosoph und Psychologe (1867–1947)
Der unter dem Einfluss der Ideen ▶ W. Diltheys studierende Max Dessoir interessierte sich für eine Vielzahl psychischer Phänomene, u. a. für Sinnesempfindungen und ihre Nachbilder, für Hypnose, Traum und Tod. Auch das Gebiet der ▶ Parapsychologie bzw. des ▶ Okkultismus wird mit ihm in Verbindung gebracht, insbesondere durch sein Buch *Vom Jenseits der Seele* (1917). Bereits sechs Jahre zuvor veröffentlichte er einen *Abriß einer Geschichte der Psychologie,* der, ins Englische übersetzt, zu seinem bekanntesten Werk wurde.

Dewey, John
amerikanischer Philosoph und Psychologe (1859–1952)
John Dewey gewann in der Psychologie durch den von ihm mitbegründeten ▶ *Funktionalismus* an Bedeutung. Auf diese Weise funktionalistisch betrachtete Dewey Ideen generell als Handlungspläne. Diese, so Dewey, entstünden, wenn ein Individuum sich einem Problem gegenüber sehe, und hätten ihre Funktion erfüllt, wenn das Problem gelöst sei.

Dewey setzte sich auch mit großen Fragen seiner Zeit auseinander, u. a. dem Reflex, wobei er sich gegen den bestehenden Elementarismus – hier Reiz, da Reaktion – aussprach und stattdessen dafür eintrat, den Reiz als unauflöslich mit dem Reflex zu betrachten und anzuerkennen, dass jede Reaktion mit dafür ausschlaggebend ist, in welcher Weise auf einen Reiz das darauf folgende Mal reagiert wird. Erst diese zirkuläre Beziehung, das sogenannte *circular arrangement* zwischen Reiz und Reaktion, gestatte es dem Individuum, so Dewey, ganzheitlich mit der Umwelt zu interagieren.

Dilthey, Wilhelm
deutscher Philosoph und Psychologe (1833–1911)

Wilhelm Diltheys Verständnis von Psychologie war historisch geprägt. Entsprechend begründete der Philosoph in Berlin eine Erfahrungswissenschaft geistiger Erscheinungen, um die geschichtlichen Seelenvorgänge durch ▶ Verstehen zu erfassen (*Verstehenspsychologie*). Sein Bestreben war es, insbesondere dem vorherrschenden naturwissenschaftlich gebundenen Anspruch bezüglich der Erfassung der Seelenkräfte eines Menschen, so wie ▶ W. Wundt ihn vertrat, einen geisteswissenschaftlichen Entwurf gegenüberzustellen, der in Gegenstand und Methode ebenfalls eigenständig war. Um die menschliche Natur zu verstehen, seien »zergliedernde«, analysierende Laborversuche ungeeignet; es bedürfe vielmehr einer ganzheitlichen, synthetisierenden, qualitativen, deskriptiven Klassifikation des Menschen und seiner Eigenschaften. Entsprechend den unterschiedlichen Objekten wissenschaftlichen Interesses von Geistes- und Naturwissenschaftlern müssen, so Dilthey, auch die Erkenntnisverfahren in Naturwissenschaft und Geisteswissenschaft verschieden sein. Aus dieser Auffassung resultiert auch sein oft zitierter Ausspruch: Die »Natur erklären wir, den Geist verstehen wir« (zit. nach Benesch und Saalfeld 1991, S. 181). Letzterer ließe sich nur durch ein Hineinversetzen in die Ganzheit seelischen Lebens verstehen. Dilthey stand mit dieser Auffassung von einer Psychologie des ▶ Verstehens somit im expliziten Gegensatz zu der sich entwickelnden naturwissenschaftlich-experimentellen Psychologie.

Dobzhansky, Theodosius
russisch-amerikanischer Populationsgenetiker und Evolutionsbiologe (1900–1975)

Theodosius Dobzhansky war einer der namhaftesten Populationsgenetiker und Evolutionsbiologen des 20. Jahrhunderts. Er begründete die synthetische Theorie der biologischen Evolution, die zur umfassenden Legitimierung der modernen Populationsgenetik führte.

In seinem 1937 erschienenen Buch *Genetics and the Origin of Species* versuchte er, eine Fusion von Veränderungen der Population und Genveränderungen zu erreichen, denn Evolution, so Dobzhansky, sei lediglich eine Veränderung von Allelfrequenzen: Populationen evolvieren, Individuen seien selektierbar. Letztere seien mehr oder weniger erfolgreich und setzen deshalb mehr oder weniger Nachkommen in die Welt. Sie definierten somit die Population als eine Gruppe von Individuen, die in Raum und Zeit zusammenlebt. Heute überwiegen prinzipielle Bedenken gegen die Leistungskraft seiner populationsgenetischen Aussagen, denn man geht davon aus, dass ein Großteil genetischer Variabilität in Populationen selektionsneutral ist.

Du Bois-Reymond, Emil Heinrich
deutscher Physiologe (1818–1896)

Emil Heinrich Du Bois-Reymond gilt als bedeutender Vertreter der experimentellen Physiologie der zweiten Hälfte des 19. Jahrhunderts. Zusammen mit ▶ Hermann von Helmholtz schuf er die Grundlagen der Nerv-Muskel-Physiologie und etablierte das Konzept der intrinsischen Elektrizität von Nerv und Muskel. Du Bois-Reymond war nicht nur einer der Begründer der (modernen) Elektrophysiologie (*Untersuchungen über die thierische Elektrizität*), sondern galt auch als eine philosophisch und kulturhistorisch engagierte Persönlichkeit, die sich kritisch mit den Grenzen der Naturerkenntnis, der Geschichte der Naturwissenschaft und Kulturgeschichte und Naturwissenschaft auseinandersetzte (vgl. Du Bois-Reymond 1912).

Die von Pierre-Simon LaPlace formulierte Erkenntnis aufgreifend, dass dann, wenn alle Vorgänge der unbelebten und belebten Natur durch Bewegungen von Naturteilen und nach den Gesetzen der Naturwissenschaft zustande kämen, alles Geschehen in Vergangenheit, Gegenwart und Zukunft auch streng determiniert wäre, kam er zu dem Schluss, dass es transzendentale Ereignisse geben müsse, die dem physikalisch erfassbaren Wesen von Materie, Kraft und Bewegung vorausgingen. Zumindest die Erzeugung von Bewusstsein sei nicht mechanisch erklärbar, denn die Bewegung von Materie könne dieses nicht hervorbringen.

Ebbinghaus, Hermann
deutscher Psychologe (1850–1909)
Hermann Ebbinghaus gilt als Mitbegründer der Psychologie und als *der* Pionier auf den Gebieten der Gedächtnis- und Experimentalpsychologie. Er führte u. a. wichtige lerntheoretische Untersuchungen mit gefühls- und wertneutralen Sprachelementen durch, den sogenannten sinnlosen Silben.

In Selbstversuchen stellte er dafür das Tempo des Vergessens auf, die sogenannte Ebbinghaus-Kurve, in der er zeigte, dass Gelerntes zuerst schnell und fortschreitend immer langsamer vergessen wird. Für die ▶ Korrelation zwischen Umfang des Lernmaterials und Lernzeit stellte er das sogenannte Ebbinghaus'sche Gesetz auf, welches besagt, dass bei geringem Anwachsen des Stoffes die aufgewendete Zeit dafür stark zunimmt (vgl. Ebbinghaus 1885). Bekannt ist auch seine Kontroverse mit ▶ W. Dilthey über die methodische Grundlegung der Psychologie. Dabei verteidigte er vehement den Ansatz der experimentellen Psychologie gegen die von ▶ W. Dilthey geforderte verstehende Psychologie (▶ Verstehenspsychologie) und trug damit entscheidend zum Durchbruch der experimentellen Psychologie bei.

Eccles, John Carew
australischer Physiologe (1903–1997)
John Carew Eccles, ein Schüler und Mitarbeiter von C. S. Sherrington in Oxford, war ab 1951 Professor für Physiologie in Canberra und später in Chicago.

Sein Hauptinteresse galt zunächst der Erregungsleitung im Nervensystem und der Arbeitsweise der Synapsen. Heute wird sein Name nicht nur mit den Prinzipien der synaptischen Erregung und Hemmung in Zusammenhang gebracht, sondern auch mit dem sogenannten ▶ Leib-Seele-Problem und hier mit dem Philosophen ▶ K. Popper. Eccles vertrat dabei als einer der wenigen Neurowissenschaftler eine dualistische Auffassung von geistigen und physischen ▶ Entitäten. Diese legte er, zusammen mit ▶ K. Popper, in dem Buch *The Self and Its Brain* (1977) dar.

Ehrenfels, Christian von
österreichischer Philosoph (1859–1932)
Christian von Ehrenfels, der zu den Schülern von ▶ Franz Brentano zählt, wurde zum bedeutendsten Vorreiter der Gestaltpsychologie seiner Zeit in Österreich. In Übernahme der ▶ Mach'schen Ideen sah er die Wahrnehmung der Form nicht zusammengesetzt aus verschiedenen Qualitäten, sondern als eine neue, eigenständige Qualität an, die sogenannte *Gestaltqualität*. So bildet z. B. die Wahrnehmung eines aus vier Strichen zusammengesetzten Quadrates seiner Ansicht nach eine neue Qualität; die Striche sind nur das sogenannte Fundament dafür,

aber keine das Ganze konstituierenden Faktoren. Die von Ehrenfels gebildete ▶ Schule der Formqualität ist als direkte Vorgängerin der Gestaltpsychologie zu betrachten.

Empedokles
griechischer Philosoph aus Akragas (ca. 495–435 v. Chr.)
Über das Leben und Wirken dieses Philosophen gibt u. a. der griechische Philosoph ▶ Theophrast aus Eresos (um 371–288 v. Chr.) Auskunft. Demnach versuchte Empedokles in seiner Schrift *Über die Natur* u. a., das Universum naturwissenschaftlich zu erklären. Dinge seien unvergänglich, denn es gebe weder ein Entstehen von etwas aus dem Nichts noch Zergehen im Nichts. Auch wenn die Sinne bei der Erkenntnis der Natur täuschten, so gebe es doch die ▶ Vernunft, die, gepaart mit göttlicher Eingebung, erkennen könne, dass alles Entstehen und Vergehen und auch jede Veränderung davon in der Wirklichkeit auf die Mischung von unveränderlichen Grundsubstanzen zurückzuführen sei. Seiner Ansicht nach sind diese unveränderlichen Grundgrößen die vier Elemente Wasser, Erde, Luft und Feuer.

Auch Bewusstsein und Erkenntnis hängen nach Ansicht von Empedokles von organischen Vorgängen ab, denn sie seien Teil des Menschen, und dieser sei aus denselben Elementen zusammengesetzt wie die Welt als Ganzes.

Fechner, Gustav Theodor
deutscher Physiker und Naturphilosoph (1801–1887)
Gustav Theodor Fechner war Naturphilosoph und Physiker und hatte ab 1835 eine Professur für Physik an der Universität Leipzig inne. Von einem Medizinstudium, das er zuvor begonnen hatte, wandte er sich ab, weil das Fach ihn dazu verleitete, »die Welt nur als ein mechanisches Getriebe zu betrachten« (Lennig 1994, S. 34). Die Entwicklung seines methodischen Konzeptes der ▶ *Psychophysik* entstand aus der Schnittmenge von Problemfeldern der Naturforschung und ▶ Naturphilosophie, die er beide verinnerlicht hatte. Philosophisch betrachtet wird sein ▶ Panpsychismus, in welchem er annahm, dass sich das Bewusstsein ins Weltall ergieße, dass alle Himmelskörper belebt seien und die Materie die Schattenseite des Seelischen darstelle, oft kritisiert und als idealistisch-theistische ▶ Philosophie bezeichnet (Lennig 1994, S. 75).

Von der naturwissenschaftlichen Seite aus gesehen, könnte man ihn, dessen Atomismus als wissenschaftshistorisch besonders bemerkenswert gilt, als Materialisten bezeichnen (vgl. ▶ Materialismus). Beides zusammen, idealistisch-theistische ▶ Philosophie und Naturforschung, in einer Person vereint, wird als Versuch gesehen, durch Zusammenfassung und Zusammendenken verschiedener Systeme, Richtungen und Linien zu einem »neuen System« zu gelangen. In Rückgriff auf die Ideen seines Lehrers ▶ E. H. Weber und mit dem Ziel, das »Weltganze« zu ergründen und zu erfassen, formulierte Fechner Gesetzmäßigkeiten, um die Beziehungen zwischen Psychischem und Physischem zu differenzieren. 1860 erschien dazu sein zweibändiges Werk *Elemente der Psychophysik*. Darin beschreibt er auch das bekannte Weber-Fechner'sche-Gesetz, welches besagt, dass die Stärke von Sinneseindrücken logarithmisch zur Intensität des physikalischen Reizes verläuft.

Feyerabend, Paul, K.
österreichisch-amerikanischer Wissenschaftsphilosoph (1924–1994)
Paul Feyerabend gehört zusammen mit ▶ Thomas Kuhn zu den Vertretern der modernen ▶ Wissenschaftstheorie, die sich als Opposition sowohl zum ▶ Positivismus als auch zu ▶ K. Poppers kritischem Rationalismus befinden. Laut der These von Feyerabend gibt es keine allgemeinverbindlichen Normen und Spielregeln, denen gemäß Wissenschaft zu betreiben sei; es solle vielmehr anerkannt werden, das ein »methodischer Pluralismus« am ehesten zu neuen,

kreativen Ergebnissen führe. Die einzig gültige Regel dieses sogenannten radikalen Relativismus sei die eines »*anything goes*«. Damit ist gemeint, man müsse anerkennen, dass jede Kultur, jede Gesellschaft, jede Wissenschaftsdomäne etc. letztlich ihre eigenen Regeln aufstelle und dass in keinem Fall die Grundlage der jeweiligen Tätigkeit in Bedingungen zu suchen sei, die außerhalb davon lägen. Es sei daher geboten, sich multiple Zugänge zu Wissenschaft, d. h. eine Methodenvielfalt zu erarbeiten, um zu weiterführenden Erkenntnissen zu gelangen.

Flechsig, Paul
deutscher Hirnforscher und Psychiater (1847–1929)
Paul Flechsig war Professor für Psychiatrie in Leipzig und ab 1882 Leiter der neu gegründeten Psychiatrischen Klinik in Leipzig.

Im neurowissenschaftlichen Bereich wird seine große Leistung darin gesehen, dass er die *Myelinisierung* von Nervenfasern und deren Entwicklung untersuchte. Dabei entdeckte er, dass eine vollständige Myelinisierung Voraussetzung für die Funktionsfähigkeit eines Neurons ist. Er stellte auch Kartierungen für die schrittweise Reifung der funktionellen Systeme des Gehirns dar: Zuerst erfolgt eine Myelinisierung sensorische Gebiete, dann die der Assoziationsareale und schließlich die des Frontalcortex. In der Psychologie sind diese Erkenntnisse bis heute Grundlage aller naturwissenschaftlich begründeten Ideen zur psychischen Entwicklung. Dies insbesondere, da die von Flechsig aufgrund der Markscheidenreifung gefundene Gliederung der zentralen Hirnareale in großen Zügen mit der Hirnrindenkarte von ▶ K. Brodmann übereinstimmt, dessen Arbeiten ihrerseits Ausgangspunkt neuroanatomischen Denkens in der naturwissenschaftlich orientierten Psychologie sind.

Freud, Sigmund
Arzt und Psychoanalytiker (1856–1939)
Folgt man einer Biografie unserer Zeit (Gay 1988), so studierte Sigmund Freud in Wien bei W. W. von Brücke Medizin und habilitierte im Fachgebiet Neuropathologie. Von 1885 bis 1902 war er dort Dozent für Neuropathologie. Während dieser Zeit arbeitete er sich bei ▶ H. Bernheim auch in die Hypnosebehandlung ein und entwickelte zusammen mit J. Breuer die Methode der freien ▶ Assoziation zur Behandlung von Hysterie. Nach einem Zerwürfnis mit Breuer 1895 gab er ▶ Hypnose- und Suggestionsbehandlung auf, vertiefte sich zunächst in eine Selbstanalyse und arbeitete als Psychoanalytiker, d. h. als Nervenarzt, der im Gegensatz zu den Psychiatern seiner Zeit keine psychotischen Patienten, sondern nur solche mit Neurosen behandelte.

Neurosen, so nahm er an, entwickelten sich aus verdrängten sexuellen Erinnerungen und Fantasien der frühen Kindheit, wenn diese im Erwachsenenleben reaktiviert würden. Zu heilen gedachte er diese durch Techniken wie z. B. die Traumanalyse und die Methode der freien ▶ Assoziation. Dazu entwarf er ein Strukturmodell der Persönlichkeit, wobei er den psychischen Apparat des Menschen in drei Instanzen differenzierte: einen Teil, dem die nach Befriedigung strebenden ursprünglichen biologischen Triebe innewohnen, das Es; einen Teil, der als verinnerlichte moralische Instanz fungierte, das Über-Ich; und einen Teil, der zwischen diesen beiden eine Vermittlerfunktion übernimmt, das Ich. Um die notwendigen Vermittlungstätigkeiten in einen Zusammenhang mit bewusstem Verhalten zu stellen, differenzierte er zwischen Bewusstem, Unbewusstem und Vorbewusstem. Das gelang ihm so gut, dass es gegen Ende des 19. Jahrhunderts als psychoanalytisches Gedankengut auch von Psychiatern aufgenommen wurde. Bei der Postulierung der drei Systeme – Es, Ich und Über-Ich – ging Freud davon aus, dass es dafür eine physiologisch-energetische und prinzipiell messbare Grundlage gebe und deshalb psychoanalytische Hypothesen über kurz oder lang durch biochemische ersetzt würden. Dieser Brückenschlag war nicht zuletzt deshalb naheliegend, weil Freud durch seine

Ideen über Neuronennetze auch zu den Pionieren der Neuropsychologie gerechnet werden kann. Bekannt wurde hier z. B. sein »Entwurf einer Psychologie« aus dem Jahr 1895 (Freud 1987). Dynamisch-unbewusste Vorgänge versuchte er methodisch durch die Deutungsarbeit von latenten Trauminhalten in den Griff zu bekommen. Denn während der manifeste Trauminhalt sich als eher unergiebig herausstellte, schien ihm der verborgene Inhalt durchaus latente, affektive Konstellationen aufzuweisen. Hinter den manifesten Trauminhalten kommen seiner Ansicht nach unbewusste Triebimpulse und latente Gedächtnisinhalte zum Ausdruck.

Seinen Gegnern, die ihm durch die ▶ Psychoanalyse in erster Linie einen Versuch der »Sexualisierung der Kindheit« unterstellen, begegnet Freud mit der Ansicht, dass es lediglich darum gehe, die Illusionen des Menschen über seine innere psychische Natur mittels ▶ Traumdeutung aufzuklären. Freud hatte neben seinen vielen akademischen Fähigkeiten auch ein gutes Gespür für die »Corporate Identity« der ▶ Psychoanalyse. So wählte er z. B. für das Signet des Psychoanalytischen Verlages, in dem nur Autoren publizieren durften, die zur Kerngruppe der neuen psychoanalytischen Weltanschauung zählten, das Ölgemälde von Jean Auguste Dominique Ingres »Ödipus und die Sphinx« von 1808 als Vorlage. Damit wird das Fachgebiet bis heute assoziiert.

Galenus (Galen), Claudius
griechischer Arzt und Anatom (129–210 oder 122–199)

Claudius Galen gilt als eifriger und streitbarer Verfechter der Lehren des ▶ Hippokrates. Seine Lehren wirkten sich in der praktischen Medizin bis ins 19. Jahrhundert aus, ehe sich durch das Aufblühen der modernen Naturwissenschaften die Heilkunst grundlegend wandelte. Nicht zuletzt durch seine ausgeprägte Neigung zur raumübergreifenden Selbstdarstellung – seine Schriften fanden Eingang sowohl in den arabischen Sprachraum als auch ins lateinisch geprägte Mittelalter – ist man über sein Wirken relativ gut informiert.

Galen wirkte lange an seinem Wohnort Pergamon, der in der Antike als Wallfahrtsort für kranke Menschen galt, die sich vom dortigen Asklepiosheiligtum Linderung erhofften. Dort tradierte er nicht nur die hippokratischen Lehren, er machte darüber hinaus auch Anleihen bei verschiedenen Ärzteschulen seiner Gegenwart. Galen verfasste mehrere grundlegende Werke und Einführungen in die Heilkunst und zeichnete sich hierbei dadurch aus, dass er bemerkenswert gute pharmakologische Ratschläge lieferte.

Gall, Franz Joseph
deutscher Mediziner (1758–1830)

Der in der Nähe von Pforzheim aufgewachsene Franz Joseph Gall nahm zunächst ein Medizinstudium in Straßburg auf, wechselte dann nach Wien und arbeitete nach dem Studium dort am Allgemeinen Krankenhaus, dem auch der sogenannte Wiener Narrenturm angegliedert war. In dieser Zeit entwickelte er mittels der sogenannten kranioskopischen Methode seine Schädellehre, die es ihm zu erlauben schien, aus der Form der Schädelkalotte Rückschlüsse auf bestimmte Fähigkeiten eines Menschen ziehen (Phrenologie).

In der Zeit von 1810 bis 1819 erschien das vierbändige Werk *Anatomie et physiologie du système nerveux*, das mit 100 auf Kupfertafeln festgehaltenen Abbildungen bereichert war und das er zusammen mit seinem Assistenten Carl Spurzheim (1776–1832) verfasst hatte. Gall machte eine Reihe anatomischer Entdeckungen, darunter die des Ursprunges der Hirnnerven im Rückenmark sowie der Fasern der weißen Substanz.

Galton, Francis
britischer Naturforscher und Schriftsteller (1822–1911)

Francis Galton, der die wissenschaftlichen Arbeiten zur Evolutionslehre seines Vetters ▶ Charles Darwin begeistert aufnahm, trug durch anthropometrische Untersuchungen wichtige Grundlagenerkenntnisse für die sich später entwickelnde Psychometrie ▶ James Cattells bei. Dazu diente ihm ein 1884 eingerichtetes Laboratorium, in welchem er auch erste anthropometrische Tests zusammenstellte. Gegen ein Entgelt konnte sich hier jeder Interessierte hinsichtlich Atemkapazität, Gewicht, Sinnesfunktionen etc. »vermessen« lassen und erhielt eine Protokollkarte, welche die Ergebnisse widerspiegelte.

Goldstein, Kurt
deutscher, später US-amerikanischer Neurologe und Psychiater (1875–1965)

Kurt Goldstein hatte von 1919 bis 1930 einen Lehrstuhl für Neurologie an der Universität Frankfurt/Main inne und arbeitete dort mit dem Gestaltpsychologen Adhemar Gelb (1887-1936) zusammen. Daraus entstand eine – im Gegensatz zur Lokalisationslehre stehende – ganzheitliche Betrachtungsweise von Hirnschädigungen. Auf Initiative Goldsteins war in Frankfurt bereits 1917 das Institut zur Erforschung der Folgeerscheinungen von Hirnverletzungen gegründet worden. Es handelte sich um eines der Sonderlazarette, dessen Behandlungskonzept eine enge Verschränkung von psychologischen, pädagogischen und arbeitstherapeutischen Maßnahmen beinhaltete. Als solches kann es als Vorläufer späterer Rehabilitations-Einrichtungen angesehen werden. Goldstein gehörte zusammen mit ▶ M. Wertheimer, ▶ W. Köhler, K. Koffka u. a. zu den Gründern der gestaltpsychologisch orientierten Zeitschrift *Psychologische Forschung* (1921). Seine Ergebnisse bei der Behandlung gehirnverletzter Soldaten (Goldstein 1919) hatten ihn zu dem Schluss kommen lassen, dass nur eine holistisch-organische Betrachtungsweise des Menschen eine adäquate Behandlung gestattete.

Günther, Hans F. K.
Professor an der Universität Jena (1891–1968)

Hans F. K. Günther, ein vergleichender Sprachforscher, wurde dadurch bekannt, dass er, der ursprünglich kein »Rassenkundler«, sondern auf diesem Gebiet eher ein Außenseiter war, mit seiner Schrift *Die Rassenkunde des deutschen Volkes* aus dem Jahr 1922 bis zum Ende des Dritten Reiches ein Millionenpublikum erreichte (vgl. Rossner 1942, S. 101 ff.).

Haeckel, Ernst
Zoologe und Naturphilosoph (1834–1919)

Ernst Haeckel gehörte zu denjenigen Naturforschern des 19. Jahrhunderts, die sich energisch für die Evolutionstheorie ▶ Charles Darwins aussprachen. Als Professor für vergleichende Anatomie in Jena setzte sich Haeckel bereits 1863 – und damit vor ▶ Darwin selbst – öffentlich für die Rolle der Selektionstheorie als kausale Erklärung der Abstammung der Arten inklusive deren Gültigkeit für die Abstammung des Menschen ein.

In seinem Buch *Die generelle Morphologie der Organismen* (1866) plädierte er für eine Neuordnung der zoologischen Morphologie und Systematik gemäß Darwin'scher Konzeption. Seine Rekapitulationstheorie, d. h. das Verständnis der Ontogenese als eine Rekapitulation der Phylogenese, ist bis heute als »biogenetisches Grundgesetz« bekannt.

Halbwachs, Maurice
französischer Soziologe (1877–1945)

Maurice Halbwachs entfaltet in mehreren Büchern, darunter in *Les cadres sociaux de la mémoire* (1925) und in *La mémoire collective* (posthum 1950, abgefasst in den 1930er-Jahren, deutsche Übersetzung 1985), den ▶ Begriff des *mémoire collective*. Dieses ▶ kollektive Gedächtnis ist seiner Ansicht nach ebenso wie Bewusstsein, Sprache oder Personalität ein soziales Phänomen, das sich durch Kommunikation und affektive Bindungen bildet. Sich zu erinnern ist für die Gesellschaft eine Art »geordneter Weg«, um den sozialen Raum der Gegenwart aus Erkenntnissen der Vergangenheit zu (re-)konstruieren. Mit »Rekonstruktion« ist dabei gemeint, dass das ▶ kollektive Gedächtnis die Vergangenheit nicht als solche zu bewahren vermag, sondern nur das, was die Gesellschaft einer bestimmten Epoche mit ihrem jeweiligen Bezugsrahmen rekonstruieren kann.

Die Vergangenheit existiert für Halbwachs also nur als ▶ Konstrukt. Sie wird nicht »wiedergefunden«, sondern »rekonstruiert«. Dabei ist Vergessen ebenso wichtig wie Erinnern, denn um sich (unter bestimmten sozialen Umstanden) zu erinnern, muss das Kollektiv anderes in den Hintergrund treten lassen, d. h. vergessen.

Hebb, Donald O.
kanadischer Psychologe (1904–1985)

Donald Hebb arbeitete zunächst als Lehrer an einer Schule für schwererziehbare Kinder und schrieb sich erst 1928 nach einer Erkrankung, während derer er Arbeiten von ▶ I. Pawlow und C. S. Sherrington las, als Teilzeitstudent im Fach Psychologie ein. Beeinflusst vom Pawlow'schen Denken befasste er sich insbesondere mit ▶ objektiver Psychologie.

Nachdem er im Jahre 1934 als einer von ▶ Karl Lashleys Promotionsstudenten akzeptiert wurde, untersuchte er die Bedeutung des Frontalcortex und unternahm Messungen der ▶ Emotion bei Primaten. Daraufhin schrieb er – Daten über die Funktionsweise des Gehirns mit gestalttheoretischen Ansätzen verbindend – im Jahre 1949 sein bedeutendsten Buch *The Organization of Behavior*.

Daraus schließlich entstand die Idee, dass Neurone, die gemeinsam aktiviert würden, sich auch anatomisch als Netzwerk zusammenschlössen: *Neurons that fire together wire together*. Die Theorie über neuronale Netze und die dazugehörigen »synaptischen Verstärkungsregeln« sind bis heute Grundlage physiologischer Modelle des Lernens.

Heidegger, Martin
deutscher Philosoph (1889–1976)

Martin Heidegger, der ebenso berühmt für seine geistige Größe ist wie umstritten wegen seines Wirkens während der NS-Zeit, befasste sich u. a. mit psychologierelevanten Fragen der ▶ Ontologie und ▶ Metaphysik, z. B. indem er das Erkenntnisinteresse auf Fragen der ▶ Intentionalität lenkte.

Heinroth, Johann Christian August
Psychiater (1773–1843)

Johann Christian August Heinroth zählt zu den prominentesten Vertretern der sogenannten ▶ Psychiker unter den Psychiatern, dessen Werk von 1825 *System der psychisch-gerichtlichen Medizin, oder theoretisch praktische Anweisungen zur wissenschaftlichen Erkenntnis und gutachterliche Darstellung der krankhaften persönlichen Zustände, welche vor Gericht in Betracht kommen* als das erste forensisch-psychologische bzw. psychiatrische Lehrbuch gelten kann, das im deutschen Sprachraum publiziert wurde.

Heinroths Ansicht nach waren die Menschen nicht nur für Straftaten verantwortlich, die sie verübten, sondern auch für die Krankheiten, welche sie dazu veranlassten. Er schrieb z. B.: »Der Mensch hat es sich jederzeit selbst zuzuschreiben, wenn er melancholisch, verrückt, wahnsinnig usw. wird, denn der hat das köstlichste Gut seines Lebens, die Freiheit im Widerspruch gegen das Gesetz derselben, dessen er sich gar wohl bewußt ist, nicht bewahrt« (Heinroth 1825, S. 26).

Helmholtz, Hermann von
deutscher Physiologe und Physiker (1821–1894)
Hermann von Helmholtz gilt als universeller Naturwissenschaftler des 19. Jahrhunderts und als einer der Gründungsväter der physiologischen Psychologie. Er war ein Schüler von ▶ Johannes Müller und schuf zusammen mit ▶ E. Du Bois-Reymond die Grundlagen der Nerv- und Muskel-Physiologie. Dabei bestimmte er am Nerv-Muskel-Präparat des Frosches als Erster die Leitungsgeschwindigkeit von Nervenimpulsen.

Zu Helmholtz' bahnbrechenden Entdeckungen gehört auch die genaue Begründung des Gesetzes von der Erhaltung der Energie – es wurde 1842 von Robert Mayer aufgestellt – und die Erfindung des Augenspiegels (Ophtalmoskop), mit dessen Hilfe er als Erster den Augenhintergrund, die Netzhaut und den Ansatz des Sehnervs beobachten konnte.

Die stärkste Wirkung auf die Psychologie übte er durch quantitative Aussagen über die Physiologie des Sehens und Hörens auf die physiologische Psychologie aus.

Heraklit
griechischer Philosoph von Ephesos (ca. 520–460 v. Chr.)
Heraklit, der durch seine ▶ Philosophie Wissenschaftler über Jahrhunderte hinweg und nicht zuletzt G. W. F. Hegel, F. Nietzsche und ▶ M. Heidegger beeinflusste, befasste sich ausführlich mit dem Leben und dem Schicksal des Menschen im Angesicht des Todes, wobei er beides als eine Einheit, das »Sein« (▶ Ontologie), verstand, in dem letztlich alle Gegensätze zusammengeführt würden.

Herbart, Johann Friedrich
deutscher Philosoph, Psychologe und Pädagoge (1776–1841)
Johann Friedrich Herbart zeigt als einer der ersten Psychologen eine deutliche Verwandtschaft im Denken mit einem realistisch-positivistischen Zeitgeist. Neben Werken über ▶ Metaphysik schrieb Herbart insbesondere Arbeiten über praktische ▶ Philosophie, darunter ein *Lehrbuch zur Psychologie* (1816) und ein zweibändiges Werk mit dem Titel *Psychologie als Wissenschaft* (1824-1825).

Hippokrates
Arzt aus Kos (ca. 460–370 v. Chr.)
Auf Hippokrates gehen erste wissenschaftliche Ansätze innerhalb der allgemeinen Krankheitslehre und darin eingeschlossen auch der Lehre von den psychiatrischen Erkrankungen zurück. Sein Einfluss war so groß, dass er bereits zu seiner Zeit in der griechischen Antike als der Begründer der wissenschaftlichen Medizin angesehen wurde. Es heißt, er habe als Erster systematische Heiltraditionen mit Erkenntnissen der ▶ Philosophie und Naturforschung in Verbindung gebracht. Inbegriff der hippokratischen Lehre ist die Humoralpathologie, die bis weit über das Mittelalter hinaus Grundlage der Behandlung war. Hippokrates gilt ferner als der Vorreiter der ganzheitlichen Betrachtung des (erkrankten) Menschen, wobei neben Körper (und Geist) des Individuums seiner Ansicht nach auch die auf ihn einwirkende Umwelt dazugehört und in Diagnose und Therapie miteinzubeziehen ist.

Hobbes, Thomas
englischer Philosoph und Staatsmann (1588–1679)
Der vielseitig interessierte Politiker, Lyriker und Philosoph Thomas Hobbes übertrug als »Metaphysiker« die ▶ Begriffe und Ansichten des mechanischen Weltbildes Galileis auf die Humanwissenschaft. ▶ R. Descartes folgend, schien ihm außerdem die geometrisch-mathematische Methode als Einzige die Möglichkeit zu eröffnen, wahre Sätze durch ▶ Deduktion aus unbezweifelbaren Axiomen und präzisen Definitionen zu gewinnen. Beides zusammen machte eine Denkmöglichkeit besonders attraktiv, nämlich dass das Universum »mit allen Stoffen und Dingen«, die es beinhaltet, als in ständiger berechenbarer Bewegung zu betrachten sei (▶ Materialismus, ▶ Naturalismus). Und auch dafür gab es seiner Ansicht nach nur einen »wirksamen Grund« (*causa efficiens*): die Energieübertragung durch Berührung (Hobbes 2013). Die Welt, die wir sinnlich wahrnehmen, stammt laut Hobbes somit in Wirklichkeit vom Einwirken der bewegenden Materie auf unsere Sinnesorgane. In einer empiristisch zu nennenden Tradition gehört Hobbes' Gedankengut zur dem der sogenannten Ideenassoziation. In diesem Sinne ist z. B. seine Behauptung zu verstehen, dass in der menschlichen ▶ Seele keine Idee sein könne, die nicht ganz oder teilweise durch die Sinne verursacht worden sei. Hinzu kommt seine Auffassung, dass jede Idee, gleichgültig ob Perzeption, Erinnerung oder Vorstellung von etwas, Bildcharakter habe, d. h. die Wirklichkeit repräsentiert werde, indem sie sich abbilde (▶ Abbildtheorie).

Holzkamp, Klaus
Psychologe (1927–1995)
Klaus Holzkamp gilt als der Verfechter einer kulturhistorischen psychologischen ▶ Schule in der Bundesrepublik Deutschland. Er grenzte sich damit deutlich vom damals vorherrschenden ▶ Behaviorismus ab, der menschliches Verhalten in erster Linie unter dem Aspekt einer Reiz-Reaktions-Sequenz betrachtet (vgl. Holzkamp 1972). Holzkamp entwickelte nach Vollendung seines Hauptwerkes *Grundlegung der Psychologie* (1983) eine subjektwissenschaftliche Lerntheorie, die heute besonders in der Erwachsenenbildung aufgenommen wird.

Horn, Ernst
deutscher Psychiater (1774–1848)
Ernst Horn, der 1797 an der Universität Göttingen zum Doktor der Medizin promovierte, war zunächst als Arzt in Braunschweig tätig und machte sich durch die Herausgabe von Handbüchern der praktischen Arzneimittellehre sowie der Chirurgie und des 1799 erschienenen *Archiv für medizinische Erfahrung* einen Namen. Horn beschritt in der Psychiatrie neue Wege und kann insofern als erster Psychiater in Deutschland betrachtet werden, der – an der Charité – die Gleichstellung der Geisteskranken mit anderen Erkrankten erreichte. Seine wissenschaftlichen Grundsätze hat er u. a. in einer öffentlichen Rechenschaft über seine zwölfjährige Dienstführung als »zweiter Arzt des königlichen Charitékrankenhauses zu Berlin« hinterlassen (Horn 1818).

Hume, David
britischer Philosoph (1711–1776)
David Hume gilt als Hauptvertreter des sogenannten klassischen ▶ britischen Empirismus. In seinem mehrfach umgearbeiteten Werk *Treatise on human nature* (Hume 1739/1740) wird bereits durch den Untertitel »Ein Versuch, in die experimentelle Methode im Studium des

Menschlichen einzuführen« sein Hauptanliegen verdeutlicht, nämlich, eine Wissenschaft des Menschlichen auf reiner Erfahrungsgrundlage zu schaffen. Vorbild war die neu entstehende Naturwissenschaft des 17. Jahrhunderts, vor allem ▶ I. Newtons Mechanik, die Hume sehr bewunderte. Die Erklärungskraft und die »Erklärungssicherheit« der (Newton'schen) Mechanik sah er in der induktiven Methode, also der Generalisierung von Einzelbeobachtungen, garantiert. Dieses Denken beabsichtigte Hume auf die ▶ Philosophie zu übertragen und damit ▶ Scholastik und ▶ Rationalismus zu ersetzen.

Husserl, Edmund
Philosoph (1859–1938)
Edmund Husserl gilt als Begründer der philosophischen Richtung der ▶ Phänomenologie, die zu den einflussreichsten ▶ Strömungen des 20. Jahrhunderts gehört. Unabhängig von vorausgegangenen Lehren, z. B. Hegels *Phänomenologie des Geistes,* ist für Husserls Lehre kennzeichnend, dass jedes Bewusstsein durch ▶ Intentionaliät – die Bezeichnung für das Strukturmerkmal des Psychischen schlechthin – gekennzeichnet sei. Entsprechend sucht er die Grundlage der alltäglichen wissenschaftlichen und philosophischen Erkenntnis im Absehen von jeder vorgefassten Meinung. Seiner Ansicht nach vollzieht sich Erkenntnis in Bewusstseinsakten, wobei es möglich ist, eine reine, d. h. theoriefreie Beschreibung zu liefern.

Ibn Sina, Abu Ali al-Husayn Ibn Abd-Allah
persischer Arzt, Physiker, Philosoph, Jurist, Mathematiker, Astronom, Alchemist und Musiktheoretiker (984–1037)
Siehe Avicenna

Ideler, Karl Wilhelm
deutscher Psychiater(1795–1860)
Der Psychiater Karl Wilhelm Ideler zählt zu den sogenannten ▶ Psychikern unter den Medizinern. Er war Professor der Medizin, »dirigierender Arzt« der Irren-Abteilung der Charité sowie Mitglied mehrerer gelehrter Gesellschaften, u. a. der Königlich Wissenschaftlichen Deputation für das Medicinalwesen in Berlin, zu dessen Aufgaben sogenannte Obergutachten bei bereits »vorbegutachteten« Straftätern gehörte. Im Jahre 1857 veröffentlichte er ein *Lehrbuch der gerichtlichen Psychologie.*

Jackson, John Hughlings
englischer Mediziner (1835–1911)
Der studierte Mediziner John Hughlings Jackson interessierte sich schon früh für »Reflexe des Gehirns«. Als er eines Morgens feststellte, dass eine Seite seines Gesichts gelähmt war (die sogenannte Bell-Lähmung aufgrund einer Nervenverletzung), widmete er sich als Assistent eines Londoner Krankenhauses endgültig dem Studium des Nervensystems. Von 1861 an befasste er sich mit Epilepsie, die seiner Definition nach durch exzessive, rapide Entladungen der Nervenzellen des Gehirns zustande kam, und stellte fest, dass die Symptome eines Anfalls, heute *Jackson-Anfall* genannt, sich nach einem festen Muster ausbreiten und auf einen Teil des Körpers beschränkt bleiben. Das Problem des Leib-Seele-Verhältnisses betreffend, vertrat Jackson eine Position, die man heute mit dem ▶ Begriff des psychophysischen ▶ Parallelismus umschreibt: Jeder mentale Zustand ist seiner Ansicht nach zwar mit einem nervösen Zustand verbunden, doch komme es zu keinerlei Wechselwirkung zwischen ihnen.

James, William
Physiologe, Psychologe, Philosoph (1842–1910)

William James errichtete als Harvard-Professor für Physiologie, ▶ Philosophie und Psychologie in den USA das erste psychologische Universitätsinstitut. Ferner gilt er als Vorreiter der Entwicklung des ▶ Funktionalismus in der Psychologie und des ▶ Pragmatismus in der ▶ Philosophie. Zu seinen zentralen Überzeugungen gehörte, dass seelische Vorgänge nichts anderes als den kontinuierlichen Strom von Bewusstseinszuständen darstellen. Diesen Standpunkt vertritt er auch in seinen beiden Hauptwerken, den *The Principles of Psychology* (1890) und *Pragmatism* (1907).

Bei James wird besonders deutlich, welche Folgen sich aus dem Übergang der Psychologie von der Anlehnung an die ▶ Philosophie zu einer an der Physik orientierten Wissenschaft ergeben. Anfangs nämlich nahm James im Buch *Principles of Psychology* (1890) den Standpunkt ein, dass es sowohl den »erkennenden Geist« als auch »das zu erkennende Ding« gebe, die nicht aufeinander reduziert werden könnten. Sie stünden sich in der gemeinsamen Welt gewissermaßen gegenüber: Das eine – der Geist – erkenne, und das andere – sein Korrelat – werde erkannt. Dann trat eine Wende in seinem Denken ein. In dem von Perry 1912 herausgegebenen Sammelband *Essays in Radical Empirism* entwickelt James das Konzept der »reinen Erfahrung«. In dieser Lehre der »reinen Erfahrung« verschwinden sowohl Materie als auch das Bewusstsein als spezifische Seinsform. Letzteres wird auf Erfahrungsfunktionen reduziert bzw. als mit ihnen deckungsgleich angesehen. Das bedeutete für James, die Welt in ihrer Unendlichkeit und Vielgestaltigkeit geht nur in den Teilen in das Bewusstsein eines Individuums ein, in denen es zur Erfahrung des Subjekts wird. Die Pragmatik des Ansatzes wird dadurch zum Ausdruck gebracht, dass sich der »Wert« einer Erfahrung lediglich daran bemisst, ob sie dem Individuum Erfolg verschafft oder nicht.

Bekannt ist James in der Psychologie heute hauptsächlich durch seine Emotionstheorie, die er zusammen mit dem Physiologen ▶ C. Lange aufstellte (die sog. James-Lange-Theorie der ▶ Emotion). Hierin wurde die Annahme, ▶ Emotionen erzeugten Verhalten, umgekehrt in eine, die davon ausgeht, dass Verhalten bestimmte ▶ Emotionen erzeuge. Sie wird bis heute kontrovers diskutiert. Als Bewunderer ▶ C. Darwins war James indes davon überzeugt, dass das Nervensystem darauf angelegt sei, in einer vorbestimmten Weise auf bestimmte Gegebenheiten der Umgebung zu reagieren. Seiner Ansicht nach lösten somit ▶ Empfindungen (*sensations*) unmittelbar bestimmte Körperveränderung aus, sie führten also zuerst von den Sinnesorganen zu sensomotorischen Teilen des Gehirns und von dort zu den Viscera und Muskeln, um eine Handlung zu ermöglichen, z. B. zu schreien oder zu zittern, und dann schließlich zurück zu einem emotional bewertenden Teil des Cortex, um eine Wahrnehmung der körperlichen Veränderungen in die Wege zu leiten. So ist auch seine oft zitierte Aussage zu verstehen: »Wir haben Angst, weil wir zittern« und nicht »Wir zittern, weil wir Angst haben«.

Janet, Pierre
französischer Philosoph, Psychiater und Psychotherapeut (1859–1847)

Pierre Janet, studierter Philosoph und Mediziner, befasste sich zunächst mit der Systematisierung verschiedener Hysterieformen und versuchte diese dann mit den psychologischen Theorien seiner Zeit in Einklang zu bringen. Als Nachfolger von T. Ribot am Collège de France hatte er bis zu seinem Rücktritt 1936 einen Lehrstuhl für Psychologie inne. Janet legte besonderes Gewicht auf die Einheit und Dynamik des Psychischen und hatte trotz verschiedener Berührungspunkte mit den Ideen ▶ S. Freuds ein gespanntes Verhältnis zu diesem. Er meinte, Freuds ▶ Psychoanalyse habe ihren Ursprung in seinem und ▶ Charcots Denken.

Ausgewählte Biografien

Jung, Carl Gustav
Schweizer Psychiater und Psychotherapeut (1875–1961)
Carl Gustav Jung studierte von 1895 bis 1900 Naturwissenschaften und Medizin in Basel und interessierte sich zeitlebens für okkulte Phänomene, für Alchemie, gnostische Schriften et cetera. Von Erstgenannten handelte auch seine Dissertation: »Zur Psychologie und Pathologie sogenannter okkulter Phänomene« (▶ Okkultismus). Von 1903 bis 1909 war er Assistent von Eugen Bleuler in Zürich und eröffnete, nachdem er sich mit diesem überworfen hatte, 1909 in seinem Geburtsort Küsnacht eine Privatpraxis. 1943 wurde er nach Jahren des Reisens, der Vorträge etc. in Basel zum Professor für Psychologie ernannt.

Von seiner wissenschaftlichen Ausrichtung her betrachtet war Jung zunächst Anhänger der Ideen ▶ S. Freuds. Er wandte sich jedoch 1912 von diesem ab und gründete seine eigene tiefenpsychologische Richtung. Insbesondere wies er auf die Bedeutung des kollektiven Unbewussten hin und setzte sich wissenschaftlich mit o. g. okkulten Erscheinungen auseinander, mit Fragen der Religionspsychologie und Mythenforschung, der Ethnologie und Pädagogik. 1948 gründete er in Zürich das C. G. Jung-Institut. Heute gelten viele seiner Ansichten als umstritten.

Kahlbaum, Karl Ludwig
deutscher Psychiater (1828–1899)
Karl Ludwig Kahlbaum, Psychiater und Besitzer einer Privatheilanstalt für Nerven- und Gemütskranke in Görlitz, zählte zu den bedeutenden Forschern seiner Zeit. Er trennte als einer der Ersten klinische Zustandsbilder von den eigentlichen Krankheitsprozessen und legte mit der Arbeit über *Die Gruppierung der psychischen Krankheiten und die Einteilung der Seelenstörungen* (1863) den Grundstein für eine allgemeine klinische Psychopathologie. Kahlbaum forderte, ähnlich wie ▶ E. Kraepelin,, die Aufstellung von Krankheitseinheiten mit gleicher Ursache, gleichen Erscheinungen, gleichen Verläufen und Ausgängen (vgl. Kahlbaum 1878).

Kant, Immanuel
deutscher Philosoph der ▶ Aufklärung (1724–1804)
Immanuel Kants naturphilosophische Schriften, die bezüglich psychologisch relevanter Fragestellungen im Zentrum stehen, waren im Gegensatz zu seinen philosophischen Schriften und seinem mächtigen Einfluss auf die ▶ Philosophie bereits zu Lebzeiten umstritten. Nur Anhängern der ▶ Naturphilosophie galt er hier als Vorbild, indem er in seinem naturphilosophischen Hauptwerk *Metaphysische Anfangsgründe der Naturwissenschaft* versuchte, den Grundbegriff der Materie zu bestimmen. Dabei sah er Beweglichkeit, Undurchdringlichkeit, Wechselwirkung (im Sinne der Mechanik) sowie empirische Erkennbarkeit von Vorgängen als die wichtigsten Kenngrößen an; insbesondere dem Gegensatzpaar der Kräfte (Repulsion und Attraktion) maß er eine zentrale Bedeutung bei.

Der Geltungsanspruch seiner *Metaphysischen Anfangsgründe der Naturwissenschaft* war universal, reichte vom Mikro- bis in den Makrobereich und umfasste neben der Physik auch die Biologie. Auch hier galt, dass die »zweckmäßige innere Organisation« der Natur nicht der direkten Beobachtung zugänglich sei, sondern notwendige Unterstellungen des Forschers erfordere, um systematische Erkenntnisse zu erlangen. Erfahrung schien für ihn nur möglich, wenn notwendige Verknüpfungen zwischen verschiedenen Wahrnehmungen bestehen.

Bis weit ins 19. Jahrhundert waren Wissenschaftler davon überzeugt, dass Kant recht hatte, wenn er meinte, dass sich »von außen« geistige Funktionen des Gehirns nicht lokalisieren ließen. Lange wurde seine Aussage, dass sich die ▶ Seele nur durch sich selbst wahrnehmen lasse, entsprechend für unumstößlich gehalten. Das aber bedeutete – anders als wir es heute annehmen –, dass Ich-Bewusstsein und Ich-Erleben grundsätzlich nicht von Dritten erforscht werden könnten.

Köhler, Wolfgang
amerikanischer Psychologe deutscher Herkunft (1887–1967)

Wolfgang Köhler ist einer der Begründer der *Gestaltpsychologie* (Berliner ▶ Schule). Er war ab 1922 in Berlin Professor, bis er 1935 in die USA emigrierte. Bekannt wurde er zuvor bereits durch seine Untersuchungen der Intelligenzleistung von Schimpansen, wobei er als Leiter der Anthropoiden-Station der Preußischen Akademie der Wissenschaften auf Teneriffa von 1914 bis 1920 durch seine Affen-Experimente ein Grundwissen über die Einsichts- und Leistungsfähigkeit dieser Tiere entwickelte. Berühmt machten ihn seine »Intelligenzprüfungen an Menschenaffen«, den Orang-Utans, von 1921.

Als Assistent von Carl Stumpf in Frankfurt entwickelte er dann zusammen mit ▶ M. Wertheimer, ▶ K. Lewin und K. Koffka den damals das Denken revolutionierenden Ansatz der Gestaltpsychologie. Diesen baute er 1920 in seinem theoretischen Hauptwerk *Die physischen Gestalten in Ruhe und im stationären Zustand* zu einer auf die Reintegration von Naturwissenschaften und ▶ Philosophie abzielenden Gestalttheorie aus. Durch Forschungen zur Wahrnehmungs-, Denk-, Lern- und Motivationspsychologie festigte er auch als Direktor des psychologischen Institutes der Friedrich-Wilhelms-Universität in Berlin (1922 bis 1935) den Ruf der von ihm gegründeten »Berliner ▶ Schule« der Gestaltpsychologie. Als einer der wenigen »Nicht-Juden«, der gegen deren Behandlung protestierte, verließ er Deutschland 1935 in Richtung Amerika.

Kraepelin, Emil
deutscher Psychiater (1856–1926)

Emil Kraepelin war ab 1889 Professor für Psychiatrie in Dorpat, später in Heidelberg, Berlin und München. Dort leitete er ab 1912 die von ihm gegründete Deutsche Forschungsanstalt für Psychiatrie und begründete, zusammen mit seinen Schülern, die »Münchner ▶ Schule«, die als Weltzentrum der Psychiatrie der damaligen Zeit galt. 1892 veröffentlichte er die erste systematische Beschreibung der pharmakopsychologischen Untersuchungsmethoden. Er entwickelte eine Systematik der Behandlungsmethoden psychisch kranker Menschen, die teilweise heute noch Gültigkeit hat.

Sein besonderes Verdienst wird darin gesehen, dass er bei wichtigen psychiatrischen Krankheiten Verlaufsgesetze aufgedeckt hat, die mangels somatischer Befunde einer objektiven Untersuchung und Klassifikation ansonsten nur schwer zugänglich gewesen wären. Seine Methode der Beobachtung und Differenzierung unterschiedlicher Krankheiten anhand des Verlaufs stellte eine grundlegende Neuerung in der Psychiatrie dar. Die von ihm in seinem ab 1896 in zahlreichen Auflagen erschienen Lehrbuch vorgenommene Einteilung psychischer Krankheiten in 13 verschiedene Gruppen war nicht nur von den damals wenig erfolgversprechenden neuroanatomischen Studien unabhängig, sie bildete auch weit über seine Zeit hinaus, z. B. für das spätere DSM (*Diagnostic and Statistic Manual of mental disorders*, 1952), eine verlässliche Ausgangsbasis für die Klassifikation von Krankheiten.

Kroh, Oswald
deutscher Pädagoge und Psychologe (1887–1955)

Oswald Kroh studierte in München und Marburg Mathematik und Naturwissenschaften für das höhere Lehramt unter Einschluss von ▶ Philosophie, Psychologie und Pädagogik. Bei G. E. Müller wurde er an der Universität Göttingen Assistent und erwarb dort 1921 die Venia Legendi mit der Studie *Subjektive Anschauungsbilder bei Jugendlichen*. 1922 erhielt er die Professur für

▶ Philosophie, Psychologie und Pädagogik an der Technischen Hochschule Braunschweig und wechselte 1923 an die Universität Tübingen als Professor für Erziehungswissenschaften.

Als Mitglied der NSDAP gehörte er dem Führerrat der Universität an. 1934 erschien seine Abhandlung *Völkische Anthropologie als Grundlage deutscher Erziehung*. Im Sinne des NS-Regimes leitete er die Lehrveranstaltung »Übungen zur Rassenseelenkunde«. 1938 wurde er Ordinarius für Pädagogik und Psychologie an der Universität München und beteiligte sich später als Spartenleiter an dem NS-Projekt Kriegseinsatz der Geisteswissenschaften. Ab 1936 war er im Vorstand der Deutschen Gesellschaft für Psychologie, die er von 1940 bis zum Kriegsende kommissarisch leitete. Auf Kroh geht die 1941 in Kraft gesetzte Diplom-Prüfung für Psychologen zurück, welche die Psychologie als akademische Disziplin und den Berufsstand der Diplom-Psychologen in Deutschland begründete.

Kuhn, Thomas S.
amerikanischer Wissenschaftshistoriker und Philosoph (1922–1996)
Thomas Kuhn wurde durch sein Hauptwerk *The Structure of Scientific Revolutions* (deutsch: *Die Struktur wissenschaftlicher Revolutionen*, 1962), in dem er u. a. die Wissenschaftsphilosophie ▶ K. Poppers kritisiert, rasch zum führenden Kopf der »nach-Popper'schen Generation von Wissenschaftlern«. Er teilte dessen methodische Auffassungen dahingehend, dass Theorien aus theorieunabhängigen Beobachtungsdaten hervorgehen und dass die Triebkraft der Theorieentwicklung nicht im Sammeln von Beobachtungsdaten, sondern im Auftauchen wissenschaftlicher Probleme, sogenannter Anomalien, liegt. Er teilte auch den Gedanken, dass das entscheidende Moment der Theoriewahl in der Konfrontation mit konkurrierenden Theorien besteht. Anders als ▶ K. Popper war Kuhn aber nicht davon überzeugt, dass rational geordnete Entwicklungen der Wissenschaft mit ihrem tatsächlichen Entwicklungsverlauf übereinstimmen. Vielmehr glaubte er, dass wissenschaftliche Entwicklungen in zwei grundlegend verschiedene Formen zu differenzieren seien, in die »Normalwissenschaft« und in die »revolutionäre Wissenschaft«, denn wissenschaftliche Entwicklung erfolgt seiner Ansicht nach immer nach dem gleichen Schema: Auf eine vorwissenschaftliche folgt eine normalwissenschaftliche Periode, gefolgt von einer Krise und einer wissenschaftlichen Revolution, die dann in eine neue normalwissenschaftliche Periode mündet, ehe der Kreislauf von Neuem beginnt. Beide Formen einer Wissenschaft erläutert er anhand des ▶ Paradigma-Begriffs, verstanden als Kanon ungeschriebener Spielregeln der wissenschaftlichen Praxis, eines Kollektivs, der verschiedene Ansichten, Haltungen und Arbeitsweisen beinhaltet. Dieser Kanon umfasst im Wesentlichen vier Bestandteile: symbolische Generalisationen; metaphysische Vorstellungen; Kriterien für hochwertige wissenschaftliche Untersuchungen; und »gute Theorien« sowie mustergültige Beispiele.

Fortschritt entsteht für Kuhn nur in einem pragmatisch-instrumentellen Sinne, in der Weise, dass spätere Theorien bessere Instrumente zur Lösung von bestimmten Problemen sind als frühere Theorien.

Külpe, Oswald
deutscher Psychologe und Philosoph (1862–1915)
Oswald Külpe war Philosoph und Psychologe und 1894 bis 1909 als Professor in Würzburg tätig, wo er die nach seinem Wirkungsort benannte ▶ Schule, die Würzburger Schule, entwickelte. Damit stellte er sich der Aufgabe, anders als von seinem Lehrer, ▶ W. Wundt, vorgesehen, auch höhere psychische Prozesse empirisch zu untersuchen. Als solche kamen in erster Linie Denken, Urteilen, Wollen und Aufmerksamkeit infrage. Dies sollte auch nicht im Sinne von

▶ H. Ebbinghaus mittels assoziativen Erlernens sinnloser Silben geschehen, sondern anhand eines Erfassens von Sinnzusammenhängen. Külpe, der später Professor in München war, vertrat damit einen sogenannten kritischen ▶ Realismus: Die Aufgabe selbst, das real zu Erbringende, habe, so Külpe, eine selektive Funktion hinsichtlich ihrer Ausführung. So würden die »relevanten« Reize beachtet, die »irrelevanten« übersehen. Bei seinen experimentell-psychologischen Untersuchungen, besonders der höheren psychischen Vorgänge, die er für wesentlich hielt (▶ Denkpsychologie), setzte er auf die Methode der Selbstbeobachtung (▶ Introspektion). Dabei orientierte er sich mehr und mehr auch an Phänomenologen, besonders an ▶ E. Husserl und dessen Vorgänger ▶ F. Brentano.

Neben Vorlesungen über ▶ Philosophie und »Realwissenschaften« hielt er solche über die moderne Psychologie des Denkens, über Ästhetik und über Logik. Seine *Vorlesungen über Psychologie* wurden im Jahre 1920 posthum von ▶ K. Bühler herausgegeben.

Lange, Carl Georg
dänischer Psychologe (1834–1900)
Carl Georg Lange, der sich als Zeitgenosse von ▶ W. James ebenfalls mit der zentralnervösen Kontrolle des vegetativen Nervensystems (VNS) beschäftigte, bevorzugte wie dieser von der Peripherie zum Zentrum führende Aussagen im Sinne von »Wir haben Angst, weil wir zittern« statt der zentrifugal gemeinten Aussage »Wir zittern, weil wir Angst haben«. Er begrenzte sich dabei auf »Basisemotionen«, sogenannte *coarse emotions,* wie Angst, Freude, Furcht und Hass. Für höhere, »komplizierter gedachte ▶ Emotionen« waren seine auf ▶ Introspektion und Beobachtung, nicht aber auf experimentell kontrollierten Untersuchungen basierenden Annahmen nicht gedacht. Die als *James-Lange-Theorie der* ▶ *Emotion* bekannt gewordenen Annahmen wurden insbesondere von W. Cannon und P. Bard kritisiert und in obiger Weise umgekehrt. Nicht die »Peripherie«, sondern das »Zentrum« wurde nun als maßgeblich für die Entstehung von Emotionen angesehen.

Lashley, Karl Spencer
US-amerikanischer Psychologe (1890–1958)
Karl Spencer Lashley studierte an der West Virginia University und in Pittsburgh und wurde 1914 an der John Hopkins University in Baltimore bei ▶ J. B. Watson zum Ph. D. promoviert. Entsprechend fühlte er sich als Psychologe der Schule des ▶ Behaviorismus verbunden. Später arbeitete er an der University of Minnesota, der University of Chicago und ab 1935 an der Harvard University. 1942 wurde er Nachfolger von Robert Yerkes als Leiter der Yerkes Laboratories of Primate Biology in Orange Park, Florida. Als solcher verfocht er u. a. das Prinzip der Äquipotenzialität in der Bedeutung corticaler Gehirnstrukturen.

Lavater, Johann Kaspar
Schweizer Theologe und Philosoph (1741–1801)
Johann Kaspar Lavater publizierte in den späten 60er- und 70er-Jahren des 18. Jahrhunderts mehrere Abhandlungen über mögliche Zusammenhänge von Aussehen und Charakter. Nicht nur seine Überzeugung, im Ausdruck Zusammenhänge zwischen Physiognomie und Persönlichkeit herausfinden zu können, auch die große Popularität seiner Abhandlungen verlieh seinem Schaffen großen Widerhall. Ungeachtet der berechtigten Kritik daran (▶ G. C. Lichtenberg) wurde Lavater zu einer Art Lichtgestalt, die aufgrund dieser Wissenschaft »seherisch« die ▶ Seele eines Menschen zu deuten vermochte. Zu seinen beliebtesten Übungen gehörte es, seinen Studenten anhand von Profilabbildungen aus seinem 1775 bis 1778 erschienenen Werk *Physiognomische Fragmente zur Beförderung der Menschenkenntnis und Menschenliebe* einen

»Test« vorzulegen, der es ihnen ermöglichte, zweifelsfrei die »Guten« von den »Bösen« zu unterscheiden. Dass er später selbst zugeben musste, die Physiognomie als Wissenschaft überlasse zu viel der Einfühlungskraft des Betrachters, wurde dabei leicht übersehen.

Le Bon, Gustave
französischer Mediziner, Soziologe und Psychologe (1841–1931)
Gustave Le Bon war ursprünglich Arzt, befasste sich aber auch mit Physiologie, Archäologie, Völkerkunde, Politik, Soziologie und Psychologie. Durch sein Buch *Psychologie des foules,* Paris, 1895 (dt. Psychologie der Massen, 1985), wurde er zum Begründer der Massenpsychologie. In diesem Buch vertrat er die Ansicht, dass der Einzelne, auch wenn er Angehöriger einer Hochkultur ist, in der »Masse« seine Kritikfähigkeit verliere und sich z. T. primitiv-barbarisch verhalte.

Leibniz, Gottfried Wilhelm
deutscher Philosoph, Mathematiker und Naturwissenschaftler (1646–1716)
Gottfried Wilhelm Leibniz gilt als der »Vater der deutschen ▶ Philosophie« und als einer der Frühaufklärer der Neuzeit, von dessen Aufklärungs-▶ Philosophie ▶ C. Wolff vieles übernommen hat. Für ihn ist die Idee, dass die Wissenschaft, insbesondere die Mathematik, ein großes Maß an Stetigkeit und Ordnung und – mit Gottes Weisheit – auch Harmonie ermöglicht, etwas ganz Zentrales. In diesem Sinne eines Ganzen, bestehend aus Ordnung plus göttlicher, übergeordneter Lenkung des Ganzen, kann man auch seine *Monadenlehre* (griech. *monas* 'die Einheit') betrachten. Diese impliziert, dass das Universum aus Monaden besteht; das sind unendlich viele unendlich kleine (unteilbare) unkörperliche, metaphysische Kräfte, die in ihrer Existenz unabhängig voneinander existieren, jedoch durch eine »prästabilisierte Harmonie« zu einem Maximum an Einheit werden.

Leontjew, Aleksej
sowjetischer Psychologe (1903–1979)
Aleksej Leontjew, ein Vertreter der ▶ kulturhistorischen Schule, betonte in seiner Arbeit den Aspekt der tätigen Aneignung der Welt und vertrat in Abgrenzung von der ▶ Psychoanalyse, die der Fantasie eine wichtige Rolle bei der Entwicklung des Seelenlebens zuschreibt, die Auffassung, dass jeder psychologischen Erfahrung eine reale (und nicht eine imaginative) Tätigkeit vorausgehe, die mittels der historisch gewachsenen Symbol- und Zeichensysteme interpretiert und dann erst als Wunsch, als ▶ Gefühl oder als Einstellung interpretiert werde. Leontjews Theorie hatte in der Bundesrepublik Deutschland maßgeblichen Einfluss auf die Entwicklung der ▶ Kritischen Psychologie.

Lewin, Kurt
amerikanischer Psychologe deutscher Herkunft (1890–1947)
Kurt Lewin befasste sich während seines Studiums in Freiburg, München und Berlin mit medizinischen, philosophischen und psychologischen Fragestellungen und wurde geprägt durch die Arbeiten der Gestaltpsychologen ▶ W. Köhler, K. Koffka und ▶ M. Wertheimer. 1933 emigrierte er, da er entsprechend des »Gesetzes zur Wiederherstellung des Berufsbeamtentums« als Jude keine Chance mehr in Deutschland hatte, nach Amerika und arbeitete an der Cornell University in Ithaka.

In Deutschland hatte Lewin zunächst unter gestaltpsychologischer Perspektive an willenspsychologischen Fragestellungen gearbeitet und dann schrittweise seine *Feldtheorie* entwickelt (alternativ: dynamische Theorie/ topologische Psychologie/ Vektorpsychologie). Darunter versteht man die Auffassung, dass das Verhalten einer Person sowohl von ihr selbst als auch von der Umwelt mitbestimmt wird. Die Person verhält sich also nicht nur aufgrund »innerer Kräfte«, sondern auch aufgrund anziehender und abstoßender Kräfte ihres *Lebensraumes* in einer ganz bestimmten Weise. Dieser Lebensraum lässt sich wiederum in Regionen, sogenannte Felder, gliedern. Zwischen diesen kommt es durch bestimmte Handlungen zu einer Art Energieaustausch und dadurch laufend zu einer Veränderung psychologisch relevanter Spannungen. Diese Spannungen beschrieb Lewin in Anlehnung an physikalische Spannungen als anziehend oder abstoßend. Das Konzept der Feldtheorie gilt zwar heute als gescheitert, nicht aber Lewins Idee einer dynamischen, sich wandelnden, auf der Interaktion von Person und Umwelt beruhenden Verhaltensdisposition.

Lichtenberg, Georg Christoph
deutscher Physiker (1742–1799)

In Georg Christoph Lichtenbergs aufklärerischem Denken bildeten wissenschaftliche Erkenntnis und möglicher technischer Nutzen eine unauflösliche Einheit, sprich: Was wissenschaftlich erkannt worden war, sollte auch anwendbar sein. Bekannt ist entsprechend – abgesehen von seinen Aphorismen, bestehend aus populären satirischen Schriften, den sogenannten Sudelbüchern – sein Wirken in technischen Fragen und der Landvermessung.

Auf dem Gebiet der Ausdruckspsychologie bzw. Physiognomik galt er als der herausragende Widersacher von ▶ J. K. Lavater. Die geringe Ergiebigkeit einer physiognomischen Betrachtungsweise sah er u. a. darin, dass die Körperform wenig von unserem Willen abhängt, dass der Einfluss äußerer Ursachen darauf unvermeidlich ist und dass »ein einziger Druck oder Stoß allmählig Veränderungen wirken kann, deren Fortgang keine Kunst mehr aufzuhalten im Stande ist« (Lichtenberg 1801, S. 499).

Locke, John
englischer Philosoph und Staatsmann (1632–1704)

John Locke, der einflussreichste Denker Englands der ▶ Aufklärung, hat die ▶ Erkenntnistheorie des 18. Jahrhunderts in vielen Teilen Europas, insbesondere in Frankreich und Deutschland, nachhaltig beeinflusst. Indem er das Erkenntnisproblem im Gegensatz zu ▶ R. Descartes und ▶ G. W. Leibniz – der Zwei-Welten-Theorie bzw. der Monadenlehre – ganz ins Psychologische wendete und als alleinige Quelle der Erkenntnis die Erfahrung ansah, schloss er alles Metaphysische aus der Betrachtung aus. Der Geist sei vielmehr so lange eine Tabula rasa, bis durch die Sinne Vorstellungen und daraus gebildete ▶ Assoziationen, Benennungen und schließlich Erkenntnisse entstünden.

Erfahrungen sind für Locke aber nicht nur solche, die durch äußere Sinneswahrnehmung entstehen. Darüber hinaus bedarf es der Reflexion, d. h. der Selbstbeobachtung, der Wahrnehmung, des Denkens und anderer geistiger Tätigkeiten durch den sogenannten inneren Sinn. Diese »inneren Erfahrungen« (*reflections*) dienen seiner Ansicht nach als aktive Verknüpfungen äußerer Wahrnehmungen, und die so hervorgebrachten Ideen seien das eigentlich schöpferische Moment, durch das sich der menschliche Geist mit Inhalten füllt.

Lotze, Hermann
deutscher Philosoph und Physiologe (1817–1881)

Hermann Lotze wird, wie auch ▶ G. T. Fechner, als Denker gesehen, der das progressive bürgerliche Gedankengut der klassischen deutschen ▶ Philosophie und Literatur erneut aufnahm und mit dem naturwissenschaftlich-medizinischen Weltbild seiner Zeit zu verbinden versuchte. Er stand dem naturwissenschaftlichen Vulgärmaterialismus kritisch gegenüber und versuchte stattdessen, wie später ▶ W. Wundt und ▶ O. Külpe, die Sichtweise eines kritischen ▶ Realismus einzunehmen. Ähnlich wie ▶ G. T. Fechner suchte er nach einer Synthese von idealen und religiösen Aussagen mit den Ergebnissen der modernen Naturwissenschaft.

Luria, Alexander Romanowitsch
russischer Neuropsychologe (1902–1977)
Für den studierten Psychologen und Mediziner Alexander Luria galt ein Beitrag zur psychologischen Forschung dann als sinnvoll, wenn er mindestens einem, bestenfalls jedoch allen der folgenden drei Gesichtspunkte diente: dem Gesichtspunkt der individuellen Entwicklungsgeschichte, d. h. der Ontogenese, dem Gesichtspunkt der kulturgeschichtlichen Bedingtheit, also der Soziogenese, und dem Gesichtspunkt der funktionellen Organisation der belebten Materie, d. h. dem Ergebnis einer individual- und kulturgeschichtlich gefärbten Phylogenese.

Luria arbeitete u. a. zusammen mit ▶ L. S. Wygotski und ▶ A. Leontjew und entwickelte mit diesen ein Psychologiekonzept, welches neben dem Verständnis von Denken und Sprache auch die Früherziehung von Kindern wesentlich beeinflusste. Darüber hinaus entwickelte Luria Hypothesen über den Zusammenhang der Systemfunktionen neuronaler Netze im Gehirn und höherer psychischer Funktionen des Menschen. Dazu studierte er eingehend die Bedeutung der Sprache und war 1960 Mitbegründer der Brain Research Organization.

Mach, Ernst
österreichischer Physiker, Sinnesphysiologe und Philosoph (1838–1916)
Ernst Mach gehört zu den vielseitigsten Naturwissenschaftlern der zweiten Hälfte des 19. Jahrhunderts. Sein Interessenspektrum reichte von der experimentellen und theoretischen Physik über die Sinnesphysiologie und Psychologie bis zur Wissenschaftsgeschichte und ▶ Philosophie. Mach wirkte zunächst als Mathematikprofessor in Graz, danach als Professor für Physik in Prag und schließlich als Professor für Geschichte und Theorie der induktiven Wissenschaften in Wien (Wiener Schule), hier in Nachfolge von ▶ F. Brentano.

Was den letztgenannten Schwerpunkt betraf, so war sein erkenntnistheoretischer Grundsatz, dass nur Aussagen über grundsätzlich beobachtbare Vorgänge sinnvoll seien, Ausgangspunkt einer erbitterten Gegnerschaft zu Theoretikern des Marxismus, denn Machs biologisches Bild der menschlichen Tätigkeit orientierte sich – im Gegensatz zu dem der ▶ kulturhistorischen Schule – im Wesentlichen an ▶ C. Darwins evolutionstheoretischer Konzeption. Heute knüpft die ▶ evolutionäre Erkenntnistheorie an seine Ideen an.

Obwohl Mach die Bezeichnung ▶ »Positivismus« ablehnte, wird sein Standort heute philosophiehistorisch in die Entwicklungslinie des ▶ Positivismus eingeordnet. Er selbst vertrat einen von ihm als *Empirokritizismus* bezeichneten Standpunkt, zu dem er durch die Beschäftigung mit der newtonschen Physik gelangt war. Dieser beinhaltete, dass über die newtonsche Vorstellung des (absoluten) Raumes und der (absoluten) Zeit sowie den sich daraus ergebenden ▶ Begriff der (absoluten) Bewegung niemand etwas aussagen könne. Es handele sich hierbei lediglich um Gedankengänge. Alle Grundsätze der Mechanik seien vielmehr Erfahrungen über die relative Lage und Bewegung von Körpern. »Niemand ist berechtigt«, so Mach, »diese Grundsätze über die Grenzen der Erfahrung hinaus auszudehnen. Nur das Gegebene gilt es anzunehmen.« (Zit. nach Heller 1964, S. 36)

Mach orientierte sich an der ▶ Psychophysik ▶ G. T. Fechners und an den Physiologen E. W. von Brücke (1819–1892) und C. Ludwig (1816–1894).

Maslow, Abraham
amerikanischer Psychologe (1908–1970)
Abraham Maslow, der Begründer der humanistischen Psychologie, hat sich in seinen beiden Hauptwerken *Psychologie des Seins* (1973) und *Motivation und Persönlichkeit* (1977) über niedere und höhere Grundbedürfnisse des Menschen geäußert, wobei er eine fünfstufige Bedürfnishierarchie postulierte: 1) Physiologische Bedürfnisse bilden die Basis, danach folgen: 2) Sicherheit, 3) soziale Bindung, 4) Selbstachtung und 5) Selbstverwirklichung. Ziel der menschlichen Entwicklung ist seiner Ansicht nach die Selbstverwirklichung der inneren Fähigkeiten und Möglichkeiten.

Maimonides (Moses ben Maimon)
jüdischer Philosoph, Arzt und Theologe aus Spanien (1135–1204)
Maimonides, der ab 1165 in Kairo wohnhaft war, wurde zum einen stark von der islamischen philosophischen Tradition beeinflusst, zum anderen befasste er sich mit aristotelischer ▶ Philosophie. Insbesondere hatte es ihm der Zusammenhang zwischen ▶ Aristoteles' ▶ Philosophie und der Offenbarung im Koran und in der Thora angetan. Ihm schienen auch durch die Heilige Schrift, verstanden als eine Art popularisierter ▶ Philosophie, die wesentlichen Einsichten zur Gewinnung von Erkenntnis bereits vorgegeben. Maimonides übte nicht nur auf die jüdische Schriftinterpretation, sondern auch auf die Hochscholastik (▶ Scholastik) einen großen Einfluss aus und wurde u. a. von ▶ Thomas von Aquin rezipiert.

Mendel, Gregor Johann (Geburtsname Johann Mendel)
katholischer Ordenspriester und Botaniker(1822–1884)
Gregor Johann Mendel, studierter Mönch im Augustiner-Kloster Brünn, arbeitete als Lehrer für Mathematik und Griechisch, später auch für Naturlehre, an der technischen Lehranstalt in Brünn (Brno). In den Jahren 1855 bis 1864 führte er im Klostergarten Kreuzungsversuche mit Erbsen durch und trug seine Ergebnisse darüber vor dem Naturforscherverein in Brünn vor (Mendel 1865). Anerkannt wurden seine Ergebnisse von der Fachwelt jedoch erst viel später.

Zur sogenannten »Wiederentdeckung« der Mendel'schen Ergebnisse kam es erst Anfang des 20. Jahrhunderts. Unabhängig voneinander waren damals H. de Vries, C. Correns und E. v. Tschermak-Seyensegg zu ähnlichen Ergebnissen gekommen. Mit der daraufhin einsetzenden Annahme der Mendel'schen Theorie erfuhr die Fachrichtung Genetik eine rasche Entwicklung.

Mesmer, Anton
Naturphilosoph und Psychologe (1734–1815)
Anton Mesmer, der nacheinander Theologie, ▶ Philosophie, Jura und Medizin studiert hatte, promovierte 1755 in Wien über den Einfluss der Gestirne auf den menschlichen Körper. 1774 führte er erstmals eine erfolgreiche Behandlung durch, die er auf animalischen Magnetismus, ein im Menschen akkumuliertes magnetisches Fluidum, zurückführte. Daraus entwickelte er ein individuelles und gruppentherapeutisches Verfahren und begründete eine Lehre, den Mesmerismus, der, später als ▶ Hypnose bezeichnet, u. a. von ▶ J. M. Charcot weiterentwickelt wurde.

Mill, John Stuart
Philosoph, Psychologe und Soziologe (1806–1873)
Beeinflusst durch die Gedanken ▶ A. Comtes, seines Vaters James Mill und der utilitaristischen Ethik Jeremy Benthams (1748–1832) versuchte John Stuart Mill eine einheitliche Logik für alle Wissenschaften zu begründen.

Die Außenwelt, so J. S. Mill, sei für die Menschen die einzige beständige Möglichkeit zum Erwerb ähnlicher Erfahrungen und biete dadurch eine Erkenntnisquelle, die nur durch induktive Verfahren zu erheben sei. Die Logik, die er zu diesem Zweck entwickelte, schließt von der Analyse regelmäßig wiederkehrender Ereignisfolgen auf allgemeine Gesetzmäßigkeiten. Dazu legte er der Wirklichkeit sowohl »Gleichförmigkeit« als auch »kausale Ordnung« zugrunde, so dass, wie er es ausdrückte, das Ganze der gegenwärtigen Tatsachen die unfehlbare Folge aller vorangegangenen Tatsachen ist.

Für J. S. Mill wurde dadurch die Psychologie zur Grundlage aller ▶ Philosophie, denn nur sie lieferte seiner Ansicht nach die wirklich gegebenen, weil durch die Außenwelt vermittelten ▶ Empfindungen. J. S. Mill, der in seinem Denken die Grundlagen des klassischen ▶ Empirismus der englischen ▶ Philosophie weiterentwickelte, wurde nicht nur zu einem der bedeutendsten Positivisten des 19. Jahrhunderts, er gilt auch als kompromissloser Verfechter des Utilitarismus, in dem er, wie es heißt, das größtmögliche Glück für die größtmögliche Anzahl von Menschen sah. Die moralische Richtigkeit einer Handlung ist hierbei an den zu erwartenden Folgen zu bemessen. Maßstab dafür ist die Förderung des Glücks und die Verminderung des Unglücks für die Betroffenen.

Möbius, Paul Julius
deutscher Neurologe und Psychiater (1853–1907)

Paul Julius Möbius studierte Theologie, Philosophie und Medizin, arbeitete als Nervenarzt und beschäftigte sich wissenschaftlich mit funktionellen Störungen der Schilddrüse, mit Hysterie, Neurasthenie und Migräne.

Unter den deutschen Psychiatern gehört er zusammen mit Richard von Krafft-Ebing zu den prominentesten Vertretern der Entartungslehre, wobei galt: »[…] Alles was die Constitution der Erzeuger schwächt, kann die Nachkommenschaft schon im Keime schädigen und zu Candidaten des Irreseins machen« (Krafft-Ebing 1900, S. 30). Geschwächt wurde indes der Erzeuger u. a. von Hysterie, Epilepsie, Hypochondrie, Trunksucht und schweren Nervenkrankheiten (vgl. Krafft-Ebing 1900, S. 30).

Möbius erstellte Pathografien (Zusammenstellungen des Krankheitsverlaufs) bedeutender Persönlichkeiten, etwa von Rousseau, Schopenhauer und Nietzsche, und lenkte nicht zuletzt aufgrund seiner Überzeugung bezüglich der Entartungslehre die nosologische Diskussion auf die gedachte Polarität zwischen »Anlage« und »Umwelt«. Zu diesem Zwecke prägte er das ▶ Begriffspaar *endogen* (anlagebedingt) und *exogen* (umweltbedingt).

Müller, Johannes Peter
deutscher Physiologe und vergleichender Anatom (1801–1858)

Die von Johannes Müller mitentwickelte Physiologie und Anatomie entfaltete sich vor dem Hintergrund einer Auseinandersetzung zwischen Anhängern des ▶ Vitalismus und Befürwortern eines experimentalwissenschaftlichen Ansatzes. In diesem Gegensatz von animistischem und mechanistischem Verständnis der Welt stärkte J. Müller, ein Schüler und Nachfolger des Experimentalwissenschaftlers Rudolphi in Berlin, zwar die Position der experimentell arbeitenden Physiologen und der ▶ Psychophysik, »vertraute aber dessen ungeachtet mehr seinen persönlichen Beobachtungen als seinen Experimenten« (Kettenmann und Rudolph 1998, S. 32).

J. Müller gelang es, einen Kreis von gleichgesinnten Wissenschaftlern um sich zu scharen, die von der Pathologie bis zur (▶ Psycho-)Physik grundlegende Erkenntnisse gewannen, z. B. ▶ H. von Helmholtz, R. Virchow, ▶ E. Du Bois-Reymond und R. Remak. J. Müller selbst widmete sich insbesondere der Sinnesphysiologie des Menschen und fasste die gewonnenen Erkenntnisse in einem *Handbuch der Physiologie* (1834-1840) zusammen. Außerdem gab er in

Nachfolge von J. F. Meckel das *Archiv für Anatomie, Physiologie, und Wissenschaftliche Medicin* heraus, in welchem die wissenschaftlichen Ergebnisse aus Physiologie und anderen medizinischen Teilgebieten veröffentlicht wurden.

Dieses materialistischen Ansatzes ungeachtet erkannte er im Rahmen seiner *Theorie der spezifischen Sinnesenergien,* dass erst das von ihm nicht näher zu spezifizierende Vorstellungs- und Urteilsvermögen im Gehirn die Nervensignale der Sinnesorgane interpretiert: »Das, was durch die Sinne zum Bewußtsein kommt, sind zunächst nur Eigenschaften und Zustände unserer Nerven, aber die Vorstellung und das Urteil sind bereit, die durch äußere Ursachen hervorgebrachten Vorgänge in unseren Nerven als Eigenschaften und Veränderungen der Körper außer uns selbst auszulegen« (Düweke 2001, S. 97).

Münsterberg, Hugo
deutsch-amerikanischer Psychologe und Philosoph (1863–1916)

Hugo Münsterberg, ein Zeitgenosse von ▶ J. Cattell und 1885 ebenfalls als Doktorand in ▶ W. Wundts Labor tätig, gilt als bekanntester Vertreter der ▶ Psychotechnik. Diese definierte er als die »Wissenschaft von der praktischen Anwendung der Psychologie im Dienste der Kulturaufgaben« (Münsterberg 1914, S. 1). Besonders nachhaltig bestimmte Münsterberg die sogenannte Frühphase der Eignungsdiagnostik, indem er bereits von 1910 an als Professor für experimentelle Psychologie in den USA (Harvard) die Frage der persönlichen Eignung von Straßenbahnschaffnern im Hinblick auf die Unfallhäufigkeit untersuchte. Sein Ziel war es, »die Ansprüche des Berufslebens an das Seelensystem« (Münsterberg 1912, S. 42) so zu gestalten, dass mittels geeigneter Methoden ein exakter Maßstab für eine Passung beider gewonnen werden könne. Diesen »Maßstab« wiederum erhoffte er dadurch zu erreichen, dass beide, Arbeit und »Seelensystem«, jeweils in ihre Elementarfunktionen zerlegt (▶ Reduktion, Reduktionismus) und miteinander in Beziehung gesetzt werden.

Interesse hatte Münsterberg auch an Kunst und Literatur. Er veröffentlichte u. a. unter dem Pseudonym Terberg Gedichte und schrieb über die Kunstform des Films. Sein Einfluss in den USA reichte bis hin zum amerikanischen Präsidenten Wilson, den er in Fragen sozialer Ordnung beriet.

Newton, Isaac
englischer Physiker (1642–1727)

Isaac Newton beantwortet die – für die Psychologie relevante – Frage nach dem Verhältnis von Raum, Zeit und Materie, die stets auch das wichtigste Thema der ▶ Naturphilosophie gewesen ist, in der Weise, dass Gott am Anfang der Dinge steht und die Materie als feste, bewegliche Partikel schuf, die durch keine andere Macht zu teilen sind. »Damit also die Natur von beständiger Dauer sei, ist der Wandel der körperlichen Dinge ausschließlich in die verschiedenen Trennungen, neuen Vereinigungen und Bewegungen dieser permanenten Theilchen zu verlegen […]« (Newton 1983, S. 266). Raum und Zeit sind somit etwas, das von der Materie unterschieden werden muss, denn sonst könnte sie sich nicht neu darin konfigurieren. Gleichzeitig bestehen Raum und Zeit aber nicht »an sich«, sondern treten erst in Erscheinung, wenn sie in irgendeiner Weise auf Materie zurückgeführt werden können. Materie braucht ihrerseits eine ▶ Relation zu Raum und Zeit, damit sie als existent betrachtet werden kann.

Ockham, Wilhelm von
englischer Philosoph und Theologe, Franziskanermönch aus Ockham bei London (ca. 1290–1349)

Wilhelm von Ockham war nach seinem Studium der ▶ Philosophie und Theologie Hochschullehrer, u. a. in Paris, und gilt als bedeutender Erkenntnistheoretiker des Hochmittelalters. In seinen Werken – W. von Ockham gab z. B. mehrere ▶ Aristoteles-Kommentare heraus – vertrat er u. a. die Auffassung, dass die »geschaffene Welt zufällig sei«, nur Gott sei allmächtig. Die wahre Seinsform sei die der Einzeldinge, wobei nur Substanzen mit wahrnehmbaren Eigenschaften eine selbständige Existenz haben könnten. Gott jedoch könne nicht wissenschaftlich-philosophisch erkannt werden. Gegenstand des Wissens könnten folglich nur »mentale Urteile über etwas« sein, weshalb Gedanken und ▶ Begriffe (Nominalismus) und damit auch die Wahrheitsbedingungen, die zu solchen Urteilen führen, entsprechend zu hinterfragen seien.

W. von Ockhams Logik war über Jahrhunderte in der Wissenschaft unangefochten. Sein denkökonomisches Prinzip, das sogenannte *Ockham'sche Rasiermesser*, steht bis heute in der Naturwissenschaft hoch im Kurs; es besagt, dass man nur das absolut Notwendige annehmen, also die einfachste Hypothese immer einer komplexeren vorziehen soll. Dieses Prinzip beinhaltet auch, dass zur Erklärung eines Faktums nur herangezogen werden darf, was auf eindeutigen Schlussfolgerungen oder Erfahrungen beruht bzw. aus Glaubensartikeln gefolgert werden kann.

Parmenides
griechischer Philosoph aus Elea (ca. 520/515–460/455 v. Chr.)
Parmenides greift mit der Annahme eines Logos, dem griechischen Inbegriff für eine sinn- und vernunftorientierte Strukturierung der Welt als Grundlegende für den »Uranfang von Allem«, das Gedankengut seiner Zeit auf. Er legt hierbei zwar, etwa im Unterschied zu ▶ Heraklit, Wert auf die Unwandelbarkeit des Seins (▶ Ontologie), folgt diesem aber in der Auffassung, »dass der Logos, also das Vernunftgemäße, am Wesen und am Grunde der Welt wirkt« (Walach 2005, S. 85). Damit greift er späteren Vorstellungen des ▶ Rationalismus vor, denn sein berühmter Ausspruch »Denken und Sein sind identisch« (ebd.) wird für die Nachgeborenen mit der Vorstellung gleichgesetzt, dass sich die Welt auch durch das (denkende) Sein in ihren Grundstrukturen erfassen lasse.

Pawlow, Iwan
russischer Mediziner bzw. Physiologe (1849–1939)
Iwan Pawlow wurde bekannt durch die Erforschung der Innervation des Herzens, der Leber und des Verdauungskanals, vor allem aber durch seine Lehre von den Auswirkungen innerer Sekretionen und von den bedingten Reflexen, die zur *Reflexologie* ausgebaut wurde (Pawlow 1898, 1926). Zum Teil auf seiner Lehre, die er seinerseits aus der von ▶ I. M. Setschenow entwickelt hatte, baut der amerikanische ▶ Behaviorismus auf.

Peirce, Charles Sanders
amerikanischer Philosoph, Logiker und Physiker (1839–1914)
Charles Sanders Peirce gilt als der Begründer des ▶ *Pragmatismus* und damit als ein Korrektiv zu den wenig exakten wissenschaftlichen Methoden seiner Zeit. Zentral für seine ▶ Philosophie ist die Auslegung von ▶ Begriffen als Handlungsregeln. Gemäß seiner pragmatischen Maxime sind ▶ Begriffe immer von ihrer Zweckmäßigkeit her zu beurteilen, d. h., es geht ihm darum, »leistungsfähige Zusammenhänge« zwischen Handlungen und nützlichen Ergebnissen herzustellen (▶ Utilitarismus). Einen Grund für diesen Ansatz sieht er darin, für den biologisch vorgegebenen Kampf besser gerüstet zu sein als andere Philosophen. Entsprechend habe ein wissenschaftlicher Satz, der sich nicht durch Erfahrung bestätigen oder entkräften lasse, keinen Sinn. Der ▶ Pragmatismus, so Peirce, erlaube indes immer mehrere Alternativen, auch ein Irrtum sei immer möglich, aber der Ansatz lasse auch zu, aus Fehlern zu lernen, denn er korrigiere sich, gemessen an der Zweckmäßigkeit der Aussagen, immer selbst. Peirce beschäftigte sich

auch mit logischen Schlussfolgerungsweisen und führte neben der bekannten ▶ Induktion und ▶ Deduktion die Abduktion (Hypothese) ein. Aus der Abfolge von Abduktion, ▶ Deduktion und ▶ Induktion entwickelte er einen erkenntnis- und wissenschaftstheoretischen Ansatz.

Piaget, Jean
schweizerischer Philosoph und Entwicklungspsychologe (1896–1980)
Jean Piaget gilt als einer der bedeutendsten Entwicklungspsychologen des 20. Jahrhunderts. Er war ab 1925 in verschiedenen Städten der Schweiz und in Paris Professor und arbeitete an Fragen der Sprach- und Denkentwicklung des Kindes. Auch veröffentlichte er mehrere Arbeiten über Weltbild und Moral von Kindern. Ab den 1950er-Jahren befasste er sich mit theoretischen und philosophischen Grundfragen seines Systems, die in der Pädagogik große Bedeutung erlangten. Piaget hat sich mit seiner Lehre von der Entwicklung kognitiver Strukturen in die Reihe bedeutender Strukturalisten (▶ Strukturalismus) eingereiht und damit diese Disziplin einer Richtung zugewiesen, die sich auf den Genfer Sprachwissenschaftler Ferdinand de Saussure (1857–1913) berief. Die Trennung von Sprechakt (fr. *parole*) und Sprachsystem (fr. *langue*) führe, so Piaget, zu einer Konstruktion, die ein Gedankengebilde von Zeichen und Regeln in Wechselwirkung mit Umgebungseinflüssen zum Akt des Sprechens setzen müsse. Piaget glaubte, durch Beobachtungen an Kindern belegen zu können, dass Menschen diese kognitiven Strukturen mittels eigener Operationen aufbauten. Dabei komme es zunächst zu einer Anpassung des Verständnisses von der Welt an kognitive Strukturen, der sogenannten Assimilation, gefolgt von einer Anpassung dieser kognitiven Strukturen an Erfahrungen, der Akkomodation. Zwischen Strukturbildung, also Assimilation, und Welterfahrung, also Akkomodation, werde ein Gleichgewicht gebildet (Äquilibration), das durch die Intelligenz eines Menschen ermöglicht werde.

Platon (latinisiert Plato)
griechischer Philosoph aus Athen (428–348/47 v. Chr.)
Der Philosoph Platon, der »große Schüler« von ▶ Sokrates, begründete eine auf ▶ Vernunft und Wissenschaft basierende Weltsicht, im Rahmen derer er sich zu vielen Themen äußerte.

Die für die Psychologie wesentliche Problematik des Lernens wird von ihm in der Schrift *Menon* an der These festgemacht, dass man so, wie man nicht suchen kann, was man nicht kennt, auch nicht lernen kann, was man nicht schon weiß. Es bleibe also nur die Schlussfolgerung, lediglich das lernen zu können, was einem bereits innewohne. Dieses »Bergen von Wissen« (▶ Mäeutik) wird von ihm als sukzessive Wiedererinnerung, als Anamnesis, beschrieben. Jede Anamnesis muss sich folglich, so Platon, auf etwas beziehen, das vor aller Erfahrung in der ▶ Seele bereits präsent ist. Diese apriorische Erkenntnis ist ihrerseits Abbild einer anderen, nichtempirischen Wirklichkeit und wird von Platon als Konzept einer Idee gedacht (Idealismus). Jede Mitteilung von Wissen ist folglich im Kern keine Übermittlung von Information, die zur Einprägung neuer Erkenntnisse dient, sondern lediglich Anleitung zur Vergegenwärtigung des immer schon Gewussten.

Plotin (latinisiert Plotinus)
Philosoph in Alexandria und später in Rom (205–270)
Plotin gilt als der einflussreichste Schüler ▶ Platons und als einer der bedeutendsten Vertreter des Neuplatonismus. In Übereinstimmung mit ▶ Platon vertrat er die Auffassung, dass die begrenzte endliche Welt, die wir durch die Sinne erfahren, nicht die eigentliche Wirklichkeit repräsentiere. Anders aber als ▶ Platon hielt Plotin nicht die »denkenden ▶ Vernunft« für das höchste Prinzip, das die Vielfalt der individuellen, zufälligen Dinge, die wir wahrnehmen,

zusammenhält, sondern das »All-Eine«. Dieses »All-Eine«, von Plotin auch als »das Gute« bezeichnet, umfasst »Einheit und Fülle«, außerhalb der »kein Seiendes« denkbar sei. Plotin wählte dafür das Beispiel der Sonne, denn Licht sei untrennbar mit der Sonne verbunden, nicht von ihr getrennt zu betrachten. So wie das ausgesprochene Wort Abbild des Gedankens ist, war für Plotin die ▶ Seele Abbild des Geistes. Als solche verbinde sie die Sphären des Geistigen und des Stofflichen.

Poppelreuter, Walther
deutscher Neurologe (1866–1939)
Walther Poppelreuter ist in Fachkreisen bis heute bekannt für ein zweibändiges Werk über Kopfschussopfer des Ersten Weltkriegs (Poppelreuter 1917–1918). Nach dem Krieg versuchte er ein Institut für ▶ klinische Psychologie an der Bonner Universität zu etablieren, das an die Heil- und Pflegeanstalt in Bonn angegliedert sein und sich insbesondere Hirnverletzten widmen sollte. Nachdem seine dortige Arbeit jedoch wenig erfolgreich war, richtete er im Jahre 1928 an der Rheinisch-Westfälischen Technischen Hochschule Aachen ein Laboratorium für industrielle ▶ Psychotechnik ein, das er bis 1930 leitete. Danach widmete er sich als überzeugter Nationalsozialist und Hitlerverehrer der »politischen Psychologie« seiner Zeit. Ungeachtet dieser heute als untragbar angesehenen politischen Gesinnung hatte er sich bei Fragen der Untersuchung hirnverletzter Soldaten insofern einen guten Ruf erworben, als er zahlreiche psychotechnische Untersuchungsmethoden bei dieser Klientel entwickelte und zur Anwendung brachte.

Popper, Karl
aus Wien stammender amerikanischer Philosoph (1902–1994)
Karl Popper arbeitete auf dem Gebiet der ▶ Erkenntnistheorie und ▶ Wissenschaftstheorie. Daneben befasste er sich mit Physik, Biologie und Sozialwissenschaften sowie der Interpretation der Wahrscheinlichkeitsrechnung. Er gilt als einer der Kritiker des sogenannten ▶ Wiener Kreises und war stets bemüht, die Fragwürdigkeit des positivistischen Standpunktes in relevanten Problembereichen aufzuzeigen.

In seinem Werk *Logik der Forschung* (1935/2005) kritisierte er den Versuch der logischen Positivisten, zwischen Wissenschaft und Pseudowissenschaft mittels induktiver Methoden unterscheiden zu wollen. Dafür kommt seiner Ansicht nach nur ein Falsifikationskriterium infrage. Es muss entsprechend also möglich sein, wissenschaftliche Theoriegebäude zu widerlegen, etwa indem nachgewiesen wird, dass ein von der Theorie vorhergesagtes Ereignis sich nicht bestätigen lässt. Allerdings, so seine Kritiker wiederum, müsse nun auch gefordert werden können, dass eine Falsifizierung ihrerseits wieder falsifiziert werden können müsse und diese ihrerseits ebenfalls wieder falsifizierbar sein sollte etc., weshalb letztlich der Rückzug auf den Grundsatz der Widerspruchsmöglichkeit keine Lösung aus den damit verbundenen wissenschaftstheoretischen Problemen zu ermöglichen scheint.

Pythagoras
griechischer Philosoph (6. Jahrhundert v. Chr.)
Für Pythagoras ist die ▶ Philosophie Teil eines religiösen Ganzen des Menschen und dient dem menschlichen Heil, d. h., er fasst die Welt (griech. *kosmos*) als etwas lebendiges, göttliches Ganzes auf und schreibt deshalb auch dem darin wohnenden Menschen etwas Unsterbliches zu: seine ▶ Seele. Daneben befasste sich Pythagoras mit der damals ebenfalls zur ▶ Philosophie gehörigen Mathematik und versuchte, Erkenntnisse über die mathematischen Verhältnisse in der Natur der Dinge zu erlangen. U. a. widmete er sich der darstellenden Geometrie (Lehrsatz

des Pythagoras) und befasste sich mit dem Verhältnis von Saitenlänge und Tonhöhe. Dadurch versuchte er »eine Art Ordnung« in die Welt zu bringen.

Reil, Johann Christian
deutscher Mediziner (1759–1813)
Johann Christian Reil, Gehirnanatom und Professor für klinische Medizin in Berlin, prägte den ▶ Begriff »Psychiatrie«. Er gilt darüber hinaus als einflussreicher Psychiater, der Aspekten des ▶ Vitalismus, aber auch der zeitgenössischen Psychologie nahestand. Im Jahre 1795 publizierte er dazu das Buch *Von der Lebenskraft*. Durch seine Schrift *Rhapsodieen über die Anwendung der psychischen Curmethode auf Geisteszerrüttung* (Halle 1803) wies sich Reil darüber hinaus als psychologisch denkender Psychiater aus.

Rogers, Carl Ransom
amerikanischer Psychotherapeut (1902–1987)
Carl Ransom Rogers hat als methodenbewusster und gleichzeitig personenzentrierter Psychotherapeut als einer der Ersten Kriterien dafür zusammengestellt, die Menschen erfüllen, welche sich als zufrieden und glücklich bezeichnen. Sie zeichnet aus 1) Offenheit für neue Erfahrungen, Betrachtungsweisen und Ideen, 2) Verlangen nach Authentizität, d. h., sie lehnen Doppelzüngigkeit, Heuchelei und Betrug ab, 3) Skepsis in Bezug auf Wissenschaft und Technik, 4) Verlangen nach Ganzheit, 5) Wunsch nach Nähe, 6) Prozessbewusstsein, d. h., sie sind sich bewusst, dass sie und die Welt sich ständig in Veränderung befinden, 7) Anteilnahme, 8) Verbundenheit mit der Natur, 9) innere Autorität, d. h. Zutrauen zu eigenen Erfahrungen und Misstrauen gegenüber äußeren Autoritäten, 10) Ablehnung überstrukturierender Institutionen, d. h., sie glauben, dass Institutionen für die Menschen da sein sollten und nicht umgekehrt, 11) Unwichtigkeit materieller Dinge, d. h. relative Gleichgültigkeit gegenüber Anreizen und Belohnungen, 12) Sehnsucht nach Spirituellem.

Rubinstein, Sergej
sowjetischer Psychologe (1889–1960)
Sergej Rubinstein arbeitete unter marxistisch-leninistischen Gesichtspunkten als Psychologe und Pädagoge an der Universität Moskau über Fragen der allgemeinen Psychologie (Rubinstein 1971), der Psychologie des Denkens und der Sprache sowie der geschichtlichen Entwicklung der Psychologie (Rubinstein 1963). Er gehörte der sogenannten ▶ kulturhistorischen Schule an. Rubinstein bemühte sich um die Entwicklung einer auf dem dialektischen und historischen ▶ Materialismus basierenden Psychologie. Dabei betonte er die dialektische Einheit von Bewusstsein und Tätigkeit (Rubinstein 1971) und befasste sich u. a. mit dem Problem des Determinismus, indem er in einer erkenntnistheoretischen Untersuchung der Frage nach dem Wesen psychischer Erscheinungen nachging.

Searle, John Rogers
amerikanischer Philosoph der Gegenwart (geb. 1932)
John Rogers Searle befasst sich mit Sprach-▶ Philosophie und der ▶ Philosophie des Geistes. Insofern spielen Themen der Bewusstseinsforschung und die Frage des freien Willens eine wichtige Rolle.

Im Searle'schen Sinne ist der Wille »frei«, wenn eine Handlung nicht ausreichend von kausalen Bedingungen bestimmt wird, d. h., wenn zwischen den Gründen für eine Handlung und der tatsächlichen Entscheidung eine »Lücke«, also die »Idee einer Alternative«, besteht. Würde sich der angenommene Determinismus der Hirnforschung bewahrheiten, so Searle, dann hätte man sich mit der Frage zu befassen, warum die Illusion der Freiheit in dem determinierte System »Gehirn« verankert ist. Wenn sich der Determinismus der Hirnforschung hingegen nicht bewahrheiten würde, es also die Situation gäbe, dass das Bewusstsein ein Element des Indeterminismus in das System »Gehirn« einspeist, so käme nur eine quantenmechanische Erklärung infrage, hier Inkompatibilität der raumzeitlichen Messungen im (sub-)atomaren Bereich, die derzeit von Neurowissenschaftlern nicht erwogen würde.

Setschenow, Iwan Michailowitsch
russischer Psychologe (1826–1905)
Iwan Michailowitsch Setschenow studierte von 1850 bis 1856 Medizin an der Moskauer Universität. Er gehörte zu den Mitbegründern der russischen Physiologenschule und der ▶ objektiven Psychologie (vgl. Setschenow 1862). Setschenow, der als wichtigster Ideengeber von ▶ I. Pawlow und ▶ W. M. Bechterew bezeichnet wird, hat alles Psychische als Widerspiegungsfunktion (Reflex) des Gehirns angesehen (vgl. Setschenow 1863). Auf diese Weise meinte er, das Psychische – verstanden als eine solche Widerspiegelung der »objektiv vorgegebenen Bedingungen des Gehirns« – auch mithilfe kontrollierter Beobachtungen äußerer Handlungen erfassen zu können (▶ objektive Psychologie).

Skinner, Burrhus Frederic
amerikanischer Psychologe (1904–1990)
Burrhus Frederic Skinner ist einer der bedeutendsten Vertreter der naturwissenschaftlichen neobehavioristischen Psychologie, der durch tierexperimentelle Forschungen über Lernprozesse eine systematische behavioristische Lerntheorie schuf. Skinner prägte auch den ▶ Begriff der *operanten Konditionierung* in Abgrenzung von der klassischen Konditionierung. Daneben setzte er sich auch mit gesellschaftlichen Themen auseinander. Sein Roman *Walden Two* (Titel der ins Deutsche übersetzten Ausgabe: *Futurum zwei*) beschreibt die Vision einer aggressionsfreien Gesellschaft, was seiner Ansicht nach dank umfassender Verhaltenskontrollen gelingen kann.

Bereits 1953 erschien sein Buch *Science and Human Behavior*, in dem Skinner seine am Tiermodell gewonnenen Erkenntnisse auf den Menschen übertrug. Im weiteren Verlauf der 1950er-Jahre entwickelte Skinner auf der Grundlage seiner schon in dem Buch *Walden Two* beschriebenen lerntheoretischen Erwägungen sogenannte Lernmaschinen. Sie basieren auf der Methode des programmierten Lernens, bei welcher der gesamte Lernstoff in kleine Untereinheiten zerlegt und die korrekte Wiedergabe durch die Erlaubnis, den nächsten Lernschritt zu unternehmen, »belohnt« wird. Auf diese Weise könne man sich, so Skinner, im Selbststudium schrittweise Wissen aneignen und den Lernerfolg auch selbst kontrollieren.

Sokrates
griechischer Philosoph (ca. 470–399 v. Chr.)
Sokrates wird, zusammen mit ▶ Platon und ▶ Aristoteles, zu den bedeutendsten Philosophen und Psychologen der Antike gezählt, auch wenn über den genauen Inhalt seiner ▶ Philosophie eine gewisse Unsicherheit besteht, da seine Ideen schriftlich erst von seinem Schüler ▶ Platon niedergelegt wurden.

Sokrates ging es u. a. neben der Besinnung auf sittliche Grundsätze, z. B. durch Vermeidung von Hochmut, der Schaffung einer Begriffs-▶ Philosophie und der Erlangung des Wissens aus dem Nichtwissen, auch um psychologisch relevante Grundfragen des Sichfindens in einer selbständig-vernünftigen Persönlichkeit. Die ▶ Seele sollte seiner Ansicht nach innerlich frei und unabhängig von äußeren Gütern werden und das eigene Triebleben und den eigenen Körper beherrschen. Die Idee, dass unmoralisches Verhalten auf einem »Denkfehler« beruhe, der durch die »Erlangung von Weisheit« revidierbar sei, beinhaltet eine Grunderkenntnis, die bis in die heutige Zeit gültig ist. Heute würde man z. B. sagen, dass abweichendem Verhalten durch die Erlernung von Regeln des sozialen Zusammenlebens zu begegnen ist.

Sömmering, Samuel Thomas
deutscher Anatom (1755–1830)
In Deutschland beeinflussten im ausgehenden 18. und beginnenden 19. Jahrhundert neben ▶ F. J. Gall auch Gelehrte wie Samuel Thomas Sömmering die Diskussion um die »Frage nach dem eigentlichen ▶ Antrieb des Lebens«. Sömmering trug zu dieser Diskussion außerordentlich präzise anatomische Studien bei, die noch heute durch ihren Detailreichtum beeindrucken. Allerdings zog er daraus nicht den Schluss, dass die Gehirnmasse eine bedeutende Funktion haben könne; er sah diese lediglich als Isolationsschicht für das in den flüssigkeitsgefüllten Hohlräumen zu lokalisierende Seelenorgan.

Spencer, Herbert
englischer Philosoph (1820–1903)
Herbert Spencer sah die Möglichkeit gegeben, durch ein aus allen Fächern und der Erfahrung zusammengetragenes Material allgemeine Gesetze aufzustellen, die für alle Ebenen der Wirklichkeit gelten. Sein für die Psychologie relevanter Grundgedanke war, dass die physische Welt und die geistige Welt gemeinsamen Evolutionsgesetzen folgen. Versuche, in diese nach allgemeinen Gesetzen erfolgende Entwicklung einzugreifen, könnten diesen Prozess verzögern und behindern und müssen deshalb vermieden werden. Eine Analogie zwischen der Entwicklung von Organismen und Gesellschaften voraussetzend, steht er damit für einen radikalen Liberalismus in Wirtschaft und Politik.

Spencer übertrug somit ▶ Ch. Darwins Entwicklungslehre von 1859 auf die Gesellschaft und prägte hierbei die Formulierung des *survival of the fittest*. Dadurch begünstigte er die Entstehung des ▶ Sozialdarwinismus; denn Lebenswichtigkeit und biologischer Wert bilden für ihn eine Einheit.

Indem Spencer ▶ Darwins Entwicklungsgedanken der Entstehung der Arten auf moralische, soziale und politische Fragen anwandte und damit eine theoretisch begründete Gesellschaftswissenschaft entwickelte, lieferte er nicht nur späteren wissenschaftlichen, sondern auch allgemein weltanschaulichen Vorstellungen einer positiven bzw. negativen ▶ Eugenik eine willkommene Begründung.

Spengler, Oswald
Philosoph, Mathematiklehrer, freier Schriftsteller (1880–1936)
In seinem Hauptwerk *Der Untergang des Abendlandes*, welches er teilweise während des Ersten Weltkriegs schrieb und das 1918 (Band 1) und 1922 (Band 2) erschien, kritisierte Oswald Spengler die traditionelle Auffassung von Geschichte als einem zusammenhängenden, in Perioden einteilbaren Prozess. Vielmehr bestehe die Weltgeschichte in voneinander unabhängigen Kulturen, deren Entwicklung jeweils einen zyklischen Verlauf nehme, der seinerseits in acht Kulturstufen fortschreite (in etwa entsprechend den Entwicklungsstufen Kindheit, Jugend, Reifezeit, Alterung, Verfall).

Den Schluss des Verfallstadiums, »Zivilisation« genannt, bildeten jedenfalls Dekadenz und Eklektizismus. In genau dieser Phase sah er seine Gegenwart der abendländischen Kulturen stehen, die deshalb dem baldigen Untergang geweiht seien.

Thales von Milet
griechischer Philosoph (ca. 640/639 oder 624/623 bis 546/545 v. Chr.)
Thales gilt als der Begründer der (vorsokratischen) griechischen ▶ Philosophie, als einer der von ▶ Platon benannten sieben Weisen des Altertums und damit einer der bedeutendsten vorsokratischen Denker schlechthin.

Theophrastos von Eresos
griechischer Philosoph und Schüler von Aristoteles (371–287 v. Chr.)
Theophrastos versuchte als Schüler des ▶ Aristoteles die Gedanken aus der platonischen Akademie, der aristotelischen Peripatetiker-Schule und der Stoa zu vermitteln.

Psychologisch interessant ist seine undatierte Schrift *Charakterbilder* (griech. *charakter* 'Kennzeichen, Eigenart'), in welcher er dreißig verschiedene Persönlichkeiten darstellte (den Schmeichler, den Schwätzer, den Prahlhans, das Lästermaul et cetera). Solche Charakterskizzen dienten lange dem praktisch-ethischen Zweck, sozial auffällige Personen besser zu erkennen und angemessen zu beurteilen.

Thorndike, Edward Lee
amerikanischer Psychologe (1874–1949)
Edward Lee Thorndike, ein Schüler von ▶ W. James, gilt als ein früher Vertreter und Mitbegründer des ▶ Behaviorismus. Unter Verwendung von Problemkäfigen (▶ B. F. Skinner) führte er das Tierexperiment in die Lernforschung ein. Bereits 1898, einige Jahre vor ▶ I. Pawlow, führte er Lernexperimente an Katzen und Hunden durch. Als Wissenschaftler hat er sich auch ausführlich mit Gewohnheitsbildung befasst. Dafür galten ihm zwei Gesetze als wesentlich: das Gesetz der Übung (*law of exercise*) und das Gesetz der Wirkung (*law of effect*), welches die Beziehung von Belohnung und Bestrafung zum Verhalten herstellte. Für die Herstellung neuer Reiz-Reaktions-Verbindungen führte er den ▶ Begriff des *Konnektionismus* ein. Außerdem beschrieb er das Prinzip der *instrumentellen Konditionierung* und zeigte auf, dass »Versuch und Irrtum« elementare Prinzipien des Lernens sind. Thorndike stellte im Tierversuch auch eine Verbindung dieser Versuche mit experimentellen Läsionen her (vgl. Thorndike 1898) und übertrug die Ergebnisse auf einfache Lernversuche beim Menschen. Die sich daraus entwickelnde Stimulus-Reflex-Theorie beherrschte mehrere Jahrzehnte das Studium menschlichen Lernens (Thorndike 1932).

Vesalius, Andreas (Andries van Wesel)
flämischer Arzt und Anatom (1514–1564)
Andreas Vesalius, der Leibarzt Karls V. und Philipps II. von Spanien, war ab 1537 Professor der Chirurgie und Anatomie in Padua. Er führte systematisch Sektionen menschlicher Leichen durch und löste sich infolgedessen von den bis dato gültigen Vorstellungen ▶ C. Galens. Anhand seiner Sektionsbefunde gelang es ihm, den Bau des menschlichen Körpers einschließlich des Gehirns zu beschreiben und damit den Beginn der modernen Anatomie einzuleiten.

In der Folge verwarf Vesalius die Ventrikellehre; allerdings blieb der zu erwartende Durch- bzw. Umbruch im Struktur-Funktions-Denken aus. Dadurch erfuhr das »ventrikuläre Konzept« der Hirnfunktionen weiterhin Zuspruch, auch wenn es keine Handlungsperspektiven für normabweichende Verhaltensweisen ermöglichte.

Watson, John Broadus
amerikanischer Psychologe (1878–1958)
John Broadus Watson gilt als Begründer des ▶ Behaviorismus. In der wissenschaftlichen Psychologie arbeitete er allerdings nur von 1908 bis 1920; danach wechselte er in die Werbebranche. 1913 profilierte sich Watson mit seiner klassischen Schrift *Psychology as the Behaviorist Views it*. Darin begrenzte er den Gegenstand der Psychologie auf das beobachtbare und messbare Verhalten und übertrug Methoden und Ergebnisse von tierexperimentellen Studien über Sinnesleistungen und Lernverhalten von Ratten, Affen und Vögeln sinngemäß auch auf den Menschen. Seine Versuche mit seinem kaum einjährigen Sohn Albert, dem er – zusammen mit seiner Ehefrau – nach dem Prinzip der bedingten Reaktion eine intensive Furcht vor weißen Ratten beibrachte, sind bis heute bekannt.

Weber, Ernst Heinrich
deutscher Anatom und Physiologe (1795–1878)
Ernst Heinrich Weber, der Professor für Anatomie und Physiologie in Leipzig war, gilt als ein Mitbegründer einer auf die Wahrnehmung gestützten Sinnesphysiologie und als Wegbereiter der ▶ Psychophysik. Weber forschte in fast allen Bereichen der Biologie und Medizin. In der Psychologie am bekanntesten sind aber seine Versuche zur Gewichtswahrnehmung, in denen er den Unterschied von zwei auf den Handrücken gelegten Gewichten variierte und so die Differenz bestimmte, bei der beide Gewichte noch als eben merklich verschieden erschienen. Dabei zeigt sich, dass dieser »eben noch merkliche Unterschied« in einem konstanten Verhältnis zur Größe des Bezugsreizes steht – die sogenannte Weber'sche Konstante.

Webers Untersuchungen bildeten den Ausgangspunkt für das Fechner'sche Gesetz; ▶ G. F. Fechner entwickelte sie zu folgendem allgemeinen Gesetz weiter: Wächst die Reizstärke linear, so wächst die Empfindungsstärke nur logarithmisch, d. h., die Empfindungsstärke wächst proportional mit dem Logarithmus der zugehörigen Reizstärke. Man bezeichnet diesen Zusammenhang – er gilt für Reize mittlerer Stärke, nicht für Extrembereiche und nicht für Absolutschwellen – heute als das Weber-Fechner'sche-Gesetz.

Weismann, Friedrich Leopold August
deutscher Biologe bzw. Zoologe (1834–1914)
August Weismann war ein Vordenker der Verknüpfung von Evolutionstheorie, Genetik und Entwicklungsbiologie und gilt heute als »Bindeglied« zwischen der ursprünglichen Evolutionstheorie ▶ Ch. Darwins und der Synthetischen Theorie der Evolution. Sein Verständnis des ▶ Darwinismus schloss jede Form des ▶ Sozialdarwinismus explizit aus. Er vertrat die Ansicht, dass es sich bei kulturellen (Fehl-)Entwicklungen ausschließlich um Tradition, Überlieferung und Fortbildung aufeinander folgender Generationen handelt.

Wertheimer, Max
Philosoph und Psychologe (1880–1943)
Max Wertheimer entwickelte in Frankfurt am Main zusammen mit Kollegen und Schülern, hier u. a. W. Metzger und E. Oppenheimer, die Gestaltgesetze der Wahrnehmung (Scheinbewegungen, akustisches Phi-Phänomen, Kontrastring etc.), die er anhand musikpsychologischer

Beispiele illustrierte. Das Ganzheitliche des Ordnungsgefüges regte ihn dazu an, über »Gestaltgesetze«, d. h. die Regeln der Gestaltbildung, nachzudenken.

Wertheimers Professur in Frankfurt am Main wurde 1933 beendet, da er jüdischer Herkunft war. Er folgte einem Angebot nach New York. Dort arbeitete dieser als der genialste und erfolgreichste Fachvertreter des Jahrhunderts geltende Wissenschaftler u. a. über die Wahrnehmung von Scheinbewegungen.

Wittgenstein, Ludwig
österreichisch-englischer Philosoph, Professor in Cambridge (1889–1951)
Ludwig Wittgenstein studierte zunächst Ingenieurwissenschaft, ehe er 1912 dieses Studium aufgab und unter Russell Mathematik und Logik studierte und an einer umfassenden Theorie über Logik und die Wirkungsarten der Sprache zu arbeiten begann. Es entstand sein berühmtes Werk *Tractatus logico-philosophicus*. Nach dem Ersten Weltkrieg, in dessen Folge er in Kriegsgefangenschaft geraten war, arbeitete er als Volksschullehrer, ehe er 1929 nach Cambridge zurückkehrte, um dort seine Arbeiten fortzusetzen. Allerdings entwickelte er einen ausgeprägten Widerwillen gegen das akademische Leben, weshalb er sich 1947 von der Universität zurückzog und in ländlicher Abgeschiedenheit in Irland lebte und arbeitete.

Beherrschendes Thema ist ihm zeitlebens die Wirkungsweise der Sprache geblieben. Er betrachtet sie als Mittel, um sich im Denken die Wirklichkeit zu vergegenwärtigen, um für sich selbst und andere darzulegen, wie sich die Dinge verhalten. Den Ausgangspunkt bildet die Frage nach den Bedingungen, welche die Sprache und die Welt notwendigerweise erfüllen müssen, damit eine solche Beziehung zwischen beiden überhaupt erst möglich ist.

In seinem Buch *Tractatus logico-philosophicus* schreibt Wittgenstein im Vorwort: »Man könnte den ganzen Sinn des Buches etwa in die Worte fassen: Was sich überhaupt sagen läßt, läßt sich klar sagen; und wovon man nicht reden kann, darüber muß man schweigen« (Wittgenstein 1963, S. 7).

Wolff, Christian (geadelt: Christian Freiherr von Wolff)
deutscher Philosoph (1679–1754)
Christian Wolff war ein Professor für Mathematik und ▶ Philosophie in Halle, der in der deutschen ▶ Aufklärung führend war und das System des deutschen ▶ Rationalismus schuf (rationale Psychologie), indem er Gedanken von ▶ Aristoteles und aus der ▶ Scholastik, zusammen mit Grundpositionen der Stoiker zu einem rationalen Dogmatismus verband, in welchem ein ungebrochenes Vertrauen in die Macht der ▶ Vernunft zum Ausdruck kam.

Wolff erwarb 1703 eine Lehrberechtigung für Mathematik und Physik und wandte er sich später der ▶ Philosophie zu, geriet jedoch mit seinem von ▶ G. W. Leibniz beeinflussten ▶ Rationalismus in Konflikt mit der Obrigkeit. Er wurde 1723 unter Androhung der Todesstrafe bei eventueller Rückkehr aus Preußen ausgewiesen. Begründet wurde dies u. a. damit, dass er einen ▶ Determinismus lehre, durch welchen letztlich die Willenskraft und damit auch die Schuldfähigkeit eines Menschen aufgehoben würde. Erst durch Friedrich II. wurde Wolff erneut ehrenvoll nach Halle zurückberufen und 1745 in den Reichsfreiherrenstand gesetzt.

Durch Anwendung der axiomatisch-deduktiven mathematischen Methode erreichte er eine durchgehend logische und damit Widersprüche ausschließende ▶ Deduktion der Sätze einer Wissenschaft aus als evident angesehenen ersten Sätzen. Nach dieser Methode der »Zergliederung« wurden auch die ▶ Vermögen eines Menschen differenziert. Für Carus (1990/1808, S. 544 ff.) ist Wolff der Stifter der Seelenlehre als philosophischer Wissenschaft und Urheber der Einteilung der Seelenlehre in eine empirische (psychologia emperica) und eine rationale (psychologia rationalis) Betrachtung.

Wundt, Wilhelm
Mediziner, Philosoph und Professor für Psychologie (1832–1920)
Wilhelm Wundt war seit 1875 Professor in Leipzig, wo er das erste Institut für experimentelle Psychologie gründete. Seiner eigenen philosophischen Grundeinstellung nach war er »voluntaristischer Idealist« (Hoorn 2002, S. 243), d. h., er suchte das »Wesen« der Seele in der »unmittelbaren Wirklichkeit der Vorgänge« (Wundt 1901, S. 387). Dabei galt ihm der *Wille* als letzte Ursache des psychischen Geschehens und Zusammenhangs.

In der Wissenschaft steht Wundt 1) für die Verselbstständigung der Psychologie nach Gegenstand und Methode und 2) für den Aufbau eines geschlossenen Systems der Psychologie. Außerdem ist er 3) Gründer des ersten psychologischen Institutes. Sein Hauptwerk *Grundzüge der physiologischen Psychologie* (1874) hebt darauf ab, dass dann, wenn Naturwissenschaft und Psychologie nur verschiedene Seiten ein und derselben Erfahrung bearbeiten, auch ihre Methoden nicht grundlegend verschieden sein können. Sein experimentelles Vorgehen richtete sich entsprechend an Erkenntnissen der Physiologie und ▶ Psychophysik aus.

Wundt galt bereits zu Lebzeiten als »Vater der wissenschaftlichen Psychologie« und als eine Art Legende. Dazu trug auch die Gründung des ersten psychologischen Laboratoriums der Welt im Jahre 1879 bei. Die Rolle als Wegweiser der sich entwickelnden experimentellen Psychologie stellt jedoch nur eine von verschiedenen Seiten seines Schaffens dar. In seiner wissenschaftlichen Autobiografie erwähnt er, dass von Anfang der 1860er-Jahre an in seinem Bewusstsein die ▶ Völkerpsychologie als wichtigster Teil der Psychologie, der das ganze Gebäude der psychologischen Wissenschaft krönen sollte, in den Vordergrund trat.

Wygotski (Vygotkij), Lew
sowjetischer Psychologe (1896–1934)
Lew Wygotski gilt als einer der einflussreichsten sowjetischen Psychologen für sozialhistorische Theorien der Sprache und Begriffsbildung. Er hatte an der Universität in Moskau studiert und forschte dann auf den Gebieten der Erziehungs- und Entwicklungspsychologie. Sein Hauptwerk *Denken und Sprechen* wurde zwei Jahre nach seinem Tode in der damaligen Sowjetunion verboten, da es den stalinistischen Richtlinien für Psychologie widersprach; gleichwohl gilt es heute als fruchtbarste Entwicklung in der damaligen Zeit. Folgt man Wygotski, so wird Denken in seiner internalisierten Form aus sichtbaren Handlungen abgeleitet, insbesondere aus der Internalisierung des äußeren Dialogs. Wygotski gründete seine Ansicht, innere Sprache sei innere Repräsentation, auf das Werk von ▶ K. Bühler, W. Stern und ▶ J. Piaget und sah darin einen Weg, die Vielfalt der individuellen Formen der Sprach-, Denk- und Persönlichkeitsentwicklung zu erklären.

Ziehen, Theodor
Psychiater, Psychologe (1862–1950)
Theodor Ziehen war Assistent von ▶ K. L. Kahlbaum und L. Binswanger und wurde 1904 als Leiter an die Charité berufen. 1912 gab er das Amt auf und nahm einige Jahre später eine Professur für Psychologie an der philosophischen Fakultät in Halle an. Ziehen arbeitete auf den Gebieten Neuroanatomie, Neurophysiologie, Kinderpsychiatrie, Psychologie und ▶ Philosophie. Sein Buch *Die Geisteskrankheiten einschließlich des Schwachsinns und die psychopathischen Konstitutionen im Kindesalter* (2. Auflage, 1926) gilt als das erste bedeutende Werk über Kinderheilkunde. Sein philosophischer Ansatz war geprägt von ▶ Realismus und Objektivismus (▶ Objektivität). Seine idealistische kognitive Theorie lief dem wachsenden Einfluss des ▶ Materialismus zuwider. Sein *Leitfaden der Physiologischen Psychologie* (1893) erschien in

zahlreichen Auflagen (die 10. Auflage im Jahre 1914) und prägte das Bild der physiologischen Psychologie bis weit nach dem Ersten Weltkrieg.

Literatur

Allgemeine Quellen, die im Text nicht weiter als spezifische Quellen aufgeführt werden

Butler-Bowdon, T. (2007). *50 Klassiker der Psychologie*. Heidelberg: mvg-Verlag.
Brockhaus. (2001). *Brockhaus Psychologie*. Mannheim: Brockhaus.
dtv. (1990). *Dtv-Atlas der Psychologie*. München: Deutscher Taschenbuch-Verlag.
Ferber, R. (2003). *Philosophische Grundbegriffe*. München: Beck. (Becksche Reihe. Bd. 1 und 2)
Hartwig, H., & Scholtyssek, C. (2000). *Lexikon der Neurowissenschaft* (Bd. 1–4). Heidelberg: Spektrum.
Hehlmann, W. (1974). *Wörterbuch der Psychologie* (11. Aufl.). Stuttgart: Kröner.
Hoffmann, D., et al. (2007). *Lexikon der bedeutenden Naturwissenschaftler* (Bd. 1–3). Heidelberg: Spektrum.
Hügli, A., & Lübcke, P. (2001). *Philosophie-Lexikon*. Reinbek bei Hamburg: Rowohlt. (Rowohlts Enzyklopädie).
Schischkoff, G. (1991). *Philosophisches Wörterbuch*. Stuttgart: Kröner.
Spierling, V. (2002). *Kleine Geschichte der Philosophie*. München: Piper.
Störig, H. J. (2007). *Kleine Weltgeschichte der Wissenschaft*. Frankfurt a. M.: Fischer Taschenbuch-Verlag.
Strube, G. (Hrsg.). (1996). *Wörterbuch der Kognitionswissenschaft*. Stuttgart: Klett-Cotta.
Walach, H. (2005). *Psychologie. Wissenschaftstheorie, philosophische Grundlagen und Geschichte*. Stuttgart: Kohlhammer.
Zusne, L. (1984). *Biographical dictionary of psychology*. Westport: Greenwood Press.

Quellen, die im Text genauer benannt werden oder aus denen Zitate ausgewählt wurden

Ach, N. (1905). *Über die Willenstätigkeit und das Denken*. Göttingen: Vandenhoeck & Rubprecht.
▶ http://www.psychologie.uni-konstanz.de/forschung/kognitive-psychologie/various/narziss-ach/. Zugegriffen: 12. Aug. 2015.
Ach, N. (1910). *Über den Willensakt und das Temperament*. Leipzig: Quelle & Meyer. ▶ http://www.psychologie.uni-konstanz.de/forschung/kognitive-psychologie/various/narziss-ach/. Zugegriffen: 12. Aug. 2015.
Ach, N. (1935). *Analyse des Willens*. Berlin: Urban & Schwarzenberg. (Handbuch der biologischen Arbeitsmethoden).
American Psychiatric Association. (1952). *Diagnostic and statistic manual of mental disorders*. Washington, DC: American Psychiatric Ass.
Aris, M.-A. (2005). *Albertus Magnus (ca. 1200–1280)*. Köln: Böhlau. (In: W. Ax: *Fünfzehn Portraits von Varro bis Erasmus von Rotterdam*).
Avicenna. (1960). *Das Buch der Genesung der Seele: eine philosophische Enzyklopaedie Avicennas*; 2. Ser. Die Philosophie; 3. Gruppe u. 13. T. Die Metaphysik Avicennas enthaltend die Metaphysik, Theologie, Kosmologie und Ethik. Herausgegeben von Max Horten. Unveraend. Nachdr. [d. Ausg. Halle, New York, Haupt, 1907]. Frankfurt a. M.: Minerva.
Bechterev, V. M. (2002/1905). *Die Bedeutung der Suggestion im sozialen Leben*. Eschborn: Klotz. (Unveränderter Nachdruck der Ausgabe J. F. Bergmann, Wiesbaden 1905).
Benesch, H., & Saalfeld, H. v. (Hrsg.). (1991). *Dtv-Atlas zur Psychologie*. München: Deutscher Taschenbuch-Verlag.
Bergson, H. (1896). *Matière et mémoire: essai sur la relation du corps à l'esprit*. Paris: Alcan.
Bernheim, H. (1884). *De la suggestion dans l'état hypnotique et dans l'état de veille*. Paris. ▶ http://gallica.bnf.fr/ark:/12148/bpt6k65000d/f3.image. Zugegriffen: 12. Aug. 2015.
Brentano, F. (1874). *Psychologie vom empirischen Standpunkte*. Leipzig: Duncker & Humblot. (1. Band: Von der Psychologie als Wissenschaft). ▶ https://archive.org/details/psychologievome02brengoog. Zugegriffen: 12. Aug. 2015.
Bühler, K. (1924). *Die geistige Entwicklung des Kindes* (4. Aufl.). Jena: Fischer.
Carus, F. A. (1990/1808). *Geschichte der Psychologie*. Berlin: Springer. (Reprint der Ausgabe Leipzig: Barth und Kummer, 1808).
Comte, A. (1989). *Cours de philosophie positive*. Paris: Nathan. (Herausgegeben von P. Dupouey).
Darwin, C. (1872/2000). *Der Ausdruck der Gemütsbewegungen bei den Menschen und Tieren*. Frankfurt a. M.: Eichborn.
Descartes R. (1967). *Discours De La Methode. Pour bien conduire sa raison, & chercher la verité dans les sciences. Plus La Dioptrique. Les Meteores. Et La Geometrie. Qui sont des essais de cete Methode.* Leyde: Maire.

Dessoir, M. (1911). *Abriß einer Geschichte der Psychologie.* Heidelberg: Carl Winter's Universitätsbuchhandlung.
Dessior, M. (1917). *Vom Jenseits der Seele.* Die Geheimwissenschaften in kritischer Betrachtung. Stuttgart: Enke. Online verfügbar in der vierten und fünften Ausgabe (1920) unter: ▶ https://archive.org/details/vomjenseitsderse00dess. Zugegriffen: 12. Aug. 2015.
Dobzhansky, T. (1937). *Genetics and the origin of species.* New York: Columbia Univ. Press.
Du Bois-Reymond, E. (1912). *Reden.* Leipzig: Veit. (In zwei Bänden. 2., vervollständigte Aufl. Hrsg. von Estelle Du Bois-Reymond).
Düweke, P. (2001). *Kleine Geschichte der Hirnforschung. Von Descartes bis Eccles.* München: Beck.
Ebbinghaus, H. (1885). *Über das Gedächtnis. Untersuchungen zur experimentellen Psychologie.* Darmstadt: Wissenschaftliche Buchgemeinschaft. (Neudruck).
Fechner, G. T. (1860a). *Elemente der Psychophysik.* Leipzig: Breitkopf & Härtel. (Erster Theil).
Fechner, G. T. (1860b). *Elemente der Psychophysik.* Leipzig: Breitkopf & Härtel. (Zweiter Theil).
Freud, S. (1895). *Entwurf einer Psycholgoie.* Frankfurt a. M.: Fischer. (In S. Freud (1987). Gesammelte Werke. Nachtragsband: Texte aus den Jahren 1885–1938. Hrsg. von A. Richards (S. 387–477)).
Freud, S. (1987). In A. Richards (Hrsg.), *Gesammelte Werke. Nachtragsband: Texte aus den Jahren 1885–1938* (S. 387–477). Frankfurt a. M.: Fischer.
Gall, F. J. (1810–1819). *Anatomie et physiologie du système nerveux en général, et du cerveau en particulier: avec des observations sur la possibilité de reconnoitre plusieurs dispositions intellectuelles et morales de l'homme et des animaux, par la configuration de leurs têtes.* Paris: Schoell.
Gall, F. J. (1818). *Physiologie du cerveau en particulier.* Trisième Volume.
Gall, F. J. (1819). *Physiologie du cerveau en particulier.* Quatrième Volume.
Gall, F. J., & Spurzheim, J. C. (1810). *Anatomie et physiologie du système nerveux en général, et anatomie du cerveau en particulier.* Premier Volume.
Gall, F. J., & Spurzheim, J. C. (1812). *Physiologie du cerveau en particulier.* Deuxième Volume.
Gay, P. (1988). *Freud. Eine Biographie für unsere Zeit.* Frankfurt a. M.: Fischer.
Goldstein, K. (1919). *Die Behandlung, Fürsorge und Begutachtung der Hirnverletzten.* Leipzig: F. C. W. Vogel.
Günther, H. F. K. (1922). *Die Rassenkunde des deutschen Volkes.* München: Lehmann.
Haeckel, E. (1866). *Generelle Morphologie der Organismen. Allgemeine Grundzüge der organischen Formen-Wissenschaft, mechanisch begründet durch die von Charles Darwin reformirte Descendenztheorie.* Berlin: G. Reimer. ▶ https://archive.org/details/generellemorphol01haec. Zugegriffen: 12. Aug. 2015.
Halbwachs, M. (1925). *Les cadres sociaux de la mémoire.* Paris: Alcan.
Halbwachs, M. (1985). *Das Gedächtnis und seine sozialen Bedingungen.* Frankfurt a. M.: Suhrkamp.
Hebb, D. (1949). *The organization of behavior.* New York: Wiley.
Heinroth, J. C. A. (1825). *System der psychisch-gerichtlichen Medizin, oder theoretisch praktische Anweisungen zur wissenschaftlichen Erkenntnis und gutachterliche Darstellung der krankhaften persönlichen Zustände, welche vor Gericht in Betracht kommen.* Leipzig: C. H. F. Hartmann.
Heller, K. D. (1964). *Ernst Mach. Wegbereiter der modernen Physik.* Wien: Springer. (Mit ausgewählten Kapiteln aus seinem Werk).
Herbart, J. F. (1816). *Lehrbuch zur Psychologie.* Königsberg: Unzer.
Herbart, J. F. (1824). *Psychologie als Wissenschaft. Neu gegründet auf Erfahrung, Metaphysik, und Mathematik.* Königsberg: Unzer. (Erster, synthetischer Theil).
Herbart, J. F. (1825). *Psychologie als Wissenschaft. Neu gegründet auf Erfahrung, Metaphysik, und Mathematik.* Königsberg: Unzer. (Zweyter, analytischer Theil).
Hobbes, T. (2013). *Leviathan.* Stuttgart: Reclam. (Englisch/Deutsch).
Holzkamp, K. (1972). *Kritische Psychologie.* Frankfurt a. M.: Fischer.
Holzkamp, K. (1983). *Grundlegung der Psychologie.* Frankfurt a. M.: Campus-Verl.
Hoorn, W. van. (2002). Goethes Gleichnisrede der psychischen Chemie als romantischer Hintergrund von Wundts experimenteller Psychologie. *Psychologie und Geschichte, 10*(3/4), 233–246.
Horn, G. (Hrsg.). (1801–1806, 1809–1816). *Archiv für medizinische Erfahrung.* Berlin: Hitzig.
Horn, G. (Hrsg.). (1817–1836). *Archiv für medizinische Erfahrung im Gebiete der praktischen Medizin, Chirugie, Geburtshülfe und Staatsarzneikunde.* Berlin: Reimer.
Horn, E. (1818). *Öffentliche Rechenschaft über meine zwölfjährige Dienstführung als zweiter Arzt des königlichen Charité-Krankenhauses zu Berlin nebst Erfahrungen über Krankenhäuser und Irrenanstalten.* Berlin.
Hume, D. (1739/1740). *Treatise on human nature.* London: Printed for John Noon.
Ideler, K. W. (1857). *Lehrbuch der gerichtlichen Psychologie.* Berlin: Hayn.

James, W. (1890). *The principles of psychology*. New York: Holt (In two Volumes). ▶ https://archive.org/details/theprinciplesofp01jameuoft (Volume One) und ▶ https://archive.org/details/principlesofpsyc02jameuoft (Volume Two). Zugegriffen: 13. Aug. 2015.

James, W. (1907). *Pragmatism. A new name for some old ways of thinking*. New York: Longmans, Green and Co.

James, W. (1912). In R. Perry (Hrsg.), *Essays in radical empiricism*. London: Longmans, Green.

Kahlbaum, K. L. (1878). Die klinisch-diagnostischen Gesichtspunkte der Psychopathologie. Sammlung Klinischer Vorträge in Verbindung mit deutschen Klinikern. No. 126 (6. Heft der 5. Serie), S. 1127–1146.

Kahlbaum, K. L. (1863). *Die Gruppierung der psychischen Krankheiten und die Einteilung der Seelenstörungen. Entwurf einer historisch-kritischen Darstellung der bisherigen Eintheilungen und Versuch zur Anbahnung einer empirisch-wissenschaftlichen Grundlage der Psychiatrie als klinischer Disciplin*. Danzig: Kafemann.

Kant, I. (1786). *Metaphysische Anfangsgründe der Naturwissenschaft*. Riga: Hartknoch. ▶ http://www.philosophie-buch.de/metannat.htm. Zugegriffen: 13. Aug. 2015.

Kettenmann, H., & Rudolph, W. (Hrsg.). (1998). *Berliner Gehirne, Gehirne für Berlin. Streiflichter aus der Geschichte der Hirnforschung in Berlin* (S. 32). Ausstellungskatalog zur Ausstellung anlässlich des Europäischen Forums der Neurowissenschaften vom 27.06. bis 10.07. Bartos: Berlin.

Kraepelin, E. (1896). *Psychiatrie. Ein Lehrbuch für Studierende und Ärzte* (5. Vollständig umgearbeitete Aufl.). Leipzig: Bartz.

Krafft-Ebing, R. von. (1900). *Lehrbuch der gerichtlichen Psychopathologie: mit Berücksichtigung der Gesetzgebung von Österreich, Frankreich und Deutschland*. Stuttgart: Enke. ▶ http://archive.org/stream/lehrbuchdergeric1900kraf/lehrbuchdergeric1900kraf_djvu.txt. Zugegriffen: 14. April 2015 (abgerufen am 29. Juli 2015).

Kroh, O. (1921). *Subjektive Anschauungsbilder bei Jugendlichen. Eine psychologisch-paedagogische Untersuchung*. Goettingen: Vandenhoeck & Ruprecht.

Kroh, O. (1934). *Völkische Anthropologie als Grundlage deutscher Erziehung*. Eßlingen: Burgbücherei.

Kuhn, T. S. (1962). *The structure of scientific revolutions*. Chicago: University of Chicago Press.

Külpe, O. (1922). *Vorlesungen über Psychologie*. Leipzig: Hirzel (Herausgegeben von K. Bühler).

Le Bon, G. (1895/1982). *Psychologie der Massen* (15. Aufl.). Stuttgart: Kröner.

Lavater, J. K. (1775–1778). *Physiognomische Fragmente zur Beförderung der Menschenkenntnis und Menschenliebe*. Leipzig: Weidmanns Erben und Reich.

Leahey, T. H. (2004). *A history of psychology. Main currents in psychological thought*. London: Pearson.

Lennig, P. (1994). *Von der Metaphysik zur Psychophysik. Gustav Theodor Fechner (1801–1887). Eine ergobiographische Studie*. Frankfurt a. M.: Peter Lang.

Lichtenberg, G. C. (1801). *Georg Christoph Lichtenberga's Vermischte Schriften*. Nach dessen Tode gesammelt und herausgegeben von Ludwig Christian Lichtenberg und Friedrich Kries. Dritter Band. Göttingen. ▶ http://www.mdz-nbn-resolving.de/urn/resolver.pl?urn=urn:nbn:de:bvb:12-bsb10923198-8. (Abgerufen am 29. Juli 2015).

Lindberg, D. C. (1987). *Auge und Licht im Mittelalter. Die Entwicklung der Optik von Alkindi bis Kepler*. Frankfurt a. M.: Suhrkamp.

Maslow, A. (1973). *Psychologie des Seins. Ein Entwurf*. München: Kindler.

Maslow, A. (1977). *Motivation und Persönlichkeit*. Olten: Walter-Verlag.

Mendel, G. J. (1865). Versuche über Pflanzenhybriden. *Verhandlungen des Naturforschenden Vereins in Brünn, 4*, 1–47.

Müller, J. (1838). *Handbuch der Physiologie des Menschen für Vorlesungen* (1. Band. 3. verbesserte Aufl.). Coblenz: Hölscher. ▶ http://vlp.mpiwg-berlin.mpg.de/library/data/lit17251/index_html?pn=1&ws=1.5. Zugegriffen: 17. Aug. 2015.

Müller, J. (1834–1858) (Hrsg.). *Archiv für Anatomie, Physiologie, und Wissenschaftliche Medicin*. Berlin.

Müller, J. (1840). *Handbuch der Physiologie des Menschen für Vorlesungen* (2. Band). Coblenz: Hölscher. ▶ http://vlp.mpiwg-berlin.mpg.de/library/data/lit17252? Zugegriffen: 17. Aug. 2015.

Münsterberg, H. (1912). *Psychologie und Wirtschaftsleben*. Leipzig.

Münsterberg, H. (1914). *Grundzüge der Psychotechnik*. Leipzig: J. A. Barth.

Newton, I. (1983). *Optik oder Abhandlung über Spiegelungen, Brechungen, Beugungen und Farben des Lichts*. Braunschweig: Vieweg. (Übersetzt und herausgegeben von William Abendroth. Eingeleitet und erläutert von Markus Fierz).

Pawlow, I. (1898). *Die Arbeit der Verdauungsdrüsen. Vorlesungen von Prof. J. P. Pawlow*. Wiesbaden: Bergmann. (Autorisierte Übersetzung aus dem Russischen von A. Walther).

Pawlow, I. (1926). *Die höchste Nerventätigkeit von Tieren*. München.

Platon (1994). *Menon*. Stuttgart: Reclam. (Herausgegeben und übersetzt von M. Kranz).

Poppelreuter, W. (1917–1918). *Die psychischen Schädigungen durch Kopfschuß im Kriege 1914/17. Mit besonderer Berücksichtigung der pathopsychologischen, pädagogischen, gewerblichen und sozialen Beziehungen*. 2 Bände. Band 1: Die Störungen der niederen und höheren Sehleistungen durch Verletzungen des Okzipitalhirns. Band 2: Die Herabsetzung der körperlichen Leistungsfähigkeit und des Arbeitswillens durch Hirnverletzung im Vergleich zu Normalen und Psychogenen. Leipzig: Voss.

Popper, K. R. (1935/2005). Logik der Forschung. Tübingen: Mohr Siebeck.

Popper, K. R., & Eccles J. C. (1977). *The self and its brain*. Berlin: Springer.

Reil, J. C. (1795/1910). Von der Lebenskraft. Leipzig. Barth (Herausgegeben von K. Sudhoff in der Serie Klassiker der Medizin. Band 2). ▶ http://vlp.mpiwg-berlin.mpg.de/library/data/lit29167/index_html?pn=1&ws=1.5. Zugegriffen: 17. Aug. 2015.

Reil, J. C. (1803). *Rhapsodieen über die Anwendung der psychischen Curmethode auf Geisteszerrüttungen*. Halle: Curt.

Rossner, F. (1942). *Was wir vom Leben wissen. Grundfragen der Biologie*. Braunschweig: Westermann.

Rubinstein, S. (1963). *Prinzipien und Wege der Psychologie*. Berlin: Akademie-Verlag.

Rubinstein, S. (1971). *Grundlagen der allgemeinen Psychologie*. Berlin: Volk und Wissen.

Setschenow, I. (1862). *Über thierische Elektrizität*.

Setschenow, I. (1863). *Die Reflexe des Großhirns*.

Skinner, B. F. (1948). *Walden two*. New York: Macmillan.

Skinner, B. F. (1953). *Science and human behavior*. New York: Free Press.

Spengler, O. (1918). *Der Untergang des Abendlandes. Umrisse einer Morphologie der Weltgeschichte. Band 1: Gestalt und Wirklichkeit*. Wien: Braumüller.

Spengler, O. (1922). *Der Untergang des Abendlandes. Umrisse einer Morphologie der Weltgeschichte. Band 2: Welthistorische Perspektiven*. München: Beck.

Theophrastos. (1960). *Charakterbilder* (Übers. H. Rüdiger, Sammlung Dieterich. Bd. 34). Bremen: Schünemann.

Thorndike, E. (1932). *Fundamentals of learning*. New York: Columbia University Institute of Educational Research.

Thorndike, E. (1898). Animal intelligence: An experimental study of the associative processes in animals. *The Psychological Review: Monograph Supplements, 2*(4), i–109.

Vygotskij, L. (1934/2002). Denken und Sprechen. Psychologische Untersuchungen. Nach dem Original von 1934 vorgenommene Übersetzung. Weinheim: Beltz. (Herausgegeben und übersetzt von J. Lompscher und G. Rückriem).

Walach, H. (2005). *Psychologie. Wissenschaftstheorie, philosophische Grundlagen und Geschichte*. Stuttgart: Kohlhammer.

Watson, J. B. (1913). Psychology as the behaviorist views it. *Psychological Review, 20*, 158–177.

Wittgenstein, L. (1963). *Tractatus logico-philosophicus. Logisch-philosophische Abhandlung*. Frankfurt a. M.: Suhrkamp.

Wundt, W. (1874). *Grundzüge der physiologischen Psychologie*. Leipzig: Engelmann.

Wundt, W. (1901). *Grundriss der Psychologie*. Leipzig: Engelmann.

Ziehen, T. (1893). *Leitfaden der Physiologischen Psychologie* in 15 Vorlesungen (Zweite vermehrte und verbesserte Auflage). Jena: Fischer. ▶ https://archive.org/details/leitfadenderphys1893zieh. Zugegriffen: 17. Aug. 2015.

Ziehen, T. (1926). *Geisteskrankheiten einschließlich des Schwachsinns und die psychopathischen Konstitutionen im Kindesalter* (2. Umgearbeitete und erweiterte Aufl.). Berlin: Reuther & Reichard.

Serviceteil

Index über ausgewählte Fachbegriffe und zu ausgewählten Personen – 350

M. Pritzel, *Die akademische Psychologie: Hintergründe und Entstehungsgeschichte*,
DOI 10.1007/978-3-662-48189-9, © Springer-Verlag Berlin Heidelberg 2016

Index über ausgewählte Fachbegriffe und zu ausgewählten Personen

A

a priori 62, 208, 209, 215, 266, 267, 273, 283
Abbildtheorie 16, 266, 322
Ach, Narziß Kaspar 104, 296, 306
Affekt 131, 160, 161, 230, 266
Albertus Magnus 151, 154, 284, 306–308
Al-Hacen 134, 306
Alltagsgeschichte 25, 47, 73, 266
Alltagspsychologie 40, 73, 77, 92, 110, 204, 211, 267, 276, 290
analytisch 6, 15, 61, 105, 216, 267, 302
Anthropologie 19, 33, 36, 81, 83, 164, 165, 174, 210, 223, 251, 267, 283, 289, 301
Anthropologie, historische ▶ Anthropologie 33
Antrieb 76, 267, 340
Aquin, Thomas von 111, 114, 115, 135–137, 142, 151, 154, 284, 295, 300, 306–308, 332
Aristoteles 68, 96, 97, 101–103, 105–107, 114–117, 122, 134, 135, 144, 145, 151, 204, 208, 278, 282, 295, 300, 306–308, 310, 332, 339, 341, 343
Assoziation 103–105, 207, 214, 230, 268, 271, 292, 317, 330
Aufklärung 31, 39, 164, 182, 212, 213, 217, 219, 268, 273, 288, 294, 313, 330, 343
Augustinus 100, 106, 107, 110–114, 142, 151, 307, 308
Ausdruck 24, 28, 29, 39, 51, 60, 68, 70, 73, 74, 76, 79, 84, 88, 90, 101, 103, 108, 111, 116, 122, 123, 128, 131, 132, 134, 143, 145–147, 149, 152, 155, 157, 160–162, 165, 166, 168, 169, 175, 176, 180, 183, 187, 191–194, 205, 206, 218, 223, 230, 233, 235, 237, 251, 256, 266, 268, 269, 272, 274, 279, 284, 286, 294, 295, 297, 307, 312, 318, 324, 328, 343
Averroes 134, 307
Avicenna 115–117, 134, 307, 308

B

Bacon, Francis 173, 174, 277, 282, 308
Bechterew, Wladimir Michailowitsch 32, 252, 292, 295, 308, 339
Begriff 7, 9–11, 16, 17, 24, 29, 41–43, 47, 55, 56, 58, 59, 61, 63, 73, 74, 77, 78, 81, 88, 90, 92, 96, 100, 105, 108, 111, 114, 121, 132, 143, 144, 147, 149, 151, 152, 160–162, 168–171, 180, 190, 193, 194, 204, 207, 214, 221, 222, 229, 230, 232–234, 252–254, 257, 266–270, 272–284, 286–299, 301, 309, 312, 313, 320, 322, 323, 331, 333, 335, 338, 341
Behaviorismus 235, 245, 252, 254, 255, 269, 275, 281, 282, 287, 288, 292, 295, 322, 328, 335, 341, 342
Békésy, Georg von 228, 309
Bender, Hans 288, 309
Bergson, Henri 105, 309
Berkeley, George 103, 207, 309
Bernheim, Hippolite 214, 309, 317
Bindung 80, 151, 270
Brentano, Franz 32, 83, 240–243, 278, 289, 295, 310, 315, 328, 331
Broca, Paul 33, 310
Brodmann, Korbinian 33, 310, 317
Bühler, Karl 296, 311, 328, 344

C

Carnap, Paul Rudolf 291, 302, 311
Cattell (Mc Keen Cattell), James 240, 311, 319, 334
Charcot, Jean Martin 175, 214, 236, 277, 308, 309, 311, 324, 332
Comte, Auguste 43, 65, 312, 332

D

Darwin, Charles 43, 165, 166, 175, 176, 270, 282, 298, 312, 319, 324, 331, 340, 342
Darwinismus 52, 270, 312, 342
Deduktion 15, 90, 257, 270, 295, 322, 336, 343
Demokrit(os) 91, 301, 312
Denkpsychologie 104, 105, 270, 280, 328
Descartes, René 61, 62, 106, 167–169, 213, 230, 272, 281, 287, 294, 313, 322, 330
Dessoir, Max 83, 286, 288, 313
Determinismus 92, 133, 271, 282, 313, 338, 339, 343
Dewey, John 32, 64, 275, 295, 313
Dialektik 100, 130, 134, 171, 271
Diätik 35, 212, 271

Dilthey, Wilhelm 32, 240, 294, 295, 300, 313–315
Dobzhansky, Theodosius 312, 314
Dogma 52, 231, 272, 278
Du Bois-Reymond, Emil Heinrich 314, 321, 333
Dualismus 62, 272, 279, 313

E

Ebbinghaus, Hermann 32, 44, 104, 187, 295, 315, 328
Eccles, John Carew 281, 315
Ehrenfels, Christian von 243, 296, 315
Emotion 25, 75, 128, 151, 160–162, 164–167, 169, 171, 180, 181, 185, 272, 276, 298, 300, 320, 324, 328
Empedokles 91, 92, 301, 316
Empfindung(en) 15, 18, 57, 59, 103, 104, 123, 136, 160–162, 169, 181, 230, 231, 233, 243, 254, 273, 274, 299, 324, 333
Empirismus 4, 6, 52, 57, 63–65, 208, 215, 259, 260, 273, 274, 285, 294, 313, 333
Empirismus, englischer oder britischer 103, 206, 213, 322
Entitäten 13, 29, 62, 168, 170, 216, 229, 272, 274, 284, 315
Epiphänomenalismus ▶ Dualismus 79
Erfahrung 10, 15, 16, 41, 43, 50, 55–57, 62, 63, 76, 77, 85, 96, 98, 104–106, 123, 128, 132, 136, 142, 166, 167, 171, 173, 181–183, 191, 193, 208, 209, 212, 215, 219–221, 224, 228–231, 233, 240, 241, 248, 256, 270, 272–274, 282, 283, 291, 294, 325, 329–331, 335, 336, 340, 344
Erkenntnistheorie 5–7, 16, 21, 51–54, 56–58, 96, 97, 167, 207, 258, 267, 274, 284, 286, 302, 330, 337
Erkenntnistheorie, evolutionäre 5, 6, 15, 16, 116, 135, 194, 242, 266, 274, 331
Eugenik 175, 274, 340
Euthanasie 37, 275

F

Fechner, Gustav Theodor 30, 32, 44, 86, 87, 89, 163, 228, 232, 287, 293–295, 316, 330, 331
Feyerabend, Paul, K. 259, 316

Stichwortverzeichnis

Flechsig, Paul 105, 317
Freud, Sigmund 30, 88, 100, 105, 116, 161, 212, 214, 236, 249, 256, 266, 277, 282, 292, 299, 312, 317, 324, 325
Funktionalismus 16, 275, 282, 313, 324

G

Galenus (Galen), Claudius 92, 122–125, 127, 307, 308, 318, 342
Gall, Franz Joseph 174, 176, 219, 220, 289, 310, 318, 340
Galton, Francis 43, 175, 274, 311, 319
Gedächtnis, kollektives 31, 39, 45, 142, 152, 185, 275, 320
Gefühl 4, 11, 16, 18, 25, 57, 82, 83, 90, 100, 122, 136, 150, 151, 153, 160–170, 172, 174–176, 210, 211, 214, 216, 221, 230, 231, 240, 245, 272, 276, 285, 298, 299, 329
Gemüt 75, 160, 172, 174, 276
Goldstein, Kurt 246, 319
Günther, Hans F. K. 235, 301, 319

H

Haeckel, Ernst 43, 235, 319
Halbwachs, Maurice 142, 275, 320
Handeln 5, 8, 11, 14, 24, 26–28, 32, 34, 35, 39–41, 45–47, 51, 54, 57–59, 61, 70, 84, 110, 120, 121, 127, 161, 168, 170, 184, 200, 205, 214, 215, 222, 245, 250, 276, 279, 283, 297, 298
Hebb, Donald O. 145, 295, 320
Heidegger, Martin 88, 248, 287, 320, 321
Heinroth, Johann Christian August 35, 291, 320
Helmholtz, Hermann von 32, 80, 221, 228, 229, 243, 247, 295, 314, 321, 333
Heraklit 84, 88, 90, 301, 313, 321, 335
Herbart, Johann Friedrich 32, 104, 221, 222, 271, 295, 297, 321
Heuristik 276
Hippokrates 92, 123, 126, 127, 289, 318, 321
Historismus 39, 45, 277
Hobbes, Thomas 61, 282, 322
Holzkamp, Klaus 37, 281, 322
Horn, Ernst 281, 291, 322
Hume, David 62, 103, 106, 206–208, 210, 213, 273, 294, 322
Husserl, Edmund 240, 242, 248, 278, 289, 323, 328
Hypnose 214, 236, 277, 299, 309, 311, 313, 317, 332

I

Ibn Sina, Abu Ali al-Husayn Ibn Abd-Allah ▶ Avicenna 308
Ideler, Karl Wilhelm 291, 323
Induktion 20, 188, 208, 257, 277, 286, 307, 336
Instrumentalismus 64, 277
Intention(alität) 28, 78, 161, 186, 241, 242, 278, 288, 289, 310, 320, 323
interaktionistischer Dualismus ▶ Dualismus 79
Introspektion 51, 59, 80, 81, 110, 113, 269, 271, 278, 292, 328

J

Jackson, John Hughlings 288, 323
James, William 32, 83, 164, 165, 222, 233, 240, 244, 254, 275, 295, 324, 328, 341
Janet, Pierre 312, 324
Jung, Carl Gustav 105, 134, 249, 325

K

Kahlbaum, Karl Ludwig 77, 325, 344
Kant, Immanuel 62, 75, 106, 125, 208–211, 213, 220, 224, 230, 234, 242, 267, 268, 272, 276, 278, 287, 291, 292, 296, 297, 325
Kategorien, Kategorienfehler 14, 25, 29, 35, 39, 46, 47, 63, 75, 85, 87, 106, 107, 133, 143, 149, 233, 235, 269, 274, 278, 294, 300
Kinesiologie 37, 279
Klinische Psychologie 33, 37, 45, 120, 121, 124, 130, 236, 279, 337
Kognition 15, 51, 75, 78, 163, 169, 171, 279, 300
Kognitionswissenschaft 6, 51, 182, 280, 288
Köhler, Wolfgang 296, 311, 319, 326, 329
Konstrukt 51, 52, 103, 112, 143, 144, 149, 162, 164, 169, 171, 182, 187, 224, 272, 280, 320
Konstruktivismus 9, 280, 287
Korrelation 17, 273, 280, 294, 315
Kraepelin, Emil 87, 249, 275, 293, 325, 326
Kriminalpsychologie / forensische Psychologie 132
Kriminalpsychologie/ forensische Psychologie 35, 280
Kritische Psychologie 37, 281, 329
Kroh, Oswald 250, 251, 326
Kuhn, Thomas S. 288, 303, 316, 327

Külpe, Oswald 232, 240, 254, 294, 296, 306, 327, 331
Kulturhistorische Schule 37, 281, 295, 329, 331, 338
Künstliche Intelligenz 280, 281

L

Lange, Carl George 165, 324, 328
Lashley, Karl Spencer 145, 320, 328
Lavater, Johann Kaspar 174, 176, 328, 330
Le Bon, Gustave 237, 329
Leibniz, Gottfried Wilhelm 106, 169, 170, 213, 216, 221, 230, 288, 294, 300, 329, 330, 343
Leib-Seele-Problem 77, 216, 281, 297, 315
Leontjew, Aleksej 281, 295, 329, 331
Lewin, Kurt 104, 326, 329
Lichtenberg, Georg Christoph 174, 328, 330
Locke, John 62, 103, 106, 180, 207, 209, 273, 294, 297, 309, 330
logischer Empirismus ▶ Empirismus 79
Lotze, Hermann 232, 294, 330
Luria, Alexander Romanowitsch 281, 295, 331

M

Mach, Ernst 221, 228, 232, 233, 296, 331
Mäeutik 96, 282, 336
Maimonides 308, 332
Maslow, Abraham 256, 332
Materialismus 43, 229, 230, 274, 282, 284, 294, 316, 322, 338, 344
Materialismus, dialektischer ▶ Materialismus 115
Materialismus, eliminativer ▶ Materialismus 79
Materialismus, monistischer ▶ Materialismus, Siehe Monismus 86
Mechanismus 43, 253, 282, 284
Mendel, Gregor Johann 43, 332
Menschenbild 31, 50, 57, 58, 133, 210, 228, 267, 268, 282
Mesmer, Anton 213–215, 332
Metapher 143–145, 147, 148, 183, 193, 283
Metaphysik 43, 63, 68, 72, 74, 86, 96, 97, 107, 108, 110, 114, 115, 130, 134, 216, 221, 231, 274, 277, 282, 283, 292, 294, 307, 312, 320, 321
Mill, John Stuart 64, 103, 273, 332
Möbius, Paul Julius 235, 333
Monismus 283
Moralstatistik 236, 283

Müller, Johannes Peter 80, 321, 333
Münsterberg, Hugo 247, 248, 293, 334

N

Naturalismus 6, 201, 271, 284, 322
Naturphilosophie 62, 96, 106, 114, 134, 200, 224, 228, 232, 282, 284, 300, 306, 307, 313, 316, 325, 334
Naturrecht / Naturrechtsdenken 223
Naturrecht/ Naturrechtsdenken 40, 284
Neopositivismus ▶ Positivismus 290
Netzwerkmodell 280, 285, 313
Neuroethik 57, 285
Newton, Isaac 205, 256, 282, 284, 323, 334

O

Objektivierung 15, 285
Objektivität 29, 61, 204, 242, 247, 278, 286, 287, 297, 344
Ockham, Wilhelm von 171, 284, 295, 334
Okkultismus 83, 92, 286, 288, 313, 325
Ontologie 58, 68, 85, 92, 107, 167, 168, 278, 283, 286, 292, 320, 321, 335
Operationalisierung 15, 16, 51, 266, 270, 278, 279, 287

P

Panpsychismus 86, 232, 287, 316
Paradigma / Paradigmenwechsel 215, 327
Paradigma/ Paradigmenwechsel 25, 42, 72, 281, 282, 287, 303
Paradigma/Paradigmenwechsel 58, 62, 168, 171
Parallelismus 79, 87, 232, 243, 288, 313, 323
Parallelismus, psychophysicher ▶ Parallelismus 231
Parapsychologie 37, 83, 286, 288, 309, 313
Parmenides 84, 98, 301, 335
Pawlow, Iwan 32, 104, 252–254, 292, 295, 308, 320, 335, 339, 341
Peirce, Charles Sanders 32, 64, 291, 295, 335
Phänomenologie 242, 283, 288, 310, 323
Philosophie 2, 6, 7, 13–16, 20, 33, 35, 36, 43, 50–53, 57, 61, 62, 64, 65, 74, 83, 86, 88, 96, 97, 99–101, 106, 107, 115, 116, 125, 130, 142, 164, 175, 190, 201, 206, 210, 213, 216–219, 221, 224, 228, 230, 232, 235, 240–243, 247, 248, 259, 272, 278, 280, 282, 283, 286, 289–291, 295, 301, 306, 308–311, 313, 316, 321, 323–326, 328–335, 337–339, 341, 343, 344
Phrenologie 174, 220, 289
Physikalismus 43, 284, 290, 294
Piaget, Jean 209, 298, 336, 344
Placebo-Effekt 214, 290
Platon 56, 74, 85, 89, 96–102, 105–107, 110, 114, 151, 166, 167, 289, 306, 307, 336, 339, 341
Plotin 106–110, 116, 336
Poppelreuter, Walther 246, 337
Popper, Karl 86, 256–258, 281, 291, 302, 315, 316, 327, 337
Popularphilosophie 200, 217–219, 224, 290
Positivismus / Neopositivismus 65, 259, 311, 312, 316, 331
Positivismus/ Neopositivismus 5, 42, 43, 233, 283, 284, 289, 290, 302
Pragmatismus 32, 64, 65, 284, 287, 291, 294, 295, 324, 335
Psychagogik 35, 223, 291
Psychiker 35, 218, 234, 291, 320, 323
Psychoanalyse 36, 37, 106, 146, 161, 182, 185, 236, 241, 266, 292, 296, 318, 324, 329
psychologia rationalis 56, 205, 217, 292
Psychologie, narrative 292
Psychologie, objektive 81, 252, 253, 292, 308, 320, 339
Psychopharmakologie 45, 292
Psychophysik 86, 87, 228, 232, 236, 249, 273, 287, 293, 316, 331, 333, 342, 344
Psychotechnik 247, 293, 302, 334, 337
Pythagoras 89, 90, 301, 313, 337

Q

Quantenmechanik 170, 293

R

Rationalismus 6, 14, 43, 52, 65, 167, 213, 257–259, 273, 274, 283, 291, 294, 313, 316, 323, 335, 343
Realismus 62, 271, 294, 328, 331, 344
Realismus, kritischer 232, 294
Reduktion / Reduktionismus 91, 313, 334
Reduktion /Reduktionismus 57
Reduktion/ Reduktionismus 295
Reduktion/Reduktionismus 171
Reil, Johann Christian 291, 338
Relation / Relationismus 86, 91, 121, 224, 244, 254, 334
Relation/ Relationismus 12, 16, 46, 294
Relation/Relationismus 165–167
Reminiszenz 144, 295
Repräsentation 14, 136, 146, 147, 188, 280, 281, 285, 286, 311, 344
Rogers, Carl Ransom 256, 338
Rubinstein, Sergej 37, 281, 338

S

Scholastik 72, 110, 114, 115, 274, 295, 323, 332, 343
Schulen und Strömungen 4, 24, 31, 35, 40, 43, 46, 51, 58, 59, 64, 65, 120–122, 164, 168, 175, 201, 211, 217, 224, 228, 233, 240, 241, 247, 248, 252, 254, 268, 270, 277, 278, 281, 284, 287, 293–295, 297, 306, 316, 323, 326, 327
Searle, John Rogers 10, 338
Seele 6, 28, 35, 52, 56, 59, 62, 68, 73, 74, 76, 77, 82, 86, 87, 91, 97–103, 108–114, 116, 117, 121–123, 125–127, 129, 130, 135, 142, 207, 210, 216, 219, 220, 222, 230, 232, 234, 240, 241, 248, 254, 270, 279, 287, 288, 291, 296, 297, 307, 308, 311, 322, 325, 328, 336, 337, 340
Selbstwahrnehmung 252, 292, 297
Sensualismus 103, 274, 297
Setschenow, Iwan Michailowitsch 32, 252, 335, 339
Skinner, Burrhus Frederic 104, 255, 270, 295, 339, 341
Sokrates 96, 137, 282, 301, 336, 339
Solipsismus 16, 297
Sömmering, Samuel Thomas 125, 126, 340
Sozialdarwinismus 43, 52, 164, 166, 235, 270, 297, 301, 340, 342
Spencer, Herbert 43, 298, 301, 340
Spengler, Oswald 234, 340
Stimmung 124, 151, 160, 298
Strömungen ▶ Schulen und Strömungen 303
Strukturalismus 275, 298
Suggestion 299, 309
Syllogismus 107, 299
Szientismus 201, 299

T

Teleologie 63
Thales 86, 88, 91, 301, 341
Theophrastos 176, 341
Theory of Mind 18, 299
Thorndike, Edward Lee 104, 295, 341

V

Vermögen 296
Vermögen / Vermögenspsychologie 31, 73, 75, 76, 81, 102, 103, 106, 111, 113, 116, 123, 125, 126, 130, 150, 208, 210, 216–221, 241, 343
Vermögen /Vermögenspsychologie 56
Vermögen/ Vermögenspsychologie 20, 32, 39, 292, 299
Vermögen/Vermögenspsychologie 160
Vernunft 6, 14, 16, 61, 62, 76, 83, 88, 97–99, 106, 107, 110, 122, 129, 142, 160, 164, 167, 205, 206, 208, 209, 215–217, 224, 228, 234, 272, 274, 291, 294–296, 300, 316, 336, 343
Verstehen / Verstehenspsychologie 64, 240, 244, 245, 314, 315
Verstehen / Verstehenspsychologie) 314
Verstehen/ Verstehenspsychologie 300
Vesalius, Andreas 125, 341
Vitalismus 284, 300, 333, 338
Völkerpsychologie 32, 36, 44, 249, 301, 344
Vorsokratiker 86, 92, 96, 301

W

Watson, John Broadus 254, 255, 269, 292, 295, 328, 342
Weber, Ernst Heinrich 87, 293, 316, 342
Wehrmachtspsychologie 35, 250, 302
Weismann, Friedrich Leopold August 43, 312, 342
Weltbildapparat 16, 206, 274, 302
Wertheimer, Max 296, 319, 326, 329, 343
Wiener Kreis 291, 302, 311, 337
Wissenschaftstheorie 5–8, 21, 47, 51–54, 86, 257, 259, 274, 276, 287, 291, 302, 303, 316, 337
Wittgenstein, Ludwig 65, 343
Wolff, Christian 56, 205, 213, 216, 217, 283, 290, 292, 294, 329, 343
Wundt, Wilhelm 32, 44, 76, 77, 80, 87, 104, 221, 228–232, 240–243, 246–249, 252, 254, 279, 293–296, 301, 308, 311, 313, 314, 327, 331, 334, 344
Wygotski, Lew 281, 331, 344

Z

Ziehen, Theodor 104, 271, 344

The manufacturer's authorised representative in the EU is Springer Nature Customer Service Centre GmbH, Europaplatz 3, 69115 Heidelberg, Germany. If you have any concerns regarding our products, please contact ProductSafety@springernature.com

Printed and bound by CPI Group (UK) Ltd, Croydon, CR0 4YY

23/03/2026

02076740-0015